FELIPE TEIXEIRA
NETO

RESPONSABILIDADE CIVIL OBJETIVA

DA FRAGMENTARIEDADE À RECONSTRUÇÃO SISTEMÁTICA

2022 © Editora Foco
Autor: Felipe Teixeira Neto
Diretor Acadêmico: Leonardo Pereira
Editor: Roberta Densa
Assistente Editorial: Paula Morishita
Revisora Sênior: Georgia Renata Dias
Revisora: Simone Dias
Capa Criação: Leonardo Hermano
Diagramação: Ladislau Lima e Aparecida Lima
Impressão miolo e capa: FORMA CERTA

Dados Internacionais de Catalogação na Publicação (CIP) de acordo com ISBD

T266r   Teixeira Neto, Felipe
Responsabilidade civil objetiva: da fragmentariedade à reconstrução sistemática / Felipe Teixeira Neto. - Indaiatuba, SP : Editora Foco, 2022.

320 p. : 17cm x 24cm.

Inclui bibliografia e índice.

ISBN: 978-65-5515-400-9

1. Direito. 2. Direito civil. 3. Responsabilidade civil. 4. Revisão. I. Título.

2021-4251   CDD 347   CDU 347

Elaborado por Odilio Hilario Moreira Junior - CRB-8/9949

Índices para Catálogo Sistemático:

1. Direito civil 347
2. Direito civil 347

DIREITOS AUTORAIS: É proibida a reprodução parcial ou total desta publicação, por qualquer forma ou meio, sem a prévia autorização da Editora FOCO, com exceção do teor das questões de concursos públicos que, por serem atos oficiais, não são protegidas como Direitos Autorais, na forma do Artigo 8º, IV, da Lei 9.610/1998. Referida vedação se estende às características gráficas da obra e sua editoração. A punição para a violação dos Direitos Autorais é crime previsto no Artigo 184 do Código Penal e as sanções civis às violações dos Direitos Autorais estão previstas nos Artigos 101 a 110 da Lei 9.610/1998. Os comentários das questões são de responsabilidade dos autores.

NOTAS DA EDITORA:

Atualizações e erratas: A presente obra é vendida como está, atualizada até a data do seu fechamento, informação que consta na página II do livro. Havendo a publicação de legislação de suma relevância, a editora, de forma discricionária, se empenhará em disponibilizar atualização futura.

Erratas: A Editora se compromete a disponibilizar no site www.editorafoco.com.br, na seção Atualizações, eventuais erratas por razões de erros técnicos ou de conteúdo. Solicitamos, outrossim, que o leitor faça a gentileza de colaborar com a perfeição da obra, comunicando eventual erro encontrado por meio de mensagem para contato@editorafoco.com.br. O acesso será disponibilizado durante a vigência da edição da obra.

Impresso no Brasil (11.2021) – Data de Fechamento (11.2021)

2022
Todos os direitos reservados à
Editora Foco Jurídico Ltda.
Avenida Itororó, 348 – Sala 05 – Cidade Nova
CEP 13334-050 – Indaiatuba – SP

E-mail: contato@editorafoco.com.br
www.editorafoco.com.br

APRESENTAÇÃO

A fortuna me escolheu para apresentar o livro que resulta do doutoramento de Felipe Teixeira Neto, intitulado: "Responsabilidade objetiva e dano: uma hipótese de reconstrução sistemática". Fortuna é a deusa romana da sorte, do destino e da esperança. Justamente por distribuir os seus desígnios aleatoriamente, ela também elegeu o autor desta obra, que foi agraciado com a orientação do Professores Doutor Pedro Romano Martinez – pela Universidade de Lisboa – e da Dottoressa Virginia Zambrano – pela *Università degli Studi di Salerno*, em regime de cotutela, conforme acordo celebrado entre as instituições envolvidas.

Todavia, não foi a fortuna que conduziu Felipe ao lugar em que se encontra, porém o mérito. O jovem doutor fez por merecer essa posição ao concluir um exauriente estudo de um lustro e receber no ano de 2020 o reconhecimento de uma banca composta pelos ilustres orientadores, integrada ainda pela Dottoressa Livia Saporito, Doutor Paulo Mota Pinto, Doutor Luís Manuel Teles de Menezes Leitão, Doutor Dário Manuel de Moura Vicente e Doutor Rui Filipe Soares Pereira. Poucos merecem o privilégio de uma arguição tão qualificada.

Particularmente no Brasil, vivenciamos um momento inédito de valorização da responsabilidade civil. Seja pelo aspecto conjuntural das consequências patrimoniais e existenciais da pandemia ou mesmo pelo impacto estrutural da globalização e rápida evolução tecnológica, a temática do direito de danos foi praticamente extraída de uma periferia obrigacional do direito civil para se converter em sua interdisciplinaridade, em matéria central de qualquer ordenamento jurídico que procura proteger liberdades e promover direitos fundamentais, sejam eles individuais ou coletivos.

Contudo, Felipe Teixeira Neto se adiantou ao "estado da arte". Ele é por natureza um esteta da responsabilidade civil. Principiou as suas pesquisas nesta área ainda em sua graduação, nos idos de 2002, na Universidade Federal do Rio Grande do Sul, com o tema: "A responsabilidade civil do provedor de acesso à internet", sob a orientação da Professora Doutora Judith Martins-Costa. Prosseguiu com a Especialização em Direito Ambiental, finalizada em 2007, na Universidade de Passo Fundo, com o Título: "Princípio da Reparação Integral e Dano Moral Ambiental: a responsabilidade civil como instrumento de efetiva tutela do ambiente", nesta ocasião orientado pela Professora Doutora Janaína Rigo Santin. Na sequência, alcança o Mestrado em Direito Civil, concluído em 2011 na Universidade de Lisboa, oportunidade em que tratou do "Dano Difuso Extrapatrimonial – Esboço de uma teoria", tendo sido orientado pelo Professor Pedro Romano Martinez.

Portanto, em uma analogia à gosto de um civilista de boa cepa, o recente Doutoramento é mais uma etapa em um dinâmico processo obrigacional, imantado e polarizado pela incessante busca do conhecimento, que seguramente conduzirá o autor desta obra – agora jurista maduro – à várias outras refinadas produções acadêmicas no universo da responsabilidade civil.

Dizem os especialistas que a diferença entre prefácio e apresentação, consiste no fato de que o prefácio enuncia o contexto da obra, a sua representatividade e seu impacto, através de informações que não estão na obra e ajudam a sua compreensão. Nesta toada, reserva-se o prefácio ao Professor Paulo Mota Pinto, que na qualidade de notável acadêmico e membro da banca de doutoramento, não apenas introduz a relevância do tema, como retira de suas anotações pessoais uma perfeita memória de sua percepção sobre o conjunto do trabalho. Em sentido diverso, a apresentação é algo um pouco mais pessoal e íntimo. Alguém que conheça o autor, fala sobre ele e sua trajetória de forma elegante, não descreve a obra em si, apenas dá o tom.

O paradoxo é que a elegância é a marca de Felipe. Trata-se de um *gentleman*, no portar e no vestir, nos mínimos detalhes. Como escreve Miguel Unamuno, "Cada novo amigo que ganhamos no decorrer da vida aperfeiçoa-nos e enriquece-nos, não tanto pelo que nos dá, mas pelo que nos revela de nós mesmos". Em nossos primeiros encontros e conversas, encontrei em Felipe uma presença que me remete a um lado de minha personalidade que preciso frequentemente revisitar: o sorriso aberto, pronto à escuta e ao diálogo e que congraça os convivas, tornando qualquer ambiente mais leve e acolhedor. Já estivemos juntos em uma plêiade de eventos e posso garantir que um congresso jurídico com a presença de Felipe é a certeza de intervalos com conversas culturalmente ricas, que transcendem à dureza do direito.

Justamente pela densidade do conhecimento sobre responsabilidade civil, aliado à admiração pessoal, logo que criamos o IBERC – Instituto Brasileiro de Estudos de Responsabilidade Civil – em 2017, Felipe foi uma das primeiras pessoas que convidei na condição de associado Fundador. O seu livro "dano moral coletivo" (Editora Juruá, 2014), foi leitura indispensável para o meu amadurecimento sobre o tema. Não por outra razão, em 2018 coordenamos uma obra coletiva do IBERC sobre o mesmo tema (Editora Foco), oportunidade em que junto a vários *experts* no assunto, verticalizamos a temática na interdisciplinaridade dos danos metaindividuais.

Há algo a mais que nos aproxima. Ambos somos Promotores de Justiça. Enquanto ingressei no Ministério Público de Minas Gerais em 1989, Felipe compõe o *parquet* do Rio Grande do Sul desde 2004, tendo exercido as suas atribuições nas comarcas de Sananduva, Getúlio Vargas, Uruguaiana, Ijuí, Gravataí e Canoas, com intensa atuação na tutela de interesses difusos, tendo sido Promotor Regional Ambiental da Bacia Hidrográfica do Rio dos Sinos e Coordenador do Núcleo de Resolução de Conflitos Ambientais (NUCAM), em Porto Alegre. Atua também como Professor da Fundação Escola Superior do MP/RS. Atualmente, encontra-se requisitado pelo Conselho Nacional do Ministério Público como membro auxiliar da Comissão da Infância, Juventude e Educação. Em um período de 17 anos Felipe contribuiu bastante em sua instituição, e muito ainda fará.

Eu não poderia concluir, sem fazer alguma menção ao objeto desta apresentação. Como coloca o próprio autor, o trabalho objetiva "propor uma reconstrução sistemática da responsabilidade civil objetiva enquanto categoria jurídica, extraindo-se das variadas situações em que se verifica elementos comuns que, por meio de uma revisão dogmática, permitam adaptar os seus termos a um uso adequado e eficiente". Em quatro linhas, bem disse o autor ao que veio: oferecer um notável contributo ao direito brasileiro, através de um diálogo comparatista.

Bem sabemos que o giro doutrinário e jurisprudencial ressalta a alteração do foco da responsabilidade civil em sua função reparatória. Se antes o ordenamento queria censurar o ofensor pela prática de um ato reprovável, delibera agora por virar a lente à procura de um agente que se responsabilizará pelos danos. No âmbito da responsabilidade objetiva não se discute a moralidade do comportamento do agente, pois essa tarefa é delegada ao direito penal. A preocupação imediata é com a vítima e o reequilíbrio de seu patrimônio que fora afetado pela lesão. Há de se selecionar alguém para reparar o dano. Essa tarefa de restauração de bens e repartição das perdas remete à responsabilidade civil do terreno da moral para os domínios da ética, inaugurando uma ampla reflexão sobre as consequências da ação assumidas por quem detém o poder sobre certa atividade. Ao prescindir da perquirição da culpa do agente, elimina-se da responsabilidade toda noção de pena ou castigo. Vale dizer, a liberdade de iniciativa é preservada, mas passa a ser ponderada com a solidariedade do agente econômico perante os membros da coletividade em caráter indistinto, em busca de uma pacificação social. O conceito de segurança jurídica se desliga do imobilismo dos códigos, convertendo o direito privado em instrumento de transformação social.

Precisávamos deste aporte doutrinário, pois são fluidos e dispersos os nexos de imputação que atribuem a alguém a obrigação de indenizar independentemente de um ilícito. Temos que aprender a lidar com sistemas abertos de "gestão de danos" que transitem satisfatoriamente entre hipóteses complementares de imputações subjetiva e objetiva, conforme os objetivos de certo ordenamento. Em uma trajetória sinuosa, por vezes justificamos regimes de objetivação de transferência de danos para o patrimônio de um "responsável" – e não de um culpado – seja pelo risco de uma atividade globalmente considerada, eventualmente com fundamento na equidade, na fidúcia, no defeito do produto/serviço, na hierarquia contratual ou na função de garante de pessoas, animais ou objetos. Em alguns casos, socorremo-nos de regras avulsas em outros de cláusulas gerais. Infelizmente, frequentemente nos perdemos em rótulos, pois olvidamos a necessária funcionalização da responsabilidade objetiva para além dos danos.

A partir do momento em que Felipe Teixeira Neto sinaliza a solidariedade como substrato legitimador da responsabilidade objetiva, aplicável a todas as suas *fattispecie*, em nome de um senso de alteridade, culmina por reagrupar a fragmentariedade ínsita a imputação objetiva – conferindo-lhe unidade e substrato de validade – propiciando segura filtragem para a operação de transferência de danos. O autor vai além, revisando dogmaticamente os pressupostos da responsabilidade civil, sistematizando juízos normativos. Com efeito, em qualquer ordenamento há uma opção política de seleção prévia de danos merecedores de tutela, cuja valoração ingressa na revisão do conceito de dano juridicamente relevante, concretizando um juízo de ponderação entre interesses contrapostos. Em caráter complementar, apresenta o conceito normativo de nexo causal como forma de demarcação de danos indenizáveis, permitindo o surgimento de uma obrigação indenizatória de natureza objetiva. Enfim, nas palavras conclusivas do autor, intenta-se esboçar "um regime geral de responsabilidade civil objetiva e trazer contribuição útil à ciência do direito".

Em outra oportunidade, manifestei que "o princípio da solidariedade penetra decisivamente no direito de danos para promover um giro copernicano na matéria. Talvez o mais significativo em termos de solidariedade seja a passagem de um estado de responsabilidade para outro de corresponsabilidade, no qual todos atuem conjuntamente para a obtenção de certo resultado, estipulando consensos mínimos para rechaçar aquilo que é intolerável...A solidariedade determinará ainda a edificação de um conceito de causalidade normativo, no qual, independente da capacidade do ofendido de provar o liame natural entre o fato do agente e a lesão, a responsabilidade surgirá pelo apelo à necessidade de se conceder uma reparação" (Novo Tratado de Responsabilidade Civil, Saraiva, 2019, São Paulo, p. 51).

Portanto, sem qualquer alusão às significativas pesquisas elaboradas em solo italiano, muito me alegra que Felipe tenha avançado em terreno arenoso e "atravessado o rubicão", afirmando com segurança uma perspectiva metodológica e principiológica de responsabilidade objetiva para o início do Século XXI. Definitivamente, oferece-se ao público uma necessária fonte de conhecimento de responsabilidade civil, da lavra de quem há muito a vivencia, na teoria e prática. Agradeço ao autor e amigo pelo privilégio da leitura antecipada.

Belo Horizonte, maio de 2021.

Nelson Rosenvald

Procurador de Justiça do Ministério Público de Minas Gerais. Pós-Doutor em Direito Civil na *Università degli Studi di Roma Tre* (IT-2011). Pós-Doutor em Direito Societário na Universidade de Coimbra (PO-2017). *Visiting Academic* na Oxford University (UK-2016/17). Professor Visitante na Universidade Carlos III (ES-2018). Doutor e Mestre em Direito Civil pela PUC/SP. Presidente do Instituto Brasileiro de Estudos de Responsabilidade Civil (IBERC). *Fellow of the European Law Institute* (ELI). *Member of the Society of Legal Scholars* (UK). Membro do Grupo Iberoamericano de Responsabilidade Civil. Professor do corpo permanente do Doutorado e Mestrado do IDP/DF.

PREFÁCIO

A presente obra, que constitui a dissertação de doutorado de Felipe Teixeira Neto em regime de cotutela nas universidades de Salerno (Itália) e de Lisboa (Portugal), propõe-se fazer uma reconstrução sistemática da responsabilidade civil objetiva enquanto categoria jurídica. Trata-se de um tema interessante, e de um importante desafio teórico, de notável amplitude, tornado atual pela multiplicação em diversas áreas das previsões de responsabilidade objetiva que visam proteger melhor os lesados e alocar os riscos de realização de certas atividades com potencial danoso.

Felipe Teixeira Neto começa por delinear os marcos teóricos do tema e por definir os objetivos e método da investigação, para depois procurar as acepções da ideia de responsabilidade entre culpa e imputação objetiva, para o que faz uma investigação histórica, desde o direito romano à modernidade, e destaca os modelos francês, do *Code Civil*, de imputação de danos, e o modelo alemão, plasmado no BGB. Mais próximo da atualidade, percorre as experiências italiana, portuguesa e brasileira, que conhece bem, e a descoberta e alargamento da ideia de responsabilidade pelo risco no século XX, comparando as justificações e lugares da imputação subjetiva, com fundamento na culpa, e da imputação objetiva.

Num segundo capítulo, o Autor busca a legitimação para os fundamentos da responsabilidade objetiva, analisando primeiro as diversas teorias do risco e suas consagrações, e depois fundamentos alternativos, tais como os princípios da equidade, da prevenção, e da solidariedade, detendo-se neste último, em que assentará a sua própria proposta. Trata, depois, da estrutura da responsabilidade civil objetiva, propondo uma (re)leitura dos seus pressupostos, quer ligados ao sujeito (em que inclui a imputabilidade, mas também a ilicitude e a conduta do responsável), quer objetivos, como o dano e o nexo de causalidade –, os quais analisa.

O último capítulo ("Por um regime geral de responsabilidade civil objetiva: fundamento estrutura e função") expõe o que Felipe Teixeira Neto apresenta como sendo as bases para uma reconstrução unitária de um regime geral da responsabilidade civil objetiva. O fundamento unitário da responsabilidade civil objetiva encontra-o como meio de concretização da noção jurídica de solidariedade, também com consagração constitucional – destacada e explícita nalgumas ordens jurídicas, como a italiana –, podendo o princípio da solidariedade atuar como "filtro da reparação". Propõe depois uma reconstrução dos pressupostos da imputação objetiva, com papel central para um "conceito normativo de dano" e também para uma noção "juridicizada" de nexo de causalidade. A funcionalidade do regime geral proposto é então "testada" na imputação decorrente de danos ambientais, em que, para o Autor, se realiza justamente uma ponderação de interesses à luz do princípio da solidariedade, e em que são também relevantes o "conceito normativo de dano" e a "noção jurídica de causalidade".

Trata-se de uma obra que dá, sem dúvida, um contributo muito relevante para a fundamentação e para a revisão dogmáticas da responsabilidade objetiva, que procura fazer um balanço e uma proposta ao final de mais de um século de evolução da imputação objetiva de danos na maior parte das ordens jurídicas ocidentais.

Claro que reconhecê-lo não significa acompanhar todas as teses do Autor. Pode perguntar-se, por exemplo, se é realmente possível – ou mesmo necessária e útil – uma reconstrução e fundamentação unitária da multiplicidade das hipóteses de responsabilidade objetiva, que prescinde da culpa, ou se aquelas não são ditadas em parte por imperativos distintos, conexos a cada uma das áreas em que estão previstas. Ou se realmente se justifica uma previsão e teorização e enunciação de pressupostos gerais, com a correlativa diminuição do papel do princípio da culpa, e da sua justificação também ético-jurídica. Ou, ainda, se a proposta de "normativização" ou "juridicização" de conceitos e pressupostos centrais da responsabilidade civil, como o dano e o nexo de causalidade, não é também um risco, com menos benefícios do que custos, sobretudo por poder levar encobrir verdadeiras valorações e justificações para alguns resultados.

Mas isso não significa que não se trate de uma obra que, como se disse, dá um contributo muito relevante para a doutrina da responsabilidade civil de língua portuguesa – e não só –, coerente e com uma proposta unitária. E de uma obra cuja leitura se crê que se tornará não só recomendada, mas mesmo obrigatória para quem pretenda aprofundar o estudo destas matérias.

Também por isso, é um gosto poder fazer anteceder a publicação de *Responsabilidade objetiva e dano: uma hipótese de reconstrução sistemática*, de Felipe Teixeira Neto, destas breves palavras.

Coimbra, agosto de 2021

Paulo Mota Pinto
Professor da Faculdade de Direito da Universidade de Coimbra.

SUMÁRIO

APRESENTAÇÃO III

PREFÁCIO VII

INTRODUÇÃO XV

1ª PARTE
OS FUNDAMENTOS DA
RESPONSABILIDADE CIVIL OBJETIVA

CAPÍTULO 1 – O RISCO E O SEU PAPEL NA LEGITIMAÇÃO DA RESPONSABILIDADE OBJETIVA 3

1. As teorias fundadas no risco e o seu desenvolvimento 3
   1.1 A gênese dogmática do risco enquanto fundamento da responsabilidade objetiva 4
      1.1.1 As teorias negativas 5
      1.1.2 As teorias construtivas 10
   1.2 Os principais desenvolvimentos contemporâneos da teoria do risco 15
      1.2.1 O Risco profissional 15
      1.2.2 O risco criado 21
      1.2.3 A exposição ao perigo 24
2. As teorias do risco na legitimação unitária da responsabilidade objetiva 29
   2.1 Responsabilidade civil pelo fato da coisa 31
      2.1.1 Responsabilidade por danos causados pela coisa em custódia 31
      2.1.2 Responsabilidade por danos causados por animais 34
      2.1.3 Responsabilidade por danos decorrentes de edifícios ou obras 37
   2.2 Responsabilidade civil pelo fato de outrem 40
      2.2.1 Responsabilidade dos pais pelos atos dos filhos sob sua guarda 41

	2.2.2 Responsabilidade do comitente	45
3. A (in)suficiência do risco como fundamento unitário da responsabilidade objetiva.....		48

CAPÍTULO 2 – FUNDAMENTOS ALTERNATIVOS AO RISCO NA LEGITIMAÇÃO DA RESPONSABILIDADE OBJETIVA 53

1. O princípio da equidade 53
    1.1 Equidade e responsabilidade civil 54
        1.1.1 Por uma noção de equidade 55
        1.1.2 Equidade e justiça distributiva 58
    1.2 Equidade, equilíbrio social e imputação objetiva 60
        1.2.1 Responsabilidade civil, distribuição dos danos e o papel da equidade ... 60
        1.2.2 A (in)suficiência da equidade enquanto fundamento da responsabilidade 64
2. O princípio da prevenção 67
    2.1 Prevenção em sentido alargado e evitabilidade de danos 68
        2.1.1 Prevenção, precaução, risco e perigo 68
        2.1.2 Evitabilidade de danos e responsabilidade civil 72
    2.2 Responsabilidade objetiva e princípio da prevenção 75
        2.2.1 Prevenção e imputação sem culpa: um cotejo necessário 75
        2.2.2 Uma legitimação possível a partir do princípio da prevenção? 78
3. O princípio da solidariedade 81
    3.1 A noção jurídica de solidariedade e o juízo de imputação de danos 82
        3.1.1 Por uma demarcação da atual noção jurídica de solidariedade 83
        3.1.2 Solidariedade, "alterum non laedere" e gestão de danos 87
    3.2 Responsabilidade objetiva e princípio da solidariedade 90
        3.2.1 A solidariedade enquanto fundamento da imputação objetiva 90
        3.2.2. A solidariedade e o reagrupamento da fragmentariedade 94

2ª PARTE
A ESTRUTURA DA RESPONSABILIDADE CIVIL OBJETIVA

CAPÍTULO 3 – OS PRESSUPOSTOS SUBJETIVOS 103

1. A imputabilidade 103
    1.1 Premissas teóricas 104

1.2	Imputabilidade e responsabilidade objetiva		106
	1.2.1 A posição da doutrina		107
	1.2.2 A posição da jurisprudência		109
1.3	As soluções em matéria de inimputabilidade		110
	1.3.1 Responsabilidade indireta		111
	1.3.2 Responsabilidade subsidiária		112

2. A ilicitude 114

   2.1 Ilicitude, antijuridicidade e injustiça 115

      2.1.1 A convergência teórica entre as designações "ilicitude" e "antijuridicidade" 116

      2.1.2 O conteúdo atual do pressuposto da ilicitude/antijuridicidade 119

      2.1.3 A injustiça do dano e a sua correlação com a noção de ilicitude 123

   2.2 Ilicitude e responsabilidade objetiva 127

      2.2.1 O pressuposto da ilicitude no juízo de imputação objetiva 128

      2.2.2 A problemática das causas de justificação 131

      2.2.3 A problemática do abuso de direito 136

3. O papel da conduta em um regime geral de responsabilidade objetiva 140

CAPÍTULO 4 – OS PRESSUPOSTOS OBJETIVOS 145

1. O dano 146

   1.1 A construção da noção jurídica de dano 147

      1.1.1 O dano em sentido naturalístico 147

      1.1.2 A juridicização do dano 149

      1.1.3 O dano juridicamente relevante 152

   1.2 Dano juridicamente relevante e imputação objetiva 155

      1.2.1 O elemento qualificador do dano 156

      1.2.2 O paradigma do dano injusto 159

      1.2.3 Por uma noção de dano útil à responsabilidade objetiva 163

2. O nexo de causalidade 168

   2.1 A demarcação do nexo causal relevante à responsabilidade civil 170

      2.1.1 Da causalidade fática à causalidade jurídica 171

      2.1.2 As teorias ditas clássicas sobre a causalidade 175

      2.1.3 As teorias normativas da causalidade 179

2.2 Imputação objetiva e casos difíceis em matéria de causalidade 183
    2.2.1 Causalidade múltipla e concurso de imputações 183
    2.2.2 Nexo causal e dano previsível 189
    2.2.3 A interrupção do nexo causal e a exclusão da responsabilidade............. 194
3. O papel do dano (e da sua causalidade) num regime geral de responsabilidade objetiva 200

3ª PARTE
POR UM REGIME GERAL
DE RESPONSABILIDADE CIVIL OBJETIVA
FUNDAMENTO, ESTRUTURA E FUNÇÃO

CAPÍTULO 5 – BASES PARA A RECONSTRUÇÃO UNITÁRIA DE UM REGIME GERAL DE RESPONSABILIDADE CIVIL OBJETIVA... 207

1. O fundamento unitário da responsabilidade civil objetiva e o seu papel na construção de um regime geral de imputação 207
   1.1 Responsabilidade objetiva e balanceamento de interesses 208
      1.1.1 A noção atual de responsabilidade civil e o papel da ponderação entre os interesses do lesante e do lesado.. 208
      1.1.2 A seleção dos danos ressarcíveis no regime geral de imputação objetiva 213
   1.2 O princípio da solidariedade e a unidade da responsabilidade objetiva............. 218
      1.2.1 A concretização da noção jurídica de solidariedade por meio da responsabilidade objetiva... 219
      1.2.2 O princípio da solidariedade enquanto filtro da reparação..................... 222
2. Os pressupostos da imputação objetiva e a reestruturação da ideia de responsabilidade civil... 226
   2.1 Elementos para uma reconstrução unitária... 227
      2.1.1 As reminiscências dos pressupostos subjetivos....................................... 227
      2.1.2 A releitura dos pressupostos objetivos 232
   2.2 Responsabilidade civil objetiva e revisão dogmática 235
      2.2.1 A centralidade do conceito normativo de dano 236
      2.2.2 A operatividade da noção juridicizada de nexo causal............................ 239

CAPÍTULO 6 – A FUNCIONALIDADE DO REGIME GERAL DE RESPONSABILIDADE OBJETIVA: EXAME A PARTIR DA IMPUTAÇÃO DECORRENTE DOS DANOS AMBIENTAIS 245

1. A responsabilidade civil ambiental e o juízo de ponderação que se concretiza por meio da imputação objetiva 246

   1.1 Considerações preliminares acerca da problemática envolvendo a responsabilidade civil e a gestão dos danos ambientais 247

   1.2 Responsabilidade civil por danos ambientais, imputação objetiva e ponderação de interesses à luz do princípio da solidariedade 251

2. A estrutura da responsabilidade civil ambiental como meio de concretização da utilidade de um regime geral de imputação objetiva 258

   2.1 O conceito normativo de dano ambiental e a operacionalização do regime geral de responsabilidade civil objetiva a ele associado 259

   2.2 A noção jurídica de causalidade em matéria ambiental e a efetivação do regime geral de responsabilidade civil objetiva correspondente 263

CONCLUSÃO 267

REFERÊNCIAS 279

INTRODUÇÃO

> "La questione della responsabilità oggettiva è stata il problema teorico
> più impegnativo della responsabilità civile negli ordinamenti
> dell'area occidentale a civiltà industriale evoluta"
>
> Carlo Castronovo

A responsabilidade civil, em um relativamente curto espaço de tempo, vivenciou não só uma evolução, mas uma verdadeira revolução[1]. A partir do pensamento sistematizado pelo princípio *casum sentit dominus*, representativo da excepcionalidade das hipóteses de imputação de danos, foi possível chegar a uma ampliação significativa das situações de cabimento da imposição do dever de indenizar.

E dita ampliação deu-se não apenas por meio da revisão do conteúdo dogmático de conceitos jurídicos até então consolidados, mas também da dispensa da verificação de pressupostos que, outrora, representavam o próprio fundamento do dever de indenizar. Trata-se do reconhecimento, mesmo que em regime excepcional (ao menos em tese), de hipóteses de responsabilidade civil em que a aferição da existência de culpa imputável ao lesante para fins de causação do dano mostra-se irrelevante ao surgimento do vínculo obrigacional.

Sem prejuízo da excepcionalidade que ainda lhe é atribuída pela doutrina tradicional, os sistemas jurídicos têm sido pródigos em reconhecer mais e mais hipóteses de responsabilidade objetiva, fazendo-o, não raro, por meio de típicas cláusulas gerais (*v.g.*, artigo 927, parágrafo único, do Código Civil brasileiro de 2002). Tanto que dita forma de regular a matéria tem motivado, de um lado, ainda que de modo insipiente, a revisão da pecha de excepcionalidade que até então lhe era atribuída; por sua vez, de outro, a afirmação de que a ciência jurídica vive um crescimento desordenado do instituto.

A par das inegáveis vantagens que lhe são inerentes, especialmente tendo em conta o fato de a responsabilidade civil objetiva viabilizar a redução do número de danos desprovidos de reparação, não se pode deixar de ponderar que traz consigo desvantagens inequívocas que decorrem do empolamento da imputação de danos. Paralelamente a isso, é notória a fragmentariedade da sua dogmática, característica

---

1. JOSSERAND, Louis. **Evolução da responsabilidade civil**. Trad. Raul Lima. Revista Forense, Rio de Janeiro, a. 38, fasc. 456, jun. 1941, p. 52.

supostamente atribuível ao fato de as situações que a legitimam terem sido introduzidas nos mais variados ordenamentos por meio de legislação não codificada – desprovida, por vezes, de uma sistemática própria dos Códigos – e com o objetivo de tutelar situações concretas e específicas, havendo, inclusive, dúvidas sobre a viabilidade de se antever na teoria do risco o seu fundamento unitário.

Daí que, por vezes, é possível verificar situações concretas nas quais a simples ocorrência do dano, da conduta e do nexo causal aliada à existência de previsão expressa de dispensa da culpa não basta ao surgimento de um dever de indenizar *legítimo*. Neste contexto, mostra-se relevante bem demarcar as efetivas hipóteses em que se justifica a imputação objetiva de danos, o que pressupõe a compreensão e a delimitação adequadas do seu fundamento de legitimidade e de cada um dos seus pressupostos, muitos dos quais forjados em uma realidade jurídica na qual a culpa não só era requisito, mas a própria essência da responsabilidade civil.

É neste universo que se insere a investigação que ora se propõe, a qual visa a compreender se o trinômio dano-nexo causal-previsão legal de responsabilidade objetiva (mesmo quando por meio de cláusula geral) é suficiente ao surgimento do dever de indenizar. Ou se a pluralidade de situações hoje existentes aliada a uma complexidade social não imaginada quando da estruturação dogmática oitocentista dos elementos da responsabilidade civil não estão a exigir outros *filtros* mais aptos a bem demarcar as hipóteses em que efetivamente se justifique e legitime o surgimento do dever de indenizar.

O debate sobre a construção de uma teoria uniforme e autônoma para a responsabilidade civil objetiva – por meio do exame do(s) seu(s) fundamento(s) de legitimidade e da ressistematização unitária do seu conteúdo dogmático –, é o que permitirá a efetiva identificação de um elemento seguro de demarcação, num universo cada vez mais rico de danos que batem à porta da ciência jurídica na busca de reparação, daqueles que legitimamente merecem subsidiar um dever indenizatório. Pretende-se, com isso, contrabalancear virtudes e vicissitudes de um instituto que, não obstante de certo modo antigo (as suas primeiras ocorrências, já numa feição moderna, contam com mais de um século), ainda está a carecer de uma atenção mais detida por parte da investigação científica.

Ora, se a responsabilidade civil é vínculo obrigacional consubstanciado no dever de indenizar, o qual se constitui na possibilidade de transferência de um prejuízo verificado em determinado universo jurídico a terceiro, encontra o seu fundamento de validade na lei e não na vontade das partes; é, pois – independentemente do regime de imputação adotado – exceção, somente se justificando nas estritas hipóteses em que presentes todos os pressupostos estabelecidos para tanto.

Ocorre que, sem prejuízo da sua, em tese, excepcionalidade, o incremento da complexidade social, que induz na multiplicação dos fatores de geração de danos, e a compreensão da impossibilidade de ausência de reparação para uma série de prejuízos têm induzido no crescente aumento das situações justificadoras do dever de indenizar. Tal é o que se verifica com a ampliação das hipóteses de responsabilidade objetiva verificada com destaque a partir do início do século XX e sobremaneira incrementada nas suas últimas décadas, fazendo com que o reconhecimento de situações de imputação de danos sem culpa tenha representado uma necessidade de migração do fundamento da responsabilidade civil.

Neste cenário, compreender a relevância da responsabilidade civil objetiva, mas também as suas vicissitudes, bem como analisar as situações em que os pressupostos elencados pela doutrina tradicional (dano, conduta e nexo causal) aparentam não bastar a legitimar um dever indenizatório é tarefa relevante para fins de permitir a construção de uma teoria com conteúdo dogmático unitário, a par da fragmentariedade legislativa do instituto.

Em tal contexto é que se insere a investigação que ora se propõe, a qual se voltará a analisar, diante da compreensão do modo como evolui não apenas a própria noção jurídica de responsabilidade, mas também o seu fundamento de validade (seja da responsabilidade civil em geral, seja da responsabilidade civil objetiva em particular), os pressupostos imprescindíveis a legitimar uma imputação de danos com dispensa de verificação da culpa, de modo a equacionar a necessidade de ampla reparação com a inconveniência da criação de situações de hiper-responsabilidade. Será tratada, portanto, apenas a responsabilidade civil extranegocial ou aquiliana, não sendo objeto da investigação qualquer vínculo obrigacional indenizatório decorrente de um inadimplemento contratual.

E tal se justifica diante da antes mencionada ampliação crescente da aceitação legislativa da responsabilidade civil objetiva não negocial que, por vezes, parece estar a exigir um elemento normativo que funcione como uma espécie de *filtro*, ao mesmo tempo justificador do surgimento do vínculo obrigacional e limitador dos excessos decorrentes da ampliação indevida da reparabilidade.

O objeto da investigação, assim, centra-se no exame da estrutura analítica do instituto, por meio de uma proposta de sistematização da sua noção jurídica (e do seu papel no regime geral de responsabilidade civil), do(s) seu(s) fundamento(s) unitário(s) e dos elementos essenciais ao surgimento do dever de indenizar nas situações em que a lei dispensa a verificação culpa, nomeadamente diante da necessidade de legitimação do vínculo obrigacional nestas situações.

Em outras palavras, é objeto central da pesquisa analisar, à vista da noção hodierna de responsabilidade civil e da compreensão do fundamento da responsabilidade objetiva em especial, a suficiência dos seus pressupostos usualmente referidos pela doutrina tradicional (dano, conduta e nexo causal), bem como a necessidade de, em muitas situações criadas pela ampliação crescente das hipóteses do seu cabimento, cumular-se aos demais um elemento legitimador de ordem normativa que funcione como um filtro de contenção dos excessos reparatórios e, por conseguinte, da indevida banalização do instituto.

Para tanto, dever-se-á bem compreender os pressupostos da responsabilidade civil, nomeadamente diante da realidade que os forjou, ponderando se a construção de uma dogmática evidentemente fragmentária como a da responsabilidade objetiva não está a carecer de um elemento legitimador unitário, em especial diante da sua ampliação não raro comprometedora do seu até então fundamento único, qual seja, o risco.

O ponto central da investigação reside em verificar, a partir do exame da estrutura dos pressupostos da responsabilidade civil objetiva, a suficiência do trinômio dano-conduta-nexo causal para fins de surgimento do vínculo obrigacional. Daí a necessidade de compreender adequadamente cada um dos referidos pressupostos, bem como de examinar outros que poderiam ser julgados dispensáveis nestas situações – como é o caso da ilicitude, *v.g.* –, verificando, ao final, a (ir)relevância e a (in)suficiência de cada um deles, isolada e cumulativamente.

Tal deverá ser feito a partir de um exame consistente do fundamento de legitimação da responsabilidade civil em geral e da responsabilidade civil objetiva em particular, nomeadamente diante do conteúdo que cada um dos aludidos pressupostos assume em uma realidade social complexa muito diversa daquela que ensejou a sua cristalização nos Códigos Civis. Tudo com o objetivo de se verificar, em razão da ampliação crescente das situações de imputação sem culpa, a necessidade, ou não, de um filtro legitimador de cunho normativo do dever de indenizar nestas situações capaz de unificar as suas várias *fattispecie* em um regime geral unitário.

Tendo em conta a formulação do problema posto e a forma como se apresenta, algumas questões devem ser respondidas, dentre elas a existência de uma dogmática unitária da responsabilidade civil objetiva, mesmo diante da sua fragmentariedade normativa, e a suficiência ao surgimento do dever de indenizar, nas hipóteses em que a lei autoriza a dispensa da verificação da culpa, da ocorrência de um dano e de um nexo de causalidade entre elas, somada a uma previsão legal neste sentido.

Ou, dito de outro modo, importa responder aos questionamentos relativos à exigência, ou não, por parte da responsabilidade civil objetiva, de um pressuposto de ordem normativa que legitime o respectivo dever de reparar – função esta que, na imputação subjetiva, vai desempenhada pelo conceito de ato ilícito (antijurídico e culposo/doloso) – e que, por isso, funcione como uma espécie de filtro de seleção dos danos merecedores de tutela jurídica[2].

O método escolhido para tanto será o analítico, desenvolvendo-se por meio do exame e da ponderação da noção jurídica, do fundamento e da estrutura da responsabilidade civil objetiva nas suas várias manifestações, o que será feito por meio do

---

2. Este problema pode ser concretizado através de questionamento assim posto: a responsabilidade civil objetiva, para ser legítima e se operacionalizar de modo adequado, exige a verificação de um elemento normativo (possivelmente associado ao desvalor do dano) e que, com isso, justifique a imputação, ou, para este fim, é suficiente a previsão legislativa abstrata de dispensa da culpa por meio do tipo que a preveja?

recurso ao direito comparado[3], tendo por referência os sistemas jurídicos italiano, português e brasileiro[4]. O procedimento indutivo, portanto, merece viva atenção, porquanto preferível tanto sob o prisma da metodologia comparatista, quanto sob a ótica da pesquisa finalizada[5].

E, neste particular, algumas considerações merecem ser postas.

Primeiramente, deve-se partir da premissa de que todo ordenamento jurídico é uma unidade, de modo que a comparação não pode partir da justaposição de informações acerca do direito estrangeiro ou da tentativa de transposição de soluções prontas. O foco da investigação, nesta linha, será a microcomparação, tendente a apresentar elementos que confiram unidade à responsabilidade civil objetiva e a compartilhar soluções normativas que sejam úteis à estruturação de um regime geral para o instituto, o que deverá atentar às questões sociais que lhe estão subjacentes, à afinidade entre as hipóteses normativas apresentadas e as suas soluções, bem como à unidade das estruturas dogmáticas respectivas[6].

Para este fim, não se pode perder de vista que a comparação apenas se apresentará efetiva quando o seu operador for capaz de compreender que a construção e a aplicação de um dado instituto em cada um dos sistemas sob exame – no caso específico, a responsabilidade civil objetiva – é fruto de um produto jurídico-cultural. Deste modo, somente se viabiliza algum resultado na procura de soluções adequadas quando o comparatista despe-se dos seus conceitos e do seu modo de pensar, percebendo que a diversidade histórica e sociocultural de cada sistema não pode ser desconsiderada[7].

Cumpre assinalar que não obstante o estudo não seja exclusivamente de direito comparado – porquanto segue diretrizes caras à dogmática do direito civil e busca responder questionamento cujo âmago está na sua dogmática, sendo, portanto, tam-

---

3. Consinta-se aqui tangenciar o profundo debate acerca da natureza do direito comparado, se técnica ou método. Sobre o tema, ver STANZIONE, Paquale. **Introduzione**. In: ANCEL, Marc. Utilità e metodi del diritto comparato. Elementi d'introduzione generale allo studio comparato dei diritti. Trad. Pasquale Stanzione e Gabriella Autorino. Napoli: Jovene, 1973, p. XII.
4. Neste particular, a investigação tem um claro corte de cognição, restringindo-se, modo geral, aos três sistemas referidos. A bibliografia de referência, por isso, será predominantemente aquela produzida na Itália, em Portugal e no Brasil. Desde logo fica a ressalva de que a pesquisa não usará como recurso as doutrinas alemã e francesa, salvo de modo bastante pontual, seja em razão do referido corte cognitivo, seja em razão da falta de compreensão das línguas respectivas. No que toca à bibliografia em lígua inglesa, será utilizada apenas quando diga respeito aos esforços de uniformização/unificação do direito privado europeu, considerando as profundas dissonâncias do tema sob análise nos sistemas jurídicos da *Common Law*, o que escapa ao objetivo comparatísticos proposto. Por fim, também não será tida em consideração, salvo referências pontuais, a doutrina penal, justamente em razão da tentativa de sistematização proposta, romper-se com o paradigma delitual/retributivo que lhe é ínsito, até mesmo em razão da compreensível natureza da imputação respectiva.
5. ZENO-ZENCOVICH, Vincenzo. **Premesse per una ricerca comparatistica sui sistemi di responsabilità civile**. In: AUTORINO, Gabriella (a cura di). Le 'responsabilità speciali": modelli italiani e stranieri. Napoli: Edizioni Scientifiche Italiane, 1994, p. 295.
6. ALMEIDA, Carlos Ferreira de; CARVALHO, Jorge Morais. **Introdução ao Direito Comparado**. 3ed. Coimbra: Almedina, 2013, p. 13.
7. A propósito, uma vez mais é oportuno recorrer às palavras de STANZIONE, Paquale. **Introduzione**, cit., p. XV, para quem o jurista somente se converte em genuíno comparatista quando "si abbandonano le proprie categorie e ci s'immerge in modi di pensare diversi ed opposti, allroquando si comprende la relatività storica del proprio diritto".

bém de direito comparado –, observa na sua estrutura, tanto quanto conveniente e possível ao intento a ser perseguido[8], o modelo dúplice baseado no estabelecimento de diferenças e de semelhanças entre as categorias jurídicas que formam o instituto sob exame nas ordens jurídicas eleitas e, mais do que isso, na apresentação de uma síntese comparativa útil à solução de problemas comuns[9].

Para tanto, contudo, não se pode perder de vista a realidade em que se insere a presente investigação. Ou seja, enquanto o direito comparado na sua feição moderna tinha por objetivo precípuo encontrar os pontos comuns (*das Gemeisame*) entre os sistemas sob comparação, a sua feição assim dita pós-moderna exige a identificação das diferenças (*die Unterschiede*), dos pontos de divisão (*das Trennende*)[10] decorrentes da exata diversidade das vivências jurídicas, com a aferição daquilo que pode ser útil ao processo comparativo de construção dos institutos.

Dito de outro modo, não há dúvidas de que, numa realidade pós-moderna, as divergências precisam ser consideradas, mas, para tanto, também precisam ser atentamente observadas, tudo com o propósito de que seja possível identificar se uma eventual superioridade concernente à individualização de soluções jurídicas mais eficientes[11] decorre de um contexto que as justifique (social, cultural, econômico ou antropológico) ou de um subdesenvolvimento próprio do momento vivido em cada sistema. Tanto por isso que são comparáveis os institutos que, ao desempenharem funções equivalentes, concorram à solução de problemas jurídicos por intermédio de instrumentos normativos de natureza correspondente[12].

Desta feita, sendo possível identificar que uma dada solução, a par de mais eficiente e adequada ao enfrentamento de problemas gerais, ainda não pode ser tida como um traço comum (assim entendido como generalizado a todas as experiências sob exame), tal não significa dizer que não possa ser tomada como produto a ser

---

8. Neste particular, deve-se atentar para a multiplicidade de hipóteses nem sempre comparáveis e enquadráveis segundo esquemas comuns, de diferença entre os êxitos, de eficiência variável; assim, ZENO-ZENCOVICH, Vincenzo. **Premesse per una ricerca comparatistica**..., cit., p. 292.
9. ALMEIDA, Carlos Ferreira de; CARVALHO, Jorge Morais. **Introdução**..., cit., p. 14; fala-se, por isso, em observação e síntese comparativas.
10. JAYME, Erik. **Visões para uma teoria pós-moderna do direito comparado**. Trad. Cláudia Lima Marques. Revista dos Tribunais, São Paulo, a. 88, v. 759, jan. 1999, p. 25. O autor prossegue, ainda, afirmando que enquanto o direito comparado moderno tinha por objetivo descrever os elementos constantes das normas jurídicas – e por isso considerados acima do tempo e do espaço –, o direito comparado pós-moderno atém-se ao passageiro (*dem Flüchtigen*). Não obstante mereçam atenção as ponderações postas, não apenas pela sua autoridade, mas pela imprescindibilidade de que as reflexões sobre a comparação sejam contextualizadas no tempo e atentas às suas necessidades hodiernas, parece que a constância e a unidade ainda permanecem merecedoras de relevância, especialmente quando se objetiva apresentar uma proposta de uniformização de um instituto, por intermédio da pretensa sistematização de uma teoria geral da responsabilidade civil objetiva tendo em conta a conciliação entre soluções eficientes encontradas nas distintas experiências jurídicas sob análise.
11. ZENO-ZENCOVICH, Vincenzo. **Premesse per una ricerca comparatistica**..., cit., p. 293. Por isso é que, para a estruturação de uma proposição comparatista eficiente, devem ser confrontadas as múltiplas soluções, interrogando-se sobre a racionalidade das várias diversidades.
12. ALMEIDA, Carlos Ferreira de; CARVALHO, Jorge Morais. **Introdução**..., cit., p. 27; ainda neste sentido, referem textualmente os autores, "[c]omparáveis são os institutos jurídicos que, em diversos sistemas e com soluções eventualmente diversas, dão respostas jurídicas a necessidades semelhantes, resolvem o mesmo problema da vida, isto é, o mesmo problema social, político, econômico ou crimonológico".

incluído em uma proposta de síntese comparativa, porquanto é na diversidade de visões que se pode construir experiências úteis. Neste exato ponto é que se propõe a considerar a visão pós-moderna do direito comparado antes referida.

No que tange ao objeto do estudo, tendo em vista a experiência ainda dispersa dos ordenamentos jurídicos acerca do tema, é se assinalar a falta de uma sistematização geral, fazendo com que a adequada estruturação dos seus termos a partir da disciplina da imputação delitual e, por conseguinte, a harmonização das soluções encontre-se, em larga medida, ainda incompleta[13]. A já tantas vezes referida fragmentariedade das diversas situações de imputação objetiva contribuiu a uma ausência de ideia de conjunto, a qual se pretende suplantar por meio da estruturação que, após percurso analítico que se está a apresentar, deseja-se propor.

Para este fim, a investigação estará dividida em quatro grandes partes, com dois parágrafos cada uma. A ideia é, na primeiro delas, tratar da evolução da noção jurídica de responsabilidade, partindo da sua gênese até os seus termos atuais, com vista a contextualizar o papel da imputação objetiva na ressignificação do instituto; na segunda, abordar o fundamento de legitimidade da responsabilidade civil objetiva, especialmente tendo em conta o papel do risco e a sua (in)suficiência para justificar a imputação nas mais variadas *fattispecie* e a necessidade de um princípio uniforme que dê ideia de conjunto à teoria geral que se visa a propor; na terceira, analisar os pressupostos imprescindíveis ao surgimento do vínculo obrigacional indenizatório a partir das hipóteses legais que o facultam, especialmente tendo em conta uma possível inadequação dos seus termos, tais quais talhados à luz do regime da culpa; e, na quarta, apresentar, em sendo possível, a estrutura delineada para uma teoria geral da responsabilidade civil objetiva, a partir dos seus elementos comuns e mesmo à vista da sua inquestionável fragmentariedade, viabilizando uma hipótese de reconstrução sistemática da sua disciplina.

Diante destas considerações, forçoso concluir que o caminho está traçado. Basta iniciar a sua trilha.

---

13. CORDEIRO, António Menezes. **Tratado**..., cit., v. II, t. III, pp. 595-596.

1ª PARTE
OS FUNDAMENTOS DA RESPONSABILIDADE CIVIL OBJETIVA

"La storia della responsabilità oggetiva è
uma storia di ricerca della propria legittimazione"

Carlo Castronovo

Se *ser responsável* guarda relação com a ideia de suportar consequências, há de pressupor, invariavelmente, um fundamento de legitimação, ou seja, um lastro que justifique, à luz do direito posto, a imposição de determinadas consequências que, por isso, guardarão relação com algo precedente, donde extraia a dita legitimação[1].

A evolução da ideia de responsabilidade delineada precedentemente bem serve a demonstrar que o seu conteúdo foi e é oscilante ao longo do tempo, encontrando, por isso mesmo, fundamentos de legitimidade variados[2]. É certo, contudo, que a assunção pela culpa do posto de fundamento unitário parecia ter representado um avanço instransponível na delimitação do campo de incidência da responsabilidade civil. Deste modo, apresenta-se plenamente compreensível qualquer objeção que se pudesse opor à perda deste *status*, tal qual feito quando dos primeiros desenvolvimentos da imputação fundada no risco, não sendo raro ainda se encontrarem reminiscências destas objeções no pensamento contemporâneo.

---

1. Nas exatas palavras de SMORTO, Guido. *Il criterio di imputazione della responsabilità civile. Colpa e responsabilità oggettiva in Civil Law e Common Law*. Europa e Diritto Privato, Milano, n. 2, 2008, p. 423 e ss., para que se possa legitimar um dever de ressarcimento, especialmente a partir de critérios de imputação objetiva, deve-se indicar uma boa razão para justificar a transferência do dano daquele que o sofreu para aquele que por ele deve responder.
2. Por fundamento deve ser entendida a razão que justifica um instituto ou uma instituição e aquela por meio da qual se estabelece a medida de conformidade com o direito posto, tudo consoante os ideais de justiça vigentes em um determinado momento social e histórico. Daí porque ser razoável que os fundamentos da responsabilidade civil possam oscilar com o tempo, estando muito associados ao que se entende e o que se pretende com a noção de responsabilidade. Sobre o tema, MARTINS-COSTA, Judith. *Os fundamentos da responsabilidade civil*. Revista Trimestral de Jurisprudência dos Estados, São Paulo, v. 15, n. 93, out. 1991, p. 31-32.

Consoante já tantas vezes assinalado, vive-se, por assim dizer, um genuíno paradoxo. De um lado, com o reconhecimento de um processo de incremento que autoriza mesmo a pensar numa autêntica generalização[3]; de outro, porque – não obstante isso – a responsabilidade objetiva ainda persiste em ser vista como uma "figura delicada", justamente pelo fato de prescindir da culpa como elemento de individualização do sujeito passivo da obrigação indenizatória ou mesmo como justificadora da própria responsabilidade a partir de um prisma significativo-ideológico[4].

Daí a necessidade de uma sólida justificação dogmática que atribua à responsabilidade objetiva fundamento capaz de ocupar posição idêntica àquela assumida pela culpa na imputação subjetiva. E, se não lastreada no risco – em decorrência de uma eventual insuficiência sua para tanto, o que de seguida se analisará –, em fundamento outro que a legitime de modo global, enquanto instituto coeso com as demais situações de imputação extracontratual, tarefa que ora se pretende.

---

3. Não são poucas as referências neste sentido, falando-se, diante da ampliação crescente das possibilidades de imputação sem culpa, numa tendência de generalização da responsabilidade objetiva. Assim, CORDEIRO, António Menezes. *Tratado...*, cit., v. II, t. III, p. 600. Chega-se mesmo a afirmar que as situações submetidas à dispensa da culpa são atualmente tão numerosas que se opera quase que uma reviravolta na relação entre regras geral e especial; o princípio geral resta por traduzir-se em uma autêntica regra residual destinada às situações que escapam da imputação objetiva. Nestes exatos termos, GALGANO, Francesco. *Diritto privato.* 3ed. Padova: Cedam, 1985, p. 349.
4. CORDEIRO, António Menezes. *Tratado...*, cit., v. II, t. III, p. 591.

Capítulo 1
O RISCO E O SEU PAPEL NA LEGITIMAÇÃO DA RESPONSABILIDADE OBJETIVA

Não há dúvidas que, num panorama de evolução dogmática, o risco aparece como o primeiro grande fundamento de peso invocado para legitimar a responsabilidade sem culpa, ao menos numa visão pós-sistematizada do instituto (para bem marcar a sua diversidade das reminiscências dos Direitos primitivos). Foi por meio da sua invocação que se passou a justificar a possibilidade de, em determinados casos mais ou menos ampliados, impor-se um dever de indenizar na ausência de comprovação da culpa ou mesmo da ilicitude[5].

Daí que a aparente linearidade da sua invocação – não obstante, por vezes, fundamentando-se em tendências diversas, não raro até mesmo contraditórias[6] – autoriza a que por ele se comece a busca por um fundamento unitário que, na atualidade, atribua legitimidade à responsabilidade objetiva enquanto categoria jurídica, analisando a suficiência das diversas teorias então desenvolvidas.

1. AS TEORIAS FUNDADAS NO RISCO E O SEU DESENVOLVIMENTO

Como se pôde verificar a partir de um panorama histórico-jurídico de evolução, a migração de legitimidade da obrigação indenizatória deu-se na tentativa de resolver problemas que surgiram com maior fôlego a partir de expressivas mudanças promovidas pelo processo de industrialização. E tal foi operacionalizado não apenas por meio da reinterpretação de dispositivos já vigentes[7], mas também de alterações legislativas pontuais tendentes a regrar grupos de situações bem delimitados.

Tudo isso permitiu o surgimento, por assim dizer, de verdadeiras "ilhas" de imputação objetiva, o que muito contribuiu à carência de uma genuína preocupação

---
5. Há consenso no sentido de que a responsabilidade objetiva se dá com dispensa da culpa. A mesma certeza não ocorre no que toca ao pressuposto da ilicitude, havendo não apenas divergências de regimes no seu indiscutível universo fragmentário, mas mesmo de concepções a respeito em um plano geral de verificação de pressupostos. Daí que, em razão deste cenário delicado no campo dogmático, a verificação acerca da (ir)relevância da ilicitude merecerá abordagem específica em momento oportuno, limitando-se, por ora, apenas ao registro da problemática.
6. MAZEAUD, Henri; MAZEAUD, Léon. *Elementos de la responsabilidad civil*. Prejuicio, culpa y relación de causalidad. Trad. colombiana. Bogotá: Leyer, 2005, p. 91.
7. A este respeito, TRIMARCHI, Pietro. *Rischio e Responsabilità Oggettiva*. Milano: Giuffrè, 1961, p. 17, observa a importância criadora da jurisprudência na valoração de regras de imputação já existentes, mas até então embasadas num sistema geral de responsabilidade subjetiva, permitindo, com isso, a estruturação de novas interpretações a partir de preceitos que tinham significado original diverso ou mesmo com uma maior restrição aos critérios de avaliação da culpa.

de conjunto, não apenas no que toca à falta de elaboração de princípios gerais, mas também de linhas de concretização ou mesmo de harmonização de soluções[8], criando um cenário absolutamente craquelê, mesmo sob os auspícios de um fundamento aparentemente unitário, no caso, o risco.

Daí que, por vezes, não será raro deparar-se com certo grau de artificialidade em algumas soluções[9] – como já ocorria quando da tentativa de se utilizar a culpa para tudo justificar[10] –, o que pode ser compreendido a partir da origem e do esforço de ruptura que a alusão ao risco representou em um cenário que há pouco se estabilizara justamente com a consagração da culpa promovida pela codificação oitocentista.

1.1 A gênese dogmática do risco enquanto fundamento da responsabilidade objetiva

A forma de desenvolvimento peculiar pela qual passou a imputação objetiva de danos teve como inegável ponto de partida a responsabilidade de matriz delitual, desenvolvendo-se, assim, como um reflexo seu no que diz respeito à gestão dos pressupostos[11]. E esta circunstância, se bem identificada, auxilia na compreensão de uma série de aparentes inconsistências, inclusive no que tange à unidade do seu fundamento. Por isso é que este ponto de partida, em especial à vista das reminiscências que persistem em permear a estruturação do instituto, não raro levará a construções pouco palatáveis, pois estruturadas justamente a partir de realidades que, em essência, são diversas.

A culpa na sua acepção oitocentista era claramente identificada como uma barreira ao surgimento da obrigação de indenizar, barreira esta que, por questões de justiça distributiva, precisou ser transposta em situações específicas[12]. Ocorre que nem sempre tão somente extirpá-la do rol de pressupostos a serem verificados para fins de surgimento da obrigação de indenizar apresentou-se como a solução mais adequada e correta do ponto de vista dogmático, revelando-se simplista em diversas situações[13].

---

8. CORDEIRO, António Menezes. Tratado..., cit., v. II, t. III, p. 593.
9. TRIMARCHI, Pietro. Rischio..., cit., p. 12.
10. CORDEIRO, António Menezes. Tratado..., cit., v. II, t. III, p. 594.
11. CORDEIRO, António Menezes. Tratado..., cit., v. II, t. III, p. 594
12. Há alguma controvérsia entre os defensores e os críticos das teorias do risco acerca de uma genuína fundamentação em preceitos de justiça distributiva para fins de justificação da responsabilidade sem culpa. Isso porque uma das críticas que lhe foi direcionada por aqueles que persistiam em defender a suficiência da culpa como fundamento da imputação de danos era justamente o seu suposto materialismo, porquanto, consoante os seus detratores, a teoria do risco reduziria a problemática a ser enfrentada ao choque entre dois patrimônios, esquecendo-se de que existem pessoas na base destas relações. Neste sentido, MAZEAUD, Henri; MAZEAUD, León. Elementos..., cit., p. 88-89. A crítica, contudo, como adiante se verá, apresenta-se indevida, pois não há dúvidas de que a preocupação em se buscar fundamento de justificação para além da culpa era exatamente ampliar as possibilidades de reparação, dando maior relevância à figura da vítima e reduzindo a incidência fortuita do prejuízo.
13. Tais constatações são importantes para bem se compreender algumas dificuldades que se apresentarão, sendo oportuno, pois, reconhecer que o ponto de partida para esta nova sistematização foi, como dito, não

Tanto que a perspectiva clássica segundo a qual o juízo de imputação decorre da premissa de que o sujeito, por ser livre, responder pelos seus atos, permanece na base das primeiras acepções desenvolvidas a partir da noção de risco, promovendo-se apenas uma substituição da ideia de resposta ao ato culposo pela de responsabilidade pelo agir arriscado.

Seguindo uma linha de sistematização dentre as diversas possíveis[14], os primeiros desenvolvimentos da teoria do risco podem ser divididos em dois grandes grupos que merecem atenção para fins de se compreender a sua estruturação dogmática: um primeiro, de matriz negativa, que se limita a reconhecer a irrelevância da culpa (extirpando-a do universo da responsabilidade civil) e, com isso, estabelecer que qualquer fato – culpável ou não – que cause prejuízo obriga o seu autor a reparar o lesado; um segundo, de matriz positiva, que afirma a insuficiência da culpa enquanto fundamento e, por isso, empreende esforços na estruturação de um elemento outro que possa fazer as suas vezes na demarcação do prejuízo reparável a partir das diversas linhas de fundamentação baseadas no risco[15].

1.1.1 As teorias negativas

As teorias ditas negativas vêm embasadas em uma preponderância da causalidade como fonte do dever de reparar danos. Nestes termos, independentemente da existência ou não da culpa, a obrigação exsurgiria do fato de uma determinada ação ou omissão gerar um prejuízo não consentido a terceiro, não pressupondo, por isso, qualquer juízo de desvalor acerca da sua fonte causadora[16].

Note-se que a pretensão é ampla, pois não vinha restrita a situações específicas; diante dos questionamentos postos quanto à validade da teoria subjetiva então largamente aceita como fundamento unitário do dever de reparar danos, isso em decorrência das novas necessidades agravadas pelo processo de industrialização, propunha-se a supressão da valoração da culpa de modo generalizado, a permitir a assunção, pelo princípio da causalidade, do posto de critério adequado para explicar

---

só a ideia, mas especialmente a estrutura de responsabilidade fundada na concepção tradicional de resposta (sanção) ao ato ilícito culposo. Neste sentido, COMPORTI, Marco. *Esposizione al pericolo e responsabilità civile*. Napoli: Edizione Scientifiche Italiane, 2014, ristampa, p. 32.

14. Esta é a proposta por MAZEAUD, Henri; MAZEAUD, Léon. *Elementos...*, cit., p. 88, que, pela sua relevância na demarcação de um ponto de identidade entre os que se preocuparam em apresentar as suas construções na busca da estruturação da responsabilidade civil para além da culpa, parece adequada ao presente estudo.
15. Antes de se partir ao exame propriamente dito de cada um dos grupos mencionados, cumpre registrar que diversos foram os autores, nos mais variados sistemas jurídicos, que dedicaram a sua atenção ao tema, de modo que uma abordagem exaustiva apresenta-se quase inviável. Até mesmo porque, em verdade, mostra-se mais producente à investigação apresentar um quadro das estruturas desenvolvidas para, a partir disso, delinear os reflexos que tiveram nas alterações jurisprudenciais e legislativas promovidas e, bem assim, na construção de um modelo atual de legitimidade da imputação de danos baseada no risco, ao invés de uma mera recolha histórica que eventualmente se pretendesse exaustiva.
16. MAZEAUD, Henri; MAZEAUD, Léon. *Elementos...*, cit., p. 88

mesmo as mais tradicionais situações de responsabilidade, que sequer representavam um problema de difícil solução à luz do sistema tradicional[17].

Com isso, passar-se-ia a estruturar uma dinâmica de pressupostos marcada pela simples supressão da culpa do rol dos requisitos a serem verificados para a imposição de um dever de reparação, sem qualquer pretensão de substituí-la por elemento outro que lhe fizesse as vezes – daí a designação negativa –, exsurgindo o juízo de responsabilidade civil a partir da simples ligação de causa e consequência existente entre o dano e o ato do qual ele provém.

Os fundamentos para tanto são variados. Numa primeira linha, poderia vir identificado na opção do sujeito em agir, ou seja, no preceito geral de direito segundo o qual cada indivíduo deve assumir os riscos decorrentes da sua atividade livre e voluntária[18]. Para além disso, também é possível identificar construções que já têm o mérito de romper com a fundamentação voluntarista que caracteriza os sistemas fundados na culpa, reconhecendo que, nas situações de responsabilidade baseada na causalidade, a vontade não é a fonte da imputação[19].

A alusão ao risco, na verdade, é um tanto evanescente, pois não se trata de uma legítima estruturação dogmática com base nele elaborada, mas da associação entre conduta e dano, com a inferência de que toda ação ou omissão encerra em si certo risco, o qual acaba por ser invocado como fundamento indireto de uma imputação calcada, em última análise, apenas na causalidade.

Assim é que, numa seara mais precisa de concretização, afirmar-se que sendo o lesado sujeito passivo da conduta da qual provém o dano – não tendo sobre ela qualquer ingerência –, não seria razoável impor-lhe as consequências do agir alheio e dos riscos dele consequentes. Nestes termos, se o lesante (sujeito ativo) deliberadamente decide realizar determinado ato, deve, a partir de uma relação de causalidade e com base no voluntarismo que está ínsito na sua decisão, suportar os riscos e as consequências prejudiciais que dele decorram[20].

Note-se que não obstante pretenda-se geral, a abranger de modo unitário a gestão dos danos, a suposta inovação das teorias ditas negativas não guarda relação propriamente com os casos em que a culpa do agente vem evidenciada – nestes já

---

17. TRIMARCHI, Pietro. *Rischio...*, cit., p. 14. Segundo o autor, os defensores da teoria da causalidade pura entendiam que o princípio de imputabilidade não vinha sendo aplicado seriamente sob os auspícios da culpa, mas de maneira deformada e demasiado restrita, impedindo com isso a formação de uma responsabilidade mais ampla.
18. Aqui reside a antes referida identidade de ponto de partida entre as teorias da culpa e do risco, ambas fundadas na responsabilidade que exsurge da decisão de agir e, por conseguinte, da vontade que lhe está subjacente, o que bem demonstra que a ruptura não é total, mas apenas no plano das construções que decorrem de um genuíno dogma voluntarista, tipicamente liberal. Sobre o tema, DIAS, José de Aguiar. *Da responsabilidade civil*, cit., p. 58.
19. TRIMARCHI, Pietro. *Rischio...*, cit., p. 15.
20. JOSSERAND, Louis. *Da responsabilidade pelo fato das coisas inanimadas*. Trad. Jaime Meira do Nascimento. Revista DireitoGV, São Paulo, v. 1, n. 1, mai. 2005, p. 112 (109-119). Igualmente, MAZEAUD, Henri; MAZEAUD, Léon. *Elementos...*, cit., p. 90.

existiria a obrigação indenizatória à luz de um sistema dito tradicional de imputação –, mas sim com aqueles em que não existe ou não é evidente, sendo mais propriamente para eles pensada, pois situações nas quais, consoante regra geral, restaria à vítima o encargo de suportar prejuízo sofrido.

Por meio da construção sob exame – usualmente denominada de teoria do risco integral[21] em decorrência da grande ampliação que promove no campo da imputação de danos – busca-se, com a absoluta irrelevância da culpa, afastar a manutenção do que vem denominado incidência fortuita do dano ou, dito de outro modo, afastar a aceitação do "azar" como critério repartidor de prejuízos[22]. Isso vem reforçado a partir da ideia de que sendo o lesado sujeito passivo em relação à fonte do dano, feriria a equidade impor-lhe as consequências do agir alheio, quanto mais porque o senso geral de justiça estabelece que cada um suporte os riscos e as consequências dos seus atos, e não o contrário[23].

Em síntese, pode-se verificar que o objetivo destes desenvolvimentos teóricos reside em reconhecer a viabilidade do surgimento da obrigação de indenizar tão somente a partir da relação de causalidade entre o fato e o dano, constituindo-se a aferição da culpa, neste cenário e conforme a concepção preconizada, um genuíno retrocesso, uma verdadeira reminiscência da origem da obrigação indenizatória fundada no delito (interdependência entre as esferas civil e criminal de responsabilidade). A proposta das teorias negativas, portanto, vem embasada no afastamento da relevância do elemento moral, das avaliações psicológicas sobre o íntimo do agente ou mesmo dos juízos acerca da previsibilidade ou da diligência médias, centrando o instituto da responsabilidade civil na vítima e no prejuízo por ela sofrido, de modo a relegar-se em definitivo ao direito penal a gestão de uma eventual resposta sancionatória ao lesante quando o mesmo fato também seja considerado crime[24].

Não obstante seja possível encontrar na doutrina referências a construções desta ordem já na Escola do Direito Natural[25], parece mais correto situá-las enquanto tal

---

21. MAZEAUD, Henri; MAZEAUD, León. *Elementos...*, cit., p. 88. A nomenclatura será retomada em momento oportuno, não mais nas digressões acerca da gênese dogmática das teorias do risco, mas já quando das suas atuais aplicações, uma vez que a imputação baseada no risco integral não é realidade de todo inaplicável nos dias atuais, havendo situações excepcionais de responsabilidade fundadas essencialmente na causalidade.
22. JOSSERAND, Louis. *Da responsabilidade pelo fato...*, cit., p. 109.
23. MAZEAUD, Henri; MAZEAUD, León. *Elementos...*, cit., p. 90. Nesta linha, sem prejuízo das críticas que lhe foram apostas e da existência, até os dias atuais, de algum reduzido espaço de aplicação, a proposta de uma nova visão acerca dos encargos do dano parece ser o seu grande mérito na medida em que propõe uma ruptura da máxima *casum sentit dominun*.
24. LIMA, Alvino. *Culpa e Risco*. São Paulo: Ed. RT, 1960, p. 119-121. O autor ressalta que há uma mudança no fim a ser atingido, que passa a ser exterior e objetivo, pois galgado na reparação do dano, e não mais interior ou subjetivo, tal qual sucede na aplicação da pena. Sem prejuízo das críticas que se seguirão, esta mudança de epicentro não é de todo irrelevante à responsabilidade civil, ao menos a partir das suas atuais conformações.
25. Fala-se, a propósito, dos desenvolvimentos anteriores ao agravamento do risco propiciado pela industrialização, o que se situa temporalmente ainda no século XVIII, nomeadamente nas obras de Thomasius e Heineccius, em particular no que diz respeito à responsabilidade das pessoas privadas de discernimento que, por isso, não seriam suscetíveis de culpa, não obstante pudessem estar submetidas a uma obrigação

(ao menos a partir de uma perspectiva mais bem desenvolvida) no curso do século XIX, em especial na sua segunda metade, quando adquirem e aparecem genuinamente enquanto propostas de um sistema autônomo de legitimação no campo da responsabilidade civil[26].

E, neste particular, merecem especial referência as obras de Karl Binding, Otto von Gierke e Giacomo Venezian[27] sobre o tema: aquele, a partir de um viés de contraposição entre as responsabilidades civil e criminal, bastando o simples fato de se ter causado dano para haver reparação[28], com as indagações de cunho subjetivo ou mesmo valorativo relegadas à imposição da sanção penal; estes, mesmo que com alguma diversidade entre si[29], a partir de uma notória influência do positivismo jurídico e buscando libertar a responsabilidade civil do elemento psíquico, ao conceber a reparação como decorrência lógica do ilícito – não como prática do ato culposo, mas como realidade social objetiva apta a promover modificação na esfera de terceiro, independentemente da vontade do agente[30] –, o que induziria reparação nas mais variadas hipóteses de prejuízos, inclusive naqueles oriundos de atos involuntários[31].

---

indenizatória. Sobre o tema, inclusive com referência aos desdobramentos que este pensamento teria recebido nas legislações de matriz germânica, sem prejuízo do seu desvanecimento ao longo do século XIX a partir da forma como se dera a ampla expansão do direito romano na Alemanha, ver DIAS, José de Aguiar. *Da responsabilidade civil*, cit., p. 51-52. Igualmente, SILVA, Wilson Melo. *Responsabilidade sem culpa*. 2ed. São Paulo: Saraiva, 1974, p. 22-23, inclusive no que diz respeito aos desenvolvimentos dos referidos autores em contraponto aos seus contemporâneos Pufendorff e Grocius, assinalando que, em verdade, a diferença entre os jusnaturalistas era muito mais formal do que substancial, porquanto todos estavam embasados na mesma principiologia segundo a qual o dano impunha ao seu causador a obrigação de indenizar, uma vez que oriundo do ilícito e da culpa.

26. SILVA, Wilson Melo. *Responsabilidade...*, cit., p. 23.
27. Para Venezian, a responsabilidade tem uma base objetiva e uma natureza impessoal, permitindo-se afirmar que o patrimônio do agente e não ele próprio é que se apresenta como sujeito de responsabilidade. O ilícito apresenta-se como um desequilíbrio na ordem jurídica que, como tal, exige uma sanção que, por vezes, pode ser representada apenas pela própria restauração do equilíbrio violado. O fundamento da reparação está na própria definição de ilícito, de modo que a vontade e a culpa – por conseguinte – não desempenham qualquer importância neste cenário. A justificação da imposição da culpa na responsabilidade civil estaria no desejo de seguir a tendência verificada pelos demais ramos do direito civil, dentre eles os direitos reais (noção de *animus*) e contratos, de atribuir à vontade especial relevo, fazendo-a, assim, de um modo reducionista, condição geral da obrigação de indenizar. Segundo o autor, a obrigação indenizatória surgiria quando o ilícito estivesse ligado, por um nexo causal objetivo, a um "fator considerável" da esfera jurídica de um terceiro, sendo a reparação integral ou parcial, conforme a contribuição (causal) de cada um para o evento. Sobre o tema, GOMES, Júlio. *Responsabilidade subjectiva e responsabilidade objectiva*. Revista de Direito e Economia, Coimbra, a. XIII, 1987, p. 109-110. Ainda a respeito, com especial relevo acerca do ineditismo da tese desenvolvida por Venezian e, por isso, dos seus méritos, sem prejuízo do seu não florescimento para fins de solução efetiva de controvérsias envolvendo a imputação de danos, ver CASTRONOVO, Carlo. *Responsabilità Oggettiva*. II – Disciplina privatistica. Diritto comparato e straniero. In. AAVV. Enciclopedia Giuridica Treccani. Roma: Istituto della Enciclopedia Italiana, 1991, v. XXX, p. 3.
28. DIAS, José de Aguiar. *Da responsabilidade civil*, cit., p. 52.
29. A origem comum do pensamento de ambos os autores, sem prejuízo das particularidades presentes em cada uma das proposições, vem reconhecida em COPORTI, Marco. *Esposizione al pericolo...*, cit., p. 31, nota 3.
30. DIAS, José de Aguiar. *Da responsabilidade civil*, cit., p. 53.
31. Segundo TRIMARCHI, Pietro. *Rischio...*, cit., p. 15, caracteriza a teoria a proposta de uma ampla reparação, mesmo quando o dano fosse decorrente de ações involuntárias, movimentos inconscientes, físicos, fisiológicos ou psíquicos.

Maiores destaques têm merecido, contudo, as proposições de Raymond Salleile, até mesmo diante da influência que a doutrina francesa exerceu na estruturação da imputação centrada no risco. Segundo o autor, que desenvolveu a sua teoria da responsabilidade extracontratual decorrente do próprio fato, o condicionamento da indenizabilidade dos danos à comprovação da culpa conduziria não apenas a uma injustificável retomada do sistema das penas privadas como, por isso mesmo, violaria preceitos basilares de equidade e de socialidade decorrentes da própria dignidade humana, a qual estabelece, em última instância, que cada um deve assumir os riscos decorrentes das suas atividades voluntárias e livres, reparando, por isso, a integralidade dos prejuízos delas decorrentes[32].

Dentre as diversas críticas que puderam ser opostas às teorias baseadas no risco materializado na pura causalidade, ao menos nas suas conformações mais amplas, três delas se destacam[33].

A primeira reside no próprio paradoxo que uma ampliação tão larga da reparação pode acarretar. Isso porque se justamente o incremento da complexidade social e do intercruzar de atividades promovido pela industrialização foi o que justificou a insuficiência da culpa, pelo expressivo número de danos que ficavam sem reparação, o mesmo fator poderia, diante da sua potencialidade para gerar um número infinito de prejuízos, tornar insustentável a vida de relação a partir de um critério de imputação baseado apenas na causalidade[34]. Tratar-se-ia de consagrar um movimento pendular sem justificação no campo dos danos ressarcíveis, migrando-se de um oposto (excepcionalidade extrema da reparação) a outro (generalidade absoluta da reparação).

O segundo, no fato de que a mera causalidade não se constitui num critério preciso de determinação de responsabilidade, pois cada fato pode se coligar numa infinita cadeia causal, atingindo não apenas o real causador do dano, mas indivíduos outros que estariam fora de uma legítima esfera de imputação[35]. Assim é que mesmo em se delimitando a causa de modo a impor a obrigação indenizatória ao autor imediato do dano, a indeterminada amplitude da teoria comprometeria a razão de utilidade social que a justifica[36].

---

32. DIAS, José de Aguiar. *Da responsabilidade civil*, cit., p. 58.
33. Para um amplo panorama acerca das críticas a respeito, com objeções de relevante fundamento (e outras nem tanto), ver MAZEAUD, Henri; MAZEAUD, León. *Elementos...*, cit., p. 89-91.
34. DIAS, José de Aguiar. *Da responsabilidade civil*, cit., p. 53.
35. A esta crítica opõe-se Venezian, afirmando a necessidade de se identificar as causas que são prevalentes em relação às demais, sendo apenas aquelas fontes de responsabilidade. A respeito, TRIMARCHI, Pietro. *Rischio...*, cit., p. 15. Ocorre que, não obstante isso, a causalidade por si só já era pressuposto dos sistemas tradicionais de responsabilidade, carecendo, a legitimidade da obrigação de indenizar, de um filtro que faça as vezes de divisor entre os interesses que, numa dada situação de colisão, identifica aqueles que são merecedores de tutela.
36. TRIMARCHI, Pietro. *Rischio...*, cit., p. 16. Deve-se ter em vista, quando se fala em utilidade social justificante, que o ressarcimento do dano não restaura a situação objetiva anterior, pois a imputação não cancela a sua ocorrência, mas apenas transfere os encargos de suportá-la. Daí que toda e qualquer transferência acerca dos encargos do prejuízo implica uma legítima justificação, quanto mais porque, não raro, a ocorrência de danos é inerente a uma sociedade complexa, devendo haver preceitos valorativos que legitimem uma

O terceiro, no fato de que a transferência do dano de um patrimônio para outro, a fim de que tenha utilidade social, não pode ser ampla e irrestrita, devendo-se operar nas situações em que, efetivamente, isso se justifique. Tanto que mesmo diante de um sistema centrado na culpa como regra geral, haverá situações nas quais um dano originado a partir de uma ação ou de uma omissão lícitas e não culpáveis criará obrigação de indenizar, desde que tal se legitime a partir da valoração de interesses outros coenvoltos, sob pena desta transferência revestir-se de um caráter nocivo[37].

O certo é que a partir do exame das proposições de ordem negativa – cuja referência ao risco é apenas indireta – e das críticas que lhe foram opostas, mostra-se forçoso concluir no sentido da ausência de um fator de justificação que tome o espaço deixado em decorrência da supressão da culpa enquanto fundamento de imputação, sendo certo que a mera causalidade desacompanhada de um elemento normativo de legitimação não basta a ensejar a obrigação de indenizar danos.

Isso não significa dizer que as suas ponderações são absolutamente infundadas ou inservíveis à estruturação da responsabilidade objetiva enquanto categoria jurídica. Tanto que vários dos pilares por elas invocados – dentre eles e com especial relevo a necessidade de atenção especial ao dano e à vítima em detrimento de uma demasiada preocupação com a conduta, tudo em nome de preceitos de justiça distributiva – são invocados mesmo nas hodiernas construções acerca do instituto.

O que parece lhe faltar, e nisso há certo consenso na doutrina que lhe seguiu, é justamente um elemento de legitimação que, somada à causalidade, pudesse fazer uma seleção dos danos que, em determinado momento, têm a sua transferência ao lesante justificada pelas regras da responsabilidade civil.

1.1.2 As teorias construtivas

Na tentativa de estruturar um elemento normativo que, aliado à causalidade fática, pudesse tomar o lugar deixado pela culpa na seleção dos interesses merecedores de tutela por meio da reparação do dano é que foram concebidas as teorias aqui ditas construtivas ou positivas[38].

---

imposição de suportar encargos para além da mera causalidade. Nesta mesma linha, como observa DIAS, José de Aguiar. *Da responsabilidade civil*, cit., p. 53, que o vendedor com os melhores produtos ou as condições mais facilitadas de crédito prejudica os seus concorrentes, assim como o fazem o estudante que obtém um prêmio em relação aos demais colegas ou o empresário que proíbe o fumo no seu estabelecimento em relação ao produtor de tabaco; e nem por isso haverá, nestas situações, obrigação de reparar estes danos, não obstante haja causalidade, exatamente porque não há justificativa legítima para tanto nestes casos. Daí a impossibilidade/inconveniência de se reduzir a responsabilidade objetiva a uma mera relação de causalidade, sob pena de comprometimento da equidade (fundamento este ainda pendente de um exame mais acurado) em que ela própria pretende se justificar.

37. TRIMARCHI, Pietro. *Rischio...*, cit., p. 17.
38. A presente nomenclatura, em paralelo com a denominação utilizada no item precedente, não é encontrada com esta exata textualidade na doutrina. Segue, contudo, a linha de exposição preconizada por MAZEAUD, Henri; MAZEAUD, Léon. *Elementos...*, cit., p. 92, em especial diante das suas preocupações em, contrapondo as teorias negativas, propor a construção de um critério novo capaz não só de "demoler el antiguo edifício,

As teorizações a respeito são múltiplas, o que, tal qual sucede em relação às teorias negativas, compromete a viabilidade de uma exaustiva sistematização[39]. O certo é que foram expressivos os seus reflexos – umas mais do que outras, por evidente – nos hodiernos fundamentos da responsabilidade objetiva baseada no risco e, por consequência, na sua inegável fragmentariedade, como já se teve oportunidade de referir.

Na construção deste panorama, a primeira delas a merecer indicação veio denominada teoria dos atos anormais. Seu ponto de partida está nos pressupostos teóricos idealizados por Durkheim – segundo os quais, em cada sociedade e tendo em conta o seu estágio de desenvolvimento, existem fatos que são considerados normais, pois compatíveis com o seu termo médio e o seu período respectivo de evolução; a partir desta premissa é que se estruturariam, em contraposição ao dito preceito geral de normalidade, os atos considerados anormais e, por isso, merecedores da atenção do direito por intermédio da responsabilidade civil justamente pelo fato de produzirem danos a terceiros e decorrerem de um comportamento desconforme por parte do seu autor[40].

O seu preceito geral estabelece que o titular de um direito, pelo fato de tirar proveito do seu exercício, deve suportar os riscos a ele inerentes. Contudo, a responsabilidade somente se justificaria quando este exercício estivesse em desconformidade com as condições normais de tempo e espaço estabelecidas para este direito, residindo o fundamento do dever de reparação, portanto, não no seu puro exercício e no risco que dele decorre, mas da anormalidade com que isso venha a ser feito[41].

A teoria, a par de um aparente fascínio inicial, restou por ser abandonada[42], por certo em razão de alguma influência das críticas recebidas no sentido de que a perquirição acerca da normalidade ou da anormalidade do ato nada mais seria do que a verificação da culpa do agente por meio do cometimento de uma imprudência no exercício do direito em questão. Até mesmo porque a variação de normalidade pro-

---

que estiman caduco", mas principalmente de estruturar "la forma que debe darse a la nueva construción que haya de reemplazarlo".

39. A propósito, cumpre destacar que a maioria dos tratadistas que se ocupou do tema não teve a pretensão de traçar uma abordagem exaustiva acerca de todas as construções existentes – pretensão com a qual se comunga –, destacando, cada um, nos mais variados sistemas, aquelas que lhe pareceram mais oportunas à apresentação de um panorama amplo sobre a sua evolução. Tal é o que se constata, por exemplo, em MAZEAUD, Henri; MAZEAUD, Léon. *Elementos...*, cit., p. 94-100; TRIMARCHI, Pietro. *Rischio...*, cit., p. 23 e ss.; GOMES, Júlio. *Responsabilidade subjectiva...*, cit., p. 113-120; dentre outros.
40. MAZEAUD, Henri; MAZEAUD, Léon. *Elementos...*, cit., p. 92.
41. Sobre o tema, MAZEAUD, Henri; MAZEAUD, Léon. *Elementos...*, cit., p. 92. Segundo o autor, o maior expoente desta construção foi Georges Ripert que, ao estruturar a responsabilidade entre vizinhos (*De l'exercice du droit de proprietè dans ses rapport avec les propriétés voisines*), desenvolveu-a e objetivou expandi-la para as demais situações de responsabilidade objetiva, partindo do pressuposto de que o proprietário seria obrigado a reparar os vizinhos independentemente de culpa quando o exercício do seu direito de propriedade fosse *anormal*. Ainda no campo da anormalidade como fonte de legitimação da responsabilidade objetiva, ver as variações outras referidas por TRIMARCHI, Pietro. *Rischio...*, cit., p. 23
42. DIAS, José de Aguiar. *Da responsabilidade civil*, cit., p. 67. A respeito, observa o autor que Ripert, após a estruturação da teoria sob exame, acabou por abandonar o campo do risco, retomando as concepções tradicionais de responsabilidade civil baseadas na culpa.

posta em razão da mutação do nível de evolução social – o que agregaria um preceito de atualização constante da teoria – não seria realidade estranha à noção de culpa, não constituindo, por isso mesmo, avanço considerável em relação ao fundamento tradicional de imputação[43].

Não parece que a crítica predisposta seja, em verdade, o grande ponto de fragilidade a induzir na insuficiência da construção no mais amplo número de situações possível, presumindo-se que tenha implicado em alguma influência no seu abandono apenas pelo fato de ter o próprio autor regressado à teoria da culpa. Na verdade, o seu maior equívoco aparenta estar centrado na confusão conceitual do fundamento da responsabilidade civil pelo risco com a figura do abuso de direito – enquanto exercício anormal de um direito –, o que reconduziria a tese a uma proposição já existente, retirando-lhe, portanto, o elemento de ineditismo ou novidade na solução do problema da imputação de danos sem culpa.

Na sequência de uma linha de evolução, merecem destaque uma série de construções dogmáticas que, a par de alguma variação, aludem diretamente ao risco para justificar a responsabilidade pela reparação de danos, todas elas com um marco de identidade comum: a legitimidade da imputação a partir do proveito que determinado agente retira de uma atividade, a qual traz ínsito em si o risco de causar danos a terceiros.

Nesta linha, a estruturação do risco gerador de responsabilidade tem a sua origem no desenvolvimento do conteúdo do preceito latino *ubi commoda, ibi incommoda*[44], tendente, com isso, a atribuir aquele que desenvolve uma atividade que lhe atribua benefícios o ônus de suportar os seus inconvenientes, no caso, a maior potencialidade de gerar danos não satisfatoriamente geridos pelo princípio da culpa[45].

Estão subjacentes nestas construções as premissas de que a delimitação da imputação de danos em um dado âmbito de responsabilidade estaria associada justamente às ideias, ao menos em tese, de dominação ou de controle do perigo e de particularidade de um risco determinado que sobre ela recaia[46].

---

43. MAZEAUD, Henri; MAZEAUD, León. *Elementos...*, cit., p. 92.
44. É também igualmente usual a referência às expressões *Ubi emolumentum, ibi onus*, cf. MAZEAUD, Henri; MAZEAUD, León. *Elementos...*, cit., p. 93, e *cuius commoda eius incommoda*, cf., dentre outros, SCOGNAMIGLIO, Renato. *Responsabilità Civile*. In: AAVV. Novissimo Digesto Italiano. Torino: UTET, 1957, p. 636; TRIMARCHI, Pietro. *Rischio...*, cit., p. 23; e COMPORTI, Marco. *Esposizione al pericolo...*, cit., p. 25. A origem das expressões está num fragmento de Paulus, o qual estabelece que *Secundum naturam est commoda cuisque rei eum sequi, quem sequentur incommoda* (Digesto 50, 17, 10); sobre o tema, PROENÇA, José Carlos Brandão. *A conduta do lesado como pressuposto e critério de imputação do dano extracontratual*. Coimbra: Almedina, 2007, p. 232, nota 740.
45. DIAS, José de Aguiar. *Da responsabilidade civil*, cit., p. 51, fala justamente da necessidade de se resolver, em termos científicos, casos que, ao menos se partindo de um rigor técnico de avaliação, estariam à margem da reparação a partir do tradicional critério da culpa. A estruturação do risco enquanto fundamento era, naquele cenário, a única alternativa, sob pena de se cair em um inaceitável artificialismo construído a partir do desvirtuamento da essência dos conceitos até então sedimentados.
46. LARENZ, Karl. *Derecho de Obligaciones*. Trad. Jaime Santos Briz. Madrid: Revista de Derecho Privado, 1959, t. II, p. 666.

Note-se estar bem evidenciado que, contrariamente às teorias negativas, não se está a propor a absoluta irrelevância da culpa, mas tão somente a possibilidade de que, quando verificada a criação de um risco pelo agir de alguém em paralelo à produção de um dano que decorra deste agir, possa haver imputação independentemente da culpa, pois quem cria este risco deve suportar as suas consequências[47].

O primeiro elemento que se deve delimitar para este fim é o conceito de proveito, o qual, de início, tenderia a ser concebido de modo amplo, ou seja, enquanto um interesse qualquer na realização de uma dada atividade. O inconveniente desta amplitude é o fato de, ao passo em que abrange um maior número de situações, muito aproximar a teoria da mera causalidade consubstanciada no risco integral, pois toda e qualquer atividade tem a sua prática motivada por alguma espécie de interesse, seja ele material ou moral[48].

Daí que se passa a preferir a delimitação de proveito enquanto vantagem econômica, justificando a imputação objetiva nas situações em que um determinado agente empreendedor[49] cria riscos para terceiros por meio de uma atividade que lhe é fonte de riqueza[50]. Nesta linha, na medida em que desenvolve uma atividade complexa e organizada, a multiplicidade de fatores que se agregam neste objetivo traz em si ínsita uma agravada possibilidade de causar danos a outrem mesmo sem qualquer culpa, de modo que o empreendedor deverá suportar o dever de repará-los em razão dos benefícios que retira desta atividade, bem como da possibilidade de estimar os custos que deve suportar a partir dos riscos que assume[51].

A grande desvantagem da diminuição da amplitude do conceito de proveito está no fato de que a teoria do risco a partir dele estruturada resta consideravelmente restrita no seu campo de aplicação, resolvendo de modo apropriado situações específicas, mas deixando ao largo inúmeras outras em que a culpa também de mostra insuficiente como critério de imputação[52].

Na sequência do aprofundamento das gêneses do reconhecimento doutrinário do risco enquanto fundamento da imputação, merece destaque iniciativa que, para este fim, tendeu a desassociá-lo apenas da efetiva verificação de um proveito para conectá-lo à ideia de perigo enquanto probabilidade de ocorrência de danos.

Para tanto, passa-se a antever que toda ação encerra certo perigo, fazendo com que qualquer ponderação a seu respeito tenha de considerar a sua função e o meio

---

47. JOSSERAND, Louis. *Evolução da responsabilidade civil.* Trad. Raul Lima. Revista Forense, Rio de Janeiro, a. 38, fasc. 456, jun. 1941, p. 56.
48. MAZEAUD, Henri; MAZEAUD, Léon. *Elementos...*, cit., p. 93.
49. COMPORTI, Marco. *Esposizione al pericolo...*, cit., p. 25.
50. MAZEAUD, Henri; MAZEAUD, Léon. *Elementos...*, cit., p. 94.
51. JOSSERAND, Louis. *Da responsabilidade pelo fato...*, cit., p. 109-110.
52. MAZEAUD, Henri; MAZEAUD, Léon. *Elementos...*, cit., p. 94. Segundo os autores, a justificativa para tanto está o fato de que, em verdade, a teoria do risco-proveito foi pensada para resolver a problemática dos acidentes de trabalho, apresentando-se insuficiente a situações outras que também se submeteriam à imputação objetiva. Daí a crítica de que a sua construção é parcial e, portanto, não basta a solucionar a controvérsia relativa ao fundamento da responsabilidade objetiva como um todo.

em que se insere e a exigir, por isso, uma avaliação no caso concreto, sem prejuízo de, em linhas gerais, haver perigos proibidos e perigos permitidos. Estes últimos estariam inseridos no círculo da imputação pelo risco propriamente dito, pois a ação é permitida em razão da possibilidade, em tese, de se conterem os danos dentro de um limite socialmente aceito em razão da utilidade da atividade, mas suficiente a impor um dever de reparar independentemente de qualquer prova de culpa a respeito[53].

Antes de terminar, cumpre fazer registro sobre uma última proposição que, pelas suas feições, seria melhor dita eclética. Isso porque estruturada a partir de um sistema de responsabilidade unitário, mas móvel, o qual decorreria da combinação qualitativa e quantitativa de uma série de fatores[54], dentre eles a intensidade do risco da atividade, a natureza das circunstâncias que contribuíram à ocorrência do dano, a manifestação de um comportamento ao menos anormal na esfera do lesante (com a possibilidade de que, nessa linha, seja também culposo) e a situação econômica dos envolvidos, a implicar na demarcação causal não apenas da existência, mas também da medida da responsabilidade[55].

Sem prejuízo da vantagem de propor um sistema unitário de legitimação da responsabilidade, a demasiada abertura da construção a uma série lata de fatores e o seu casuísmo manifestado por meio do poder conferido à valoração judicial em cada situação concreta da existência ou não de um dever de reparar contribuiu à dificuldade da sua aplicação prática[56]. A referência ao risco verificada na sua estruturação, contudo, justifica a menção, mesmo que apenas com o fim de demonstrar a pluralidade de construções que foram desenvolvidas enquanto antecedentes da solidificação das bases atuais da responsabilidade fundada no risco propriamente dito[57].

No cenário apresentado, as teorias fundadas na noção de risco enquanto perigo em paralelo às construções centradas na relação entre risco e proveito tiveram, como se verá, o maior potencial de florescimento na justificação da responsabilidade civil hodierna, não apenas na sua aplicação jurisprudencial, mas também na regulamentação legislativa de áreas de interesse em que a culpa não se apresentava capaz de dar solução adequada.

---

53. Segundo esta visão de responsabilidade, ambos os nexos de imputação – culpa e risco – demonstram-se enquanto graduação de um mesmo princípio de responsabilidade, o qual estaria baseado na possibilidade da ocorrência de danos e na sua valoração para o fim de proibição (imputação por culpa) ou permissão (imputação por risco) de determinada conduta e na sua criação de um dever de indenizar. Com uma abordagem mais completa sobre a presente proposição, especialmente a partir das construções apresentadas por Werner Rother, ver GOMES, Júlio. *Responsabilidade subjectiva...*, p. 117-120.
54. COMPORTI, Marco. *Esposizione al pericolo...*, cit., p. 31, nota 3.
55. TRIMARCHI, Piertro. *Rischio...*, cit., p. 24.
56. Com ponderações críticas a respeito da teoria proposta por Walter Wilburg, seja no que tange à sua elasticidade exacerbada, seja em relação a alguns dos fatores apontados como dignos de ponderação ao estabelecimento da responsabilidade e da sua medida, ver TRIMARCHI, Pietro. *Rischio...*, cit., p. 25-27.
57. Vale a ressalva de que a observação diz respeito à evolução das teorias genuinamente baseadas no risco pelo fato de, especialmente em Portugal, ser usual a referência à designação *responsabilidade pelo risco* como sinônimo de *responsabilidade objetiva*, o que nem sempre é absoluto.

Nelas, ao contrário daquelas ditas negativas ou mesmo de algumas ditas propositivas e cuja alusão verificou-se um tanto evanescente, a referência ao risco é real e concreta, com o estabelecimento da construção de um critério de imputação alternativo inegavelmente alicerçado na maior potencialidade de produção de danos, que vem associada a um perigo, a um proveito ou a uma utilidade mais ou menos considerados para este fim.

Daí a pertinência de se verificarem os seus desdobramentos e a sua compatibilidade concreta para servir de fundamento à imputação em um largo espectro de situações.

1.2 Os principais desenvolvimentos contemporâneos da teoria do risco

A par das inúmeras construções estruturadas e das diversas tentativas desenvolvidas pela doutrina com o intuito de conformar juridicamente as mudanças socioeconômicas verificadas no campo da responsabilidade civil, é possível constatar não só um maior desenvolvimento, mas especialmente um maior acolhimento de algumas delas na justificação da imposição de um dever de reparação para além da culpa.

Neste cenário é que, a partir de uma noção ampla da gênese dogmática do risco enquanto fundamento da obrigação indenizatória, oportuno o exame dos desenvolvimentos contemporâneos sofridos pelas teorias que nele se baseiam[58], tudo para o posterior fim de se verificar não apenas a sua utilidade concreta por meio do acolhimento legislativo e jurisprudencial, como também – e de modo especial – a sua suficiência para justificar a imputação de danos.

1.2.1 O risco profissional

No desdobramento lógico das linhas de pensamento sistematizadas no item precedente, mas já num cenário atual de aplicação do direito a partir de um refinamento das diversas teorias desenvolvidas, cumpre fazer menção ao risco profissional[59] como uma das primeiras e mais profícuas dentre aquelas que serviram a justificar, na prática, uma série de situações de responsabilidade sem culpa[60].

---

58. Fica aqui a ressalva de que, consoante reconhecido pela doutrina no que tange a um panorama sobre o tema, tal qual se passa relativamente à gênese dos seus desenvolvimentos, em especial tendo em vista as diversas enunciações e as variadas opiniões acerca dos seus contornos atuais, fica mesmo comprometida qualquer pretensão de enumerá-las ou classificá-las de modo exaustivo. Comungando desta mesma observação, COMPORTI, Marco. *Esposizione al pericolo...*, cit., p. 167.
59. Em verdade, as referências à teoria em questão podem ser feitas por meio de designações variadas, sendo usual encontrar-se, além de risco profissional, risco de empresa e risco-lucro; assim, ALPA, Guido; BESSONE, Mario. *I fatti illeciti*. In: RESCIGNO, Pietro (dir). Trattato di Diritto Privato. Torino: UTET, 1982, t. 6 (obbligazioni e contratti), v. 14, p. 308, nota 43.
60. No sentir de ALPA, Guido; BESSONE, Mario. *I fatti illeciti.*, cit., p. 301, o risco profissional ou de empresa é a hipótese mais recorrente de responsabilidade objetiva, não obstante não seja a única. Não há dúvidas quanto à sua recorrência; guarda-se alguma reserva, contudo, quanto à certeza a respeito da sua absoluta preponderância.

Dita construção parte da premissa de que o empreendedor, ao organizar a sua atividade produtiva, agrupa no seu entorno uma série de outras atividades coligadas (trabalho humano e operação de maquinário, por exemplo) que, nesta condição, fundem-se no sentido de viabilizar o seu exercício profissional. Neste contexto, ao criar um nítido organismo coeso voltado ao desenvolvimento do seu negócio, o que não transcorre isento de atribulações, incrementa o potencial danoso mesmo sem a sua concorrência culposa, o que legitima a imposição de um dever de indenizar. Dita construção teórica guarda em si, por isso, uma ideia corretiva segundo a qual se o dono do estabelecimento se vale da sorte, a lei coloca ao seu encargo o azar materializado na responsabilidade pelos riscos da indústria e da profissão[61].

Em palavras mais precisas, trata-se de, realizando uma ponderação entre o sacrifício imposto ao empreendedor, ao lhe atribuir o dever de reparar sem a efetiva concorrência culposa, e o sacrifício imposto à vítima, no caso de permanecer sem reparação, encontrar-se um ponto de equilíbrio a partir da equidade, o qual vem justificado no exercício da atividade empreendedora com a qual o dano guarda peculiar relação[62]-[63].

Note-se que o fato do qual decorre a responsabilidade pelo risco profissional deixa de pressupor um juízo de contrariedade ou mesmo de desvalor contra si, seja pelo fato de que a atividade não é vedada pelo direito, seja porque não apenas a sua consecução é útil socialmente como também certa margem de produção de danos é decorrência lógica do seu desenvolvimento dentro de uma genuína direção lícita da atividade humana[64].

A imputação baseada no risco profissional vem embasada na ideia de controle das condições de risco que uma determinada atividade organizada comporta para o fim de traduzi-lo em custos da empresa[65], tudo no intento de induzir no agente a

---

61. JOSSERAND, Louis. *Da responsabilidade pelo fato...*, cit., p. 109.
62. FORCHIELLI, Paolo. *Responsabilità oggettiva*. I – Disciplina privatistica. In. AAVV. Enciclopedia Giuridica Treccani. Roma: Istituto della Enciclopedia Italiana, 1991, v. XXX, p. 1.
63. Os contornos e os limites da referência à equidade para fins de justificação da teoria do risco profissional vêm tratados em ALPA, Guido; BESSONE, Mario. *La responsabilità civile*. 3ed. Milano: Giuffrè, 2001, p. 519-520. Segundo os autores, não se trata de uma simples transferência do dano dos mais pobres aos mais ricos, a consagrar o que denominam *princípio do bom Samaritano* – construção que, se posta desta forma, careceria de consistência jurídica; em tom de crítica, referem que o constante reenvio à equidade pode ser sintomático da falta de argumentos mais consistentes, a evidenciar uma falta de amadurecimento de critérios objetivos a contraporem aqueles tradicionais. Sem prejuízo da crítica, a menção à equidade é bastante frequente nos desenvolvimentos da teoria em causa, especialmente dentre os seus precursores ou na doutrina mais antiga a respeito. Por isso mesmo a temática da equidade voltará a ser melhor abordada para fins de legitimação da responsabilidade objetiva. Em igual sentido, inclusive com idêntica referência à figura do "buon samaritano involuntario", TRIMARCHI, Pietro. *Rischio...*, cit., p. 29-30.
64. JOSSERAND, Louis. *Da responsabilidade pelo fato...*, cit., p. 109-110. Igualmente, TRIMARCHI, Pietro. *Rischio...*, cit., p. 35.
65. Neste sentido, cf. ALPA, Guido; BESSONE, Mario. *I fatti illeciti*, cit., p. 303, o risco enquanto custo da atividade que se traduz numa probabilidade passível, ao menos em tese, de ser calculada, implica um infortúnio que vem considerado enquanto um dos fatores do lucro, de modo a promover uma conexão estreita entre ambos os conceitos (de risco e de lucro).

adoção de medidas adequadas a evitar o dano diante do conhecimento de que, em se verificando a sua ocorrência, será chamado a ressarci-lo independentemente de culpa[66]. Fala-se, por isso, em uma função social indireta de impor o dever de indenizar sobre quem controla as condições do risco com o intento de obter a redução da sua ocorrência[67].

Note-se que a aceitação do risco profissional como fonte de responsabilidade busca justamente induzir no empreendedor esforços no sentido de reduzir estes mesmos riscos, a implicar, como referido, numa redução proporcional da ocorrência de danos[68]. Tal sucede porque a previsão de uma regra de imputação objetiva pode levá-lo a adotar maiores medidas de segurança se o seu custo é menor que o custo do risco que vai eliminado, empreendendo, assim, não apenas esforços econômicos, mas também de ordens outras voltados ao aperfeiçoamento dos métodos e das técnicas empregadas[69].

E, de igual sorte, seguindo a linha de raciocínio preconizada pela teoria em causa, é o empreendedor quem detém as melhores condições de promover a previa asseguração dos riscos normais da sua ação organizada, por meio da contratação de seguros nos casos em que entenda inconveniente fazer com que a própria atividade suporte-os com a absorção direta dos custos da reparação e através da diminuição dos lucros ou da majoração dos preços. Isso porque conhece o desenvolvimento

---

66. Neste cenário é que TRIMARCHI, Pietro. *Rischio...*, cit., p. 34, chama a atenção para o fato de que, nestas situações, a responsabilidade civil objetiva baseada no risco da empresa desenvolve uma autêntica função econômica, a qual se conecta com a teoria da distribuição dos custos e dos lucros enquanto condição determinante da escolha da produção, com vista à promoção de um valor social. Comungando, de certo modo, da mesma concepção, SERRA, Adriano Vaz. *Fundamento da responsabilidade civil* (em especial, responsabilidade por acidentes de viação, terrestre e por intervenções lícitas). Boletim do Ministério da Justiça, Lisboa, n. 90, nov. 1959, p. 23, especialmente quando afirma que o fim último da imputação nestas situações é a "segurança da ordem da vida" por meio da possibilidade de o agente vir a ser chamado a indenizar independentemente de culpa, de modo que o lesante deva considerar os denominados "danos da atividade" como gastos dela decorrentes, suspendendo-a se não estiverem cobertos pelo lucro que dela aufere ou melhor organizando-a no sentido de diminuir a sua probabilidade de ocorrência.
67. TRIMARCHI, Pietro. *Rischio...*, cit., p. 50. No mesmo sentido, assinalando a necessidade de que o risco profissional deve entrar nos custos gerais de uma empresa, fundando-se a responsabilidade, por isso, em uma base mais larga que se materializa no próprio fato da empresa decorrente do jogo da atividade humana, JOSSERAND, Louis. *Da responsabilidade pelo fato...*, cit., p. 110.
68. Neste ponto, cumpre referir a diferenciação proposta por TRIMARCHI, Pietro. *Rischio...*, cit., p. 49, no que tange ao alcance das medidas esperadas do empreendedor a partir da teoria adotada para fins de regular a sua responsabilidade sem culpa. À vista de uma teoria por risco evitável, o sujeito será responsável ao passo em que deixa de adotar as medidas disponíveis, consoante a técnica existe; daí, por vezes, a sua aproximação ou mesmo a sua confusão com a teoria da culpa quando da leitura da eximente de responsabilidade enquanto inobservância do grau de diligência adequado à situação, tal qual, por vezes, pode ser sugerido a partir de uma interpretação pouco recomendável do artigo 2.050 do Código Civil italiano. Já na imputação a partir de uma teoria por risco profissional, o critério é estritamente objetivo, conquanto o agente está obrigado não apenas a evitar os danos a partir da técnica disponível, mas também comprometido com aquelas decorrentes do progresso obtido por intermédio de novos métodos e novas medidas de segurança, sempre respeitando os riscos típicos da atividade.
69. TRIMARCHI, Pietro. *Responsabilità per colpa e responsabilità oggettiva*. In: BUONOCORE, Vincenzo; MAJELLO, Ugo. Fondamento e funzione della responsabilità civile. Napoli: Cooperativa Editrice Economica e Commercio, 1975, p. 31-32.

normal da atividade, podendo valorar previamente custos e benefícios a respeito de cada um dos riscos envolvidos[70].

Considerando a associação da teoria a um agir contínuo, produtivo e organizado, parte da premissa de que as hipóteses de responsabilidade por culpa continuariam a ter lugar nas situações decorrentes de atividades biológicas da pessoa enquanto atividades comuns e necessárias[71], ao passo em que aquelas decorrentes de atividades econômicas submeter-se-iam a um regime de imputação objetivo fundado no risco profissional que, assim, não é deixado ao encargo do lesado, mas transferido ao sujeito com quem guarda uma determinada e peculiar relação[72].

O risco vem, assim, traduzido como categoria englobante de tudo que está relacionado aos custos de uma determinada atividade, devendo suportá-lo aquele que desempenha uma determinada atuação econômica, em genuína materialização da regra sintetizada no preceito *cuius commoda eius et incommoda*[73]. Seu fim último, na

---

70. TRIMARCHI, Pietro. *Rischio...*, cit., p. 31-33. Neste aspecto, o autor faz uma expressa referência à socialização do risco por intermédio da distribuição dos custos na atividade, seja pela majoração de preços, seja pela contratação de seguros, com a expressa advertência de que a existência destes não implica em uma superação absoluta da responsabilidade civil objetiva decorrente do risco profissional – o que não se cogita sequer nos países em que os sistemas *no fault* são difundidos –, pois suas funções (da responsabilidade civil) vão muito além da mera distribuição de danos. A temática relacionada à asseguração apresenta-se sempre complexa no seu cotejo com a responsabilidade civil, a demandar uma abordagem mais aprofundada, no curso da presente investigação, em momento oportuno. Tanto a temática é complexa que o mesmo autor, em momento seguinte, p. 38-39, volta a enfrentá-la, sempre como um remédio alternativo e complementar, especialmente tendo em conta a existência de riscos atípicos e imprevisíveis.
71. A este respeito, refere TRIMARCHI, Pietro. *Rischio...*, cit., p. 43-44, que as atividades por assim dizer biológicas, por serem necessárias e não econômicas, apenas em situações concretas e isoladas – incompatíveis, portanto, com uma regra geral e fixa – poder-se-iam submeter a um regime diverso da culpa, o qual se apresenta como suficiente enquanto fundamento e critério de imputação. A justificativa invocada para tanto é a pequena margem de risco permitido para atividades desta ordem, a impossibilidade de realização de um juízo custo-benefício decorrente da sua natureza necessária ao agente, com a consequente internalização de custos e prevenção de danos, bem como a bilateralidade do risco residual inculpável, que se projeta tanto ao pretenso lesante quanto ao pretenso lesado, a legitimar a imposição a este do encargo de suportar eventuais danos sofridos que, por esta razão, não poderiam ser ditos injustos. Com opinião parcialmente semelhante (mais estreita), afirmando não ser correto falar de responsabilidade pelo risco quando se busque justificar a responsabilidade objetiva de indivíduos não empreendedores (o que parece induzir a aceitação desta possibilidade, mas com fundamento diverso do risco, dando a entender que a culpa poderá não ser sempre adequada a todos os casos desta natureza), ALPA, Guido; BESSONE, Mario. *I fatti illeciti*, cit., p. 305.
72. TROISI, Claudia. *La responsabilità oggettiva*. In: STANZIONE, Pasquale (dir.). Trattato della Responsabilità Civile. Responsabilità Extracontrattuale. Torino: CEDAM, 2012, v. 2, p. 571.
73. TROISI, Claudia. *La responsabilità oggettiva*, cit., p. 572. Seguindo esta linha e relativamente a quem deva suportar a responsabilidade, refere TRIMARCHI, Pietro. *Rischio...*, cit., p. 50-52, ser aquele que, em última instância, controla as condições gerais do risco; para o caso de concorrência de agentes nesta condição, seja por pluralidade subjetiva, seja pluralidade de atividades arriscadas em paralelo, menciona a viabilidade de se impor a responsabilidade a todo aquele que tenha concorrido para o dano, em proporção da entidade do risco da sua atividade. Para uma severa crítica à invocação da máxima *ubi emolumentum ibi onus* ou *cuius comoda eius incomoda*, tida como vaga, indeterminada e incerta e, por isso, inservível a constituir-se em critério jurídico de imputação das várias espécies de responsabilidade sem culpa, ver COMPORTI, Marco. *Esposizione al pericolo...*, cit., p. 153-156. O aludido preceito, segundo autor, não guardava na sua origem romana qualquer relação com a imputação de danos, pelo que, na sua invocação atual, apresenta-se mais como

linha de desdobramento das ponderações que o justificam, é a redução do risco por meio da imposição de um dever de reparar fundado exatamente no risco profissional[74].

Vem aqui posta como a primeira das teorias de aplicação atual digna de relevo. Isso porque, como se verifica a partir do exame do seu conteúdo dogmático, relaciona-se justamente com o embrião do pensamento que restou por justificar hipóteses de imputação objetiva de especial modo conectada com as situações que por primeiro chamaram a atenção para a insuficiência do critério da culpa para gerir a totalidade dos danos produzidos em uma sociedade não apenas industrializada, mas massificada[75].

A dificuldade se coloca na demarcação do âmbito dos riscos que justificarão situações de responsabilidade objetiva: se somente aqueles previsíveis e evitáveis, relativamente aos quais será possível antever a indução de comportamentos preventivos em decorrência de uma possibilidade (enquanto ameaça) de suportar a reparação, de acidentes, ou se também aqueles extraordinários. A construção teórica nos moldes em que estabelecida, exatamente porque se funda em um juízo de valor entre custos e benefícios a subsidiarem a escolha pelo desenvolvimento da atividade, previa apenas a possibilidade de se imputarem objetivamente os danos decorrentes dos riscos profissionais típicos e previsíveis, porquanto não seria razoável intuir que o empreendedor tenha considerado outros além destes quando da organização da atividade[76].

Esta é uma das primeiras críticas dentre aquelas que podem ser formuladas à teoria[77], porquanto num juízo valorativo e equânime entre lesante e lesado, independentemente da natureza atípica ou imprevisível dos danos verificados, é certo que mesmo que não os tenha podido prever ou adotar providência a evitá-lo, não há como se deixar de considerar, como último recurso, uma maior vinculação entre a sua ocorrência e o exercício da atividade que lhe dá causa que, por certo, está mais próxima e conectada ao lesante do que ao lesado[78].

---

uma inspiração equitativa presente em diversas partes do direito, inclusive no princípio geral da imputação por culpa, do que como um verdadeiro princípio possuidor em si mesmo de elementos diferenciadores a constituírem uma segura referência dogmática.

74. TRIMARCHI, Pietro. *Rischio...*, cit., p. 39.
75. CASTRONOVO, Carlo. *Responsabilità oggettiva*, cit., p. 2. Neste sentido, não é demais lembrar que os primeiros desenvolvimentos a respeito são atribuídos a Saleilles, relativamente à construção por ele apresentada para justificar a reinterpretação de dispositivos do *Code* para o fim de dispensar a exigência da culpa em matéria de acidentes do trabalho, situação que, concretamente, vinha associada ao desenvolvimento de uma atividade profissional. Para maiores desenvolvimentos sobre a estruturação proposta por Saleilles, inclusive com desdobramentos posteriores acerca de outras áreas da responsabilidade por risco da empresa, ver ALPA, Guido; BESSONE, Mario. *I fatti illeciti*, cit., p. 308, nota 43.
76. TRIMARCHI, Pietro. *Rischio...*, cit., p. 38-39 e 46-47. No mesmo sentido, FORCHIELLI, Paolo. *Responsabilità oggettiva*, cit., p. 3; e ALPA, Guido; BESSONE, Mario. *I fatti illeciti*, cit., p. 306.
77. ALPA, Guido; BESSONE, Mario. *I fatti illeciti*, cit., p. 317.
78. Em igual sentido, sob o argumento de que o dado normativo não justifica a limitação do ressarcimento às hipóteses em que o prejuízo seja uma decorrência apenas do risco típico da empresa, o que enseja uma reparação à vítima a partir do mero pressuposto da recorrência dos elementos expressamente

Outro fator a ser observado diz respeito às situações de exclusão da responsabilidade. Sem prejuízo dos riscos atípicos já tratados e do caso fortuito, que estariam fora do alcance de cobertura da responsabilidade objetiva decorrente do desenvolvimento de atividade profissional, é corrente assinalar que – e sempre consoante os defensores da teoria em comento – a concorrência culposa e a assunção de riscos pela vítima seriam situações que, de algum modo, poderiam interferir na demarcação do alcance da imputação: aquela não como própria excludente, mas como mitigadora do dever de indenizar em proporção à sua intensidade quando comparada ao risco normal da atividade[79]; esta como situação capaz de afastar por completo o dever de indenizar na medida em que não pressupõe a violação de uma norma de diligência, equivalendo-se por assim dizer com o risco assumido pelo empreendedor[80].

Sem prejuízo dos seus méritos, é notório concluir no sentido da inadequação da teoria em causa para justificar situações estranhas a uma atividade empresarial[81]. Resta caracterizada, por isso, considerando ser deveras restritiva, a sua inutilidade a uma possível reconstrução dogmática da responsabilidade objetiva enquanto categoria jurídica unitária a partir de um pretenso critério uniforme de legitimação[82]. Quanto mais diante da impossibilidade de levá-la ao extremo de afirmar que toda e qualquer atividade empresarial submeter-se-ia a regras de imputação objetiva, quanto mais porque muitas delas se baseiam propriamente no princípio da culpa[83], o que

---

previstos nas *fattispecie* de cada sistema, SALVI, Cesare. *La responsabilità civile*. 2ed. Milano: Giuffrè, 2005, p. 149-150.

79. TRIMARCHI, Pietro. *Rischio...*, cit., p. 52. Segundo o autor, mesmo nestas situações, tendo em vista a previsibilidade ao empreendedor de uma possível concorrência culposa nas situações em que se atribui ao público o encargo relativo a certo grau de diligência, seria uma sanção demasiado pesada à vítima faltosa a perda integral da indenização pelos danos sofridos.
80. TRIMARCHI, Pietro. *Rischio...*, cit., p. 53-54. Cita-se como exemplo o transporte de cortesia; nestes casos, a assunção deliberada do risco pelo passageiro imporia o afastamento da responsabilidade objetiva fundada no risco profissional daquele que o conduz. Não há consenso a respeito, contudo, havendo quem sustente que, mesmo nestas situações, configurar-se-ia a responsabilidade objetiva do empreendedor. Sobre o tema, com um amplo apanhado sobre as várias implicações envolvendo o transporte de cortesia, inclusive em perspectiva comparada, seja a respeito do seu enquadramento (contratual ou extracontratual), seja acerca do seu regime (objetivo ou subjetivo), ver DIAS, José de Aguiar. *Da Responsabilidade Civil*, cit., p. 152-170.
81. Nesta linha, refere-se, inclusive, ser injustificável a limitação das regras de responsabilidade objetiva ao fenômeno da empresa sem que isso se constitua em arbitrária restrição ao alcance das normas assim predispostas, que não promovem em si mesmas esta limitação. Neste sentido, COMPORTI, Marco. *Esposizione al pericolo...*, cit., p. 160-161.
82. ALPA, Guido; BESSONE, Mario. *I fatti illeciti*, cit., p. 316. Ainda conforme CASTRONOVO, Carlo. *Responsabilità oggettiva*, cit., p. 8, nos casos em que a situações de responsabilidade objetiva não guardam relação com uma atividade empresarial, faltaria a viabilidade de se identificar o que denomina *rischio-costo*, justamente em alusão às premissas da teoria do risco profissional que identificam na imposição de responsabilidade a viabilidade de internalização dos custos decorrentes da atividade exercida; daí a insuficiência da teoria, nos moldes em que posta, e a justificativa para uma suposta parca penetração sua na jurisprudência.
83. COMPORTI, Marco. *Esposizione al pericolo...*, cit., p. 160; igualmente, TROISI, Claudia. *La responsabilità oggettiva*, cit., p. 572-573.

também sucede com muitas das atividades assim ditas biológicas[84], que demandam um regime geral de imputação sem culpa[85].

1.2.2   O risco criado

O âmbito restrito de aplicação da teoria do risco profissional às situações envolvendo a exploração de atividades econômicas organizadas, sem prejuízo de se mostrar aparentemente adequada a justificar uma importante gama de situações conectadas de modo direto aos processos de industrialização e de massificação das relações sociais, foi um dos principais motivadores a, já no seu nascedouro, na linha das críticas que lhe foram apresentadas, propor-se a sua ampliação.

Neste contexto é que se passa a estruturar construção tendente a atrelar a imputação objetiva não propriamente ao desenvolvimento de uma atividade profissional, mas alargando-a de modo a conectá-la à criação de um risco especial criado por uma determinada situação[86].

O seu nascedouro pode ser encontrado na reinterpretação do artigo 1.384 do *Code Civil*, de maneira a impedir o afastamento do dever de reparar diante da prova da ausência de culpa por parte do agente, mesmo nas situações em que não se verificasse o desenvolvimento de uma atividade empresarial organizada, tudo sob a justificativa de que aquele que dirige a força danosa e, por conseguinte, causa um dano, deve responder pelo risco que com isso cria a terceiros[87].

Consoante os seus idealizadores, dita construção apresenta como vantagem a generalidade dos motivos que a legitimam, os quais existem independentemente na natureza da atividade ou da importância da coisa que causou o dano, porquanto

---

84. Com uma crítica à diferença estabelecida entre atividades biológicas e atividades empreendedoras enquanto critério de demarcação da aplicabilidade da teoria do risco profissional, não apenas em razão da não rara dificuldade de delimitação de uma e de outra em várias situações, mas também do fato de existir uma série de situações positivadas nos diversos sistemas sob um regime de responsabilidade objetiva que não podem ser consideradas atividades empresariais, ver ALPA, Guido; BESSONE, Mario. *I fatti illeciti*, cit., p. 316. Ainda a respeito, também com severa crítica à aludida distinção, COMPORTI, Marco. *Esposizione al pericolo...*, cit., p. 159-160, acrescentando, dentre outras considerações, a possibilidade de que o sujeito individual não empreendedor desenvolva atividades com alto grau de risco sem que, para tanto, aja em desconformidade com a lei ou em genuíno exercício empresarial, situação que, sem prejuízo destas circunstâncias, não seria suficientemente equalizada pelo princípio da culpa.
85. Aqui é de se retomar a crítica quanto à suposta suficiência da culpa para a gestão dos danos decorrentes das atividades denominadas biológicas enquanto aquelas desprovidas de uma natureza e de uma organização profissional. E o exemplo vem dado pelos seus próprios defensores, quando da referência a situações, dentre outras, relacionadas à responsabilidade civil pelo uso de veículos automotores, não obstante dita atividade – que não pode ser entendida, na sua totalidade, como profissional ou econômica – não seja unanimidade nos diversos sistemas jurídicos como passíveis de justificar um dever de reparar sem culpa. Sobre o tema, TRIMARCHI, Pietro. *Rischio...*, cit., p. 43-45.
86. A noção de alargamento da teoria do risco profissional com vistas à estruturação de outra com contornos mais amplos, denominada de risco criado, pode ser expressamente encontrada em JOSSERAND, Louis. *Da responsabilidade pelo fato...*, cit., p. 110, quando afirma que "[a] obrigação nascida do fato da indústria deve-se substituir pela obrigação nascida do fato das coisas, a noção de risco profissional, pela noção de risco criado".
87. JOSSERAND, Louis. *Responsabilidade pelo fato...*, cit., p. 112.

é uma exigência elementar de equidade a imposição das consequências do fato das coisas àqueles que as tem sob a sua guarda ou que delas se servem[88].

Esta construção vem embasada em uma ponderação entre os interesses da vítima e do lesante, porquanto se entende que se este não concorreu culposamente para o dano, aquele também não, de modo que se mostraria mais adequado, à vista da ausência de um juízo de censurabilidade em relação à conduta de ambos os agentes envolvidos (a situação de ambos é idêntica), conectar-se o dever de indenizar ao fato objetivo de ser o sujeito garantidor da coisa da qual provém o prejuízo – entre os quais há uma relação estreita – e ao consequente risco que esta relação de posse e uso por si só encerra. Isso porque se o detentor da coisa não for responsável por reparar o dano dela proveniente, este encargo recairá sobre a vítima, mesmo diante da absoluta ausência de relação entre ela, o fato e a coisa, o que se mostra incompatível com a possibilidade de verificar a existência de uma relação estreita entre esta mesma coisa da qual provém o dano e aquele que a tem consigo[89].

A teoria poderia ser sintetizada em três diretrizes gerais materializadas no fato de haver previsão legal para a imputação em causa[90], de não prescindir da inafastável evidência de que o dano efetivamente decorreu da coisa e de ter seu fundamento racional de legitimação na ideia de risco criado[91]. Especialmente quanto às duas últimas, tendo em vista a menor relevância da primeira a uma apresentação geral da teoria, é de se dizer que o estabelecimento da exigência de um nexo causal rigoroso não se constitui em expressiva inovação, tendo em vista não apenas a teoria do risco profissional, mas mesmo aquelas de matriz negativa (baseadas na estrita causalidade) esboçadas já do nascedouro do risco enquanto fundamento da responsabilidade objetiva ou mesmo na generalidade da teoria da culpa. Quanto ao fundamento invocado, pressupõe a complementação no sentido de que o dever de reparar nasce não da simples propriedade/posse, mas da criação do risco que, por isso, se liga à noção de guarda ou de utilização[92].

Quanto aos limites da aplicação da teoria, a construção em causa preconiza que a imputação com base no risco criado deve abranger também o caso fortuito, podendo ser excluída apenas nas situações de força maior ou culpa exclusiva da vítima, no que, em uma análise preliminar, a diferenciaria da teoria do risco profissional. A

---

88. JOSSERAND, Louis. *Responsabilidade pelo fato...*, cit., p. 111-112. Nesta linha, o infortúnio mostra-se mais legitimamente suportado por aquele que, em última análise, determinou-o ou provocou-o, mesmo que de modo indireto, do que por aquele que tão somente o sofreu, o que atribuiria plena satisfação à equidade.
89. JOSSERAND, Louis. *Responsabilidade pelo fato...*, cit., p. 111-112.
90. Aqui é feita uma referência expressa à regra do artigo 1.834 do Código Civil francês, que silencia quanto à exigência da *faute* como pressuposto do dever de indenizar ou da possibilidade da prova da ausência de culpa pelo agente liberá-lo da obrigação ressarcitória.
91. JOSSERAND, Louis. *Responsabilidade pelo fato...*, cit., p. 114.
92. Conforme JOSSERAND, Louis. *Responsabilidade pelo fato...*, cit., p. 117, o risco deve ser suportado não por aquele que tinha sobre a coisa um poder jurídico – materializado no direito de propriedade –, mas sim um poder de fato corporizado na sua guarda ou na sua utilização quando do acidente, de modo a responsabilizar, em última análise, quem efetivamente o criou.

justificativa para tanto é a tentativa de encontrar solução ao que correntemente se denomina *risco da humanidade*, de modo a fazer com que a criação deste exato risco reste por abrangê-lo e, com isso, não deixar a vítima desassistida[93].

Em verdade, muito embora a afirmação aparente constituir uma expressiva ampliação do âmbito de aplicação do risco, a verificação dos conceitos empregados nas afirmações bem evidencia que, em verdade, quando se faz alusão genérica ao caso fortuito, busca-se referir ao que atualmente se considera fortuito interno, associando o conceito de força maior – que teria o condão de excluir a responsabilidade – à noção hodierna de fortuito externo[94]. Daí que, em linhas gerais, não haveria expressiva inovação no que toca à exclusão de responsabilidade pelo caso fortuito, que remanesceria sendo apenas aquele estranho à coisa e ao seu uso normal.

Quanto à concorrência culposa da vítima, a crítica que poderia ser feita reside no fato de deixar de considerar que o dano pode ter mais de uma causa, não sendo rigorosamente correto afirmar, em termos genéricos, que o agir do lesado sempre romperá o nexo de causalidade. Daí serem mais adequadas do ponto de vista da técnica as considerações formuladas em matéria de responsabilidade pelo risco profissional, no sentido de que a relevância da culpa do lesado deverá ser valorada na situação concreta, de modo que não obstante possa induzir uma ausência total de responsabilidade por parte daquele que cria o risco, também poderá apenas mitigar o montante indenizatório tendo em vista as proporções em que tenha concorrido para a verificação do prejuízo[95].

E a solução apontada para um possível agravamento do peso do encargo atribuído àquele que guarda ou utiliza a coisa – em razão de um dever de reparar de igual forma dito gravoso – está na celebração de seguros contra acidentes cuja discussão sobre a sua obrigatoriedade poderia vir justificada no risco criado por tal mister[96]. Dita solução, todavia, em linhas gerais e tendo em vista as demais finalidades da responsabilidade civil, poder-se-ia apresentar um tanto simplista, pois embasada em uma mera distribuição social de encargos[97].

---

93. JOSSERAND, Louis. *Responsabilidade pelo fato...*, cit., p. 115-116.
94. Sobre a relação entre força maior e caso fortuito, especialmente a partir das concepções objetiva e subjetiva que são apresentadas para o último conceito e tendo em conta a necessidade incidental da diferenciação para a crítica ora feita à teoria em exame, ver, dentre outros tantos, GALLO, Paolo. *Istituzioni di Diritto Privato*. 2ed. Torino: Giappichelli, 2003, p. 408.
95. TRIMARCHI, Pietro. *Rischio...*, cit., p. 52.
96. JOSSERAND, Louis. *Responsabilidade pelo fato...*, cit., p. 113. Especificamente quanto àqueles que responderiam no exercício de uma atividade pelo fato da coisa, em razão do argumento contrário à teoria considerando suposto perigo que a sua aplicação traria ao desenvolvimento da indústria, o autor retoma os argumentos já expedidos pela teoria do risco profissional no sentido de que o prejuízo aparente suportado pelo produtor seria suportado, em última análise, pelo consumidor, não havendo que se falar, nesta linha, em modificação sensível das condições de produção e consumo.
97. A questão envolvendo a obrigatoriedade ou não de seguros de responsabilidade em razão de atividades ou mesmo situações especiais, como a guarda ou a utilização de determinados bens, encerra discussão bastante complexa que, por ora, refoge do âmbito de discussão da investigação, sem prejuízo da relevância da menção ao problema enquanto decorrência do debate acerca da fundamentação proposta pela teoria em exame. Sobre o tema, CASTRONOVO, Carlo. *Responsabilità oggettiva*, cit., p. 10-11. A propósito, com uma discussão

Todavia, a maior crítica dirigida à teoria em causa – até mesmo por se relacionar ao seu fundamento em si e não a questões pontuais do seu desenvolvimento – tem um desdobramento duplo, já que diz respeito não apenas à sua demasiada generalidade, mas especialmente à ausência de uma clara diferenciação entre risco e perigo. Isso porque, em último exame, toda atividade importa em certos riscos mais ou menos consideráveis, de maneira que não será qualquer deles que importará, obrigatoriamente, em responsabilidade objetiva. De outro lado, considerando que a teoria vem lastreada exatamente na premissa de que o que justifica a responsabilidade objetiva é, por si só, o risco (em maior ou menor grau) criado por uma atividade qualquer, sem referência, assim, a uma conotação especial, estabelece-se uma confusão conceitual entre risco e perigo, ambos aproximando-se por meio da noção de probabilidade de ocorrência de danos, mesmo quando associados a uma coisa e não a um agir[98].

Neste contexto é que se apresenta a conveniência de, justamente, analisar os contornos da teoria de legitimação formulada com base na exposição ao perigo, buscando demarcar a sua diferença em relação às precedentes na tentativa de uma adequada sistematização do fundamento geral da responsabilidade objetiva enquanto categoria jurídica.

1.2.3 A exposição ao perigo

Em alternativa ao risco propriamente dito, mas a ele conectado na sua essência[99], em especial tendo em conta as críticas formuladas justo em razão de uma confusão conceitual a respeito, passa-se a estruturar teoria fundada na exposição ao perigo, assim estritamente considerado enquanto notável potencialidade de produzir danos[100].

Daí porque o primeiro ponto a ser tratado para fins de aferição de uma relevância da construção teórica em causa diz respeito à diferenciação conceitual entre risco e perigo. A partir de uma análise que parte dos padrões linguísticos de ambas as expres-

---

mais aprofundada e específica sobre os contornos do mesmo tema, aqui tangencialmente abordado, ver CUOCCI, Valentina Vincenza. *Crisi del'assicurazione obbligatoria R.C.A.: I possibili mecanismi correttivi tra risarcimento diretto e no-fault insurance*. In: BUSNELLI, Francesco Donato; COMANDÉ, Giovanni (a cura di). L'assicurazione tra Codice Civile e nuove esigenze: per un approccio precauzionale al governo dei rischi. Milano: Giuffrè, 2009, p. 59-64. Igualmente a respeito, com uma perspectiva acerca do debate sobre a legitimidade para a imposição de uma obrigatoriedade assecuratória, se somente legal ou também jurisprudencial, ver BUSNELLI, Francesco Donato. *Diritto giurisprudenziale e responsabilità civile*. Napoli: Editoriale Scientifica, 2007, p. 29-31.

98. Sobre o tema, COMPORTI, Marco. *Esposizione al pericolo...*, cit., p. 167. Note-se que não obstante os seus desenvolvimentos mais tradicionais digam respeito à responsabilidade pelo fato da coisa, a conexão da imputação baseada no risco criado dá-se em decorrência da sua guarda ou da sua utilização – e não da propriedade, como já referido –, de modo a bem caracterizar que, com efeito, o que cria o risco é justamente a atividade de guarda ou utilização e não simplesmente a coisa.
99. FORCHIELLI, Paolo. *Responsabilità oggettiva*, cit., p. 3. Em igual senso, assinalando a existência de um fundo não diverso daquele que sustenta as teorias do risco, SCONAMIGLIO, Renato. *Responsabilità civile e danno*, cit., p. 125.
100. COMPORTI, Marco. *Responsabilità per esercizio di attività pericolose*. In: BUONOCORE, Vincenzo; MAJELLO, Ugo. Fondamento e funzione della responsabilità civile. Napoli: Cooperativa Editrice Economica e Commercio, 1975, p. 77.

sões e segue na sua conformação jurídica, é possível estabelecer que enquanto a ideia de risco está associada a uma eventualidade de dano decorrente de uma atividade, a noção de perigo guarda relação com o notável estado de ameaça de dano a terceiros em decorrência de uma atividade[101].

Nesta senda, enquanto o risco encerra conotação subjetiva estreitamente ligada a uma valoração de índole econômica interna do sujeito, de modo a induzir o ressarcimento de certos danos como ônus de uma empresa enquanto atividade organizada (não obrigatoriamente lucrativa, para abranger as várias nuances da teoria), o perigo traz em si conotação objetiva relacionada a uma relevante potencialidade de produzir dano em decorrência de um agir[102].

Como linha de desenvolvimento destas premissas e partindo da vinculação entre potencialidade de danos e a periculosidade da atividade[103] (seja dela própria, seja dos meios por ela empregados), chega-se à constatação da viabilidade de que o exercício de atividades perigosas, por trazer em si ínsita a evidência estatística de uma tendência a causar danos mesmo diante da adoção de razoáveis diligências, converte-se em critério de imputação a fazer frente a uma série de danos até então ditos anônimos, pois não imputáveis a ninguém a partir de um preceito geral de culpa[104]. Com isso, tornando mais gravosos os critérios de imputação em nome de exigências de defesa social, criam-se soluções mais equânimes diante dos problemas que se apresentavam em uma nova realidade econômico-social[105].

Não obstante a noção de periculosidade pretenda-se estritamente objetiva, por guarda relação com a natureza da atividade ou dos meios nela empregados, esteve sujeita a censuras sob a alegação da extrema dificuldade de demarcação do início e do fim do perigo legitimador de uma imputação objetiva[106].

---

101. COMPORTI, Marco. *Esposizione al pericolo...*, cit., p. 169-171. Neste campo, cf. SALVI, Cesare. *La responsabilità civile*, cit., p. 176-177, cumpre ressaltar que não se trata de uma periculosidade que decorre da forma como a atividade é exercida, ou seja, da conduta por meio da qual se realiza (o que pressupõe uma valoração *ex post*), mas de uma periculosidade objetivamente intrínseca à dita atividade, que vem por isso valorada previamente. De igual modo, assinalando uma diferença entre a periculosidade da conduta e a periculosidade da atividade em si mesma, VISINTINI, Giovanna. *Cos'è la responsabilità civile*. Fontamenti della disciplina dei fatti illeciti e dell'inadempimento contrattuale. 2ed. Napoli: Edizione Scientifiche Italiane, 2014, p. 208.
102. COMPORTI, Marco. *Esposizione al pericolo...*, cit., p. 171-72. A partir destas premissas é que o perigo apresentaria um perfil essencialmente jurídico e, por isso, mais efetivo à consecução do objetivo último da responsabilidade civil (satisfação de uma necessidade de defesa do indivíduo) a partir da imposição de uma disciplina mais rígida de imputação nos casos em que se apresenta um maior perigo aos sujeitos.
103. Sem prejuízo do mérito de promover o início da penetração nos vários ordenamentos jurídicos da ideia moderna de responsabilidade objetiva, os conceitos de *atividade perigosa* e de *periculosidade* não estão imunes a crítica, exatamente pela não infrequente associação do seu conteúdo com uma subliminar noção de "colpa in radice" que não carece da prova ulterior de falta de diligência no momento da verificação do fato danoso. Nestes termos, CASTRONOVO, Carlo. *Responsabilità oggettiva*, cit., p. 4-5.
104. COMPORTI, Marco. *Esposizione al pericolo...*, cit., p. 169-171.
105. COMPORTI, Marco. *Responsabilità per esercizio...*, cit., p. 74. SALVI, Cesare. *La responsabilità civile*, cit., p. 175.
106. SERRA, Adriano Vaz. *Fundamento da Responsabilidade Civil*, cit., p. 34-36. Segundo o autor, por esta exata razão, não se legitimaria uma regra geral abstrata de dispensa da culpa apenas tendo em conta o fato de existirem atividades perigosas ou mesmo especialmente perigosas, conquanto, nestas situações, a aferição

Em resposta a esta crítica e reconhecendo verdadeira a premissa de que toda atividade traz em si certo potencial de periculosidade, afirma-se que a fim de legitimar a imputação objetiva nestas situações deve-se constatar um efetivo potencial de causar frequentes e notáveis danos; não uma simples possibilidade, mas uma real probabilidade de produzir danos a partir de um critério médio de normalidade que considere não apenas regras estatísticas, mas elementos técnicos e de experiência comum ou mesmo a gravidade ou as proporções de que se possam revestir[107].

Ao contrário da teoria do risco de empresa, aquela fundada na exposição ao perigo não comporta uma redução tendente a limitá-la ao exercício de atividades empresariais, propondo-se a possuir alcance lato o suficiente a abranger toda e qualquer ação que traga em si perigo real de produzir danos. Isso porque o termo *atividade* tem abrangência suficiente – e assim deve ser considerado – para compreender não apenas aquelas profissionais, mas também a ação eventual e isolada que[108], até mesmo por ser menos controlada, pode revestir-se de maior periculosidade[109].

---

da periculosidade legitimadora da dispensa da culpa seria relegada ao exclusivo arbítrio judicial, sem que se possa dar um prévio e seguro conhecimento aos indivíduos daquelas para as quais exista um regime de responsabilidade desta natureza.

107. COMPORTI, Marco. *Esposizione al pericolo...*, cit., p. 173-174. Igualmente COMPORTI, Marco. *Responsabilità per esercizio...*, cit., p. 78-79, observa que, atualmente, o âmbito de aplicação da teoria deixa-se de conectar tanto às atividades que estatisticamente podem produzir danos para ligar-se aquelas que apresentam uma potencialidade intrínseca de danos, ou seja, aquelas marcadas por um risco não evitável de todo mesmo à vista da mais intensa diligência, de sorte a abranger os ditos danos do acaso. Nestes termos, a periculosidade significaria a impossibilidade de adotar medidas preventivas de modo a excluir a possibilidade de dano, o que vem embasado nos dados estatísticos de frequência e gravidade do dano inevitável, não obstante toda a diligência empregada. Por tudo isso é que, cf. VISINTINI, Giovanna. *Cos'è...*, cit., p. 205, fala-se em uma previsibilidade de dano *in re ipsa* para a qual as regras normais de diligência não seriam suficientemente adequadas; em igual sentido, mesmo que aludindo a outras figuras nas quais, de igual modo, o dano vem reconhecido *in re ipsa*, ver DI LAURO, Antonino Procida Mirabelli; FEOLA, Maria. *La responsabilità civile. Contrato e torto*. Torino: Giappichelli, 2014, p. 136 e ss.

108. COMPORTI, Marco. *Responsabilità per esercizio...*, cit., p. 79. Em sentido contrário, afirmando que a designação *atividade* deve ser lida enquanto série continua e organizada de atos, de maneira a conectar-se com aquelas ditas empresariais e, deste modo, excluir do âmbito de aplicação da norma os atos perigosos isolados, pois se a periculosidade decorre de uma conduta imprudente, apresenta-se como um elemento acidental, MONATERI, Pier Giuseppe. *La responsabilità civile*. In: SACCO, Rodolfo (dir). Trattato di Dirito Civile. Torino: UTET, 1998, t. 6 (Le fonti delle obbligazioni), v. 3, p. 1016. Com uma concepção intermediária, pressupondo atividade dita perigosa um mínimo de continuidade e predisposição de meios sem exigência, contudo, de lucro ou de organização empresarial, mas ao ponto de excluir os atos isolados, SALVI, Cesare. *La responsabilità civile*, cit., p. 175-176. A este respeito, tendo-se em conta os fundamentos sobre os quais se funda a construção em causa, as restrições ora apresentadas não se mostram adequadas, pois se o que legitima a imputação sem culpa é a potencialidade concreta e real de causar danos, não há como se justificar a exclusão de uma atividade apenas por não ter organização e continuidade, representando a sua associação a níveis inadequados de diligência uma tentativa infundada de recurso ao regime da culpa.

109. Sem prejuízo da discordância quanto à antes mencionada tentativa de limitação da aplicabilidade da teoria às atividades empresarias e não obstante comungue-se do entendimento de que aquelas ditas isoladas, se efetivamente fonte de perigo, não podem ser excluídas da construção proposta, a referência ao seu menor controle e, por isso, a uma maior potencialidade de danos também parece ser uma reminiscência injustificável, mesmo que indireta, à ideia de negligência, o que não se apresenta compatível com a objetividade do regime de imputação proposto. Isso porque seria necessário verificar no caso concreto se houve ou não um descontrole, a induzir que o perigo decorrera desta circunstância – muito próxima da culpa – e não da natureza da atividade em si.

Para tanto, parte-se do pressuposto de que, sabendo da potencialidade danosa de uma determinada atividade, restaria por alternativa a sua proibição[110]. Contudo, tendo em consideração uma inegável utilidade social legitimadora da aceitação da sua prática[111], uma ponderação entre os interesses resguardados pelo exercício útil e aqueles decorrentes dos ditames de proteção social recomenda um regime mais gravoso de responsabilidade, de maneira a imputarem-se os danos a quem a exerce, não enquanto correspondência pela permissão do seu exercício, mas enquanto tentativa de reduzir ao máximo os seus efeitos prejudiciais a terceiros[112] para, apenas em caso de impossibilidade, não permitir que a vítima os suporte sozinha[113].

Tendo por base a amplitude dos desenvolvimentos delineados, a teoria em causa propõe-se a justificar a totalidade das situações de imputação objetiva – enquanto verdadeiro critério geral de imputação da multiplicidade de *fattispecie* de responsabilidade objetiva – a partir da constatação da exposição ao perigo, estabelecendo genuíno princípio geral segundo o qual todo aquele que cria ou tem uma fonte de exposição ao perigo para a coletividade é obrigado a reparar os danos respectivos, independentemente de culpa própria ou de terceiro. Com isso, promove-se por assim dizer uma *canalização* da responsabilidade em relação a um sujeito, a qual se estabelece por meio da demarcação da exposição ao perigo

---

110. Para um debate a respeito, mesmo que periférico, porquanto relativo à liberdade do exercício de atividade nos então regimes soviéticos e as suas consequências em relação ao(s) sistema(s) de responsabilidade civil, ver RODOTÀ, Stefano. *Il problema della responsabilità civile*. Milano: Giuffrè, 1967, p. 68, nota 67, *in fine*.
111. MONATERI, Pier Giuseppe. *La responsabilità civile*, cit. p. 1007.
112. A crítica que comumente vem dirigida à efetividade desta pretensão diz respeito ao fato de que a prevenção efetiva somente é plena quando envolva lesante e lesado, ou seja, quando cada qual, dentro da sua margem de ação e tendo em conta os meios que tem disponível para si, empreende neste sentido. Para um aprofundamento acerca desta crítica, que leva em conta uma série de desdobramentos de ordem econômica, os quais permitem concluir que a culpa enquanto critério de imputação é eficiente quando é possível a prevenção bilateral, ou seja, parte pelo lesante, parte pelo lesado, ver MONATERI, Pier Giuseppe. *La responsabilità civile*, cit., p. 38-44. Segundo o autor, a responsabilidade objetiva somente será eficiente se os meios disponíveis à prevenção forem unilaterais, o ressarcimento à vítima for perfeito e estiver claro *ex ante* quem é o lesante em potencial e quem é a vítima em potencial. Ditas ponderações aparentam-se influenciadas pela análise econômica do direito, de maneira que, sem prejuízo da sua razoabilidade, não se apresentam suficientes o bastante a descredibilizar, ao menos neste primeiro plano teórico da exposição, a pretensão intentada pela teoria em estudo.
113. COMPORTI, Marco. *Esposizione al pericolo...*, cit., p. 174-175. Tal qual verificado nas teorias do risco propriamente dito, traz atrelada a si a ideia de promover a prevenção de danos diante da ampliação máxima possível do seu âmbito de aplicação e, por isso, da possibilidade de se ver obrigado a indenizar independentemente de culpa, o que induz verdadeira prevenção geral relativamente ao exercício de atividades que tenham ínsitas a possibilidade de produzir danos a terceiros. Ainda sobre o tema, COMPORTI, Marco. *Responsabilità per esercizio...*, cit., p. 81. Especialmente tendo em vista o sistema italiano, o autor faz referência à regra do artigo 2.050 do Código Civil, que prevê a possibilidade de produzir uma prova liberatória da responsabilidade apenas nas situações em que o agente tenha adotado a totalidade das medidas idôneas a evitar o prejuízo, e não apenas de uma genérica diligência no desenvolvimento da atividade, tudo no nítido objetivo de prevenir a sua ocorrência; nestes termos, diante da interpretação judicial que foi dada ao dispositivo, a liberação apresenta-se viável apenas nos casos em que o agente tenha empregado um grau tão elevado de medidas voltadas a prevenção que tenha posto fim à natureza perigosa da atividade. A interpretação em causa comporta alguma crítica, especialmente tendo em conta as inegáveis dificuldades da regra do artigo em causa, ao menos nos termos em que posta, o que será abordado em momento subsequente.

(o critério se baseia sobre a conduta do sujeito) e da verificação dos danos que dela diretamente decorrem[114].

E a exclusão desta responsabilidade, diante da sua objetiva vinculação à periculosidade ínsita à atividade e não ao modo de agir do agente, seria possível apenas nas situações de demonstração da dependência causal entre o dano e um autêntico caso fortuito ou um fato exclusivo do lesado, tal qual, aliás, é típico das verdadeiras situações de responsabilidade objetiva[115].

Não obstante a sua boa consistência teórica, a proposição em causa não esteve imune a objeções. E talvez a principal delas diga respeito ao fato de associar os perfis objetivos das situações de perigo a padrões técnicos de perquirição acerca da medida possível da prevenção, tornando-os, nesta linha, demasiado teóricos e abstratos e, por conseguinte, de algum modo incompatível com os acontecimentos factíveis do exercício da atividade humana e da sua valoração por meio das regras de responsabilidade[116].

Daí que, em consequência disto, não é raro assevera-se que o princípio da exposição ao perigo vem acolhido em acepções demasiado diversas e distantes entre si: ou em uma dimensão excessivamente lata e, por isso, pouco significativa, diante da dificuldade de estabelecer dentre as atividades perigosas aquelas que o são em um nível tal a autorizar a dispensa da culpa, reconduzindo-o, em último exame, a um campo de operatividade não muito diverso da imputação pela pura causalidade; ou em uma dimensão por demais estreita, em decorrência da predisposição de uma gama de requisitos à sua verificação, a produzir efeitos limitados, porquanto inapto a justificar uma série de situações típicas de responsabilidade objetiva[117].

---

114. COMPORTI, Marco. *Esposizione al pericolo...*, cit., p. 176-181. Segundo o autor, p. 178, a partir da possibilidade de se reconduzirem todas as situações de imputação sem culpa ao critério da exposição ao perigo, cria-se um sistema unitário de responsabilidade civil assim compreendido enquanto reação ao dano injusto, o qual se opera tanto por intermédio da culpa (imputação subjetiva) quanto da exposição ao perigo (imputação objetiva).
115. VISINTINI, Giovanna. *Cos'è...*, cit., p. 209. Sobre o âmbito da exclusão da responsabilidade nas situações de exposição ao perigo, ALPA, Guido; BESSONE, Mario. *La responsabilità civile*, cit., p. 387, fazem referência à assunção própria do risco por parte do lesado, para o fim de, nestas situações, desde que o ato seja efetivamente voluntário e exista um completo conhecimento sobre os riscos, afastar-se a incidência da responsabilidade objetiva daquele que exerce a atividade que teria dado causa ao dado; a propósito, citam como exemplo o desenvolvimento de atividades esportivas especialmente perigosas em que tenham sido observadas as regras típicas inerentes à prática e se tenham adotado as cautelas igualmente intrínsecas à prática da atividade. A ponderação evoca, mesmo que reflexamente, a temática da exclusão da ilicitude pelo consentimento do lesado, a qual se deixa de aprofundar no presente estudo. A propósito, porquanto o tema fora objeto de abordagem específica, consinta-se reenviar a TEIXEIRA NETO, Felipe. *Responsabilidade civil e consentimento do lesado*: Um contributo da experiência portuguesa à ordem jurídica brasileira. Revista do Instituto do Direito Brasileiro da Universidade de Lisboa, Lisboa, a. 3, n. 9, p. 7447-7501, set. 2014.
116. COMPORTI, Marco. *Responsabilità per esercizio...*, cit., p. 79.
117. Sobre o tema, SCOGNAMIGLIO, Renato. *Responsabilità civile e danno*. Torino: Giappichelli, 2010, p. 126-127. A respeito da última acepção, cita o caso da responsabilidade do comitente, que encontra parca fundamentação a partir de uma acepção de exposição ao perigo fundada em elementos demasiado restritivos.

Considerando que uma das principais críticas contra si apresentadas está exatamente na impossibilidade de se aceitar a sua abrangência geral para legitimar uma parte das clássicas situações de imputação sem culpa, objeção da qual também não parecem estar imunes as demais teorias apresentadas, cumpre aferir, a partir de uma verificação da aplicação concreta das regras de responsabilidade objetiva vigentes nos sistemas sob exame, a viabilidade de qualquer delas a legitimar uma regra uniforme contraposta ao princípio da culpa.

2. AS TEORIAS DO RISCO NA LEGITIMAÇÃO UNITÁRIA DA RESPONSABILIDADE OBJETIVA

Na tentativa de verificar a maneira como se comportam as diversas teorias que, partindo da ideia ampliada de risco, propuseram-se a justificar a responsabilidade objetiva nos casos concretos pretensamente postos sob o seu fundamento[118], optou-se pela observação daquelas que estiveram predispostas sob um regime de natureza agravada[119]. Isso porque se o intento é aferir a suficiência do risco *lato sensu* (a abranger a exposição ao perigo) enquanto critério unificador de imputação objetiva, em não sendo verificada em tais situações ditas tradicionais, restará obstada a possibilidade de proposição de um regime único em paralelo àquele dito subjetivo a partir da sua invocação.

Nesta linha, mesmo que possa haver dificuldade na estruturação de grupos homogêneos de situações predispostas fora do princípio da culpa, tendo em vista que o intento é meramente observatório quanto ao comportamento do fundamento e não ainda quanto ao regime de pressupostos em si, não se verifica prejuízo numa eventual artificialidade que porventura se possa constatar nesta predisposição.

Não há dúvidas que, numa gama de situações, o risco aparenta representar fundamento uniforme e suficiente ao agravamento da imputação por meio da flexibilidade (relativa ou absoluta) do pressuposto geral da culpa.

Em maior ou menor grau, com maior ou menor ineditismo, os três sistemas jurídicos sob comparação contêm, por exemplo, regras específicas atribuindo um regime mais gravoso de responsabilidade em razão do exercício de atividades que, pela sua natureza ou pelos seus meios, constituem-se em especial fonte de danos, seja pelo seu risco, seja pelo perigo a ela inerente[120]. Nestes casos, a divergência é

---

118. É bem verdade que existe variação a respeito da caracterização das hipóteses ora predispostas enquanto situações de imputação objetiva, inclusive nas experiências jurídicas sob exame. Não há dúvidas, contudo, de que introduzem um regime agravado de responsabilidade, seja por meio da culpa presumida, seja por intermédio da sua evolução para um genuíno dever de indenizar para além da culpa.
119. Esta peculiaridade pode ser reconhecida já pela tentativa de reinterpretação dos artigos 1.384, 1.385 e 1.386 do *Code Civil*, relativamente à responsabilidade decorrente dos danos derivados do fato da coisa, dos animais, do comitente pelos atos de terceiros e da destruição de edifícios. Sobre o tema, CASTRONOVO, Carlo. *Responsabilità oggettiva*, cit., p. 6.
120. Neste sentido, o artigo 2.050 do *Codice* ("[q]ualquer um que causa dano a outrem no desenvolvimento de uma atividade perigosa, pela sua natureza ou pela natureza dos meios usados, é obrigado ao ressarcimento,

maior quanto à existência de um autêntico regime de responsabilidade objetiva do que quanto à viabilidade da invocação do risco *lato sensu* enquanto fundamento para o agravamento do regime de imputação, diante da expressa alusão a uma das suas variantes nos próprios dispositivos de regência[121].

Já haverá situações outras que, não obstante a divergência também presente em cada um dos sistemas sobre a real natureza objetiva da imputação, ainda se verificará, quanto afirmativa esta conclusão, séria dúvida no que tange à suficiência do risco enquanto fundamento a uma maior ou menor dispensa da relevância da culpa. Em tais cenários é que se apresenta valioso um esforço investigativo de direito comparado com vistas à verificação da (in)suficiência das teorias analisadas no item precedente para a legitimação do surgimento do dever de indenizar para além da culpa.

Serão analisadas, para este fim, as situações predispostas diretamente no Código Civil, sem prejuízo de uma revisão desta sistemática caso se mostre conveniente o exame de outras contidas em leis especiais. Isso porque se pressupõe, por ora, não só uma maior unidade no tratamento dos temas, em razão do sistema em que inseridos, mas uma aparente adequação destes grupos para fins de verificação da (in)suficiência do risco a legitimar a responsabilidade objetiva enquanto categoria jurídica unitária.

---

se não prova de haver adotado todas as medidas idôneas a evitar o dano"), o artigo 493º, n. 2, do Código português ("[q]uem causar danos a outrem no exercício de uma atividade, perigosa por sua própria natureza ou pela natureza dos meios utilizados, é obrigado a repará-los, exceto se mostrar que empregou todas as providências exigidas pelas circunstâncias com o fim de os prevenir") e o artigo 927, parágrafo único, do Código brasileiro de 2002 ("[h]averá obrigação de reparar o dano, independentemente de culpa, nos casos especificados em lei, ou quando a atividade normalmente desenvolvida pelo autor do dano implicar, por sua natureza, risco para os direitos de outrem"). Sobre o tema, a partir de uma perspectiva comparatista, consinta-se reenviar a TEIXEIRA NETO, Felipe. *Responsabilidade civil agravada pelo risco/perigo da atividade*: um diálogo entre os sistemas jurídicos italiano e brasileiro. In: ROSENVALD, Nelson; MILAGRES, Marcelo (coord.). Responsabilidade Civil: novas tendências. Indaiatuba/SP: Foco Jurídico, 2017, p. 163-173.

121. Bem representa esta constatação a contenda encontrada na doutrina italiana acerca da existência ou não de um regime de imputação objetiva a partir da regra do precitado artigo 2.050 do *Codice*. Nesta linha, três teorias se apresentam. A primeira, no sentido de que é inegável a natureza objetiva da norma em causa, pois não prevê a culpa como critério de imputação e tampouco a ausência de culpa como critério liberatório, de modo que tanto o seu elemento constitutivo quanto o seu elemento impeditivo não estão submetidos a uma valoração subjetiva do comportamento do causador do dano; assim, COMPORTI, Marco. *Responsabilità per esercizio...*, cit., p. 77. Uma segunda, intermediária, no sentido de que a natureza do regime instituído pelo artigo 2.050 depende da interpretação que lhe é dada, podendo constituir em uma regra de culpa com inversão do ônus da prova, caso seja feita referência ao estado subjetivo do responsável, ou em uma regra de responsabilidade objetiva por risco evitável (mesmo assim limitada se comparada com uma regra fundada no risco profissional), caso seja considerado apenas o fato objetivo que foi ou não adotado a evitar o dano, para concluir no sentido da segunda possibilidade; nesta linha, TRIMARCHI, Pietro. *Rischio...*, cit., p. 48. E uma terceira, em sentido contrário, sustentando que a responsabilidade que decorre do exercício de atividade perigosa constitui-se em imputação baseada na culpa, pois há um agravamento do dever de diligência imposto ao sujeito que desenvolve dita atividade, consoante sustenta, dentre outros, DE CUPIS, Adriano. *Il Danno*. Teoria Generale della Responsabilità Civile. 3ed. Milano: Giuffrè, 1979, p. 184-185, nota 219. O certo é que, independentemente da opção por cada uma das três teses, não há dúvidas de que o risco *lato sensu* está presente como fundamento da imputação agravada em análise. Tal dúvida é menos importante nos regimes português e brasileiro, vigendo naquele, sem maiores divergências, um regime de imputação por culpa presumida (artigo 493º, n. 2) e, neste, um legítimo regime de responsabilidade objetiva em sentido estrito (artigo 927, parágrafo único, do Código de 2002).

2.1 Responsabilidade civil pelo fato da coisa

As situações de responsabilidade em razão de danos associados a coisas (móveis, imóveis ou semoventes) são aquelas que, na linha do que sucede com outras hipóteses de responsabilidade agravada, encontram-se em uma zona gris entre os regimes de imputação subjetiva e objetiva, com alguma variação evolutiva nos sistemas sob comparação.

Não obstante no seu germe romano já houvesse dúvida bastante expressiva quanto à necessidade da exigência da culpa para o surgimento da obrigação de indenizar[122], a sistematização moderna do instituto restou por associar ditas situações a um regime subjetivo de imputação a partir de construções desenvolvidas tendo em conta a não observância de deveres de vigilância (culpa *in vigilando*), o que remanesce em uma série de ordenamentos, não obstante uma aparente tendência de substituição por regimes puros de responsabilidade objetiva.

Tal fenômeno verifica-se justamente porque as hipóteses de responsabilidade em questão não dizem respeito aos danos produzidos pela conduta do agente a partir do emprego de determinada coisa (que se submetem ao regime geral), mas em razão do próprio fato da coisa[123]; ou seja, são danos por ela propriamente causados sem que, para tanto, haja uma concorrência bem delimitada por parte do agente responsável[124]. Daí ser inegável reconhecer – mesmo que isso não seja consenso – uma aparente artificialidade da sua legitimação a partir de construções associadas à culpa presumida, pelo que o exame acurado dos regimes de imputação vigentes e dos argumentos lançados à legitimação de cada uma das três categorias usualmente estruturadas a partir do fato da coisa bem pode contribuir à aferição da unidade do risco *lato sensu* (superada a culpa presumida) enquanto fundamento da responsabilidade civil dela decorrente.

2.1.1 Responsabilidade por danos causados pela coisa em custódia

Consoante referido de maneira preambular, a adoção de regimes de culpa presumida para os danos causados pela coisa não é uma realidade estranha nos or-

---

122. Não quanto ao gênero em si, mas especialmente em relação a algumas das figuras agrupadas sob a sua égide, dentre elas, por exemplo, a responsabilidade "de effusi et dejectis" (*deiectum vel effusum*). Sobre o tema, KASER, Max. *Direito Privado Romano*, cit., p. 290.
123. A denominação responsabilidade pelo fato da coisa é altamente criticável, pois a coisa em si, em uma visão restritiva (*stricto sensu*), contrariamente aos animais, não tem dinamismo suficiente ao ponto de, mesmo sem personalidade, ter atividade. Todavia, não obstante a relevância destas ponderações, o seu emprego justifica-se no presente momento não apenas na tradição, mas no fato de que, mais do que a sua correção dogmática, o objetivo da análise está centrado na aferição dos fundamentos que legitimam a dispensa da culpa para o surgimento do dever de indenizar nas situações que seguem agrupadas sob a sua designação; o seu uso corrente na doutrina – seja portuguesa, brasileira ou italiana – autoriza o emprego para fins de facilidade da sistematização. Sobre as críticas a respeito, DIAS, José de Aguiar. *Da responsabilidade civil*, cit., p. 491-492. Partilhando das mesmas críticas, CAVALIERI FILHO, Sergio. *Programa...*, cit., p. 222.
124. VARELA, João de Matos Antunes. *Das obrigações...*, cit., p. 593; COSTA, Mário Júlio de Almeida. *Direito das Obrigações*. 11ed. Coimbra: Almedina, 2008, p. 587; dentre outros.

denamentos sob comparação. Isso porque, contrariamente do que sucede em maior ou menor grau no Brasil e na Itália, o sistema jurídico português conta com uma regulação do tema nos moldes oitocentistas clássicos, ao menos a partir da regra do artigo 493, número 1, do seu Código Civil[125], conclusão que se torna intransponível em razão da amplitude da prova liberatória admitida.

Nesta situação, seguindo os parâmetros mais tradicionais deveras ligados ao princípio da culpa, considerando que a obrigação indenizatória nasce da não observância de um dever pessoal de vigilância do proprietário ou possuidor, a linha de argumentação empregada para justificar um regime mais gravoso (nem tanto, se comparado com a possibilidade de imputação objetiva) está na suposta maior periculosidade inerente a elas, a impor, por isso, um especial dever de segurança no tráfego materializado na presunção *iuris tantum* de culpa[126]. Trata-se, ao que se vê, duma legitimação indireta no risco, pois, não obstante presuma a lei que as coisas são passíveis de conterem em si uma potencialidade agravada de causar danos, tal não é reconhecido na sua plenitude (por meio de um regime de imputação objetiva assente no risco), já que a lei autoriza a liberação da responsabilidade por meio de uma prova de não culpa que incumbe ao, em tese, lesante.

Em sentido diverso é o que se verifica nos sistemas jurídicos italiano e brasileiro, que parecem convergir no sentido da adoção de um regime de responsabilidade objetiva para os danos decorrente do fato da coisa: naquele, por força da regra expressa do artigo 2.051 do *Codice*; neste, em razão de uma interpretação sistemática dos artigos 936, 937 e 938 do Código Civil de 2002, que estabelecem, respectivamente, a responsabilidade objetiva dos proprietários de animais, da ruína dos edifícios e das coisas que caem (*de effusi et dejectis*), donde se poderia extrair, a par da ausência de uma regra clara nos moldes italianos, um regime geral de responsabilidade pelos danos decorrentes das coisas em custódia[127].

---

125. "Quem tiver em seu poder coisa móvel ou imóvel, com o dever de a vigiar, e bem assim quem tiver assumido o encargo da vigilância de quaisquer animais, responde pelos danos que a coisa ou os animais causarem, salvo se provar que nenhuma culpa houve da sua parte ou que os danos se teriam igualmente produzido ainda que não houvesse culpa sua".
126. LEITÃO, Luis Manuel Teles de. *Direito das Obrigações*, cit., p. 325-327; VARELA, João de Matos Antunes. *Das obrigações...*, cit., p. 593;
127. CAVALIERI FILHO, Sergio. *Programa...*, cit., p. 228. Segundo o autor, não obstante o Código Civil de 2002 não tenha uma previsão nos moldes do artigo 1.384 do *Code*, na parte em que estabelece a responsabilidade do agente pelas "coisas de quem tem a guarda", tal seria possível de ser inferido do próprio sistema, em função das regras dos já citados artigos 936 (responsabilidade pelo fato dos animais), 937 (responsabilidade pela ruína) e 938 (responsabilidade das coisas caídas dos edifícios). Igualmente, VENOSA, Sílvio de Salvo. *Direito Civil*, cit., p. 100; GONÇALVES, Carlos Roberto. *Direito Civil Brasileiro*, cit., p. 170. Aparentemente convergindo neste sentido, mas com referência a uma presunção de culpa *iuris et de iure* (e não propriamente uma imputação objetiva), LIMA, Alvino. *Culpa e risco*, cit., p. 136. Na mesma linha, mas sob fundamento talvez um pouco diverso, parcela da doutrina entende preferível presumir uma determinada periculosidade inerente à coisa para o fim de permitir a imputação objetiva com base na cláusula geral do artigo 927, parágrafo único, do Código Civil; neste sentido, DIAS, José de Aguiar. *Da responsabilidade civil*, cit., p. 492-943. Tal ponderação, contudo, parece menos factível em razão da desnecessidade de que, nestas situações, seja demonstrada uma concreta maior periculosidade inerente à coisa, como adiante se verá.

Em razão da expressa previsão do Código Civil italiano sobre o tema, a sua experiência apresentar-se-á deveras rica, com grande contributo, por isso, à compreensão da grandeza dos seus desenvolvimentos. Isso porque, até mesmo em prosseguimento das construções francesas acerca da responsabilidade pelo fato da coisa a partir de uma reinterpretação do artigo 1.384 do *Code*[128], a jurisprudência italiana teve a oportunidade de, ao longo dos tempos, aprimorar a sua compreensão sobre os contornos da regra do artigo 2.051[129], conduzindo-a a um regime de imputação objetiva[130], inclusive desvinculado da verificação de um especial risco inerente à coisa, tal qual era antevisto no seu nascedouro[131].

Seguindo esta linha interpretativa, é possível extrair da mais recente experiência jurisprudencial italiana – o que tende a se reproduzir na experiência brasileira – que a responsabilidade em causa é não apenas objetiva[132], mas especialmente ampla, a

---

128. Não é demais recordar, como já se teve oportunidade de referir em momento precedente, que não obstante uma interpretação inicial do artigo 1.384 do *Code* conduzisse a um regime de responsabilidade subjetiva, foi de grande importância a alteração jurisprudencial promovida pela Corte de Cassação a partir do *arrêt Teffaine*, em 1896, que passou a reconhecer a desnecessidade da prova da culpa nos casos de responsabilidade pelo fato da coisa, não obstante ainda algum vacilo subsequente sobre o alcance da prova liberatória possível nestas situações. E o fundamento invocado para este regime de responsabilidade mais gravoso devia-se justamente às variações da teoria do risco que seriam estruturadas na sua sequência, sendo de grande relevo a já citada clássica obra de JOSSERAND, Louis. *Da responsabilidade pelo fato...*, p. 109-119.
129. Para uma evolução a respeito, inclusive com referências aos primórdios do artigo 1.153 do *Codice* de 1865 e do artigo 1.384 do *Code Napoleón* e às suas influências na construção da disciplina da responsabilidade decorrente das coisas em custódia a partir do vigente artigo 2.051 do Código Civil italiano, ver APICELLA, Domenico. *Responsabilità da cose in custodia*. In: STANZIONE, Pasquale (dir.). Trattato della Responsabilità Civile. Padova: CEDAM, 2012, v. II, cit., p. 833-836.
130. A aceitação da tese da responsabilidade objetiva nem sempre foi consensual (e continua não sendo unanimidade), havendo entendimentos mais tradicionais que sustentavam tratar-se de uma legítima situação de responsabilidade agravada (por culpa presumida) ou ao mesmo de um regime intermédio, por isso dito de responsabilidade semiobjetiva, ou, ainda, fundado no *contatto sociale*. Com um panorama evolutivo sobre o tema, ver SPINA, Giulio. *La responsabilità del custode ex art. 2051 C.C. tra presunzione di colpa e responsabilità oggettiva*. Responsabilità Civile e Previdenza, Milano, n. 5, 2013, p. 1533, nota 5.
131. Neste sentido já decidiu a *Corte di Cassazione*, conforme sentença n. 25214, seção IV, julgado em 27 nov. 2014, publicado em *Giustizia Civile Massimario 2014*, que "[i]n tema di responsabilità civile per i danni cagionati da cose in custodia, la fattispecie di cui all'art. 2051 cod. civ. individua un'ipotesi di responsabilità oggettiva, essendo sufficiente, per la sua configurazione, la dimostrazione della parte del danneggiato del verificarsi dell'evento dannoso e del suo rapporto di causalità con il bene in custodia, senza che sia anche necessaria – allorché l'evento dannoso sia ricollegabile all'intrinseco dinamismo della cosa – la prova della pericolosità della 'res', derivante dal suo cattivo funzionamento". Dita decisão reafirma outra já proferida pela mesma seção em 29 ago. 2013, na sentença n. 19905, publicado em *Diritto e Giustizia online 2013*, 2 set. 2013, oportunidade na qual restou afirmado que "[l]a responsabilità per le cose in custodia, prevista dall'art. 2051 cod. civ., ha natura oggettiva e necessita, per la sua configurabilità, del mero rapporto eziologico tra cosa ed evento, tale da prescindere dall'accertamento della pericolosità della cosa stessa e da sussistere in relazione a tutti i danni da essa cagionati, sia per la sua intrinseca natura, sia per l'insorgenza in essa di agenti dannosi, essendo esclusa solo dal caso fortuito". A Suprema Corte tem empregado para acentuar o que denomina de *radicalle oggetivazionne* da responsabilidade pelo fato da coisa a designação *presunzione di responsabilità* em substituição à mera *presunzione di colpa*, pois para a imputação civil nestes casos basta apenas a relação de causalidade entre a coisa e o dano. Sobre o tema, SPINA, Giulio. *La responsabilità del custode...*, cit., p. 1538-1539, com destaque para as notas 70, 71 e 73.
132. O fundamento para a tese da responsabilidade objetiva reside basicamente no fato de o preceito não fazer referência à culpa como pressuposto da imputação, bem como permitir a elisão da responsabilidade apenas nos casos de prova do caso fortuito, tornando a demonstração de não culpa irrelevante ao dever de indenizar;

abranger todos os danos que guardem relação direta de causalidade com a coisa[133], de modo que uma eventual periculosidade a ela inerente não pode ser considerada enquanto fator de legitimação da indenização, porquanto de todo irrelevante ao juízo de imputação[134]. Nestes termos, o vínculo de guarda entre o agente imputável e a coisa impõe-lhe um nítido dever de garantia, independentemente de eventuais riscos ou proveitos associados ao seu uso, o que parece induzir claramente no sentido da insuficiência das teorias do risco (inclusive da exposição ao perigo) a legitimar a dispensa da culpa nestes casos[135].

2.1.2 Responsabilidade por danos causados por animais

A disciplina dos danos causados por animais, não obstante possa ser considerada espécie do gênero responsabilidade pelo fato da coisa, suscita menos controvérsia quando postos em confronto os regimes de opção em cada uma das ordens jurídicas sob comparação, porquanto contemplam genuínas situações de imputação objetiva[136].

---

em outras palavras, todas as causas do dano diversas do fortuito (imprevisível e inevitável), inclusive as causas ignoradas, são imputáveis àquele que tem a custódia da coisa. Neste sentido, ALPA, Guido; BESSONE, Mario. *La responsabilità civile*, cit., p. 388. Em sentido contrário, mesmo à vista das evidências teóricas antes referidas, sustentando tratar-se de situação de responsabilidade agravada com culpa presumida, GALLO, Paolo. *Introduzione...*cit., p. 128.

133. A linha interpretativa seguida pela *Cassazione* vem ao encontro das tendências de objetivação e de ampliação do espectro do dano ressarcível que parece ter pautado a codificação brasileira de 2002 em situações como a ora em exame, pelo que se justifica o valor da experiência italiana ao estudo comparado, talvez, contudo, um pouco na contramão do que tem sido majoritariamente (em sentido contrário) preconizado pela experiência portuguesa acerca do tema em causa.

134. Em sentido aparentemente contrário, pois alude de modo expresso que "si trata sempre di un rischio assunto da chi aveva il potere materiale sulla cosa", não obstante também reconheça que a imputação objetiva, no caso, decorre simplesmente do dinamismo da coisa que criou o dano, a pender, neste particular, para a orientação preconizada pela Corte de Cassação, ver ALPA, Guido. *Diritto della responsabilità civile*, cit., p. 172.

135. Assim assinala SALVI, Cesare. *La responsabilità civile*, cit., p. 166, quando observa que parece um tanto duvidoso que do princípio do risco possa-se retirar o fundamento para a imputação objetiva em causa, mesmo da sua vertente relacionada à exposição ao perigo, pelo fato de que, consoante referido pela *Cassazione*, o dado normativo não condiciona a reparabilidade do dano a esta verificação. Esta não é uma apreciação uniforme, sendo muito frequente – tanto entre os que defendem um regime de responsabilidade agravada quanto os que são partidários da tese da responsabilidade objetiva – a alusão direta ao risco, especialmente na sua modalidade risco-proveito (*cuius commoda et incommoda*). Neste norte, GALLO, Paolo. *Introduzione...*, cit., p. 129; dentre outros.

136. A opção pela responsabilidade objetiva parece ser consensual na doutrina acerca do tema. Assim, em Portugal, VARELA, João de Matos Antunes. *Das obrigações...*, cit., p. 594, nota 1; MARTINEZ, Pedro Romano. *Direito das Obrigações*, cit., p. 123; CORDEIRO, António Menezes. *Tratado...*, v. II, t. III, p. 656; GONZÁLEZ, José Alberto. *Responsabilidade Civil*. 3ed. Lisboa: Quid Juris, 2013, p. 222-222; dentre outros. Na Itália, ALPA, Guido; BESSONE, Mario. *La responsabilità civile*, cit., p. 430; SALVI, Cesare. *La responsabilità civile*, cit., p. 168; APICELLA, Domenico. *Danno cagionato da animali*. In: STANZIONE, Pasquale (dir.). Trattato della Responsabilità Civile. Padova: CEDAM, 2012, v. II, p. 896; há, contudo, posições minoritárias em sentido contrário, consoante se vê, *v.g.*, em GALLO, Paolo. *Introduzione...*, cit., p. 134, quando afirma que "siamo di fronte più che ad un vero e proprio caso di responsabilità oggettiva, ad una forma di responsabilità aggravata caratterizzata dall'onere della prova". No Brasil, DIAS, José de Aguiar. *Da responsabilidade Civil*, cit., p. 564; VENOSA, Silvio de Salvo. *Direito Civil*, cit., p. 114; CAVALIERI FILHO, Sergio. *Programa...*, cit., p. 238; dentre outros. A amplitude da regra contida do *Codice* parece dar um alcance à disciplina italiana ainda mais amplo caso comparado com aquele passível de ser extraído dos dispositivos português e brasileiro. Isso porque não apenas é categórico em afirmar que a fuga ou a perda do animal não

A divergência estará, contudo, no fundamento que legitima um regime mais gravoso de responsabilidade ou mesmo no alcance da obrigação de reparar prevista em cada um dos sistemas jurídicos em causa, isso em razão da forma como redigidos os dispositivos de regência em cada um deles[137].

Quanto ao fundamento, não há dúvidas de que, no nascedouro da regulamentação de um regime diferenciado de responsabilidade por danos causados por animais, a valoração de um especial risco em razão do seu uso ou custódia situa-se no cerne da exceção criada ao regime geral da culpa[138]. Tanto que, mantendo-se fiel a esta tradição, o que veio consagrado de modo expresso na regra do artigo 502 do Código Civil de 1966, a imputação objetiva do sistema jurídico português não só vem legitimada na pretensa periculosidade agravada ínsita aos animais, como o próprio dever de indenizar resta condicionado à demonstração da existência de um perigo especial na sua utilização[139].

---

são causas eximentes de responsabilidade, indo além da custódia para impor um dever concorrente entre o proprietário e aquele que se utiliza do animal. Sobre o tema, SCOGNAMIGLIO, Renato. *Responsabilità Civile e Danno*, cit., p. 67.

137. O artigo 502 do Código Civil português estabelece que "[q]uem no seu próprio interesse utilizar quaisquer animais responde pelos danos que eles causem, desde que os danos resultem do perigo especial que envolve a sua utilização". Já o artigo 2.052 do *Codice* dispõe que "[i]l proprietario di un animale o chi se ne serve per il tempo in cui lo ha in uso, è responsabile dei danni cagionati dall'animale, sia che fosse sotto la sua custodia, sia che fosse smarito o fuggito, salvo che provi Il caso fortuito". Ao cabo, o artigo 936 do Código brasileiro de 2002 disciplina que "[o] dono, ou detentor, do animal ressarcirá o dano por este causado, se não provar culpa da vítima ou força maior".

138. Até mesmo porque, em uma sociedade pré-industrial (o que não mais coincide com a realidade hodierna), os animais eram inegavelmente considerados coisas perigosas por excelência, de modo que as construções desenvolvidas para legitimar a imputação objetiva a partir das teorias do risco bem serviam para explicar a adoção de um regime desta natureza, nos termos em que atualmente verificado (ou mesmo por meio de uma simples responsabilidade agravada por culpa presumida). Sobre o tema, SALVI, Cesare. *La responsabilità civile*, cit., p. 168 169.

139. Consoante observa MARTINEZ, Pedro Romano. *Direito das Obrigações*, cit., p. 123, apenas os danos que diretamente decorram desta periculosidade natural e ínsita ao uso de um determinado animal (o que deverá ser aferido no caso concreto) submeter-se-ão ao regime de responsabilidade objetiva previsto no artigo 502 do Código Civil. Tanto isso é verdade que a jurisprudência do Supremo Tribunal de Justiça português tem interpretado conjuntamente o alcance das regras dos artigos 502 (responsabilidade objetiva pelo uso de animais) e 493 (responsabilidade agravada em razão da custódia de animais), ambos do Código Civil de 1966, estabelecendo regimes paralelos de imputação: aquele assente no risco (em razão do perigo agravado) e este, na não observância do dever próprio de vigilância. Por isso tem decidido que "[n]o tocante aos danos provocados por animais pode distinguir-se a diversidade de situações previstas nos arts. 493.º (presunção de culpa do que tiver assumido o encargo de vigilância de quaisquer animais, estando-se, então, em sede de responsabilidade delitual) e 502.º, ambos do CC (responsabilidade com base no risco daquele que, no seu próprio interesse, utilizar quaisquer animais desde que os danos resultem do perigo especial que envolve a sua utilização). O proprietário que tiver o poder de facto sobre o animal, a ele lhe incumbindo a respectiva vigilância, pode incorrer em responsabilidade delitual se caso disso for e se não se provar que nenhuma culpa houve da sua parte ou que os danos se teriam ainda verificado mesmo que não houvesse culpa sua. O art. 493.º do CC tem em vista os animais que, por sua natureza, estão sujeitos à guarda e vigilância dos respectivos donos (ou de outrem sobre quem recaia tal obrigação). Presumindo-se que o seu guarda tem culpa no facto causador do dano, dado ter o animal sob a sua custódia, pelo que deve tomar as medidas necessárias para evitar aquele prejuízo. O art. 502.º tem em vista aquele que utiliza os animais no seu próprio interesse, sendo, ainda necessário que o dano proceda do perigo especial que envolve a sua utilização. Assentando tal responsabilidade no risco que se cria, em relação a terceiro, com a utilização perigosa dos animais. Podendo qualquer uma destas responsabilidades não excluir a outra. (PORTUGAL. Supremo

Todavia, com a ampliação das fontes de risco a partir da expansão e da consequente sedimentação do processo de industrialização, a potencialidade de danos decorrente da guarda ou do emprego de animais resta bastante mitigada quando posta em comparação com aquelas; tem, por isso, a sua importância teórica sobremaneira diminuída, não mais podendo ser considerada como justificação uniforme o bastante para a introdução de um regime mais gravoso de responsabilidade para os danos causados por animais, quanto mais porque as situações postas sob a sua égide contam com uma expressiva variação na periculosidade a partir dos mais diversos casos concretos possíveis.

E dito reconhecimento parece ter sido bem percebido pela aplicação prática que os preceitos sob exame receberam nas ordens jurídicas brasileira e italiana (com especial destaque para a última). Nesta linha, abstraídos os danos que decorrem do uso do animal em determinada atividade (situação na qual o dever de indenizar decorre da conduta em si e, portanto, submete-se ao regime próprio de responsabilidade pelo exercício de atividades perigosas), aqueles associados ao simples fato do animal assumem um fundamento de legitimação baseado na mera causalidade.

Daí apresentar-se artificial a legitimação da imputação objetiva nestas situações com base na invocação do risco ou do perigo propriamente ditos (não obstante possam ser elementos acidentais da *fattispecie*), sendo mais factível o recurso à noção de garantia à vítima imposta pela lei ao sujeito ligado à fonte produtora do prejuízo[140], independente da

---

Tribunal de Justiça. Recurso n. 478/05.6TBMGL.C1.S1. 2ª Seção. Rel. Cons. Serra Baptista. J. em 14 nov. 2013. Disponível em <http://www.dgsi.pt/jstj.nsf/Pesquisa+Livre?OpenForm>. Acesso em 26 nov. 2015). Tal julgamento vem ao encontro de orientação mais antiga já firmada pela mesma Corte, no sentido de que "[o] risco especial que a utilização de animais acarreta e que o art. 502º C.Civ. contempla em termos de responsabilidade objetiva, – ou seja, como diz o n. 2 do seu art. 483º, 'independentemente de culpa' –, não é, em todo o caso, apenas o próprio da espécie de animais em questão: visa, pelo contrário, igualmente o risco geral do aproveitamento de animais, resultante – seja qual for a sua espécie – da sua natureza de seres vivos que actuam por impulso próprio. A limitação constante da parte final do art. 502º C.Civ. visa apenas excluir os casos em que o dano em questão tanto podia ter sido causado pelo(s) animal(is) como por qualquer outra coisa, nenhuma ligação havendo com o sobredito perigo próprio ou específico da utilização de animais". (PORTUGAL. Supremo Tribunal de Justiça. Recurso n. 03B1834. Rel. Cons. Oliveira Barros. J. em 17 jun. 2003. Disponível em http://www.dgsi.pt/jstj.nsf/Pesquisa+Livre?OpenForm>. Acesso em 26 nov. 2015).

140. A jurisprudência da Corte de Cassação italiana tem sido bastante lúcida no estabelecimento desta diferenciação, asseverando a existência de um regime de imputação objetiva fundado no simples nexo de causalidade entre o animal e o dano, abstraindo não apenas qualquer relevância sobre a diligência empregada na sua custódia ou, mais do que isso, qualquer especial risco ou perigo inerentes ao semovente. Tal é o que se infere do julgamento, pela sua III Seção Cível, da sentença n. 2414, de 04 fev. 2014, oportunidade em que se assento que "[a]i sensi dell'art. 2052 c.c., la responsabilità del proprietario dell'animale è alternativa rispetto a quella del soggetto che ha in uso il medesimo; tale responsabilità – che incontra il limite del caso fortuito, costituendo quindi un'ipotesi di responsabilità oggettiva – non trova il proprio fondamento in una specifica attività del proprietario, quanto, piuttosto, in una relazione, di proprietà o di uso, fra la persona fisica e l'animale" (in *Responsabilità Civile e Previdenza*, Milano, n. 4, a. 2014, p. 1354). Idêntica linha de interpretação já havia sido afirmada pela mesma *Sezione Terza Civille* quando do julgamento do Recurso n. 7260, em 22 mar. 2013, oportunidade em que restara assentado que "[l]a responsabilità prevista dall' art. 2052 c.c., quanto ai danni cagionati da animali, si fonda non su un comportamento o una attività del proprietario, ma sua relazione (di proprietà o di uso) intercorrente tra questi e l'animale. Poiché il limite della responsabilità risiede nell'intervento di un fattore (il caso fortuito) che attiene non a un comportamento del responsabile ma alle modalità di causazione del danno, si deve ritenere che la rilevanza del fortuito

existência da maior ou menor potencialidade/probabilidade real e concreta de causação de danos a terceiros (na contramão do que sucede no sistema português). E esta ideia vem apenas reforçada pela concorrência de responsabilidade entre o proprietário e o utente, no sentido de se ampliar o alcance da garantia da reparação ao lesado.

Em outras palavras, apesar de o regime especial de imputação basear-se não propriamente na custódia[141] – o que lhe afasta do regime geral pelo fato da coisa – mas no uso em si, a induzir uma questionável associação empírica com as ideias de risco ou perigo, o exame do alcance jurisprudencial que tem sido dado especialmente ao disposto no artigo 2.052 do Código Civil italiano autoriza buscar a sua legitimação em fundamento mais alargado. Daí a sugestão do reconhecimento, como dito, da ideia de garantia à vítima como cerne da imputação objetiva, justamente em razão da impossibilidade de condicioná-lo a uma real e efetiva periculosidade, em especial tendo em conta a diversidade dos animais (alguns perigosos/arriscados outros nem tanto) submetidos a um mesmo regramento.

Neste cenário é que, sem prejuízo da norma estreita contida no Código Civil português, que estabelece a verificação do risco especial decorrente do uso do animal como condicionante ao regime de imputação objetiva, o entendimento mais abalizado – especialmente à vista de preceitos com redação mais ampla como aqueles contidos nos diplomas italiano e brasileiro – parece encontrar a legitimidade da dispensa da culpa em fundamento mais alargado. Fundamento este que se extrai da mera relação de causalidade entre o animal e o dano, abstraindo qualquer efetiva potencialidade lesiva, não obstante, consoante já referido precedentemente, possa-se apresentar como elemento acidental da *fattispecie*, tanto na modalidade do risco propriamente dito, quanto do perigo.

2.1.3 Responsabilidade por danos decorrentes de edifícios ou obras

Na linha do que sucede com a hipótese precedente, as situações de imputação por danos associados a edifícios ou obras – tanto por ruína quanto por quedas ou lançamentos deles provenientes – também podem ser tidas como gênero da espécie responsabilidade pelo fato da coisa[142]. Tal, por si, justificaria uma imputação objetiva com base na regra geral já tratada, não obstante particularidades de regime existentes em cada um dos sistemas sob comparação possam suscitar alguma dúvida quanto à real configuração de autêntica hipótese de dispensa plena da culpa.

Isso porque, do ponto de vista normativo, enquanto a matéria vem tratada na Lei Civil brasileira em dois preceitos autônomos[143] – inclusive com regimes aparentes

---

        attiene al profilo causale, in quanto suscettibile di una valutazione che consenta di ricondurre all'elemento esterno, anziché all'animale che ne è fonte inmediata, il danno concretamente verificatosi" (in *Guida al diritto 2013*, n. 23, p. 60).
141. GALLO, Paolo. *Introduzione...*, cit., p. 134.
142. VISINTINI, Gioavanna. *Cos'è...*, cit., p. 225; SALVI, Cesare. *La responsabilità civile*, cit., p. 170.
143. O artigo 937 do Código Civil de 2002 estabelece que "[o] dono de edifício ou construção responde pelos danos que resultarem de sua ruína, se esta provier de falta de reparos, cuja necessidade fosse manifesta", ao passo em que o artigo 938, que "[a]quele que habitar prédio, ou parte dele, responde pelo dano proveniente das

diversos de imputação[144] –, em Portugal[145] e na Itália[146] vem regulada por preceito único, a abranger aqueles danos decorrentes da ruína, com o regramento dos demais (associados a quedas ou lançamentos de objetos) ao regime geral de responsabilidade pelo fato da coisa[147].

Ao que se depreende da leitura dos dispositivos de regência, a responsabilidade pela ruína propriamente dita tenderia a vir associada, a partir de uma interpretação mais literal, à culpa presumida que se materializa na ausência de manutenção adequada do imóvel – dever que competiria ao proprietário – e cujo ônus probatório poderá incumbir, num ou noutro sistema, ao lesante ou ao lesado[148].

Não obstante uma visão inicial de algum modo associada à culpa[149], a qual tendia a apresentar-se mesmo prevalente, é de se destacar que, no direito italia-

---

coisas que dele caírem ou forem lançadas em lugar indevido", este na exata linha do *effusi et dejectis* romano. Note-se que a primeira das situações fonte de responsabilidade está alicerçada na propriedade ao passo em que a segundo, na condição de usuário (habitante) do imóvel, independentemente da condição que o faça.

144. Da leitura de ambos os preceitos, não obstante a tentativa doutrinária de, por vezes, reconhecer um regime objetivo em ambas as situações, há que se ponderar entendimento no sentido de que a responsabilidade pela ruína, no sistema brasileiro, seria por culpa presumida, pela associação intransponível (condicionante) feita pelo dispositivo de regência entre o dano e a falta de reparos, circunstância que poderia ser entendida como não observância de dever pessoal de diligência para com o trato da coisa (mesmo que presumida). Sobre o tema, ver a síntese contida em TEPEDINO, Gustavo; BARBOZA, Heloisa Helena; MORAES, Maria Celina Bodin de. *Código Civil Interpretado*, cit., p. 847-849.

145. Art. 492º. Danos causados por edifícios ou outras obras. 1. O proprietário ou possuidor de edifício ou outra obra que ruir, no todo ou em parte, por vício de construção ou defeito de conservação, responde pelos danos causados, salvo se provar que não houve culpa da sua parte ou que, mesmo com a diligência devida, se não teriam evitado os danos. 2. A pessoa obrigada, por lei ou negócio jurídico, a conservar o edifício ou obra responde, em lugar do proprietário ou possuidor, quando os danos forem devidos exclusivamente a defeito de conservação.

146. Art. 2.053. Rovina di edificio. Il proprietario di um edificio o di altra construzione è responsabile dei danni cagionati dalla loro rovina, salvo che provi che questa non è dovuta a difetto di manutenzione o a vizio di costruzione.

147. As situações que se amoldam na figura do *effusi et dejectis* estariam mais próximas, nos três sistemas, do regime adotado por cada um deles para a responsabilidade por danos em razão das coisas em custódia: em Portugal, como visto, com uma tendência à culpa presumida e, no Brasil e na Itália, à responsabilidade objetiva.

148. Em Portugal parece ser prevalente a tese da presunção de culpa; assim, COSTA, Mário Júlio de Almeida. *Direito das Obrigações*, cit., p. 586; MARTINEZ, Pedro Romano. *Direito das Obrigações*, cit., p. 111; LEITÃO, Luis Manuel Teles de Menezes. *Direito das Obrigações*, cit., p. 324. Já no Brasil, inúmeros são os autores que se alinham nesta tendência, a partir da regra do artigo 937 do vigente Código Civil, que pouco inovou quanto ao texto do Diploma de 1916; assim, DIAS, José de Aguiar. *Da responsabilidade civil*, cit., p. 536; TEPEDINO, Gustavo; BARBOZA, Heloisa Helena; MORAES, Maria Celina Bodin de. *Código Civil Interpretado*, cit., p. 847-848; VENOSA, Silvio de Salvo. *Direito Civil*, cit., p. 105; GOMES, Orlando. *Responsabilidade Civil*. Atual. Edvaldo Brito. Rio de Janeiro: Forense, 2011, p. 115 (estes dois últimos, contudo, com alguma ressalva, o que já parece adiantar um quadro pouco conclusivo quanto à tendência predominante no ordenamento brasileiro, como adiante melhor será analisado).

149. Neste dilema entre a culpa presumida e a imputação objetiva, o qual decorre da forma como redigidos os dispositivos nos três sistemas jurídicos sob comparação, um fator de relevo parece ser essencial à solução da controvérsia. É fato que os preceitos parecem querer fazer alusão aos danos que decorram da falta de manutenção do prédio ou da obra, a qual se apresenta apta a provocar a ruína. Ocorre que como a indenização é cabível ainda que o proprietário ou possuidor ignore a necessidade dos reparos, não sendo tecnicamente correto, portanto, neste caso, falar-se em culpa (pelo desconhecimento da necessidade), abre-se margem à estruturação de uma linha interpretativa conducente ao reconhecimento da imputação objetiva, como se verá logo na sequência. Sobre o tema, com lúcida explanação neste exato norte, GOMES, Orlando. *Responsabilidade Civil*, cit., p. 115.

no[150], no que vai acompanhado por parcela cada vez mais expressiva da doutrina brasileira[151], vem-se sedimentando nas últimas décadas uma interpretação mais alargada do preceito, no sentido do acolhimento de um legítimo regime de responsabilidade objetiva decorrente da mera causalidade entre a ruína e o dano, o qual se mostra elidível apenas pelo caso fortuito[152], pelo fato exclusivo do lesado ou pelo fato de terceiro[153]. Note-se que, nesta linha de interpretação, o dever de indenizar prescinde da existência de qualquer comportamento por parte do proprietário (ou titular de direito real de gozo), bastando ao lesado demonstrar a existência do dano e da causalidade entre ele e o imóvel[154].

Em razão da acolhida em modo mais alargado da tese da responsabilidade objetiva, numa dimensão verdadeiramente lata[155], é de se assinalar que não obstante

---

150. A doutrina é majoritária neste sentido, conforme se recolhe, dentre outros, em SALVI, Cesare. *La responsabilità civile*, cit., p. 170; VISINTINI, Giovanna. *Cos'è...*, cit., p. 225; ALPA, Guido. *Diritto della responsabilità civile*, cit., p. 171 e 173; ALPA, Guido; BESSONE, Mario. *La responsabilità civile*, cit., p. 452. A jurisprudência parece apontar na mesma linha, tendo já decidido a Corte de Cassação que "[l]a responsabilità oggettiva, posta a carico del proprietario o di altro titolare di diritto reale di godimento per rovin di edificio (o di altra costruzione) ai sensi dell'art. 2053 c.c, può essere esclusa soltanto dalla dimostrazione che i danni causati dalla rovina dell'edificio non siano riconducibili a vizi di costruzione o difetto di manutenzione, bensì ad un fatto dotato di efficacia causale autônoma rilevante come caso fortuito, comprensivo del fatto del terzo o del danneggiato, ache se tale fatto esterno non presenti i caratteri della imprevedibilità ed inevitabilità" (ITALIA. Corte Suprema di Cassazione. Sentenza n. 1002, di 21 gen. 2010. In: *Giustizia Civile*, 2010, n. 3, t. I, p. 559).
151. CAVALIERI FILHO, Sergio. *Programa...*, cit., p. 243. Essa tendência bastante expressiva de migração à imputação objetiva pode ser percebida pelo teor do enunciado n. 556, aprovado pela VI Jornada de Direito Civil realizada pelo Conselho da Justiça Federal e pelo Superior Tribunal de Justiça, o qual estabelece, de modo expresso, que "[a] responsabilidade civil do dono do prédio ou construção por sua ruína, tratada pelo art. 937 do CC, é objetiva". Disponível em <http://www.cjf.jus.br/CEJ-Coedi/jornadas-cej-enunciados-vi--jornada>. Acesso em 27 out. 2015. Também sobre o tema, com críticas quanto à manutenção da redação, pelo Código de 2002, daquela vigente no diploma de 1916, a qual poderia ter sido corrigida no sentido de, seguindo a tendência hodierna, não permitir a prova liberatória ao proprietário de que a necessidade dos reparos que conduziram a ruína não era manifesta e, com isso, por fim sobre eventual dúvida quanto à natureza objetiva da imputação, ver GONÇALVES, Carlos Roberto. *Direito Civil Brasileiro*, cit., p. 176.
152. VISINTINI, Gioavanna. *Cos'è...*, cit., p. 226.
153. MUSIO, Ivana. *Responsabilità da rovina di edifici*. In: STANZIONE, Pasquale (dir.). Trattato della Responsabilità Civile. Padova: CEDAM, 2012, v. II, cit., p. 923.
154. É de se assinalar que mesmo no sistema jurídico italiano, que parece ter-se rendido à tese da responsabilidade objetiva – não obstante a regra do artigo 2.053 seja clara em aludir à possibilidade de prova liberatória pelo proprietário ("salvo che provi che questa non è dovuta a difeto di manutenzione o a vizio di costruzione") –, por vezes apresenta algum vacilo, misturando conceitos estruturais no sentido de permitir a criação de figuras absolutamente inusitadas. Neste sentido, é de se destacar a referência contida em MUSIO, Ivana. *Responsabilità da rovina...*, cit., p. 925, que aponta para a existência de um regime de responsabilidade objetiva legal *iuris tantum* (diante da possibilidade da prova liberatória). O entendimento mais apropriado, contudo, diante da opção pela responsabilidade objetiva, está em se interpretar a prova liberatória consentida apenas como a demonstração da existência do caso fortuito, da força maior, do fato de terceiro ou do ato exclusivo da vítima. Assim, VISINTINI, Giovanna. *Cos'è...*, cit., p. 225.
155. Consoante ALPA, Guido. *Diritto della Responsabilità Civile*, cit., p. 173, a expressão ruína (*rovina*) vem interpretada em termos bastante abrangentes, de modo a abarcar qualquer desagregação, mesmo que limitada (e por isso mesmo desassociada de um especial risco hipotético que eventualmente pudesse ser teorizado em relação ao prédio ou à obra) ou relacionada a partes acessórias ou de mera ornamentação, bem como a responsabilidade do proprietário, mesmo quando o dano decorra de vício de construção (com ação de regresso em relação ao real responsável), tudo no intuito de dar à vítima a maior garantia de reparabilidade possível.

sejam frequentes às referências ao risco[156] (tanto em relação à ruína quanto à queda ou ao lançamento), não é lícito antever na simples existência de uma obra ou de um edifício a presença de uma especial potencialidade de danos que, por si, legitime uma imputação mais gravosa[157].

Em razão disso, considerando uma aparente artificialidade da invocação generalizada do risco *lato sensu* para legitimar todas as situações englobadas pelas normas em comento, as teorias nele fundamentadas (seja nas modalidades risco-proveito, risco-criado ou risco-empresa, seja na linha da exposição ao perigo) aparentam-se dogmaticamente insuficientes a este fim. E isso quanto mais tendo em conta que o dever de indenizar vem reconstruído enquanto uma decorrência lógica – e objetiva – da posição formal de proprietário[158], de modo que, uma vez mais, a legitimidade da dispensa da culpa parece buscar abrigo em fundamento mais alargado, tal qual, aliás, será possível antever em uma série de outras situações.

2.2 Responsabilidade civil pelo fato de outrem

A responsabilidade civil por fato de outrem talvez seja, dentre os agrupamentos propostos, aquele em que se verificam as maiores disparidades no que tange aos regimes vigentes nas ordens jurídicas sob comparação, a induzir, por isso, não apenas diferenças quanto aos pressupostos – o que, por ora, não é o ponto central da atenção –, mas também quanto à natureza da imputação – e, por conseguinte, quanto ao seu fundamento.

A relativa disparidade deve-se não apenas a uma diversidade de sistemas jurídicos, mas especialmente ao fato de que tais situações representam uma excepcionalidade no planeamento geral da responsabilidade civil fundada na culpa (sistema dito tradicional), tendo lugar nos casos em que a ordem jurídica possibilita que um indivíduo não direta e faticamente responsável pelo dano venha a ser chamado a responder pela sua reparação. Trata-se, pois, de nítida situação de responsabilidade indireta – em contraponto ao regime geral de responsabilidade direta ou pessoal –

---

156. SCOGNAMIGLIO, Renato. *Responsabilità Civile e Danno*, cit., p. 68; GALLO, Paolo. *Introduzione...*, cit., p. 138; MUSIO, Ivana. *Responsabilità da rovina...*, cit., p. 920; dentre outros. Para um apanhado evolutivo acerca das invocações da teoria do risco para legitimar tais situações de imputação sem culpa associadas a edifícios ou construções (tanto por ruína quanto por queda ou arremesso), desde o pensamento de Josserand até os seus desdobramentos contemporâneos, ver LIMA, Alvino. *Culpa e risco*, cit., p. 138-139. É de se ressaltar que grande parte das referências à legitimação da dispensa da culpa no risco ou no perigo vem embasada na doutrina mais tradicional sobre o tema – especialmente Pietro Trimarchi e Marco Comporti –, que teve a inegável pretensão de, cada uma na sua esfera, reconduzir todas as situações de responsabilidade objetiva às teorias por elas propostas, o que se apresenta, como se tem tentado demonstrar, um tanto artificial.
157. A este respeito, com o que se concorda integralmente, SCOGNAMIGLIO, Renato. *Responsabilità Civile e Danno*, cit., p. 68, é categórico em afirmar que "non può seriamente ammettersi che un edifico o costruzione costituisca, in quanto tale, una particolare fonte di pericolo".
158. SCOGNAMIGLIO, Renato. *Responsabilità Civile e Danno*, cit., p. 68.

enquanto concretização de uma tendência ampliativa das situações de imputação de danos[159].

Dita ampliação é que tem permitido uma mutação de regime das situações de responsabilidade por fato de terceiro, sendo possível, em qualquer dos sistemas sob comparação, chegar – se não de modo direto, ao menos sem grande esforço – a um regime de imputação objetiva com relação ao qual se poderá verificar alguma dificuldade quanto à delimitação do fundamento legitimador da responsabilização, em especial a partir das teorias que tradicionalmente foram construídas a explicá-las, o que na sequência se verá.

2.2.1 Responsabilidade dos pais pelos atos dos filhos sob sua guarda

Seguindo a tendência do que sucede de maneira geral com as situações de responsabilidade civil por fato de terceiro, a que se impõe aos pais em decorrência do agir dos filhos incapazes (total ou relativamente, por idade ou enfermidade) tem historicamente se situado entre os regimes da culpa presumida e da imputação objetiva, sendo, entretanto, aquele no qual se verifica uma maior disparidade entre os regimes sob comparação.

Não há dúvidas de que, no seu nascedouro e a partir da sistematização moderna do direito civil, as situações assim agrupadas regiam-se por um sistema geral de matriz subjetiva que se materializava nas figuras da *culpa in vigilando* ou da *culpa in educando*, conforme o caso. Ou seja, impunha-se o dever de indenizar por fato de terceiro a partir de construção fundada na caracterização de uma negligência pessoal do agente, a qual se manifestava por meio da não observância de um dever próprio de educação ou de vigilância em relação aos filhos menores sob sua guarda, de modo a impor aos pais a obrigação de reparar os danos por eles causados a partir de uma presunção da inobservância/violação destes deveres[160].

Note-se que apesar de a obrigação de indenizar vir justificada na não observância de um dever pessoal do agente, aproximando a imputação da regra geral da culpa, operava-se já uma inversão do ônus probatório. Com isso, passa-se a presumir a violação dos deveres de vigilância ou de educação por parte dos pais em decorrência da simples causação de um dano pelo filho sob a sua guarda, com a possibilidade de liberação por meio da demonstração – mais ou menos cabal, conforme o sistema – da observância.

---

159. TEPEDINO, Gustavo; BARBOZA, Heloisa Helena; MORAES, Maria Celina Bodin de. *Código Civil Interpretado...*, cit., p. 828.
160. Segundo TEPEDINO, Gustavo; BARBOZA, Heloisa Helena; MORAES, Maria Celina Bodin de. *Código Civil...*, cit., p. 828, o surgimento da obrigação indenizatória residia no estabelecimento de uma presunção de violação de um dever de vigilância ou de escolha, admitindo-se, nos termos em que os sistemas foram originalmente concebidos – seja no *Codice Civile*, seja nos Códigos português e brasileiro – uma prova liberatória consubstanciada na demonstração de que não houve a violação dos referidos deveres.

Nesta linha, cumpre assinalar que seja no Código Civil italiano de 1865 (artigo 1.153), seja no português de 1869 (artigo 2.379[161]), seja ainda no brasileiro de 1916 (artigo 1.521, inciso I[162]), a responsabilidade dos pais pelos atos dos filhos menores sob a sua guarda submetia-se inegavelmente ao regime da culpa, a qual, entretanto, vinha presumida pela lei em razão da relação havida entre os envolvidos, com a possibilidade da sua exclusão quando provada a não concorrência culposa daquele que detinha os deveres de vigilância ou de educação/correção.

Assim é que muito embora o resultado prático seja bastante próximo da responsabilidade objetiva, quanto mais porque a prova da *não culpa*, por vezes, apresenta-se bastante dificultosa, é notório concluir que, nestas situações, o fundamento da imputação reside no mesmo lastro axiológico-dogmático que sustenta o regime geral da responsabilidade subjetiva.

Na atualidade é que se estabelece alguma dificuldade em demarcar o alcance das normas vigentes em cada um dos ordenamentos sob comparação, pois não obstante tenha-se firmado no Brasil a opção (legislativa) pela imputação objetiva, sem maior margem para dúvidas a respeito[163], a forma como a matéria vem regulada nos Códigos Civis português e italiano, por seguir uma tendência (na norma positivada) muito próxima daquela vigente nos Diplomas anteriores, tenderia a, a partir de uma leitura mais estreita, inclinar-se pelo regime de responsabilidade por culpa presumida justificado na violação de um dever (pessoal) de vigilância, educação ou correção[164].

---

161. Artigo 2.319. A menoridade não releva de responsabilidade civil; mas, se aquele que praticar o dano não estiver, por sua idade, sujeito a responsabilidade criminal, responderão civilmente por ele seus pais, ou responderá aquele, a cuja guarda ou direção estiver entregue o culpado, exceto se provarem, que não houve da parte deles culpa ou negligência.
162. Art. 1.521. São também responsáveis pela reparação civil: I – os pais, pelos filhos menores que estiverem sob o seu poder e em sua companhia.
163. A imputação objetiva foi entendida como adotada pelo Código Civil brasileiro de 2002 relativamente à responsabilidade dos pais pelos atos dos filhos menores sob a sua guarda não propriamente a partir de uma mudança do dispositivo em si que até então regulava a matéria, já que os artigos 1.521, inciso I, do estatuto revogado, e 932, inciso I, do vigente, têm a mesma redação. A alteração deu-se a partir da introdução de um dispositivo sem precedente no Código anterior (artigo 933), o qual expressamente estabelece que "[a]s pessoas indicadas nos incisos I a V do artigo antecedente, ainda que não haja culpa da sua parte, responderão pelos atos praticados pelos terceiros ali referidos". Estas conclusões podem ser extraídas do estudo comparativo elaborado a partir do texto de ambos os diplomas e contido em BRASIL. *Código Civil*. Quadro Comparativo 1916/2002. Brasília: Senado Federal, 2003, p. 223. Disponível em: <http://www2.senado.leg.br/bdsf/item/id/70309 >. Acesso em: 11 ago. 2015. Sufragando a tese de que a situação sob exame se submete a um regime de responsabilidade objetiva, a qual se mostra efetivamente inquestionável diante da regra do precitado artigo 933, CAVALIERI FILHO, Sergio. *Programa...*, p. 205; GONÇALVES, Carlos Roberto. *Direito Civil Brasileiro...*, cit., p. 100; dentre outros.
164. Dispõe o artigo 491 do Código português que "[a]s pessoas que, por lei ou negócio jurídico, forem obrigadas a vigiar outras, por virtude de incapacidade natural destas, são responsáveis pelos danos que elas causem a terceiros, salvo se mostrarem que cumpriram o seu dever de vigilância ou que os danos se teriam produzido ainda que o tivessem cumprido". Já os artigos 2.047 e 2.049 do *Codice Civile*, na parte que interessam à comparação, estabelecem, respectivamente, que "[i]n caso di danno cagionato da persona incapace d'intendere o di volere (Cod. Pen. 85 e seguenti), il risarcimento è dovuto da chi e tenuto alla sorveglianza dell'incapace, salvo che provi di non aver potuto impedire il fatto" e que "[i]l padre e la madre, o il tutore, sono responsabili del danno cagionato dal fatto illecito dei figli minori non emancipati (314 e seguenti, 301, 390 e seguenti) o delle persone soggette alla tutela (343 e seguenti, 414 e seguenti), che abitano con

Isso porque, ao contrário do Código Civil brasileiro, que expressamente afirma que mesmo a prova da ausência de culpa não exclui a responsabilidade nestes casos, os dispositivos legais italiano e português, respectivamente, afastam a imputação quando provada a impossibilidade dos pais de impedir o fato ou quando por eles demonstrado que adimpliram o seu dever de vigilância em relação ao filho menor ou que o dano teria ocorrido ainda que o tivesse adimplido. Em outras palavras, a viabilidade de exclusão da responsabilidade, em Portugal e na Itália, autorizaria a supor, ao menos a partir da letra da lei posta, que o regime continua sendo o da culpa presumida, isso em razão da prova liberatória prevista[165], a qual não é admitida no ordenamento jurídico brasileiro.

Não obstante seja lícito supor que o intento dos referidos dispositivos – até pela data em que foram redigidos – fosse efetivamente estabelecer um sistema tradicional de responsabilidade subjetiva por culpa presumida, sendo assim ainda reconhecido pela doutrina dita tradicional[166], não há como se desconsiderar o florescimento de uma linha de interpretação jurisprudencial restritiva do alcance destas hipóteses de exclusão, o que se verifica especialmente na Itália[167], a aproximar o regime vigente da imputação objetiva.

Isso porque a reinterpretação do alcance da regra que estabelece como eximente a circunstância de não ter podido evitar o fato, no sentido de exigir uma prova cabal e irrefutável desta condição, tem limitado a sua viabilidade concreta de afastar a responsabilidade dos pais, que devem demonstrar ter não apenas vigiado, mas educado o filho de maneira tal que não se poderia supor a sua concorrência para o dano. Nesta linha interpretativa[168], a prova liberatória deixa de ser negativa, passando a

---

essi. (...) Le persone indicate dai commi precedenti sono liberate dalla responsabilità soltanto se provano di non avere potuto impedire il fatto".

165. É certo que a margem liberatória é maior a partir da regra portuguesa quando comparada com a italiana, o que permitirá interpretações jurisprudenciais diversas, a viabilizar uma genuína tendência de objetivação em decorrência das diminutas possibilidades de exclusão de responsabilidade, como adiante se verá. Acerca do tema, SOTTOMAYOR, Maria Clara. *A responsabilidade civil dos pais pelos factos ilícitos praticados pelos filhos menores*. Boletim da Faculdade de Direito, Coimbra, v. 71, 1995, p. 403 e ss.

166. VISINTINI, Giovanna. *Cos'è...*, cit., p. 181-182. COSTA, Mário Júlio de Almeida. *Direito das Obrigações*, cit., p. 585. VARELA, João de Matos Antunes. *Das obrigações...*, cit. p. 590-591.

167. Em Portugal, o entendimento doutrinário amplamente predominante deixa de elencar a responsabilidade dos pais pelos atos dos filhos dentre as situações de imputação objetiva, entendendo-a como por culpa presumida, consoante se infere, exemplificativamente, do planeamento proposto em MARTINEZ, Pedro Romano. *Direito das Obrigações*, cit., p. 120 e ss.; no mesmo norte, GONZÁLEZ, José Alberto. *Responsabilidade Civil*, cit., p. 195 e ss. Igual orientação pode ser encontrada na jurisprudência do Supremo Tribunal de Justiça, a qual tem reconhecido expressamente que "[a] responsabilidade decorrente do dito artigo 491 é culposa, por facto próprio, e não objectiva. (...) Aceita-se, sem dúvida, que a responsabilidade em apreço aqui – de pessoas obrigadas à vigilância – não é objectiva nem por facto de outrem, mas por facto próprio: é, tem que ser, culposa e por omissão ou incumprimento daquele dever. Simplesmente para a afastar cabe-lhes o ónus de provar que não incorreram em tal omissão ou incumprimento" (PORTUGAL, Supremo Tribunal de Justiça, Processo n. 082450, rel. Cons. Joaquim de Carvalho, julgado em 22 nov. 1992, public. em *Boletim do Ministério da Justiça*, Lisboa, v. 421, 1992, p. 420-425).

168. Ressalte-se que é uma interpretação preponderantemente jurisprudencial, a qual não está isenta de críticas doutrinárias, consoante se infere em VISINTINI, Giovanna. *Cos'è...*, cit., p. 183. Segundo a autora, a censura da doutrina estaria justamente na transmutação do fundamento da imputação que, segundo a sua interpretação do Código Civil, teria por base a culpa, ao passo em que a jurisprudência resta por transferi-la a um dever geral de garantia voltado à tutela da vítima. Igualmente em tom de crítica, SALVI, Cesare. *La Responsabilità Civile*, cit., p. 186.

se exigir não apenas a demonstração – tal qual aparentaria ser suficiente a partir de uma interpretação mais estreita do *Codice* – de não se ter podido impedir o fato, mas a comprovação de haver transmitido ao filho uma educação plenamente adequada e de haver exercido sobre ele uma vigilância igualmente adequada (prova positiva)[169], criando-se um autêntico regime de responsabilidade agravada[170].

O certo é que, nestas situações, mesmo nos regimes vigentes no Brasil e na Itália, nos quais é notória – com maior ou menor intensidade – uma tendência de objetivação da natureza da responsabilidade, justamente em decorrência das diminutas possibilidades de elidi-la, não há como se antever uma legitimação do vínculo obrigacional a partir de qualquer das construções teóricas desenvolvidas em associação ao risco (nas suas variadas acepções já analisadas).

Tanto que a doutrina tem sido bastante lúcida em reconhecer, em todos os sistemas sob comparação, que não é juridicamente viável antever especial perigo ou mesmo concreto risco (*stricto sensu*) agravado na relação de base que legitima a imputação de danos aos pais pelos atos dos filhos menores sob a sua guarda. Daí que, por esta razão, dita situação de responsabilidade agravada em razão de ato material de terceiro – seja por presunção de culpa (Portugal), seja por autêntica imputação objetiva (Brasil) ou que a ela se equivalha (Itália) – aparenta legitimar-se em uma noção, mesmo que evanescente, de garantia, a qual se justificada na preocupação com a reparação da vítima, encontrando neste intento o seu genuíno fundamento[171][172].

---

169. VISINTINI, Giovanna. *Cos'è...*, cit., p. 181-182. É de se destacar, ainda, que o *Codice Civile*, inovando em relação ao seu antecessor de 1865, regulou com alguma diversidade a responsabilidade dos pais pelos atos dos filhos que sejam ou não imputáveis, na forma do artigo 2.046. Assim é que para os menores de tenra idade ou acometidos de doença psiquiátrica (regra do artigo 2.047), o fundamento da imputação aos pais seria, em último exame, a não observância do dever de vigilância, relegando-se a situação de responsabilidade por ato de filho menor imputável (artigo 2.048) à não observância do dever de correção e educação. A propósito, SALVI, Cesare. *La Responsabilità Civile*, cit., p. 184-185.
170. Sobre o tema, GALLO, Paolo. *Introduzione...*, cit., p. 110. Além da referência bastante usual à designação *responsabilità aggravata*, o autor alude, ainda, ao recrudescimento jurisprudencial dos contornos do ônus probatório exigido para a liberação da responsabilidade, o que permite concluir no sentido da imposição de um dever bastante rigoroso, quiçá maior do que aquele originalmente previsto na lei e, por isso, conducente a um regime muito próximo da responsabilidade objetiva.
171. TEPEDINO, Gustavo; BARBOZA, Heloisa Helena; MORAES, Maria Celina Bodin de. *Código Civil interpretado...*, cit., p. 932. No mesmo sentido, com referência expressa ao fato de que a responsabilidade imposta aos pais visa a proteger os terceiros que restem lesados em razão da atuação do incapaz, CORDEIRO, António Menezes. *Tratado...*, cit., v. II, t. III, p. 576. Também na Itália, acentuando a ideia de garantia sedimentada na possibilidade de o patrimônio familiar responder pelos danos em causa, SALVI, Cesare. *La Responsabilità Civile*, cit., p. 185; ainda, RODOTÀ, Stefano. *Il problema...*, cit., p. 156 e ss. Aparentemente dissentindo da plena aceitação da garantia enquanto fundamento da responsabilidade, não obstante a reconheça como largamente invocada na situação em causa, MONATERI, Pier Giuseppe. *La responsabilità civile*, cit., p. 946, aludindo aos riscos típicos conexos ao menor decorrente da relação qualificada havida entre ele e seus pais, que se apresentam, desta forma, em situação mais idônea a prevenir o ato danoso. Com a devida vênia, a razão parece estar com a teoria que encontra o fundamento da imputação objetiva na ideia de garantia, o que decorre justamente da desnecessidade da verificação de qualquer risco inerente à atuação do menor.
172. STOCO, Rui. *Responsabilidade civil no Código Civil francês e no Código Civil brasileiro*: Estudos em homenagem ao bicentenário do Código Civil francês. Disponível em: <http://www.buscalegis.ufsc.br/revistas/files/anexos/9704-9703-1-PB.pdf>. Acesso em: 11 ago. 2015.

Ao que se vê, é forçoso concluir que se tem com isso o aprofundamento da ideia de garantia subjacente na legitimação da imputação cuja centelha pode ser encontrada já na raiz do instituto na sua feição moderna, a partir da sistematização estabelecida pelo artigo 1.341 do *Code Civil*, mas que se consagra a partir de uma crescente preocupação com a vítima e com a necessidade de que não reste desprovida de reparação[173], a legitimar, por isso, em determinadas situações, um regime excepcionalmente agravado de imputação indireta. Tal constatação, sem prejuízo de vir ao encontro de preocupações semelhantes às que se encontram no substrato das teorias associadas ao risco, bem serve a demonstrar a aparente insuficiência destas a legitimar o dever – que tende a se objetivar – dos pais de responderem civilmente pelos danos causados pelos filhos menores sob sua guarda.

2.2.2 *Responsabilidade do comitente*

Seguindo no exame dos fundamentos que legitimam as diversas hipóteses de imputação objetiva decorrentes de atos de outrem, surge como referência importante aquela imposta ao comitente pelos atos dos comissários. Cumpre assinalar que, sob esta rubrica, estará englobada não apenas a comissão em sentido estrito ou mesmo as relações de trabalho ou emprego (por isso o não uso da designação responsabilidade dos empregadores pelos atos dos empregados[174]), mas toda atividade, serviço ou tarefa incumbida a alguém por outrem mediante relação de dependência ou controle, de modo a introduzir regramento com largo espectro prático de aplicação[175].

A matéria vem regulada nos artigos 500[176] e 932, inciso III, combinado com o artigo 933[177], dos Códigos Civis português e brasileiro, respectivamente, bem como

---

173. Esta preocupação materializa-se, do mesmo modo, na natureza solidária da obrigação havida entre os pais e entre eles e aqueles igualmente obrigados à vigilância (professores, tutores etc.) e enquadráveis em idêntico preceito normativo. Assim, GALLO, Paolo. *Introduzione...*, cit., p. 111.
174. Especificamente sobre o tema, ver MÚRIAS, Pedro Ferreira. *A responsabilidade por actos dos auxiliares e o entendimento dualista da responsabilidade civil*. Revista da Faculdade de Direito da Universidade de Lisboa, Lisboa, v. 37, n. 1, 1996, p. 171 e ss.
175. Esta orientação – a qual pareceu adequada à ideia ampla de sistematização a que se propõe a presente parte da investigação – é largamente seguida pela doutrina portuguesa, consoante se infere em CORDEIRO, António Menezes. *Tratado...*, cit., v. II, t. III, p. 601; LEITÃO, Luis Manuel Teles de Menezes. *Direito das Obrigações*, cit., p. 365; VARELA, João de Matos Antunes. *Das obrigações...*, cit., p. 640; GONZÁLEZ, José Alberto. *Responsabilidade Civil*, cit., p. 199; dentre outros. Igualmente pela jurisprudência do Supremo Tribunal de Justiça de Portugal, consoante se infere do teor do acórdão proferido no processo n. 08A164, rel. Conselheiro Alves Velho, j. em 04 mar. 2008, disponível em <http://www.dgsi.pt/jstj.nsf/Pesquisa+Livre?OpenForm>, acesso em 08 out. 2015. Assim também no Brasil, consoante TEPEDINO, Gustavo; BARBOZA, Heloísa Helena; MORAES, Maria Celina Bodin de. *Código Civil Interpretado...*, cit., p. 833; VENOSA, Silvio de Salvo. *Direito Civil*, cit., v. IV, p. 78-79.
176. Artigo 500.º Responsabilidade do comitente. 1. Aquele que encarrega outrem de qualquer comissão responde, independentemente de culpa, pelos danos que o comissário causar, desde que sobre este recaia também a obrigação de indemnizar.
177. Art. 932. São também responsáveis pela reparação civil: (...) III – o empregador ou comitente, por seus empregados, serviçais e prepostos, no exercício do trabalho que lhes competir, ou em razão dele; Art. 933. As pessoas indicadas nos incisos I a IV do artigo antecedente, ainda que não haja culpa de sua parte, responderão pelos atos praticados pelos terceiros ali referidos.

no artigo 2.049[178] do *Codice Civile*. Em todos eles pode-se antever uma relativa homogeneidade entre os regramentos que, não obstante tenham sua inspiração nas figuras de culpa presumida (*in eligendo* e *in vigilando*) do artigo 1.384 do *Code Napoleón*[179], contemplam, na atualidade, típicos regimes de imputação objetiva. A controvérsia a respeito da natureza da responsabilidade é inexistente em Portugal e no Brasil, diante da expressa menção das suas leis civis ao fato de que o dever de indenizar independe da culpa do comitente[180]; em Itália, ao seu turno, não obstante o *Codice* não conte com idêntica e categórica afirmação no dispositivo de regência, o que poderia dar azo à continuidade da legitimação da obrigação na culpa presumida, o entendimento também se inclina para um regime de imputação objetiva[181].

Constatada a natureza objetiva da responsabilidade em causa nas ordens jurídicas sob comparação, ponto de partida já um tanto facilitado se comparado àquele imposto aos pais pelos atos dos filhos (pela falta de uniformidade nos sistemas jurídicos italiano, português e brasileiro, conforme visto), cumpre aferir o fundamento de legitimação da dispensa da culpa, fundamento este, aliás, reconhecido como envolto num autêntico "enigma"[182].

A propósito, desde logo é de se assinalar que uma revisão bibliográfica permite inferir a existência de sensível divergência a respeito, com duas tendências bas-

---

178. Art. 2049. Responsabilità dei padroni e dei committenti. I padroni e i committenti sono responsabili per i danni arrecati dal fatto illecito dei loro domestici e comessi nell'esercizio delle loro incombenze a cui sono adibiti.
179. ANGRISANI, Antonio. *La responsabilità dei padroni e dei comitenti*. In: STANZIONE, Pasquale (direttto da). Trattato della Responsabilità Civile. Responsabilità Extracontrattuale. Torino: CEDAM, 2012, v. II, p. 662. A partir de uma evolução história do instituto, o autor situa a sua introdução no *Code* em decorrência de elaboração atribuível a Bartolo de Sassoferrato, ainda no século XIV.
180. Em Portugal, dentre outros, MARTINEZ, Pedro Romano. *Direito das Obrigações*, cit., p. 121; CORDEIRO, António Menezes. *Tratado...*, cit., v. II, t. III, p. 601; COSTA, Mário Júlio de Almeida. *Direito das Obrigações*, cit., p. 616; LEITÃO, Luís Manuel Teles de Menezes. *Direito das Obrigações*, cit., p. 364. No Brasil, TEPEDINO, Gustavo; BARBOZA, Heloísa Helena; MORAES, Maria Celina Bodin de. *Código Civil Interpretado...*, cit., p. 832; VENOSA, Silvio de Salvo. *Direito Civil*, cit., v. IV, p. 79; CAVALIERI FILHO, Sergio. *Programa...*, cit., p. 211; DIAS, José de Aguiar. *Da responsabilidade civil...*, cit., p. 647.
181. ALPA, Guido. *Diritto della Responsabilità Civile*, cit., p. 171; SCOGNAMIGLIO, Renato. *Responsabilità civile e danno*, cit., p. 172; SALVI, Cesare. *La responsabilità civile*, cit., p. 192; GALLO, Paolo. *Introduzione...*, cit., p. 116. ANGRISANI, Antonio. *La responsabilità...*, cit., p. 662. Mesmo os autores que não são tão explícitos reconhecem que eventual persistência na referência à culpa *in eligendo* (presumida) tem uma natureza meramente textual que não impede a caracterização de um autêntico regime de imputação objetiva, justamente em razão da irrelevância da prova de que o comitente não concorreu culposamente para o fato (inviabilidade da prova liberatória); neste sentido, VISINTINI, Giovanna. *Cos'è...*, cit., p. 192. Consoante ALPA, Guido; BESSONE, Mario. *La responsabilità civile*, cit., p. 338, outro fator a legitimar ainda mais a superação da culpa presumida – sob a égide da qual a responsabilidade decorreria de culpa própria materializada na violação de um dever pessoal – e permitir a evolução rumo a uma imputação genuinamente objetiva está no fato de caber direito de regresso do comitente em face do comissário, antevendo-se, assim, regimes autônomos de responsabilidade (um regime interno, entre comitente e comissário, e outro externo, entre comitente e lesado, este sim de natureza objetiva). Também sobre o tema, LEITÃO, Luis Manuel Teles de Menezes. *Direito das Obrigações*, cit., p. 364.
182. FRADA, Manuel A. Carneiro da. *A responsabilidade objectiva por facto de outrem face à distinção entre responsabilidade obrigacional e aquiliana*. Direito e Justiça – Revista da Faculdade de Direito da Universidade Católica Portuguesa, Lisboa, v. XII, 1998, t. I, separata, p. 304 (297-311).

tante evidentes: de um lado, parcela considerável da doutrina entende suficiente a invocação do risco como fundamento da imputação; de outro, é possível encontrar entendimento mais alargado segundo o qual não é o risco em si (não obstante possa, por vezes, estar caracterizado), mas novamente a ideia de garantia – típica dos casos de responsabilidade por fato de terceiro – o genuíno elemento de legitimação da imputação sem culpa.

Quanto à primeira delas, os argumentos mais invocados tendem a fazer alusão ao benefício que o comitente retira da atividade incumbida ao comissário sob sua ordem (risco-proveito)[183], o que implicaria na legitimação da imputação a partir da ideia de alocação dos riscos associados a um agir ou mesmo a um processo produtivo decorrente da assunção de uma iniciativa econômica[184] (risco da empresa)[185].

O problema reside no fato de que o campo de incidência das regras em questão é amplo, não se restringindo, como dito, à relação de comissão na sua feição estrita ou mesmo às relações de trabalho ou emprego, as quais poderiam induzir em erro no que tange ao seu fundamento de legitimação, pois deveras associadas a alguma forma de organização (empresarial) ou mesmo de proveito propriamente dito em razão da atividade danosa[186]. Daí que, em função disso, é de se reconhecer que a responsabilidade objetiva do comitente – ao menos na forma dos precitados artigos 500, 933 e 2.049 dos Códigos Civis português, brasileiro e italiano – não está condicionada a uma genuína relação de dependência empresarial ou mesmo de proveito econômico, sendo suficiente um encargo ou uma incumbência, inclusive em razão de cortesia ou parentesco[187].

Partindo de tal premissa, a qual se apresenta incontornável diante da amplitude da subsunção possível nas normas de regência, que não se aparentam limitadas à existência de um risco especial no agir do comissário e tampouco se satisfazem com a invocação do brocardo *ubi commoda, ibi incomoda*, que se

---

183. ANGRISANI, Antonio. *La responsabilità...*, cit., p. 663; CAVALIERI FILHO, Sergio. *Programa...*, cit., p. 211. Ainda, CARVALHO, Pedro Pitta e Cunha Nunes de. *A responsabilidade do comitente*. Revista da Ordem dos Advogados, Lisboa, a. 48, 1988, p. 88-88.
184. VISINTINI, Giovanna. *Cos'è la responsabilità civile*, cit., p. 192.
185. GALLO, Paolo. *Introduzione...*, cit., p. 116; SALVI, Cesare. *La responsabilità civile*, cit., p. 192; VENOSA, Silvio de Salvo. *Direito Civil*, cit., v. IV, p. 78;
186. Para tanto, basta que se verifiquem as linhas de fundamentação seguidas para a invocação do risco-proveito ou do risco de empresa, que seguem em uma associação por vezes reducionista entre a responsabilidade do comitente e a relação entre empregador e empregado que, não obstante abrangida, a ela não se resumem. Nesse sentido, DIAS, José de Aguiar. *Da responsabilidade civil*, cit., p. 646; CAVALIERI FILHO, Sergio. *Programa...*, cit., p. 210-211. Dita associação é até mais comum na doutrina italiana, talvez pelo fato de o dispositivo de regência fazer menção à responsabilidade do patrão e do comitente, como se fossem idênticas ou representativas de uma mesma realidade, quando não o são (esta é juridicamente mais ampla do que aquela; daí porque o seu emprego na presente sistematização). Assim, ANGRISANI, Antonio. *La responsabilità...*, cit., p. 663-664.
187. ALPA, Guido. *Diritto della Responsabilità Civile*, cit., p. 171; DIAS, José de Aguiar. *Da responsabilidade civil*, cit., p. 647. Nesta linha, assinalando que à responsabilidade do comitente basta a existência de nexo causal entre o ato – ao final lesivo – praticado pelo comissário e a comissão, CARVALHO, Pedro Pitta e Cunha Nunes de. *A responsabilidade do comitente*, cit., p. 97.

apresentar vago e indeterminado na presente situação[188], é possível inferir uma aparente insuficiência de tal fundamento de imputação – nas suas variadas acepções – para justificar a dispensa da culpa do comitente como elemento de legitimação do dever de indenizar[189].

Por isso a sobredita ideia de garantia (mesmo quando associada às noções de proveito ou organização que, não obstante, são acessórias) apresenta-se como a mais abalizada para a pretendida legitimação de um regime agravado de responsabilidade que se materializa na dispensa da culpa; garantia esta que decorre não propriamente da incumbência que é acometida ao comissário (ou do risco dela decorrente), mas da estreita relação havida entre ele e o comitente[190], a legitimar a sua responsabilidade no confronto com terceiros[191].

3. A (IN)SUFICIÊNCIA DO RISCO COMO FUNDAMENTO UNITÁRIO DA RESPONSABILIDADE OBJETIVA

Tendo em conta as premissas teóricas estruturadas a partir dos primeiros desenvolvimentos de ruptura com a dogmática absolutista da culpa, não há como se desconsiderar a inegável relevância do risco como critério de imputação de danos. E isso se materializa em uma importante gama de situações, dentre elas, por exemplo, as associadas à responsabilidade do produtor ou mesmo aquelas relacionadas à exposição ao perigo (*stricto sensu*), com crescente e marcado relevo a verdadeiras cláusulas gerais alicerçadas em tal elemento.

Ocorre que por meio da verificação das situações concretas dispostas nos itens precedentes, que sequer tiveram a pretensão de esgotar todas aquelas submetidas a regimes de responsabilidade sem culpa – não obstante tenham um relevante potencial para representá-los –, resta reforçado o sentimento de insuficiência do risco, em qualquer das suas variações teóricas, enquanto fundamento unitário a legitimar a mais ampla multiplicidade de situações de imputação objetiva[192], impedindo, desta feita, a estruturação de uma teoria geral a partir da sua invocação.

---

188. FRADA, Manuel A. Carneiro da. *A responsabilidade objectiva...*, cit., p. 304.
189. TRIGO, Maria da Graça. *Responsabilidade civil delitual por facto de terceiro*. Coimbra: Coimbra, 2009, p. 407.
190. Aliás, segundo VISINTINI, Giovanna. *Cos'è...*, cit., p. 194, o fundamento da responsabilidade legitima-se propriamente nesta relação entre o dano e a incumbência atribuída pelo comitente, que se apresenta como inarredável pressuposto da *fattispecie* de imputação objetiva.
191. Nesta linha, SALVI, Cesare. *La responsabilità civile*, cit., p. 194, fala no princípio da garantia pelo fato do dependente, que ganha destaque, uma vez mais, na irrelevância de eventual prova liberatória relativa ao comportamento do comitente, tudo com recurso à ideia de ampliação da própria esfera de ação concretizada por intermédio da atividade de outrem. Com idêntica menção à ideia de garantia, mas associada a um nem sempre presente desenvolvimento de atividade arriscada – a qual, por isso, não parece ser a linha mais adequada de justificação da imputação – incumbida ao comissário, ALPA, Guido. *Diritto della Responsabilità Civile*, cit., p. 171.
192. Com aprofundamentos acerca desta insuficiência, ver SCOGNAMIGLIO, Renato. *Responsabilità civile e danno*, cit., p. 172-173.

É bem verdade que a presente conclusão passa pela compreensão do que se pode entender por risco, sem prejuízo das mais importantes acepções teóricas a seu respeito antes tratadas, mas sempre com a perspectiva de que novas poderão surgir. Isso porque, com o intuito de erigi-lo a fundamento unitário da imputação sem culpa, inúmeras são as tentativas de alçar os seus contornos a termos tão latos que, em verdade, passam a ser materializados em uma noção quase que negativa, a qual mais aparenta vincular-se à ideia de não culpa[193].

A chancela desta interpretação revive a tentativa inicial que pretendia, com o intuito de sustentar a suficiência do regime geral de matriz subjetiva, reconduzir a um conceito expandido de culpa todas as situações de responsabilidade civil, mesmo aquelas nas quais isso se apresentava deveras artificial. E tudo na tentativa de, por meio do alargamento indevido do seu conteúdo normativo e do fornecimento de situações práticas um tanto próximas da imputação objetiva (como sucede nos casos de inversão do ônus da prova ou mesmo das presunções *iuris et de iure*), justificar-se a manutenção da hegemonia da culpa enquanto fundamento exclusivo (e excludente de todo e qualquer outro) da obrigação de indenizar.

Ocorre que a complexidade assumida pelo instituto da responsabilidade civil – especialmente a partir do reconhecimento da insuficiência da culpa enquanto fundamento unitário e do florescimento de um emaranhado de previsões legais concretizadas a partir de vários critérios de imputação predispostos com o intuito de viabilizar um crescente número de regimes de matriz objetiva – demanda uma "discussão mais sofisticada" acerca da sua fonte de legitimidade, o que se mostra absolutamente incompatível com o recurso a soluções artificiais[194].

Neste diapasão, tendo em conta que a responsabilidade pelo dano pode ser imputável ao agente em situações nas quais não apenas não se verifica uma especial e agravada potencialidade de danos (*v.g.*, responsabilidade do comitente) ou esta é irrelevante (*v.g.*, responsabilidade pelos atos dos animais), mas mesmo em situações nas quais sequer se pode identificar uma concreta e imprescindível participação do agente (*v.g.*, responsabilidade por *effusi et dejectis*), uma invocação generalizada ao risco parece apresentar-se, no mínimo, artificial.

Esta constatação já permite teorizar no sentido de que, em verdade, do ponto de vista da melhor técnica dogmática, é imprescindível reconhecer a diferença existente entre o que se pode chamar de responsabilidade objetiva – assim compreendida como aquela que não guarda relação como a necessária concorrência de um comportamento censurável do agente – e o que se poderia reconduzir a um grupo de situações asso-

---

193. SCHREIBER, Anderson. *Novos paradigmas da responsabilidade civil*. Da erosão dos filtros da reparação à diluição dos danos. 3ed. São Paulo: Atlas, 2011, p. 29. Assim conclui o autor fazendo alusão à doutrina de Yvone Flour, especialmente quando identifica que a acepção negativa antes aludida decorre, como dito, da questionável compreensão de que é responsável por risco todo aquele a quem, não obstante responsável, não se possa antever um ato culposo atribuível ao agente.
194. SCHREIBER, Anderson. *Novos paradigmas...*, cit., p. 29.

ciadas a uma especial periculosidade (em senso lato) de coisas, meios ou atividades, este sim passível de receber a denominação de responsabilidade pelo risco[195].

Neste cenário é que se mostra instransponível o reconhecimento da dificuldade em se falar em um critério único de imputação alternativo à culpa que venha materializado apenas no risco[196].

E esta constatação talvez seja a justificativa que levou muitos autores a sustentarem que não se afiguraria viável conduzir todas as situações de imputação sem culpa a uma ideia unitária que assim explicasse a responsabilidade objetiva[197], afastando com isso, ao menos em tese, a possibilidade da construção de uma autêntica categoria jurídica. Daí que a tendência natural seria afirmar que a legitimidade da imputação objetiva se recolhe da sua tipicidade, fazendo com que a expressa previsão legal, mesmo que absolutamente fragmentária, pudesse justificar no caso a caso a dispensa da culpa[198].

Parece, contudo, que a dogmática civilista tem mais a contribuir, apresentando-se, do mesmo modo, um tanto reducionista a alternativa da tipicidade. Em razão disso, por ora, apresenta-se mais oportuno refutá-la e permanecer apenas com a conclusão de que, com efeito, as teorias do risco mostram-se insuficientes a abranger, enquanto fundamento, todos os casos de imputação que se situam fora do regime da culpa[199].

É inegável reconhecer que, de um modo ou de outro, a responsabilidade objetiva, rompendo com a lógica estreita do princípio da autorresponsabilidade – enquanto decorrência do voluntarismo oitocentista e, por conseguinte, corolário do direito delitual a partir dele estruturado – materializa uma inconteste vantagem sobre o prisma da tutela do lesado[200], mesmo que, nestas situações, nem sempre seja possível antever um especial agravamento de risco enquanto potencialidade de causar danos. Trata-se, pois, de um indício de grande relevo na busca por um fundamento uniforme de legitimação.

---

195. FRADA, Manuel A. Carneiro da. *A responsabilidade objectiva*..., cit., p. 305 e 308, nota 16. E o autor retoma, como exemplo incontestável desta conclusão, a responsabilidade do comitente que, de rigor, não é na essência uma imputação assente no risco, em razão da falta de identificação de um perigo agravado, não obstante tenha natureza objetiva. Seguindo esta linha, a genuína responsabilidade pelo risco (como é, por exemplo, aquela decorrente das regras contidas nos artigos 2.050, 493, n. 2, e 927, parágrafo único, respectivamente, dos Códigos Civis italiano, português e brasileiro) poderia ser entendida como espécie do gênero responsabilidade objetiva, esta sim formadora de uma categoria jurídica cujo fundamento unitário se persegue no presente momento; e, neste cenário, o risco ou o perigo aparecem como nexos de imputação e não como autênticas fontes de legitimação do dever de reparar danos.
196. ALPA, Guido; BESSONE, Mario. *I fatti illeciti*, cit., p. 305.
197. SERRA, Adriano Vaz. *Fundamento da responsabilidade civil*, cit., p. 22.
198. Em outras palavras, a fragmentariedade da tipicidade reconduziria a uma insuficiência não apenas do risco, mas de qualquer outro critério necessário à sua legitimação, que decorreria da própria letra da lei. Sobre o tema, FRADA, Manuel A. Carneiro da. *A responsabilidade objectiva*..., cit., p. 304.
199. MARTINS-COSTA, Judith. *Os fundamentos*..., cit., p. 46.
200. FRADA, Manuel A. Carneiro da. *A responsabilidade objectiva*..., cit., p. 307-308.

Ocorre que a teoria do risco, mesmo na sua dimensão mais lata, não é apta a exprimir, como visto, um verdadeiro e próprio critério unitário de imputação da responsabilidade para além da culpa, limitando-se a apresentar algumas fórmulas descritivas, desprovidas, por isso, de valor sistemático e incapazes de exprimir/ materializar com plenitude todos os critérios de imputação predispostos para dar respostas para além do regime sintetizado pela culpa[201].

Daí que, imbuído destas conclusões, o exame das mais variadas situações de imputação objetiva – com especial destaque àquelas de cunho mais geral, tanto que reguladas pelo próprio Código Civil – permitiu não apenas ratificar o sentimento até então empírico de insuficiência do risco, como serve para fornecer algumas pistas acerca de fundamentos outros que, pela sua abrangência mais alargada, poderiam conduzir à construção de um lastro de legitimação uniforme para a responsabilidade objetiva.

E o ponto de contato entre estas ditas "pistas" – corporizadas, em verdade, em princípios que não são de todo estranhos à aplicação do direito civil – está exatamente na essência da responsabilidade civil objetiva enquanto mister, qual seja, a ideia de necessidade de tutela do lesado. Tal, contudo, a fim de que seja legítimo, deve-se dar dentro de uma margem de legitimidade segura[202], sob pena de, com invocação a argumentos assistencialistas, fugir do escopo normativo que se espera da estruturação dogmática de uma categoria jurídica, tal qual se pretende a responsabilidade objetiva.

Por isso a imprescindibilidade de analisar cada uma destas invocações que, por serem frequentes, precisam ser avaliadas na capacidade de se converterem em fundamento de legitimação, na sua real essência.

---

201. CARINGELLA, Francesco. *Studi di Diritto Civile*. Milano: Giuffrè, 2007, v. 3, p. 14.
202. GALVÃO, Sofia de Sequeira. *Reflexões acerca da responsabilidade do comitente no direito português*. A propósito do contributo civilista para a dogmática da imputação. Lisboa: AAFDL, 1990, p. 44-45.

CAPÍTULO 2
FUNDAMENTOS ALTERNATIVOS AO RISCO NA LEGITIMAÇÃO DA RESPONSABILIDADE OBJETIVA

Constatada a insuficiência do risco para fins de legitimar a responsabilidade objetiva como um todo (assim entendida enquanto regime geral), não obstante constitua-se, quiçá, no mais frequente nexo de imputação das várias situações legalmente estabelecidas, é de se buscar a satisfação de tal intento em fundamento mais alargado.

Isso se justifica porque a histórica fragmentariedade que marcou – e ainda marca – o seu tratamento legislativo permitiu a predisposição de uma variada gama de situações postas sob um mesmo regime, de modo que apenas um fundamento mais alargado poderá fazer as vezes de legitimador de um pretenso regime geral a ser estruturado a partir da responsabilidade objetiva enquanto categoria jurídica.

Nesta linha é que três princípios podem ser identificados como, em tese, ligados de algum modo à imputação de danos e à consecução dos fins esperados da responsabilidade civil objetiva[1]. Exatamente por isso é que poderiam ser capazes de se habilitarem a constituir fundamento do dever de indenizar para além das situações legitimadas na culpa.

O exame da pertinência ou não de cada uma destas alternativas predispostas pela jurisprudência e pela doutrina bem permitirá, em uma perspectiva atual e alargada, para além do estigma inerente a uma vinculação absoluta entre responsabilidade objetiva e risco, aferir a viabilidade de se encontrar um fundamento uniforme de legitimidade para a imputação e, a vista disso, poder-se pretender um regime unitário de estabelecimento do vínculo obrigacional.

1. O PRINCÍPIO DA EQUIDADE

O primeiro dos fundamentos que se apresenta como carecedor de uma análise mais acurada com vistas a identificar uma possível legitimação uniforme da imputação objetiva de danos é o princípio da equidade.

---

1. As hipóteses que, na sequência, passam a ser examinadas são atribuídas a SCOGNAMIGLIO, Renato. *Responsabilità civile...*, cit., p. 46-48, que fala, respectivamente, nos princípios do risco, da equidade e da prevenção, sem prejuízo, ainda, do princípio da solidariedade, com igual potencial para o fim ora buscado. Igualmente, com especial alusão aos princípios da solidariedade e da prevenção como princípios gerais da responsabilidade civil, o que autorizaria a hipotisar qualquer um deles como possível fundamento de legitimação do surgimento de um dever de indenizar, FARIAS, Cristiano Chaves; NETTO, Felipe Braga; ROSENVALD, Nelson. *Novo Tratado de Responsabilidade Civil*. 2ed. São Paulo: Saraiva, 2017, p. 47 e ss.

E isso exatamente tendo em conta a necessidade de um fundamento que, ao mesmo tempo, mostre-se mais alargado do que o risco propriamente dito – que se revelou apenas critério de imputação – e com algum conteúdo teórico já desenvolvido, inclusive por diversos ramos das ciências sociais aplicadas, como ocorre com a equidade.

Examinar o seu conteúdo[2], a sua relação com a responsabilidade civil e as suas possibilidades num espaço de legitimação do dever de indenizar para além da culpa é, pois, medida que se impõe no caminho investigativo proposto.

1.1 Equidade e responsabilidade civil

Não é recente a associação entre equidade e imputação de danos, podendo-se antever a sua gênese já no direito romano, antes mesmo do desenvolvimento das centelhas que redundariam, séculos depois, da estruturação e na consagração absoluta do princípio da culpa. Neste cenário, a equidade veio concebida enquanto fundamento – mesmo que indireto – da possibilidade de impor a terceiro a obrigação de assumir os ônus dos prejuízos suportados por outrem[3].

Dita realidade tende a se alterar sobremaneira com todos os desenvolvimentos relacionados ao reconhecimento da culpa que, após diversos séculos de elaboração, deságuam na redação do artigo 1.382 do Código Civil francês e de toda uma geração talhada pela codificação oitocentista, nas suas três sistemáticas. E a posição por ela assumida enquanto autêntico fundamento de legitimidade da imputação tendia, assim, por obscurecer a importância de qualquer recurso à equidade para este fim, salvo em algumas situações de ajuste da indenização devida, quando já reconhecido o dever de reparar[4].

Até mesmo porque os influxos positivistas incorporados pelo direito civil a partir deste momento, de modo a antever no Código Civil a sua manifestação exclusiva e excludente, tenderiam mesmo a incompatibilizar o recurso à equidade – já enquanto manifestação da justiça no caso concreto – para fins de justificação do dever de

---

2. A temática é riquíssima e profunda. Daí que, por certo, qualquer abordagem que possa vir a receber no curso da presente investigação será, no mínimo, simplista, tendo em vista todos os desenvolvimentos possíveis (inclusive distintos), a partir das variadas escolas que lhe dispensaram especial atenção. Contudo, o estudo restaria incompleto e, quiçá, de algum modo descontextualizado se não fossem tecidas algumas considerações acerca da noção de equidade que se pretenda invocar enquanto fundamento da responsabilidade civil, especialmente na sua feição objetiva. Por isso é que as considerações de cunho geral a serem postas tenderão a conectarem-se com o que interessa ao exame da imputação de danos. Sem prejuízo, pela síntese que contém e pela profundidade que desenvolve, fica a referência a estudo que serviu de base a algumas das considerações que se seguirão; assim, PEREIRA, Alexandre Libório Dias. *Da equidade (fragmentos)*. Disponível em: <https://estudogeral.sib.uc.pt/bitstream/10316/28733/1/DA%20EQUIDADE.pdf>. Acesso em 28 ago. 2016.
3. MARTINS-COSTA, Judith. *Os fundamentos...*, cit., p. 34.
4. MARTINS-COSTA, Judith. *Os fundamentos...*, cit., p. 37. A este respeito, destaca a autora a importância do reconhecimento posterior do princípio *neminem laedere* que, ao se colocar entre as noções de equilíbrio e de culpa, irá influenciar de modo vivo toda a problemática da responsabilidade civil – mas sob o viés da imputação já como violação de uma norma de conduta (de não fazer mal a ninguém) – e se revelar enquanto norte da ordem social, de modo a incorporar-se às instâncias metajurídicas.

indenizar que, neste ambiente, decorria da vontade livre do indivíduo juridicizada pelo preceito legal de regência (no caso, a célebre cláusula geral que, num primeiro momento, tendeu a replicar-se no direito continental, vendo a sua soberania abalada pela proposta metodológica consagrada, quase cem anos depois, pelo BGB)[5].

Como tudo na ciência jurídica vem marcado por ciclos, as novas necessidades reveladas pelas profundas mudanças econômicas e sociais verificadas a partir do fim do século XIX reavivaram a retomada da ideia de equidade enquanto fundamento da responsabilidade civil, especialmente tendo em conta que a reparação passa a ser uma vez mais reconhecida enquanto uma necessidade inerente aos novos ideários de justiça então vigentes.

Justamente nesta perspectiva – e tendo em vista que os ideários antes aludidos vêm relacionados a situações de responsabilidade sem culpa – é que se impõe analisar a viabilidade jurídica da equidade enquanto fundamento uniforme de um regime geral de imputação objetiva. Antes, porém, oportuno que se demarque o seu conteúdo, especificamente relacionado à sua interface com a responsabilidade civil, para que, então, examine-se a forma como possa desenvolver este mister e as suas suficiência e efetividade.

1.1.1 Por uma noção de equidade

A invocação da equidade perpassa de modo muito marcante a experiência jurídica como um todo, constatando-se alguma variação no seu conteúdo ao longo dos tempos[6]. Presente já no direito romano, veio a se desenvolver a partir da noção de *epicikia* recebida da experiência grega e representativa da ideia de equilíbrio e de harmonia[7].

Assim, a partir de uma conotação inicial muito próxima do conceito de justiça, sendo ambos empregados em sentido praticamente idêntico, verifica-se uma concretização dotada de alguma autonomia[8], não obstante inter-relacionada, que vem

---

5. Acerca da influência da equidade no direito civil codificado, especialmente no que tange ao que denomina de gestão do seu "espírito rebelde", ver PEREIRA, Alexandre Libório Dias. *Da equidade...*, cit., p. 08.
6. Segundo MAXIMILIANO, Carlos. *Hermenêutica e aplicação do direito*. 13ed. Rio de Janeiro: Forense, 1993, p. 173, esta oscilação ao longo dos tempos, no sentido de adaptar o seu conteúdo aos ditames de cada momento histórico, político e filosófico, permite destacar que a equidade constitui-se em um conjunto de princípios intrínsecos, de maneira a representar a substância jurídica da humanidade conforme a sua natureza e o seu fim, sendo imutável na essência, porém adaptável à diversidade dos tempos e dos locais em que se concretiza. De igual modo, assinalando não apenas a complexidade e a mutação do conteúdo de equidade, mas a extrema dificuldade de se apontar uma noção unívoca, ver FRADA, Manuel Carneiro da. *A equidade (ou a 'justiça com o coração'). A propósito da decisão arbitral segundo a equidade*. Revista da Ordem dos Advogados, Lisboa, a. 72, n. 1, (109-145), jan./mar. 2012, p. 111.
7. MARTINS-COSTA, Judith. *Os fundamentos...*, cit., p. 34, nota 8. Segundo a autora, o termo equidade representa, na sua gênese, uma ideia de relação harmoniosa entre o todo e as partes, a impor a satisfação de uma exigência de justiça nas situações em que constatada a sua violação, tal qual sucede nas hipóteses associadas à responsabilidade civil.
8. Partindo-se de uma visão aristotélica, tem-se que enquanto a justiça é medida genérica e abstrata, pois precisa, de algum modo, mostrar-se suscetível de aplicação a todas as situações, a equidade "é a justiça no seu

marcada pela preocupação "de uma justiça fundada na igualdade, na conformidade do próprio princípio jurídico e em respeito aos direitos alheios". Parte-se, portanto, na atualidade, de um conceito associado às peculiaridades especiais de cada caso concreto, no sentido de se atingir aquilo que for bom e justo em uma situação determinada[9].

Nestas circunstâncias, a equidade vem concebida enquanto verdadeiro padrão de justiça[10], que se pode manifestar tanto por meio do reconhecimento de uma função corretiva, tendente a adequar o preceito abstrato ao caso concreto por meio da sua medida flexível[11], quanto, em uma acepção dita mais "radical" (que se materializa por intermédio de uma aplicação direta), pela solução decorrente da "justiça do caso concreto"[12].

Sem prejuízo destas demarcações, é de se consignar que as principais dificuldades inerentes à delimitação de um conteúdo mais ou menos preciso de equidade[13], especialmente no que pode interessar à responsabilidade civil, decorrem, antes de tudo, do grande uso de remissões metajurídicas, que remetem a conceitos como moral, direito natural, direito justo ou mesmo boa-fé (não obstante todo o conteúdo dogmático que estes conceitos encerram). E as objeções que podem ser opostas ao emprego demasiado de tal recurso estão no fato de que, pela sua baixa capacidade de agregar ao conteúdo específico da equidade um critério material, termine por dar-lhe uma mera "capa formal", sem uma genuína capacidade de integração ou de complementação[14].

Toda esta ductibilidade conceitual permitiu que se viesse a aludir, diante da sua inegável associação à ideia de justiça, a uma "equidade baseada no sentimento", o que, não obstante se apresente um tanto genérico, bem serve a indicar o seu intento integrador por meio da conexão entre o caso concreto e as regras e os valores a ele inerentes, de modo a não exigirem, pela sua própria natureza, uma preocupação em estabelecer normas de cunho generalizante. Daí porque reconhecer e assinalar, ao

---

dinâmico ajustamento ao caso", mostrando-se concreta e específica; por isso é que a equidade é considerada uma forma de justiça ou, em palavras mais precisas, a justiça em um dos seus momentos (na aplicação do caso concreto). Sobre o tema, REALE, Miguel. *Lições preliminares de direito*. 17ed. São Paulo: Saraiva, 1990, p. 123.

9. SILVA, Oscar J. de Plácido e. *Vocabulário Jurídico*. 3ed. Rio de Janeiro: Forense, 1991, v. II, p. 180.
10. PEREIRA, Alexandre Libório Dias. *Da equidade...*, cit., p. 03.
11. FRADA, Manuel Carneiro da. *A equidade...*, cit., p. 112-113. Ainda segundo o autor, esta capacidade de adaptação da equidade e a sua representação enquanto medida de justiça permite designá-la a "medida das medidas". Igualmente, PEREIRA, Alexandre Libório Dias. *Da equidade...*, cit., p. 05.
12. CORDEIRO, António Menezes. *Da boa fé no direito civil*. 3reimp. Coimbra: Almedina, 2007, p. 1199. Como forma de representar esta acepção, em outras palavras, o autor refere a possibilidade de "enquadrar o caso concreto, sem auxílio", ou seja, a invocação direta da regra de equidade para solucionar a situação dada sem a necessidade de o fazer subsidiariamente ou como via de temperança de uma regra específica.
13. Para este mister, antes de mais, cumpre diferenciar existirem duas acepções para a ideia de equidade: uma em sentido jusfilosófico e, outra, técnico-legal, sendo que é sobre esta que se fundam os desenvolvimentos associados aos conceitos jurídicos correlatos, dentre eles os associados à boa-fé e à responsabilidade civil. Sobre o tema, CORDEIRO, António Menezes. *Da boa fé...*, cit., p. 1199; ainda, PEREIRA, Alexandre Libório Dias. *Da equidade...*, cit., p. 04, nota 06.
14. CORDEIRO, António Menezes. *Da boa fé...*, cit., p. 349 e p. 1199.

mesmo tempo, um elevado grau de subjetividade na sua concreção que, contudo, objetiva-se e, por isso, afasta-se do arbítrio, porquanto não está adstrito ao foro interno daquele que opera o conceito em tela[15].

A demarcação do conteúdo da equidade implica, de igual sorte, um exame mais acurado da noção de igualdade, que lhe é ínsita, porquanto a justiça por ela materializada é, também, uma forma de expressão ética desta igualdade. Ora, se a liberdade está na base do fundamento do direito, a igualdade é-lhe complementar, pois somente haverá concretização da justiça por meio da equidade se liberdade e igualdade estiverem, ambas, sopesadas. Desta feita, em feliz síntese, afirma-se que "é o princípio da igualdade ajustada à especificidade do caso que legitima as normas de equidade"[16].

Mesmo tendo em conta as ponderações postas e sem prejuízo de alguma delimitação que a partir delas seja possível estabelecer, deve-se reconhecer que a equidade é ainda hoje entendida como um "conceito evanescente", sendo invocável mais propriamente como qualificadora de uma decisão do que como pressuposto ou fundamento em si mesmo considerado. Contudo, toca valorá-la – ainda na seara da responsabilidade civil e como possível fonte de legitimidade do vínculo obrigacional decorrente do dano juridicamente relevante – enquanto modo de fazer justiça para além das fronteiras estabelecidas pelo sistema jurídico positivo[17].

E, nesta linha de desdobramento, partindo-se de um preceito geral de justiça comutativa que se materializa por meio de um critério de igualdade retributiva enquanto proporção aritmética entre os interesses em jogo[18], constata-se a necessidade de adaptação deste mesmo critério geral a situações especiais. Situações estas que, aliás, deveriam ser avaliadas a partir de um preceito de justiça distributiva, o qual guarda, de algum modo, intrínseca relação não apenas com a noção de equidade, mas também com aquela de responsabilidade objetiva.

Esta poderia ser, por isso, uma possível linha de fundamentação de legitimidade que carece de ser mais bem analisada.

---

15. CORDEIRO, António Menezes. *Da boa fé...*, cit., p. 365 e p. 1202-1204.
16. REALE, Miguel. *Lições...*, cit., p. 123 e 125.
17. FRADA, Manuel Carneiro da. *A equidade...*, cit., p. 119. Neste particular, como assinala CORDEIRO, António Menezes. *Da boa fé...*, cit., p. 1202-1205, a equidade manifesta-se por meio de fatores extrassistemáticos e, quiçá, extrajurídicos, o que pode ser considerado, em última análise, como uma concreção à revelia do direito estrito (assim entendido enquanto sistemático); por isso, não se legitima na autoridade dos seus fundamentos ou, nas exatas palavras do autor, "prescinde da autoridade particular das proposições juspositivas".
18. REALE, Miguel. *Lições...*, cit., p. 124. Neste particular, fala-se na necessidade de se considerarem não apenas relações entre iguais e, por isso ditas representativas de uma proporção aritmética, mas também relações sociais que se estabelecem entre os indivíduos e o todo ou, em palavras mais precisas, entre a coletividade e os seus membros que, pela particularidade que encerram, exigem um modelo de justiça diverso daquela dita comutativa.

1.1.2 Equidade e justiça distributiva

Como alternativa à necessidade de atender a falhas de igualdade no processo de concretização da equidade, passa-se a antever, em paralelo a um regime geral de justiça comutativa, uma genuína justiça distributiva que, contrariamente à primeira, por envolver as relações bilaterais entre a comunidade e os seus membros, desenvolve-se em uma proporção geométrica, por meio do alcance a cada um conforme as suas necessidades[19].

A equidade, nesta linha, acaba por representar o momento dinâmico por meio do qual os preceitos de justiça são concretizados nas suas múltiplas formas[20], podendo ver-se materializada por intermédio de uma valoração distributiva[21]. Daí que a então dita justiça distributiva, em uma noção ampla que transcende a ciência jurídica, pode ser entendida como "um constructo relacionado à maneira como as pessoas avaliam as distribuições de bens positivos ou negativos na sociedade"[22]; já a partir de um paradigma jusfilosófico, como a "distribuição das honras, riquezas e demais bens suscetíveis de serem repartidos entre os membros da comunidade política"[23]

Na acepção aristotélica, a justiça manifesta-se por meio de uma faceta retributiva, assim entendida como a resposta sancionatória para a violação jurídica, de uma faceta compensatória, relacionada aos prejuízos decorrentes desta violação, e de uma faceta distributiva, voltada à repartição de encargos e benefícios no corpo social a partir de uma ponderação entre ônus e bônus associados a bens e recursos[24].

Verifica-se, assim, pelo todo já tratado no curso da presente investigação, que as duas primeiras facetas bem se relacionam com o regime geral de responsabilidade subjetiva, nela encontrando, de algum modo, correspondência. O desenvolvimento da terceira, ao seu turno, seria preponderantemente operacionalizado justo pela responsabilidade objetiva, o que autorizaria a elucubrar, portanto, residir o seu fundamento em uma concretização da equidade.

---

19. REALE, Miguel. *Lições...*, cit., p. 124
20. REALE, Miguel. *Lições...*, cit., p. 125
21. A temática da justiça distributiva recebeu atenção de variadas disciplinas e, mesmo quando tomada na sua abordagem tradicional, de diversos pensadores ao longo do seu desenvolvimento. Considerando que um apanhado de todo este processo implicaria a necessidade de uma investigação autônoma, diante dos seus diversos desdobramentos e implicações, permita-se, neste particular, reenviar à síntese contida em ANDRADE NETO, Carlos Gonçalves de. *Responsabilidade Civil e Justiça Distributiva* (dissertação de Mestrado). Orientador: Prof. Doutor Paulo Luiz Neto Lôbo. Recife: Universidade Federal de Pernambuco/Programa de Pós-Graduação em Direito, 2003, p. 90-97, item designado "Justiça Distributiva – de Aristóteles a Rawls".
22. SAMPAIO, Leonardo Rodrigues; CAMINO, Cleonice P. Santos; ROAZZI, Antonio. *Justiça distributiva*: uma revisão da literatura psicossocial e desenvolvimentista. Psicologia em Estudo, Maringá, v. 14, n. 4, p. 631-640, out./dez. 2009, p. 632.
23. AZEVEDO, Plauto Faraco de. *Justiça distributiva e aplicação do direito*. Porto Alegre: Sérgio Antônio Fabris Editor, 1983, p. 25.
24. SANTA HELENA, Eber Zoehler. *Justiça distributiva na teoria de justiça como equidade de John Rawls*. Revista de Informação Legislativa, Brasília, a. 45, n. 178, p. 337-346, abr./jun. 2008, p. 338.

Em decorrência disso, a equidade materializada por intermédio de um juízo de justiça distributiva restaria por assegurar a observância do equilíbrio social[25], constituindo-se, assim, em manifestação intra e extrassistemática da necessidade de se atender a preceitos que, na situação concreta (mais ou menos alargada), demonstram a insuficiência das regras de imputação lastreadas no princípio da culpa.

Em assim sendo, se a equidade dá corpo à noção de justiça enquanto equilíbrio, que restaria violada pela verificação de um dano não consentido produzido na esfera jurídica de terceiro e desprovido de reparação, o primado de justiça distributiva dela decorrente poderia legitimar a partilha dos encargos por meio de um regime geral de responsabilidade objetiva, mais alargado, portanto, que aquele tradicional, de matriz subjetiva.

Assim é que, por intermédio da sua ligação com a justiça distributiva, o princípio da equidade converter-se-ia em fundamento da responsabilidade relacionada a situações não subsumidas no ato ilícito, nas quais mais do que uma resposta (enquanto reação) ao agir do lesante, busca-se restabelecer o equilíbrio violado em razão da causação do dano por meio da equânime distribuição dos ônus a ele associados. Em outras palavras, passar-se-ia a idealizar a fonte de legitimidade de todas as situações de responsabilidade em uma genérica exigência de equidade, de modo a atribuir-se à construção judicial o poder de valorar quando seria cabível um dever de indenizar[26], seja de modo amplo (com ampla liberdade ao juiz), seja de modo específico, a partir das situações prefixadas em lei como submetidas a um regime de imputação objetiva.

A justificativa para tal associação decorreu exatamente dos questionamentos vivamente postos já nas primeiras décadas do século XX acerca da inobservância de preceitos gerais de justiça em razão da aparente insuficiência das soluções de imputação baseada na culpa. Diante de uma nova realidade econômica e social já tantas vezes referida, questionava-se acerca do atendimento, ou não, dos mais caros preceitos de justiça quando se deixava, por exemplo, o empregado ou a vítima do acidente ferroviário desprovidos de reparação apenas porque, consoante os padrões voluntaristas até então vigentes, não lhes havia sido possível demonstrar a efetiva concorrência culposa do responsável pela atividade danosa, não obstante houvesse outros valores que, à luz da equidade, induzissem na imposição de um dever de indenizar.

Passa-se com isso a questionar a inobservância dos preceitos de justiça (distributiva) quando, no caso concreto, ao exato gosto da equidade, são aceitas as construções jurídicas segundo as quais, decorrendo os infortúnios em causa de "obra do destino", caberia àqueles que os sofreram suportar os ônus deles decorrentes[27]. E isso tudo sem prejuízo de que tal imposição de ônus à vítima implicasse em desequilíbrio

---

25. MARTINS-COSTA, Judith. *Os fundamentos...*, cit., p. 44. No mesmo sentido, com uma associação entre justiça e equilíbrio jurídico, especificamente no que toca aos debates envolvendo as mudanças sofridas pela responsabilidade civil, JOSSERAND, Louis. *Evolução da responsabilidade civil*. Trad. Raul Lima. Revista Forense, Rio de Janeiro, a. 38, fasc. 456, p. 52-63, jun. 1941, p. 54.
26. TRIMARCHI, Pietro. *Rischio...*, cit., p. 28-30.
27. MARTINS-COSTA, Judith. *Os fundamentos...*, cit., p. 44.

social e fosse possível identificar pessoas – físicas ou jurídicas, singulares ou coletivas – mais proximamente a elas conectadas e em melhores condições cognitivas, causais, sociais e econômicas de suportar estes ônus ou a eles fazer frente em razão do desenvolvimento de uma determinada atividade.

Ora, se à justiça distributiva compete a repartição entre os membros da comunidade social dos bônus e dos ônus decorrentes da vida de relação[28], é notória a associação do seu conteúdo com as teorias fundadas na socialização dos riscos e na distribuição dos danos. Daí que se mostra relevante o exame da sua interface e, à vista disso, a possibilidade, ao menos em tese, de se chegar a alguma conclusão quanto à sua utilidade enquanto fundamento da responsabilidade civil objetiva.

1.2 Equidade, equilíbrio social e imputação objetiva

A partir das considerações de cunho geral que até aqui tiveram espaço, cumpre mais atentamente compatibilizá-las com os propósitos da responsabilidade civil objetiva, tudo no intuito de, analiticamente, aferir se a equidade tem potencial para representar autêntico fundamento – assim entendido enquanto razão que justifica e pela qual se estabelece[29] – do regime geral que se intenta propor e, por conseguinte, da sua conformação enquanto categoria jurídica.

Neste aspecto, assume especial relevância a ponderação do equilíbrio social enquanto concretização da equidade por meio da justiça distributiva, analisando de que modo a distribuição dos danos pode guardar relação com a busca de um fundamento de legitimidade uniforme para a responsabilidade objetiva.

1.2.1 Responsabilidade civil, distribuição dos danos e o papel da equidade

À vista de todas as ponderações postas no item precedente, deve-se reconhecer que é sedutora a invocação da equidade enquanto fundamento da responsabilidade objetiva, nomeadamente na sua faceta de concretização da justiça distributiva, que bem se aproxima das preocupações e dos anseios que motivaram os debates iniciais quanto à superação do princípio da culpa.

Neste particular, não se pode desconsiderar que as primeiras construções tendentes a estruturar uma imputação civil para além das situações em que demonstrada a ocorrência de uma conduta danosa, ilícita e culpável praticada por agente determinado vinha exatamente lastreada no sentimento de "injustiça" que emergia da ausência de respostas por parte do regime geral de matriz subjetiva aos casos de acidente do trabalho. Aliás, o discurso de legitimidade da imputação naquelas situações veio recheado de invocações que remetem à equidade na sua faceta de

---

28. ANDRADE NETO, Carlos Gonçalves de. *Responsabilidade civil...*, cit., p. 95.
29. MARTINS-COSTA, Judith. *Os fundamentos...*, cit., p. 31.

concretização da justiça distributiva[30], o que, por meio das posteriores construções desenvolvidas a partir da noção de risco (nas suas diversas variantes), veio a agregar fundamento dogmático autônomo e inovador que, na atualidade, como visto em momento precedente, já não mais se apresenta suficiente a englobar a totalidade dos casos de responsabilidade objetiva.

Ocorre que para que se possa chegar a alguma conclusão sobre a suficiência da equidade em si enquanto fundamento da imputação de danos, deve-se ter em vista a totalidade do fenômeno jurídico subjacente à forma como ela opera no direito civil. Ou seja, deve-se compreender que os preceitos equitativos e a operacionalização de uma função distributiva a eles inerentes não são privilégios exclusivos da responsabilidade objetiva, perpassando a disciplina privatística nos seus mais variados segmentos, mas, de regra, sempre com uma função e um modo de agir muito peculiares.

Não obstante não tenha o seu conteúdo definido de modo rigoroso para fins de aplicação ao direito civil, de regra, é rica a sua invocação – no mais das vezes por meio da referência não à equidade em si, mas a "juízos de equidade" – associada a determinações quantitativas, sem prejuízo de que, em situações muito pontuais, possa assumir um papel menos subsidiário[31].

Especificamente no seu campo operativo, a equidade vem compreendida como fonte mediata da construção jurídica, de modo a agregar não propriamente força vinculativa à decisão em si – tal qual sucede no *common Law*, com a atribuição de autoridade específica vinculada (*binding authority*) às demais subsequentes – mas às razões de conveniência, de oportunidade e de concretude da justiça, justamente

---

30. Tal é o que se extrai de modo muito claro da doutrina de JOSSERAND, Louis. *Evolução...*, cit., p. 54, um dos idealizadores da expansão da responsabilidade objetiva, quando, na tentativa de legitimá-la, assevera que "quando um acidente provém, em que à vítima nada se pode censurar, por haver desempenhado um papel passivo e inerte, sentimos instintivamente que lhe é devida uma reparação; precisamos que ela a obtenha, sem o que nos sentiremos presos de um mal-estar moral, de um sentimento de revolta; vai-se a paz da nossa alma". E prossegue o autor, na mesma linha e num tom até emocional, parecendo fazer invocação indireta à equidade quando afirma que "[q]uem, dos nossos dias, admitiria que um operário, vítima de um acidente cuja causa é desconhecida, ficasse sem reparação e que a miséria e a fome se instalassem no seu lar? Ninguém, tenho a certeza. Temos sêde de justiça, isto é, de equilíbrio jurídico".
31. O mais vivo exemplo desta invocação é a indenização equitativa devida em caso de danos praticados em estado de necessidade, referência que se encontra presente nos Códigos Civis italiano (artigo 2.045), português (artigo 339, n. 2) e brasileiro (artigos 929 e 930, na forma do artigo 188, inciso II). A invocação à equidade faz desta hipótese (que pode ser tida como uma situação de imputação objetiva) um autêntico *minus* se comparada com o normal ressarcimento, já que a prestação devida não obrigatoriamente representará a exata medida do prejuízo sofrido; sobre o tema, SALITO, Gelsomina. *Le cause di giustificazione*. In: STANZIONE, Pasquale (dir.). Trattato della Responsabilità Civile. Responsabilità extracontrattuale. Padova: CEDAM, 2012, v. II, p. 447, nota 77, com referência à jurisprudência da Corte de Cassação neste sentido. Por vezes, contudo, o que é feito apenas em situações pontuais, a mesma equidade pode vir invocada pela lei para relegar ao julgador uma maior possibilidade de valoração e, bem assim, de resolução de conflitos, nos moldes, v.g., do que sucede com o artigo 72, n. 2, do Código Civil português, quando diz que, para a solução de controvérsia decorrente da identidade do nome de exercentes de atividade profissional, serão adotadas as providências conciliatórias dos interesses em jogo determinadas por um juízo de equidade. Sobre o tema, CORDEIRO, António Menezes. *Da boa fé...*, cit., p. 1200-1201.

em decorrência da ideia de que o julgador não está adstrito, nas situações em que o princípio de apresenta invocável, a critérios rigorosos estabelecidos em lei[32].

Assim é que o recurso à equidade somente seria pleno se permitisse a resolução do caso concreto a partir dele próprio, em observância e a partir do sentimento decorrente da situação posta[33], o que não se mostraria útil ou mesmo legítimo à vista de um sistema legalmente bem estruturado de imputação objetiva, tal qual o atualmente vigente nos países de tradição jurídica continental.

Tendo em conta os delineamentos teóricos até então desenvolvidos, é possível perceber que, sem prejuízo de certo grau de relevância empírica ao discurso estruturado com vistas à legitimação de um dever de indenizar, a equidade enquanto fundamento da responsabilidade objetiva tenderia a manifestar-se por meio da não infrequente expressão *richesse oblige*. Através desta invocação, em claras palavras, justificar-se-ia a possibilidade de que o dano fosse atribuído a quem tivesse as condições mais favoráveis para suportar os ônus dele decorrentes, partindo-se, para tanto, de um ponto de vista precipuamente econômico[34].

Ocorre que a distribuição dos danos na estrutura social em que se insere pode ser alcançada por meio de instrumentos outros quiçá mais efetivos a promover uma justiça distributiva capaz de acarretar um efetivo equilíbrio social[35], não sendo tarefa exclusiva da responsabilidade objetiva. Não se pode esquecer que sendo estruturada

---

32. LIMA, Fernando Andrade Pires de; VARELA, João de Matos Antunes. *Código Civil Anotado*. 4ed. Coimbra: Coimbra, 1987, v. I, p. 56.
33. ASCENSÃO, José de Oliveira. *Mecanicismo, equidade e cláusulas gerais no direito das obrigações*. Revista do Instituto do Direito Brasileiro da Universidade de Lisboa, Lisboa, a. 3, n. 7, p. 4733-4749, mar. 2014, p. 4737. É interessante observar que o autor, quando passa a tratar da equidade, inicia por afirmar que, a partir de então, ingressa-se no campo do "empirismo", circunstância que, desde logo, já traz em si, para se dizer o mínimo, um paradoxo com a eventual legitimação de um regime de imputação que busca o seu permissivo diretamente na lei, pois possível apenas quando esta expressamente o preveja.
34. PÜSCHEL, Flavia Portella. *Funções e princípios justificadores da responsabilidade civil e o art. 927, § único do Código Civil*. Revista Direito GV, São Paulo, v. 1, n. 1, p. 91-107, mai. 2005, p. 99. Note-se que a pretensão não se confunde com estruturação semelhante passível de ser encontrada nas teorizações desenvolvidas pela análise econômica do direito, mas segundo a qual – o que é muitíssimo diferente – o dano se impõe àquele que tiver melhores condições de evitá-lo (e não de lhe fazer frente a partir de um critério de condições econômicas ou, melhor dizendo, de *deep pocket*). Sobre o tema, dentre outros tantos autores e sem prejuízo de desenvolvimentos futuros da temática – aqui inserida apenas para marcar a diferença em relação à máxima *richesse oblige* –, ver COOTER, Robert; ULEN, Thomas. *Direito & Economia*. 5ed. Trad. Luis Marcos Sander e Francisco Araújo da Costa. Porto Alegre: Bookman, 2010, p. 345 e ss.
35. Sobre o tema, especialmente no que toca aos exemplos hoje existentes de sistemas ampliados de indenização sem recurso à responsabilidade civil, ver FRANÇA. CONSELHO DE ESTADO. *Responsabilidade e Socialização do Risco*. Trad. Michel Abes. In: VARELLA, Marcelo Dias. (coord.). Brasília: UniCEUB, 2006, p. 185-190. Ditas soluções, contudo, pressupõem uma combinação de regramento com a responsabilidade civil, de modo que, para fins de serem introduzidas num dado sistema, devem ser compatibilizadas com os regramentos existentes. Tanto que, no Brasil, costuma-se assinalar que o reconhecimento de um regime de responsabilidade objetiva pela condução de veículos automotores, nos moldes do que sucede nos países europeus, por exemplo, pressuporia a revisão do seguro obrigatório de responsabilidade civil hoje existente, de modo a torná-lo mais efetivo, tanto com a ampliação das coberturas (a incluir os danos materiais, por exemplo), quanto com o reforço das indenizações pagas (reconduzindo-as a patamares que efetivamente promovessem alguma reparação). Isso porque haveria fundamento legal para tanto, no caso, a cláusula geral do parágrafo único do artigo 927 do Código Civil; o problema está na baixa efetividade do seguro

a partir de um regime de pressupostos – mesmo que abrandados se comparados à imputação baseada na culpa – que autorizam o surgimento do vínculo obrigacional respectivo, está condicionada neste sentido, sendo, portanto, menos abrangente do que institutos outros nos quais basta a constatação do dano para que seja devida a indenização[36].

Ademais, toda e qualquer alternativa de distribuição de danos[37] (*rectius*, socialização de danos) não pode ser generalizada, pressupondo limites[38]. E se deve convir que tal necessidade de moderação no seu uso restaria deveras comprometida caso operacionalizada apenas por um simples juízo de equidade, o qual, devendo valorar o caso concreto em si mesmo (e apenas o caso concreto), não estaria submetido a ponderações sistemáticas, já que, como visto, encerra uma valoração, por natureza e definição, extrassistemática.

Em assim sendo, corre-se o risco de, sob os auspícios de corrigir uma injustiça, incorrer em um constante risco de arbítrio, o que compromete sobremaneira não apenas o fim último almejando (o equilíbrio), como a própria garantia da segurança jurídica[39].

O exame de todo este universo que circunda a conexão entre a responsabilidade civil, a equidade e a distribuição dos danos permite antever algumas ponderações que, a par de suscitarem alguma controvérsia, também permitem certezas.

A primeira delas é que não há dúvidas acerca da existência de uma centelha comum entre os três institutos que se imbricam, sendo evidente que a responsabilidade objetiva encerra uma preocupação que, em última análise, pode ser reconduzida ao exercício de uma justiça distributiva que se legitima no princípio da equidade; a segunda é que, não obstante isso, a viabilidade da sua invocação enquanto fundamento de um regime geral de imputação de danos sem culpa deve ser muito bem ponderada, pois apenas a identidade de interesses não basta para tanto; e a terceira é que, subjacente às ideias de equidade, justiça distributiva e equilíbrio social, há um reenvio à noção também importante de solidariedade[40], valor fundamental este que pode despertar algum interesse para o tema.

---

obrigatório em vigor, o que seria recomendável vir conciliado com o recrudescimento da imputação, diante das características especiais da atividade (amplitude, utilidade social etc.).

36. Não há que esquecer que, mesmo na sua faceta objetiva, o instituto em exame encerra em si um típico juízo de responsabilidade e não uma mera alocação de custos, está muito mais afeito aos sistemas *no fault*, aos regimes securitários e à previdência social, por exemplo. Assim, a este respeito, não convém retomar todo o debate já desenvolvido no primeiro capítulo acerca dos atuais contornos da ideia de "responsabilidade" que, em ambos os seus regimes (subjetivo e objetivo), guarda um traço de identidade. Permita-se, portanto, reenviar ao debate desenvolvido no capítulo precedente que, inclusive, concluiu no sentido da coexistência dos regimes, pois ambos essenciais à sedimentação da hodierna noção de responsabilidade civil.
37. Por distribuição de danos deve ser entendida a atribuição dos ônus dele decorrentes a quem detenha as mais adequadas condições para promover a sua repartição entre o maior número de sujeitos, de modo a promover uma redução do seu impacto individual. Assim, PÜSCHEL, Flavia Portella. *Funções e princípio...*, cit., p. 99.
38. FRANÇA. CONSELHO DE ESTADO. *Responsabilidade...*, cit., p. 192 e ss.
39. ASCENSÃO, José de Oliveira. *Mecanicismo...*, cit., p. 4737-4738.
40. FRANÇA. CONSELHO DE ESTADO. *Responsabilidade...*, cit., p. 10.

À vista de todo este apanhado, aparenta-se possível aferir a suficiência da equidade enquanto fundamento legitimador da responsabilidade objetiva enquanto categoria jurídica.

1.2.2 A (in)suficiência da equidade enquanto fundamento da responsabilidade

Para responder a questão que ora se apresenta é imprescindível que, antes de mais, promova-se uma demarcação importante. Sem prejuízo de todas as ponderações postas, o que está em exame não é possibilidade da elisão de todas as situações de responsabilidade objetiva postas, relegando a solução das controvérsias a um juízo de pura equidade. O que está sob aferição é a capacidade da equidade para se constituir em fundamento da responsabilidade objetiva (enquanto fonte de legitimidade do surgimento de um vínculo obrigacional) e não em critério de imputação (tal qual a culpa e o risco, por exemplo).

Feita esta delimitação, que torna mais palatável a possibilidade em debate, e sem prejuízo da já antes assinalada sedução que está inerente à proposta, pela grande abertura de conteúdo e de valoração que encerra o agora denominado princípio da equidade[41], o êxito da resposta a ser dada pressupõe, ainda, a análise profunda das características intrínsecas ao recurso que se pretende empregar para, nestes termos, aferir a sua compatibilidade com a ideia de fundamento de legitimidade.

A primeira delas diz respeito à natureza do princípio em debate. Ora, se a equidade insere-se, como dito, num campo extrassistemático de concretização, deixando de buscar a sua autoridade em preceitos de cunho estritamente jurídicos[42], evocá-la para legitimar a responsabilidade civil objetiva significa buscar o seu fundamento fora do sistema. Daí a dúvida acerca da oportunidade ou mesmo da necessidade desta busca, tendo em conta toda a normativa intrassistemática disponível em matéria de responsabilidade civil, nomeadamente uma gama de outros princípios jurídicos de elevado conteúdo igualmente apto a este fim.

---

41. Não se quer aqui debater de modo conclusivo se a equidade é um princípio, um valor, um recurso ou mesmo uma categoria jurídica. Não há dúvidas que, diante de todo o apanhado apresentado, a equidade tem-se constituído muito mais num instrumento jurídico a ser utilizado em situações variadas (mas específicas), tendente a permitir a concretude da análise jurídica a partir de um juízo de justiça distributiva; neste sentido, aludindo-a enquanto uma "categoria legalmente admitida", ASCENSÃO, José de Oliveira. *Mecanicismo...*, cit., p. 4737. Todavia, não é infrequente encontrar na doutrina a referência, especificamente no que tange ao tema em análise, à alusão à ideia de princípio, que se destinaria não à solução do caso concreto em si considerado (equidade enquanto instrumento jurídico), mas à sua legitimação, tal qual poderia ocorrer nos casos de responsabilidade objetiva (equidade enquanto princípio). Este é o enfoque que vem sendo utilizado no presente ponto da investigação, consoante, aliás, ressalva antes feita. Invocando a equidade na mesma acepção principiológica ora proposta, dentre outros, SCOGNAMIGLIO, Renato. *Responsabilità...*, cit., p. 46-48; também, PÜSCHEL, Flavia Portella. *Funções e princípio...*, cit., p. 98-99.
42. Sobre este tema, não é demais lembrar CORDEIRO, António Menezes. *Da boa fé...*, cit., p. 1207, quando refere a equidade "como filha do empirismo e da intuição"; do mesmo modo, ASCENSÃO, José de Oliveira. *Mecanicismo...*, cit., p. 4738, acentuando, de igual modo, o seu empirismo e, por isso, referindo-a como "uma fuga à interpretação e aplicação rigorosas da lei".

Ainda sob este aspecto, deve-se também ponderar que a legitimação do instituto na equidade poderia remeter à possibilidade de criação de situações de incerteza incompatíveis com a tradição continental, com inconvenientes sociais e econômicos impensáveis. Tal se verifica mais vivamente no campo das hipóteses de responsabilidade cujo critério de imputação é o risco inculpável, porquanto nestas (consoante teoria do risco profissional), é imprescindível uma coordenação cumulada com a asseguração, a qual se tornaria de difícil adequação com o risco[43].

De igual sorte, se a equidade passa a ser concebida e elaborada enquanto autêntico momento de concretização do direito[44], tem reduzida – mesmo na sua acepção principiológica – a sua capacidade normativa autônoma para se constituir em fundamento de qualquer categoria jurídica, porquanto incorporada ao método de elaboração juscientífico, que lhe absorve e passa a fazer-lhe as vezes[45].

O simples reenvio à sua invocação – mesmo que apenas no campo da fundamentação da legitimidade do instituto – é a externalização da incapacidade de compreender a função da responsabilidade civil e de estruturá-la com consistência, na medida em que relegaria à valoração judicial do caso concreto a construção do direito, não em consonância com preceitos de ordem geral (e atinentes ao interesse geral), mas a partir de sentimentos suscitados pelo caso concreto[46].

A justiça do caso concreto, na atualidade, em razão de um sensível aprimoramento das questões metodológicas, do refinamento da relação entre interpretação e integração e do reconhecimento da importância da analogia, tem levado a uma sensível redução do interesse pela equidade, que tende a perder espaço enquanto conceito chave para assumir a sua mais tradicional função corretiva, em detrimento de uma função legitimadora, tal qual se poderia pretender em relação à responsabilidade objetiva[47].

Tanto é verdade que a aplicação de valorações equitativas costuma ter por fim atenuar ou corrigir o demasiado rigor de uma situação concreta, interpretando-a de modo compatível com o progresso e a solidariedade humana. Daí porque se afirma que o seu uso não tem por fim um agir ou um decidir em contrário ao preestabelecido, quando claro e preciso, mas apenas a corrigir o excesso de rigor ou completar com os ditames vigentes aquilo que se mostra incompleto[48].

---

43. TRIMARCHI, Pietro. *Rischio...*, cit., p. 28-30.
44. FRADA, Manuel Carneiro da. *A equidade...*, cit., p, 117.
45. CORDEIRO, António Menezes. *Da boa fé...*, cit., p. 1208. Nas exatas palavras do autor, "[a] equidade corresponde a um estádio antigo do Direito; hoje, ela foi absorvida pela elaboração juscientífica, com que se confunde, conservando-se um estádio puro, apenas, muito sectorialmente".
46. TRIMARCHI, Pietro. *Rischio...*, cit., p. 28-30.
47. FRADA, Manuel Carneiro da. *A equidade...*, cit., p. 116-117. Nas exatas palavras do autor, "[d]ir-se-á no fundo, com uma teoria das fontes idónea, liberta dos pressupostos do positivismo e capaz de fundamentar e expressar correctamente todos estes recursos, ao mesmo tempo que usando a metodologia correcta que vai implicada por semelhante modo-de-pensar, é possível em larga escala fazer a justiça do caso concreto. O que deverá convir-se ser muito bom, e merecer ser saudado. Mas a equidade perde, inelutavelmente, relevo".
48. MAXIMILIANO, Carlos. *Hermenêutica...*, cit., p. 175.

Isso faz com que, mesmo na sua acepção principiológica, assuma função corretiva (secundária) destinada a constituir fundamento apenas daquelas situações em que uma normativa de cunho geral não tenha aptidão plena para regular a integralidade dos casos a que se destina, carecendo, assim, de uma válvula que permita o ingresso de elementos extrassistemáticos, circunstâncias específicas e pontuais. Teria razão de ser se ainda se estivesse de acordo com a exclusividade do princípio da culpa – porquanto em relação a ele atuaria como um instrumento de correção –, o que não ocorre em decorrência da autonomia que tem recebido a responsabilidade objetiva (não mais vista como uma exceção, como um desvio, mas como uma autêntica categoria jurídica autônoma, em paralelo à imputação subjetiva).

Não se pode descuidar da utilidade que uma cláusula geral de equidade teria na temperança – por isso enquanto instrumento de adequação e não como preceito fundamental – de situações extremas em que a imputação (nomeadamente a partir do princípio da culpa) apresenta-se demasiado rigorosa, especialmente tendo em conta a pequena violação do padrão de diligência pelo agente. Todavia, pelas suas características essências, que decorrem da sua própria natureza, mostra-se de todo inadequado o estabelecimento de um genérico preceito de equidade enquanto fundamento geral de qualquer dever de reparar danos[49].

Até porque, conforme parcela da doutrina, o intento primeiro da justiça distributiva que concretiza a equidade é fazer a partição dos bens sociais (ou seja, dos bônus), operando em relação aos ônus apenas de modo indireto[50]. Assim é que estaria mais afeita a institutos outros que partilham a fruição em si das vantagens coletivas do que a um regime geral de partição dos ônus, tal qual sucede com a responsabilidade civil.

O panorama apresentado e as convergências argumentativas identificadas entre o conteúdo da equidade e os desenvolvimentos iniciais (um tanto empíricos) das teorias que justificaram a ampliação da responsabilidade objetiva chamam a atenção para a existência de elemento comum que pode – e deve – ser ponderado complementarmente enquanto justificativa para o surgimento de um dever de reparar danos fora da curva da teoria do ato ilícito. Tal, contudo, não atribui ao ora dito princípio da equidade o *status* de fundamento uniforme da imputação, não se constituindo, por isso, à vista das diversas objeções antes postas, em justificativa suficiente ao vínculo obrigacional[51].

Do todo analisado surge, nos exatos moldes do empirismo próprio da equidade e de algum modo relacionado ao juízo de justiça distributiva, o indicativos de outros

---

49. Nesta linha, TRIMARCHI, Pietro. *Rischio...*, cit., p. 28-30.
50. MONTOURO, André Franco. *Introdução à Ciência do Direito*. 25ed. 2tir. São Paulo: Ed. RT, 2000, p. 188.
51. Defendendo expressamente a insuficiência do que também denomina princípio da equidade para fins de se constituir em fundamento da responsabilidade objetiva, PÜSCHEL, Flavia Portella. *Funções e princípio...*, cit., p. 99. No mesmo sentido, reconhecendo que a equidade encontraria uma limitada aplicação na justificação de um pretenso regime geral de imputação objetiva, sem prejuízo de que continue a se reconhecer a sua utilidade enquanto fator corretivo subsidiário, TRIMARCHI, Pietro. *Rischio...*, cit., p. 30.

dois possíveis temas – que se materializam em autênticos princípios respectivos[52] – a carecer de exame. Tem-se, de um lado, o debate sobre a prevenção (princípios da prevenção e da precaução), que bem se alia à conveniência de, diante dos custos da socialização, optar-se por impedir que os danos ocorram, protegendo, assim, mais efetivamente os bens jurídicos sobre os quais recaem; e, de outro, sobre solidariedade (e o seu princípio respectivo) que, também intimamente ligada à ideia de justiça distributiva e de atenção à posição da vítima, o faz por linha de fundamentação diversa e autônoma daquela presente na equidade enquanto justiça do caso concreto.

O seu exame, portanto, bem pode contribuir ao objeto sob investigação.

2. O PRINCÍPIO DA PREVENÇÃO

Consoante já tratado precedentemente, a análise dos contornos assumidos pela responsabilidade civil a partir da segunda metade do século XX permite inferir nuanças que outrora não eram vistas com tanta nitidez. Nesta linha, o expressivo incremento da possibilidade de danos associados a acidentes (hipótese nas quais, com frequência, um ato ilícito individual não é claramente identificado na lógica causal do prejuízo) e a abertura dos sistemas jurídicos ao reconhecimento dos danos à pessoa (irreparáveis por natureza) permitiram reforçar a percepção de que a responsabilidade civil, no mais das vezes, tem potencial para conferir apenas um arremedo de reparação, apresentando-se a almejada restituição ao *status quo ante* enquanto uma mera utopia.

Em decorrência disso, a noção geral de prevenção – e os princípios jurídicos dela decorrentes – tende a assumir relevo, o que autoriza o seu exame enquanto hipótese na tarefa de se determinar um fundamento uniforme à responsabilidade objetiva. Isso porque os ideais de prevenção poderiam, em tese, deixar de serem vistos como uma decorrência secundária do ressarcimento, para o fim de se constituírem em fator preponderante de legitimidade da imputação. Nesta linha, o surgimento de um vínculo indenizatório legitimar-se-ia apenas quando capaz de garantir uma eficácia dissuasória[53].

Para fins de se examinar a viabilidade jurídica desta tese e a suas reais condições de, por isso, contribuírem à busca de um fundamento uniforme à responsabilidade objetiva enquanto disciplina geral (sem prejuízo da sua fragmentariedade normativa), urge sejam tratadas algumas premissas.

Por isso é que imprescindível compreender a inter-relação entre a ideia alargada de prevenção e o instituto da responsabilidade civil como um todo, aferindo-se o seu conteúdo normativo e as suas conexões internas e externas para, a partir disso, avaliar a sua utilidade no campo da responsabilidade objetiva e, bem assim, as suas

---

52. Sobre o tema, assinalando acerca de uma combinação de princípios na busca do fundamento da responsabilidade objetiva, PÜSCHEL, Flavia Portella. *Funções e princípio...*, cit., p. 99-100.
53. Sobre o tema, BARBOSA, Mafalda Miranda. *Reflexões em torno da responsabilidade civil*: teleologia e teleonomologia em debate. Boletim da Faculdade de Direito, Coimbra, v. LXXXI, p. 511-600, 2005, p. 524-525, especialmente as notas 31 e 32.

reais condições de se constituir em fundamento geral de legitimidade da imputação de um dever jurídico de reparação de danos.

2.1 Prevenção em sentido alargado e evitabilidade de danos

Partindo-se do pressuposto elementar segundo o qual a responsabilidade civil é um instrumento de gestão do dano, pois não o extingue, mas apenas determina a quem compete suportar os ônus dele decorrentes, as atenções em relação à prevenção – assim entendida em termos genéricos como a possibilidade de evitar a ocorrência de danos – assume relevância expressiva. Isso porque, em especial à vista dos danos irreparáveis ou daqueles advindos dos acidentes, aparentaria mais adequado impedir a sua consumação ao invés de, após, buscar-se remediá-lo.

Tendo em conta as hodiernas reflexões acerca do papel da responsabilidade civil – especialmente objetiva – para induzir a não causação de danos (ou ao menos a sua diminuição/minimização) é que se mostra oportuno aferir não apenas a compatibilidade do princípio, mas, mais do que isso, o seu potencial para se constituir em fundamento de uma imputação que se legitime em fatores normativos situados para além do princípio da culpa.

2.1.1 Prevenção, precaução, risco e perigo

A ideia geral de prevenção está invariavelmente associada à possibilidade de evitar ou de impedir algo. De igual sorte, não raro, o vocábulo é apresentado na língua corrente como sinônimo de precaução, que sintetiza, na mesma linha, a ideia de se acautelar, de se proteger em relação à ocorrência de algo que se apresenta indesejado[54].

Não seria diversa a demarcação do seu conteúdo no campo da ciência do direito, surgindo a ideia de prevenção em sentido alargado – enquanto princípio jurídico de ordem geral[55] – relacionada aos mesmo objetivos de impedir uma determinada ação ou omissão ou mesmo um dado resultado que, por estarem associados a um juízo de desvalor (da conduta ou do resultado[56]), merecem ser evitados.

---

54. Neste sentido, CASTELEIRO, João Malaca (org.). *Dicionário da Língua Portuguesa Contemporânea da Academia das Ciências de Lisboa*. Lisboa: Verbo, 2001, v. 2. O mesmo sucede com as demais línguas latinas, inferindo-se, v.g., no italiano, que a definição de *prevenzione* corresponde à "attività di predisporre le misure più opportune per evitare eventi dannosi", ao passo em que, a de *precauzione*, na mesma linha, às ideias de "particolare attenzione, cautela e prudenza", que se materializam por meio de um "provedimento per evitare eventuali rischi o pericoli", exprimindo, ambos os vocábulos, conteúdo semântico muito próximo; assim, MARI, Roberto. *Dizionario Italiano di Base*. Firenze: Giunti, 2004, p. 483 e 490.
55. Faz-se alusão à prevenção enquanto princípio jurídico, pois muitas podem ser as suas acepções. Aqui, portanto, parte-se da ideia de prevenção não apenas como um fim a ser atingido, mas como enunciado lógico concebido enquanto critério de validade e condição de legitimidade das construções que, na hipótese, formam a responsabilidade civil na sua condição de instituto jurídico. Para uma noção de princípio (jurídico, mas não só) enquanto "condição ou base de validade das demais asserções que compõem dado campo do saber", REALE, Miguel. *Lições preliminares de Direito*. 17ed. São Paulo: Saraiva, 1990, p. 299.
56. Permita-se, aqui, tangenciar o debate acerca do objeto do desvalor em matéria de responsabilidade civil, se da conduta ou do resultado, porquanto a problemática será analisada com a profundidade devida quando do exame dos pressupostos da imputação, exatamente porque ligada de modo íntimo com a noção jurídica de ilicitude.

A noção de prevenção *lato sensu* tem despertado interesse relativamente recente na ciência jurídica, pois de modo muito especial conectada aos desenvolvimentos do direito do ambiente, não obstante rapidamente se tenha expandido para áreas outras (mesmo que afins)[57]. Daí que, não obstante a sua gênese, pode, hoje, ser considerando um autêntico princípio geral de responsabilidade civil[58].

Ocorre que, no seio da construção normativa pela qual passou a ideia alargada de prevenção, estruturaram-se dois princípios independentes, um deles identificado pela noção estrita de prevenção e, outro, pela de precaução. Sem embargo da sua sinonímia na língua corrente, foi-lhes atribuído conteúdo próprio que, ainda que próximo, é dotado de autonomia[59].

Nesta linha, a noção jurídica de prevenção (em sentido estrito) – e, por conseguinte, o princípio a ela correlato – passa a ser compreendida como o intento de evitar um dano que sabidamente decorre de um determinado agir, materializando-se, assim, por intermédio de um conjunto de ações destinadas a impedir ou mitigar o prejuízo cuja hipótese de ocorrência se conhece e está associada àquela atuação ou àquela atividade. Já a noção jurídica de precaução, conquanto associada ao mesmo ideal de evitabilidade, vem caracterizada pelas situações nas quais as incertezas científicas não permitem antever uma correlação consequencial segura entre um dano e a conduta ou a atividade do qual se supõe decorra, não obstante haja plausibilidade acerca da sua ocorrência[60].

Em síntese, ambos os princípios, contextualizados à responsabilidade civil, trazem em si ínsito o ideal de evitabilidade dos danos[61] (base comum a ambos), sendo o

---

57. Sobre o tema, BARBOSA, Mafalda Miranda. *Liberdade vs. Responsabilidade*. A precaução como fundamento da imputação delitual? Coimbra: Almedina, 2006, p. 335 e ss. Segundo a autora, surgido na seara da proteção do ambiente, rapidamente se expandiu para áreas outras do interesse jurídico, como a saúde e o consumo, não sendo, de igual sorte, desconhecido dos direitos internacional e comunitário, tanto que expressamente consagrado, no âmbito da União Europeia, nos Tratados de Maastricht e de Amsterdam. A única objeção que se poderia opor neste particular, tendo em conta a sua origem, é se a sua normatividade dirigir-se-ia apenas aos Estados ou teria força suficiente para vincular as relações entre privados. A resposta parece indicar no sentido da sua ampla normatividade, especialmente tendo em conta a sua hodierna relevância à responsabilidade civil, como se verá em seguida.
58. LOPEZ, Teresa Ancona. *Princípio da precaução e evolução da responsabilidade civil*. São Paulo: Quartier Latin, 2010, p. 118-121. No mesmo sentido, STANZIONE, Maria Gabriela. *L'incidenza del principio di precauzione sulla responsabilità civile negli ordinamenti francese e italiano*. Comparazione e Diritto Civile, Salerno, giu. 2016, p. 03 e ss. Disponível em: <http://www.comparazionedirittocivile.it/prova/files/STANZIONE_PRECAUZIONE_2016.pdf>. Acesso em: 13 set. 2017.
59. Na verdade, a própria gênese das designações não é concomitante, pois, como observa LEMOS, Patrícia Faga Iglecias. *Resíduos sólidos e responsabilidade civil pós-consumo*. 2ed. São Paulo: Ed. RT, 2012, p. 71-72, enquanto a referência ao princípio da prevenção pode ser encontrada em textos internacionais ainda na década de 30 do século passado, o princípio da precaução surge apenas na década de 80, o que se pode compreender diante da maior amplitude da sua abrangência e da sua típica associação à uma realidade muito própria da hodierna sociedade de risco. Sobre o tema, especialmente no que diz respeito à demarcação das necessidades de uma sociedade tradicional e de uma sociedade de risco no que tange aos ideais de prevenção e de precaução, ver BECK, Ulrich. *Sociedade de risco*. Rumo a uma outra modernidade. Trad. Sebastião Nascimento. São Paulo: Editora 34, 2010, p. 54-55.
60. ARCHER, António Barreto. *Direito do ambiente e responsabilidade civil*. Coimbra: Almedina, 2009, p. 16.
61. Por esta razão é que, consoante observa STEIGLEDER, Annelise Monteiro. *Responsabilidade civil ambiental*. As dimensões do dano ambiental no direito brasileiro. Porto Alegre: Livraria do Advogado, 2004, p. 188, a

da prevenção direcionado às situações nas quais se conhece e se sabe a real e concreta possibilidade de um prejuízo e, o da precaução, àqueles casos nos quais, não obstante não se tenha uma certeza científica a respeito, a ocorrência do dano apresente-se possível e esperada, pelo que se justifica a adoção de providências de salvaguarda.

Diante da demarcação do conteúdo comum e das peculiaridades de cada um dos princípios referidos – que mesmo a despeito da sua autonomia podem ser tidos como espécies do gênero prevenção em sentido lato – é notório reconhecer a associação intuitiva de ambos a um sentimento geral de insegurança, o qual se materializa na ciência jurídica por intermédio das noções de risco e de perigo[62]. Isso porque o acautelamento em relação à ocorrência de algo – no caso da responsabilidade civil, o dano – somente faz sentido nas hipóteses em que vislumbrada a probabilidade da sua ocorrência, seja ela concreta ou hipotética.

Esta compreensão é que permite antever uma correlação, respectivamente, entre prevenção e perigo e precaução e risco, na linha do que já fora anteriormente delineado quando do exame das referidas figuras como supostos fatores de legitimação da responsabilidade objetiva. Isso porque enquanto na aplicação do princípio da prevenção está-se diante de um risco concreto (perigo), seja porque previamente identificado ou porque o dano já ocorreu em outras situações iguais, no princípio da precaução os riscos são hipotéticos (perigo abstrato ou risco em sentido estrito) – já que desconhecidos, não obstante prováveis – o que, nem por isso, afasta a necessidade da adoção de comportamentos ou medidas tendentes a promover a evitabilidade dos danos, diante da relevância dos interesses envolvidos[63].

Considerando, portanto, as noções jurídicas de risco e de perigo, pode-se afirmar que enquanto a prevenção em sentido estrito contém em si um ideal de evitabilidade a ser atingido, diante da certeza da ocorrência de danos em determinadas situações (em razão de condutas ou atividades relativamente às quais se conhece a existência de nexo de causalidade com o prejuízo), a precaução resta por se constituir em um autêntico instrumento de gestão de incertezas, legitimando a adoção de providências de acautelamento, contudo, em decorrência da notória probabilidade de uma lesão não consentida a interesses jurídicos de terceiros capaz de gerar prejuízos especialmente graves ou irreversíveis[64].

Aliás, ditos fatores são os diferenciais que deverão ser observados para fins de legitimar a invocação do princípio da precaução, em especial quando comparados com o princípio da prevenção. Considerando a existência, naquela hipótese, de um dado grau de incerteza sobre a causação de danos – sem prejuízo de que justamente esta incerteza seja o que motiva e autoriza a adoção de medidas de salvaguarda –,

---

responsabilidade civil age, por meio dos princípios da prevenção e da precaução, em uma fase anterior ao dano, caracterizando-se como uma autêntica "responsabilização *ex ante*".

62. LOPEZ, Teresa Ancona. *Princípio da precaução...*, cit., p. 96 e 99.
63. STEIGLEDER, Annelise Monteiro. *Responsabilidade civil...*, cit., p. 188-189.
64. LOPEZ, Teresa Ancona. *Princípio da precaução...*, cit., p. 98-100.

o recurso ao princípio da precaução pressupõe um conjunto de circunstâncias que atribua verossimilhança à possibilidade da ocorrência de danos.

Em palavras mais precisas, a incerteza que caracteriza a precaução exige prudência na sua aplicação e, por isso mesmo, observância aos ditames de equilíbrio dos interesses, de proporcionalidade e de razoabilidade. Legitima-se, portanto, nas situações em que a possibilidade da causação de danos seja efetiva (assim entendida como a probabilidade de que a hipótese acerca da ocorrência de danos esteja certa, mesmo que num plano abstrato) e que estes sejam graves ou irreversíveis[65], nos termos, aliás, do expressamente positivado no princípio n. 15 da Declaração do Rio de Janeiro de 1992[66], diploma de grande relevância à jurisdicização do princípio.

Todas estas cautelas justificam-se na exata medida da necessidade de conservação da legitimidade da intervenção jurídica baseada apenas na hipótese da ocorrência de um dano (leia-se, na dúvida sobre a sua exclusão), ao contrário da prevenção *stricto sensu*, em que os riscos são concretos e conhecidos, constituindo-se, por isso, em verdadeira fonte de perigo diante da identificação de uma efetiva relação causal entre a atividade e o prejuízo caso não adotadas medidas de mitigação. Daí porque se afirmar que o princípio da precaução deve reger a aplicação da própria precaução, com o adequado balanceamento dos custos sociais relacionados às medidas de cautela que, caso desconsiderados, podem ter um efeito deletério quiçá mais nocivo que o próprio dano[67].

Tais ponderações abrem espaço para reflexões cuja relevância é de primeira ordem e estão relacionadas aos limites concretos da evitabilidade dos danos no campo da responsabilidade civil. Ou seja, até que ponto se legitimam esforços (de toda ordem) preventivos diante de uma realidade nem sempre condizente com a plena evitabilidade dos danos.

Ora, se a obrigação indenizatória somente se legitima nas hipóteses em que apta a garantir um efeito dissuasor do evento danoso[68] – daí a hipótese de se analisar a prevenção enquanto possível fundamento geral da imputação objetiva –, imprescindível averiguar a factibilidade deste intento. E tudo em razão de ser a elucidação desta problemática imprescindível à aferição da generalidade necessária a que, eventual-

---

65. LOPEZ, Teresa Ancona. *Princípio da precaução...*, cit., p. 101 e 109.
66. "Com o fim de proteger o meio ambiente, o princípio da precaução deverá ser amplamente observado pelos Estados, de acordo com suas capacidades. Quando houver ameaça de danos graves ou irreversíveis, a ausência de certeza científica absoluta não será utilizada como razão para o adiamento de medidas economicamente viáveis para prevenir a degradação ambiental". Disponível em: <http://www.onu.org.br/rio20/img/2012/01/rio92.pdf >. Acesso em 04 mai. 2017.
67. LOPEZ, Teresa Ancona. *Princípio da precaução...*, cit., p. 103-104. A este respeito, adverte textualmente a autora, p. 106, que "[o] sentimento de 'uma grande segurança' não deve nos fazer esquecer que o progresso e a pesquisa são indissociáveis de um certo fator de risco. O risco zero é uma ilusão", de modo que a equalização entre os custos e os ganhos com prevenção é uma variável que deve ser sopesada para fins de permitir uma adequada e razoável aplicação do princípio da prevenção. No mesmo sentido, assinalando a utopia do risco zero, BARBOSA, Mafalda Miranda. *Liberdade vs. Responsabilidade*, cit., p. 341.
68. BARBOSA, Mafalda Miranda. *Reflexões em torno da responsabilidade civil...*, cit., p. 525.

mente, o princípio da prevenção possa constituir-se em fonte de legitimidade para a imputação de danos para além das situações relacionadas à culpa.

2.1.2 Evitabilidade de danos e responsabilidade civil

Ao que se pôde até aqui verificar, o campo operativo do princípio da prevenção está especialmente relacionado à atuação do agente voltada a uma determinada conduta/atividade que se mostre especialmente apta a constituir ameaça, mesmo que potencial, aos interesses juridicamente protegidos de outrem[69]. Ocorre que a existência de riscos (em sentido lato) é uma constante da contemporaneidade, fazendo com que a sua eliminação se constitua em uma autêntica utopia inatingível[70].

Em verdade, a relação entre responsabilidade civil e evitabilidade dos danos, sem prejuízo dos desenvolvimentos já delineados em razão da incidência dos princípios da prevenção e da precaução, parte da premissa de que a imputação – em maior ou menor grau, é verdade, mas independentemente de uma especial periculosidade da conduta ou da atividade – pode ser em si mesma concebida como um conjunto de incentivos à atuação do agente, "interferindo com a respectiva racionalidade na escolha de níveis de risco e de atividade"[71] e, por isso, evitando a produção de danos nas situações em que possa ser chamado a responder por eles.

Em outras palavras, é possível inferir desta premissa que, na responsabilidade civil, a centralidade da noção alargada de prevenção decorre diretamente da máxima segundo a qual a simples ameaça de uma obrigação indenizatória tenderá a induzir no potencial lesante a adoção de mecanismos voltados a evitar a ocorrência do dano, tudo com o objetivo de, antes de mais, impedir a própria responsabilização[72]. Neste cenário, a simples existência de um regime geral de responsabilidade civil já seria mecanismo eficiente para, de algum modo, induzir comportamentos de autoprevenção.

Desta ameaça de submissão a um dever jurídico de reparação decorre o surgimento de uma obrigação geral de segurança relacionada à antecipação dos riscos, de maneira a, por meio da sua observância, impedir a causação de danos a terceiros[73]. E a existência de uma especial periculosidade (concreta ou mesmo abstrata) constituir-se-á, diante da incidência, conforme o caso, dos princípios jurídicos da prevenção *stricto sensu* ou da precaução, em um reforço de incentivos na observância da dita obrigação de segurança, diante do aumento das chances de responsabilidade por parte do agente.

---

69. BARBOSA, Mafalda Miranda. *Liberdade vs. Responsabilidade*, cit., p. 337, nota 642.
70. Nas precisas palavras de BECK, Ulrich. *Sociedade de risco*, cit., p. 23, "[n]a modernidade tardia, a produção social de riqueza é acompanhada sistematicamente pela produção social de riscos".
71. ARAÚJO, Fernando. *Teoria Econômica do Contrato*. Coimbra: Almedina, 2007, p. 841. O autor fala, por isso mesmo, que a ameaça da imposição de um dever de reparação, em tese, tenderia a induzir no agente "atitudes racionais de minimização de riscos, atitudes de 'autoexclusão' e de prevenção".
72. BARBOSA, Mafalda Miranda. *Reflexões em torno da responsabilidade civil...*, cit., p. 519.
73. BARBOSA, Mafalda Miranda. *Liberdade vs. Responsabilidade*, cit., p. 340.

Esta construção teórica – sem prejuízo das suas inúmeras variáveis – pode ser, por isso, associada com uma cláusula geral de *alterum non laedere*[74], que tenderia a levar em conta a variabilidade dos riscos específicos de cada conduta ou atividade e dos regimes de imputação previstos, com maiores ou menores investimentos em prevenção por parte do agente, a depender da atuação em causa.

Sem prejuízo da veracidade das ponderações antes postas, o que poderia, ao menos em tese, atribuir à prevenção uma ideia de generalidade apta a legitimá-la enquanto fundamento da responsabilidade civil, duas são as suas principais vicissitudes, as quais precisam ser pontuadas.

A primeira delas está no fato de que a ameaça indenizatória somente está apta a induzir um comportamento preventivo eficiente diante de um sistema perfeito de imputação[75]. Ou seja o agente somente terá incentivos necessários a adotar comportamentos preventivos suficientes quando tiver a certeza de que, em não o fazendo, será chamado a responder pela integralidade dos danos; diante de uma maior ou menor hipótese de falha (desincentivo da vítima à litigância, valores baixos das indenizações, custos do processo, dificuldades de caracterizar os pressupostos da responsabilidade ou de fazer prova a respeito, ineficiência do sistema judicial, insegurança jurídica em razão das oscilações da jurisprudência, dentre outros), surgirá a possibilidade de que o pretenso lesante omita-se em adotar os níveis adequados de prevenção, contando com a possibilidade de vir a não ser responsabilizado.

A prevenção ótima tende a estar associada à indenização completa, porquanto sempre que esta for atingida, aquela será reflexamente alcançada, o que se incrementa em situações especiais por meio da invocação dos princípios da prevenção em sentido estrito e da precaução. A dificuldade está, contudo, em se alcançar este objetivo, o qual pressupõe a identificação da totalidade dos danos e a imposição ao lesante de suportar a integralidade dos ônus a eles associados; daí porque ser a infraprevenção uma realidade em grande parte dos sistemas jurídicos baseados nas estruturas tradicionais de responsabilidade civil (com alguma variação entre os regimes de imputação objetiva e subjetiva)[76].

---

74. Assim entendido, nas palavras de PRATA, Ana. *Dicionário Jurídico*. 3ed. 6reimp. Coimbra: Almedina, 1999, p. 66, como o "princípio segundo o qual todos os sujeitos têm o dever de não perturbar a legítima actividade alheia e de não interferir na esfera jurídica de outrem".
75. Por sistema perfeito entende-se aquele no qual não existe a "probabilidade de o lesante furtar-se à internalização plena das externalidades negativas que causou", o que pode ser atribuído a deficiências variadas de ordem jurídica ou judiciária. Sobre o tema, ARAÚJO, Fernando. *Teoria Econômica...*, cit., p. 862 e 957. Para um aprofundamento sobre os fatores de imperfeição do sistema, ver COOTER, Robert; ULEN, Thomas. *Direito & Economia*. Trad. Luis Marcos Sander e Francisco Araújo da Costa. 5ed. Porto Alegre: Bookman, 2010, p. 386-388.
76. SALVADOR, Pablo; GÓMEZ, Carlos. *El derecho de daños y la minimización de los costes de los acidentes*. Sub judice: Justiça e sociedade, Coimbra, n. 34, p. 11-26, jan. – mar./2006, p. 24. Por isso é que, ainda segundo os autores, tem substancial diferença um dano corporal causado por dolo ou mera culpa, fazendo com que, naquela situação, as consequências periféricas sejam mais gravosas, a recomendar intervenções outras (penais, administrativas ou mesmo punitivas associadas à responsabilidade civil) com vistas a impedir uma infraprevenção.

A segunda vicissitude decorre do fato de que, por regra, nem todos os danos podem ser evitados, seja porque o exercício de determinadas atividades das quais decorrem, em dados níveis, são úteis e socialmente imprescindíveis, seja porque os custos com prevenção não se justificam em face do dano, seja, ainda, porque a sua evitação não é factível mesmo quando adotadas todas as medidas de prevenção disponíveis[77].

Fala-se, portanto, em níveis ótimos ou adequados de prevenção, que correspondem ao equilíbrio entre o custo dos danos potenciais – custos estes não apenas econômicos, mas também sociais, assim entendido como as consequências *lato sensu* da imposição de responsabilidade – e o custo real com medidas tendentes a evitá-los ou a atenuá-los, de modo que, fora desta proporção, ou os investimentos na evitação dos danos seriam insuficientes ou seriam excessivos[78].

Tais intercorrências à formulação geral proposta podem acarretar situações de falta ou de excesso de prevenção: aquelas, nas hipóteses em que, antevendo uma falha no sistema – e, por isso, uma brecha para se esquivar da reparação completa –, o agente deixa de fazer tudo o que podia para evitar o dano; estas, nas hipóteses em que mesmo não mais se mostrando eficazes novos investimentos na evitação dos danos, o agente continua a dispender recursos neste sentido, receoso de ser responsabilizado.

Ambos os cenários ensejam algumas ponderações.

O primeiro deles, caracterizado pelas situações de falta de prevenção, normalmente tende a ser corrigido, quando identificado, pela adição de uma prestação com função punitiva à indenização civil, para o fim de agregar maiores incentivos à prevenção[79]. Exatamente por isso é que, não raro, as ideias de prevenção e de punição tendem a estar associadas, constituindo-se, consoante parcela significativa da doutrina, "duas faces de uma mesma medalha, expressões de um mesmo princípio"[80].

---

77. ARAÚJO, Fernando. *Teoria Econômica...*, cit., p. 852. A adoção de seguros obrigatórios de responsabilidade nestes casos, tendo em conta a relevância das atividades e a normal causação de danos, mesmo diante da adoção de razoáveis comportamentos de autoprevenção, é, talvez, o melhor exemplo a retratar esta realidade jurídica.
78. Sobre o tema, com desenvolvimentos acerca das situações possíveis e daquelas que, partindo da premissa ora posta, apresenta-se como desejáveis, ver a síntese apresentada por COLOMA, German. *Analisis Economico del Derecho Privado y Regulatorio*. Buenos Aires: Ciudad Argentina, 2001, p. 150-154.
79. ARAÚJO, Fernando. *Teoria Econômica...*, cit., p. 956. Inclusive com a adoção de mecanismos de separação entre as parcelas indenizatória (reparadora ou compensatória) e punitiva, tudo com o fito de não implicar em enriquecimento sem causa da vítima.
80. Sobre o tema, ver GOMES, Júlio. *Uma função punitiva para a responsabilidade civil e uma função reparatória para a responsabilidade penal?* Revista de Direito e Economia, Coimbra, a. 15, (p. 105-144), 1989, p. 106. A temática é deveras complexa, especialmente nos ordenamentos jurídicos de tradição continental, onde a alusão à uma função punitiva da responsabilidade civil ainda encontra muitas resistências, não apenas dogmáticas, mas mesmo normativas; por isso não poderia receber tratamento exaustivo no presente momento, quanto mais porque o interesse é apenas reflexo ao cerne da investigação em curso. Por isso, consinta-se reenviar a TEIXEIRA NETO, Felipe. *Há espaço para uma função punitiva da responsabilidade civil extracontratual? Um contributo da análise econômica do direito*. In: OTERO, Paulo; ARAÚJO, Fernando; GAMA, João Taborda da. Estudos em memória do Prof. Doutor J. L. Saldanha Sanches. Coimbra: Coimbra, 2011, v. 2, p. 269-319.

O segundo, marcado pelas hipóteses de hiperprevenção, são os que ensejam reflexões mais aprofundadas no ponto que ora interessa à investigação[81], diante dos severos inconvenientes que acarreta, além de não contribuir de modo real e efetivo à evitabilidade dos danos[82]. Isso porque, como dito, a partir de um determinado estágio de prevenção o comportamento do agente não mais interferirá no evento danoso, pois, independentemente do que faça, há evidências de que tal não bastará a impedir o resultado que se busca evitar[83].

Diante destas ponderações, dois pontos merecem ser reconhecidos como imprescindíveis e intransponíveis a que se passe a aferir o potencial do princípio da prevenção (em sentido alargado) para se constituir em fundamento uniforme da responsabilidade objetiva: primeiro, o caráter inerente à própria imputação para se constituir em fator de incentivo à prevenção; segundo, as especiais peculiaridades relacionadas à não observância de uma prevenção em níveis ótimos, especialmente diante da possibilidade de se acarretarem situações de hiperprevenção.

2.2 Responsabilidade objetiva e princípio da prevenção

Delineados os contornos gerais da interconexão entre prevenção e responsabilidade civil, o que demonstra a existência de uma relação de pertinência entre o princípio e o instituto jurídico referidos, cumpre aferir a suas reais condições de se constituir em fundamento da imputação objetiva.

A este fim, merecem ser verificadas as suas familiaridades e as suas eventuais dissonâncias para, a partir disso, concluir-se no sentido da viabilidade da legitimação de um dever geral de reparação a partir da ideia de prevenção nas situações que se situam para além do princípio da culpa.

2.2.1 Prevenção e imputação sem culpa: um cotejo necessário

Como visto precedentemente, a simples ameaça de imputação de um dever de reparação pode, de algum modo, constituir-se em fator de prevenção de danos. Este

---

81. Considerando que o objeto central da investigação diz respeito à responsabilidade objetiva, na qual as hipóteses de exclusão do dever de reparação são mais reduzidas, é mais provável a identificação de situações de hiperprevenção, pois o próprio regime de imputação mais rigoroso já favorece esta realidade. Por isso é que dita hipótese desperta mais viva atenção do que aquelas associadas à falta de prevenção.
82. Vários são os efeitos deletérios decorrentes de situações de excessos de prevenção em razão de hiper-responsabilidade, normalmente associados ao repasse dos custos à cadeia de produção, não apenas com a majoração dos preços, mas também dos prêmios dos seguros, acarretando a inacessibilidade de algumas relações jurídicas a determinadas pessoas e a saída do mercado de produtores marginais. Sobre o tema, uma vez mais, ARAÚJO, Fernando. *Teoria Econômica...*, cit., p. 958-959.
83. Para tanto, não se pode deixar de considerar que os fatores que levam à ocorrência do dano, não obstante correspondam preponderantemente ao lesado (ao menos em tese), podem dizer respeito mesmo à própria vítima, ao sistema em si, a terceiros, às imperfeições da técnica utilizada ou mesmo da ciência, dentre outros. Por isso atenta ARAÚJO, Fernando. *Teoria Econômica...*, cit., p. 959, para a necessidade de encontrar "uma forma de conservar os incentivos dos potenciais lesantes sem degradar os incentivos das potenciais vítimas", o que denomina prevenção bilateral.

intento, aliás, ganha relevo especial tendo em conta a ampliação dos danos decorrentes dos acidentes e a relevância da irreparabilidade *in natura* de uma série (mas não apenas) deles, situações estas que, no mais das vezes, estão deveras associadas a regimes de responsabilidade objetiva[84].

Delineados, portanto, os substratos teóricos que permitem tomar como hipótese o princípio da prevenção enquanto fundamento em si do regime geral cuja sistematização ora se pretende, oportuna a análise das suas reais condições para tanto.

Não há dúvidas de que a responsabilidade objetiva tem, dentre as suas funções, aquela inerente à redução do risco[85], o que decorre de uma maior possibilidade de responsabilização diante do prejuízo. Ora, sabedor de que terá contra si um vínculo obrigacional indenizatório cujas possibilidades de exclusão são mais limitadas em comparação ao regime geral fundado na culpa, é – ao menos em tese – mais eficiente ao agente prevenir os danos, pois saberá que, à vista da sua ocorrência, terá grande probabilidade de vir a ser chamado a repará-los.

Partindo-se apenas desta premissa, poder-se-ia afirmar que o nível de prevenção capaz de ser induzido pela responsabilidade objetiva é superior se comparado àquele passível de ser atingido por meio de um regime de matriz subjetiva. Diante disso, poder-se-ia hipotisar que a prevenção enquanto uma constante da responsabilidade objetiva torná-la-ia um verdadeiro objetivo a ser atingido e, por conseguinte, uma marca indelével apta, por isso, a legitimá-la.

Ocorre que tal conclusão, a par de real na sua parte inicial, tende a ser reducionista. Não é uma inverdade, mas uma meia verdade, pois leva em conta apenas parcela dos elementos envolvidos nos juízos conducentes a uma real prevenção.

Para tanto, não há que se confundir nível eficiente de prevenção e incentivos para se alcançar a sua observância[86]: aqueles são variáveis conforme a necessidade do caso posto, tendo em conta os diversos fatores que podem influir na tomada de decisão por parte não apenas do pretenso lesante, mas de todo aquele que pode interferir causalmente na produção do dano; estes, se adequados, conduzem à prevenção eficiente, mas, quando mal dosados, também podem acarretar falta ou excesso de cuidado para a evitação do prejuízo.

Em outas palavras, se é certo que a responsabilidade objetiva se constitui em incentivo para se alcançar a prevenção[87], tal não significa dizer que, na generalidade

---

84. Para uma interface entre responsabilidade objetiva e danos não patrimoniais, clássico exemplo daqueles entendidos como não reparáveis e, por isso, desejavelmente evitáveis, ver AFFERNI, Giorgio. *La riparazione del danno non patrimoniale nella responsabilità oggettiva*. Responsabilità Civile e Previdenza, Milano, n. 3, 2004, p. 862 e ss. Igualmente, AZZARRI, Federico. *Responsabilità presunta, responsabilità oggetttiva e danno non patrimoniale*. Responsabilità Civile e Previdenza, Milano, n. 5, 2008, p. 1078 e ss.
85. TRIMARCHI, Pietro. *Rischio...*, cit., p. 36.
86. COOTER, Robert; ULEN, Thomas. *Direito & Economia*, cit., p. 334.
87. COOTER, Robert. *Teorie economiche della responsabilità civile*. In: FABBRINI, Daniele; FIORENTINI, Gianluca; FRANZONI, Luigi Alberto. L´analisi economica dell diritto. Roma: Carocci, 2000, ristampa, p. 166.

dos casos, implicará na observância de níveis eficientes de prevenção[88]. E isso se deve especialmente ao seu potencial para, se não adequadamente gerida, acarretar situações de hiperprevenção associadas a excessos de cuidado pelo suposto lesante – para além do que seria adequado – e falta de cuidado pela pretensa vítima, diante da maior certeza acerca da sua reparação, caso lesado.

Diante desta constatação, é imprescindível considerar, para fins do cotejo entre prevenção e imputação objetiva que ora se pretende, a antes referida bilateralidade que se estabelece na relação entre lesante e lesado[89]. Haverá situações nas quais apenas o lesado pode adotar medidas tendentes a prevenir o dano. Outras, contudo, nas quais o lesante, de modo mais eficiente, tem condições de se acautelar em relação ao prejuízo. E um terceiro grupo, quiçá o mais amplo, no qual ambos os potenciais envolvidos estão em maiores ou menores condições de contribuir com a efetiva prevenção do dano[90]. A ponderações entre os fatores envolvidos em cada um dos grupos de situações é que permite uma aferição real dos níveis adequados de prevenção

---

88. Consoante observa AFFERNI, Giorgio. *La riparazione del danno...*, cit., item 8, p. 869, "la responsabilità oggettiva realiza la propria funzione preventiva addossando sull'agente tutte le conseguenze negative della sua attività, in modo che il suo calcolo economico includa anche i costi esterni dell'attività stessa".
89. A temática é bastante complexa, pois envolve ponderações extrassistemática, não podendo, contudo, ser desconsiderada. A propósito, COOTER, Robert; ULEN, Thomas. *Direito & Economia*, cit., p. 334-339. Nas precisas palavras dos autores, p. 336, "como a ausência de responsabilização proporciona incentivos para a precaução eficiente por parte da vítima, uma regra de ausência de responsabilização é preferível quando só a vítima pode tomar precauções contra acidentes. Inversamente, como a responsabilização objetiva proporciona incentivos para a precaução eficiente por parte do autor do dano, uma regra de responsabilização objetiva é preferível quando só ele pode tomar precaução contra acidentes"; daí porque, ainda segundo os autores, p. 337, "uma regra de responsabilidade subjetiva pode dar incentivos eficientes à vítima e ao autor do dano" na medida em que "impõe um parâmetro jurídico de cuidado que os agentes precisam cumprir a fim de evitarem serem responsabilizados", cada um na medida das suas possibilidades. É bem verdade que a essência das ponderações ora sob exame tenderia conduzir a um debate sobre a legitimidade da escolha entre os regimes de imputação (ausência de responsabilidade, responsabilidade objetiva ou responsabilidade subjetiva), especialmente tendo em conta as potencialidades de cada um para induzir, com eficiência, a prevenção. Entrementes não se situe nesta linha o cerne da investigação em curso, não há dúvidas de que as ponderações postas levam à conclusão de que, fora as situações nas quais a prevenção é atribuível apenas ao lesante, a ideia de evitação dos danos seria mais bem gerida por intermédio de regimes de responsabilidade por culpa, diante das suas possibilidades mais alargadas de induzir prevenção bilateral em todos os agentes envolvidos no processo causal respectivo. Comungando do mesmo pensamento, ARAÚJO, Fernando. *Teoria Econômica...*, cit., p. 842.
90. Não obstante as situações de responsabilidade objetiva tendam a corresponder ao primeiro grupo, haverá situações nas quais o terceiro também poderá estar submetido ao referido regime. Ocorre que, nestes casos, não obstante a responsabilidade seja quase que exclusivamente atribuída ao lesante, ambos os atores envolvidos no processo causal podem ter alguma condição de evitar o dano, o que tende a impedir a obtenção de níveis máximos de eficiência. Sem embargo de não ser a imputação objetiva consensual nos sistemas sob comparação, um exemplo desta realidade pode ser encontrado na responsabilidade decorrente dos acidentes automobilísticos; nestes casos, não obstante a culpa não seja reconhecida na sua plenitude como nexo de imputação adequado, é forçoso reconhecer que as potenciais vítimas são, ao mesmo tempo, enquanto condutores, também lesantes em potencial, o que recomendaria uma prevenção bilateral não perfeitamente induzida pela responsabilidade objetiva. Sobre o tema, AFFERNI, Giorgio. *La riparazione del danno...*, cit., item 8, p. 870, inclusive nota 96. Um fator de correção para este efeito indesejado, como acentuam COOTER, Robert; ULEN, Thomas. *Direito & Economia*, cit., p. 341, seria a associação de um regime de responsabilidade objetiva a uma possibilidade de defesa de culpa concorrente.

exigíveis, levando em conta não apenas os meios a serem empregado, mas também o potencial de cada um dos atores para este fim[91].

Outro fator a ser ponderado diz respeito ao nível de atividade[92]. Isso porque os regimes de imputação objetiva, consoante já consignado precedentemente, estão associados a determinadas atuações que, pela sua relevância ou utilidade sociais, não podem ser proibidas ou mesmo terem os seus níveis limitados além ou aquém de determinados patamares (ao contrário daquelas que servem de base para a imputação subjetiva, nas quais se observa o desrespeito a um dado *standard* de diligência)[93]. Por esta precisa razão é que o cotejo entre prevenção e responsabilidade objetiva deve ser adequadamente ponderado, já que não se deseja o banimento das condutas ou das atividades em si consideradas, mesmo que diante da sua aptidão para causar danos.

Todas as digressões até então apresentadas permitem atentar para os fatores que mais diretamente decorrem do cotejo entre prevenção e responsabilidade objetiva. Por isso, imprescindíveis à aferição do seu potencial para se converter no fundamento de legitimidade que se procura, o que se passa a avaliar.

2.2.2 Uma legitimação possível a partir do princípio da prevenção?

As ponderações postas bem demonstram ser inequívoco o potencial da imputação objetiva para induzir prevenção, especialmente considerando que o lesante é, na maior parte dos casos associados à escolha por este regime, aquele que tem melhores condições de evitar o dano.

Ocorre, contudo, que a totalidade dos elementos disponíveis parecem indicar que o intento primeiro da responsabilidade objetiva não é propriamente a evitação do dano (não obstante constitua-se em relevante efeito indireto da imputação), mas o resguardo da posição da vítima. Esta conclusão, aliás, já pôde ser inferida de algum modo quando do exame das situações submetidas a regimes de responsabilidade objetiva nos sistemas sob comparação, para fins de se afastar a unidade do risco enquanto fator de legitimação do dever indenizatório.

Para que bem se compreenda a linha argumentativa que ora se pretende delinear, cumpre retomar a clássica ponderação preconizada por Guido Calabresi segundo a

---

91. A problemática associada à bilateralidade da prevenção já foi referida quando do exame do risco enquanto fundamento da responsabilidade objetiva. Sobre o tema, com uma abordagem já compatibilizada entre a análise econômica e a civilística tradicional, MONATERI, Pier Giuseppe. *La responsabilità civile*, cit., p. 38-44. No mesmo norte, MONATERI, Pier Giuseppe. *Responsabilità civile (voce)*. In: AAVV. Digesto delle Discipline Privatistiche. Sezione Civile. Torino: UTET, 2011, t. XVII, p. 10-11.
92. A prevenção eficiente é alcançada, em verdade, quando conjugada com o nível de atividade adequado. No caso das situações submetidas à responsabilidade objetiva, não obstante a atuação que se apresenta enquanto fonte de imputação não seja vedada, pode estar submetida a determinados níveis de permissividade, que tendem a se aliar a níveis igualmente eficientes de prevenção. Neste norte, COOTER, Robert; ULEN, Thomas. *Direito & Economia*, cit., p. 343-344; igualmente, POSNER, Richard. *Economic Analysis of Law*. 3ed. Boston: Little, Brown and Company, 1986, p. 163.
93. POSNER, Richard. *Economic Analysis of Law*, cit., p. 161.

qual, em verdade, a sociedade não deseja evitar os acidentes a todo e qualquer custo[94]. Disso decorreria um patamar máximo de prevenção que nem sempre corresponderá a uma evitação da totalidade dos danos ou, em outras palavras, a conclusão segundo a qual não existe prevenção absoluta, não apenas diante de impossibilidades materiais de se atingir este intento, mas mesmo em razão de que este objetivo não pode e não deve ser perseguido a todo e qualquer custo.

Exatamente tendo em conta estas constatações é que se mostra oportuno retomar premissa teórica indiretamente tratada no item precedente, quando da sistematização dos princípios da prevenção em sentido estrito e da precaução. Segundo a doutrina civilista majoritária, ambos tendem a ser entendidos como "manifestações das condutas prudentes", de modo que, para além da mera evitabilidade, tendem a significar "prudência e circunspecção no agir para evitar um perigo de risco iminente e possível"[95].

Como dito alhures, algumas atividades são imprescindíveis, independentemente do seu potencial danoso[96]. E, neste particular, quando se trata de distribuição do risco – aqui entendido de modo amplo enquanto a possibilidade de causação de danos –, deve-se reconhecer que a responsabilidade objetiva funciona sob outro prisma quando comparada ao regime geral de matriz subjetiva[97].

Isso porque, especialmente nos regimes tradicionais de autêntica imputação baseada na existência de um potencial agravado de danos (risco em sentido estrito ou perigo), a imposição de um dever de reparar independentemente de uma concorrência causal culposa atribuível ao lesante implica, em última análise, no fracionamento do risco e na sua distribuição na coletividade[98].

Dita constatação tenderia, inclusive, a reforçar a noção de justiça distributiva presente na generalidade das hipóteses de responsabilidade objetiva – para além, inclusive, daquelas circunscritas a reais situações de risco ou de perigo – aproximando-se o regime geral que se propõe muito mais da ideia de solidariedade do que propriamente da noção de prevenção[99].

---

94. CALABRESI, Guido. *Costo degli incidenti e responsabilità civile*. Trad. Anna de Vita, Vincenzo Varano e Vincenzo Vigoriti. Milano: Giuffrè, 2015, ristampa, p. 37.
95. LOPEZ, Teresa Ancona. *Princípio da precaução...*, cit., p. 96-99.
96. Como bem exemplifica CALABRESI, Guido. *Costo degli incidenti...*, cit., p. 38, ao realizar a construção de um túnel sob o *Mont Blanc*, com o fim de se facilitar a comunicação entre Roma e Paris, sabe-se que, mesmo em sendo adotadas as máximas medidas de prevenção, haverá mortes durante as obras; nem por isso o intento é abandonado. Ou seja, mesmo no que tange à vida humana, bem tido como o mais valioso em matéria de proteção jurídica, é possível verificar alguma margem de disposição no que tange à evitabilidade dos danos (neste caso plenamente atingível apenas por meio da proscrição da conduta ou da atividade), fazendo com que mesmo à vista da ocorrência de danos, prossiga-se no intento.
97. COOTER, Robert. *Teorie economiche della responsabilità civile*, cit., p. 181.
98. COOTER, Robert. *Teorie economiche della responsabilità civile*, cit., p. 181.
99. O intento, na verdade, como advertem ALPA, Guido; BESSONE, Mario. *La responsabilità civile*, cit., p. 558, é muito mais a "ditribuzione ottimale dei costi" do que propriamente a prevenção em si mesmo considerada (sem prejuízo de que venha a se constituir em um efeito reflexo).

As diferenças estruturais que fazem frente às necessidades de cada uma das variadas demandas práticas submetidas à responsabilidade civil enquanto instituto podem exigir sistemas diversos de imputação para fins de adequada – e eficiente – consecução dos fins a serem ultimados[100]. Neste sentido e considerando as ponderações antes apresentadas em decorrência do cotejo entre prevenção e responsabilidade objetiva, é possível antever que sequer aquela se caracteriza como uma exclusividade do regime de imputação sob estudo, podendo, conforme o caso e as suas peculiaridades, ser melhor atingida por intermédio de variadas soluções jurídicas (dentre elas a imputação por culpa, a própria responsabilidade objetiva, os seguros obrigatórios, a seguridade social, a exclusão da responsabilidade civil, dentre outras).

Não há dúvidas acerca do relevante espaço assumido pela prevenção nos últimos anos (e especialmente na sua variante representada pela ideia de precaução); tanto que o direito europeu em matéria comunitária tem introduzido relevantes novidades em matéria de imputação, as quais tendem a vir associadas a um discurso filosófico bem estruturado neste sentido[101]. É difícil afirmar, contudo, que tal princípio venha a tornar-se um autêntico critério de imputação ao lado dos demais ou mesmo que possa assumir as vezes de unificador do fundamento da responsabilidade civil, pois, em uma perspectiva privatística, não aparenta acrescentar significado diverso daquele que se manifesta, de modo sintético, na categoria da culpa[102].

Para tanto, deve-se considerar que todas as ponderações atinentes à prevenção em decorrência da planificação dos custos e dos incidentes e do balanço entre eles são adequadas em uma determinada realidade industrial ou comercial, nas quais uma "decisão de mercado" tende a ser preponderante. Todavia, diante da plúrima realidade verificável nas mais variadas situações postas sob regimes de responsabilidade objetiva – e a sua multiplicidade é ampla, conforme já se teve oportunidade de demonstrar precedentemente, quando do exame da insuficiência das teorias do risco –, pode-se antever que não é adequado supor, especialmente naquelas atividades não caracterizadas por uma organização interna, que o agente tenha capacidade de ponderá-las na sua plenitude para fins de indução de prevenção[103].

---

100. CALABRESI, Guido. *Costo degli incidenti...*, cit., p. 34. Consoante exemplifica o autor, um sistema que se mostre eficiente para os acidentes de trabalho pode não o ser em relação aos acidentes de viação ou aos acidentes de consumo, seja porque os fins a que se propõe são diversos, seja porque a estrutura da atividade é diversa, tudo a depender das variantes envolvidas em cada um dos cenários, dentre elas – e com especial relevo – as possibilidades de prevenção bilateral (que levará em conta as condições de cada um dos agentes envolvidos para fins de evitar o dano).
101. Sobre o tema, JONAS, Hans. *O princípio responsabilidade*. Ensaio de uma ética para a civilização tecnológica. Trad. Marijane Lisboa e Luiz Barros Montez. Rio de Janeiro: Contraponto/PUC-Rio, 2006, p. 69-75, especialmente quando, a partir do que denomina "heurística do medo", cria as condições teóricas para a estruturação dogmática da precaução, com grande importância ao dito "princípio responsabilidade" que se propõe a apresentar.
102. CASTRONOVO, Carlo. *Sentieri di responsabilità civile europea*. Europa e Diritto Privato, Milano, n. 4, 2008, p. 800. Segundo o autor, a introdução do princípio da precaução no debate teórico sobre a culpa não criou condições reais para a obtenção de resultados além daqueles já obtidos.
103. ALPA, Guido; BESSONE, Mario. *La responsabilità civile*, cit., p. 568-569.

Isso não reduz a importância da prevenção no cenário da responsabilidade objetiva, mas apenas afasta o seu potencial para se constituir em fundamento da imputação, sem prejuízo de que se constitua em finalidade a ser atingida – mesmo que num plano secundário.

Desta feita, não se desconsiderando as diversas vicissitudes do sistema de imputação baseado na culpa, dentre elas os seus elevados custos e as suas dificuldades de promoverem o fracionamento das perdas ou o ressarcimento adequado dos prejuízos. Contudo, o fato de se constituir em um sistema misto – o que lhe permite agregar todos os objetivos possíveis dentro de um sistema misto – aliado ao fato de considerar o dano como um evento do interesse de ambas as partes atingidas – a viabilizar, por isso, a adoção de providências recíprocas e bilaterais, na medida das possibilidades de cada um dos agentes – permite-lhe atingir a prevenção de modo mais eficiente, em razão da promoção da redução dos custos dos acidentes (tanto em matéria de prevenção geral quando de prevenção específica)[104].

3. O PRINCÍPIO DA SOLIDARIEDADE

Todo o cenário até então delineado no curso da presente investigação somente reforça ainda mais a necessidade de se buscar um fundamento unitário da responsabilidade civil objetiva, porquanto não obstante as tentativas até então empreendidas não tenham sido efetivas neste intento, restaram por suscitar pontos de contato capazes de reforçar a convicção acerca da existência de um regime geral de imputação. Para tanto, apresenta-se adequado partir do pressuposto de que coexistem na disciplina em causa uma constante (fato danoso) e algumas variáveis (nexos de imputação), as quais, inclusive, podem ser suprimidas se, num dado momento histórico, apresenta-se possível a redução a um único critério de imputação[105].

Por isso – e à vista dos princípios até aqui analisados (risco, equidade e precaução) – o reforço da conveniência de uma sistematização aberta, mas ao mesmo tempo dotada de conteúdo consistente e uniforme, tendente a se resolver de modo concreto em um tipo de operação científica dotada de capacidade de ordenação, mesmo na presença de mutações da realidade. Nesta linha, a hipótese de legitimação da responsabilidade a ser proposta deve vir centrada numa construção baseada não sobre componentes subjetivos da conduta humana, mas sobre a modalidade do evento danoso a partir do qual se move para a formulação dos critérios de imputação, especialmente variáveis, aliás, num cenário de fragmentariedade muito próprio dos regimes de matriz objetiva[106].

---

104. CALABRESI, Guido. *Costo degli incidenti...*, cit., p. 309 e ss.
105. RODOTÀ, Stefano. *Il problema...*, cit., p. 81-82.
106. RODOTÀ, Stefano. *Il problema...*, cit., p. 82-84. Por isso mesmo a insuficiência do risco, pela sua reduzida abrangência para abarcar todas as situações, da equidade, pelo seu excesso de abertura, e da prevenção, pela sua conexão mais próxima com o comportamento do agente e com o seu grau de atividade do que ao dano em si mesmo considerando (não obstante os efeitos reflexos decorrentes da sua evitação).

Tendo em conta os indícios angariados nas tentativas anteriores de demarcação de um fundamento uniforme para a imputação objetiva e à vista das diretrizes teóricas aqui postas, que devem servir de referencial ao mister que se busca, o princípio da solidariedade tende a ser destacado como uma hipótese que merece ser considerada.

E isso não apenas porque tem uma amplitude alargada capaz de abranger a totalidade das situações postas sob a égide da responsabilidade objetiva (inclusive aquelas por vezes denominadas de responsabilidade pelo sacrifício[107], decorrentes de atos legalmente declarados como lícitos, não obstante previstos como fontes de um dever de reparação), mas também porque se conecta com a preocupação central do instituto, associada a uma especial valorização da condição da vítima e do dano por ela suportado, em contraposição à centralidade do ofensor e da sua conduta características da responsabilidade fundada no princípio da culpa[108].

3.1 A noção jurídica de solidariedade e o juízo de imputação de danos

Assim como sucede com a prevenção, a relevância da noção jurídica de solidariedade é relativamente recente na civilística de tradição continental[109], ao menos nas suas feições atuais e especialmente quando comparada com outras que com ela se imbricam, tais como liberdade, igualdade substancial e autonomia privada. Surge no centro do debate jurídico especialmente no pós-guerra[110], muito em razão das controvérsias advindas de situações paradoxais com as quais se deparou a ciência do direito, que careceu de estruturar um discurso amparado na própria condição humana para dar respostas a tais problemas[111].

---

107. Esta designação é especialmente frequente na civilística portuguesa. Sobre o tema, ver a síntese da problemática contida em FRADA, Manoel A. Carneiro da. *Direito Civil*. Responsabilidade Civil. O método do caso. Coimbra: Almedina, 2006, p. 85. Para maiores desenvolvimentos a respeito e sem prejuízo da sua retomada em momento mais oportuno à sistematização que se pretende, ver CORDEIRO, António Menezes. *Tratado...*, cit., v. II, t. III, p. 713-719.
108. Para um paralelo entre os fins das responsabilidades subjetiva e objetiva e das suas associações respectivas com uma atuação ilícita e culposa do agente (centro na conduta) e com um prejuízo juridicamente relevante (centro no dano), MARTINEZ, Pedro Romano. *Direito das Obrigações*, cit., p. 82.
109. A ideia de solidariedade não é exclusiva do direito civil ou muito menos da ciência jurídica. Para uma evolução sobre o tema, com percuciente análise da sua transmutação de dever moral em regra jurídica, ver RODOTÀ, Stefano. *Solidarietà*. Un'utopia necessaria. Roma/Bari: Laterza, 2014, p. 11-19.
110. Não se pode deixar de reconhecer que, em verdade, a origem da ideia de solidariedade (ou de solidarismo), transversal que é, remonta ao século XIX, especialmente à vista da doutrina francesa preconizada por Léon Bourgeois, Célestin Bouglé, Émile Durkheim e Charles Gide. Para uma síntese a respeito, ver USTÁRROZ, Daniel. *Responsabilidade civil por ato lícito*. São Paulo: Atlas, 2014, p. 12 e ss.
111. MORAES, Maria Celina Bodin de. *Princípios do direito civil contemporâneo*. Rio de Janeiro: Renovar, 2006, p. 44. A designação *solidariedade* é multifacetada mesmo no direito civil. Para ficar restrito ao campo do direito das obrigações, pode-se aludir não ao princípio jurídico que ora se pretende tratar (que está presente, também, no direito constitucional, de onde foi importado pela civilística), mas à natureza da obrigação que tem pluralidade de sujeitos e em relação à qual todos são devedores ou credores da dívida por inteiro (a depender se passiva ou ativa a solidariedade). O sentido que ora se emprega não é propriamente aquele dogmático (da natureza da obrigação), mas principiológico. Com referência a esta contraposição, mencionando que antes da consagração expressa do princípio em causa nos textos constitucionais, a referência à solidariedade estava circunscrita à natureza da obrigação (caracterizada pela pluralidade subjetiva e pela unidade da prestação), ver MORAES, Maria Celina Bodin de. *O princípio da solidariedade*. In: PEIXINHO,

Daí porque a imprescindibilidade da sua adequada compreensão – ao menos nos seus termos mais atuais[112] – e do exame dos seus pontos de conexão com a gestão dos danos, tudo com vistas a aferir a sua suficiência para fins de se habilitar a constituir princípio apto a legitimar um regime geral de responsabilidade objetiva.

3.1.1 Por uma demarcação da atual noção jurídica de solidariedade

Consoante já diversas vezes tratado, o individualismo foi marca da sistematização do direito civil moderno; tanto que o limiar do século XX e as suas necessidades foram cruciais para a superação deste paradigma[113], que se deu por meio do reconhecimento da sua inarredável alteridade[114]. Ora, se o indivíduo nasce e se desenvolve em sociedade, no seio da qual estabelece todas as suas relações privadas, não há como se pretender a realização dos seus mais variados interesses desconsiderando a noção alargada de solidariedade social, que passa, por isso, a ser percebida como um dos fundamentos elementares do direito civil[115].

Ocorre que a solidariedade, mesmo que reconhecida a sua incidência imperativa no âmbito das relações privadas, tem um conteúdo deveras polissêmico[116], quiçá ambíguo[117], prestando-se a muitas finalidades, o que pode, por vezes, diminuir a sua solidez dogmática (especialmente na aptidão ao fim a que ora se pretende). Por isso se afigura imprescindível uma adequada demarcação dos seus atuais contornos, especialmente na faceta que interessa ao direito civil, a fim de que, nesta condição,

---

Manoel Messias; GUERRA, Isabela Franco; NASCIMENTO FILHO, Firly. (coord.). Os princípios da Constituição de 1988. 2ed. Rio de Janeiro: Lumen Juris, 2001, p. 167.

112. É importante referir a imprescindibilidade de uma adequada compreensão do conteúdo atual da solidariedade, isso tendo em conta a destacada "revalorização" sofrida pelo princípio nos últimos anos, o que permitiu uma nova recepção no direito privado, mas com uma feição um tanto adaptada às novas necessidades. Assim, USTÁRROZ, Daniel. *Responsabilidade civil...*, cit., p. 45-46.

113. Nas precisas palavras de MARTINS-COSTA, Judith. *Sobre o princípio da insolidariedade*: os cumes das montanhas e os universos submersos. Revista Letras, Santa Maria, v. 32, (145-166), jun. 2006, p. 149, "[o] individualismo não é a doutrina do indivíduo, mas o indivíduo desconectado da comunidade", razão pela qual "[n]ão se passa do individualismo ao solidarismo social em um instante de tempo", já que isso pressupõe a necessidade de uma inarredável "alteração cultural".

114. CARVALHO, Orlando de. *Teoria Geral do Direito Civil*. In: FERNANDES, Francisco Liberal; GUIMARÃES, Maria Raquel e REDINHA, Maria Regina. (coord.). 3ed. Coimbra: Coimbra, 2012, p. 33-35.

115. DUGUIT, Léon. *Fundamentos do Direito*. Trad. Márcio Pugliesi. São Paulo: Matin Claret, 2009, p. 29. Tanto que é neste preciso contexto que se dá a conexão entre igualdade e solidariedade, pois, ainda consoante o autor, p. 30-31, "[n]ão é razoável afirmar que os homens nascem livres e iguais em direitos, mas sim que nascem partícipes de uma coletividade e sujeitos, assim, a todas as obrigações que subentendem a manutenção e desenvolvimento da vida coletiva. [...] Se uma doutrina adota como lógica definida a igualdade absoluta e matemática dos homens, ela se opõe à realidade e por isso deve ser prescindida". Na mesma linha, MORAES, Maria Celina Bodin de. *Princípios...*, cit., p. 44-45, quando ressalta que a nova "tábua axiológica" consagrada pelas Constituições hodiernas reconhece a solidariedade e a justiça distributiva como meios para se alcançar a igualdade substancial, o que implica na absoluta necessidade de transposição destes preceitos às relações privadas.

116. PERLINGIERI, Pietro. *Perfis do direito civil*. Introdução ao direito civil constitucional. Trad. Maria Cristina de Cicco. 3ed. Rio de Janeiro: Renovar, 2007, p. 35.

117. BUSNELLI, Francesco Donato. *Il principio di solidarietà e "l'attesa della provera genti", oggi*. Persona e Mercato, Firenze, n. 2, p. 101-116, 2013, p. 103.

possa vir a satisfazer a necessidade de legitimação de um regime geral de responsabilidade objetiva.

Na sua gênese iluminista, é possível verificar uma vinculação à ideia de fraternidade, a qual, contudo, restou um tanto eclipsada no curso de todo o século XIX – em especial quando comparada às igualmente basilares *liberté* e *égalité* –, diante dos anseios individualistas que restaram acolhidos pelo direito privado então sistematizado pela codificação[118]. Ocorre que mesmo a ideia de fraternidade, sem prejuízo da sua precondição para que se possa atribuir significado útil à liberdade e à igualdade[119], também veio caracterizada por uma polissemia que, de algum modo, impediu o seu pleno desenvolvimento[120].

Esta confusão conceitual, que se materializa por intermédio de uma quase sinonímia, pode ser verificada no fato de que, para fins de recuperar a força da noção de fraternidade – que se deveria apresentar cara àquele momento histórico, já que um dos fundamentos da Revolução –, faz-se alusão à solidariedade. Ocorre que tal recurso somente contribuiu a reforçar a ambiguidade de ambas e a demonstrar o reconhecimento hoje possível de uma maior debilidade desta (fraternidade) em relação àquela (solidariedade)[121].

A correlação entre fraternidade e solidariedade permitiu, ainda, a alusão, em maior ou menor intensidade, a elementos inerentes a uma feição cristã[122]. Isso implicou – sem prejuízo de algum obstáculo oposto pelas pretensões de laicidade que se reforçavam no período – a remissão a noções que, em verdade, eram e são estranhas à jurisdicização que se pretende, tais como caridade, beneficência e compaixão[123], reforçando um estigma de benevolência que pressupõe situações de subalternidade, tudo a contribuir ainda mais para uma feição inegavelmente ambígua do ainda incipiente princípio da solidariedade[124].

---

118. Sobre o tema, aludindo a uma assim denominada "*solidarietà illuministica*", BUSNELLI, Francesco Donato. *Il principio di solidarietà...*, cit., p. 104.
119. RODOTÀ, Stefano. *Solidarietà*, cit., p. 24.
120. Tanto que, consoante assinala BUSNELLI, Francesco Donato. *Il principio di solidarietà...*, cit., p. 104, não é raro identificar a indução da substituição da sua síntese pela noção de democracia, em um completo desvirtuamento da essência que ora interessa ao objeto da presente investigação.
121. RODOTÀ, Stefano. *Solidarietà*, cit., p. 20-21. Em verdade, a fraternidade também foi renovada ao longo do século XX, em paralelo ao que sucedeu com a solidariedade; sobre o tema, RESTA, Eligio. *Il diritto fraterno*. Roma/Bari: Laterza, 2002, p. 15 e ss.
122. BUSNELLI, Francesco Donato. *Il principio di solidarietà...*, cit., p. 104. Segundo o autor, esta acepção decore da ideia de solidariedade presente no dogma cristão da "fratellanza di tutti gli uomini in Cristo".
123. Sobre o tema, MARTINS-COSTA, Judith. *Modelos de Direito Privado*. São Paulo: Marcial Pons, 2014, p. 336-337, assinala a existência, no passado, de uma associação entre solidariedade e "deveres de caridade no campo moral". Na mesma linha, pontuando a equivocada vinculação da solidariedade como algo entre direito e moral, entre justiça e caridade, USTÁRROZ, Daniel. *Responsabilidade civil...*, cit., p. 54.
124. RODOTÀ, Stefano. *Solidarietà*, cit., p. 25. Conforme assinala o autor, p. 26, esta acepção ainda não foi de todo abandonada, o que se infere da referência, especialmente em documentos internacionais, à ideia de solidariedade enquanto direito ao alimento, por exemplo, a preservar ainda em uma lógica predominantemente caritativa.

A mutação da realidade político-social de seguida verificada permitiu, por evidente, uma sequencial mutação do conteúdo do princípio. Observa-se, nesta linha, a estruturação de uma solidariedade assim dita corporativa[125], por vezes até com algumas nuances contraditórias com a sua acepção precedente. Associada com o sentimento de pertencimento a uma determinada comunidade, com a ideia de fazer parte, de ser membro de um grupo (o que, na essência, não é equivocado), permitiu, por isso, a construção de um conceito vinculado aos fins do Estado e à supremacia dos seus interesses, o que, inclusive (mas não de modo exclusivo), serviu de base à justificação de uma série de regimes totalitários[126].

Todas estas acepções chegam ao século XX um tanto descontextualizadas e até, por vezes, incompatíveis com as novas realidades características do período[127]. Daí porque a necessidade de repensamento dos seus termos, tal qual sucedeu, aliás, de um modo geral e com cronologia semelhante, com a responsabilidade civil e os seus dogmas até então reinantes.

Passa a ganhar relevo, neste cenário, a solidariedade enquanto valor – aqui contraposta à solidariedade fática, que se materializa na mera coexistência –, a qual vem identificada como um resultado da "consciência racional dos interesses comuns" que se satisfaz na ideia de reciprocidade entre iguais a ela imanente[128]. Disso, inclusive, decorre a conexão entre solidariedade e igualdade, na medida em que os elementos normativos que se recolhem desta reciprocidade são comuns[129].

Fala-se, portanto, em uma acepção do princípio da solidariedade materializada em autêntica ação promocional da coesão social[130], que se efetiva por meio de um ideal de justiça distributiva tendente a viabilizar a consecução da igualdade substancial[131] e da liberdade situada[132]. Ou seja, trata-se da criação de condições iguais a todos a fim de que se possam desenvolver plenamente enquanto indivíduos, mas sem per-

---

125. Com uma síntese evolutiva a respeito desta acepção, inclusive com os desenvolvimentos teóricos que lhe serviram de base e com a constatação de que, mesmo superada, restou por deixar frutos no Código Civil italiano de 1942, ver BUSNELLI, Francesco Donato. *Il principio di solidarietà...*, cit., p. 105.
126. PERLINGIERI, Pietro. *Perfis...*, cit., p. 36. No mesmo sentido, BUSNELLI, Francesco Donato. *Il principio di solidarietà...*, cit., p. 105.
127. Não obstante assim pareça no campo do direito privado, deve-se registrar que as acepções anteriores não foram de todo abandonadas pelas ciências humanas correlatas ou mesmo pela própria ciência jurídica. Tal se verifica na associação entre solidariedade e fraternidade ainda hoje presente, por exemplo, na obra de RAWLS, John. *Uma teoria da justiça*. Trad. Almiro Piseta e Lenita Esteves. São Paulo: Martins Fontes, 2000, p. 112-113.
128. MORAES, Maria Celina Bodin de. *Princípios...*, cit., p. 46-47. TEPEDINO, Gustavo. *Temas de Direito Civil*. Rio de Janeiro: Renovar, 2006, t. II, p. 445.
129. NEVES, A. Castanheira. *Pessoa, direito e responsabilidade*. Revista Portuguesa de Ciência Criminal, Coimbra, a.6, n.1, p. 09-43, jan./mar. 1996, p. 40.
130. USTÁRROZ, Daniel. *Responsabilidade civil...*, cit., p. 45. Mais uma vez, conforme MARTINS-COSTA, Judith. *Sobre o princípio da insolidariedade...*, cit., p. 151, "[o] que tece uma comunidade é a solidariedade voluntária, a mutação em prol de interesses suprapessoais, a existência de laços de cooperação e de mútua confiança que subjazem à busca de uma *utilidade comum*".
131. MORAES, Maria Celina Bodin de. *O princípio da solidariedade*, cit., p. 168-169.
132. Assim entendida como "a liberdade que se exerce na vida comunitária"; sobre o tema, MARTINS-COSTA, Judith. *Sobre o princípio da insolidariedade...*, cit., p. 151.

der de vista que isso somente é possível em comunidade; pressupõe, portanto, um equilíbrio entre o sujeito e as instituições, o que se viabiliza por meio de "sacrifícios compartilhados"[133].

E todo este ideário – até mesmo em decorrência da sua associação à noção já mencionada de alteridade – pressupõe o reconhecimento da necessidade de cooperação e de conciliação de interesses envolvidos, o que se dá por intermédio de uma "mescla de modelos". Nesta linha, a liberdade somente será plena se tiver o seu exercício associado à lealdade, a estabilidade tão só será efetiva se acompanhada da equidade e a segurança apenas será atingida se agregada à justiça[134].

A redescoberta da solidariedade[135] – que, pela nova feição que assume, pode mesmo ser vista enquanto manifestação da socialidade[136] – pressupõe, contudo, uma depuração dos conteúdos estritamente laico (tradição oitocentista francesa) e religioso antes assinalados[137], o que se opera por meio da "transformação dos deveres morais de beneficência em deveres jurídicos de segurança"[138]. Tudo sem perder de vista, por evidente, as vicissitudes hodiernas, deveras influenciadas por uma realidade pós-moderna que não pode ser desconsiderada[139], já que com inegável aptidão para interferir na demarcação do conceito jurídico em causa.

É neste exato contexto que o princípio da solidariedade passa a adquirir uma feição de pertença, de partilha e de corresponsabilidade[140], a qual, associada às ideias de gestão dos recursos disponíveis e das ações individuais e coletivas[141], vem marcada por uma soma de valores que, por isso, conecta-lhe intimamente com os objetivos

---

133. TAKOI, Sérgio Massaru. *Breves comentários ao princípio constitucional da solidariedade*. Revista de Direito Constitucional e Internacional, São Paulo, a. 17, v. 66, (293-310), jan./mar. 2009, p. 295.
134. USTÁRROZ, Daniel. *Responsabilidade civil...*, cit., p. 46-47.
135. Fala-se mais precisamente em uma autêntica refundação do princípio da solidariedade, que passa a ser visto não como algo dado, mas como algo a ser construído e concretizado, capaz, portanto, de trazer em si a ductilidade necessária capaz de dar respostas a demandas nem sempre lineares, muito propícia de uma realidade mutável pós-moderna. Sobre o tema, TAKOI, Sérgio Massaru. *Breves comentários...*, cit., p. 297-299.
136. Consoante MARTINS-COSTA, Judith. *Sobre o princípio da insolidariedade...*, cit., p. 151, a solidariedade passa, assim, a ser entendida como "instituição jurídica da socialidade".
137. BUSNELLI, Francesco Donato. *Il principio di solidarietà...*, cit., p. 115.
138. CORRÊA, André Rodrigues. *Solidariedade e responsabilidade*. O tratamento jurídico dos efeitos da criminalidade violenta no transporte público de pessoas no Brasil. São Paulo: Saraiva, 2009, p. 105.
139. É pertinente neste contexto a pergunta que formula RODOTÀ, Stefano. *Solidarietà*, cit., p. 84, nos seguintes termos: "Può la solidarietà sopravvivere nel tempo dell'individualizzazione crescente, della globalizzazione, della 'morte del prossimo'?". Pergunta esta que, diante da necessidade de transição antes assinalada, somente se soma à ruptura decorrente do passamento de uma dita "mentalidade pré-moderna" para um inegável "culto pós-moderno à individualidade atomizada, com o que, ainda como ideal, o sujeito civil (ao qual correspondia uma esfera de deveres, no sentido kantiano) é substituído pelo sujeito narcisista, emancipado de todo o enquadramento normativo pré-jurídico, seja ele de natureza cultural, política ou ideológica"; assim, MARTINS-COSTA, Judith. *Sobre o princípio da insolidariedade...*, cit., p. 154. Em verdade, diante de todos este contexto, a ideia atual de solidariedade apresenta-se, nas palavras de TAKOI, Sérgio Massaru. *Breves comentários...*, cit., p. 297, como algo a ser "construído e concretizado" e, portanto, em constante ebulição.
140. TAKOI, Sérgio Massaru. *Breves comentários...*, cit., p. 296.
141. RODOTÀ, Stefano. *Solidarietà*, cit., p. 85.

perseguidos pela imputação objetiva de danos e, bem assim, autoriza hipotisar a sua condição de fundamento de legitimidade de um dever geral de indenizar para além da culpa enquanto nexo de imputação.

3.1.2 Solidariedade, "alterum non laedere" e gestão de danos

Toda esta delimitação teórica atribui ao princípio em causa expressiva relevância no direito privado e, de forma muito viva, no direito das obrigações como um todo. No seu campo de atuação, no qual vem inserida a responsabilidade civil, a solidariedade passa a ser entendida em uma acepção dúplice: de um lado, enquanto interdependência apta a induzir a necessidade de satisfação de deveres recíprocos entre cada um dos indivíduos (dimensão singular) e o grupo (dimensão coletiva); de outro, enquanto reconhecimento da pluralidade social, que exige o respeito às diferenças e às diversidades, com vistas a, diante disso, resolver eventuais conflitos que se possam estabelecer entre os sujeitos[142].

Especificamente em matéria de imputação de danos, a necessidade da demarcação de um fundamento uniforme de legitimidade para a responsabilidade civil tem justificado a retomada da discussão acerca da oportunidade de um preceito geral de *alterum non laedere*[143], aqui entendido como síntese de todos os deveres específicos impostos a qualquer um em relação aos interesses dos outros. E isso especialmente tendo em conta o fato de que o sistema de ressarcimento de danos apresenta-se alicerçado em preceitos normativos de ordem geral sobre os quais se estrutura a responsabilidade civil enquanto instituto jurídico, inclusive no que tange às situações de imputação objetiva, tradicionalmente marcadas pela fragmentariedade[144].

A constatação, contudo, de estar a responsabilidade civil baseada na obrigatória existência de um prejuízo juridicamente relevante[145], o qual passa a ser o fundamento

---

142. MIRAGEM, Bruno. *Direito civil*: direito das obrigações. São Paulo: Saraiva, 2017, p. 147. Nas precisas palavras do autor, o princípio da solidariedade, no âmbito do direito das obrigações, "[p]ressupõe a ideia de interdependência social e existência de deveres recíprocos entre todos os indivíduos de uma comunidade. E da mesma forma, é a diretriz de um comportamento cooperativo seja no plano da coletividade, seja como pauta das relações sociais e jurídicas. Resulta da solidariedade, igualmente, o reconhecimento das diferenças e da pluralidade de interesses do grupo social, cujas tensões se solucionam mediante a distinção entre processos comunicativos pautados pela convergência e proximidade".
143. BUSNELLI, Francesco Donato; PATTI, Salvatore. *Danno e responsabilità civile*. 3ed. Torino: Giappichelli, 2013, p. 164. Segundo os autores, o que justificaria uma "nuova e diversa rilevanza" ao princípio do *noeminem laedere* seria a superação da tradicional feição [exclusivamente] sancionatória da responsabilidade civil.
144. RODOTÀ, Stefano. *Il problema...*, cit., p. 84-85.
145. A existência de um dano juridicamente relevante apresenta-se como premissa inarredável do surgimento do vínculo obrigacional indenizatório em todos os regimes de imputação. Sem prejuízo desta constatação, deve-se aqui consignar, consoante referido precedentemente, a existência de um debate já iniciado sobre a viabilidade de uma assim denominada "responsabilidade sem dano". Sobre o tema, uma vez mais, LOPEZ, Teresa Ancona. *Princípio da precaução...*, cit., p. 133 e ss. Pede-se vênia, todavia, para tangenciar a problemática, porquanto não há dúvidas de que a premissa pela qual se começou (imprescindibilidade da existência de um prejuízo relevante) ainda é, consoante a doutrina largamente majoritária nos três sistemas jurídicos em comparação, intransponível.

positivo do dever de reparar – diante da natureza normativa do conceito em causa – diminui a utilidade de uma possível cláusula geral de não causar danos e conecta ainda mais o instituto ao princípio geral de solidariedade[146], norteador não apenas de relações jurídicas já definidas, mas, de igual modo, da posição dos sujeitos enquanto membros de uma mesma comunidade[147].

Neste particular, cumpre reconhecer que a dimensão do princípio em causa se alarga, passando de uma solidariedade para com os seus a uma solidariedade para com todos, a qual tende a refletir os riscos da vida e da morte que atingem, indiscriminadamente, os indivíduos de modo geral e irrestrito, e bem serve a retratar a necessidade de, em dadas situações, reforçar mecanismos de proteção da vida em sociedade em face de intervenções não consentidas (tanto pelo próprio sujeito quanto pelo ordenamento em si considerado)[148].

Especificamente no campo da responsabilidade civil, a hodierna compreensão da solidariedade pressupõe o reconhecimento de que a atuação humana, por natureza, produz efeitos em relação aos outros. Daí a imprescindibilidade de se refletir acerca das consequências que a resolução de situações de conflitos de interesses produz na vida das pessoas (não apenas aquelas diretamente envolvidas no evento) e da comunidade como um todo, de modo a permitir, *pari passu*, a estruturação de um regime equilibrado que tome por concomitante referência a ótica do lesante e do lesado[149].

Nesta linha de concretização, é possível extrair da solidariedade um genuíno dever de comportamento destinado a não causar danos a outrem fora dos limites da legítima tutela dos interesses próprios[150], o que pode ser considerado como indício de um único princípio de valoração ético-social do exercício dos direitos, o qual se especifica diversamente em relação a cada um deles[151].

Como visto precedentemente, com o princípio da solidariedade imbricam-se outros de idêntica magnitude e de grande relevância à gestão dos danos – dentre eles

---

146. Não há dúvidas de que a conexão entre o princípio da solidariedade e o instituto da responsabilidade civil tende a se apresentar como uma manifestação do fenômeno que se tem denominado constitucionalização do direito civil. Sobre o tema, MORAES, Maria Celina Bodin de. *A constitucionalização do direito civil e seus efeitos sobre a responsabilidade civil*. Direito, Estado e Sociedade – Revista do Departamento de Direito da Pontifícia Universidade Católica, Rio de Janeiro, v. 9, n. 29, p. 233-258, jul./dez. 2006, p. 233 e ss. Todavia (e sem desconsiderar o assento que o princípio recebeu nos textos constitucionais vigentes nos sistemas sob comparação, consoante artigos 2º, 1º e 1.º, inciso IV, e 3º, inciso I, respectivamente, das Constituições italiana, portuguesa e brasileira), é de se assinalar que a solidariedade passa a receber, por parte da civilística, um tratamento autônomo em relação àquele que lhe foi relegado pelo direito constitucional. Neste sentido, dentre outros tantos, MIRAGEM, Bruno. *Direito civil*: direito das obrigações, cit., p. 147-149.
147. RODOTÀ, Stefano. *Il problema...*, cit., p. 87-89.
148. NERY, Rosa Maria de Andrade. *Apontamentos sobre o princípio da solidariedade no sistema do direito privado*. In: NERY JÚNIOR, Nelson; NERY, Rosa Maria de Andrade. Responsabilidade Civil. Teoria Geral. São Paulo: Ed. RT, 2010, v. 1, p. 27-28 e 31.
149. USTÁRROZ, Daniel. *Responsabilidade civil...*, cit., p. 54-55.
150. Neste exato ponto é que reside o divisor de águas entre o dano em si e o dano juridicamente relevante, pois a solidariedade não desconhece que a produção de externalidades negativas, por vezes, pode ser legítima à vista de uma ponderação de interesses contrapostos.
151. RODOTÀ, Stefano. *Il problema...*, cit., p. 90-92.

liberdade, igualdade e autonomia privada, para citar os mais relevantes. E é justamente a releitura destes preceitos a partir de diretrizes de alteridade e de socialidade que permite a solução de situações envolvendo conflitos de interesses entre estranhos (*rectius*, entre não contratantes) que, não obstante pudesse ser feita a partir do princípio da culpa, demanda um olhar mais abrangente.

Não há dúvidas de que o exercício de posições jurídicas é ponto chave na gestão de danos. E o contraponto do princípio ora sob exame em relação à autonomia privada tem a sua solução centrada na máxima segundo a qual este exercício encontra fim onde começa a esfera de ação da solidariedade, de modo que qualquer contato interpessoal juridicamente relevante tem o seu pressuposto apenas na existência de uma esfera de interesses tutelados voltada a proteger-lhe de violações[152]. A solidariedade não está restrita aos casos em que já exista uma relação jurídica entre os envolvidos, ultrapassando, portanto, o âmbito circunscrito dos contratos[153] para se referir de um modo mais articulado em todas as relações interindividuais[154], especialmente aquelas aptas a gerar prejuízos não consentidos a terceiros e que, por isso, demandam a incidência das normas de responsabilidade civil.

Para tanto, não se pode deixar de considerar que a imputação de danos tem subjacente em si a solução de controvérsias associadas ao problema da gestão dos recursos disponíveis, por vezes entendida enquanto gestão comum de determinados bens, tudo a partir de uma relação de liberdade e de igualdade que merece ser desenvolvida a partir de um preceito geral de solidariedade[155].

Como desdobramento desta premissa, o ordenamento não apenas conhece a admissibilidade de um agir danoso para os terceiros como considera a atividade livre dos sujeitos como uma contínua fonte de danos, muitos deles considerados irrelevantes, sendo certa, portanto, a diferença entre prejuízos causados e prejuízos ressarcíveis (estes são gênero da espécie formada por aqueles). Por isso é que a existência de danos destinados a permanecerem sem reparação pode ser considerada para a realização da crítica ao uso enfático de uma pura e simples cláusula geral de *alterum non laedere*; todavia, a adequada demarcação dos prejuízos ressarcíveis por meio do estabelecimento da relevância jurídica do dano é donde se extrai o verdadeiro princípio que rege a matéria[156].

Em outras palavras, não obstante a autonomia privada seja uma máxima, resta evidente que o sistema jurídico tem por objetivo por algum limite à atividade danosa contra terceiros, fazendo com que o âmbito dos danos ressarcíveis (em contraponto àqueles que não o são) venha circunscrito não propriamente com base no intento

---

152. RODOTÀ, Stefano. *Il problema...*, cit., p. 93-94.
153. Como poderia parecer a partir de uma conexão mais próxima e direta entre solidariedade e função social do contrato. Sobre o tema, MARTINS-COSTA, Judith. *Sobre o princípio da insolidariedade...*, cit., p. 149-151.
154. RODOTÀ, Stefano. *Il problema...*, cit., p. 95-96.
155. RODOTÀ, Stefano. *Solidarietá*, cit., p. 85
156. RODOTÀ, Stefano. *Il problema...*, cit., p. 98-99.

do agente, mas na utilidade retirada da sua fonte[157]. E é neste exato cenário que o princípio da solidariedade, com toda a sua capacidade de articulação, pode promover o balanceamento e a identificação do equilíbrio entre interesses diversos que se encontram contrapostos a partir do evento danoso[158].

Note-se que não se está a falar daquela solidariedade caritativa ou benevolente referida em momento precedente que, de maneira até maniqueísta, tendia a identificar sujeitos inferiores que, por isso, em uma determinada relação, necessitavam de uma solução jurídica que lhes favorecesse como uma recompensa pela sua condição. Trata-se, em verdade, de um princípio com conteúdo revisitado que, não obstante identifique situações de desigualdade, tende a corrigi-las por meio da sua conexão com a liberdade, a isonomia substancial e a iniciativa privada, mas a partir de uma lógica não apenas de utilidade social, mas também de igual dignidade social (*pari dignità sociale*)[159].

Diante destas ponderações é que se pode concluir que a solidariedade se especifica com referência ao momento do dano, de modo a contribuir na demarcação daqueles que serão ressarcíveis e constituir, assim, norma de extrema amplitude no que tange às situações em relação às quais se poderá falar de dano em sentido jurídico[160]. Exatamente nisso é que reside o seu potencial para se constituir em fundamento uniforme da responsabilidade objetiva, o que merece, portanto, ser mais de perto aferido.

3.2 Responsabilidade objetiva e princípio da solidariedade

Diante de todas as premissas delineadas ao longo das diversas tentativas de se identificar um fundamento uniforme capaz de integrar as várias *fattispecie* de responsabilidade objetiva em um regime jurídico de natureza geral, é possível verificar que, mesmo quando analisados possíveis fatores diversos de legitimação, alguns traços persistem em se apresentarem como verdadeiras constantes.

E a solidariedade, até o momento, vem-se apresentando como o princípio com mais condições de se conectar com estas constantes e, por isso, assumir o posto de fundamento unificador do instituto, pelo que se apresenta oportuna uma aferição mais próxima da sua interface direta com a responsabilidade objetiva, tarefa que, de pronto, se passa a empreender.

3.2.1 A solidariedade enquanto fundamento da imputação objetiva

Consoante se pode inferir a partir do percurso investigativo já empreendido, a existência de uma série de preocupações que se apresentam como constantes, seja nos

---

157. RODOTÀ, Stefano. *Il problema...*, cit., p. 101.
158. RODOTÀ, Stefano. *Solidarietà*, cit., p. 88.
159. PERLINGIERI, Pietro. *Perfis...*, cit., p. 37. Na mesma linha, RODOTÀ, Stefano. *Solidarietà*, cit., p. 89-90, quando fala de uma solidariedade que não se revela apenas na polarização entre fortes e fracos, mas em princípio constitutivo de laços sociais e de paridade nos direitos.
160. RODOTÀ, Stefano. *Il problema...*, cit., p. 105.

mais variados regimes de imputação objetiva vigentes, seja nos princípios hipotisados até o momento, constitui-se em indício revelador da pretendida uniformidade que ensejaria a estruturação de um regime geral de responsabilidade sem culpa. E são elas a centralidade do dano em relação à conduta, a conveniência de uma especial ponderação dos interesses da vítima e a existência de uma vinculação entre a condição do lesante (seja pessoal ou funcional) e o prejuízo causado.

Tudo isso porque a responsabilidade objetiva atenta menos à efetiva concorrência do, em tese, lesante para o desfecho danoso e mais à conveniência de que o lesado, naquela circunstância, não permaneça sem reparação. Aceita-se para este fim – até mesmo para não se chancelar a arbitrariedade – a existência de uma especial vinculação preexistente entre o dano e o agente responsável[161] para fins de, a partir disso, construir um nexo de imputação (por exemplo, o fato de ser pai ou guardião do menor ou de ser possuidor do animal, mesmo que ele não tenha nenhuma condição especial de periculosidade) apto a lhe impor o dever de reparar para além dos casos em que se reconheça a concreta incidência do brocardo *ubi commoda, ibi incommoda*[162].

Nesta linha é que as considerações antes assinaladas se conectam intimamente com o princípio da solidariedade enquanto autêntico limite geral da ação dos sujeitos. Assim, não bastaria a constatação de que o contato social foi fonte de dano se este não estiver caracterizado por um juízo de desvalor que se mostra idôneo a discriminar, dentre as várias situações existentes, aquelas nas quais é possível fazer surgir uma obrigação de ressarcimento. E este processo deverá ser guiado por critérios jurídicos e não empíricos, guardando referência na estrutura da situação lesada com prevalência de considerações objetivas, até mesmo em razão da natureza do regime geral de imputação que ora se pretende estruturar[163].

É de se reconhecer que, assim, nestas circunstâncias, surge a real consciência de que a responsabilidade objetiva deixa de ser uma imputação decorrente da causa – seja ela a conduta culposa em si ou mesmo a conduta apta a representar uma especial fonte de risco ou de perigo – para se constituir em uma imputação baseada no resultado (dano). A partir disso, afasta-se propriamente de uma verdadeira socialização dos riscos – e por isso mesmo a insuficiência do risco *lato sensu* enquanto fundamento uniforme de legitimidade da responsabilidade objetiva – para se converter, a partir

---
161. FRADA, Manuel A. Carneiro da. *Direito Civil*, cit., p. 85, fala em "ligações especiais".
162. SCHREIBER, Anderson. *Novos paradigmas...*, cit., p. 29.
163. Segundo RODOTÀ, Stefano. *Il problema...*, cit., p. 109-110. Ainda segundo o autor, p. 111, especialmente ao analisar a relação entre o princípio da solidariedade e o dever de diligência (associável que é com a culpa), do qual, com frequência se fala na doutrina, pode-se concluir que este é visto como uma decorrência daquele apenas por quem persiste em construir a responsabilidade civil unicamente sob o ponto de vista da ação do sujeito causador do dano. Daí que a diligência, em verdade, refere-se aos casos em que já existe um sujeito encarregado de uma obrigação determinada, apresentando-se como critério para valorar a compatibilidade entre a conduta adotada e o que era devido e como qualidade de um comportamento, não podendo, ao mesmo tempo, constituir o seu limite; por isso é lícito as situações nas quais qualificar como diligente a ação de um sujeito não é suficiente para evitar uma obrigação de ressarcir os danos causados, a afastar, por conseguinte, uma interconexão sua com o princípio da solidariedade, apta que seria a opor dúvidas à capacidade deste para se constituir em fundamento uniforme de um regime geral de responsabilidade objetiva.

de um autêntico debate finalístico pautado pelo princípio da solidariedade, em instrumento relacionado à socialização dos prejuízos[164].

As presentes conclusões desenvolvem-se a partir da premissa segundo a qual, contraposta à justiça comutativa (típica das situações de imputação subjetiva legitimadas no princípio da culpa), a justiça distributiva, inerente à solidariedade e legitimadora da responsabilidade objetiva[165], vem considerada, na linha da socialização dos prejuízos, enquanto fator de repartição dos bônus e dos ônus da vida de relação entre os membros que integram uma dada comunidade[166]. Parte, para tanto, da construção aristotélica segundo a qual enquanto a justiça comutativa[167] tende a equacionar a interação voluntária entre os sujeitos, a justiça distributiva busca, a partir de situações especiais – tal qual o são as *fattispecie* de responsabilidade objetiva –, a gestão dos bens dotados de valor e passíveis de partição entre os componentes de uma comunidade política[168].

Em desenvolvimento a esta linha de construção, apresenta-se possível considerar que a ideia de injustiça que demarca a relevância jurídica do dano não está exclusivamente a indicar a não ressarcibilidade de todos os prejuízos, mas a relevância daqueles que se produzem em razão de um contato social, o qual não se pode referir genericamente a toda e qualquer relação intersubjetiva, mas apenas àquelas que se estabelecem em ordem de uma situação juridicamente relevante[169].

Nestes termos – e particularmente no campo de legitimação da responsabilidade objetiva, diante de uma menor restrição das possibilidades de se obstar o surgimento do dever indenizatório –, o limite imposto pelo princípio da solidariedade deve atuar em todas as situações nas quais está prevista uma forma de proteção legislativa qualquer. E a restrição antes mencionada, aliás, não vem limitada à verificação de uma violação de direitos subjetivos (que mesmo nos regimes baseados na culpa já está deveras mitigada e sequer é pressuposto necessário à obrigação indenizatória

---

164. SCHREIBER, Anderson. *Novos paradigmas...*, cit., p. 30. No mesmo sentido, FRADA, Manuel A. Carneiro da. *Direito Civil*, cit., p. 85, quando alude à responsabilidade objetiva por acidentes do trabalho que, segundo o autor, "se deixa distinguir da responsabilidade pelo risco", pois "exprime a distribuição dos prejuízos ocasionados por uma atividade".
165. A associação entre justiça comutativa e responsabilidade subjetiva e justiça distributiva e responsabilidade objetiva, mesmo que a partir de uma terminologia mais reducionista (aludindo a regimes por culpa e por risco), é antiga na doutrina civilística. Assim se infere, *v.g.*, já em ENNECCERUS, Ludwig. *Derecho de Obligaciones*. Atual. Heinrich Lehmann. Trad. Blas Pérez Gonzales e José Alguer. Barcelona: Bosch, 1933, v. I, p. 1024.
166. ANDRADE NETO, Carlos Gonçalves de. *Justiça distributiva e responsabilidade civil*, cit., p. 95.
167. A justiça comutativa interessa muito de perto à normalidade das relações privadas, pois alicerçada na igualdade, na paridade e na plena autonomia da vontade; por isso a sua associação às hipóteses tradicionais de responsabilidade por culpa, nas quais não existe um elemento desestabilizador dos interesses envolvidos que justifique uma especial intervenção do direito para fins de se assegurar uma isonomia material. Para uma noção geral sobre o tema no âmbito do direito privado, ver ASCENSÃO, José de Oliveira. *Direito Civil. Teoria Geral*. 2ed. Coimbra: Coimbra, 2000, v. I, p. 14-15.
168. ARISTÓTELES. *Ética a Nicômaco*. Trad. Mário da Gama Kury. In: ARISTÓTELES. Os pensadores. São Paulo: Nova Cultura, 1996, p. 197.
169. RODOTÀ, Stefano. *Il problema...*, cit., p. 111-112.

de matriz objetiva), mas à existência de um dever imposto a determinado sujeito em relação ao outro que, na situação concreta, se materializa por meio da observância da solidariedade[170].

Diante de tudo isso, o dano terá relevância e se legitimará – em um regime geral de imputação, tal qual se está a propor – por meio da comparação do modo em que a situação estaria apresentada sem a violação do princípio de solidariedade e aquela na qual se encontra a violação ocorrida[171]. Daí porque, tomando por base esta premissa, converte-se o que a doutrina mais tradicional persiste em denominar *responsabilidade pelo risco*[172] em autêntica categoria unitária passível de ser dita *responsabilidade objetiva* (independente de culpa ou de qualquer outro nexo de imputação de matriz subjetiva), fundada que está na necessidade de, diante da satisfação de determinados padrões, garantir-se a concretização de um dado preceito de justiça distributiva que se satisfaz com a reparação do dano causado[173].

Deve-se ter presente, contudo, que a produção de solidariedade – inclusive, e especialmente, por meio da responsabilidade civil – não se dá a custo zero, pois exige capital social e recursos financeiros direcionados a este fim[174], que demandam, por isso, um uso legítimo. Daí que a justificação de um dever de reparar nas hipóteses em que o desvalor da atuação do agente não é relevado (como ocorre nos regimes de matriz subjetiva) exige uma adequada avaliação, impondo que o seu uso seja – até mesmo em razão da incidência do próprio princípio da solidariedade – ponderado e equilibrado.

E tal somente se dará a partir de um juízo de conveniência que leve em conta não apenas a condição do lesado e a centralidade do dano, mas também os custos inerentes à responsabilização e as consequências da sua projeção no contexto coletivo em que inserido. Ora, se a solidariedade – desvinculada que está de um viés caritativo ou benevolente, consoante tantas vezes já asseverado – pressupõe não apenas integração, mas mútua relação entre os sujeitos envolvidos, o uso da responsabilidade objetiva que dela decorre deve ser visto como um remédio necessário que, se não bem dosado, pode-se converter em veneno[175]. E a baliza para tanto será o próprio princípio da solidariedade.

Todo este panorama, que se viabiliza a partir do exato amoldamento dos anseios que se concretizam nas mais variadas situações de responsabilidade objetiva à noção

---

170. RODOTÀ, Stefano. *Il problema...*, cit., p. 112-113.
171. RODOTÀ, Stefano. *Il problema...*, cit., p. 113.
172. VON TUHR, Andreas. *Tratado de las Obligaciones*. Trad. W. Roces. Madrid: Reus, 1934, t. I, p. 201; LARENZ, Karl. *Derecho de Obligaciones*, cit., t. II, p. 663-665; MAZEAUD, Henri; MAZEAUD, León. *Elementos...*, cit., p. 88-89; TELLES, Inocêncio Galvão. *Direito das Obrigações*. 7ed. Coimbra: Coimbra, 2010, reimpressão, p. 216; dentre outros.
173. SCHREIBER, Anderson. *Novos paradigmas...*, cit., p. 30-31. Na mesma linha, convergindo com a conclusão segundo a qual responsabilidade objetiva exprime uma autêntica justiça distributiva, FRADA, Manuel A. Carneiro da. *Direito Civil*, cit., p. 84.
174. RODOTÀ, Stefano. *Solidarietà*, cit., p. 126.
175. AGUIAR, Roger Silva. *Responsabilidade Civil*. A culpa, o risco e o medo. São Paulo: Atlas, 2011, p. 210.

jurídica hodierna de solidariedade, tem permitido um reconhecimento – não apenas na doutrina[176], mas também na jurisprudência[177] – da adequação do princípio em causa para fins de se constituir em fator unitário de legitimação do regime geral cuja proposta se almeja apresentar no curso da presente investigação.

3.2.2. A solidariedade e o reagrupamento da fragmentariedade

Sem prejuízo de toda a fundamentação vertida para justificar a legitimação de um pretenso regime geral de responsabilidade objetiva a partir do princípio da solidariedade, duas características que podem ser extraídas deste processo reforçam ainda mais a convicção acerca do acerto sobre o percurso dogmático construído para este fim.

A primeira delas está associada à capacidade que tem o princípio em causa de agrupar e de conectar os mais variados nexos de imputação de que se usam os ordenamentos para fazer surgir um dever de reparar danos sem que, para isso, tenha de se pressupor a existência de um ato ilícito (no seu sentido amplo). Já a segunda, no potencial de atualização que o conteúdo da noção jurídica de solidariedade traz em si, apto a promover uma reinterpretação que possa, ao longo do tempo (e sem que isso pareça voluntarioso), abranger sob a sua égide situações outras que, por

---

176. Neste sentido, dentre outros, SALVI, Cesare. *La responsabilità civile*, cit., p. 31-32; SCHREIBER, Anderson. *Novos paradigmas...*, cit., p. 31. Ainda a este respeito, conforme refere MORAES, Maria Celina Bodin de. *A constitucionalização...*, cit., p. 251, "[c]om o passar do tempo [...] o dever de solidariedade social, o fundamento constitucional da responsabilidade objetiva, sobressairá e aceitar-se-á que seu alcance é amplo o suficiente para abranger a reparação de todos os danos injustamente sofridos, em havendo nexo de causalidade com a atividade desenvolvida, seja ela perigosa ou não". Note-se que, conforme destaca a autora, não se trata do simples estabelecimento de uma relação causal, mas da exigência de que o dano cuja reparação se pretende legitimar no princípio da solidariedade tenha sido injustamente sofrido.

177. Conforme destacam BUSNELLI, Francesco Donato; PATTI, Salvatore. *Danno e responsabilità civile*. 3ed. Torino: Giappichelli, 2013, p. 167, nota 80, a Corte Constitucional italiana reconheceu, quando do julgamento do recurso n. 202, de 29 de dezembro de 1981 (*Il Foro Italiano*, Roma, 1982, n. I, p. 1 e ss.), que o princípio da solidariedade legitima, por meio de um esquema típico de responsabilidade aquiliana, o surgimento de um dever indenizatório, a cargo do *Fondo di garanzia,* em razão de acidente causado por veículo não identificado. Assim também já reconheceu a Suprema Corte brasileira ao invocar o princípio da solidariedade para entender legítima a ampliação legislativa de situações de responsabilidade objetiva em matéria de acidentes de viação. Assim está ementado o precedente: Ação Direta de Inconstitucionalidade – Ilegitimidade ativa de federação sindical – Lei 6.194/74 (ART. 7º), COM A redação dada pela Lei 8.441/92 (art. 1º) – Ampliação das hipóteses de responsabilidade civil objetiva– – Responsabilidade civil objetiva das entidades seguradoras e seguro obrigatório de danos pessoais: O art. 7º da Lei 6.194/74, na redação que lhe deu o art. 1º da Lei 8.441/92, ao ampliar as hipóteses de responsabilidade civil objetiva, em tema de acidentes de trânsito nas vias terrestres, causados por veículo automotor, não parece transgredir os princípios constitucionais que vedam a prática de confisco, protegem o direito de propriedade e asseguram o livre exercício da atividade econômica. – A Constituição da República, ao fixar as diretrizes que regem a atividade econômica e que tutelam o direito de propriedade, proclama, como valores fundamentais a serem respeitados, a supremacia do interesse público, os ditames da justiça social, a redução das desigualdades sociais, dando especial ênfase, dentro dessa perspectiva, ao princípio da solidariedade, cuja realização parece haver sido implementada pelo Congresso Nacional ao editar o art. 1º da Lei 8.441/92. (BRASIL. Supremo Tribunal Federal. Medida Cautelar na Ação Direta de Inconstitucionalidade 1003. Tribunal Pleno. Rel. Min. Celso de Mello. Julgado em 01 ago. 1994. Disponível em <http://stf.jus.br/portal/jurisprudencia/pesquisarJurisprudencia.asp>. Acesso em 08 jun. 2017).

relevância própria, justifiquem uma especial atenção quando do juízo de ponderação entre interesses envolvidos, o que é típico da responsabilidade civil como um todo.

Consoante já aludido inúmeras vezes, a fragmentariedade é muito característica dos regimes de imputação objetiva, o que se deve, por certo, à sua ampliação de algum modo assistemática. Tanto que a noção de risco, tão cara que foi aos esforços inicias de legitimação de um dever de indenizar para além da culpa, restou por perder o protagonismo diante da sua insuficiência – ou artificialidade – para legitimar todas as hipóteses de imputação trazidas pelas ordens jurídicas vigentes (por lei ou por construção jurisprudencial).

No cenário jurídico hoje posto, é possível identificar grupos – nem tanto uniformes, é bem verdade – centrados na ideia alargada de risco (risco de empresa, risco criado, risco proveito, risco administrativo, risco integral e exposição ao perigo, dentre outros), mas também na ideia de garantia[178] (especialmente nas situações de responsabilidade pelo fato da coisa ou por ato de terceiro, apenas para referir os mais expressivos). A estes se somam, ainda, as clássicas situações de responsabilidade por atos lícitos, também ditas pelo sacrifício, nas quais, mesmo agindo legitimado pelo ordenamento jurídico, o sujeito é chamado a responder pelos danos a que deu causa, independentemente de culpa[179].

Diante disso, já se começa a reconhecer a viabilidade de, por meio da invocação do princípio da solidariedade, não apenas legitimar as mais variadas hipóteses de imputação objetiva, mas, mais do que isso, agregar a fragmentariedade que lhe é tão peculiar por meio da necessidade de, a partir de determinada valoração, dar-se especial atenção ao dano sofrido em detrimento da conduta ou da prática de uma atividade da qual provém. Atenção esta que, por força de uma opção jurídica de cada sistema (sem prejuízo de que tendam a convergir a respeito), encontra substrato no juízo de valor segundo o qual o custo social da não reparação supera aquele decorrente da imposição de uma obrigação indenizatória[180].

Acentua-se, por isso, que todos estes ditos grupos de imputação objetiva podem ser reagrupados na noção hodierna de solidariedade: primeiro, porque reforçam a posição central do dano em relação à conduta, o que é marca indelével de um regime geral, tal qual se pretende propor, e encontra suporte no conteúdo normativo do

---
178. MARTINS-COSTA, Judith. *Os fundamentos...*, cit., p. 46.
179. Dita categoria agrupa as situações em que o agente, mesmo agindo acobertado por uma excludente de ilicitude – nos clássicos moldes da imputação por culpa –, deve reparar os danos a que deu causa; justifica-se, por isso, em razão da necessidade da salvaguarda de interesses especiais, num cotejo entre a necessidade da atuação do lesante (que é, por isso, justificada) e a impossibilidade de que se consinta com a não reparação da vítima. A este respeito, FRADA, Manuel A. Carneiro da. *Direito Civil*, cit., p. 85. A doutrina tende a enquadrar a responsabilidade dita pelo sacrifício entre as hipóteses de responsabilidade objetiva (não obstante não o sejam de responsabilidade pelo risco); assim, MARTINEZ, Pedro Romano. *Direito das Obrigações*, cit., p. 82.
180. SCHREIBER, Anderson. *Novos paradigmas...*, cit., p. 226; igualmente, DI LAURO, Antonino Procida Mirabelli; FEOLA, Maria. *La responsabilità civile*, cit., p. 108 e ss.

princípio ora sob análise[181]; segundo, porque se congregam através do elemento comum que lhes identifica, qual seja, a necessidade de que, na situação dada, atente-se de modo particular aos interesses do lesado[182]; terceiro, porque, ainda por meio da solidariedade, permite a realização dos ajustes necessários em uma imputação que, se tomasse por base apenas as duas primeiras razões postas, tenderia a se constituir em um regime embasado tão somente na mera causalidade[183].

Em suma, deve-se aqui dizer que a exigência de uma especial consideração com a posição do lesado e a existência de uma conexão entre o dano e uma particular condição do lesante permitem concluir no sentido da irrazoabilidade de se deixar aquele indene. E a baliza para este juízo [184]de justiça (que permitirá a identificação da ilegitimidade do dano) será, na sua exata medida, o conteúdo extraível do princípio da solidariedade, que pautará a solução do conflito de interesses estabelecido.

A segunda das características referidas *ab initio* – aptas que são para reforçar a convicção acerca da unidade de um regime geral de responsabilidade a partir de um fundamento jurídico uniforme – diz respeito à capacidade que possui o princípio da solidariedade de se reinventar ao longo dos tempos, atualizando-se a partir de novas demandas sociais.

Tal qual assinalado a partir de um cenário evolutivo, a responsabilidade civil objetiva surge exatamente diante da insatisfatória solução oferecida pelo princípio da culpa no que tange à gestão dos danos decorrentes dos acidentes, realidade esta que se apresentou a partir do processo de transformação econômico-social vivido a partir da segunda metade do século XIX[185]. Daí porque ser forçoso reconhecer que enquanto a imputação subjetiva está associada às relações tradicionalmente estáveis (entre sujeitos isonômicos e bem demarcados), a imputação objetiva conecta-se às relações amorfas e por vezes desequilibradas, fruto que são de uma sociedade em transformação constante.

---

181. De há muito já se fala de uma mudança de vértice, a qual abandona a conduta ilícita e culposa para tomar como referência inarredável o dano injusto. E esta mudança se satisfaz e se legitima com perfeição no princípio da solidariedade, que traz uma "moderna visão" para o instituto na medida em que "opera como critério de integração da disciplina" e "exprime uma valoração do comportamento ou dos interesses protegidos das partes"; assim, SALVI, Cesare. *La responsabilità civile*, cit., p. 31.
182. Não se está a dizer, com isso, que se tratam de situações legitimadas em um autêntico *favor debilis*, não obstante tal não seja de todo estranho de algumas das hipóteses de imputação que encontram fundamento no princípio da solidariedade, mesmo com toda a sua depuração (já muitas vezes mencionada) em relação a uma ideia caritativa ou benevolente. Sobre o tema, MIRAGEM, Bruno. *Direito civil*: direito das obrigações, cit., p. 148.
183. Ponderação esta que deverá ser feita por meio do exame acurado – o qual é exigido pela própria solidariedade – do conteúdo de cada um dos seus pressupostos, aliados que serão à previsão normativa de irrelevância da valoração da conduta da qual provém o dano.
184. Neste particular, como assinala MORAES, Maria Celina Bodin de. *Risco, solidariedade e responsabilidade objetiva*. Revista dos Tribunais, São Paulo, a. 95, v. 854, p. 11-37, dez. 2006, p. 26, "[o] fundamento ético-jurídico da responsabilidade objetiva é unitário e deve ser buscado na concepção solidarista de proteção dos direitos de qualquer pessoa injustamente lesada, fazendo-se incidir o seu custo na comunidade, isso é, em quem quer que com o ato danoso esteja vinculado".
185. ALARCÃO, Rui de. *Direito das Obrigações*. Coimbra: [s. n.], 1983, p. 244.

Nestes termos, considerando que a noção de solidariedade se conecta com as ideias de interdependência social, de cooperação entre sujeitos (individuais ou coletivos) e de pluralidade de interesses[186], cujo conteúdo tende a variar ao longo do tempo, a sua aplicação enquanto fator de legitimação da responsabilidade objetiva permite uma atualização constante, de modo a não apenas reagrupar os mais variados nexos de imputação já utilizados, mas também de projetar o instituto com vistas ao atendimento de demandas outras que possam se apresentar.

Na linha da dependência dos sujeitos uns em relação aos outros para fins de promoção do pleno desenvolvimento individual, surge a consciência de que uma perspectiva coletiva de coexistência é imprescindível. Ou seja, partindo desta perspectiva, os deveres de cooperação projetam-se em relação aos outros, nas relações individuais havidas entre os sujeitos, mas também – e com uma relevância quiçá ainda mais intensa – em relação ao grupo assim considerado, fazendo com que o respeito e a recomposição (nas hipóteses de lesão) dos interesses comuns seja imprescindível à satisfação da vida como um todo[187].

E isso permite inferir dois importantes desdobramentos: tanto a dimensão coletiva das necessidades de tutela por meio da responsabilidade civil (relativas aos interesses difusos, por exemplo), quanto a dimensão intergeracional que se projeta em relação a formas de vida (na sua plenitude) que sequer existem.

Tanto é que a solidariedade, na sua dimensão hodierna, alarga-se de modo a abranger não apenas os indivíduos já tutelados pela proteção jurídica – enquanto sujeitos individualmente considerados e enquanto grupo –, mas também aqueles que virão. Trata-se do reconhecimento da faceta intergeracional do princípio em causa, materializadora do reconhecimento dos "problemas do futuro" que encontra na responsabilidade objetiva, por meio da possibilidade de criação de novas situações de imputação, instrumento para a salvaguarda de interesses que transcendem os atuais habitantes do planeta (tais como ambientais, de consumo e de segurança social, dentre outros)[188].

A partir destas referências, a invocação à solidariedade permite legitimar, de modo amplo, deveres de reparação relacionados a interesses comuns que impactam o futuro da humanidade em si, pois relativos à fruição de recursos comuns imprescindíveis à coexistência de todos, inclusive das futuras gerações[189]. Nestas situações, a

---

186. MIRAGEM, Bruno. *Direito civil*: direito das obrigações, cit., p. 147.
187. Em razão destas constatações é que BECK, Ulrich. *Sociedade de risco*, cit., p. 91-92, fala na "solidariedade das coisas vivas", na medida em que "[a]s ameaças à vida no desenvolvimento civilizatório revolvem comunhões de experiências da vida orgânica, que vinculam as necessidades vitais dos seres humanos às das plantas e animais". No mesmo norte, JONAS, Hans. *O princípio responsabilidade*, cit., p. 230, atenta para o fato de que "a solidariedade de destino entre homem e natureza, solidariedade recém-revelada pelo perigo comum que ambos correm, nos permite descobrir novamente a dignidade própria da natureza, conclamando-nos a defender os seus interesses para além dos aspectos utilitários".
188. CANOTILHO, J. J. Gomes. *Direito Constitucional e Teoria da Constituição*. 7ed. Coimbra: Coimbra, 2003, p. 1141.
189. JONAS, Hans. *O princípio responsabilidade*, cit., p. 229.

responsabilidade civil objetiva, centrada que estará na preponderância dos interesses do lesado (que, neste caso, é a totalidade dos seres vivos), justifica-se de um modo mais intenso se comparada a situações relativas a meros interesses individuais, podendo-se antever a existência de níveis variados de solidariedade.

Ora, se o princípio em causa se constitui em autêntica baliza da imprescindível cooperação intersubjetiva (seja no plano individual, seja no plano coletivo), é possível afirmar que haverá relações em que a solidariedade será menos ou mais intensa, a depender da magnitude dos interesses envolvidos. Deste modo é que os ditos *graus de solidariedade* poderão legitimar estruturas de imputação mais ou menos amplas, a depender da variação da necessidade da interdependência e da cooperação, o que se refletirá diretamente no âmbito dos seus elementos constitutivos, ampliando ou restringindo o espectro da obrigação reparatória.

Por todas estas ponderações, é possível reconhecer, no plano da legitimação jurídica, a viabilidade de um regime geral de imputação sem culpa assente no princípio da solidariedade, amplo o suficiente a abranger não apenas as hipóteses calcadas no risco, mas também aquelas evidenciadas na segurança e no sacrifício. E, na sequência disso, mostrando-se deveras relevante a demarcação de uma estrutura de pressupostos, de modo a identificar aqueles elementos que serão imprescindíveis ao surgimento do correspondente dever de indenizar, tarefa que, de plano, passa-se a empreender.

2ª PARTE
A ESTRUTURA DA RESPONSABILIDADE CIVIL OBJETIVA

> *"Il diritto della responsabilità civile si presenta, oggi, come un diritto di schemi e modelli generali"*
>
> Pier Giuseppe Monateri

Analisado o fundamento uniforme que legitima o surgimento do dever de reparar danos em situações não abrangidas pelo princípio da culpa, mostra-se imprescindível aferir a forma como se estrutura o vínculo obrigacional respectivo. E tal se impõe especialmente tendo em conta que a multiplicidade de fatores de imputação que caracterizam a responsabilidade objetiva – característica que ao passo em que demanda recorrer a um princípio legitimador mais alargado – carece de uma estruturação coesa e amparada em estreitos preceitos legais, a fim de que se mostre legítima.

Nesta linha é que a construção de um regime geral de responsabilidade objetiva alicerçado no princípio da solidariedade, diante da amplitude do seu fundamento, demanda o desenvolvimento de uma estrutura própria e unitária de pressupostos[1], a qual terá por finalidade, em última análise, fazer as vezes de filtro dos danos que devem efetivamente ser objeto de reparação[2], em decorrência de um peso particularmente mais acentuado que lhe é característico[3].

---

1. Consoante adverte BRIGANTI, Ernesto. *Tradizione e novità nella responsabilità civile*. In: LUCARELLI, Francesco. Diritti Civili ed Isttituti Privatistici. Padova, CEDAM, 1983, p. 302, a revisão dos pressupostos do dever de indenizar é um instrumento útil a demonstrar a evolução sofrida pelo sistema de responsabilidade civil, pois a verificação da forma como vêm reestruturados os seus contornos ao longo do tempo bem serve a demarcar a mutação dos anseios que se esperam do instituto.
2. BUSNELLI, Francesco Donato. *Diritto giurisprudenziale e responsabilità civile*. Napoli: Editoriale Scientifica, 2007, p. 10.
3. TRIMARCHI, Pietro. *Rischio e Responsabilità Oggettiva*. Milano: Giuffrè, 1961, p. 40. Ainda segundo o autor, não é demais lembrar que o reconhecimento da existência de um sistema autônomo de responsabilidade objetiva em paralelo ao sistema da responsabilidade por culpa ("sistema do duplo binário") impõe a necessidade de estruturação de um regime autônomo de pressupostos, sem prejuízo de que tal seja desenvolvido tomando-se como ponto de partida os elementos já reconhecidos como imprescindíveis ao surgimento do dever geral de reparar danos.

Isso porque, como já se teve oportunidade de explicitar em momentos precedentes, a complexidade do contato social não permite uma reparação ampla e irrestrita de danos – não ao menos por meio da responsabilidade civil –, sob pena de, a partir disso, criar-se um imobilismo de atividades tão ou mais nefasto do que a ausência pontual de reparação.

Daí a necessidade de que, a partir de uma releitura dos pressupostos[4] amplamente consolidados sob o regime geral da responsabilidade subjetiva[5], possa-se identificar, dentre aqueles que se mostram relevante ao vínculo obrigacional sob estudo, qual se apresenta mais vocacionado a fazer as vezes de separador entre os danos que serão e os que não serão objeto de reparação.

A propósito, é de se destacar que não há dúvidas que a previsão legislativa para situações específicas de um regime de responsabilidade sem culpa já se apresenta como fator de legitimação da obrigação indenizatória. A operatividade destes regimes, contudo, bem pode demonstrar que haverá situações nas quais esta previsão não se basta a permitir o funcionamento de uma disciplina adequada aos anseios pretendidos pelo direito, de modo que, por meio da conjugação do permissivo legal com uma estrutura articulada de pressupostos, bem se poderá atingir o fim que se almeja, fazendo da responsabilidade civil objetiva um instrumento efetivo de proteção de posições jurídicas merecedoras de tutela.

Tendo em vista que o cerne da problemática da responsabilidade civil está na composição da sua *fattispecie*, deve-se ter em conta que, do ponto de vista metodológico, ela não se identifica nem com a disciplina e tampouco com os efeitos que lhe são atribuídos, mas, ao contrário, com o fato jurídico assumido e qualificado sob o ponto de vista normativo em relação ao qual se atribui relevância para fins de produzir efeitos no plano jurídico[6].

Por isso, a aparente dificuldade de delinear um princípio único de responsabilidade ou mesmo qualquer estruturação que lhe pareça geral, especialmente no campo da fragmentária responsabilidade civil objetiva[7], não deve servir de desestímulo ao jurista e de justificativa a que, de plano, negue a viabilidade de um regime geral e,

---

4. Versando sobre os ora ditos pressupostos, também entendidos como requisitos da responsabilidade civil, ver o largo apanhado desenvolvido por SERRA, Adriano Vaz. *Requisitos da responsabilidade civil*. Boletim do Ministério da Justiça, Lisboa, n. 92, 1960, p. 38 e ss.
5. Mais uma vez, nesta seara, não é demais relembrar a amplitude que tem sido dada – não obstante não seja consensual – ao antes referido sistema binário de responsabilidade, estruturado através da já tantas vezes aludida contraposição entre os regimes subjetivo e objetivo. Sobre o tema, ALPA, Guido. *La responsabilità civile*. Principi. Torino: UTET, 2011, ristampa, p. 119-122. Esta contraposição é justamente a justificativa para que não seja necessário pressupor uma submissão da responsabilidade objetiva ao regime geral de imputação por culpa, pensando-se, desta feita, acerca da uma estrutura de pressupostos autônoma, sem prejuízo de que venha a lhe aproveitar alguns dos desenvolvimentos já realizados.
6. COMPORTI, Marco. *Esposizione al pericolo e responsabilità civile*. Napoli: Edizione Scientifiche Italiane, 2014, ristampa, p. 30-32, nota 3.
7. PONZANELLI, Giulio. *La responsabilità civile*. Profili di diritto comparato. Bologna: Il Mulino, 1992, p. 19-20.

com isso, permaneça com o simples exame das representações analíticas das unitárias *fattispecie* normativas de imputação[8].

Daí a pertinência de que, na linha trilhada pela dogmática tradicional no que concerne aos pressupostos da responsabilidade subjetiva, possa-se aferir a compatibilidade de cada um deles, estruturalmente divididos em subjetivos e objetivos, e a sua relevância à conformação de um regime geral de responsabilidade objetiva[9].

---

8. COMPORTI, Marco. *Esposizione al pericolo...*, cit., p. 31-32. Por isso mesmo exorta o autor à construção de um sistema de responsabilidade civil unitário, porém móvel, embasado na combinação qualitativa e quantitativa de todos os elementos envolvidos. Ainda sobre o tema, para maiores aprofundamentos sobre as implicações metodológicas em causa, ver SCOGNAMIGLIO, Renato. *Fatto giuridico e fattispecie complessa*. Rivista Trimestrale di diritto e procedura civile, Milano, 1954, p. 331 e ss.
9. Especificamente no que tange à interação entre os pressupostos e ao contrário dos demais sistemas jurídicos sob comparação, o Código Civil português é o único que expressamente prevê a aplicação subsidiária ao regime de imputação objetiva das disposições relativas à imputação por ato ilícito. Neste sentido, o seu artigo 499 estabelece que "[s]ão extensivas aos casos de responsabilidade pelo risco, na parte aplicável e na falta de preceitos legais em contrário, as disposições que regulam a responsabilidade por factos ilícitos". Sobre as implicações praticas do referido dispositivo, cujo norte foi adotado enquanto base metodológica de partida ao item que ora se passa a desenvolver e que, por isso, merecerá atenção pormenorizada *a posteriori*, ver CORDEIRO, António Menezes. *Tratado de Direito Civil Português*. Coimbra: Almedina, 2010, v. II (direito das obrigações), t. III (gestão de negócios, enriquecimento sem causa, responsabilidade civil), p. 598.

Capítulo 3
OS PRESSUPOSTOS SUBJETIVOS

É incontroverso que, num pretenso regime geral de responsabilidade objetiva, a culpa é pressuposto irrelevante ao surgimento da obrigação indenizatória, conclusão que não demanda maiores debates, já que decorre da própria demarcação negativa que o instituto corriqueiramente recebe. Mas isso não significa dizer que, na linha da irrelevância da culpa, possa-se – ao menos sem uma análise individual mais acurada – afirmar *prima facie* que os demais pressupostos também ditos subjetivos sejam de pronto repelidos e taxados como irrelevantes.

Para a estruturação de uma investigação que se pretende científica, as conclusões devem vir precedidas de experimentação, mesmo que teórico-dogmática, no sentido de avaliar as hipóteses e, após a sua verificação, concluir pela sua (ir)relevância ao enunciado que, ao cabo, se pretende propor. Daí porque se passa, em seguida, ao exame dos demais pressupostos que, ao lado da culpa, integram a *fattispecie* geral de responsabilidade na sua feição subjetiva, a saber: a imputabilidade e a ilicitude.

A construção tradicional de uma teoria da responsabilidade civil com base no conceito de ato ilícito, da qual deriva a ideia da obrigação indenizatória enquanto sanção, sempre esteve baseada sobre um questionamento formulado acerca do comportamento do agente[10]. Tal premissa – que sequer se constitui em dogma acabado nem ao mesmo à própria responsabilidade subjetiva, que passa a assumir, inclusive, outras perspectivas – deve ser levada em conta quando da verificação dos pressupostos tradicionais ao juízo de imputação que, de qualquer modo, demandam uma compatibilização circunstancial, especialmente à vista de uma perspectiva de estruturação de um regime geral de matriz objetiva.

1. A IMPUTABILIDADE

O primeiro dos pressupostos sob investigação é a imputabilidade, que está associada à viabilidade de que a ação ou a omissão geradoras do dano possam ser coligadas ao agente que se pretende responsável[11]. Daí a necessidade de que, antes de

---
10. COMPORTI, Marco. *Esposizione al pericolo...*, cit., p. 32-33.
11. Por isso que, não raro, o pressuposto em causa vem tratado pela doutrina como parte do item denominado *fato voluntário do lesante*, justamente em razão da associação entre voluntariedade e imputabilidade enquanto possibilidade de entender e de querer. Assim, LEITÃO, Luis Manuel Teles de Menezes. *Direito das Obrigações*. 6ed. Coimbra: Almedina, 2007, v. I, p. 287; no direito brasileiro, dentre outros, VENOSA, Sílvio de Salvo. *Direito Civil*. Responsabilidade Civil. 6ed. São Paulo: Atlas, 2006, p. 20. É comum, ainda, a sua análise enquanto pressuposto da culpa, o que resta por lhe atribuir o *status* de pressuposto apenas indireto da responsabilidade civil. Neste sentido, COSTA, Mário Júlio de Almeida. *Direito das Obrigações*. 11ed.

se aferir a sua compatibilidade com um regime de responsabilidade objetiva, inicie-se com uma demarcação do seu conteúdo jurídico.

1.1 Premissas teóricas

O pressuposto da imputabilidade foi, sem sombra de dúvidas, talhado sob os auspícios da culpa enquanto fundamento unitário da responsabilidade civil[12], especialmente como decorrência da máxima segundo a qual a liberdade de agir do sujeito torna-o responsável pelos danos a que der causa[13]. Para exercer tal liberdade era imprescindível que o sujeito pudesse compreender e querer os atos por ele praticados, sob pena de caracterizar o seu comprometimento por falta de consciência da sua prática[14].

Por isso mesmo, tende a apresentar-se por meio de uma previsão negativa associada à ideia de não imputabilidade, que passa a fazer as vezes de um autêntico impeditivo do surgimento do dever de reparar danos enquanto pressuposto da culpabilidade[15].

Nesta linha e partindo de um mesmo ponto de referência, no caso, a exigência da culpa enquanto pressuposto elementar à imputação (que é verificável tanto na hipótese de responsabilidade penal, quanto naquela fundada em um regime geral de responsabilidade civil subjetiva), é possível atestar a existência de uma inicial identidade entre o seu conteúdo nas esferas civil e penal[16]. Identidade esta que não obstante venha marcada pela ruptura com eventuais elementos de cunho ético-moral ou mesmo com a existência de consciência acerca da ilicitude do fato, não está isenta de críticas, que virão fundadas justamente na distinta disciplina estabelecida

---

Coimbra: Almedina, 2008, p. 580; igualmente, GOMES, Orlando. *Responsabilidade Civil*. Atual. Edvaldo Brito. Rio de Janeiro: Forense, 2011, p. 74.

12. COMPORTI, Marco. *Esposizione al pericolo...*, cit., p. 251. Neste mesmo senso, afirmando que culpa e imputabilidade constituem um *continuum* de noções jurídicas, MONATERI, Pier Giuseppe. *La responsabilità civile*. In: SACCO, Rodolfo. Tratato di Diritto Civile. Le fonti delle obbligazioni. Torino: UTET, 1998, v. 6, t. 3, p. 260.
13. Para um aprofundamento teórico acerca da relação entre culpa e imputabilidade, ver BARBOSA, Mafalda Miranda. *O papel da imputabilidade no quadro da responsabilidade delitual*. Breves apontamentos. Boletim da Faculdade de Direito, Coimbra, n. 82, p. 485-534, 2006, p. 501 e ss.
14. GOMES, Orlando. *Responsabilidade Civil*, cit., 2011, p. 74.
15. RICCIO, Giovanni Maria. *L'imputabilità*. In: STANZIONE, Pasqualle (dir.). Trattato della Responsabilità Civile. Responsabilità Extracontrattuale. Padova: CEDAM, 2012, p. 64. Destaca o autor, nesta mesma linha, a não infrequente variação interpretativa do termo imputabilidade, o que decorre do seu uso em variadas situações, não raro pela própria lei, fazendo com que assuma, a partir de uma linguagem comum, as noções de "referência" (*riferibilità*) e de "ligação" (*collegamento*) do fato ilícito ao seu autor. Todavia, como assinala DE CUPIS, Adriano. *Il Danno*. Teoria Generale della Responsabilità Civile. 3ed. Milano: Giuffrè, 1979, v. I, p. 178, aqui a designação *imputabilidade* assume um conteúdo mais estreito do que aquele que normalmente pode conter, inclusive em outros momentos de referimento acerca da própria responsabilidade civil; tanto que é frequente – inclusive no curso da presente investigação – a referência aos termos *imputação de danos* e *imputação civil* como sinônimos de responsabilidade civil em geral.
16. VISINTINI, Giovanna. *Trattato breve della responsabilità civile*. Fatti illeciti. Inadempimento. Danno risarcibile. 2ed. Padova: CEDAM, 1999, p. 497. Segundo a autora, verifica-se, nesta temática, uma transposição ao regime civilístico das elaborações conceituais e das soluções interpretativas desenvolvidas na seara penalística, realidade vivenciada em diversos sistemas jurídicos, dentre eles e com especial relevo o francês.

para cada um dos ramos em exame (punitivo-sancionatória para o direito penal e ressarcitório-satisfativa para o direito civil) [17].

Estabelece-se, deste modo, uma conexão entre a ideia de imputabilidade e a existência da capacidade de entender e de querer[18], o que se refere ao fato danoso atribuível ao agente e não propriamente o dano por ele produzido. Assim é que, num plano teórico, a imputabilidade se constitui em elemento que nasce associado ao fato gerador de responsabilidade civil, conectando-o ao sujeito que o praticou e, desta feita, permitindo o surgimento do dever de indenizar[19].

E a consequência para a ausência de imputabilidade, ou seja, para a carência da condição de entender e de querer[20] (desde que esta ausência não decorra da sua própria culpa[21]), é justamente a ausência de responsabilidade civil. Daí porque o destaque feito em momento precedente à delimitação negativa do pressuposto em causa, pois se não configurada uma causa de inimputabilidade[22], o sujeito é considerado imputável e, portanto, passível de ser civilmente responsável pela reparação[23].

Diante desta acepção negativa é que assumem relevo as causas de inimputabilidade que, no direito civil, não estão elencadas de modo expresso (salvo as relacionadas à idade), relegando-se à valoração judicial a verificação das situações nas quais o sujeito, por não ter condições de entender e de querer, não pode responder pelos

---

17. RICCIO, Giovanni Maria. *L'imputabilità*, cit., p. 65.
18. Na explicitação de ALPA, Guido. *La responsabilità...*, cit., p. 124, está representada na atitude do sujeito de entender, de dar-se conta do que acontece, de compreender o que se deve fazer, de querer e de determinar-se conforme o comportamento a seguir.
19. Daí porque se tem como imputável o indivíduo capaz de prever os efeitos e de mensurar o valor dos atos por ele praticados, determinando-se em conformidade com o juízo por ele realizado a este respeito. Assim, VARELA, João de Matos Antunes. *Das obrigações em geral*. 10ed. Coimbra: Almedina, 2009, p. 563.
20. A referência aos verbos entender e querer busca acentuar a relevância de que a conduta seja valorada nas suas esferas intelectiva (atitude de conhecimento) e volitiva (atitude de autodeterminação), devendo estarem, ambas, preservadas. Sobre o tema, SCOGNAMIGLIO, Renato. *Responsabilità Civile e Danno*. Torino: Giappichelli, 2010, p. 54.
21. Os Códigos Civis italiano e português – ao contrário do brasileiro – são expressos a este respeito, consoante regra dos seus artigos 2.046, *in fine*, e 488, n. 2, respectivamente. No plano teórico, para um maior aprofundamento sobre a noção de *actio libera in causa* extraível dos referidos preceitos e associada às situações nas quais o próprio agente se coloca na condição de inimputabilidade e, por isso, responde por seus atos, já que, como se extrai de uma literal tradução do brocardo latino, a ação foi livre na sua causa, consinta-se reenviar ao panorama traçado por RICCIO, Giovanni Maria. *L'imputabilità*, cit., p. 66-68.
22. Configuração esta que, salvo nas situações em que a lei expressamente a estabeleça de modo peremptório (*v.g.*, menores de idade e interditos), deve ser provada por quem dela se beneficia; em outras palavras, a presunção (relativa) é de imputabilidade. Assim, CORDEIRO, António Menezes. *Tratado...*, cit., v. II, t. III, p. 440.
23. Nesta linha, o Código Civil italiano, no seu artigo 2.046, expressamente estabelece que "[n]on risponde delle conseguenze del fatto dannoso chi non aveva la capacità di intendere e di volere al momento in cui lo ha commesso, a meno che lo stato di incapacità derivi dalla sua colpa". A regra do Código Civil português é muito similar, conforme preceitua o seu artigo 488, n. 1, *in verbis*: "[n]ão responde pelas consequências do facto danoso quem, no momento em que o facto ocorreu, estava, por qualquer causa, incapacitado de entender ou de querer". A lei civil brasileira não contém dispositivo específico acerca da imputabilidade no campo da responsabilidade civil, não obstante reconheça a doutrina ser extraível da regra do artigo 186 do Código Civil de 2002 a sua imprescindibilidade; assim, DIAS, José de Aguiar. *Da responsabilidade civil*. 12ed. Atual. Ruy Berford Dias. Rio de Janeiro: Lumen Juris, 2011, p. 480.

danos a que der causa[24]. Justamente em razão desta abertura do sistema é que se passa a concretizar uma inegável tendência de tornar mais flexível o conceito jurídico de imputabilidade, afastando-o da simples noção de "capacidade de culpabilidade", de modo a integrar, seja por via legislativa ou por via interpretativa, as normas do Código Civil, do Código Penal e das leis especiais (v.g., no Brasil, o Estatuto da Pessoa com Deficiência – Lei Federal 13.146/2015; na Itália, a Lei de Reforma da Assistência Psiquiátrica e a Lei do Serviço Sanitário Nacional) por meio de um conceito mais amplo do que a identidade entre enfermidade psíquica e doença mental, com uma valoração em concreto sobre a efetiva relevância entre o quadro psíquico apresentado pelo agente e a sua real capacidade de entender e de querer em relação ao fato danoso[25].

E este desenvolvimento permite um tendente afastamento – não obstante seja inegável reconhecer a identidade genérica de conteúdo antes assinalada – entre as noções de imputabilidade penal (mais estreita) e de imputabilidade civil (mais aberta)[26], o que vai justificado na função diversa desempenhada por cada um dos institutos envolvidos, materializando-se na crise do conceito de inimputabilidade com a sua referência apenas a partir de um paradigma médico[27].

Independente dos desdobramentos teóricos de cunho geral que o tema possa merecer, cumpre aferir, no que mais de perto interessa à investigação, o exame da relevância da existência de uma capacidade de entender e de querer do agente em relação ao fato associado de surgimento do dever de indenizar a partir de um regime geral de responsabilidade objetiva.

1.2 Imputabilidade e responsabilidade objetiva

Como não é raro de se verificar, existe, no que tange à relevância da (in)imputabilidade em um regime de responsabilidade objetiva, um aparente dissenso (mesmo que não propriamente verdadeiro) entre doutrina e jurisprudência[28], pelo que o argumento merece uma abordagem inicial fragmentada para, após, uma tomada de posicionamento.

---

24. ALPA, Guido. *La responsabilità...*, cit., p. 125.
25. VISINTINI, Giovana. *Trattato...*, cit., p. 505-507. Segundo a autora, o que tem sido amplamente reconhecido pela jurisprudência italiana, haverá situações nas quais será possível reconhecer que o agente é imputável para fins de responsabilidade civil mesmo não o sendo na esfera penal. Com a mesma observação, MONATERI, Pier Giuseppe. *La responsabilità civile*, cit., p. 261.
26. ALPA, Guido. *La responsabilità...*, cit., p. 125. Não há dúvidas, como bem pontua RICCIO, Giovanni Maria. *L'imputabilità*, cit., p. 70, que esta abertura não se confunde com convencimentos pessoais do julgador, mas se concretiza por meio de noções científicas (médicas, psicológicas, sociológicas etc.) e de experiência comum.
27. O tema é bastante complexo e, por isso, não comportaria um maior aprofundamento neste momento, quanto mais porque apenas reflexo ao objeto principal. Daí porque se limita à referência a obra específica, para maiores aprofundamentos. Sobre o tema, ver VISINTINI, Giovanna. *La nozione di incapacità serve ancora?* In: CENDON, Paolo. *Un altro diritto per il malato di menti. Esperienze e soggeti della trasformazione*. Napoli: Edizioni Schientifiche Italiane, 1988, p. 93 e ss.
28. Com a mesma impressão, ROSSETTI, Marco. *Imputabilità del fatto dannoso*. In: GABBRIELLI, Enrico (a cura di). Commentario del Codice Civile (artt. 344-2059). Torino: UTET, 2011, p. 60.

1.2.1 A posição da doutrina

No que guarda ao surgimento da obrigação de indenizar, a imputabilidade, consoante já delimitado precedentemente, assume relevância enquanto pressuposto da culpa (ou do juízo de reprovabilidade que se projeta sobre o fato danoso por meio da culpa), manifestando-se por meio de uma vontade conduzida pela inteligência consciente, de modo a permitir que o agente tenha a capacidade de entender e de querer[29] a realização de um determinado ato que, na sequência, será caracterizado como culposo[30].

Seguindo esta linha e não obstante houvesse quem defendesse que a sua verificação é imprescindível a todas as situações de responsabilidade civil[31], tal parece não mais ser condizente com o sistema hoje em vigor, em especial tendo em conta a vigente noção de responsabilidade civil a partir de um regime de matriz objetiva.

Por isso, nas situações em que a *fattispecie* funda-se sobre um critério objetivo de atribuição de responsabilidade civil, a imputabilidade mostra-se irrelevante, de modo que uma eventual incapacidade (tanto por idade quanto por enfermidade psíquica) não tem o condão de elidir o surgimento da obrigação de indenizar[32]. Isso porque, nestas situações, como o surgimento do dever de reparar advém de critério diverso da culpa, não se antevê a existência de um problema de imputabilidade enquanto impossibilidade de entender e de querer algo (no caso, a conduta lesiva)[33].

Uma primeira linha de argumentação tende a referir que a justificativa para esta irrelevância reside no fato de que a imputação objetiva tem por base o mero acontecimento do dano causal (dano acrescido de nexo de causalidade que lhe

---

29. Segundo MONATERI, Pier Giuseppe. *La responsabilità civile*, cit., p. 263, por capacidade de entender deve-se considerar a atitude de se orientar conforme uma percepção não distorcida e, por capacidade de querer, o poder de controle sobre os impulsos para o fim de agir, entendendo-se como livre a vontade quando o agente é capaz de exercitar poderes de inibição e controle.
30. COMPORTI, Marco. *Esposizione al pericolo...*, cit., p. 251-252. O autor fala expressamente em "possibilita etica e giuridica di collegare al soggeto l'azione da lui posta materialmente in essere", para a qual deve preexistir "all'indagine sulla colpevolezza dell'azione stessa".
31. Assim, dentre outros, DE CUPIS, Adriano. *Il Danno*, cit., p. 182-183, o que talvez se justifique no fato de partir o autor de uma concepção deveras tradicional da responsabilidade civil como um todo, o que se reflete na transposição dos pressupostos do regime geral da culpa para aquele de matriz objetiva. Não obstante tal referência aparente indicar que o condicionamento do dever de reparar danos à presença da imputabilidade, mesmo em situações de responsabilidade objetiva, possua um viés um tanto superado, é possível encontrar na doutrina hodierna quem defenda tal necessidade. Neste sentido, BARBOSA, Mafalda Miranda. *O papel da imputabilidade...*, cit., p. 532, para quem, além da conveniência de uma especial proteção ao inimputável, não é possível acolher um "pensamento de índole consequencialista" que se abre em demasia "à assunção de uma racionalidade de tipo economicista e deixe de lado a verdadeira intencionalidade jurídica". Tais ponderações, salvo melhor juízo, não se apresentam suficientes a elidir a construção dogmática que justifica o reconhecimento da irrelevância da imputabilidade, que vai muito além de ponderações associadas ao risco de empresa, como em seguida será analisado; quanto mais porque não se está de acordo com a premissa da qual parte a autora, p. 515, nota 63, no sentido de que o exercício livre e racional de uma atividade (o que poderia autorizar a relevância da imputabilidade) é sempre pressuposto de toda e qualquer situação de responsabilidade objetiva.
32. VISINTINI, Giovana. *Trattato...*, cit., p. 513.
33. ALPA, Guido. *La responsabilità...*, cit., p. 124.

conecta a um fato previsto em lei), o que tolhe a possibilidade de qualquer espécie de valoração acerca do estado subjetivo do agente[34]. Parece, contudo, que não se mostrar adequada a simples invocação da causalidade como fundamento para a irrelevância do pressuposto em questão, quanto mais porque já se teve oportunidade de discutir – e ainda se voltará ao tema a partir de outras perspectivas – que o simples liame de causa e efeito não basta sequer a justificar um regime de responsabilidade sem culpa.

Por isso, para além da causalidade, é a ausência de um comportamento humano a ser valorado que se apresenta como o permissivo à afirmação da irrelevância da imputabilidade ao surgimento do dever de reparar nas situações de responsabilidade objetiva. Ou seja, um pressuposto – mesmo se dotado de generalidade – somente assume relevância a partir de uma precisa avaliação de necessidade lógica e sistemática, de modo que tendo em vista que, nas situações de responsabilidade objetiva, identificado o agente responsável, o dever de indenizar advirá independentemente do questionamento acerca da sua conduta ou de um desvalor a ela atribuível, apresenta-se irrelevante a sua (in)capacidade de entender e de querer o fato do qual decorre o prejuízo[35].

Ao que se infere, o cerne do debate sobre a (ir)relevância do pressuposto em causa está justamente na (ir)relevância da conduta da qual decorre o dano. Considerando que, no plano da responsabilidade objetiva, o dever de indenizar torna-se atribuível ao agente não em razão da sua capacidade de entender e de querer o ato culposo que lhe dá causa, mas do preceito legal que, atento à condição da vítima, determina, naquela situação e tendo em cotejo o balanceamento entre os interesses envolvidos a partir do princípio geral da solidariedade, a sua reparação independentemente da concorrência culposa do lesante[36], é de se concluir no sentido da efetiva irrelevância da imputabilidade neste cenário[37].

---

34. GALLO, Paolo. *Istituzioni di Diritto Privato*. 2ed. Torino: Giappichelli, 2000, p. 708.
35. COMPORTI, Marco. *Esposizione al pericolo...*, cit., p. 252.
36. Seguindo esta mesma linha de interpretação, COMPORTI, Marco. *Esposizione al pericolo...*, cit., p. 254, nota 255, alude, mesmo que com alguma crítica, à construção erigida na doutrina alemã que, diante de tais considerações, permitiria falar-se não em uma responsabilidade subjetiva contraposta a outra de matriz objetiva, mas a uma responsabilidade de ação (*Handlung*) em paralelo a uma responsabilidade por ocorrência (*Zustand*), assumindo relevância a imputabilidade somente naquela, diante da valoração da conduta. A crítica do autor, com o que se concorda, está no fato de que existem situações de responsabilidade objetiva que levam em consideração uma ação ou uma conduta do agente, mesmo que elas não sejam valoradas para fins de imposição da obrigação de indenizar (ou ao menos que não se pressuponha um juízo de desvalor em relação a elas), não se podendo falar, por isso mesmo, em todas as situações, em uma mera "responsabilità per evento o accadimento".
37. Esta realidade, aliás, é idêntica nos países que fogem do âmbito comparativo da presente investigação, sendo digno, portanto, o registro. Seja na França e na Espanha ou mesmo na Alemanha e na Áustria, a existência de uma, em tese, situação de inimputabilidade (ou, leia-se, incapacidade) não basta a elidir o dever de reparar fundado em um regime de responsabilidade objetiva. Sobre o tema, RICCIO, Giovanni Maria. *L'imputabilità*, cit., p. 82-83.

Note-se que o reconhecimento desta irrelevância[38] representa um ponto de ruptura entre a pretensa estruturação de um regime geral de responsabilidade objetiva se comparado com o seu congênere de matriz subjetiva, verificando-se, deste modo, um argumento a mais a reforçar a tese no sentido da autonomia da valoração dos pressupostos.

1.2.2 A posição da jurisprudência

Mas, sem prejuízo do peso dos argumentos antes referidos, é de se registrar que a questão não é de todo pacífica na jurisprudência[39]. E, a propósito, não obstante não se tenha um pronunciamento amplo e definitivo sobre o tema, não é incomum verificarem-se decisões que vacilam na imposição de obrigação indenizatória a sujeitos tidos como inimputáveis, mesmo diante de um regime de responsabilidade objetiva.

Neste norte, a propósito, decidiu a Suprema Corte de Cassação italiana que mesmo o *Codice Civile* prevendo um regime de responsabilidade objetiva ao proprietário do automóvel pelos danos dele decorrentes, em sendo inimputável, carecedor, portanto, de capacidade de entender e de querer no momento do sinistro. Por isso, não haveria como se lhe impor a obrigação de reparar os danos que com a referida coisa guardassem relação de causalidade, independentemente do permissivo legal expresso (artigo 2.054, n. 3, do Código Civil), já que o pressuposto em causa seria inafastável a todas as situações de responsabilidade extracontratual[40].

A partir disso e especialmente tendo em conta os fundamentos referidos na aludida linha de decisão, cumpre observar que, com efeito, a imputabilidade pode, de maneira excepcional, por vezes entrar na valoração da formação do dever de reparar danos a partir de um regime geral de responsabilidade objetiva; isso, contudo, desde que por expressa previsão legal neste sentido. A este respeito, pode-se citar como exemplo a prova liberatória prevista na parte final do artigo 2.054 do Código Civil italiano, na parte em que afirma que a exoneração da responsabilidade será possível

---

38. A tese da irrelevância, nos termos em que ora preconizada, aparenta-se predominante na doutrina, especialmente italiana, que tem relegado maior atenção ao tema. Assim, dentre outros, TRIMARCHI, Pietro. *Rischio...*, cit., p. 38; COMPORTI, Marco. *Esposizione al pericolo...*, cit., p. 252; MONATERI, Pier Giuseppe. *La responsabilità civile*, cit., p. 263; VISINTINI, Giovanna. *Trattato...*, cit., p. 513; ALPA, Guido. *La responsabilità...*, cit., p. 124; GALLO, Paolo. *Istituzioni...*, cit., p. 708; DELLA ROCCA, P. Morozzo. *L'imputabilità*. In: CENDON, Paolo (a cura di). La Responsabilità Civile. Responsabilità Extracontrattuale. Torino: UTET, 1998, v. IX, p. 654. Na doutrina portuguesa, dentre outros, CORDEIRO, António Menezes. *Tratado...*, cit., v. II, t. III, p. 598.
39. Em verdade, é mais adequado destacar uma omissão da jurisprudência em enfrentar o tema do que propriamente uma posição uniforme a respeito. A importância do precedente que se analisa na sequência, contudo, justificou a opção por uma subdivisão em particular.
40. Segundo a Corte de Cassação, "[i]n tema di responsabilità per danni derivanti della circolazione stradale, il conducente la cui responsabilità civile se esclua, ai sensi dell'art. 2046 c.c., perché ritenuta incapace, senza colpa, di intendere e di volere nel momento del sinstro, non può essere considerato responsabili nei danni ove sai anche proprietario, del veiculo, ai sensi dell'art. 2054, 3º comma, c.c.". (ITALIA. Corte Suprema di Cassazione, sentenza n. 5.024, di 29 apr. 1993, in Responsabilità Civile e Previdenza, n. 472, 1994). Para maiores digressões sobre a decisão, com especial exame sobre os seus contornos fáticos, ver ROSSETTI, Marco. *La impuabilità...*, cit., p. 61.

se o proprietário provar que a condução se deu contra a sua vontade; assim, poderá o proprietário demonstrar que, por exemplo, a condução por terceiro deu-se a partir de estado de imputabilidade sua (transtorno psíquico involuntário e temporário, v.g.), estará isento de responsabilidade[41].

O aparente vacilo jurisprudencial ou mesmo as ponderações excepcionalmente feitas a partir de situações específicas, contudo, não têm o condão de afastar as premissas sobre as quais se funda a tese da irrelevância da valoração da inimputabilidade ao surgimento do dever de reparar danos a partir de um regime geral de responsabilidade objetiva. Ora, ao que se infere, a alegação de relevância da imputabilidade deve-se muito mais a reminiscências da hegemonia da culpa enquanto fundamento geral de responsabilidade extracontratual do que propriamente de uma necessidade do sistema.

Desta feita, tendo em vista que, consoante pontuado, a conduta afigura-se como elemento acidental na formação da obrigação advinda da *fattispecie* de responsabilidade em estudo, é notório concluir no sentido da irrelevância da capacidade do sujeito de entender e de querer a sua prática. Quanto mais porque, por isso, afigura-se igualmente irrelevante a sua culpabilidade[42], exsurgindo o dever pessoal de reparar danos a partir do próprio comando legal, desde que compatibilizado com a verificação da presença dos demais elementos formativos que lhe sejam pertinentes.

1.3 As soluções em matéria de inimputabilidade

Independente da aceitação de uma posição definitiva acerca da irrelevância do pressuposto em causa – não obstante se tenha convicção a respeito e sem prejuízo da importância das conclusões antes apresentadas no plano dogmático de aferição de um regime geral cujo estudo se propõe –, as demais disposições previstas nos sistemas sob comparação bem demonstram que, em última análise, do ponto de vista da efetiva tutela da vítima, a exclusão do dever de reparar a partir da verificação de uma situação concreta de imputabilidade resta de certo modo suprida[43].

---

41. MONATERI, Pier Giuseppe. *La responsabilità civile*, cit., p. 263.
42. Para uma complexa e bem estruturada relação entre imputabilidade e culpabilidade, ver MONATERI, Pier Giuseppe. *La responsabilità civile*, cit., p. 264-265. Segundo o autor, não obstante a conexão entre ambos os conceitos, a imputabilidade é mais do que pressuposto da culpabilidade, constituindo-se, em verdade, no limite de aplicação dos seus critérios de base. No mesmo sentido, assinalando a autonomia entre culpabilidade e imputabilidade, DELLA ROCCA, P. Morozzo. *L'imputabilità*, cit., p. 654.
43. Talvez a existência de tais preceitos, que se apresentam como responsáveis pela calibragem do sistema no sentido de compatibilizar a tutela do lesado com a proteção dispensada ao inimputável por meio da sua, em princípio, irresponsabilidade pessoal, seja uma das razões para que a discussão não tenha encontrado um campo mais fértil na jurisprudência e, assim, incentivado alguma omissão doutrinária no desenvolvimento do tema. Independentemente das soluções práticas à irresponsabilidade pessoal do inimputável, salvo em situações específicas, o que tem por objetivo a totalidade dos regimes de responsabilidade civil, seria uma omissão injustificável na estruturação ora em curso a supressão do exame acerca da problemática antes analisada.

E isso vem concretizado por meio dos preceitos que impõem uma responsabilidade agravada àqueles referidos pela lei (consoante já se teve oportunidade de analisar em item precedente) ou, na sua impossibilidade, o estabelecimento de uma indenização – mesmo que a partir de preceitos de equidade que podem torná-la não plena – pessoal ao próprio agente cuja capacidade de entender e de querer foi considerada ausente[44].

E, nesta linha, duas são as alternativas pensadas a respeito, as quais devem ser mesmo aplicadas na ordem em que se passa a expor: a primeira, consubstanciada na obrigação (agravada) de reparar danos que surge aos responsáveis indiretos pelos fatos praticados pelo inimputável (pais, tutores, curadores ou mesmo responsáveis transitórios, no caso de responsabilidade dos professores e dos estabelecimentos de ensino); a segunda, em decorrência de uma ineficácia da primeira, que se materializa na possibilidade de que o próprio agente inimputável venha a ser pessoalmente responsabilizado por reparar danos nos casos em que tal não tenha sido possível em relação àqueles que têm o dever de cuidado, vigilância e educação[45].

1.3.1 Responsabilidade indireta

Consoante analisado com maior profundidade em item precedente, os sistemas sob comparação preveem, em maior ou menor grau, regimes agravados de responsabilidade daqueles que possuem, mesmo que temporariamente, alguma obrigação de cuidado ou vigilância em relação aos agentes considerados inimputáveis.

Tal obrigação, inclusive, tendo em vista a preocupação com uma efetiva reparação da vítima, tende a transmutar-se (como visto, com alguma variação de amplitude), passando de um regime culposo clássico baseado na inobservância de um dever pessoal (mesmo que por culpa presumida) a um regime próximo da imputação objetiva (no Brasil esta opção é inequívoca). Nesta linha, no ponto que de momento interessa ao desenvolvimento da investigação, a ampla existência de normas neste sentido resta por suprir eventual afastamento da responsabilidade pessoal pela falta do pressuposto da imputabilidade[46].

---

44. Acerca do tema, ANTUNES, Henrique Sousa. *Responsabilidade civil dos obrigados à vigilância da pessoa naturalmente incapaz*. Lisboa: Universidade Católica Editora, 2000.
45. Assinalando esta dualidade de momentos, COMPORTI, Marco. *Esposizione al pericolo...*, cit., p. 56.
46. Esta é a posição sustentada por MONATERI, Per Giuseppe. *La responsabilità civile*, cit., p. 930, quando observa que o escopo da norma é exatamente a ampliação da reparação, pois ao contrário das situações em que um dos pressupostos está ausente, que faz atribuir à vítima o ônus de suportar o dano, a soma dos regimes de responsabilidade indireta e de responsabilidade subsidiária visa a, em última análise e sem prejuízo da possibilidade do estabelecimento de um vínculo obrigacional direto e pleno (reparação integral) diretamente com o lesante, viabilizar a composição do prejuízo causado. No mesmo sentido, aludindo a uma autêntica "ânsia de ressarcimento", PONZANELI, Giulio. *La responsabilià civile*. Profili di diritto comparato. Bologna: Il Mulino, 1992, p. 391. Não há dúvidas, contudo, que este regime parte do pressuposto de que a inimputabilidade exclui a responsabilidade pessoal plena, o que tende a não se materializar no campo da responsabilidade objetiva, no qual o referido pressuposto, como visto, não é condição ao surgimento do dever de indenizar.

Em particular, o regramento previsto no *Codice Civile* apresenta-se mais articulado do que os congêneres português e brasileiro, que regulam a matéria em dispositivo único (artigos 491 e 932, inciso I, respectivamente)[47]. Traz a previsão sob exame disposta em dois preceitos com âmbito de aplicação aparentemente coincidente, mas com espectros diferenciados: trata, por primeiro, da responsabilidade indireta pelos atos do agente reconhecido inimputável (artigo 2.047, com menor amplitude) e, após, de modo pontual, da responsabilidade atribuível aos genitores e preceptores pelos atos dos sujeitos correspondentes (artigo 2.048, com uma prova liberatória de âmbito restrito, ao menos a partir do mais atualizado entendimento jurisprudencial sobre o tema)[48].

O resultado prático, contudo, parece convergir nos três sistemas, qual seja, a garantia da atribuição de uma indenização à vítima por meio de responsabilidade indireta, o que resta por eclipsar o debate acerca da irrelevância da inimputabilidade em um regime de responsabilidade objetiva.

A diferença residirá no âmbito de aplicação da solução seguinte.

Note-se que, ao contrário da lei brasileira – que prevendo um autêntico regime de imputação objetiva, admite a liberação dos pais ou responsáveis apenas nas hipóteses de ruptura do nexo de causalidade que, por sua vez, terminaria por excluir a responsabilidade como um todo, mesmo do agente causador do dano –, os ordenamentos jurídicos italiano e português estabelecem regramentos que, em alguma medida, contemplam a possibilidade da produção de uma prova liberatória[49]. Nestas situações é que poderá mostrar-se relevante o segundo mecanismo predisposto, de caráter complementar, igualmente voltado à garantia de reparação à vítima.

1.3.2 Responsabilidade subsidiária

Haverá situações nas quais, ainda, mesmo diante do reconhecimento da sua inimputabilidade, poder-se-á observar o surgimento de uma obrigação indenizatória

---

47. O alcance das regras é, quiçá, mais ampliado, pois a responsabilidade indireta daquele a quem se incumbiu a vigilância sequer pressupõe a inimputabilidade em si, bastando a incapacidade natural; nesta situação, pode o sujeito submetido a vigilância ser considerado imputável e mesmo assim subsistir a responsabilidade indireta, respondendo, ambos, de modo solidário. Sobre o tema, LEITÃO, Luís Manuel Teles de Menezes. *Direito das Obrigações*, cit., p. 324.
48. O âmbito de aplicação de ambas as normas é individualizado do seguinte modo: se o menor é incapaz de entender e de querer (seja pela tenra idade, seja por um especial estado que o torne inimputável), aplicar-se-á a disciplina do artigo 2.047; se, contudo, não obstante em condições de entender e de querer, o sujeito não implementou a plena capacidade civil ao completar 18 anos, a sua responsabilidade ainda resta obstada pela menoridade, incidindo a regra do artigo 2.048. Sobre o tema, MONATERI, Pier Giuseppe. *La responsabilità civile*, cit., p. 929 e ss. Quanto aos limites da prova liberatória, contudo, dissente-se do referido autor, para quem as possibilidades são exatamente as mesmas, seja para a regra do artigo 2.047 ou do artigo 2.048.
49. Para um panorama com o debate acerca do alcance da prova liberatória em causa, a caracterizar um regime de responsabilidade por culpa presumida ou um regime de responsabilidade objetiva propriamente dita, seja no sistema jurídico italiano seja no português, limita-se a fazer alusão à abordagem desenvolvida no capítulo anterior, § 1º, item 2.2.2. Igualmente, com acurada síntese sobre o tema, MONATERI, Per Giuseppe. *La responsabilità civile*, cit., p. 931.

própria (e não de terceiro) relativamente aos danos a que o agente deu causa. Ditos casos, contudo, pela sua excepcionalidade, trazem em si requisito e característica bastante marcantes, que deverão ser observados para que se legitime o reconhecimento da irrelevância da ausência de imputabilidade ao dever de indenizar[50].

O primeiro requisito – e por isso mesmo o caráter dito subsidiário da responsabilidade – está materializado na demonstração da impossibilidade do lesado em obter reparação junto àqueles que, por responsabilidade indireta, estão obrigados a reparar os danos causados pelo inimputável. Esta impossibilidade pode decorrer não apenas do insucesso do pleito reparatório em razão da falta daqueles que são chamados a responder pelos atos do inimputável, de eventual prova liberatória da sua responsabilidade (quando admitida e desde que não relacionada à ruptura do nexo de causalidade) ou, ainda, da sua incapacidade financeira para suportar o pagamento da indenização[51].

E a característica que lhe marca – e decorre justamente da sua natureza excepcional e subsidiária – é o estabelecimento da extensão da reparação tendo por base preceitos de equidade que levem em conta, a partir de uma valoração judicial, a condição econômica das partes e os impactos do dano e da indenização em cada uma delas. Aqui, cumpre assinalar que, ao contrário do observado por parcela importante da doutrina[52], entende-se que a forma como estabelecido o arbitramento não significa que a reparação não possa ser integral; o que deve relevar é a obrigatoriedade da ponderação dos preceitos de equidade estipulados, fazendo com que, caso assim o recomendem, o montante indenizatório possa atingir valor correspondente à integralidade do dano sofrido.

Neste cenário, tendo em conta o aparente objetivo de especial atenção à figura do lesado que está subjacente a todo e qualquer regime de responsabilidade objetiva, a conclusão parece convergir com o sentimento intuitivo inicialmente posto, qual seja, o de que, ao cabo, a vítima restará indenizada (por via indireta ou direta

---

50. A este respeito, tem razão COMPORTI, Marco. *Esposizione al pericolo...*, cit., p. 238-240, quando afirma que, em se configurando tal hipótese, estar-se-á diante de uma genuína situação de responsabilidade objetiva, já que caracterizado o surgimento de um dever de indenizar (mesmo que com indenização arbitrada tendo em conta preceitos de equidade) com ausência de culpa (se não há imputabilidade, não há culpabilidade). E a questão assim se apresenta passível de decisão porque, como assinala MONATERI, Pier Giuseppe. *La responsabilità civile*, cit., p. 942, "[l]a natura dell'instituto si coglie meglio in termini di protezione del terzo che di responsabilità dell'incapace".
51. VISINTINI, Giovanna. *Trattato...*, cit., p. 512. A propósito, cita a autora julgamento da Corte de Cassação italiana no qual foi reconhecida a responsabilidade subsidiária do inimputável (caso de incapacidade mental transitória) diante da impossibilidade de que sua esposa fosse reconhecida, naquela situação, como detentora da qualificação de responsável pela sua vigilância. Cita também decisão do Tribunal de Brindisi na qual também restou reconhecida a responsabilidade subsidiária em razão da exclusão da condição de responsável do empregador que, quando da contratação, havia tratado com pessoa plenamente capaz.
52. Sobre o tema, COMPORTI, Marco. *Esposizione al pericolo...*, it., p. 237. O autor sustenta, inclusive, que a estimativa equânime do *quantum debeatur* descaracteriza a sua real natureza reparatória, sendo preferível nominar a prestação respectiva de *"indenità"*.

excepcional), seja ou não relevante a imputabilidade para o regime geral de responsabilidade objetiva.

Não há, contudo, como deixar de considerar que a excepcionalidade da indenização por equidade na ausência de imputabilidade pode bem permitir uma reparação parcial. Daí que, com o intuito de reforçar o intento primordial da responsabilidade objetiva, que é dar maior relevo à posição do lesado, deve ser considerado o argumento que assinala a irrelevância do pressuposto sob exame, em um regime geral nos moldes que se está a teorizar, diante da sua conexão genética com a noção de culpabilidade, que inegavelmente se mostra irrelevante ao surgimento da respectiva obrigação de reparar danos[53].

2. A ILICITUDE

Nos termos do que sucede com a imputabilidade, também um pressuposto associado à noção de ilicitude – porquanto estruturalmente relacionado à conduta em si e não ao dano – apresenta-se moldado a partir de um regime geral em que a aferição da culpa afigurava-se imprescindível.

A este respeito, não há dúvidas que a origem do conceito em causa – ou especialmente da sua congênere *antijuridicidade* – pode ser encontrada na doutrina penalística, em razão de uma evidente necessidade sua de dar resposta ao crime enquanto ação humana praticada pelo agente com dolo ou culpa (*nullum crimen sine culpa*)[54]. Foi, por conseguinte, transposta à responsabilidade civil em um momento no qual, mesmo já se tendo verificada a separação entre os institutos, ainda prevalecia uma ideia de resposta sancionatória ao ato ilícito por meio da obrigação de reparar danos (indenização enquanto sanção ao ato ilícito).

Daí a necessidade de se ter em conta este antecedente a fim de que, a partir disso, se possa avaliar a conveniência do condicionamento de um regime geral de responsabilidade objetiva à verificação de dito pressuposto, ao menos nos termos em que originalmente estruturado e sem prejuízo dos diversos e intrincados desdobramentos que a matéria traz ínsita em si[55].

Para que seja viável este intento, cumpre desde logo demarcar o conteúdo dos conceitos envolvidos e, por isso, subjacentes ao debate, quanto mais tendo em conta que os sistemas jurídicos sob comparação empregam designações aparentemente

---

53. Em decorrência desta possibilidade é que, no interesse do lesado, seria útil a invocação da irrelevância da imputabilidade, com o intuito de, à vista da possibilidade de uma indenização não integral, buscar-se a reparação plena e direta a partir de um regime de responsabilidade objetiva.
54. A temática vem bem desenvolvida em BARCELLONA, Mario. *La responsabilità extracontrattuale. Danno ingiusto e danno non patrimoniale*. Tornio: UTET, 2011, p. 05 e ss.
55. Não há dúvidas de que a ilicitude, consoante costuma ser lembrado pela doutrina, é um conceito jurídico complexo que, por isso, deve ser visto na sua plenitude e não por meio de noções parciais ou reducionistas; assim, BARBOSA, Mafalda Miranda. *O papel da imputabilidade...*, cit., p. 512.

diversificadas para tratar do tema, oscilando entre a divergência semântica e a convergência dogmática.

2.1 Ilicitude, antijuridicidade e injustiça

Quando da estruturação clássica do conceito de ato ilícito civil, comumente verifica-se na doutrina dita tradicional uma referência acerca da dualidade dos seus elementos integrativos, que vem materializada por uma faceta de matriz objetiva, de regra associada à violação de um dever preexistente[56], e por outra de viés subjetivo, assim considerada enquanto juízo de reprovabilidade que se projeta em relação à conduta[57]. A primeira vem corporizado pela ilicitude ou antijuridicidade e, a segunda, pela culpa, sendo inegável reconhecer que subjaz neste arquétipo uma impostação dogmática estruturada a partir da ideia de vontade enquanto elemento norteador da teoria das obrigações como um todo, ao menos na sua acepção oitocentista[58].

Esta é a linha de explanação mais frequente[59] em um regime geral de imputação subjetiva de feição tradicional[60], fazendo com que, na sua presença, em conjunto com o dano, o nexo de causalidade e a imputabilidade, surja o dever de reparação. Ocorre que os elementos antes ditos objetivo (ilicitude/antijuridicidade) e subjetivo

---

56. Dita noção clássica partia do pressuposto de que ninguém poderia ser responsável por atos praticados sem que tal implicasse na violação de uma obrigação preexistente, tudo a partir de um princípio garantístico cuja representação, na esfera penal, vinha manifestada no brocardo *nullum crimen sine lege*. Sobre o tema, BARCELLONA, Mario. *La responsabilità extracontrattuale*, cit., p. 05. Em igual sentido, assinalando a identidade entre ilicitude e a violação de um dever jurídico, dentre outros, MARTINEZ, Pedro Romano. *Direito das Obrigações*. Apontamentos. 2 ed. Lisboa: AAFDL, 2004, p. 104; COSTA, Mário Júlio de Almeida. *Direito das Obrigações*. 11ed. Coimbra: Almedina, 2008, p. 561.
57. SCOGNAMIGLIO, Renato. *Responsabilità...*, cit., p. 14. Nas palavras do autor, "[l]'idea di illecito, nella sua comune accezione, puo riferirsi a qualsiasi fatto che costituisce la trasgressione ad una regola, e diviene cosi l'oggetto della parte sua di um giudizio di riprovazione, e correlativamente di una reazione adequata".
58. Ocorre que, na responsabilidade civil extracontratual, nem sempre a vontade é elemento central, pois, especialmente nos casos submetidos a um regime de responsabilidade objetiva, por vezes sequer existirá uma própria ação, pois basta a imputação de um evento a determinado sujeito para o surgimento da obrigação de reparar danos. Daí a inegável conclusão de que a estrutura elaborada pelo sistema geral de responsabilidade tem em si reminiscências do regime exclusivo da culpa, impondo a sua compatibilização para fins de estruturação de um regime geral de responsabilidade por danos a partir de critérios variados de imputação. Sobre o tema, FRANZONI, Massimo. *Trattato della Responsabilità Civile*. Milano: Griuffrè, 2004, t. I, p. 29-32.
59. Há quem sustente, em sentido diverso, que a ilicitude é pressuposto do ato ilícito, sendo a culpa e o dano os seus elementos constitutivos. Neste sentido, GOMES, Orlando. *Responsabilidade Civil*, cit., p. 62-63. Sobre o tema, salvo melhor juízo, apresenta-se preferível a sistematização antes adotada, no sentido de se dissecar o ato ilícito em elementos objetivo (ilicitude) e subjetivo (culpa), relegando o dano a valoração posterior e autônoma, quanto mais porque, ao contrário do ato ilícito, que assume relevância apenas nas situações de responsabilidade subjetiva, este é elemento essencial da responsabilidade civil como um todo, sendo o verdadeiro elemento de conexão entre os regimes subjetivo e objetivo.
60. A matéria, por ser apenas reflexa, não comporta um exame exaustivo no presente momento. Sobre o tema, com grande aprofundamento e, inclusive, outras acepções sobre a proposição em causa, empregando, para tanto, a expressão latina *iniuria* ao invés de antijuridicidade, e se referindo à sua dupla acepção, subjetiva e objetiva, esta como expressão da culpa, ver por todos CHIRONI, Gian Pietro. *La colpa nel diritto civile odierno*. Colpa extracontrattuale. Napoli: Edizioni Schientifiche Italiane, 2012, v. I, ristampa, p. 68-70 e 74-80.

(culpa), integrantes do ato ilícito enquanto unidade conceitual, sofreram paulatinas mutações no curso da sua evolução, partindo de uma conotação inicial tendencialmente subjetiva (ambos os elementos) em direção a uma crescente objetivação[61].

Para viabilizar o exame do pressuposto em causa, portanto, cumpre partir das acepções tradicionais para, na sequência, confrontar o seu conteúdo com a ideia de injustiça do dano, criação inegavelmente italiana em matéria de responsabilidade civil e, de algum modo, transgressora da tradição da ilicitude enquanto pressuposto autônomo da imputação civil[62].

2.1.1 A convergência teórica entre as designações "ilicitude" e "antijuridicidade"

Como dito precedentemente, não há dúvidas de que o conceito de antijuridicidade[63] – designação mais elaborada e mais empregada na gênese da conceituação se comparada às demais possíveis – foi construído pela doutrina penalística, especialmente alemã, tendo em consideração as necessidades próprias do direito penal enquanto reação ao delito[64]. Tal noção restou por ser incorporada pela doutrina civilística na estruturação da teoria da responsabilidade por atos ilícitos, ambas comungando, de algum modo, o ideário sancionatório associado à resposta ao delito, seja ele penal ou civil.

Assim, em linhas gerais, é possível encontrar uma definição envolvente do conteúdo de ato ilícito por meio da presença de uma antijuridicidade já antes dita subjetiva, que se entende como a característica do ato humano de se apresentar enquanto uma transgressão a um preceito jurídico, e outra objetiva, assim entendida como a contrariedade ao direito que decorre do ato praticado (contrariedade do ato contra o direito)[65]. A partir das mesmas premissas, fala-se, ainda, em uma antijuridicidade

---

61. Em verdade, ainda hoje é vivo o debate na doutrina sobre a pertinência da consideração de um elemento de cunho subjetivo na estrutura da ilicitude, a interferir na sua natureza jurídica. Sobre o tema, especialmente com relevo para o debate na doutrina alemã acerca dos elementos da ilicitude, ver CORDEIRO, António Menezes. *Tratado...*, cit., v. II, t. III, p. 456-457.
62. Não se desconsidera que, no paradigma francês do *Code Civil*, a ilicitude não recebia tratamento autônomo, restando abarcada pela noção jurídica de *faute*. Todavia, também não há dúvida de que a referência à injustiça do dano é uma criação do *Codice* de 1942 e representa certa inovação (seja partindo do paradigma francês, seja do alemão), porquanto, até aquele momento, era mais usual a ausência de referência expressa ao elemento objetivo do ato ilícito ou, quando feita, por meio dos conceitos provenientes da dogmática penal. A forma como tal foi feito, contudo, não é consenso nem mesmo na doutrina italiana. Para uma crítica acerca do emprego do adjetivo *ingiusto*, ver SACCO, Rodolfo; ROSSI, Piercarlo. *Introduzione al Diritto Comparato*. 6ed. Torino: UTET, 2015, p. 100-101, para quem a designação associada ao dano – que, por força do artigo 2.043, pretende-se ressarcível – constitui uma ideia vaga e, por isso, quase filosófica.
63. A expressão aparenta encontrar origem na designação romana *iniuria* e nos seus desenvolvimentos posteriores, especialmente na sua demarcação conceitual enquanto violação de um direito de outrem. Assim, CHIRONI, Gian Pietro. *La colpa...*, cit., p. 68.
64. CHIRONI, Gian Pietro. *La colpa...*, cit., p. 74-76. Sobre o tema, as observações de COMPORTI, Marco. *Esposisione al pericolo...*, cit., p. 240, nota 198.
65. SCOGNAMIGLIO, Renato. *Responsabilità...*, cit., p. 16. A primeira se diz subjetiva, pois leva em conta apenas o ato humano – por ser dotado de consciência e vontade – enquanto destinatário da normal que restou

entendida em sentido formal, correspondente ao perfil da transgressão do preceito normativo, e outra em sentido material, referenciada pela contraposição entre os fatos em concreto e os valores protegidos pela norma[66].

Ocorre que, sem prejuízo da incorporação de tais desenvolvimentos na teoria da responsabilidade por ato ilícito, alguma controvérsia pode advir da constatação de que, na doutrina civilística hodierna, a referência à antijuridicidade tende a perder espaço para o conceito de ilicitude. E este fenômeno é especialmente perceptível em sistemas jurídicos que bem individuam o pressuposto com autonomia, dentre eles o português, quanto mais considerando a disposição contida no artigo 483[67] do seu vigente Código Civil.

Um problema que decorre desta substituição está relacionado à proximidade terminológica entre as designações ilicitude e ato ilícito, ambas por certo decorrentes da expressão latina *iniuria*, o que pode gerar alguma imprecisão conceitual. Nesta linha, é essencial esclarecer que os institutos são diversos, já que a ilicitude, ao lado da culpa, constitui um dos elementos integrativos do ato ilícito, noção jurídica complexa que tende a ser reconhecida, ainda, como o cerne do regime geral de responsabilidade civil subjetiva[68].

Por isso a perda de centralidade por parte da culpa, que deixa de ser fundamento para assumir as vezes de critério de imputação (dentre outros possíveis), deve ser aqui bem compreendida. Tal implica em uma mudança do objetivo principal da responsabilidade civil, que deixa de ter o fim precípuo de dar uma resposta sancionatória ao lesante; altera-se, com isso, o epicentro do instituto, o qual migra da pessoa do autor do fato dito ilícito para o sujeito que sofre o dano assim entendido enquanto lesão a interesse digno de tutela[69].

---

violada; já a segunda leva em conta todo e qualquer fato disciplinado pelo direito que, por esta razão, pode submeter-se a um juízo de (des)conformidade com o modelo legal. Igualmente, assinalando a duplicidade de elementos, não obstante aluda à ilicitude e não à antijuridicidade, CORDEIRO, António Menezes. *Tratado...*, cit., v. II, t. III, p. 456.
66. SCOGNAMIGLIO, Renato. *Responsabilità...*, cit., p. 17.
67. "Artigo 483º. Princípio geral. 1. Aquele que, com dolo ou mera culpa, violar *ilicitamente* o direito de outrem ou qualquer disposição legal destinada a proteger interesses alheios fica obrigado a indenizar o lesado pelos danos resultantes da violação". O Código Civil brasileiro, no seu artigo 186, limita-se a estabelecer que "[a]quele que, por ação ou omissão voluntária, negligência ou imprudência, *violar direitos* e causar dano a outrem, ainda que exclusivamente moral, comete ato ilícito". Não obstante o preceito legal, ao contrário do português, não faça menção expressa à ilicitude, tal costuma ser depreendido da referência à violação de direitos; sem prejuízo de que esta noção possa, de igual modo, ser igualmente associada ao conceito de antijuridicidade, deve-se reconhecer que a expressão ilicitude é mais usual, não obstante deva-se reconhecer que não merece a mesma autonomia e atenção dogmática que lhe é dispensada em Portugal.
68. Em verdade, é corriqueira não só a confusão conceitual entre ato ilícito e ilicitude, mas também entre ato ilícito e culpa, quando, em verdade, consoante explicitado, ambos (ilicitude e culpa) são elementos integrantes e imprescindíveis à caracterização daquele. Assim, DIAS, José de Aguiar. *Da responsabilidade civil*, cit., p. 477.
69. FRANZONI, Massimo. *Trattato...*, cit., p. 40. Especialmente tendo em conta a experiência italiana, que se mostrará muito profícua ao estabelecimento de um regime geral de responsabilidade civil objetiva, o filtro de seleção dos interesses dignos de tutela e, por isso, dos danos a serem ressarcidos, deixa de ser o ato ilícito

Nesta linha, é possível concluir que o significado do conceito de ilicitude não passa de uma síntese para indicar a qualidade requerida pela lei para todos os fatos produtivos de danos ressarcíveis no sistema de responsabilidade civil. E está associado justamente com a fase do juízo de imputação que analisa uma qualidade específica do fato[70], que se distingue, portanto, do dano, sendo considerado em uma etapa sucessiva na qual serão estimadas e liquidadas as consequências prejudiciais da conduta que se constitui em fonte deste dano e estará a ele ligada pelo nexo de causalidade[71].

Pelas digressões até aqui postas, é possível desde já assinalar que sem prejuízo de um largo acolhimento da designação ilicitude por parte da doutrina (especialmente, como dito, nos sistemas jurídicos em que a lei também lança mão desta expressão), não raro é frequente encontrar referência ao termo antijuridicidade também para aludir à mesma contrariedade à ordem jurídica. Daí a pertinência da aferição da real identidade entre o conteúdo de ambas as expressões.

Sem prejuízo da relevância das teorizações sedimentadas na ciência penalística e transpostas pelas primeiras acepções recebidas/desenvolvidas pela responsabilidade civil, a antijuridicidade pode ser entendida – em termos alargados e no ponto em que precisamente interessa à investigação – enquanto deformidade do fato em relação ao direito; já a ilicitude, enquanto violação de uma regra que comporta uma reação por parte do ordenamento jurídico. Diante disso, verificando-se a existência de um conteúdo essencial comum entre ambos os conceitos, que se materializa na noção de contrariedade do fato ao direito, pelo que podem ser (e corriqueiramente são) empregados como sinônimos[72].

---

integrado pela culpa e passa a ser o dano injusto, cujo conteúdo é, como se verá, mais amplo inclusive que a antijuridicidade/ilicitude.

70. Algum debate já se estabeleceu em doutrina acerca do objeto do juízo de desconformidade que se materializa por meio da ilicitude/antijuridicidade: se relativo à conduta (a fato em si) ou ao dano propriamente dito. O tema comportou alguma oscilação – tal qual aquela verificada acerca da relevância da culpa –, partindo-se do desvalor do resultado (*Erfolgsunrecht*) até a suposta uniformização de entendimento no sentido da relevância do desvalor da conduta (*Verhaltensunrecht*); a respeito, ver a síntese posta em LEITÃO, Manuel Teles de Menezes. *Direito das Obrigações*, cit., p. 291-292, e os consistentes aprofundamentos – com especial destaque à doutrina alemã – de BARBOSA, Mafalda Miranda. *Estudos a propósito da responsabilidade objetiva*. Cascais: Principia, 2014, p. 62-75. Também sobre o tema, VICENTE, Dário Moura. *Direito Comparado*, cit., p. 418. A justificativa dogmática para tanto, a partir de uma visão da responsabilidade civil ainda bastante atrelada à noção de resposta ao delito e, por isso, um tanto sujeita a influências da doutrina penalística (para a qual a conduta está no centro da valoração jurídica), estaria no acolhimento da teoria finalista em matéria de ilícito civil. Neste sentido, ASCENSÃO, José de Oliveira. *A teoria finalista e o ilícito civil*. Revista da Faculdade de Direito da Universidade de Lisboa, Lisboa, v. 27, p. 09-28, 1986; ainda, FARIA, Jorge Ribeiro de. *Algumas notas sobre o finalismo no Direito Civil*. Boletim da Faculdade de Direito, Coimbra, v. LXIX, p. 71-160, 1993, e v. LXX, p. 133-219, 1994 (continuação). A dúvida está em saber se a clássica conformação de responsabilidade civil que justificaria a adoção irrestrita do finalismo ainda é atual e útil às funções que hoje são esperadas do instituto, especialmente tendo em conta a perda de centralidade da figura do delito (ato ilícito), que vai assumida pelo dano juridicamente relevante; por isso mesmo que, como destaca CORDEIRO, António Menezes. *Tratado...*, cit., v. II, t. III, p. 438, "a doutrina mais recente apela para uma solução de meio termo". Ter-se-á a oportunidade de retornar ao tema.
71. FRANZONI, Massimo. *Trattato...*, cit., p. 40-41.
72. FRANZONI, Massimo. *Trattato...*, cit., p. 36, nota 14. Pela maior abrangência do seu conteúdo, afigura-se quiçá mais adequada a síntese que se materializa na noção de "infração à lei que decorre da violação de um

Até porque – e sem prejuízo de eventuais dissensos dogmáticos quanto ao conteúdo de cada um dos conceitos cuja possível pertinência em um dado contexto não se nega –, especificamente no que interessa à investigação, serve compreender, e por isso cumpre enfatizar, que o objeto de valoração de ambas as expressões é a conduta do agente. Conduta esta que, de regra, em sendo considerada ilícita por decorrer da violação de direito de outrem (em uma acepção restritiva), será submetida a um novo juízo de valor para fins de verificação da sua reprovabilidade (moral e social) e, em caso positivo, dizer-se culposa, para fim de caracterizar, ambas em conjunto, o denominado ato ilícito civil[73].

Daí porque, diga-se uma vez mais, é possível concluir, no que concerne à responsabilidade civil, no sentido de uma identidade conceitual – e, mais do que isso, funcional – entre ilicitude e antijuridicidade, ambas as designações a representar a ideia de contrariedade ao direito por parte da conduta danosa.

2.1.2 O conteúdo atual do pressuposto da ilicitude/antijuridicidade

Identificado que a ideia de contrariedade ao direito está ínsita, de um modo geral, às noções de antijuridicidade ou de ilicitude[74], a dificuldade na gestão do pressuposto passa a residir na delimitação do conteúdo desta contrariedade, devendo-se ter presente como premissa para tanto que a flutuação dos valores sociais no tempo e no espaço implica numa justificável alteração dos seus contornos substanciais no correspondente paradigma jurídico-dogmático[75].

Por isso é que a amplitude do conceito em causa tende a sofrer paulatino alargamento, justamente como resposta a uma majoração da necessidade de tutela do indivíduo e da sua vida de relação, o que se reflete não apenas nas concepções estruturadas pela doutrina ou reconhecidas pela jurisprudência, mas no próprio campo legislativo. Neste particular, a experiência jurídica portuguesa em muito pode contribuir com ao estudo do tema, seja porque a sua doutrina tem relegado maior atenção ao pressuposto da ilicitude do que as demais em questão, seja pela própria preciosidade desta oscilação na sua vivência jurídica[76].

---

dever jurídico", a qual representa a mesma contrariedade do fato ao direito antes aludida; assim, dentre outros, MARTINEZ, Pedro Romano. *Direito das Obrigações*, cit., p. 104.

73. FRANZONI, Massimo. *Trattato...*, cit., p. 37.
74. Contrariedade ao direito que pressupõe sempre a violação de uma norma de conduta, a qual poderá estar precisamente descrita (escrita ou não) ou decorrer do reconhecimento pela ordem vigente de direitos subjetivos dotados de eficácia *erga omnes*. Assim, MONTEIRO, Jorge Sinde. *Responsabilidade por Conselhos, Recomendações ou Informações*. Coimbra: Almedina, 1989, p. 176.
75. JORGE, Fernando Pessoa. *Ensaio sobre os pressupostos da responsabilidade civil*. Coimbra: Almedina, 1995, reimpressão, p. 61.
76. Como dito precedentemente, dos sistemas sob comparação não há dúvidas de que o português é aquele que apresenta maior afeição ao desenvolvimento do pressuposto da ilicitude, o que aparenta decorrer não só de reminiscências dos reflexos penalísticos na doutrina da responsabilidade civil, mas também de uma exacerbada germanização da sua experiência jurídica. No sistema jurídico brasileiro, a temática tem recebido um tratamento bastante negligente, seja pela doutrina, seja pela própria letra do Código Civil, como mais acuradamente se verá adiante. Já no sistema italiano, o que também será tratado em item próprio, a discussão

No âmbito comparatístico proposto, a variação que se quer demonstrar é verificável na forma como a matéria veio tratada nos Códigos Civis portugueses de 1867 e de 1967. Ao passo em que aquele identificava a ilicitude apenas como violação de direitos propriamente ditos[77], este passou a concebê-la já de um modo mais alargado, permitindo, por força da expressa letra do vigente artigo 483[78], a sua caracterização também enquanto violação de disposição legal destinada a proteger interesses alheios[79] [80].

A variação que se constata na letra da lei portuguesa bem reflete e sintetiza o debate sobre o alcance do conteúdo do conceito jurídico em causa, realidade esta verificável – de uma maneira particular, mas de igual sorte semelhante – nas três ordens jurídicas sob comparação. E tudo diante de um notório reclamo de ampliação do espectro da responsabilidade civil para além da tutela da violação de direitos

---

sobre o alcance – e mesmo sobre a relevância – do pressuposto em comento ficou muito comprometida pela instituição do regime do dano injusto pelo Código Civil de 1942, o que somente se acentua considerando que o Diploma de 1865, de inspiração francesa, não dispensava a devida autonomia à noção jurídica de ilicitude.

77. Consoante regra expressa do seu artigo 2.361, "todo aquele que viola ou ofende os direitos de outrem, constitui-se na obrigação de indenizar o lesado".

78. Mais uma vez, é conveniente a citação da letra da lei, a fim de facilitar a compreensão do que se pretende explicitar: "Artigo 483º. Princípio geral. 1. Aquele que, com dolo ou mera culpa, violar ilicitamente o direito de outrem ou qualquer disposição legal destinada a proteger interesses alheios fica obrigado a indemnizar o lesado pelos danos resultantes da violação".

79. Tal situação vem explicitada pela doutrina enquanto "ofensa de deveres impostos por lei que vise a defesa de interesses particulares, mas sem que confira, correspectivamente, quaisquer direitos subjetivos"; assim, COSTA, Mário Júlio de Almeida. *Direito das Obrigações*, cit., p. 488. Igualmente acerca do tema, em perspectiva comparatista, VICENTE, Dário Moura. *Direito Comparado*, cit., p. 419-422.

80. Cumpre esclarecer que, no sistema jurídico português atual, de tendencial inspiração germânica, não obstante a violação de direitos ou de normas destinadas a proteger interesses jurídicos alheios constituam as hipóteses gerais de verificação da ilicitude no campo da responsabilidade civil, é possível falar ainda na existência de situações outras que não se enquadrariam, ao menos em tese e partindo de uma conformação dogmática mais rígida, nesta previsão básica. São, portanto, ditas especiais, a saber: a ofensa ao crédito ou ao bom nome, a prestação de conselhos, recomendações ou informações e as omissões. Estão previstas, respectivamente, nos artigos 484, 485 e 486 do Código Civil de 1967. A justificativa para tanto – contrariamente do que ocorre, por exemplo, nas experiências jurídicas italiana e brasileira, ditas menos atentas à tipicidade – está na existência de uma pretensa especificidade que, portanto, demandaria regulamentação própria. Sobre o tema, COSTA, Mário Júlio de Almeida. *Noções de Direito Civil*. 3ed. Coimbra: Almedina, 1991, p. 105-106. Igualmente, falando em "delitos específicos", CORDEIRO, António Menezes. *Tratado...*, cit., v. II, t. III, p. 454. Também, com alusão aos "tipos delituais específicos", LEITÃO, Luis Manuel Teles de Menezes. *Direito das Obrigações*, cit., p. 298. Da mesma forma, o abuso de direito constitui-se em modo alternativo de ilicitude da conduta do agente apto a gerar dever de indenizar – o qual vem previsto, respectivamente, nos artigos 334 e 187 dos Códigos Civis português e brasileiro – e assim entendido como verdadeiro "exercício anormal do direito próprio" pelo fato de decorrer da violação de uma "afectação substancial, funcional ou teleológica"; neste particular, VARELA, João de Matos Antunes. *Das obrigações...*, cit., p. 542. Não se trata, contudo, de uma norma específica/exclusiva de responsabilidade civil, mas de preceito geral tendente a conformar todo o ordenamento no que tange ao exercício dos direitos e, em caso de inadequação, acarretar o surgimento de um dever de reparar danos advindos desta ilicitude. Sobre o tema, é obrigatória, pela sua influência na doutrina subsequentemente desenvolvida em língua portuguesa, a citação de CORDEIRO, António Menezes. *Da boa fé no direito civil*. 3reimp. Coimbra: Almedina, 2007, p. 661 e ss.; sem prejuízo, dentre tantas outras referências possíveis, mas com particular interesse pela parcial identidade quanto à abordagem comparatista ora proposta, MARTINS-COSTA, Judith. *A contribuição do Código Civil português ao Código Civil brasileiro e o abuso de direito*: um caso exemplar de transversalidade cultural. *Themis*: Revista da Faculdade de Direito da Universidade Nova de Lisboa, Lisboa, edição especial, 2008, p. 107-128.

absolutos, com o fim de abarcar hipóteses em que mesmo não se configurando dita categoria jurídica, a vítima vê-se lesada em interesses jurídicos seus que são objeto de proteção legal, desde que isso seja feito de forma direta e não só reflexamente e que a lesão se efetive no próprio bem jurídico ou em interesse privado objeto daquela proteção[81].

Não obstante esta necessidade de ampliação, que inegavelmente pressupunha uma maior flexibilidade da associação entre a ideia de ilicitude e o condicionamento à verificação de uma rigorosa violação de direitos, é de se concluir que o sistema português vigente o fez, mas com alguma cautela, pois não obstante contenha preceito consideravelmente amplo (artigo 483), relegou-lhe interpretação mais restrita, que tende a se conjugar com as figuras típicas previstas nos seus artigos 484, 485 e 486[82], os quais contemplam situações que poderiam ser dedutíveis a partir do conceito geral de ilicitude previsto em uma autêntica cláusula geral[83]. Daí porque ser usual falar na referência ao paradigma alemão[84] que, mesmo a partir de regras de tipicidade da ilicitude, também já se mostra um tanto flexibilizado nos dias atuais.

---

81. COSTA, Mário Júlio de Almeida. *Direito das Obrigações*, cit., p. 489. Tal restritividade pode ser verificada com uma tônica mais acentuada no direito português, o que bem se manifesta em uma temática reflexa, mas conexa, qual seja, aquela concernente à ilicitude em decorrência da violação de normas de proteção. A este respeito, não obstante reflita uma visão bastante germanizada da problemática, FRADA, Manuel A. Carneiro da. *Contrato e Deveres de Protecção*. Coimbra: Coimbra, 1994, p. 162 e ss.; igualmente, LEITÃO, Adelaide Menezes. *Normas de protecção e danos puramente patrimoniais*. Coimbra: Almedina, 2009, p. 617 e ss.
82. Artigo 484º (Ofensa do crédito ou do bom nome) Quem afirmar ou difundir um facto capaz de prejudicar o crédito ou o bom nome de qualquer pessoa, singular ou colectiva, responde pelos danos causados. Artigo 485º (Conselhos, recomendações ou informações) 1. Os simples conselhos, recomendações ou informações não responsabilizam quem os dá, ainda que haja negligência da sua parte. 2. A obrigação de indemnizar existe, porém, quando se tenha assumido a responsabilidade pelos danos, quando havia o dever jurídico de dar conselho, recomendação ou informação e se tenha procedido com negligência ou intenção de prejudicar, ou quando o procedimento do agente constitua facto punível. Artigo 486º (Omissões) As simples omissões dão lugar à obrigação de reparar os danos, quando, independentemente dos outros requisitos legais, havia, por força da lei ou do negócio jurídico, o dever de praticar o acto omitido. Tratando das modalidades de ilicitude em questão, especialmente com um confronto entre as regras dos artigos 484 e 485, ver MATOS, Filipe Albuquerque de. *Responsabilidade civil por ofensa ao crédito ou ao bom nome*. Almedina: Coimbra: 2011.
83. Tal qual feito, aliás, no sistema italiano, por força da interpretação da regra do artigo 2.043 Código Civil de 1942, de contornos bastante abrangentes (não obstante ainda em menor grau do que o verificado no sistema francês). Assim, a vagueza do termo "dano injusto", como adiante se verá, concedeu à doutrina e à jurisprudência papel muito mais relevante na sedimentação da amplitude do conceito em exame. Para uma referência inicial sobre o tema e sem prejuízo do exame que se seguirá, ver CASTRONOVO, Carlo. *La responsabilità civile. Esperienze europee a confronto*. In: AAVV. I Cento Anni del Codice Civile Tedesco in Germania e nella Cultura Giuridica Italiana. Padova: CEDAM, 2002, p. 396 e ss.
84. Do ponto de vista comparatístico, é possível antever que a afeição ao modelo germânico talvez seja mais da doutrina do que propriamente da letra da lei (não obstante seja notório reconhecer a influência alemã sobre os trabalhos preparatórios de Vaz Serra), isso em razão da relativa amplitude da regra do já citado artigo 483 do Código de 1967. Tal se conclui porque mesmo os seus termos sendo amplos e mesmo nele constando uma referência um tanto elástica ("qualquer disposição legal destinada a proteger interesses alheios"), que poderia ter recebido uma interpretação mais extensiva, tal qual feito com a conformação italiana do conceito de dano injusto, a doutrina persiste em falar na descrição de tipos de fato determinados do ilícito relevante para fins de responsabilidade civil, assim entendidos enquanto genuínos delitos; neste sentido, FARIA Jorge Ribeiro de. *Direito das Obrigações*. Coimbra: Almedina, 1990, v. I, p. 418. No mesmo

O certo é que, de um modo menos ou mais próximo de um modelo de ilicitude típica, o sistema jurídico português não está alheio às necessidades de ampliação do alcance da responsabilidade civil por intermédio do alargamento do espectro da ilicitude enquanto pressuposto da imputação civil, fazendo-o, contudo, de um modo mais dogmático (*rectius*, por meio de construções teóricas mais desenvolvidas, bem ao gosto germânico) e menos suscetível da concretização por intermédio da criação judicial.

No direito brasileiro, a questão parece estar posta em sentido inverso quando comparadas a letra da lei e a praxe jurídica de ambos os sistemas. Isso porque o artigo 186 do Código Civil de 2002, ao traçar os contornos do conceito de ato ilícito que, conjugado com a regra do artigo 927, conduzirá à obrigação de reparar danos, lançou mão apenas das expressões "violar direito e causar dano a outrem"[85], sem fazer qualquer menção à infringência de situações jurídicas outras, o que poderia dar a entender que a ilicitude enquanto pressuposto do dever de reparação decorreria, nos moldes mais tradicionais, apenas da violação de direitos absolutos[86].

Não obstante isso, quiçá diante da influência da praxe desenvolvida ao longo dos quase cem anos de vigência do Código de 1916, de inspiração redacional francesa[87], a interpretação que vem sendo dada ao dispositivo pela doutrina e pela jurisprudência indica, ao contrário, para um expressivo alargamento dos seus contornos (mesmo

---

norte, OLIVEIRA, Nuno Manuel Pinto. *Sobre o conceito de ilicitude do art. 483.º do Código Civil*. In: AAVV. Estudos em Homenagem a Francisco José Velozo. Braga: Universidade do Minho, 2002, separata, p. 524; segundo o autor, o modelo de ilicitude português, quanto à técnica legislativa, estaria muito próximo do alemão, pois ambos constituiriam um meio termo entre a amplitude da cláusula geral francesa e a rigidez da tipicidade verificada nos sistemas de *Common Law*. É inegável reconhecer, especialmente a partir de um olhar comparatista externo, o aparente desejo de adoção de um sistema típico, nos moldes alemães, quando, ao que parece, a letra da lei tenderia a aproximar-se de um regime de atipicidade. O reconhecimento da aludida proximidade com o modelo alemão típico, contudo, não é consensual; a propósito, com uma visão mais ponderada sobre o alcance da regra do artigo 483 em matéria de ilicitude, na medida em que fala em modelo intermédio entre os paradigmas francês e alemão, MONTEIRO, Jorge Sinde. *Responsabilidade por Conselhos...*, cit., p. 175. Igualmente, referindo a existência de uma "cláusula geral limitada", LEITÃO, Luís Manuel Teles de Menezes. *Direito das Obrigações.*, cit., p. 290.

85. A doutrina brasileira tem feito ponderações acerca da impropriedade das expressões empregadas pelo legislador de 2002 para demarcar as hipóteses de ocorrência do ato ilícito. Isso porque ao referir "violar direito *e* causar dano", ligando as duas hipóteses com a conjunção aditiva "e", deu a entender que a ocorrência de dano é pressuposto imprescindível à ocorrência de ato ilícito, o que não corresponde à verdade, em especial considerando que a norma em causa está inserida na parte geral do Código Civil e, por isso, poderia ter uma pretensa aplicação a todo o sistema de direito privado e não apenas à responsabilidade civil. Como observa VENOSA, Sílvio de Salvo. *Direito Civil*, cit., p. 04, "o ato ilícito existe com ou sem dano. Em outros termos, não há necessariamente dano no ato ilícito". A confusão terminológica deve-se, por certo, ao emprego da expressão "ato ilícito" como aparente sinônimo de "dever de indenizar", a que representa um sério equívoco. O mesmo autor, contudo, traz projeção bastante otimista a respeito, asseverando que esta imperfeição, dada a necessidade de conjugação do referido preceito com aquele contido no artigo 927 do mesmo Código para fins de nascimento do dever de indenizar, não trará maiores consequências. É, contudo, inegavelmente, uma falha na técnica legislativa. Com uma visão menos crítica acerca da substituição empregada, CORDEIRO, António Menezes. *Tratado...*, cit., v. II, t. III, p. 383.

86. Esta é a impressão de MONTEIRO, Jorge Sinde. *Responsabilidade Civil*: o novo Código Civil do Brasil face ao direito português, às reformas recentes e às actuais discussões de reforma na Europa. In: CALDERALE, Alfredo (org.). Il nuovo Codice Civile brasiliano. Milano: Giuffrè, 2003, p. 310.

87. CALDERALE, Alfredo. *Diritto Privato e Codificazione in Brasile*. Milano: Giuffrè, 2005, p. 100.

que aparentemente *contra legem*), a abranger situações outras que não apenas a lesão a direito subjetivo propriamente dito.

Desta feita, não obstante a falha na técnica legislativa – ou ao menos desatualização – no que tange à demarcação dos contornos da ilicitude no Código Civil brasileiro[88], é notório reconhecer que a sua aplicação inclina-se a acompanhar as mais hodiernas tendências ampliativas. Reconhece-se a ilicitude, por isso, como toda e qualquer contrariedade a regras de dever-ser postas no ordenamento, o qual vem compreendido como uma "dinâmica e complexa totalidade de regras, princípios e modelos jurídicos derivados das quatro fontes de produção de normatividade" (lei, jurisprudência, doutrina e costume)[89].

Em suma, mesmo que com realidades antagônicas sob os aspectos legislativo e interpretativo quando contrapostas (maior restrição/ampliação legislativa associada a maior/menor amplitude interpretativa, respectivamente), os sistemas jurídicos brasileiro e português parecem atingir, cada um à sua moda, pontos de chegada próximos, não obstante a diversidade dos caminhos trilhados. E tal se dá por intermédio da convergência ao reconhecimento da ampliação da ideia de ilicitude – e, por conseguinte, do âmbito de tutela da responsabilidade civil – para além da violação de direitos, de modo a caracterizá-la quando constatada a infringência de toda e qualquer situação jurídica subjetiva digna de tutela[90].

2.1.3 A injustiça do dano e a sua correlação com a noção de ilicitude

O sistema italiano, pela peculiaridade redacional do vigente artigo 2.043 do seu Código Civil, vem tratado em seguida, mas com um olhar atento de comparação, especialmente no que tange ao confronto do pressuposto em causa. Nesta linha, de

---

88. Isso porque mesmo regulando a matéria por meio de preceito geral, lançou mão de termo redacional demasiado rigoroso (ao menos se observado do ponto de vista do seu conteúdo puramente jurídico) para demarcar os contornos do conteúdo da ilicitude. Esta é impressão de IUDICA, Giovanni. *Profili della responsabilità extracontrattuale secondo il nuovo Código Civil brasileiro*. In: CALDERALE, Alfredo (org.). Il nuovo Codice Civile brasiliano. Milano: Giuffrè, 2003, p. 296. O autor, ao comparar as leis civis italiana e brasileira, critica a aparente restritividade conceitual desta, lembrando a alteração jurisprudencial do conceito de "dano injusto" (artigo 2.043 do *Codice*) a partir da sentença n. 500/1999, proferida pela *Corte di Cassazione*, que permitiu o reconhecimento da ilicitude e, assim, da indenizabilidade dos danos decorrentes da violação de "posizioni giuridiche soggettive non assimilabili al diritto soggettivo", o que "difficilmente avrebbe potuto verificarsi se la formulazione dell'art. 2043, cod. civ., fosse stata rigida come quella del nuovo art. 186 del codice brasiliano".
89. MARTIS-COSTA, Judith. *Os avatares do abuso de direito e o rumo indicado pela Boa-Fé*. Disponível em: <http://www.fd.ul.pt/Portals/0/Docs/Institutos/ICJ/IusCommune/CostaJudith.pdf>. Acesso em 25. ago 2013, p. 14. Neste sentido, por exemplo, é de se citar a ampla gama de situações de reconhecimento da indenizabilidade de danos (individuais ou coletivos) decorrentes da lesão a interesses difusos, categoria que, sem prejuízo de algum esforço interpretativo de parte da doutrina, não se enquadra no conceito clássico de direito absoluto.
90. Ganha aqui especial relevo a possibilidade de ampliação da indenizabilidade dos danos à pessoa, consoante tratado no item 2.2.2 do § 2º do capítulo I, pois, nestes casos, mesmo que a vista de uma grande ampliação do rol de direitos da personalidade, nem sempre a proteção jurídica vem conferida por meio de direitos propriamente ditos.

plano cumpre assinalar que, seja dito ilicitude, antijuridicidade ou mesmo injustiça[91], tinha conteúdo idêntico àquele verificado nos demais sob estudo, especialmente em razão da regra do artigo 1115 do *Codice* de 1865[92], de inspiração redacional francesa.

Nesta senda, exigia-se ao surgimento do vínculo obrigacional aquiliano no sistema italiano a presença do ato ilícito que, por sua vez, assim se caracterizava diante da presença do dolo ou da culpa no agir do lesante e da verificação da lesão de um direito absoluto de outrem[93]. Seguia-se, desta forma, a linha tradicional de partição do ato ilícito (*lato sensu*) em dois elementos, um objetivo, materializado pela antijuridicidade/ilicitude, e um subjetivo, corporizado na culpabilidade, ou mesmo verificando-se, em outras construções, uma absorção da culpa que passa a constituir elemento integrante (subjetivo) da própria antijuridicidade[94].

O alcance do pressuposto passou a ser revisto sob a égide do Código de 1942 em decorrência da introdução, na fórmula francesa adotada até então, da designação *danno ingiusto*[95], o que se constituía em inegável novidade, especialmente se confrontada com os demais sistemas em comparação. E isso seja porque a qualificação vinha referida como atributo do dano e não da conduta, seja porque rompia – ao menos do

---

91. Segundo FRANZONI, Massimo. *Trattato...*, cit., p. 36, nota 14, a sinonímia antes destacada em relação aos pressupostos da ilicitude e da antijuridicidade pode ser inferida, de algum modo, também em relação à injustiça do dano, que podia ser lida tanto como ilicitude da conduta quanto como antijuridicidade. Diante da complexidade, contudo, que será analisada na sequência, vê-se esta alusão à identidade de conteúdo conceitual com alguma cautela, já que a expressão *danno ingiusto* tende a designar fenômeno mais abrangente do que a mera contrariedade da conduta do agente em relação ao direito presente na ilicitude ou na antijuridicidade.
92. Assim dispunha o dispositivo precitado: "Qualunque fatto dell'uomo, che arreca danno ad altri, obbliga quello per colpa del quale è avvenuto, a risarcire il dano". Ao que se infere dos seus termos, consoante, aliás, também o fazia o paradigma francês, sequer é feita alusão expressa à violação de direitos sistematizada por meio da ilicitude/antijuridicidade, de modo que a sua exigência decorria muito mais da interpretação do dispositivo do que de uma exigência textual propriamente dita.
93. Com um apanhado da doutrina sobre o tema, ver MONATERI, Pier Giuseppe. *La responsabilità civile*, cit., p. 198-202.
94. MONATERI, Per Giuseppe. *La responsabilità civile*, cit., p. 211. Segundo o autor, a reminiscência destas concepções é que por vezes permite, ainda hoje, considerarem-se genuínas situações de responsabilidade objetiva como se de culpa *in eligendo* fossem, por meio da agregação de um elemento de desvalor à conduta do agente, ou de situações de caso fortuito descritas como se tratassem de ausência de culpa. Igualmente neste sentido, COMPORTI, Marco. *Esposizione al pericolo...*, cit., p. 59.
95. Como se percebe pela contraposição dos dois preceitos, a variação é mesmo muito pequena no que tange aos pressupostos, apenas agregando o Código de 1942 a referência expressa ao dolo (como alternativa à culpa em sentido estrito) e a indicação de que o dano objeto da responsabilidade civil seria aquele qualificável como injusto. Assim consta da letra do atual artigo 2.043: "Qualunque fatto doloso o culposo, que cagiona ad altri un danno ingiusto, obliga che ha comesso il fatto a risarsire il danno". Alguma discussão se estabelece na doutrina acerca da adequada manutenção da designação *fatto*, tal qual ocorria já no Código revogado, ao invés de *atto*, mais estreitamente relacionado com a ideia de ação humana consciente e voluntária. Partindo-se de um regime geral de responsabilidade fundando apenas na culpa, a assertiva faz sentido; todavia, em se pretendendo um regime mais abrangente e estruturado a partir da ideia central de dano injusto, a regular todas as situações predispostas ao alcance da responsabilidade civil, dentre elas os eventos relacionados à imputação objetiva, por exemplo, nos quais nem sempre é possível verificar uma ação humana propriamente dita, a designação constante na lei, por ser mais abrangente ao ponto de compreender seja a ação ou o evento danoso, resta por afigurar-se adequada. Assim, FRANZONI, Massimo. *Trattato...*, cit., p. 32-33.

ponto de vista léxico – com a terminologia tendencialmente dominante por influência clara da experiência penal e do modelo alemão de imputação civil (sistema da culpa/ilicitude em contraposição ao sistema unitário da *faute*)[96].

O conceito de injustiça referido pela regra geral de responsabilidade do artigo 2.043 do *Codice*, de início, também tendeu a assumir um conteúdo próximo daquele extraível do conceito de antijuridicidade[97] até então desenvolvido pela civilística tradicional[98], iniciando a doutrina e a jurisprudência, somente após algum tempo da sua vigência[99], a reelaborar tal concepção. Passa-se, a partir disso, a aferir se realmente a qualificação atribuída ao dano – e não à conduta, como ocorre com a antijuridicidade – exauria-se na ideia de lesão a direitos absolutos ou mesmo de interesses juridicamente protegidos (já aqui aceitando a posterior ampliação interpretativa do próprio conceito de ilicitude para além dos direitos subjetivos propriamente ditos)[100].

Diante destes questionamentos é que se forja no cenário jurídico italiano uma significativa abertura da responsabilidade civil por meio não da ampliação do conceito de ilicitude, mas da construção do conteúdo da injustiça do dano. Assim, várias foram as situações submetidas à apreciação judicial que permitiram uma superação da ideia estanque de violação a direito absoluto (e mesmo de violação a interesse juridicamente protegido), tudo no sentido de permitir o alargamento das situações tuteladas pela responsabilidade extracontratual[101].

---

96. Para um aprofundamento da contraposição entre os paradigmas francês (sistema da *faute* ou sistema unitário) e alemão (sistema da culpa/ilicitude ou sistema dual), ver CORDEIRO, António Menezes. *Da Responsabilidade Civil dos Administradores das Sociedades Comerciais*. Lisboa: Lex, 1997, p. 424 e ss.
97. A designação *antigiuridicità* é encontrada com mais frequência na doutrina italiana se comparada à congênere *illiceità*-ilicitude (esta mais frequente no Brasil e em Portugal), não obstante tendam a assumir, ambas, o mesmo conteúdo jurídico já analisado em momento precedente. Tal se infere claramente em DOGLIOTTI, M.; FIGONE, A. *Le cause di giustificazione*. In: CENDON, Paolo. La responsabilità civile. Responsabilità extracontrattuale. Torino: UTET, 1998, v, VIII, p. 39.
98. D'ANTONIO, Virgilio. *Il Danno ingiusto*. In: STANZIONE, Pasquale (diretto da). Trattato della Responsabilità Civile. Responsabilità extracontrattuale. Padova: CEDAM, 2012, v. II, p. 94. A este respeito, o autor assinala a ocorrência, neste período, de uma autêntica sobreposição conceitual entre ilicitude e injustiça. Esta identidade de conteúdo conceitual também é destacada por AUTORINO, Gabriella. *La responsabilità aquiliana*: il modello atípico dell'art. 2043 C.C. In: STANZIONE, Pasquale (diretto da). Trattato della Responsabilità Civile. Responsabilità extracontrattuale. Padova: CEDAM, 2012, v. II, p. 08-09, especialmente quando refere que, até a década de 70 do século passado, a injustiça do dano referida no artigo 2043 do *Codice* era lida tão somente como violação a direito subjetivo absoluto, nos moldes do que sucedia, em similar período, nos demais sistemas sob comparação, relativamente à noção de ilicitude. Esta abertura conceitual – não apenas para demarcação desta faceta do conteúdo da locução *danno ingiusto*, mas igualmente de outra que lhe será agregada contemporaneamente, relacionada ao prejuízo em si e à sua decorrência de uma situação de violação do interesse lesado (leia-se, de atenção à vítima) – é que representou o atendimento de necessidades outras que restaram por ser ponderadas pela doutrina e pela jurisprudência italianas.
99. Para um acurado percurso histórico desta evolução conceitual, ver D'ANTONIO, Virgilio. *Il Danno ingiusto*, cit., p. 93-95.
100. Mais uma vez a este respeito, é primorosa a síntese evolutiva contida em MONATERI, Per Giuseppe. *La responsabilità civile*, cit., p. 202-212.
101. Nesta linha interpretativa e operando com a reconstrução do alcance do conceito de dano injusto, chegou mesmo a Corte de Cassação a reconhecer a existência de um autêntico *diritto all'integrità patrimoniale* enquanto meio de proteção de cada indivíduo na própria integridade do seu patrimônio, o que permitiu a extensão da tutela aquiliana a diversos *hardcases*, especialmente aqueles relacionados a direitos relativos.

Com isso é possível afirmar que, para fins de caracterização da parcela do conceito de dano injusto corporizada no esquema estrutural da responsabilidade civil por meio da até então restritiva ideia de antijuridicidade, a jurisprudência italiana passou a aceitar a lesão a qualquer "situação jurídica relevante", mesmo que por vezes de natureza factual[102], avanço este considerável se contraposto à noção de violação a direito absoluto ou mesmo de norma jurídica destinada a proteger interesses alheios.

Daí porque a autonomia adquirida pela noção de dano injusto em relação à violação a direitos absolutos materializa-se por meio, como dito, do reconhecimento definitivo da tutela ressarcitória dos interesses legítimos pela via aquiliana para além, inclusive, de uma mera ampliação do conceito de antijuridicidade, apresentando-se como momento determinante da autonomia adquirida pela cláusula geral do artigo 2.043 do *Codice Civile* em relação à ótica estreita da sua acepção original, que se converte em instrumento de tutela integral aos sujeitos e do livre desenvolvimento da sua personalidade[103].

Diante destas considerações e tendo em conta o questionamento que ora se propõe a elucidar, é possível antever que a injustiça que qualifica o dano indenizável apresenta-se como uma formulação complexa que não se esgota nas noções de ilicitude ou antijuridicidade, não obstante com elas guarde uma origem conceitual semelhante e alguma função aproximada tendente a condicionar, por meio de uma série de fatores, o campo de demarcação dos danos submetidos à tutela aquiliana[104].

Tal se afirma porque o conceito de injustiça relevante à responsabilidade civil tende a receber um contorno mais ampliado do que aquele contido no pressuposto da

---

Sobre o tema, ver MONATERI, Per Giuseppe. *La responsabilità civile*, cit., p. 215-220, onde se encontra aprofundado estudo acerca dos precedentes judiciais que permitiram a expressiva ampliação do conceito de interesse juridicamente protegido apto a, se violado, permitir o seu enquadramento no conceito de injustiça predisposto no artigo 2.043 do *Codice Civile*. Especificamente sobre a temática relacionada à estruturação de um *direito ao patrimônio* passível de, em caso de violação, viabilizar a tutela aquiliana, pela riqueza da sua controvérsia em razão da aparente ruptura com a dogmática tradicional, ver FRANZONI, Massimo. *Trattato...*, cit., p. 855-872. O sistema português, ao seu turno, seguindo os passos da tradição alemã, tende a adotar construção diversa para situações desta ordem; sobre o tema, dentre outros, LEITÃO, Adelaide Menezes. *Normas de protecção...*, cit., p. 259 e ss.

102. FRANZONI, Massimo. *Trattato...*, cit., p. 917-929. Também reconhecendo esta possibilidade, ver MONATERI, Per Giuseppe. *La responsabilità civile*, cit., p. 221, que, ao cabo, observa que a referida solução é propriamente *tutto e niente*, apresentando-se mais como um esquema de raciocínio do que como uma solução propriamente dita.

103. AUTORINO, Gabriella. *La responsabilità aquiliana...*, cit. p. 12-15. Acentua-se, neste particular, a aquisição da característica de norma primária por parte da cláusula geral em questão, e não apenas secundária, cancelando-se a conotação exclusivamente sancionatória relacionada à violação de preceitos associados a uma posição vantajosa ao ponto de permitir a associação da responsabilidade civil não apenas ao fato (à conduta da qual provem), mas precipuamente ao dano. Em sentido contrário, afirmando que o artigo 2.043 contém "uma norma puramente secundária", o que talvez seja compreensível ainda em razão da influência de certa doutrina com viés um tanto tradicional a respeito, LEITÃO, Adelaide Menezes. *Normas de protecção...*, cit., p. 72.

104. MONATERI, Per Giuseppe. *La responsabilità civile*, cit., p. 226. Nas palavras do autor, "[u]na teoria che a noi pare necessariamente complessa e che non può ridursi all'indicazione di un solo elemento quale del'ingiustizia, ma che deve puntare all'elaborazione di una serie di fattori, quali fattori che condizionano il giudizio sulla antijuridicità ingiusta dell'illecito".

ilicitude, mesmo que na sua acepção mais lata. Para que tal se compreenda, cumpre assinalar que esta noção vem materializada por meio de uma ponderação relacionada à conduta lesiva (próxima da ideia de ilicitude) à qual se agrega outra, associada ao prejuízo em si, para o fim de, em conjunto, caracterizar o dano sofrido como injusto e, assim, torná-lo passível de dar ensejo a uma obrigação de indenizar.

Diante de todas estas ponderações, é possível compreender as razões que levam a doutrina italiana a afirmar que os conceitos de ilicitude e de antijuridicidade, mesmo que em uma acepção civilística mais alargada, apresentam-se irrelevantes à teoria da responsabilidade civil fundada no dano injusto, que passa a exercer cumulativamente o papel – além de outros que lhe são conferidos – de verificador da contrariedade do fato (conduta e dano) em relação ao direito[105]. E a justificativa para tanto está na incapacidade do ato ilícito (e da ilicitude/antijuridicidade que lhe está subjacente) de reunir sob a sua égide todas as situações produtivas de danos dignos de serem ressarcíveis, o que se afigura factível por intermédio da noção complexa e mais dúctil de dano injusto[106].

E esta acepção quiçá apresentar-se-á relevante na estruturação de um sistema geral de responsabilidade objetiva, diante de possíveis entraves à uma transposição pura dos estreitos limites da ilicitude para um juízo de imputação diverso da culpa, como se verá na sequência.

2.2 Ilicitude e responsabilidade objetiva

Os debates propriamente acerca da necessidade ou não da verificação autônoma do pressuposto da ilicitude em um juízo de imputação objetiva são relativamente escassos, restringindo-se, no mais das vezes, a alguma referência ligeira a respeito.

Ocorre que a temática aparenta demandar um exame acurado, pois o fato de, na sua estrutura, apresentar-se irrelevante a culpa e, com isso, estar ausente o ato ilícito na sua plenitude, não significa, *per se*, que a ilicitude também será irrelevante, ao menos a partir de um juízo superficial de avaliação. Oportuno, portanto, para assim concluir – em um sentido ou em outro –, aferir se o seu conteúdo atual e os seus objetivos no juízo de imputação civil geral (já antes delimitados) são compatíveis ou não com um regime geral de responsabilidade objetiva.

Ainda em um plano introdutório, deve ser assinalado que a antes referida superficialidade do enfrentamento autônomo da problemática aparenta decorrer de uma

---
105. Neste sentido, FRANZONI, Massimo. *Trattato...*, cit., p. 39, nota 27. Afirma-se, inclusive, que a estruturação de um regime geral de responsabilidade que não mais encontre a sua centralidade no ato ilícito, mas sim no dano injusto, é uma excelente forma de promover a superação definitiva da ideia de responsabilidade civil enquanto sanção ao ilícito (o que muito bem se materializa por meio das figuras da ilicitude propriamente dita ou da antijuridicidade), para o fim de compreendê-la enquanto reparação ao prejuízo indevidamente (injustamente) sofrido pelo lesado.
106. Sobre o tema, ANNUNZIATA, Gaetano. *Responsabilità civile e risarcibilità del danno*. Padova: CEDAM, 2010, p. 04-05.

conclusão por vezes precipitada que tende a relacionar o pressuposto da ilicitude ao ato ilícito em si que, por ser integrado pela culpa, resta de plano excluído do juízo de imputação objetiva de danos. Daí que uma conclusão apressada que tome apenas esta premissa como ponto de partida tenderia a afirmar a irrelevância do pressuposto, o que, contudo, não parece ser a linha de condução dogmática mais precisa para a controvérsia, independentemente do seu resultado, até mesmo diante dos inconvenientes desta associação impositiva entre ilicitude e ato ilícito, consoante já analisado anteriormente.

Cumpre, por isso, verificar como se tem manifestado a doutrina nos sistemas jurídicos sob comparação, com vistas a, partindo disso, constatar a suficiência das teorizações a respeito e, ao cabo, poder chegar a alguma conclusão em matéria de (ir)relevância do pressuposto e das repercussões dela decorrentes.

2.2.1 O pressuposto da ilicitude no juízo de imputação objetiva

Consoante referido, a matéria tem sido pouco desenvolvida e, quando feito, sem autonomia ou com reflexões por vezes superficiais ou precipitadas a respeito[107]. Sem prejuízo, é possível identificar um aparente dissenso a respeito da (ir)relevância que ora se busca demarcar.

Para uma parcela da doutrina, sendo diversa a estrutura do juízo de imputação civil nos casos de responsabilidade objetiva, restaria dispensada não só a aferição da culpa, mas também da ilicitude. O fundamento para tanto está no fato de que o agravado risco de causar prejuízos a terceiros presente em certas atividades contraposto à sua utilidade pública faz com que não sejam elas proibidas por lei, sem prejuízo de que seja imposta ao seu autor a obrigação de reparar independentemente de culpa, o que é feito quase que como uma compensação pelas vantagens obtidas[108].

Aparentemente, tal posicionamento tende a associar à imputação objetiva apenas às situações que se legitimam no risco propriamente dito, pois alude a atividades permitidas e ao ônus decorrente da sua especial potencialidade lesiva, o que, como visto, é reducionista do fenômeno jurídico em exame e, por conseguinte, aparenta-se inapropriado a sustentar o regime geral que se intenta propor.

O certo é que se mesmo à vista de uma agravada probabilidade de danos não seria possível antever uma violação de situações juridicamente protegidas a partir de uma atuação relacional, quanto mais naquelas situações em que este risco sequer existe. Daí que, diante destas convicções, a mesma parcela da doutrina costuma assinalar

---

107. Não obstante este constitua o panorama geral acerca do enfrentamento do tema, não se pode desconsiderar que já houve alguma atenção à problemática, sem prejuízo de que se possa discordar de algumas das suas conclusões. Sobre o tema, talvez o estudo dogmaticamente mais completo em língua portuguesa (não obstante deveras lastreado na doutrina alemã) sobre a relação entre ilicitude e responsabilidade objetiva, ver BARBOSA, Mafalda Miranda. *Estudos*, cit., especialmente o seu capítulo III, p. 61 e ss.
108. LARENZ, Karl. *Derecho de Obligaciones*. Trad. Jaime Santos Briz. Madrid: Revista de Derecho Privado, 1959, t. II, p. 664. Igualmente, COSTA, Mário Júlio de Almeida. *Noções...*, cit., p. 110.

que na responsabilidade de matriz objetiva, mesmo naquelas situações para além do risco propriamente dito, não se pressupõe a ilicitude[109].

Tal, contudo, não é consenso, havendo quem sustente que a ilicitude adquire contornos de relevância em qualquer juízo de imputação civil, mesmo naqueles fundados no risco ou em critérios outros de imputação objetiva. O fundamento para tanto seria que, mesmo nestes casos, há sempre a violação de um dever jurídico pre-existente, seja ele de incolumidade ou de segurança; assim é que o incumprimento desta obrigação originária é que bastaria a caracterizar a ilicitude nas hipóteses de responsabilidade sem culpa[110].

O problema de se aceitar esta posição – não obstante ela intua elemento outro que será na sequência considerado – está no conceito deveras largo de ilicitude no qual se baseia, conceito este que, como visto em momento precedente, não se conforma sequer com as acepções mais progressistas a respeito do tema. Por isso é que, e ainda independente da conclusão que se possa ao final chegar, a linha de justificação apresentada não se afigura sólida o suficiente para solucionar a controvérsia, pois demasiado genérica e associada a uma realidade que não condiz com aquela acolhida pelos sistemas jurídicos sob comparação, qual seja, a de que todo e qualquer dano seria juridicamente relevante[111].

---

109. Neste sentido, ver as observações de MONTEIRO, Jorge Sinde. *Estudos...*, cit., p. 10, nota 7. Igualmente, entendendo no sentido da prescindibilidade da ilicitude enquanto pressuposto autônomo da responsabilidade civil objetiva, LARENZ, Karl. *Derecho de Obligaciones*, cit., t. II, p. 663; CASTRONOVO, Carlo. *La nuova responsabilità civile*. 3ed. Milano: Giuffrè, 2006, p. 283; TELLES, Inocêncio Galvão. *Direito das Obrigações*. 7ed. Reimp. Coimbra: Coimbra, 2010, p. 216; FRADA, Manuel A. Carneiro da. *Contrato e Deveres de Proteção*, cit., p. 131; BARBOSA, Mafalda Miranda. *Estudos...*, cit., p. 75; PROENÇA, José Carlos Brandão. *A conduta do lesado como pressuposto e critério de imputação do dano extracontratual*. Coimbra: Almedina, 2007, p. 233, nota 743; OLIVEIRA, Ana Perestrelo de. *Causalidade e imputação na responsabilidade civil ambiental*, Coimbra: Almedina, 2007, p. 21, nota 26; dentre outros.
110. DIREITO, Carlos Alberto Menezes; CAVALIERI FILHO, Sérgio. *Da Responsabilidade Civil*. In: TEIXEIRA, Sálvio de Figueiredo (coord.). Comentários ao Novo Código Civil. Rio de Janeiro: Forense, 2004, v. XIII, p. 56.
111. Não obstante todo e qualquer dano importe na violação de uma esfera de interesses, tal não autoriza dizer que, apenas em razão disso, sempre estará presente a ilicitude, que aqui aparenta projetar-se sobre o resultado. Sobre este tema, cumpre retomar as premissas já apresentadas quando abordada a insuficiência da equidade enquanto fundamento unitário da responsabilidade objetiva, o que lhe conduziria para uma imputação baseada apenas na causalidade. Nestes termos, é de se ressaltar que nenhuma das ordens jurídicas sob comparação – não obstante o tenham feito por meio de caminhos diversos – adotou um sistema puro de *neminem laedere*; por isso que cada um dos preceitos que regulam a atribuição de responsabilidade, mesmo quando através de regras de matriz objetiva, tem por fim a seleção dos prejuízos aptos a ensejar um dever de reparação, permitindo, assim, estruturarem-se sobre um conceito normativo e não meramente naturalístico de dano. Daí porque antever-se a existência de ilicitude apenas no fato de haver danos (sob um prisma naturalístico e puramente causal) não se apresenta enquanto construção dogmaticamente útil à sedimentação de um regime geral de imputação. Isso porque são justamente os filtros de seleção destes danos que precisam ser bem estruturados, ainda com mais razão nos regimes de responsabilidade objetiva, nos quais é notória a erosão de uma série daqueles presentes em um juízo clássico baseado no ato ilícito. Sobre a "erosão dos filtros", ver SCHREIBER, Anderson. *Novos paradigmas da responsabilidade civil. Da erosão dos filtros da reparação à diluição dos danos*. 3ed. São Paulo: Atlas, 2011, p. 11 e ss. O tema voltará a ser tratado no item relativo ao dano juridicamente relevante.

Alternativa para se justificar a necessidade da aferição da ilicitude em um regime geral de responsabilidade objetiva estaria na possibilidade de se modificar o eixo sobre o qual se funda o juízo de desconformidade que dela decorre, passando-o da conduta para o dano em si[112]. Não obstante tentadora – até mesmo lógica, pois se o centro da responsabilidade objetiva é o dano, nada mais natural que em relação a ele se projete a valoração quanto à desconformidade com o direito –, não se está de acordo quanto ao fato de ser esta, realmente, a melhor linha de condução para a solução da controvérsia.

E não porque se discorde do fato de que, "situando-se no campo do direito civil, não podemos esquecer que o desvalor do resultado é determinante"[113], mas porque não pode desconsiderar as contribuições finalistas já antes referidas[114], que sem prejuízo da sua origem na dogmática penal, foram acolhidas pela doutrina da responsabilidade civil fundada no ato ilícito e moldaram o conceito de ilicitude então vigente[115].

Daí que, à vista das controvérsias postas e tendo em conta os contornos dogmáticos que constituem o conteúdo do pressuposto da ilicitude, que não pode e nem deve ser subverdito ou desnaturado, a razão parece apontar no sentido da impossibilidade de se condicionar à sua verificação o surgimento da obrigação indenizatória decorrente de um sistema geral de responsabilidade objetiva[116].

---

112. Com uma análise da problemática preponderantemente centrada nesta linha, sob a justificativa de que, para solvê-la, "[f]ulcral é olhar para o binómio ilicitude do resultado/ilicitude da conduta", BARBOSA, Mafalda Miranda. *Estudos...*, cit., p. 62 e ss. No mesmo sentido, com maiores aprofundamentos, BARBOSA, Mafalda Miranda. *Do nexo de causalidade ao nexo de imputação*: contributo para a compreensão da natureza binária e personalística do requisito causal ao nível da responsabilidade civil extracontratual. Tese de doutorado. Coimbra: Universidade de Coimbra, 2013.
113. BARBOSA, Mafalda Miranda. *Estudos...*, cit., p. 62. Mais adiante, p. 72, após uma série de ponderações e com subsistentes substratos retirados em grande parte da doutrina alemã, prossegue a autora afirmando que "razões há que parecem depor no sentido da configuração da ilicitude de acordo com o resultado", ao que arremata, p. 73, concluindo que "[d]o ponto de vista teleonomológico, e pela convocação dos princípios, é viável continuar a defender-se uma ilicitude preferencialmente ancorada no resultado". Em sentido diametralmente oposto, afirmando que "[a] ilicitude não se aufere em relação ao resultado, mas pressupõe antes uma avaliação do comportamento do agente", bem como sustentando corresponder esta posição "à doutrina majoritária comum", LEITÃO, Luis Manuel Teles de Menezes. *Direito das Obrigações*, cit., p. 292.
114. Especialmente, ASCENSÃO, José de Oliveira. *A teoria finalista...*, cit., p. 09 e ss.; FARIA, Jorge Ribeiro de. *Algumas notas...*, cit., v. LXIX, p. 71 e ss., e v. LXX, p. 133 e ss.
115. Não obstante seja certo que não se pode desconsiderar todo o caminho já trilhado pela teoria clássica da responsabilidade civil, pressuposto sobre o qual se está a desenvolver a presente proposta de sistematização, também é certo que não convém alterar a essência dos institutos por ela desenvolvidos para o fim de permitir, a todo o custo, a sua inserção em um regime geral de imputação objetiva de danos. Não obstante deva-se ter prudência com as inovações jurídicas por vezes aventureiras, deve-se aqui reconhecer que a estruturação de um sistema autônomo de responsabilidade objetiva demandará alguma construção inovativa. Por isso, nesta linha, está-se de acordo com a afirmação de que não obstante a ilicitude tenha em si algum elemento de relevância à responsabilidade objetiva, não cabe enquanto pressuposto da sua estrutura dogmática, ao menos nos moldes clássicos segundo os quais restou estruturada e tal qual é hoje entendida; assim, BARBOSA, Mafalda Miranda. *Estudos...*, cit., p. 73.
116. Sem prejuízo de que se reconheça que a ilicitude é pressuposto autônomo em relação à culpa (não obstante ambas integrem o suporte fático do ato ilícito), não há como se ignorar que a sua estruturação leva em conta, de algum modo, um juízo de desconformidade da conduta em relação ao direito. Assim que, como dito, sendo acidental a presença de um agir humano livre e consciente, a sua transposição a um regime geral de responsabilidade objetiva seria, no mínimo, artificial.

E o fundamento para tanto é mais simples do que opção entre as construções associadas à teoria do desvalor da ação ou à teoria do desvalor do resultado, pois está no fato de que a imputação objetiva não pressupõe a existência – e, por isso, a valoração – de uma ação ou de uma omissão humana decorrentes da liberdade de agir do agente e da qual provêm os prejuízos sofridos pelo ofendido; esta atuação pode até existir, mas não integra o rol dos seus elementos indispensáveis, pelo que, mesmo que se apele para uma solução intermediária entre o fato e o resultado[117], não se afigura factível condicionar a totalidade das situações submetidas a um regime dito geral de responsabilidade objetiva à aferição do pressuposto da ilicitude[118].

Sem prejuízo desta conclusão, contudo, não é lícito afirmar de modo peremptório que todas as variantes envolvidas pelo juízo normativo de valor realizado pela ilicitude são absolutamente irrelevantes à imputação objetiva. E tal se materializa por meio de duas situações pontuais relacionadas à ilicitude, mas que podem apresentar alguma variação de interesse e, por isso, necessitam ser bem avaliadas.

2.2.2 A problemática das causas de justificação

Em um regime de imputação de matriz subjetiva, para o qual se exige a verificação da presença do ato ilícito (culposo e antijurídico), o pressuposto da ilicitude tende a assumir crucial relevância à vista da ocorrência de situações especiais, denominadas causas de justificação[119], que tornam lícito um agir que, abstratamente, era considerado como violador de uma situação jurídica protegida de terceiro[120].

Ditas causas obstam, portanto, o surgimento da obrigação de reparar danos, o que se dá por meio da elisão do pressuposto da ilicitude[121], não obstante possam-se

---

117. CORDEIRO, António Menezes. *Tratado...*, cit., v. II, t. III, p. 43.
118. Nesta linha, como observa CASTRONOVO, Carlo. *La nuova responsabilità civile*, cit., p. 283, não é mais o sujeito/agente que deve responder, mas o seu patrimônio, pelo que perde espaço a antijuridicidade enquanto categoria qualificadora da ação. Ainda segundo o autor, p. 287, a ilicitude traz em si a ideia de comportamento contrário ao direito que exige, por tanto, uma sanção, finalidades estas incompatíveis na sua essência com os objetivos pretendidos pela responsabilidade objetiva.
119. A denominação é preferível se comparada a *causas de exclusão da responsabilidade* que, não obstante usual (especialmente na doutrina italiana) para fazer referência ao mesmo fenômeno, apresenta-se dogmaticamente mais imprecisa, pois poderia, pela sua amplitude semântica, abranger não apenas as situações de exclusão da ilicitude, mas também, por exemplo, do nexo causal (*v.g.*, caso fortuito e força maior). Daí porque se dará preferência à designação *causas de justificação*. Esta diferença, contudo, não é bem clara, sendo corriqueiro encontrarem-se referências concomitantes, por exemplo, ao estado de necessidade e à legítima defesa ao lado do caso fortuito e da força maior, como se fossem representações de um mesmo fenômeno, com o que não se pode anuir. Assim, SALITO, Gelsomina. *Le cause di giustificazione*. In: STANZIONE, Pasqualle (dir.). Trattato della Responsabilità Civile. Responsabilità Extracontrattuale. Padova: CEDAM, 2012, p. 428.
120. DOGLIOTTI, M.; FIGONE, A. *Le cause di giustificazione.*, cit., p. 39.
121. No sistema italiano, diante da absorção do referido pressuposto pela ideia de dano injusto prevista no artigo 2.043 do *Codice Civile*, é mais usual encontrar na doutrina indicação de que as causas de justificação excluem a injustiça do dano e não propriamente a ilicitude ou a antijuridicidade; sobre o tema, DOGLIOTTI, M.; FIGONE, A. *Le cause di giustificazione*, cit., p. 39. No mais das vezes, não obstante não seja possível antever uma associação direta, a ideia de exclusão da ilicitude pode vir depreendida da materialização do conceito em causa; assim, GALGANO, Francesco. *Tratato di Diritto Civile*. Padova: CEDAM, 2.009, v. II, p. 952. Na doutrina mais tradicional, contudo, é possível encontrar alusão expressa à exclusão da antijuridicidade

verificar consequências outras tendentes a promover a recuperação do prejuízo suportado pelo lesado, mesmo que pela via da equidade[122]. Ou seja, em sendo constatada a presença de tais situações, o dano existe, mas não é juridicamente relevante para a incidência da plenitude da regra de responsabilidade civil, já que o fato do qual provém é consentido pelo ordenamento e, por isso, não legitima a transferência dos encargos a pessoa diversa do próprio ofendido a título de autêntica indenização[123].

É notório reconhecer que está implícito no cerne da gestão das causas justificadoras um balanço de interesses a partir do confronto entre a esfera jurídica do lesante e aquela titulada pelo ofendido[124]. Assim, em sendo verificada uma situação normativa que, em última análise, vem reconduzida à ideia contida no brocardo latino *neminem laedit qui suo iure utitur*[125], pode-se concluir que a liberdade de ação prevalece sobre a violação da esfera jurídica do terceiro, mesmo que tal implique na projeção de prejuízos.

---

em razão da presença do que se denomina eximentes objetivas de responsabilidade; nestes termos, BIANCA, Cesare Massimo. *Diritto Civile*. La responsabilità. Milano: Giuffrè, 1994, ristampa, p. 655. Consoante MICARELLI, Chiara. *Le cause di esclusione della responsabilità*. In: LIPARI, Nicolò; RESCIGNO, Pietro. Diritto Civile. Attuazione e tutela dei diritti. La responsabilità e il danno. Milano: Giuffrè, 2009, v. V, t. III, p. 428, a opção pelo tratamento das eximentes na seara do dano injusto (em detrimento da sua relação com a ilicitude propriamente dita) é assinalada como um marco evolutivo da teoria da responsabilidade civil, pois materializa a superação de uma impostação dita subjetiva da imputação. Com a mesma opinião, FRANZONI, Massimo. *Trattato...*, cit., p. 995, acrescentando que, neste caso, o dano é *contra ius*, mas *de iure*.

122. Especificamente na figura do estado de necessidade, como o lesado é pessoa diversa daquela que gerou a situação de perigo que legitima a excludente, a lei lhe assegura uma indenização equânime que, contudo, não se constitui em autêntica reparação, já que caracterizada por um "*minus* rispetto all'obligo dell'intero risarcimento stabilito dall'art. 2043" (ITALIA. Corte Suprema di Cassazione. Sezione Unite. Sentenza n. 2603, di 20 ago. 1962, *in* Il Foro Italiano, Roma, fasc. I, 1962, p. 2169). Esta, aliás, é a regra dos artigos 2.045, 339, n. 2, e 929, respectivamente, dos Códigos Civis italiano, português e brasileiro. Daí porque parte da doutrina prefere identificar o fenômeno como "ato lícito danoso", consoante observa MONATERI, Pier Giuseppe. *La responsabilità civile*, cit., p. 228, ou mesmo "responsabilidade pelo sacrifício", designação esta amplamente empregada no sistema jurídico português; a respeito, consinta-se reenviar à síntese contida em MARTINEZ, Pedro Romano. *Direito das Obrigações*, cit., p. 133. Para uma abordagem sobre o tema no direito brasileiro, ver USTÁRROZ, Daniel. *Responsabilidade civil por ato lícito*. São Paulo: Atlas, 2014, p. 137 e ss.

123. Esta situação bem demarca uma diferença estrutural entre o sistema italiano e aqueles de inspiração genuinamente francesa. Isso porque, em razão da necessidade da verificação da injustiça do dano, é possível afirmar que, à vista de uma causa de justificação, há dano, mas este não é injusto; já nos sistemas que seguem na íntegra a sistemática do artigo 1382 do *Code*, é necessária uma construção mais substanciosa para, mesmo diante do prejuízo, afirmar-se que, naquela situação, não há dano (em sentido normativo ou, em outras palavras, juridicamente relevante, pois o prejuízo em si é perceptível, não obstante não tenha relevância para o direito). Assim, CASTRONOVO, Carlo. *Sentieri di responsabilità...*, cit., p. 789-791.

124. NAVARRETTA, Emanuela. *Il danno ingiusto*. In: LIPARI, Nicolò; RESCIGNO, Pietro. Diritto Civile. Attuazione e tutela dei diritti. La responsabilità e il danno. Milano: Giuffrè, 2009, v. V, t. III, p. 256.

125. Conforme GALGANO, Francesco. *Tratato...*, cit., p. 952, a partir de um exame mais acurado infere-se que mesmo as causas ditas típicas podem ser reconduzidas ao exercício de um direito reconhecido pelo ordenamento jurídico, mesmo que de modo específico e em decorrência de uma dada situação (no caso da legítima defesa e do estado de necessidade, por exemplo); por isso a alusão geral ao brocardo *neminem laedit qui suo iure utitur*.

É possível identificar nos sistemas jurídicos em comparação duas causas de justificação ditas especiais, ambas importadas da dogmática penalista[126], mas com viva relevância na esfera da responsabilidade civil; são elas o estado de necessidade e a legítima defesa[127].

Todavia, sem prejuízo dos largos estudos que lhe são relegados e da possibilidade de uma relação direta com o tema em causa, no curso da estruturação de um sistema geral de responsabilidade objetiva as eximentes ditas gerais[128] (e, por isso, não raro, não codificadas[129]) aparentam apresentar uma importância mais expressiva. Isso porque aptas a induzirem questionamentos práticos não apenas sobre a irrelevância absoluta do pressuposto a elas relacionado[130], mas, no caso de uma resposta mesmo que parcialmente negativa, sobre a necessidade de que este juízo normativo de modulação dos efeitos da imputação venha realizado, de algum modo, por outro meio.

Daí porque a existência deste paradoxo – que se materializa na relevância das causas de justificação no cenário de um regime geral de responsabilidade objetiva em paralelo à inviabilidade de uma aferição autônoma do pressuposto da ilicitude, ao menos nos exatos moldes em que estruturado pela teoria clássica da imputação de danos[131] – deve não só ser reconhecida como enfrentada por meio de uma avaliação mais aprofundada a seu respeito.

---

126. Acentuando a origem e o desenvolvimento da temática no seio do direito penal, MICARELLI, Chiara. *Le cause di esclusione...*, cit., p. 428. O relevo dado às causas de justificação na esfera penalística tem um perfil diverso daquele verificado na congênere civilística: ao passo em que, naquela, o cometimento da conduta típica induz já a existência de uma antijuridicidade presumida, que cede diante da presença de uma causa de justificação, nesta, diante do princípio da atipicidade, não é possível dizer que todo dano traz em si uma presunção de ilicitude, o que deverá ser aferido no caso concreto, diante da violação de um interesse juridicamente protegido e não consentido (seja pelo ordenamento em si ou pelo próprio agente, quando admitido). Assim, SALITO, Gelsomina. *Le cause di giustificazione*, cit., p. 429, nota 9.
127. Sobre elas dispõem expressamente os artigos 2.044-2.045, 337-339 e 188, respectivamente, dos Códigos Civis italiano, português e brasileiro. A matéria é amplamente tratada pela civilística, não comportando, contudo, abordagem exauriente no curso da presente investigação, sob pena de representar um desvio no seu foco central, quanto mais porque são vários os seus desdobramentos normativos. Permita-se, contudo, reenviar a FRANZONI, Massimo. *Trattato...*, cit., p. 996 e ss., e MONATERI, Pier Giuseppe. *La responsabilità civile*, cit., p. 225 e ss., dentre outros, inclusive bibliografia específica já citada neste item.
128. É usual inserir-se neste rol o exercício de um direito, o adimplemento de um dever e o consentimento do lesado. É possível encontrar algumas variações que incluem, ainda, o exercício de uma atividade e a exposição voluntária ao risco que, não obstante alguma especificidade, parecem decorrer das primeiras.
129. Ao contrário dos demais – pois o *Codice Civile* nada dispõe a respeito e, em Portugal, tal se pode extrair apenas a *contrario sensu* do artigo 334, que regula o abuso de direito – o Código Civil brasileiro foi taxativo ao prever, no seu artigo 188, inciso I, parte final, que não constituem atos ilícitos os praticados no exercício regular de um direito reconhecido.
130. Não obstante no sistema italiano a gestão das causas de justificação se dê por meio da figura do dano injusto e não propriamente de um pressuposto da ilicitude, como ocorre em Portugal e, teoricamente, no Brasil (ao menos diante da letra do seu Código, não obstante, por vezes, a praxe pareça indicar em sentido diverso), reconhece-se que elas privam a conduta de antijuridicidade, nos termos ditos clássicos. Assim, SALITO, Gelsomina. *Le cause di giustificazione*, cit., p. 428.
131. Em sentido aparentemente contrário, afirmando que a irrelevância da ilicitude na responsabilidade objetiva faz igualmente irrelevante as causas de justificação, BARBOSA, Mafalda Miranda. *Estudos...*, cit., p. 77. A autora, todavia, reconhece que as aludidas situações podem trazer alguma controvérsia, o que entende deva ser solucionado não no plano da ilicitude, mas do seu deslocamento da esfera do risco assumido pelo agente (ao ponto de comprometer a existência do nexo de imputação). Discorda-se da solução proposta em razão

Uma resposta inicial e instintiva, sem prejuízo de que se pudesse pretender revisar (sem sucesso) a conclusão inicial de que a ilicitude não é efetivamente irrelevante, poderia indicar no sentido da suficiência de um juízo de mera causalidade enquanto legitimador da reparação de todo e qualquer dano, salvo à vista de uma causa de justificação. Em síntese e partindo-se desta premissa, o dano seria ressarcível sempre que faltasse uma autorização para a intervenção na esfera alheia, ou seja, sempre que não fosse justificado[132].

Tal linha de construção, porém, não aparenta suficientemente adequada do ponto de vista dogmático, pois transforma a ideia de dano *non iure* na materialização de uma genuína cláusula de *neminem laedere*, com todas as dificuldades que apresenta, de maneira especial em um regime autônomo de responsabilidade objetiva no qual falta um juízo de valoração mais incisivo, tal qual aquele, no regime de matriz subjetiva, materializado na culpa[133].

Ao que se vê, as dificuldades de compatibilização são reais, pois contrariamente do que sucede com o juízo de valoração contido na culpa, que pôde ser suprimido por meio da substituição dos mecanismos de legitimação, aquele contido na ilicitude tem certo grau de importância à imputação objetiva, mesmo que apenas no que diz respeito à sua faceta negativa (causas de justificação). Assim, mesmo não se mostrando viável a sua transposição do regime da culpa, ao menos esta faceta do conteúdo do pressuposto em causa não pode ser desconsiderada por completo.

Em outras palavras, não obstante não seja viável condicionar toda e qualquer situação de responsabilidade objetiva à verificação da presença de uma conduta ilícita causadora do dano, quanto mais porque não raro sequer é viável identificar uma ação humana propriamente dita na totalidade das situações, não há como se negar que as causas de justificação (ou a presença delas) têm alguma relevância, porquanto aptas a obstar o juízo de imputação. A tarefa está em identificar por que meio.

E, como já delineado, a questão encontra viva aplicação especialmente no âmbito de incidência das eximentes do exercício de um direito e do consentimento do lesado[134], pois é possível encontrar, na sua concretização, casos práticos nos quais a

---

da premissa já tantas vezes referida, segundo a qual a invocação do risco não se apresenta como elemento uniforme de conexão entre a totalidade dos casos de responsabilidade objetiva, pelo que se entende mereça a problemática solução em outro campo do regime geral em estruturação.

132. D'ANTONIO, Virgilio. *Il danno ingiusto*, cit., p. 95.
133. Nesta linha, chegou-se mesmo a propor uma dita teoria do ilícito negativo segundo a qual o problema da antijuridicidade resolver-se-ia por meio de um juízo de valoração negativo: todo dano causado com dolo ou culpa é considerado antijurídico, salvo se provada alguma causa de justificação, quando estaria excluída a incidência da responsabilidade civil. Sobre o tema, MONATERI, Pier Giuseppe. *La responsabilità civile*, cit., p. 205. Independentemente da validade de tal proposição para um regime de imputação subjetiva, que não está aqui propriamente em pauta, é de se considerar que, estando ausente o juízo de valoração decorrente do exame da culpa, dita teoria mostra-se insuficiente em um sistema geral de responsabilidade objetiva, diante da ausência de um filtro que, ao lado da previsão legal que determina tal regra de imputação, faça as vezes de demarcador dos danos que se mostram juridicamente relevantes.
134. Considerando que não seria viável desenvolver, no seio da presente investigação, toda a controvérsia que envolve a excludente do consentimento do lesado e os vários desdobramentos práticos a ela relacionados,

existência destas situações demanda uma solução concreta que passa pela necessidade de compatibilizar um regime de responsabilidade objetiva e a incidência destas eximentes.

A problemática vem mais facilmente resolvida no sistema jurídico italiano, por força da interpretação da cláusula geral do dano injusto cuja aplicação – não obstante decorra da regra do artigo 2.043 do *Codice*, que alude ao regime da culpa – é reconhecida às hipóteses de responsabilidade objetiva. Assim, à vista de causa de justificação que concorra com situação submetida a regime de imputação sem culpa, a controvérsia vem solucionada por meio do reconhecimento da ausência do pressuposto do dano injusto, pois, nesta situação, a sua faceta *non iure* deixa de ser atendida.

Alguma dúvida pode se apresentar quanto à melhor solução em sistemas jurídicos como o brasileiro e, especialmente, o português, nos quais a problemática das excludentes é tratada no âmbito do pressuposto da ilicitude, cuja irrelevância veio aqui já reconhecida em um regime de responsabilidade objetiva.

No mais das vezes, diante da necessidade de uma solução concreta para a situação, tal se dá por vias um tanto artificiais. Nestes casos, pode-se encontrar na jurisprudência a invocação à falta do pressuposto da ilicitude – mesmo que tal já se tenha reconhecido não propriamente correto do ponto de vista dogmático –, até porque este aparenta ser o caminho conhecido pelo sistema[135][136].

---

especialmente quanto aos seus limites e os seus efeitos, consinta-se reenviar a TEIXEIRA NETO, Felipe. *Responsabilidade civil e consentimento do lesado*: um contributo da experiência portuguesa à ordem jurídica brasileira. Revista do Instituto do Direito Brasileiro da Universidade de Lisboa, Lisboa, a. 3, n. 9, p. 7447-7501, set. 2014. Ainda, versando sobre o riquíssimo debate jurídico que se estabelece no campo da responsabilidade decorrente do fumo, com todas as variáveis passíveis de associação ao consentimento e à livre disposição, ver VICENTE, Dário Moura. *Entre autonomia e responsabilidade*: da imputação de danos às tabaqueiras no direito comparado. Revista da Ordem dos Advogados, Lisboa, a. 73, n. 1, 2013, p. 213 e ss.

135. Situação que bem reflete esta problemática pode ser verificada, no sistema jurídico brasileiro, no debate envolvendo a inscrição de consumidores em órgãos restritivos de crédito em decorrência de inadimplência. Tratando-se de uma relação de consumo, incide na espécie o regime de responsabilidade objetiva do produtor preconizado no artigo 14 da Lei Federal 8.079/90 – Código de Proteção e Defesa do Consumidor. Desta feita, acaso fosse aceita a tese que preconiza apenas a necessidade da existência do dano e do nexo de causalidade aliados ao nexo de imputação que decorre da lei, toda e qualquer inscrição poderia ensejar um dever de reparar danos não patrimoniais. Ocorre que sendo líquida e exigível a dívida e sendo observados os procedimentos prévios preconizados pela lei para tanto, a "ilicitude" vai afastada em razão do exercício regular de um direito por parte do fornecedor/produtor, sendo esta a linha de argumentação empregada, não obstante tenha precisão jurídica contestável. Consoante se infere, exemplificativamente, no teor do Recurso Especial n. 746755/MG, julgado em 16 jun. 2005 pela 4ª Turma do Superior Tribunal de Justiça brasileiro, relator o Min. Jorge Scartezzini, in RSTJ – Revista do Superior Tribunal de Justiça, Brasília, v. 31, 2005, p. 425, "[o] banco-recorrente, ao promover a inscrição do nome dos autores no cadastro restritivo, agiu no exercício regular do seu direito, em razão da incontroversa inadimplência contratual dos recorridos, que ensejou a execução judicial do contrato de financiamento por eles celebrado com o Banco". Afasta-se, com isso, diante do reconhecimento de uma causa de exclusão da ilicitude (exercício regular de um direito), o dever de indenizar que se situaria no âmbito de relação jurídica submetida a um regime de responsabilidade objetiva, o que somente reforça a necessidade de que ao menos uma parcela deste juízo de ponderação entre os interesses do lesante e do, em tese, lesado sejam valorados, mesmo num regime de imputação diverso da culpa.

136. Outra questão semelhante, uma vez mais na seara da responsabilidade do produtor e no sistema jurídico brasileiro, diz respeito à flagrância de uma possível situação de furto em estabelecimento comercial e a comu-

Ditas conclusões demonstram não apenas a atualidade do problema, como a necessidade de uma melhor compatibilização dogmática da sua solução, especialmente nos sistemas jurídicos português e brasileiro. Neste particular, o direito comparado apresenta-se útil, pois o exame da experiência jurídica italiana pode contribuir para uma tentativa da compatibilização das suas soluções aos demais sistemas em questão. O campo para tanto, diante da irrelevância que assumem os pressupostos de cunho subjetivo (ao menos na sua feição tradicional), será no curso da verificação do dano juridicamente relevante e do nexo causal, que adiante se apresentará.

Antes, porém, ainda no exame da correlação entre ilicitude, justificação e imputação objetiva, cumpre tratar de outra questão igualmente problemática quanto às suas implicações práticas, qual seja, o abuso de direito.

2.2.3   A problemática do abuso de direito

Na linha das considerações gerais antes apresentadas e tendo em conta a problemática que se estabelece na relação entre a responsabilidade objetiva e as eximentes, diante do vácuo deixado pela ilicitude, cumpre aferir como se comporta estruturalmente neste cenário outra figura intimamente ligada aos mesmos questionamentos e de igual relevância: o abuso de direito[137].

Isso porque o instituto, na sequência da conflituosidade dogmática que lhe costuma ser atribuída[138], apresenta igual potencialidade para por em xeque algumas das

---

nicação deste fato à autoridade policial por parte do comerciante/proprietário; ocorre que, ao cabo, não resta por se confirmar a prática do delito. O consumidor (por equiparação, já que ainda não estabelecida relação contratual) vai a Juízo e pede a reparação de danos não patrimoniais, invocando lesão aos atributos da sua personalidade em razão do procedimento adotado. O Superior Tribunal de Justiça, na mesma linha do caso anterior, reconhecendo a ocorrência da causa de exclusão da ilicitude do exercício regular de um direito, afasta a obrigação reparatória, mesmo diante de um regime de imputação objetiva (artigo 12 da Lei Federal n. 8.070/90); com isso se demonstra, uma vez mais, a existência de algum grau de relevância da valoração ínsita à ilicitude a todos os regimes de imputação em geral, ao menos na sua acepção negativa, relacionada à justificação do pretenso fato danoso. Neste sentido: "*notitia criminis* levada à autoridade policial para apuração de eventuais fatos que, em tese, constituam crime, em princípio não dá azo à reparação civil, por constituir regular exercício de direito, ainda que posteriormente venha a ser demonstrada a inexistência de fato ilícito" (Superior Tribunal de Justiça, Recurso Especial n. 468377/MG, 4ª Turma, relator o Min. Sálvio de Figueiredo Teixeira, j. em 23 jun. 2003; igualmente, Agravo Regimental no Agravo de Instrumento n. 1377174/SP, 4ª Turma, relator o Min. Raul Araújo, j. em 18 set. 2012). Ambos os precedentes disponíveis em: <http://www.stj.jus.br/SCON/>. Acesso em: 17 jun. 2016.

137. A designação apenas segue a tradição quanto à nomenclatura, sendo consensual em doutrina que não se exige a existência de um direito propriamente dito, pois o instituto guarda relação com o exercício de qualquer posição jurídica. Assim, CORDEIRO, António Menezes. *Litigância de má fé, abuso do direito de acção e culpa 'in agendo'*. 3ed. Coimbra: Almedina, 2016, reimpressão, p. 170. Para uma síntese do problema do abuso a partir da perspectiva da responsabilidade pela confiança, ver FRADA, Manoel A. Carneiro da. *Teoria da Confiança e Responsabilidade Civil*. Coimbra: Almedina, 2004, p. 216-218.

138. A doutrina tende a assinalar a longa resistência que foi oposta ao instituto por diversos autores no curso da evolução atual do direito civil. Para um completo apanhado sobre tais objeções, especialmente quanto ao papel do abuso na teoria geral do direito privado e quanto aos seus consequentes reflexos na responsabilidade civil, ver BONANZINGA, Rosa Thea. *Abuso del diritto e rimedi esperibili*. Comparazione e Diritto Civile, Salerno, Sezione Teoria Generale, nov. 2010, p. 01-03. Disponível em: <http://www.comparazionedirittocivile.it/prova/files/bonanzinga_abuso.pdf>. Acesso em: 13 jun. 2016. Também reconhecendo esta controvérsia, o

evidencias de natureza teórica alcançadas no que tange à irrelevância da ilicitude em um juízo de responsabilidade civil objetiva, justamente por se inserir em uma zona gris entre o justo e o injusto[139], o que se projeta na discussão em comento.

Na tradição italiana, a concretização das situações de abuso e a ponderação sobre a indenizabilidade delas decorrentes dá-se, tal qual acentuado no que tange às causas de justificação, a partir do exame da faceta *non iure* do dano injusto. Assim, a atividade que, em princípio, poderia tornar lícita a projeção de prejuízos na esfera jurídica de terceiro, pois amparada pela eximente do exercício de um direito, sucumbe diante de um interesse contraposto[140] que, em razão da anormalidade do seu exercício a partir de um padrão objetivo, caracteriza o dano como apto a gozar da tutela aquiliana[141].

O ordenamento jurídico italiano – contrariamente do que sucede em Portugal e no Brasil, por força dos respectivos artigos 334[142] e 187[143] dos seus vigentes Códi-

---

que o faz a partir do instituto nos sistemas português e brasileiro, MARTINS-COSTA, Judith. *Os avatares do abuso de direito e o rumo indicado pela boa-fé*, p. 02. Disponível em: <http://www.fd.ulisboa.pt/wp-content/uploads/2014/12/Costa-Judith-Os-avatares-do-Abuso-do-direito-e-o-rumo-indicado-pela-Boa-Fe.pdf>. Acesso em 14 jun. 2016.

139. Tanto que uma das objeções que com mais intensidade fora oposta à relevância jurídica do abuso de direito dizia respeito à sua aparente conflituosidade, pois situado entre as ideias de *exercício de direito* e de *abusividade*, a contrariar a máxima segundo a qual o exercício de um direito, por natureza, não implica em antijuridicidade e, por conseguinte, no surgimento de uma obrigação de reparar danos (*qui iure suo utitur neminem laedit*). Sobre o tema, NAVARRETTA, Emanuela. *Il danno ingiusto*, cit., p. 260.

140. Neste particular, é oportuno estabelecer a diferença entre a figura do *abuso de direito*, que se caracteriza enquanto exercício que, por ser contrário aos fins que lhe são estabelecidos, conflita com interesses jurídicos de terceiros, e aquela aludida como *excesso de direito*, que guarda relação mais propriamente com os limites que delineiam o conteúdo do próprio direito em si. Daí porque, conforme D'ANTONIO, Virgilio. *Il danno ingiusto*, cit., p. 114, enquanto no abuso o paradigma é sempre a relação do exercício do direito com interesses de terceiro, no excesso tal se dá a partir do seu próprio conteúdo. Comungando da mesma ideia e a representando por meio de feliz síntese, BONANZINGA, Rosa Thea. *Abuso del diritto*..., cit., p. 04, refere que o abuso, não obstante aparentemente em conformidade com o conteúdo, é o desvio, o desvirtuamento; o excesso, o transbordo para além dos seus próprios limites.

141. NAVARRETTA, Emanuela. *Il danno ingiusto*, cit., p. 259-260. A concorrência entre comerciantes é um claro exemplo deste fenômeno. É lícito que um estabelecimento diminua a clientela dos demais que exploram a mesma atividade em razão, por exemplo, da oferta de preços ou de condições mais vantajosas aos adquirentes, causando, assim, prejuízos a terceiros; este dano deve ser suportado por aquele que o sofre, pois tal se insere enquanto desdobramento lógico do livre exercício de profissão assim entendido enquanto causa eximente do fato danoso. Todavia, se este exercício é anormal, pois, v.g., dá-se por meio de uma concorrência desleal (a partir dos elementos que lhe são típicos em cada ordenamento), o abuso afasta a incidência da eximente e o que de início era legítimo torna-se injusto, abrindo margem à reparação.

142. "Artigo 334º (abuso de direito) É ilegítimo o exercício de um direito, quando o titular exceda manifestamente os limites impostos pela boa fé, pelos bons costumes ou pelo fim social ou económico desse direito". Algum debate se estabeleceu em doutrina acerca da caracterização do abuso como fonte de ilicitude, especialmente tendo em conta que a lei fala em ilegitimidade. A posição atualmente predominante sinaliza no sentido de que a designação "é ilegítimo" contida no preceito não foi usada na sua acepção técnica, querendo indicar, em verdade, que o exercício, nas situações referidas, é ilícito. Sobre o tema, CORDEIRO, António Menezes. *Do abuso de direito*: estado das questões e perspectivas. Revista da Ordem dos Advogados, Lisboa, a. 65, v. II, set. 2005, p. 02. Disponível em: <http://www.oa.pt/Conteudos/Artigos/detalhe_artigo.aspx?idsc=45582&ida=%2045614>. Acesso em 20 jun. 2016.

143. "Art. 187. Também comete ato ilícito o titular de um direito que, ao exercê-lo, excede manifestamente os limites impostos pelo seu fim econômico ou social, pela boa-fé ou pelos bons costumes". Os padrões, como se vê a partir de uma simples comparação com a letra do preceito português, são muito próximos; apenas operou-se a substituição da caracterização, pois ao invés de se referir ilegítimo, o

gos Civis – não conta com um expresso dispositivo tratando de maneira categórica a figura ou mesmo conectando-a com a responsabilidade civil de modo a permitir, em caso de ocorrência de danos, o surgimento de uma obrigação de indenizar; dita possibilidade, a par de real e frequente, demanda uma construção judicial no caso concreto[144] através da modulação do conceito de dano injusto[145].

A figura, todavia, de modo convergente no âmbito comparativo ora proposto, está associada à utilização alterada do direito titulado pelo agente que reconduz à obtenção de objetivos diversos daqueles originalmente idealizados pela norma quando da concessão da tutela jurídica respectiva[146]; daí porque vem usualmente

---

ato foi dito ilícito, invocando, assim, o debate precedentemente mencionado. O certo é que a feição objetiva assumida por ambos os preceitos levou a doutrina destacar que o modelo adotado estaria mais próximo do paradigma alemão do que daquele inicialmente idealizado no sistema francês, de feição subjetiva. A este respeito, uma vez mais, CORDEIRO, António Menezes. *Do abuso de direito...*, cit., s.p., especialmente notas 49 e 50.

144. Como ocorre em Portugal e no Brasil, por força, aliás, da expressa letra dos antes citados artigos 334 e 187, também na Itália a boa-fé se apresenta como parâmetro a ser observado na verificação da abusividade do direito; a jurisprudência assim tem largamente reconhecido, conforme, inclusive, já decidiu a Suprema Corte (ITALIA. Corte Suprema di Cassazione. Sezione Unite. Sentenza n. 26724, di 19 dec. 2007. In Il Corriei Giuridico, Milano, fasc. 02, 2008, p. 223). Sobre a viva interação entre boa-fé e abuso do direito que, diante da omissão do Código Civil italiano, tem sido o caminho preponderantemente seguido pela jurisprudência para a fundamentação dogmática do instituto, ver BONANZINGA, Rosa Thea. *Abuso del diritto...*, cit., p. 26-27. Para uma crítica da doutrina quanto a esta associação, sob o argumento de que os conceitos não podem ser tidos como coincidentes, ver PIRAINO, Fabrizio. *Il divieto di abuso del diritto*. Europa e Diritto Privato, Milano, fasc. 01, 2013, p. 75 e ss., especialmente notas 105 e 106; igualmente, NIGRO, Casimiro A. *Brevi note in tema di abuso del diritto* (anche per um tentativo di emancipazione dalla nozione di buona fede). Giustizia Civile, Milano, fasc. 11, 2010, p. 2547B, em especial as notas 54 e seguintes. Sobre o tema e sem prejuízo da crítica, é de se reconhecer que a invocação da boa-fé apresenta-se como marca de uma incontestável influência da tradição germânica do instituto nas ordens jurídicas sob comparação.

145. Assim, BONANZINGA, Rosa Thea. *Abuso del diritto...*, cit., p. 02. A problemática decorre do fato de que, pela ausência de um dispositivo expresso a respeito, a valoração será sempre *a posteriori*. A omissão acerca da temática, contudo, não é absoluta, merecendo referência, neste particular, o artigo 833 do *Codice*, que proíbe os atos emulativos em matéria de direito de propriedade; o referido preceito tende a receber interpretação expansiva, quanto mais porque o direito de propriedade, na longa tradição patrimonialista do direito civil, sempre representou o protótipo de toda e qualquer situação jurídica tutelada. O outro dispositivo costumeiramente invocado a fundamentar a aplicação do abuso de direito no sistema italiano é a regra geral de conduta materializada na boa-fé objetiva e nos deveres de *correttezza* dela decorrentes. Sobre o tema, D'ANTONIO, Virgilio. *Il danno ingiusto*, cit., p. 114-116, inclusive nota 86, com menção a decisões da Corte de Cassação sobre o tema. A jurisprudência italiana tem especialmente lançado mão do princípio da boa-fé objetiva para justificar o reconhecimento do abuso, consoante, aliás, consta expressamente nos preceitos existentes nos Códigos Civis português e brasileiro; neste sentido, dentre outros: ITALIA. Corte Suprema di Cassazione. Sezione III. Sentenza n. 20106, di 18 set. 2009. *In* Persona e Mercato (a cura di Giuseppe Vettori), Firense, 25 set. 2009. Disponível em: <http://www.personaemercato.it/2009/09/cass-20106-del-2009/>. Acesso em: 15. jun. 2016. Respeitada a crítica antes referida, com a qual não se concorda, a invocação deve ser louvada, pois não apenas dá uma feição objetiva ao instituto, como também serve de importante marco delimitador (não obstante não seja o único) da sua aplicação.

146. Em outras palavras, por meio do exercício anormal da posição jurídica resta alterada a função objetiva do ato em relação ao atributo que dele provém. Nestes termos, D'ANTONIO, Virgilio. *Il danno ingiusto*, cit., p. 115. Nas exatas palavras de CORDEIRO, António Menezes. *Litigância de má fé...*, p. 172, "[o] abuso de direito reside na disfuncionalidade de comportamentos jurídico-subjetivos por, embora consentâneos com normas jurídicas permissivas concretamente em causa, não confluírem no sistema que estas se integram".

delimitada como o "uso objetivamente anormal do direito", pois em contrastante com os princípios fundamentais do ordenamento jurídico[147].

Desta forma, o abuso de direito constitui um princípio geral norteador de todo o sistema jurídico[148], representando um dos possíveis critérios de materialização do dano ressarcível, que tem aplicação não apenas na esfera contratual, mas também fora dela, para atingir relações entre indivíduos não ligados por vínculos negociais[149]. E não obstante seja o remédio ressarcitório o mais tradicional e de espectro mais alargado – bem como aquele que vivamente importa à investigação em curso –, é de se registrar que a sua verificação[150] não é por si só suficiente ao surgimento da obrigação indenizatória, sendo imprescindível a concorrência dos demais elementos inerentes ao juízo de imputação civil[151].

E especialmente quanto a estes elementos, a doutrina tende a convergir no sentido de que não é necessária a demonstração de um agir doloso, bastando apenas uma objetiva incorreção no exercício em decorrência de um uso não funcional[152],

---

147. ITALIA. Corte Suprema di Cassazione. Sezioni Unite. Senteza n. 3040, di 15 nov. 1960. In Massimario della Giurisprudenza Italiana, Torino, a. 29, n. 12, 1960, p. 788. Daí porque a doutrina tende a posicionar-se no sentido de que o objeto do instituto é, justamente, garantir o exercício normal dos direitos, em consonância com os princípios gerais e os valores fundantes do ordenamento; assim, BONANZINGA, Rosa Thea. *Abuso del diritto...*, cit., p. 03.
148. É sempre viva a preocupação, diante da necessidade de que o exercício do direito em causa seja valorado *a posteriori*, com os limites do emprego do instituto. Sobre o tema, advertindo para a necessidade de se atentar para o "abuso do abuso", ver NIGRO, Casimiro A. *Brevi note...*, cit., p. 2547B, nota 20.
149. D'ANTONIO, Virgilio. *Il danno ingiusto*, cit., p. 117. Cumpre aqui assinalar que, nesta linha, é possível identificar duas áreas de ação: uma primeira que, ao instituir uma nítida regra de validade, opera no âmbito contratual e implica na nulidade do acordo quando do exercício anormal do direito; uma segunda que, representando em uma regra geral de comportamento que se aplica inclusive às relações extranegociais, encontra na tutela ressarcitória a sua consequência para o caso de abuso. Assim, BONANZINGA, Rosa Thea. *Abuso del diritto...*, cit., p. 26-27.
150. Os elementos da *fattispecie* do abuso de direito podem ser assim sistematizados: a) titularidade de um direito; b) possibilidade de exercício deste direito a partir de mais de um esquema modal; c) verificação de um exercício concreto conforme a forma estabelecida pela lei, mas não consoante um critério outro de valoração, que pode ser mesmo extrajurídico; d) subsistência de uma desproporção apreciável, porém não justificável, entre o benefício retirado do exercício e o interesse de terceiro lesado. Vê-se, assim, não haver espaço à verificação do dolo enquanto elemento essencial (não obstante possa ser acidental). Fala-se, por isso mesmo, na substituição do elemento subjetivo da intenção de lesar pelo elemento objetivo da falta de utilidade do ato para o titular. Sobre o tema, NIGRO, Casimiro A. *Brevi note...*, cit., p. 2547B.
151. Neste aspecto, fica bem clara a diferença entre ilicitude pelo abuso e responsabilidade civil, sendo aquela um dos elementos da *fattispecie* que conduz a um dever de reparação. Ou seja, a caracterização do abuso de direito somente induzirá em responsabilidade civil quando este estiver associado ao dano e ao nexo de causalidade, os quais devem ser concorrentes. Sobre o tema, BONANZINGA, Rosa Thea. *Abuso del diritto...*, cit., p. 21. Exatamente por esta razão é que, como se terá oportunidade de declinar, o dispositivo que trata da matéria no Código Civil brasileiro comete uma imperfeição do ponto de vista da técnica, pois associa de modo estanque os conceitos de abuso de direito e de ato ilícito quando, na verdade, aparente que desejava falar de ilicitude.
152. Sobre o tema, NAVARRETTA, Emanuela. *Il danno ingiusto*, cit., p. 262. Para a autora, com o que se concorda, o dolo não é elemento que realiza o abuso (tanto que tem presença acidental na *fattispecie*), pois este decorre não da intenção do agente, mas da objetiva incorreção da sua conduta quando do exercício de uma posição jurídica. No mesmo norte, afirmando a natureza puramente objetiva do auso de direito, CORDEIRO, António Menezes. *Litigância de má fé...*, cit., p. 168.

que assume especial relevância em razão da valoração dos interesses do lesante e do lesado contrapostos[153].

Exatamente por isso, e à vista da irrelevância de uma valoração subjetiva quanto à ação abusiva apta a causar danos, deve-se reconhecer a existência – mesmo com toda a conflituosidade que isso represente – de um nítido regime de responsabilidade objetiva fundado na ilicitude que se materializa no abuso.

Isso fica bastante claro quando se toma por referência o preceito contido no vigente Código Civil brasileiro que, pela forma como redigido, bem representa a síntese da problemática ora posta por meio da existência de uma nítida hipótese de responsabilidade civil objetiva fundada na existência de ilicitude. Ou seja, por meio do preceito contido no artigo 187 já citado, introduziu-se regra que, ao prever hipótese de ilicitude por abuso de direito, dispensa o requisito da culpa para fins de imposição de dever de indenizar (isso quando combinado aquele preceito com o artigo 927 do mesmo Código)[154].

A forma como se processa a imputação de danos a partir do abuso de direito é inegavelmente excepcional sob o ponto de vista da gestão dos interesses postos no vigente sistema de responsabilidade civil. Isso porque não obstante objetiva, nela se encontra subjacente uma ideia de sanção ao ilícito que decorre do abuso[155], sanção esta que não está atrelada à culpa ou a qualquer outro pressuposto de matriz subjetiva, mas propriamente ao exercício anormal de um direito no qual o papel da vontade do agente é irrelevante.

Daí porque ser imprescindível repensar a forma como a conduta e os pressupostos a ela inerentes atuam em um regime geral de responsabilidade civil objetiva, pois ao passo em que, *a priori*, podem ser tidos como irrelevantes, trazem em si nuanças que não podem ser completamente desconsideradas no funcionamento perfeito de um autêntico sistema.

3. O PAPEL DA CONDUTA EM UM REGIME GERAL DE RESPONSABILIDADE OBJETIVA

A análise dos pressupostos aqui ditos subjetivos, pois associados precipuamente à conduta do agente causador do dano, desperta alguns questionamentos que devem ser superados para fins de viabilizar a estruturação de um regime geral de imputação

---

153. Dentre os pressupostos da *fattispecie* do abuso para fins de verificação da conveniência de uma obrigação reparatória deve ser ponderado com especial atenção o confronto entre o benefício obtido pelo titular do direito cujo exercício se pretende abusivo e o sacrifício inútil imposto ao *alter* que, em razão disso, torna-se a parte dita lesada. Por isso é que o dano decorrente deste juízo de valor assume um caráter objetivo, bastando apenas a efetiva verificação do prejuízo, independentemente de uma eventual intenção de lesar. Sobre o tema, NIGRO, Casimiro A. *Brevi note...*, cit., p. 2547B, especialmente nota 27.
154. Sobre a responsabilidade sem culpa decorrente da ilicitude por abuso de direito, ver MARTINS-COSTA, Judith. *Os avatares do abuso...*, cit., especialmente as p. 12 e ss.
155. BUSSANI, Mauro. *La responsabilità civile al tempo della crisi*. Rivista Trimestrale di Diritto e Procedura Civile, Milano, v. 69, fasc. 2, giu. 2015, p. 572.

objetiva. Isso porque não obstante apresentem-se *prima facie* irrelevantes, contêm ínsitos em si valorações de grande utilidade na seleção dos danos que se mostram dignos de uma tutela aquiliana diferenciada e que, por isso, não podem ser suprimidos simplesmente.

Daí porque a primeira premissa a ser demarcada diz respeito à relevância jurídica da situação de partida sobre a qual será estruturado um regime geral de responsabilidade objetiva, com especial ponderação sobre o critério em que se baseia a imputação: se a partir do fato danoso (ilícito ou não) ou do dano em si[156].

Esta discussão, aliás, no atual estágio da dogmática da responsabilidade civil, transcende mesmo as situações atinentes a um regime de impostação objetiva para abranger o instituto em si, devendo considerar-se, para tanto, que o ilícito não é fonte exclusiva da possibilidade da transferência de danos para pessoa diversa daquela que o sofreu[157]. E tal decorre do reconhecimento de uma necessidade de ampliação da tutela aquiliana cuja suficiência não se esgota na proteção dos interesses de natureza patrimonial tutelado pelo regime – hoje percebido como estreito – dos direitos subjetivos propriamente ditos.

Neste particular, é de se assinalar que as soluções jurídicas ao problema posto – necessidade de ampliação do âmbito protetivo da responsabilidade civil extracontratual – aparentam-se semelhantes nos sistemas sob comparação, não obstante trilhem caminhos diversos, convertendo o instituto em nítido instrumento que, por intermédio do reconhecimento de relevância jurídica a uma série de bens e de interesses, confere-lhes tutela por meio do ressarcimento em caso de lesão apta a comprometer as utilidades que deles decorrem[158].

Daí que a primeira conclusão que emerge destas constatações é no sentido de que uma tendência aflitiva enquanto reprovação da conduta deve, de qualquer sorte, considerar-se incompatível com a hodierna disciplina da responsabilidade civil, isso em razão de o cerne do instituto não mais poder estar centrado na conduta do agente e, por conseguinte, da imputação enquanto sanção por um ilícito[159]. E ainda de modo mais vivo quando se tem em conta um regime geral de responsabilidade civil objetiva, conforme proposta que aqui se está a desenvolver.

Não há dúvidas sobre a existência de uma concepção subjetivista que se apresenta enquanto dogma constitucional da responsabilidade penal, no sentido de exigir a pessoalidade e a consciência do agir do agente, tal qual vigeu por várias décadas em matéria civil. Todavia, a atual noção de responsabilidade civil – essencialmente a partir do amplo reconhecimento da possibilidade de imputação objetiva – permitiu ao dano assumir a função de epicentro da disciplina, quanto mais porque uma conduta

---

156. RODOTÀ, Stefano. *Il problema della responsabilità civile*. Milano: Giuffrè, 1967, ristampa, p. 47.
157. RODOTÀ, Stefano. *Il problema...*, cit., p. 52.
158. BARCELLONA, Mario. *La responsabilità extracontrattuale*, cit., p. 18.
159. RODOTÀ, Stefano. *Il problema...*, cit., p. 54-55.

humana bem delimitada e atribuível a um agente certo e conhecido sequer pode ser individualizada na totalidade dos casos[160].

Com isso, fala-se propriamente no reordenamento e na reelaboração, a partir de uma base sistemática, da disciplina da responsabilidade civil extracontratual, o que somente se apresenta possível a partir da superação de uma acepção tradicional e orgânica da matéria[161]. Nesta linha, conceitos tradicionais e até então imprescindíveis como "culpa", "imputabilidade", "ilícito", "antijuridicidade" e "abuso" passam a ser submetidos a uma revisão estrutural (quanto ao seu papel no juízo de imputação) e de conteúdo (quanto aos seus limites e contornos) para fins de compatibilizá-los às novas necessidades.

Todo este processo se dá tendo o dano como ponto de partida – e não mais a conduta lesiva – o que permite uma mudança de perspectiva relativamente à responsabilidade como um todo[162]. E bem caracteriza este fenômeno o abandono da sua ligação ao ideário sintetizado na resposta sancionatória ao ato ilícito que vem substituído pela ideia de gestão da reparabilidade dos prejuízos não consentidos[163].

O surgimento do dever de indenizar a partir de uma visão dita clássica pode ser sintetizado na figura do ato ilícito que, partindo, assim, de pressupostos ou

---

160. Está no centro deste fenômeno um inegável processo de despersonificação da ação danosa, que decorre da insuficiência da ideia de um indivíduo enquanto único centro de imputação; sobre o tema, CASTRONOVO, Carlo. *La nuova responsabilità civile*, cit., p. 276.
161. BONVICINI, Eugenio. *La responsabilità civile*. Milano: Giuffrè, 1971, t. I, p. 09.
162. CASTRONOVO, Carlo. *La responsabilità civile*, cit., p. 237.
163. Toda esta mutação de paradigma parece estar sendo bem percebida pela jurisprudência italiana, até mesmo em decorrência da sua rica vivência na concretização do conceito de dano injusto. Tem-se, assim, manifestado por diversas vezes no sentido do reconhecimento de quão obsoleta e ineficiente pode apresentar-se a manutenção de reminiscências penais no instituto da responsabilidade civil (mesmo no sistema geral do artigo 2.043). Daí porque a sua tendência em reconhecer que a centralidade do dano é não apenas premissa, mas primeira responsável pela revisão do alcance e da utilidade de uma série de conceitos oriundos do direito penal que, a partir de um novo paradigma, tendem a alterar o seu conteúdo ou a serem reconhecidos como inservíveis a um juízo de imputação de danos, assim entendido enquanto atribuição de responsabilidade reparatória. Neste específico particular, merecem destaque algumas decisões proferidas pela Corte de Cassação italiana, as quais têm sido lapidares no reconhecimento da superação do modelo punitivo enquanto uma resposta à conduta (ato ilícito) e, por conseguinte, da assunção pelo dano da condição de epicentro da imputação civil. Afirma-se, para tanto, que "nelle concezioni moderne della responsabilità civile la struttrutura della responsabilità aquiliana va costruita intorno al danno ingiusto anziché al fatto illecito, il che in effetti significa che ai fini della sanzione penale si imputa al reo in fatto-reato, ai fini della responsabilità civile si imputa il danno e non il fatto in quanto tale. E tuttavia un 'fatto' è pur sempre necessario perché la responsabilità sorga, giacché l'imputazione del danno presuppone l'esistenza di una delle fattispecie normative di cui all'art. 2043 c.c. e ss., le quali tutte si risolvono nella descrizione di un nesso che leghi storicamente un evento o ad una condotta o a fatti di altra natura che si trovino in una particolare relazione con il soggetto chiamato a rispondere" (ITALIA. Corte Suprema di Cassazione. Sezione Unite. Sentenza n. 584, di 11 gen. 2008. *In* Il Foro Italiano, Roma, fasc. I, 2008, p. 458). No mesmo sentido, reconhece-se que "[l]a responsabilità civile orbita intorno alla figura del danneggiato, mentre quella penale intorno alla figura dell'autore del reato (...). In ogni caso una responsabilità è pur sempre necessario, se non si vuole trasformare la responsabilità civile in un'assicurazione contro i danni, peraltro in assenza di premio (...). Il problema si sposta sul criterio di imputazione e sulle figure (tipiche) di responsabilità oggettiva, in cui è esatto che tale criterio di imputazione è segnato spesso da un'allocazione del costo del danno a carico di un soggetto che non necessariamente è autore di una condotta colpevole" (ITALIA. Corte Surema di Cassazione. Sezione Unite. Sentenza n. 581, di 11.01.2008. *In* Il Foro Italiano, Roma, fasc. I, 2008, p. 453).

elementos essenciais representados pelo dano, pela sua contrariedade ao direito, pela culpabilidade da conduta do lesante e pela relação de causalidade entre esta e o resultado danoso[164]. A compatibilização entre esta técnica de subsunção pura e a realidade subjacente a um regime geral de responsabilidade objetiva é que se apresenta enquanto tarefa a ser executada.

Daí porque apenas a partir de uma recontextualização é que a sua aplicação se torna viável, ao menos tendo em conta o ponto de partida dogmático inegavelmente relacionado às ideias de delito e de sanção. Tais esforços permitem atingir um grau de reassentamento orgânico da disciplina da responsabilidade por danos (para marcar a sua dissociação da responsabilidade por condutas), sem prejuízo de que o ponto de partida seja uma realidade dogmática preexistente, a partir da qual se poderá desenvolver um trabalho inovativo nas situações em que tal se fizer necessário. Com isso se pretende afirmar que não se trata de uma ruptura baseada no frívolo gosto pela desconstrução, mas um repensamento diante de uma inegável mudança de fisionomia do instituto, que deixa de estar centrado na conduta do agente para se balizar pelo dano sofrido pelo lesado[165].

Nesta linha, a já aludida perda de centralidade por parte do fato danoso é que acarreta a incompatibilidade entre a responsabilidade civil e uma feição preponderantemente sancionatória – sem prejuízo de que, eventualmente, possa assumi-la com vistas a promover a correção de imperfeições do sistema[166] – que até então se materializava por meio da indenização enquanto resposta a um ato culposo imputável ao lesante.

E a responsabilidade civil objetiva, no momento em que se alicerça sobre o dano juridicamente relevante ou, sob outro ângulo, que pretende dar uma resposta efetiva ao ofendido (e não ao ofensor)[167], deve assentar-se sobre pressupostos que tenham uma matriz objetiva e que estejam a ele relacionados, rompendo, assim, com a tradição da observância daqueles que se relacionarem exclusivamente à conduta, com a imputabilidade e a ilicitude.

Esta mudança de epicentro dá-se, consoante aludido precedentemente, não a partir da consagração de um princípio amplo de *neminem laedere;* representa, ao con-

---

164. BUSSANI, Mauro; INFANTINO, Marta. *La Corte costituzionale, l'illecito ed il governo della colpa.* In: BUSSANI, Mauro (a cura di). La responsabilità civile nella giurisprudenza costituzionale. Napoli: Edizioni Scientifiche Italiane, 2006, p. 03.
165. BONVICINI, Eugenio. *La responsabilità civile.* Milano: Giuffrè, 1971, t. I, p. 09-10.
166. Sobre este tema, que é reflexo, mas relevante ao debate que ora se apresenta, pede-se vênia, sem prejuízo da farta bibliografia existente a respeito, para reenviar a TEIXEIRA NETO, Felipe. *Há espaço para uma função punitiva da responsabilidade civil extracontratual? Um contributo da análise econômica do direito.* In: OTERO, Paulo; ARAÚJO, Fernando; GAMA, João Taborda da. Estudos em memória do Prof. Doutor J. L. Saldanha Sanches. Coimbra: Coimbra, 2011, v. 2, p. 269 e ss.
167. Fala-se, por isso, em uma prospecção vitimológica associada não à estigmatização de condutas culpáveis, mas à verificação, a partir de um juízo de ponderação entre os interesses envolvidos, de sobre qual sujeito se apresenta mais adequado transferir o peso econômico do dano. Assim, CARINGELLA, Francesco. *Studi di Diritto Civile.* Milano: Giuffrè, 2003, p. 10.

trário, um contraponto ponderado entre um autêntico regime de imputação delitual e aqueles baseados na pura causalidade. A tarefa para tanto estará na estruturação de um elemento normativo que faça as vezes de filtro dos danos que se mostram dignos de reparação, substituindo o vácuo deixado pela culpa e pela ilicitude, em especial a partir das suas vertentes mais recentes, já deveras objetivadas.

Devem ser observadas, neste particular, as facetas destes pressupostos que, sem prejuízo de extirpados, trazem em si alguma relevância – tal qual sucede com as causas de justificação, por exemplo – cumprindo estruturar uma construção dogmática que permita incorporá-las aos demais que serão exigidos como condicionantes ao nascimento da obrigação reparatória, dentre eles o dano em sentido jurídico e o nexo de causalidade, que assumirão inegável posição central no juízo de imputação.

Em suma, é viável por ora concluir que, num pretenso regime geral de imputação objetiva, no qual o dano assume posição central quando comparado àquele de matriz subjetiva (onde a valoração da conduta lesiva ainda goza de certo prestígio, permitindo atribuir relevância aos pressupostos a ela relacionados), a alternativa parece estar na absorção de parcela da função de filtro dos prejuízos dignos de tutela aquiliana – até então desenvolvida pela culpa e pela ilicitude por meio dos seus juízos de censura e desconformidade – por pressuposto outro que lhe seja compatível. E a consecução deste fim, conforme adiantado, dar-se-á por meio da reelaboração dos pressupostos ditos objetivos, como se passa a seguir.

Capítulo 4
OS PRESSUPOSTOS OBJETIVOS

Apreciados os pressupostos que, partindo de uma acepção dita clássica da responsabilidade civil, tendem a vir associados à conduta, o que permitiu, a partir do seu cotejo e do exame da sua compatibilidade com uma pretensa teoria geral da imputação objetiva, aferir o papel ocupado pela ação ou omissão lesivas que se colocam como objeto do juízo de imputação, cumpre examinar aqueles que se encontram diretamente ligados ao prejuízo em si.

E, partindo de uma linha sistemática de reconstrução teórica, podem ser elencados aqueles pressupostos assim entendidos como elementos objetivos da *fattispecie*, no caso, o dano juridicamente relevante e o nexo causal[1].

Por isso tudo é que a simples transposição dos preceitos penalísticos, a permitir conceber-se a responsabilidade civil enquanto uma resposta ao ato tido por ilícito ou antijurídico, é não apenas responsável pela insuficiência do recurso aos preceitos de ordem subjetiva, mas igualmente insatisfatória. Afigura-se, portanto, inadequada a atender aos anseios atualmente esperados da disciplina, quais sejam, a reparação e a prevenção de danos[2].

---

1. Assim, CASTRONOVO, Carlo. *Sentieri di responsabilità civile europea*. Europa e Diritto Privato, Milano, n. 4, 2008, p. 787-788. Com sistematização semelhante, CORDEIRO, António Menezes. *Da Responsabilidade Civil...*, cit., p. 423, fala em dois planos de verificação dos pressupostos da responsabilidade civil: um primeiro, de natureza fática, assim dito em razão de ser perceptível pelos sentidos e análogo ao aqui denominado objetivo, e um segundo, de natureza jurídica, pois relacionado ao agente e às consequências normativas da sua conduta. A problemática desta proposta ao plano de estudos em curso está no fato de que, contrariamente ao que se poderia supor a partir de uma linha teórica mais tradicional (*rectius*, mais conectada com a imputação idealizada a partir do ato ilícito), os elementos ora denominados objetivos não possuem mais uma natureza preponderantemente fática, porquanto deveras juridicizados a partir na concepção de responsabilidade civil que serve de marco teórico à teoria que se busca sistematizar. Por isso a opção pelo uso da dicotomia pressupostos subjetivos *versus* pressupostos objetivos.
2. RODOTÀ, Stefano. *Il problema...*, cit., p. 56-57. No que tange às funções da responsabilidade civil, consoante, aliás, mencionado precedentemente, já se teve oportunidade de defender a acidentalidade do intento punitivo, que deve fazer as vezes de fator de correção de eventuais imperfeições do sistema quando acarretem na sua ineficiência, não se constituindo, por isso, em missão precípua da disciplina, tal qual sucede com as responsabilidades penal e administrativa, por exemplo. Já no que guarda à função preventiva, consoante delineado quando do estudo dos fundamentos da responsabilidade civil, aparenta-se mais genuinamente conectada com a responsabilidade por culpa do que com aquela de caráter objetivo, já que, nesta, a prova pelo agente da adoção de medidas eficazes para evitar o evento não basta a elidir o seu dever de reparação. Sobre o tema, além do já tratado, consinta-se reenviar a TEIXEIRA NETO, Felipe. *Dano Moral Coletivo. A configuração e a reparação do dano extrapatrimonial por lesão a interesses difusos*. Curitiba: Juruá, 2014, p. 178; igualmente, TEIXEIRA NETO, Felipe. *Há espaço para uma função punitiva...*, cit., p. 269 e ss.

1. O DANO

Consoante já referido em momento anterior, é largamente corrente a afirmação no sentido de que o dano é o pressuposto central da responsabilidade civil, pois a sua ausência, em qualquer dos regimes vigentes, afasta a viabilidade da imputação civil. Não obstante seja uma afirmação que encerra certo consenso, não é de se desconsiderar que, em uma disciplina sempre propícia a debates e divergências, até mesmo questões centrais e aparentemente incontroversas parecem ser sempre postas a prova[3].

Neste cenário, apresentam-se no mínimo paradoxais os influxos da responsabilidade civil que, ao passo em que se volta ao dano e à sua reparação por meio do reforço dos regimes de imputação objetiva, abre-se igualmente a possibilidades que suscitam acalorado debate, pois tendentes a reconduzi-la a uma especial valoração da figura do lesante, por meio de um "direito das condutas lesivas" em contraponto a um "direito de danos", debate este que perpassa a sempre viva discussão acerca das funções do instituto[4].

Ocorre que, em matéria de demarcação do campo operativo da responsabilidade civil, parece gozar ainda de algum consenso o fato de que a identificação, dentre os diversos prejuízos inerentes à vida em sociedade, é a sua missão precípua para, a partir disso, determinar quais darão ensejo a uma obrigação indenizatória[5]. E não seria diferente no cenário de uma teoria geral da imputação objetiva.

---

3. Para um debate sobre a possibilidade de responsabilidade civil sem dano, ver CARRÁ, Bruno Leonardo Câmara. *Responsabilidade Civil sem Dano*. Uma análise crítica. Limites epistêmicos a uma responsabilidade civil preventiva ou por simples conduta. São Paulo: Atlas, 2015. Com uma visão crítica acerca da proposta, ALBUQUERQUE JÚNIOR, Roberto Paulino de. *Notas sobre a teoria da responsabilidade civil sem dano*. Revista de Direito Civil Contemporâneo, São Paulo, a. 3, v. 6, p. 89- 103, jan/mar. 2016.
4. Sobre o tema, LEVY, Daniel de Andrade. *Responsabilidade Civil*. De um direito dos danos a um direito das condutas lesivas. São Paulo: Atlas, 2012, p. 217 e ss. Alude-se à existência de um paradoxo, porque justamente a ablação de toda e qualquer reminiscência sancionatória, consoante largamente defendido precedentemente, parece negada por meio de pretensões que não apenas tratem de funções dissuasórias ou mesmo punitivas, mas venham mesmo a propor uma responsabilidade civil centrada da conduta lesiva, num nítido regresso às premissas que ensejaram a sistematização oitocentista e que restaram por ser depuradas ao longo do século XX. Ao que parece, o problema reside em se exigir da responsabilidade civil mais do que talvez ela tenha condições de dar sem ser desvirtuada por completo; daí que não obstante os objetivos que se pretendem alcançar sejam relevantes, nutrem-se reais dúvidas sobre a conveniência de relegá-los à responsabilidade civil e não a regimes jurídicos outros (como os de direito administrativo, v.g., para não falar no direito penal) que, na sua essência, têm por finalidade a resposta (sancionatória) ao ilícito ou mesmo a prevenção geral em si, que no campo da imputação de danos tenderiam a assumir relevância apenas reflexa.
5. ZWEIGERT, Konrad; KÖTZ, Hein. *Introduzione al Diritto Comparato*. Istituti. Edizione italiana a cura di Adolfo di Majo e Antonio Gambaro. Milano: Giuffrè, 1995, v. II, p. 316. A este respeito, refere TRIMARCHI, Pietro. *Istituzioni di Diritto Privato*. 18ed. Milano: Giuffrè, 2009, p. 109, que nem todos os danos são vedados, pois, por vezes, o desenvolvimento de uma série de atividades implica na causação de prejuízos a terceiros, prejuízos estes que poderão ou não constituir fonte de uma obrigação indenizatória. Esta demarcação do alcance do instituto da responsabilidade civil é que, na atualidade, vem atrelada ao conteúdo do conceito de dano juridicamente relevante, ou seja, aquele que efetivamente importa em matéria de imputação civil. Com igual opinião, dentre outros, MARTINS-COSTA, Judith. *Dano moral à brasileira*, cit., p. 7074, ao afirmar que os filtros de seleção da reparabilidade são imprescindíveis, pois a extensão dos bens jurídicos é demasiado alargada para que todo e qualquer prejuízo a eles causados possa ensejar uma reparação. Na mesma linha, MONTEIRO, Jorge Ferreira Sinde. *Responsabilidade por conselhos...*, cit., p. 175.

1.1 A construção da noção jurídica de dano

Tendo em conta as ressalvas referidas no preâmbulo e com o cuidado de não encerrar discussões que, neste momento, seriam descontextualizadas (para dizer o mínimo), é de se assinalar, ao menos a partir do corte cognitivo que pauta a investigação em curso, não existirem dúvidas de que o dano é não apenas importante, mas mesmo essencial à existência de um regime geral de responsabilidade objetiva. Tal leva em conta não apenas o intento reparatório perseguido pelo instituto, como também justifica a já tratada irrelevância (na sua feição tradicional) dos elementos subjetivos da *fattispecie*, sem prejuízo de funções outras que possam ser atribuídas à imputação.

Resta, por isso, num cenário de tentativa de estruturação de um regime unitário, demarcar no que consiste o dano dito imprescindível ao juízo de imputação[6] e quais são os seus contornos atuais, com uma posterior compatibilização destas conclusões no campo da responsabilidade objetiva enquanto instituto, sempre tendo em conta a diversidade de modelos e a sua conexão com os demais pressupostos ao surgimento do vínculo obrigacional em causa.

1.1.1 O dano em sentido naturalístico

Na tradição continental sistematizada a partir da codificação oitocentista, a par de os Códigos Civis, de regra, não definirem de modo direto no que consiste dano[7], segue-se a tendência da demarcação de um conceito unitário para o instituto. Tem-se nesta constatação dois pontos de significativa relevância que, aparentemente, poderiam parecer contraditórios entre si: o primeiro deles é a tendencial omissão legislativa na delimitação do conceito em causa, relegando tal missão à doutrina e à jurisprudência; o segundo, a unicidade do conteúdo atribuído ao pressuposto central da responsabilidade civil que, por isso mesmo, deve ter amplitude suficiente a abranger todas as situações submetidas a um juízo de imputação[8].

A estruturação inicial da responsabilidade civil (e do direito das obrigações como um todo) a partir do dogma da vontade, nos termos do qual em sendo livre para

---

6. Para se alcançar êxito neste propósito, não se pode deixar de ter no horizonte que por vezes são vacilantes os limites dogmáticos do interesse indenizável, nomeadamente tendo por perspectiva o amplo reconhecimento dos danos de natureza extrapatrimonial. Sobre o tema, MARTINS-COSTA, Judith. *Dano moral à brasileira*, cit., p. 7075.
7. Exceção à regra é o Código Civil austríaco que, no seu artigo 1293, estabelece que "[o] dano é todo o prejuízo que alguém sofre em seu patrimônio, nos seus direitos ou na sua pessoa". Sobre o tema, SILVA, Clóvis do Couto e. *O conceito de dano no direito brasileiro e comparado*. Revista dos Tribunais, São Paulo, v. 80, n. 667, p. 07-16, mai. 1991, p. 07.
8. A contradição decorreria justamente do fato de, em inexistindo uma definição legal para o instituto, a construção casuística dos seus termos pudesse, em tese, implicar em uma ausência de unicidade acerca da noção de dano, que poderia ser tão variada quanto fossem as situações em que delimitados os seus termos. Tal é o que ocorre, aliás, no universo jurídico dos países de *common law*, onde, sem prejuízo de alguns elementos comuns, pode-se encontrar mais de uma acepção para a noção de *dammage*. Sobre o tema, ALPA, Guido. *Diritto della responsabilità civile*. Roma-Bari: Laterza, 2003, p. 15.

agir, o sujeito deve responder pelos seus atos, implicou em uma redução da noção de dano, que seguiu a tendência de ser considerado, na gestão do dever de indenizar, enquanto mero apêndice do comportamento[9]. Isso porque todo o desenvolvimento da disciplina em causa, ao ser estruturado a partir do ato ilícito, vinha centrado nos pressupostos da culpa e da ilicitude enquanto juízos de desvalor/desconformidade elaborados a partir da conduta do agente – e não do dano sofrido pelo ofendido – que, em tal contexto, faziam as vezes de eficazes filtros demarcadores da ressarcibilidade.

É compreensível que, neste cenário, um conceito naturalístico de dano fosse suficiente a satisfazer as necessidades de uma estrutura dogmática não desenvolvida a partir da sua centralidade, bastando que o seu conteúdo reproduzisse, por isso mesmo, a supressão de uma vantagem materialmente perceptível[10] que, em momento posterior, seria convertida em pecúnia para fins de estabelecimento do objeto da prestação obrigacional[11]. Daí mesmo porque a prevalência, em uma realidade baseada em tais premissas, da ideia reducionista de dano enquanto sinônimo de prejuízo exclusivamente patrimonial[12].

A clássica representação deste pensamento veio bem sintetizada no conceito de dano erigido a partir da teoria da diferença (*Differenztheorie*), desenvolvida no seio da experiência alemã e vivamente acolhida nas mais diversas ordens jurídicas. Segundo a referida teoria, o objeto da reparação reside, como já indica a sua designação, na diferença verificada no patrimônio do lesado após o acontecimento do ato definível como fundamento de imputação, tendo-se como paradigma a sua

---

9. ALPA, Guido. *Diritto della responsabilità civile*, cit., p. 13.
10. MARTINEZ, Pedro Romano. *Direito das Obrigações*, cit., p. 98. Tanto que, a partir desta noção, é usual encontrar-se na doutrina as designações *dano real* e *dano de cálculo*, aquela correspondente ao "prejuízo concreto" sofrido pelo lesado e, esta, à "expressão monetária do dano de cálculo"; Igualmente, COSTA, Mário Júlio de Almeida. *Direito das obrigações*, cit., p. 595. A mesma classificação pode ser encontrada nas expressões dano em sentido real e dano em sentido patrimonial ou, ainda, dano real e dano em abstrato. Sobre o tema, VARELA, João de Matos Antunes. *Das obrigações...*, cit., p. 598; LEITÃO, Luis Manuel Teles de Menezes. *Direito das Obrigações*, cit., p. 333; TELLES, Inocêncio Galvão. *Direito das Obrigações*, cit., p. 375. Ainda a respeito, oportuna é a observação de PINTO, Paulo da Mota. *Interesse contratual positivo e interesse contratual negativo*. Coimbra: Coimbra, 2008, v. I, p. 543-544, nota 1577, para quem não se deve confundir as noções de dano real e de dano de cálculo com as de dano normativo e dano natural ou fático, pois dotadas de alcance diverso.
11. Não obstante, na atualidade, dê-se grande relevância às formas de indenização *in natura*, é de se assinalar que, associada a um conceito naturalístico de dano, era predominante a ideia de reparação por meio da transformação do prejuízo (de regra, material) em perdas e danos; sobre o tema, SILVA, Clóvis do Couto e. *Dever de indenizar*. In: FRADERA, Vera Maria Jacob de (org.). *O Direito Privado na visão de Clóvis do Couto e Silva*. Porto Alegre: Livraria do Advogado, 1997, p. 200. Tanto que, como observa MENDES, João de Castro. *O conceito jurídico de prejuízo*. Jornal do Fôro, Lisboa, 1953, separata, p. 05, a expressão dano foi largamente empregada como sinônimo de prejuízo ou mesmo de perdas e danos.
12. Neste sentido, ENNECCERUS, Ludwig. *Derecho de Obligaciones*. Atual. Heinrich Lehmann. Trad. Blás Pérez Gonzales e José Alguer. Barcelona: Bosch, 1933, v. I, p. 61. No mesmo norte, afirmando que o conceito jurídico de dano se expressa por meio da ideia de "menoscabo sofrido por um patrimônio", VON TUHR, Andreas. *Tratado de las Obligaciones*. Trad. W. Roces. Madrid: Reus, 1934, t. I, p. 57. Para uma síntese evolutiva acerca da indenizabilidade para além do mero prejuízo patrimonial, permita-se reenviar a TEIXEIRA NETO, Felipe. *Dano Moral Coletivo*, cit., p. 116 e ss.

situação em momento precedente[13]. Nesta linha, o dano enquanto pressuposto da responsabilidade civil corresponde à diminuição patrimonial efetivamente sofrida pelo lesado em razão da *iniuria*[14].

E a justificativa para a suficiência desta noção reside no fato de que, como dito, toda a estrutura da imputação – enquanto fundamento jurídico de verificação do dano que, à luz da ordem vigente, enseja a transferência dos ônus correspondentes ao lesante – vinha alicerçada na conduta do sujeito dito responsável que, para tanto, deveria ser culpável e antijurídica. O surgimento do vínculo obrigacional vinha legitimado e, por isso, tão somente condicionado à valoração jurídica do ato enquanto ilícito, fazendo com que bastasse a conexão entre ele (e todo o seu conteúdo normativo) e o prejuízo materialmente verificável no patrimônio do lesado por meio de um nexo de causalidade (também precipuamente fático)[15].

Nesta linha, o fato de a imputação estar centrada no ato ilícito e não na sua consequência, com inspiração nas regras de responsabilidade moral, permite o emprego de um conceito eminentemente naturalístico de dano que, desprovido de elementos normativos, mostra-se suficiente ao atendimento das necessidades correspondentes a tal estrutura de responsabilidade. Dito cenário tende a se alterar somente a partir do momento em que passa a preponderar uma análise objetiva do fenômeno como um todo, que por certo não se apresentava redutível a uma ação ou a uma omissão negligente, imperita ou imprudente e à diferença material dela decorrente[16].

1.1.2 A juridicização do dano

Constatada a necessidade de uma mudança de paradigma, a qual se justifica na superação dos limites de uma responsabilidade de elevada feição moral, centrada na reprovação da conduta do agente e na insuficiência da ideia de diminuição material enquanto representação da sua expressão, tal se reflete em fenômeno que surge associado à juridicização do conceito de dano. Seu conteúdo, assim, passa a

---

13. Trata-se de uma ponderação entre as situações materialmente verificáveis em momentos precedente e subsequente à prática do ilícito, correspondendo o dano à diferença naturalisticamente encontrada. Sobre o tema, ver a síntese de BUSNELLI, Francesco Donato; PATTI, Salvatore. *Danno e responsabilità civile*. 3ed. Torino: Giappichelli, 2013, p. 12. Também a este respeito, SCOGNAMIGLIO, Renato. *Responsabilità...*, cit., p. 222; CASTRONOVO, Carlo. *La nuova responsabilità civile*, cit., p. 12.
14. SCOGNAMIGLIO, Renato. *Responsabilità...*, cit., p. 219. Igualmente, assinalando a associação entre o conceito naturalístico de dano e a "diferença entre a situação patrimonial anterior e posterior à sua existência", ver SILVA, Clóvis do Couto e. *O conceito de dano...*, cit., p. 08. Ainda, identificando o conceito de dano estruturado a partir da teoria da diferença com uma intrínseca avaliação concreta e, por isso mesmo, naturalística, ver COELHO, Francisco Manuel pereira. *O problema da causa virtual na responsabilidade civil*. Coimbra: Almedina, 1998, reimp., p. 197-198. Com um sentido um pouco diverso sobre a teoria da diferença, COSTA, Mário Júlio de Almeida. *Reflexões sobre a obrigação de indemnização*. Revista de Legislação e de Jurisprudência, Coimbra, a. 134, 2002, 01 fev. – 01 mar./2002, p. 297 (p. 290-299), fala na sua utilidade enquanto critério de avaliação da indenização pecuniária e não propriamente como padrão de definição do dano em si.
15. A seleção dos danos passíveis de justificar um dever de reparar vinha estruturada por meio dos pressupostos da culpa e da ilicitude, os quais se concretizam a partir da conduta do lesado e não no prejuízo em si.
16. ALPA, Guido. *Diritto della responsabilità civile*, cit., p. 11.

ser associado não à simples ideia de diminuição patrimonial, mas à violação de um interesse juridicamente protegido[17].

Para tanto, a noção jurídica de interesse[18] tende a demarcar a extensão do prejuízo reparável que, por isso, não mais se satisfaz com o conceito reducionista forjado à luz da teoria da diferença, mas exige que tal fato concreto venha acompanhado de uma valoração normativa que se concretiza na ideia de violação de uma posição jurídica protegida pelo ordenamento[19].

Dita alteração paradigmática, ao passo em que jurisdiciza um conceito até então precipuamente naturalístico[20], agrega elemento de mobilidade ao sistema, deixando de se contentar com uma noção jurídica estanque, na medida em que não há variações quanto à constatação de uma diminuição patrimonial fisicamente perceptível[21]. Por consequência, o conteúdo do dano tende a oscilar ao passo em que se alargam as situações subjetivas dignas de tutela, permitindo, com isso, a introjeção de uma escala crescente de valores atribuídos à consciência social, de modo a ampliar a proteção de situações de natureza existencial[22].

---

17. Assim, LEITÃO, Luis Manoel Teles de Menezes. *Direito das obrigações*, cit., p. 512; ROCCA, Encarna. *Derecho de daños*. Textos y materiales. 5ed. Valencia: Tirant lo Blanch, 2007, p. 183. A identidade entre as noções de dano e de lesão da esfera jurídica de outrem é corrente na doutrina hodierna, sendo mesmo indicada como elemento objetivo caracterizador de todas as *fattispecie* de responsabilidade, pelo que adquire relevância em matéria de imputação objetiva, mesmo que, para tanto, pressuponha algum desenvolvimento no que tange à gestão dos pressupostos. Assim, VISINTINI, Giovanna. *Cos'è la responsabilità civile*. 2ed. Napoli: Edizioni Scientifiche Italiane, 2014, p. 104.
18. Conforme se recolhe em PINTO, Paulo da Mota. *Interesse contratual...*, cit., p. 528, a importância assumida pelo interesse na demarcação do objeto da responsabilidade civil permite mesmo falar-se em uma substituição da "teoria da diferença" pela "teoria do interesse", já que este é, em última análise, o próprio objeto da proteção jurídica, exsurgindo o dano quando constada a sua violação. Daí porque não ser infrequente a justaposição entre as noções de interesse e de dano, que vêm tratadas por muitos como sinônimos, com o que não se concorda, já que a violação do interesse é apenas um indício da existência de um prejuízo juridicamente relevante, sendo necessário, para além disso, a frustração de uma vantagem assegurada por este interesse.
19. SILVA, Clóvis do Couto e. *O conceito de dano...*, cit., p. 08. Conforme esclarece o autor, à noção naturalística de dano, que se materializa pelas leis da física, agrega-se a noção jurídica que decorre de uma seleção de fração do fato social para o fim de transmutá-lo em fato jurídico. Fazendo alusão ao mesmo fenômeno, ALPA, Guido. *Diritto della responsabilità civile*, cit., p. 04, fala em "integração entre realidade factual e formas jurídicas". Ainda sobre o mesmo fenômeno, BONILINI, Giovani. *Il danno non patrimoniale*. Milano: Giuffrè, 1983, p. 56, bem esclarece que a agregação da necessidade da violação de um interesse à modificação pejorativa que representa o dano em sentido lato é justamente a via pela qual se opera a seleção entre aqueles que serão ou não objeto de interesse ao direito.
20. Para uma crítica ao uso das designações *dano naturalístico* e *dano normativo*, diante da alegada imprecisão do seu conteúdo, pois também a ideia de lesão a interesse em razão de um certo acontecimento pode ser entendida como de cunho naturalístico, ver PINTO, Paulo da Mota. *Interesse contratual...*, cit., p. 544. Sem prejuízo do reconhecimento de alguma verdade na observação, o seu uso foi mantido na presente sistematização, diante do caráter elucidativo do pensamento que se busca representar.
21. Partilhando deste entendimento, MARTINS-COSTA, Judith. *Comentários ao novo Código Civil*. Do inadimplemento das obrigações. 2ed. Rio de Janeiro: Forense, 2009, v. V, t. II, p. 169-170. Para tanto, afirma a autora que "[o] que indica a noção normativa de dano, acolhida pela Teoria do Interesse, é que se impõe a verificação – além da existência de dano no sentido naturalista – de haver ou não interesse legítimo violado. Daí ser o dano dimensionado em relação ao legítimo interesse daquele que sofreu o dano, interesse, contudo, estabelecido nos limites da imputação".
22. ALPA, Guido. *Diritto della responsabilità civile*, cit., p. 04. Esta mutação conceitual corporizada pela juridicização do conceito de dano apresenta-se de grande importância à viabilidade do reconhecimento dos danos

Deve-se aqui assinalar que os instrumentos para esta juridicização não são unitários, pois ela se pode operar não apenas por meio da adição de um elemento normativo que se agrega ao próprio conceito naturalístico de dano (como seria preferível), mas também por intermédio do recrudescimento da importância e da autonomia do pressuposto da ilicitude, assim compreendido (como já se teve oportunidade de tratar) enquanto contrariedade ao direito que, de igual sorte, se manifesta na violação de um interesse juridicamente protegido.

O problema desta duplicidade de caminhos para a vivência do fenômeno em causa está justamente no fato de que, por vezes, o processo de juridicização passa a ser identificado como o próprio dano, o que é de certo modo reducionista. Tanto que não é infrequente encontrar-se na doutrina a afirmação de que dano é a lesão a interesse juridicamente protegido, o que pode induzir uma falsa identidade conceitual com o pressuposto da ilicitude.

A chave para a demarcação da importância autônoma dos pressupostos está no reconhecimento do campo de operatividade de cada um, não obstante se tratem de consequências distintas de uma mesma ocorrência ou, em uma linguagem figurativa, dos dois reversos de uma mesma medalha. Enquanto a ilicitude é juízo de desconformidade que se projeta sobre o agir do lesante em razão da violação de interesse juridicamente protegido, o dano materializa-se na perda de uma utilidade protegida suportada pelo lesado em razão desta mesma violação.

Por isso mesmo é que se deve constatar a insuficiência da associação referida para fins de conceituar o prejuízo juridicamente relevante, sendo mais adequado considerá-la enquanto elemento que se agrega àquele de cunho então dito naturalístico para fins de o juridicizar. Em outras palavras, a lesão/violação de interesse juridicamente protegido não representa o conceito de dano em si, mas o instrumento por meio do qual a sua accepção naturalística – facilmente perceptível pelos sentidos – juridiciza-se e, por isso, passa a ter relevância jurídica[23].

Disso se pode deduzir que o conceito normativo de dano[24] pressupõe um elemento factual materializado pela perda de uma utilidade propiciada por um bem objeto de proteção por parte do ordenamento[25], ao qual se alia um elemento normativo

---

de natureza extrapatrimonial e dos regimes de responsabilidade não baseados na culpa, pois, até então, um conceito meramente naturalístico aparentava-se suficiente à indenizabilidade dos danos patrimoniais e à legitimação dos regimes de natureza subjetiva (assim entendidos enquanto resposta ao ato ilícito).

23. A insuficiência da ideia de interesse lesado enquanto sinônimo de dano vem destacada, dentre outros, por FERRI, Giovanni B. *Oggetto del diritto della personalità e danno non patrimoniale*. Rivista del Diritto Comerciale e del Diritto Generale delle Obbligazioni, Padova, a. 82, n. 1-4, parte prima, gen./abr. 1984, p. 152.

24. Em verdade, o conceito ora apresentado seria melhor dito como híbrido e não propriamente normativo, já que agrega elementos da sua acepção naturalística à presença de um elemento juridicizante (por isso dito normativo). Para uma contundente crítica ao (genuíno) conceito normativo de dano, ver PINTO, Paulo da Mota. *Interesse contratual...*, cit., p. 546-547. Daí porque se mostra preferível, como se passa a fazer a partir do item seguinte, o uso da expressão dano juridicamente relevante para aludir a uma noção que vai além da mera diferença naturalística entre o antes e o depois.

25. CORDEIRO, António Menezes. *Tratado...*, cit. v. II, t. III, p. 527. Na mesma linha e com igual propriedade, SILVA, Manuel Gomes da. *O dever de prestar e o dever de indemnizar*. Lisboa: Tipografia Ramos, 1944, v. I,

representado pela ideia de lesão a interesse protegido, que se constitui, por isso, no seu fator juridicizante[26].

1.1.3 O dano juridicamente relevante

A partir da sistematização proposta, a doutrina comparatista costuma atentar, quando trata do alcance do conteúdo do conceito de dano, para a existência de dois modelos jurídicos especialmente relevantes, não obstante dotados de alguma diversidade: um primeiro, na linha do que sucede no direito francês ou nos sistemas da *common law*, no qual o ordenamento refere apenas a necessidade da existência de um dano – em sentido lato – para o surgimento do vínculo obrigacional; um segundo, tal qual se pode verificar dos sistemas jurídicos alemão e italiano, por exemplo, nos quais a ordem jurídica, já no preceito de regulação, traz um conceito qualificado de dano para fins de nascimento do dever de reparar, mesmo que os instrumentos de qualificação (*rectius*, juridicização) possam ser diferentes[27].

Enquanto na primeira situação é possível identificar um conceito ainda aparentemente naturalístico de dano, o qual, em momento posterior, será juridicizado pela atuação de outros elementos, na segunda, a juridicização é prévia e já decorre da própria disposição legal (em maior ou menor extensão), sem prejuízo de que venha a ser preenchida no caso concreto por meio da demarcação do conteúdo dos conceitos jurídicos empregados[28].

Não obstante o resultado prático atingido pelos sistemas possa até ser semelhante, sem prejuízo do maior ou menor caminho percorrido para se chegar num ponto aproximado de contato, uma construção dogmática baseada sobre o conceito qualificado de dano afigura-se bastante importante em um quadro geral de responsabilidade civil sem culpa. E isso especialmente em razão da falta de elementos outros que, num regime de imputação objetiva, poderiam fazer as vezes, pelos ditos caminhos diversos, de qualificadores da situação para fins de imputação civil (tal qual ocorre, no regime de impostação subjetiva, com a culpa, a ilicitude e a imputabilidade).

Contudo, para que se possa falar em ressarcimento, deverá ser aferida não a presença de um dano qualquer – assim entendido enquanto prejuízo não consen-

---

p. 123, fala em frustração dos fins que deixam de ser alcançados em razão da lesão ao bem jurídico correspondente. Na doutrina italiana é possível encontrar a alusão à ideia de "modificação pejorativa"; assim, BONILINI, Giovani. *Il danno non patrimoniale*, cit., p. 41.

26. BUSNELLI, Francesco Donato; PATTI, Salvatore. *Danno e responsabilità civile*, cit., p. 09.
27. Atento a esta última realidade, a doutrina tende a diferenciar o que se denomina dano em sentido comum, para aludir a toda e qualquer modificação pejorativa evidenciada em um determinado âmbito de relação jurídica, de dano ressarcível, que passa a ser aquele com efeito relevante no plano jurídico e que, por isso, será naturalmente mais restrito. Sobre o tema, BONILINI, Giovani. *Il danno non patrimoniale*, cit., p. 40-44.
28. CASTRONOVO, Carlo. *Sentieri di responsabilità...*, cit., p. 788-790. A propósito, o autor refere o § 823 do BGB e o artigo 2.043 do *Codice Civile*, que tratam do dano enquanto decorrência da lesão de um direito ou de uma situação jurídica. Não obstante no sistema francês esta associação não seja desconhecida, operar--se-á a partir da concretização do conceito de *faute* e não propriamente de uma qualificação do dano em si (mesmo que a partir de uma valoração da conduta).

tido que se projeta na esfera de terceiro – mas de um dano que seja juridicamente relevante, conceito sobre o qual, em última análise, vem fundada a responsabilidade civil como um todo[29].

Justamente esta necessidade de unificação da responsabilidade civil por meio de um conceito unitário e qualificado de dano (assim entendido como aquele juridicamente relevante) pode ser bem sentida nas tendências europeias de uniformização do tema. Neste sentido, os *Principles of European Tort Law (PETLs)*[30] e o *Draft Common Frame of Reference*[31], elaborado pelo *Study Group on a European Civil Code*, ambos com referência textual à expressão "dano juridicamente relevante" (*legally relevant damage*) em conexão com a ideia de prejuízo decorrente da violação de um interesse merecedor de tutela (*a legally protected interest*)[32].

No conceito de dano enquanto evento jurídico lesivo relevará especialmente os perfis de imputação da responsabilidade, tanto em plano subjetivo quanto objetivo[33]. Daí que, nesta linha, é usual na doutrina mais tradicional uma partição entre as noções de dano-evento, enquanto elemento integrado ao ato ilícito em si, e dano-consequência, enquanto resultado produzido na esfera da vítima, que passa a ter relevância jurídica sempre que evidenciada a sua origem na lesão de um interesse protegido[34].

E para que esta estruturação possa ser completa, a noção de dano deve ir além do seu sentido exclusivamente material, representado por uma diferença faticamente perceptível, sendo mais preciso considerar o seu elemento naturalístico enquanto a modificação negativa da realidade e não como a mera perda avaliável economicamente[35].

---

29. CASTRONOVO, Carlo. *Sentieri di responsabilità...*, cit., p. 789-790.
30. Art. 2:101. Dano ressarcível. O dano consiste numa lesão material ou imaterial a um interesse juridicamente protegido. In: EUROPEAN GROUP ON TORT LAW. *Principles of European Tort Law*. Wien: Springer, 2005, p. 25. Igualmente disponível em: <http://www.egtl.org/PETLPortuguese.html>; acesso em: 30 jan. 2020.
31. Especificamente no seu Art. 2:101, item (I), alínea (c), refere de maneira expressa, mesmo que alternativa, que "the loss or injury results from a violation of na interest worthy of legal protection". Para uma abordagem mais aprofundada a respeito, ver VON BAR, Christian. *The Common European Law of Torts* (Damage and Damages, Liability for and without Personal Misconduct, Causality and Defences). Oxford: Clarendon Press, 2000.
32. CASTRONOVO, Carlo. *Sentieri di responsabilità...*, cit., p. 791. Com uma aparente crítica à tendência, SILVA, Rafael Peteffi. *Antijuridicidade como requisito da responsabilidade civil extracontratual*: amplitude conceitual e mecanismos de aferição. Revista de Direito Civil Contemporâneo, São Paulo, v. 18, 2019, p. 169 e ss.
33. AUTORINO, Gabriella. *La responsabilità aquiliana...*, cit., p. 08.
34. BIANCA, C. Massimo. *Istituzioni di diritto privato*. Milano: Giuffrè, 2014, p. 562-563. Igualmente assinalando esta bipartição, não obstante reconheça que não se apresenta possível uma cisão conceitual entre o evento em si e a consequência que dele releva ao direito, ver BUSNELLI, Francesco D.; PATTI, Salvatore. *Danno e responsabilità civile*, cit., p. 30, nota 25.
35. CASTRONOVO, Carlo; MAZZAMUTO, Salvatore. *Manuale di Diritto Privato Europeo*. Milano: Giuffrè, 2007, v. II, p. 225. No mesmo sentido, assinalando a identidade entre o conceito de dano e a ideia de "modificação pejorativa de qualquer bem, considerado este na acepção corrente e ampla de ente que determina uma vantagem ou um benefício ao homem", o que satisfaz as necessidades de delimitação jurídica tanto dos prejuízos patrimoniais como dos não patrimoniais, BONILINI, Giovani. *Il danno non patrimoniale*, cit., p. 58. Tanto que, seguindo esta linha de concretização, os danos extrapatrimoniais teriam a sua concretização associada não apenas à ofensa de um interesse de mesma natureza (não patrimonial), mas à necessidade de que tal se desse com tamanha intensidade ao ponto de comprometer a proteção por eles assegurada à própria

Assim é que todos estes desdobramentos permitem a associação entre o dano juridicamente relevante e aquele representado pelo seu conceito juridicizado, não no senso puramente normativo identificado com a lesão de um interesse, mas num sentido complexo segundo o qual a perda de uma utilidade tutelada pelo direito, para ganhar relevância jurídica, precisa ser qualificada. Por isso a existência de lesão a uma situação jurídica não elimina/oblitera o dano enquanto perda, mas o insere no discurso jurídico, atribuindo-lhe relevo para fins de incidência da responsabilidade civil[36].

Confirmada a imprescindibilidade de que o dano, para ter importância jurídica, ou seja, para ser considerado juridicamente relevante, deve ser qualificado, várias são as possibilidades ou meios de o fazer. Todavia, é certo que esta qualificação, para ser eficiente e se inserir de modo satisfatório em um sistema atípico (nos moldes dos sob comparação)[37], deve ser dotada de certo grau de elasticidade, o que se apresenta factível por intermédio da conexão com a ideia de consequência da violação de um interesse merecedor de tutela[38].

E esta elasticidade decorre não apenas da necessidade de proteger um número aberto de situações existenciais – por isso mesmo a atipicidade do sistema, que se satisfaz com a lesão de qualquer interesse, desde que objeto de proteção pelo ordenamento jurídico –, mas também de alcançar prejuízos de cunho patrimonial e extrapatrimonial, abrindo, com isso, ambos os elementos integrantes do dano juridicamente relevante (elemento jurídico ou normativo e elemento naturalístico).

Tais considerações permitem estabelecer, seguindo a linha de sistematização até aqui desenvolvida, que o dano juridicamente relevante pode ser entendido como a perda de utilidade propiciada por um interesse protegido em razão de uma violação ilegítima contra ele perpetrada; ou, de outro modo, como uma qualificação jurídico-normativa que se atribui a um prejuízo sofrido por determinado sujeito em uma dada esfera de interesses objeto de tutela pela ordem vigente[39].

O dano, assim, assume um conteúdo juridicizado, atípico e de conformação ampla, que se concretiza por meio da verificação de dois planos imprescindíveis

---

dignidade humana do sujeito; sobre o tema, MORAES, Maria Celina Bodin de. *A constitucionalização do direito civil e os seus reflexos sobre a responsabilidade civil*. Direito, Estado e Sociedade, Rio de Janeiro, v. 9, n. 29, p. 233-258, jul./dez. 2006, p. 247.

36. CASTRONOVO, Carlo; MAZZAMUTO, Salvatore. *Manuale...*, cit., p. 237-238. A respeito, referem os autores que a perda pura e simples é característica dos sistemas de *common law*.
37. A questão da (a)tipicidade do ilícito, tema sempre recorrente na doutrina quando se fala na cláusula de *ingiustizia de danno*, não receberá um tratamento específico e aprofundado no presente momento, seja porque é consenso que os três sistemas sob comparação, em maior ou menor grau, adotam um sistema atípico, seja porque, mesmo os sistemas alemão ou de *common law*, nomeadamente associados à tipicidade do ilícito, vem sofrendo um expressivo abrandamento por meio do trabalho de interpretação a partir dos modelos originais, tornando-se, na atualidade, mais próximos da realidade vivenciada nos sistemas abertos. Daí a aparente perda de espaço para a referida discussão, que dominou o cenário no campo doutrinário italiano por longos anos, mostrando-se oportuno um autêntico "cambio di prospettiva". Sobre o tema, ALPA, Guido. *La responsabilità...*, cit., p. 159.
38. CASTRONOVO, Carlo. *Sentieri di responsabilità...*, cit., p. 790.
39. ALPA, Guido. *Diritto della responsabilità civile*, cit., p. 08.

– da perda de uma utilidade decorrente da fruição de um bem acrescida da lesão ao interesse jurídico a ele associado – e se materializa na dualidade patrimonial-extrapatrimonial[40].

1.2 Dano juridicamente relevante e imputação objetiva

Identificados os contornos que, na atualidade, são atribuídos ao conceito de dano para o fim de que possa ser considerado juridicamente relevante e, bem assim, permita à responsabilidade civil desempenhar as funções que dela são esperadas, cumpre aferir, num sistema geral de responsabilidade objetiva, a forma como tal pressuposto se comporta.

Para isso, é de se assinalar que, consoante adiantado precedentemente, o fato de alguns dos pressupostos clássicos terem a sua relevância suprimida nesta forma de imputação torna os elementos normativos que se inserem naqueles até então preponderantemente fáticos portadores de expressiva relevância na seleção dos danos dignos de ressarcimento[41].

Isso porque num regime de pressupostos no qual a culpa, a ilicitude e a imputabilidade, com acentuada natureza normativa, têm a sua verificação suprimida, faz-se mister que, em a simples previsão legal de imputação objetiva não sendo eficiente a fazer as vezes de filtro de seleção dos danos ressarcíveis, diante do incremento da complexidade das situações que lhe são postas, os remanescentes, até então precipuamente factuais, tenham que desenvolver facetas de natureza jurídica com o intento de satisfazer tal finalidade.

---

40. A demarcação da diferença entre dano patrimonial e dano extrapatrimonial é, até os dias atuais, ainda rica em controvérsias, sendo três as linhas estruturantes para este fim: uma primeira, que parte da natureza do interesse jurídico violado; uma segunda, que se estabelece a partir dos efeitos da lesão; e uma terceira, conciliatória de ambos os critérios anteriores. A doutrina tende a inclinar-se pelo primeiro, associando o dano extrapatrimonial à lesão de interesses de natureza pessoal ("direitos de personalidade, em amplo espetro"); assim, MARTINS-COSTA, Judith. *Dano moral à brasileira*, cit., p. 7084. Partindo-se do conceito de dano juridicamente relevante antes apresentado (constituído por uma dupla faceta, ou seja, pela lesão de interesse e pela frustração de utilidade), tem-se alguma dúvida quanto à suficiência deste critério, pois situações ocorrerão em que mesmo violado um interesse de natureza pessoal (*v.g.*, direito à imagem), poder-se-á verificar uma perda de utilidade de natureza patrimonial (*v.g.*, perda de clientela). A temática, ao que se vê, é deveras complexa. Não obstante, especialmente para a estruturação de um regime geral de responsabilidade objetiva, não é propriamente central, já que o dano em si (seja patrimonial, seja extrapatrimonial) basta à satisfação da estrutura de imputação, desde que satisfeito o conceito qualificado antes posto como imprescindível.
41. Neste sentido e a partir de uma perspectiva clássica de agrupamento dos pressupostos (por isso especialmente aplicável ao regime de imputação subjetiva), cumpre recordar a divisão do exame da imputação em dois planos de verificação: um fático, no qual se inserem o fato, o dano e o nexo causal, e outro jurídico ou normativo, no qual se examinam a culpa e a ilicitude enquanto elementos integrantes do ato ilícito. Sobre o tema, CORDEIRO, António Menezes. *Da Responsabilidade Civil...*, cit., p. 423-424. Em um regime de imputação objetiva, esta bipartição perde o sentido, pela irrelevância do dito plano jurídico, o que implica na necessidade de que alguns dos seus elementos normativos sejam absorvidos pelos pressupostos remanescentes que, assim, necessitam ser de algum modo juridicizado e, por isso, não mais podem ser ditos simplesmente fáticos.

1.2.1 O elemento qualificador do dano

Nos termos do que fora tratado, o elemento normativo que se agrega à noção naturalística de dano para fins de torná-la juridicamente relevante não é uma novidade na riqueza das mais variadas experiências jurídicas, inclusive daquelas que, no âmbito comparativo proposto, despertam especial atenção ao presente estudo. E, neste cenário, tal mister pode ser desempenhado por valorações de cunho normativo amplo, que se manifestam, isolada ou cumulativamente, nos diversos pressupostos que o integram para fins do surgimento do vínculo obrigacional indenizatório[42].

Em um juízo tradicional de responsabilidade civil, não se verificam maiores dificuldades a respeito, mesmo quando, aos moldes franceses, esta aferição vem realizada por meio de um pressuposto único e envolvente (modelo monista) de uma série de valorações, tal qual ocorre com o conceito jurídico de *faute*[43]. Ou mesmo em um sistema dual (modelo dualista)[44], de inspiração alemã, em que o intérprete deve aferir a existência da culpa e da ilicitude, de modo autônomo e com atenção a toda a riqueza dogmática que cada um dos conceitos encerra, consoante se verifica na atual tradição portuguesa, por exemplo[45]. Em ambos, ao que se vê, a noção de dano tende a apresentar-se de maneira menos complexa, pois os demais pressupostos fazem esta vinculação com a ideia de desconformidade ao direito, a qual, em última análise, constitui-se em um dos elementos de legitimação da transferência do prejuízo do lesante para o lesado.

---

42. A alusão à violação de interesse juridicamente protegido enquanto elemento imprescindível a agregar certa carga de normatividade ao conceito de dano é consensual nas experiências jurídicas continentais, inclusive naquelas ora sob comparação, constituindo-se, não raro, em pressuposto autônomo do juízo de imputação. E tal se poderá dar, consoante já averiguado, por meio de aferição que se desenvolve seja através da própria culpa (na sua acepção francesa, por exemplo), da ilicitude e da antijuridicidade – todas vinculadas à conduta, mas, também, mesmo que indiretamente, ao prejuízo que dela decorre e, por isso, torna-se juridicamente relevante – ou, ainda, da injustiça do próprio dano, na tradição italiana. A aferição da melhor alternativa a suprir eventual lacuna de legitimidade em um sistema de imputação objetiva alargado é que se constitui em tarefa a ser vencida.
43. Como já se teve oportunidade de assinalar, a experiência jurídica brasileira é muito curiosa neste particular. Isso porque não obstante a sua produção doutrinária e a própria acepção das regras constantes no seu Código Civil induzam, na linha da tradição portuguesa, uma aferição autônoma dos pressupostos ditos normativos, valorando-se culpa e ilicitude com completa autonomia (fática e conceitual), esta acaba não sendo a praxe nos Tribunais. Assim é que a verificação do surgimento do dever de indenizar, na prática, tende a seguir uma lógica por vezes um tanto voluntariosa, com a averiguação das circunstâncias concretas pelo julgador sem um maior rigorismo quanto à demarcação das figuras em questão, o que permite transparecer ainda reminiscências a uma experiência unitária, nos moldes daquela corporizada pelo conceito francês de *faute*. A justificativa para tanto está exatamente na inegável influência francesa na primeira codificação civil, influência esta que reverberou na doutrina da época e tendeu a permanecer nas lides forenses mesmo à vista de um maior refinamento das categorias jurídicas (por influência da terceira sistemática, introjetada no Brasil a partir da influência que se fez sentir por intermédio do Código Civil português de 1967). Sobre o tema, cuja complexidade é apenas reflexa ao debate ora em tela, já que relacionada precipuamente ao sistema tradicional de imputação subjetiva, permita-se reenviar a TEIXEIRA NETO, Felipe. *A ilicitude enquanto pressuposto da responsabilidade civil delitual*: um exame em perspectiva comparada (luso-brasileira). Revista da Jurídica Luso-Brasileira, Lisboa, a. 3, n. 6, p. 1163-1190, 2017.
44. Para um desenvolvimento mais aprofundado a respeito os ditos modelos "monista" e "dualista", ver CORDEIRO, António Menezes. *Da responsabilidade...*, cit., p. 424.
45. Sobre o tema, inclusive com um rico apanhado acerca da jurisprudência portuguesa, comprovando-se a "viragem" para o modelo germânico quando da valoração dos pressupostos, ver CORDEIRO, António Menezes. *Tratado...*, cit., v. II, t. III, p. 368-372.

A dificuldade se põe de modo especial em um sistema geral de imputação objetiva, diante da supressão destes pressupostos ditos normativos, restando apenas a previsão legal de responsabilidade que, aparentemente, se satisfaz com a presença do dano e do nexo de causalidade entre ele e o agente a quem se visa a impor uma obrigação reparatória[46]. E talvez seja, justamente, apenas a exigência dos pressupostos fáticos associados à previsão legal de imputação objetiva que, por vezes, crie situações *sui generis*, nas quais não obstante uma percepção empírica recomendasse uma ausência de responsabilidade, a inexistência de outros filtros – que lhe pudessem obstar – implica no surgimento do dever de reparação[47].

Tendo em conta as formulações mais tradicionais sobre os regimes de responsabilidade objetiva, ao menos aquelas que por primeiro receberam um tratamento legislativo, pensou-se que a simples previsão legal da dispensa da culpa, diante da sua fragmentária taxatividade (o que permitiria a regulação de grupos mais ou menos bem delimitados de casos), fosse suficiente a legitimar um dever de indenizar apenas à vista do dano e do nexo de causalidade.

Com o incremento da complexidade social e, bem assim, da multiplicação de situações submetidas a regimes de imputação objetiva, as situações a eles relacionadas passaram a ser deveras alargadas e heterogêneas, a demandar o aprimoramento de um sistema de filtros dos danos (não das condutas) sobre os quais se projetam, sob pena de se substituir um autêntico regime de responsabilidade – com todas as suas características intrínsecas – por situações muito próximas de sistemas *no-fault*[48] ou mesmo securitários camuflados[49].

---

46. Ou seja, com aqueles pressupostos que, no então dito processo de responsabilização sistematizado por CORDEIRO, António Menezes. *Da responsabilidade Civil...*, cit., p. 423, vêm inseridos num plano, em tese, fático de valoração.
47. Mesmo que não especificamente acerca das situações submetidas a regimes de responsabilidade objetiva, MARTINS-COSTA, Judith. *Dano moral à brasileira*, cit., p. 7074, adverte quanto à importância dos filtros que fazem a seleção entre o dano qualquer e o dano digno de tutela; nas palavras da autora, "nenhum sistema jurídico [...] pode conviver com a ausência de tais filtros ou critérios para a identificação de danos indenizáveis", o que não é diverso em um regime geral de responsabilidade objetiva.
48. Neste aspecto, não é demais lembrar o que tem sucedido nas últimas décadas em matéria de responsabilidade civil do Estado, na qual o alargamento demasiado do instituto, que passa a encontrar legitimação generalizada e vem fundado, no mais das vezes, na mera causalidade, tem atribuído ao erário uma função mais próxima de garantidor do que de legítimo responsável. Sobre a problemática do tema, que deliberadamente deixou de ser tratado na presente investigação diante da sua vinculação mais próxima ao direito público, ver as observações de CAHALI, Yussef Said. *Responsabilidade Civil do Estado*. 3ed. São Paulo: Ed. RT, 2007, p. 32 e ss., com especial advertência acerca de quão equívoca pode-se apresentar uma responsabilidade civil do Estado em termos quase ilimitados. Também sobre o tema, GOMES, Carla Amado. *Textos dispersos sobre direito da responsabilidade civil extracontratual das entidades públicas*. Lisboa: AAFDL, 2010, p. 15 e ss., quando reflete sobre os limites da responsabilidade estatal por atos omissivos e a necessidade da existência de "trinco" ou filtro que delimite até onde se pode chegar com os deveres de reparação. Ainda, com oportunas reflexões sobre este fenômeno, representado pelas situações nas quais o Estado chama para si o encargo do ressarcimento em decorrência de determinadas atividades danosas, ver PONZANELI, Giulio. *La responsabilità civile*, cit., p. 20-21.
49. Não há dúvidas que a responsabilidade objetiva – cujas funções sancionatória ou mesmo preventiva restam sobremaneira mitigadas, diante do fundamento da imputação, não obstante ao menos reflexamente possa-se identificar algum traço de *deterence* – e os seguros obrigatórios atuam, de certa medida, em áreas

É justamente neste cenário – e tendo em conta as ponderações traçadas quanto aos papéis da imputabilidade e da ilicitude em um regime de responsabilidade sem culpa – que assume especial importância a (re)estruturação de um elemento qualificador do dano que, ao lado dos fatores de juridicização também agregados ao nexo de causalidade, possa fazer as vezes, em conjunto com a própria previsão normativa de imputação (que exerce um primeiro controle, mesmo que um tanto evanescente), de seletor das situações em que a imputação efetivamente se justifica e legitima.

Neste particular, as experiências portuguesa e brasileira parecem pouco poder contribuir, pois ou juridicizam reflexamente o conceito de dano por meio do pressuposto da ilicitude (em um regime fundado no ato ilícito)[50], ou se satisfazem, nos regimes de imputação objetiva, à vista da previsão legal de dispensa expressa da culpa, associada à presença do dano e do nexo causal[51], ao menos tendo em conta uma perspectiva tradicional de exame do fenômeno em causa.

A realidade jurídica italiana, então, surge como portadora de uma vivência rica ao longo dos mais de setenta anos de vigência do *Codice* de 1942, que se construiu a partir da evolução da concretização do conceito de *danno ingiusto* introduzido pelo seu artigo 2.043, especialmente tendo em conta que o entendimento preponderante na doutrina é que nele se centra toda a estrutura da responsabilidade civil extracontratual, e não apenas aquela de natureza subjetiva prevista diretamente no aludido preceito (que faz alusão à culpa), como uma leitura inicial poderia induzir. Tanto que o denominado princípio da indenizabilidade do dano injusto passa a ser

---

muito próximas, especialmente quando associado a situações em que, normalmente, a ocorrência de danos é fato relevante ao ponto de demandar uma maior socialização dos prejuízos. Todavia, constituem modelos diferentes de resposta a um mesmo fenômeno, o qual, em verdade, é apenas em parte coincidente, especialmente tendo em vista a amplitude das suas atuais previsões que, como visto, vão muito além das hipóteses de risco propriamente dito. Sobre o tema, TROISI, Claudia. La responsabilità oggettiva. In: STANZIONE, Pasquale (dir.). Trattato della Responsabilità Civile. Responsabilità extracontrattuale. Padova: CEDAM, 2012, v. II, p. 579. A grande diferença entre os dois institutos reside no fato de que ao contrário da responsabilidade objetiva, na qual é o lesante que suporta o prejuízo, no seguro de responsabilidade a socialização dos riscos é ainda mais intensa, pois os ônus correspondentes são impostos a uma coletividade, permitindo, com isso, uma alargada repartição social de riscos e danos; sobre o tema, MONTEIRO, António Pinto. *A responsabilidade civil no direito contemporâneo*. In: MARTINS, Ives Gandra da Silva; CAMPOS, Diogo Leite de. O direito contemporâneo em Portugal e no Brasil. Coimbra: Almedina, 2003, p. 324.

50. Tanto por isso as longas discussões na doutrina portuguesa, por exemplo, acerca do cabimento da indenizabilidade dos danos puramente patrimoniais, diante da aparente falta de um direito geral ao patrimônio que reste violado como premissa à juridicização do prejuízo correspondente a estas situações. Sobre o tema, com um completo panorama da situação no ordenamento jurídico português, especialmente a partir da sua interface com a experiência germânica acerca do tema, ver LEITÃO, Adelaide Menezes. *Normas de proteção e danos puramente patrimoniais*. Coimbra: Almedina, 2009, especialmente p. 639 e ss. Ainda a respeito, VASCONCELOS, Maria João Sarmento Pestana de. *Algumas questões sobre a ressarcibildiade delitual dos danos patrimoniais puros no ordenamento jurídico português*. In: ANTUNES: Ana Filipa Morais et al (org.). Novas Tendências da Responsabilidade Civil. Coimbra: Almedina, 2007, p. 147 e ss.

51. Neste particular, considerando que, por vezes (especialmente no sistema jurídico brasileiro), o preceito que traz a dispensa da culpa é estruturado a partir de um suporte fático hipotético deveras alargado, tem-se situações de imputação de danos que se aproximam em muito da mera causalidade, o que tem potencial para causar algumas distorções à vista das possibilidades variadas de concretização da regra de responsabilidade objetiva.

entendido como verdadeira cláusula geral de responsabilidade civil (não circunscrita à imputação a partir do ato ilícito) – nos mesmos moldes, aliás, do que sucede com a boa-fé – porquanto não é a norma que faz a valoração dos prejuízos que serão dignos da tutela aquiliana, mas o aplicador quando da concretização da hipótese aberta que se materializa no conceito de dano injusto[52].

Daí a pertinência de que se examine com mais atenção o paradigma de responsabilidade construído a partir da cláusula do dano injusto, na expectativa de, por meio da sistemática que lhe serve de instrumento de operacionalização, lograr-se identificar caminho hábil o bastante a estruturar um conceito juridicizado de dano que satisfaça as necessidades de um regime geral de imputação objetiva.

1.2.2 O paradigma do dano injusto

Consoante já aludido precedentemente a partir de um prisma histórico-evolutivo do sistema italiano, era possível verificar, na doutrina que se desenvolveu nos anos subsequentes à promulgação do *Codice Civile* de 1942, uma identidade entre o conteúdo da expressão *ingiustizia* introduzida no seu artigo 2.043 e o conceito clássico de ilicitude civil, ambos individualizados como lesão a um direito absoluto. Verificou-se, contudo, especialmente a partir da década de 60 do século passado, uma ampla alteração acerca da interpretação sobre o seu alcance, no sentido de lhe agregar diversas funções e, bem assim, de reler o dispositivo legal precitado como uma autêntica cláusula geral inovadora e, por isso, rica de possibilidades diante de novas e imperiosas necessidades de concretização da responsabilidade civil[53].

Nesta linha de concretização, deve-se bem atentar para o fato de que a tradução da expressão injustiça do dano não se pode pretender unitária, devendo abranger não apenas a sua função enquanto critério seletivo dos interesses merecedores de tutela, mas também como critério de seleção dos danos ressarcíveis, inclusive quando associados não aos interesses em si, mas aos bens jurídicos que restaram lesados[54]. Constitui-se, portanto, em conceito de conteúdo complexo que, para ser concretizado, deve levar em consideração os seus antecedentes em conjunto com o intento que se buscou atingir com a sua introdução no sistema jurídico, especialmente a partir da interpretação que lhe foi dada, em nítida ruptura com a tradição do Código Civil anterior[55].

---

52. GALGANO, Francesco. *Tratato*..., cit., p. 927-928.
53. Assim, ALPA, Guido. *La responsabilità*..., cit., p. 158. Dentre as acepções absorvidas pela cláusula geral da injustiça do dano, o autor faz referência ao seu conteúdo, que se apresenta multifacetado e identificável com as fórmulas típicas ou atípicas que preveem a lesão a direito subjetivo propriamente dito ou mesmo a interesse juridicamente protegido, com a noção de antijuridicidade na sua associação com a culpa e como fórmula aberta à concretização judicial com vias a permitir o balanceamento entre os interesses em jogo.
54. ALPA, Guido. *La responsabilità*..., cit., p. 160.
55. Sobre o tema, especialmente tendo em conta a imperiosidade de se reconhecer a forma de atuação estrutural da cláusula geral em questão, compreendendo a "ingisutizia del dano come categoria di mezzo tra *Code Civil* e BGB", ver as ponderações de CASTRONOVO, Carlo. *La responsabilità civile*. Esperienze europee a

O ponto de partida para esta concretização está no reconhecimento da mudança de referencial, já que a injustiça vem relacionada pela letra da lei ao dano e não à conduta. Disso se extrai, exatamente na linha que em muito interessa à investigação em curso, que a direta relação entre dano e injustiça estabelecida faz passar ao primeiro plano o fato objetivo da lesão, atribuindo maior relevância à vítima em comparação ao agente[56].

Portanto, a ideia de injustiça qualifica o dano – e não a conduta – em senso de relevância para a responsabilidade civil, ou seja, atribui-lhe uma conotação jurídica enquanto requisito imprescindível a torná-lo relevante ao nascimento de um vínculo obrigacional reparatório[57]. Ou, dito de outro modo, a injustiça usada pela lei enquanto qualificação do dano introduz a lesão no próprio prejuízo, fazendo com que seja ele o ponto de partida da imputação e não a violação em si de um interesse juridicamente protegido[58].

A primeira conclusão que se pode extrair disso é, pois, no sentido de que a injustiça do dano não se restringe à mera antijuridicidade da conduta, manifestando-se, neste cenário, como o perfil objetivo do ilícito, apto, portanto, a delimitar a concretização de hipóteses de conflito de interesses[59]. Disso se deve inferir que a tomada do dano enquanto ponto de referência para a injustiça tem em si um sentido e uma função particulares que precisam ser bem percebidos[60], os quais se mostram, por isso, imprescindíveis à adequada compreensão do modelo paradigmático ora em análise.

A teoria geral da responsabilidade civil dita subjetiva, por lançar mão da culpa ou do dolo enquanto elementos de imputação, deriva da concepção de responsabilidade enquanto sanção ao ilícito, pelo que se centra no questionamento sobre o comportamento do lesante[61]. Ocorre que o sistema proposto por meio do dano injusto representou uma ruptura com esta tradição, diante da centralidade do dano

---

confronto. In: AAVV. I cento anni del Codice Civile tedesco in Germania e nella cultura giuridica italiana. Atti del Convegno di Ferrara 26-28 settembre 1996. Padova: CEDAM, 2002, p. 396-399.
56. RODOTÀ, Stefano. *Il problema...*, cit., p. 107.
57. Assim é que o dano assume relevância ao juízo de imputação civil através de um processo de juridicização que o aproxima de uma conotação normativa, mesmo que não em uma acepção pura. Sobre o tema, CASTRONOVO, Carlo. *Sentieri di responsabilità...*, cit., p. 791-792.
58. CASTRONOVO, Carlo; MAZZAMUTO, Salvatore. *Manuale...*, p. 237. Nas precisas palavras dos autores, "l'ingiustizia, usata dal legislatore italiano a qualificare il danno introduce per così dire la lesione nel danno, il che significa che nel giudizio di responsabilità il punto di partenza non è la lesione ma il danno, cosa che è stata sostenuta e ripetuta, come mutamento della prospettiva relativa alla responsabilità, ma che non tutti si sono resi conto essere la lettera stessa dell'art. 2043 a imporre di fare". Pede-se vênia pela insistência no reforço da constatação, mas tal se justifica no fato de que se não é de todo infrequente a dificuldade de que tal seja percebido pela própria doutrina local (mesmo que de um modo cada vez mais raro, é verdade), quanto mais no plano da comparação, quando o intérprete desavisado é induzido a, muitas vezes, procurar no direito estrangeiro as soluções existentes no seu próprio sistema jurídico.
59. D'AURIA, Massimo. *L'ingiustizia del danno*. In: CUFFARO, Vincenzo. Responsabilità Civile. Roma: IPSOA, 2007, p. 68-69.
60. MANDRIOLI, Eugenio. *Spunti critici per un'interpretazione restrittiva del danno risarcibile*. Responsabilità Civile e Previdenza, Milano, v. LXXXI, fasc. 2, p. 652-674, 2016, p. 652.
61. Com um maior aprofundamento a respeito, inclusive com extensa referência doutrinária acerca desta construção, ver COMPORTI, Marco. *Esposizione al pericolo...*, cit., p. 32, nota 5.

em relação à conduta, o que lhe permite unificar todas as hipóteses de seleção dos prejuízos ressarcíveis, inclusive fora dos limites do ato ilícito[62].

Já a segunda conclusão a que se chega está associada à constatação de que a qualificação da injustiça atribuída ao dano foi uma forma encontrada pelo legislador italiano – e pelo interprete, ao concretizar o preceito do artigo 2.043 do *Codice* – de juridicizar um conceito que, por tradição, tinha uma conotação preponderantemente naturalística, já que tal incumbência era relegada a pressupostos outros do juízo de imputação. Pretende-se, com isso, materializar um filtro de seleção dentre os eventos danosos quais serão objeto de um juízo de imputação civil[63].

Tal não significa dizer que o conceito em causa adota um puro e simples juízo de desvalor do resultado, pois, reconhecida a sua complexidade, instala-se a partir da contraposição entre a valoração da conduta lesiva e a valoração do prejuízo que se projeta no patrimônio do lesado. Assim é que o dano é injusto, sobre o primeiro prisma, quando não se verifica no âmbito de uma causa de justificação (juízo de desvalor que se projeta sobre a conduta do agente); sobre o segundo, quando lesa uma esfera juridicamente protegida (juízo de desvalor que se projeta em relação ao prejuízo sofrido pela vítima)[64].

Ou seja, vem corporizado em um extremo positivo, materializado na lesão de um interesse merecedor de tutela, e em um extremo negativo, materializado pela sua não decorrência do exercício de um direito, ambos tomando o dano como ponto de referência, pois é ele que lesa o interesse e é ele que não decorre do exercício de um direito (que pode ter origem em uma conduta em si, em uma atividade ou mesmo em um fato a que a lei atribui esta prerrogativa). E somente este extremo negativo, nos moldes germânicos, pode ser, em parte – apenas no que tange às causas de justificação – corporizado por meio da tradicional figura da ilicitude/antijuridicidade[65]

Esta dualidade de aferição da concretude do conceito em causa – que foi em grande parte produzida pela Corte de Cassação[66] – vem representada pelas designa-

---

62. MANDRIOLI, Eugenio. *Spunti critici...*, cit., p. 652.
63. CASTRONOVO, Carlo. *La responsabilità civile*, cit., p. 237. No mesmo sentido, CASTRONOVO, Carlo; MAZZAMUTO, Salvatore. *Manuale...*, p. 237.
64. Consoante esclarece MANDRIOLI, Eugenio. Spunti critici..., cit., p. 652, enquanto o juízo de ilicitude opera-se *ex ante* (de regra) a partir de uma valoração comparativa segundo um critério de utilidade pública entre interesse perseguido e interesse ameaçado por um mesmo comportamento, o juízo de injustiça do dano opera-se *ex post* para valorar se um determinado acontecimento tenha concretamente provocado um menoscabo da situação jurídica do lesado e se este menoscabo diga respeito a um interesse merecedor de tutela.
65. GALGANO, Francesco. *Tratato...*, cit., p. 952, nota 53.
66. Para um panorama acerca da evolução da jurisprudência da *Corte di Cassazione* acerca da construção do conceito de dano injusto, o que permitiu, inclusive, resolver questões intrincadas em matéria de responsabilidade civil, como as puras perdas patrimoniais (*pure economic loss*), ver CURSI, Maria Floriana. *Danno e responsabilità extracontrattuale nella storia del diritto privato*. Napoli: Jovene, 2010, p. 221-225.

ções *non iure* e *contra ius*, integrativas da injustiça que qualifica o dano e que bem materializa a complexidade da noção jurídica sob exame[67].

Nestes termos, entende-se por dano *contra ius* aquele que viola uma posição jurídica de outrem e, por dano *non iure*, aquele que não se produz em uma situação de exercício de um direito por parte do lesante (ausência de causa de justificação). Em suma, a ofensividade (*contra ius*) e a não justificação (*non iure*) restam – conjunta e complementarmente, em paralelo e não contrapostas – por caracterizar o conteúdo da injustiça exigida para a reparabilidade do prejuízo sofrido, pressuposto este que será avaliado no seio da aferição da presença do dano juridicamente relevante e não da ilicitude ou da antijuridicidade da conduta lesiva[68].

Em apertada síntese do que fora até aqui posto, pode-se dizer que o dano se considera injusto quando lesa (ele próprio e não a conduta da qual decorre) um interesse jurídico de terceiro digno de tutela sem que a conduta da qual decorra (agora sim a conduta, mas sempre a partir da sua integração com o prejuízo) esteja justificada[69]. Ou, dito de outro modo, quiçá com uma maior precisão linguística, o dano injusto, na sua dúplice acepção, é aquele que lesa (o próprio dano) uma situação jurídica de outrem, por isso dito *contra ius*, e, de igual sorte, não decorre do exercício de um direito próprio do agente causador, por isso *non iure* (não propriamente a conduta, mas a situação jurídica como um todo assim considerada)[70].

---

67. VISINTINI, Giovanna. *Itinerario dottrinale sulla ingiustizia del danno*. Contratto e impresa: dialoghi con la giurisprudenza civile e commerciale, Padova, a. III, n. 1, p. 73-84, gen./feb. 1987, p. 78. Consoante a autora, a concretização do conceito em causa representou a passagem da simples aferição da antijuridicidade da conduta, materializada em parte na acepção *contra ius*, para a sua integração com a acepção *non iure*, ambas, contudo, partindo do dano enquanto ponto de referimento.
68. D'ANTONIO, Virgilio. *Il Danno ingiusto*, cit., p. 87-89. Ainda segundo o autor, a completa compreensão do conceito de injustiça do dano – construída, nas suas palavras, em '*stagioni*' *differenti* e estruturada por meio de um processo valorativo bifásico de contraposição entre os interesses do lesante e do lesado – representou a possibilidade de se promover uma reconstrução da ideia de ilícito civil, até então atrelada a um precípuo viés sancionatório muito bem corporizado pela ideia de antijuridicidade/ilicitude. Tal qual dito precedentemente, a estruturação ora posta, construída no seio do sistema jurídico italiano, por vezes pode não ser bem compreendida pelo comparatista, que tende a nela antever – em especial quando formado em sistemas jurídicos mais caros à tradição dogmática germânica estreita do ato ilícito, especialmente como o português – uma mera identidade com os conceitos de ilicitude ou de antijuridicidade que, não obstante contenha alguma evanescente parcela de verdade, não é completa e sequer bem representativa de toda a sua extensão.
69. NAVARRETTA, Emanuela. *Il danno ingiusto*, cit., p. 256. Opondo-se a esta estrutura de concretização da cláusula geral em questão, com a expressa referência ao fato de se tratar de um "equivoco dottrinale" a identificação da injustiça do dano com a faceta *non iure* da conduta, pois "l'idea che l'ingiustizia, messa nell'art. 2.043 c.c. a qualificarei il dano, è altra cosa dall'antigiuridicità, la quale è categoria del fato dal quale il danno scaturisce", CASTRONOVO, Carlo. *Eclissi del diritto civile*. Milano: Giuffrè, 2012, p. 153-154.
70. GALGANO, Francesco. *Tratato...*, cit., p. 927. Ainda a respeito, consoante explicita BARCELLONA, Mario. *La responsabilità extracontrattuale*, cit., p. 81-82, a valoração da injustiça do dano traz em si duas interrogações que merecem ser respondidas para fins de se legitimar o vínculo obrigacional que dela decorrerá: primeiro, deve-se identificar a atribuição ou a apropriabilidade do valor afetado pelo prejuízo sofrido pelo lesado, assim denominado "campo virtual da função conservativa da responsabilidade" e, por conseguinte, "campo virtual" da própria responsabilidade; segundo, deve-se estabelecer se o valor perdido era em si juridicamente protegido, inclusive em relação à ação de quem o lesou e ao tipo de agressão em que se deu a sua afetação, o que se pode nominar "campo operativo do juízo de responsabilidade".

De tudo isso se infere que a dualidade do conceito em causa decorre, pois, de uma valoração comparativa de dois interesses contrapostos: o interesse da vítima lesado pelo dano e o interesse daquele a quem se pretende atribuir responsabilidade. Em outras palavras, é uma contraposição entre lesante e lesado e os respectivos interesses jurídicos em jogo que demarcará a viabilidade do surgimento de um dever de reparar[71], ao menos a partir de uma perspectiva de valoração nos moldes da experiência do dano injusto.

1.2.3 Por uma noção de dano útil à responsabilidade objetiva

Ao que se pode inferir do todo exposto, especialmente tendo em vista a rica experiência italiana em matéria de estabelecimento de um conceito juridicizado de dano para fins de surgimento do vínculo obrigacional reparatório, parece viável – e oportuna – a compatibilização de algo semelhante ao que fora estruturado em relação à noção de *injustiça*[72] em um regime geral de imputação objetiva. E várias são as razões para tanto, sem prejuízo da ausência de uma referência expressa, tal qual aquela contida no artigo 2.043 do *Codice*, a um elemento qualificador do prejuízo em si na grande parte dos sistemas jurídicos, dentre eles os demais sob comparação.

A primeira premissa para tanto está no reconhecimento de que a responsabilidade objetiva, indubitavelmente, parte da primazia do dano para fins de operacionalização dos seus objetivos primordiais. Sem prejuízo de alguma controvérsia que se possa estabelecer a respeito, em especial quando tomado por paradigma o dever de reparar assente na culpa, não há dúvidas de que, na modalidade de imputação ora em estudo, o dano é o epicentro de um regime geral que se venha a propor, pois a sua indenização – até mesmo pela diminuta relevância que assumem os pressupostos atinentes à conduta – é o objeto central do exame de subsunção que permite o surgimento do vínculo obrigacional.

Nestes termos, a integração de um desvalor que, de algum modo, conecte-se ao resultado e não propriamente à conduta[73], o que se pode dar por intermédio da

---

71. TRIMARCHI, Pietro. *Istituzioni...*, cit., p. 110. E o critério que deve permear esta valoração, consoante o autor, é justamente o da utilidade geral, que se constitui em baliza importante para este cotejamento, não obstante não seja a única.
72. Tal qual assinalado alhures, a designação dano injusto é deveras criticável; assim, SACCO, Rodolfo; ROSSI, Piercarlo. *Introduzione al Diritto Comparato*, cit., p. 100. Por isso que se tem reiteradamente preferido ao longo da presente investigação, seguindo, aliás, a linha de harmonização adotada pelo direito europeu, a expressão dano juridicamente relevante, para diferenciá-lo do dano genérico e não juridicizado, que pode ou não ter relevância à responsabilidade civil.
73. Neste particular, cumpre assinalar que não se trata de um simples juízo de desvalor do resultado, nos moldes do que se operacionalizaria por meio da mera transposição da ilicitude/antijuridicidade, tal qual posta em um regime de imputação de natureza subjetiva, até mesmo diante dos inconvenientes pontuados pela doutrina, especialmente portuguesa, acerca deste debate, o que se dá em razão da influência da doutrina finalista já analisada precedentemente; sobre o tema, dentre outros, LEITÃO, Luís Manuel Teles de. *Direito das Obrigações*, cit., p. 291; MONTEIRO, Jorge Sinde. *Responsabilidade por Conselhos...*, cit., p. 301-303; VARELA, João de Matos Antunes. *Das obrigações...*, cit., p. 523. Em verdade, o que aqui se pretende, com à alusão a um juízo de desvalor que se agrega do prejuízo em si, é a integração de uma ideia de contrariedade

transferência da ideia de lesão de uma esfera jurídica protegida desta para aquele (da conduta para o dano, tal qual feito pelo regime italiano), parece ser de suma relevância na demarcação do universo de abrangência das mais variadas *fattispecie* de responsabilidade objetiva. Com tal reconhecimento não apenas se consagra uma autêntica mudança de paradigma, como se estabelece importante ferramenta ao intérprete para fins de separação entre os prejuízos cuja legitimidade permite o seu ressarcimento e aqueles que se situam no campo do tolerável em matéria de intervenção na esfera jurídica de terceiros[74].

Como segundo ponto, cumpre assinalar a oportunidade de uma juridicização do dano por meio de uma dúplice faceta de valoração, nos exatos moldes do *non iure* e do *contra ius* desenvolvidos para fins de concretização do conceito de dano injusto[75]. Isso porque foi possível identificar, quando tratado precedentemente do pressuposto da ilicitude, que não obstante seja possível considerá-lo irrelevante em um regime geral de responsabilidade objetiva – ao menos nos moldes em que posto –, existe uma margem de atuação sua que não pode ser de todo desconsiderada, qual seja, o âmbito de incidência das causas de justificação.

E aqui não se está a falar, apenas e com particular relevo, das excludentes ditas típicas (que poderão conduzir mesmo à responsabilidade por atos lícitos ou pelo sacrifício), mas especialmente do genérico exercício regular de um direito, no espectro do qual se pode verificar a causação de danos legítimos (e que, por isso, não serão reparados), mesmo quando submetidos a hipóteses de imputação objetiva.

Talvez, inclusive, seja o sentimento de oportunidade[76] acerca da resolução destas situações, associadas que são à justificação do dano (em razão da legitimidade da

---

ao direito que decorre do próprio dano em si, nos termos do que fora bem demarcado a respeito da experiência jurídica italiana na concretização do conceito de dano injusto, conceito este, aliás, reiteradamente assinalado como complexo, pois formado por mais de uma interface com as normas de regulação jurídica.

74. Não obstante esta margem de tolerabilidade reste um tanto mitigada no campo da imputação objetiva, pois o intento primeiro é, sem dúvidas, facilitar a reparação da vítima, em razão da existência de circunstâncias que legitimam (ao menos em tese) uma responsabilidade agravada do agente, ainda assim é necessária a existência de um instrumento que permita ao interprete, quando da subsunção do caso concreto à norma, fazer eventuais ajustes que se mostrem necessários, sob pena de se incorrer na consagração de um regime baseado na pura causalidade ou em um sistema de imputação *no-fault* próximo dos regimes securitários.

75. Consoante adverte MANDRIOLI, Eugenio. *Spunti critici...*, cit., p. 265, "[n]ella vita di relazione in una collettività innumerevoli comportamenti umani possono arrecare danni ad altri. [...] ogni attività economica, anche se esercitata con lealtà, riduce i profitti dei concorrenti; [...] In questi casi si ha sicuramente um peggioramento di una situazione favorevole, quindi um danno, ma questo non releva giuridicamente, non solo perché è frutto di attività lecite, ma anche perché lo stesso appartenere ad una comunità importa inevitabilmente sacrifici reciproci, che, peraltro, sono abbondantemente compensati dai vantaggi della convivenza". Neste ponto específico é que se pode verificar que mais do que a face *contra ius* estruturada no âmbito do paradigma do dano injusto, por vezes a sua expressão *non iure* é que merece especial relevo na seleção dos prejuízos reparáveis daqueles que devem ser suportados pelas vítimas; daí que sem um conceito juridicizado de dano, resta inviável de ser operacionalizado em um regime de imputação objetiva com eficiente funcionamento, diante da supressão dos pressupostos de natureza subjetiva (associados à conduta em si mesmo considerada).

76. Tanto que, nesta perspectiva, BARCELLONA, Mario. *La responsabilità extracontrattuale*, cit., p. 81, assinala que, na demarcação do campo de atuação da responsabilidade extranegocial, "una volta accertato che l'interesse leso rientri nella sfera giuridica preesistente di chi ne chiede il risarcimento, la concessione del

situação da qual provém), que tenham motivado uma parcela da doutrina a afirmar a relevância da ilicitude[77]. E isso mesmo quando o aludido pressuposto resta demonstradamente incompatível, na sua totalidade, com a essência da responsabilidade objetiva, na qual, em várias situações, sequer é possível identificar uma conduta certa, bem delimitada e claramente imputável a um agente, para fins de aferir a sua contrariedade ao direito.

A valoração do dano a partir de dois polos que se complementam, um deles centrado na aferição da lesão que o prejuízo provoca na esfera jurídica da vítima e, o outro, na ausência de justificação deste mesmo prejuízo em razão de se dar nos limites – não só, mas com especial destaque – do regular exercício de um direito, apresenta-se de todo útil em um regime geral de responsabilidade objetiva. Tal porque, ao consagrar a primazia do dano por meio da integração da lesão no seu conteúdo e por dar atenção a possíveis situações nas quais este se legitima, ou não, no exercício regular de um direito, permite satisfazer ambas as necessidades valorativas na demarcação do âmbito de aplicação da responsabilidade objetiva, por meio da seleção das situações dignas de tutela pelo ordenamento jurídico.

Dita aferição dos prejuízos ressarcíveis através do que, em uma linguagem figurada, poder-se-ia denominar "conceito-passaporte", é conveniente na medida em que permite o ajuste e o reajuste das soluções, consoante a necessidade do caso concreto[78]. A chave para o seu sucesso, todavia, tal qual parece demonstrar a experiência jurídica do dano injusto, deve-se dar sem perder de vista que a culpa e a ilicitude, no sistema de matriz subjetiva, estavam relacionadas aos níveis técnicos de efetivação da responsabilidade civil[79]; suprimir a sua aferição em um sistema geral de

---

rimedio aquiliano è (*rectius*: sembrerebbe) fatta dispendere solo dalla ricorrenza dei pressuposti di operatività di uno dei criteri di imputazione previsti dal sistema (dolo, colpa, rischio, ecc.)". Ou seja, nas precisas palavras do autor, a verificação da lesão a um interesse protegido seria premissa inafastável a toda e qualquer situação de imputação de responsabilidade, independentemente do nexo usado para este fim. Não obstante não se discorde de todo da referida afirmação, pois é certo que sem violação da esfera jurídica de terceiro não há sequer interesse na incidência de regras de imputação, é certo que, em se tratando de um regime de responsabilidade objetiva, o elemento a ser ponderado não pode ser propriamente a conduta lesiva, já que, em muitos casos, sequer será passível de ser identificada, mas o próprio dano, que se constitui no seu objeto central de verificação.

77. A este respeito, MARTINS-COSTA, Judith. *Dano moral...*, cit., p. 7087, quando afirma que "o dano indenizável há de resultar de ato ou omissão antijurídica, ainda que o regime seja o da responsabilidade objetiva", pois "para configurar-se a responsabilidade objetiva é necessário que o ato causador do dano seja contrário ao Direito (antijuridicidade, ou 'ilicitude objetiva')". Contudo, como já se teve oportunidade de explicitar, não parece ser esta a construção mais adequada, apresentando-se preferível a mudança de paradigma proposta por um conceito juridicizado de dano que traga para o seu âmbito a ideia de lesão e não para a conduta em si que, na responsabilidade objetiva, por vezes sequer é suficientemente bem delimitada (exercício de uma atividade complexa ou fatos objetivamente considerados, para citar dois exemplos apenas).

78. MARTINS-COSTA, Judith. *Dano moral...*, cit., p. 7077. É certo que esta alternativa, como bem assinala a autora, pode ter graves inconvenientes, nos moldes, aliás, do que tem sucedido com a figura do dano moral do sistema jurídico brasileiro. Parece, contudo, que a situação ora sob exame é diversa, pois a abertura da solução normativa proposta, diante de todo o conteúdo jurídico que traz em si, presta-se mais a pequenos ajustes na demarcação dos prejuízos efetivamente dignos de reparação do que para excessos indenizatórios ou afastamentos demasiados daquilo que preconizado pelo direito posto.

79. CORDEIRO, António Menezes. *Da Responsabilidade Civil...*, cit., p. 422.

matriz objetiva exige, portanto, a integração deste mister – ou ao menos da parcela que permanece importante diante da minimização da relevância da conduta – em pressupostos outros, tal qual o que ora se propõe por meio de uma noção dúplice (e juridicizada) de dano relevante ao surgimento do vínculo obrigacional.

Tudo isso pressupõe, porém, nos moldes já assinalados, uma real mudança de referencial que não se atenha apenas à nomenclatura utilizada, mas leve em conta o alargamento do conteúdo normativo do conceito de dano. E não há como se desconsiderar que esta transição pode-se apresentar um tanto quanto mais dificultosa em sistemas jurídicos que, seguindo a tradição pura francesa, não estão familiarizados com o modo operativo de um paradigma tal qual aquele do dano injusto, por empregarem uma noção de prejuízo deveras fática[80].

A experiência jurídica brasileira talvez bem permita demonstrar as dificuldades possíveis de serem encontradas nesta transição. Não obstante tenha-se tornado cada vez mais frequente a alusão à necessidade de valoração da presença de um dano dito injusto enquanto pressuposto da obrigação indenizatória, inclusive com referência à integração do modelo jurídico italiano à realidade nacional[81], o certo é que, em grande parte dos casos, trata-se apenas de retórica.

---

80. Este cenário fica bastante bem evidenciado na realidade jurídica portuguesa, na qual a designação *dano injusto* é entendida como sinônimo irrestrito de dano decorrente de uma atuação ilícita por parte do agente, mesmo que tal se dê a partir de uma conotação alargada, tendente a abranger não apenas a violação a direitos subjetivos, mas também a interesses juridicamente relevantes. Neste sentido, dentre outros, VARELA, João de Matos Antunes. *Das obrigações...*, cit., p. 531-532. Segundo o autor, inclusive, o modo como se dera a regulação na letra do artigo 2.043 tem o seu "principal defeito" no fato de "colocar o acento tónico da ilicitude sobre o dano (o efeito da conduta) e não sobre o fato (a conduta, em si mesmo considerada)", justamente o ponto que é acentuado pela doutrina italiana mais moderna como o grande diferencial do sistema do *Codice* de 1942. Igualmente, mesmo que tratando em específico da responsabilidade civil do Estado, CANOTILHO, J. J. Gomes. *Direito Constitucional e Teoria da Constituição*. 7ed. Coimbra: Almedina, 2003, p. 509, quando alude ao *dano injusto* por ele traduzido como o decorre de um agir comissivo ou omissivo ilícito da administração pública. Ora, ao que se vê, está-se diante de uma associação absoluta entre injustiça do dano e caráter ilícito da conduta do lesante, o que, como visto, não corresponde minimamente à realidade da experiência jurídica italiana hodierna. O mesmo sucede na jurisprudência onde, não obstante seja possível encontrar alguma referência à necessidade de verificação de um *dano injusto* para que se legitime o surgimento da obrigação indenizatória, isso é interpretado, tal qual na doutrina, como o prejuízo decorrente de uma atuação ilícita do agente, com a preponderância de um desvalor da conduta em relação ao resultado. Assim, exemplificativamente: PORTUGAL. Supremo Tribunal de Justiça. Processo n. 087439. Rel. Cons. Torres Paulo. Data do acórdão: 03 out. 1995; PORTUGAL. Supremo Tribunal de Justiça. Processo n. 02B4716. Rel. Cons. Simões Freire. Data do acórdão: 13 fev. 2003; PORTUGAL. Supremo Tribunal de Justiça. Processo n. 03B535. Rel. Cons. Lucas Coelho. Data do acórdão: 10 mai. 2003; PORTUGAL. Supremo Tribunal de Justiça. Processo n. 677/09.1YFLSB. 7ª Secção. Rel. Cons. Custódio Monte. Data do acórdão: 04 mar. 2010; todos disponível em: <http://www.dgsi.pt/jstj.nsf?OpenDatabase>; acesso em: 02 jul. 2017. Nos referidos acórdãos, não obstante se possa encontrar menção à injustiça do dano, ela é invariavelmente lida como a ilicitude atribuível à conduta causadora do prejuízo sofrido pela vítima.

81. Sobre o tema, GOMES, Orlando. *Tendências modernas na teoria da responsabilidade civil*. In: TELES, Inocêncio Galvão (org.). Estudos em memória do Prof. Doutor Paulo Cunha. Lisboa: FDUL, 1989, separata, p. 73-74. O autor fala expressamente em um "giro conceitual do ato ilícito para o dano injusto". No mesmo norte, FARIAS, Cristiano Chaves de; NETTO, Felipe Braga; ROSENVALD, Nelson. *Novo Tratado de Responsabilidade Civil*. 2ed. São Paulo: Saraiva, 2017, p. 251.

Tal se infere a partir do simples exame destas situações, tanto em doutrina[82], quanto em jurisprudência[83] (ao menos naquelas predominantes), o que permite revelar que, no mais das vezes, a tendência majoritária é de associar ao dano injusto, tal qual se verifica na realidade jurídica portuguesa, um conteúdo que não corresponde integralmente àquele existente no sistema-paradigma, já que não traz em si nada mais do que o tradicional prejuízo decorrente de uma conduta antijurídica[84].

Esta análise autoriza concluir que, a partir de uma crescente relevância de normas de imputação que prescindem da análise do comportamento do agente, a responsabilidade fundada no ato ilícito fragiliza-se na sua unitariedade, de modo que o conceito tradicional que lhe está subjacente (não se está a falar apenas da culpa, mas do de ato ilícito em si, com os seus demais pressupostos) não se mostra suficiente a justificar todas as situações em que é reconhecido o direito à reparação.

---

82. Sobre o tema, MIRAGEM, Bruno. *Direito Civil*. Responsabilidade Civil. São Paulo: Saraiva, 2015, p. 158, alude que "[c]ostuma-se referir ao dano injusto como aquele que preenche as condições para despertar a eficácia da indenização", assim se entendendo "aquele causado por interferência externa, de outra pessoa, a partir da violação de direito da vítima, de modo a causar a lesão ao patrimônio ou à pessoa"; concorda-se com ambas as afirmações, porquanto, mesmo que de modo genérico, aludem, em última análise, ao que se tem genericamente denominado de dano juridicamente relevante. Com o que não se concorda é quando o autor afirma, ainda no intuito de delimitar no que consiste o dano injusto, que "o que torna o dano indenizável é o ato de decorrer de uma conduta antijurídica", pois tal não condiz com a acepção atualmente encontrada na experiência italiana, que vai além disso, sob pena de se reduzi-lo ao mesmo dano que ensejava o dever de indenizar a partir da prática do ato ilícito.

83. Neste sentido, apenas exemplificativamente: Apelação cível. (...). Dano injusto. Violação a direitos da personalidade. Dever de indenizar caracterizado. Cuidando-se de responsabilidade civil aquiliana, haverá o dever de indenizar se evidenciada a presença conjunta dos elementos caracterizadores do ato ilícito (art. 186 do CC). Hipótese dos autos em que o conjunto probatório respalda a versão da inicial. Fiscal Sanitário vítima de agressões verbais e submetido a sindicância administrativa por falsa denúncia de abuso de autoridade. Dano injusto. Ilícito absoluto. Configurada ofensa anormal a direitos de personalidade. Reputação profissional e dignidade pessoal do servidor público atingidas no episódio retratado no feito. Dever de indenizar caracterizado. (...) Apelos desprovidos. (BRASIL. Tribunal de Justiça do Rio Grande do Sul. Apelação Cível n. 70070961958. 9ª Câmara Cível. Rel. Des. Miguel Ângelo da Silva. Julg. em 24 mai. 2017. Disponível em: <http://www.tjrs.jus.br>. Acesso em: 29 jun. 2017). Consoante se infere da simples leitura da ementa do precedente, o que vem denominado de dano injusto não é nada mais senão o prejuízo sofrido pelo lesado que decorre de uma conduta definida como ilícita, nos moldes mais tradicionais da responsabilidade subjetiva, o que não corresponde, portanto, ao real *danno ingiusto* da experiência jurídica italiana, ao menos na sua integralidade e consoante a sua feição atual.

84. É bem verdade que não obstante tal constitua uma tendência, já é possível verificar vozes dissonantes que, mesmo que não tragam a totalidade do conteúdo do conceito de dano injusto, passam a acentuar a imprescindibilidade do desvinculação entre as noções de injustiça e de antijuridicidade, com a observação de que aquele vocábulo, nos termos do artigo 2.043, "qualifica um dano que ofende um interesse merecedor de tutela"; neste sentido, FARIAS, Cristiano Chaves de; NETTO, Felipe Braga; ROSENVALD, Nelson. *Novo Tratado...*, cit., p. 251. Igualmente, SCHREIBER, Anderson. *Novos paradigmas...*, cit., p. 108-109 e 115-117. O mesmo sucede com a jurisprudência que, paulatinamente, já começa a sentir a necessidade desta mudança de paradigma, indo além da noção jurídica antijuridicidade (de feição tipicamente penalística), com o fim especial de reconhecer que "[é] das mais importantes tendências da responsabilidade civil o deslocamento do fato ilícito, como ponto central, para cada vez mais se aproximar da reparação do dano injusto. Ainda que determinado ato tenha sido praticado no exercício de um direito reconhecido, haverá ilicitude se o fora em manifesto abuso, contrário à boa-fé, à finalidade social ou econômica do direito, ou, ainda, se praticado com ofensa aos bons costumes" (BRASIL. Superior Tribunal de Justiça. Recurso Especial n. 1555202/SP. 4ª Turma. Rel. Min. Luís Felipe Salomão. Julg. em 13 dez. 2016. Public. em: DJe 16 mar. 2017. Disponível em: <http://www.stj.jus.br/SCON/>. Acesso em: 04 jul. 2017).

Daí que a estruturação de um regime geral de responsabilidade objetiva não pode estar centrada apenas na supressão do pressuposto da culpa[85], o que tem por premissa a compreensão da existência destas reminiscências da gênese do instituto (ainda muito associada a uma resposta civilista nos moldes penalísticos). Tal leva a conclusão de que a simples transposição da estrutura delineada para a responsabilidade por ato ilícito (especialmente enquanto violação a direito absoluto = ilicitude) não se mostra eficiente e a simples eliminação dos pressupostos que lhes pareçam incompatíveis, insuficiente.

Em outras palavras, o emprego de uma noção juridicizada de dano – apta, portanto, a absorver parcelas do juízo de imputação que estavam alocadas em outros pressupostos – permite o abandono da sua acepção enquanto mero elemento objetivo de natureza material ou econômica. Com isso, introduz não apenas uma tecnicização do conceito, mas a preocupação de exaurir a consideração atribuída a elementos subjetivos do fato danoso, de modo a permitir que a prevalência da vontade ceda espaço a exigências de caráter objetivo[86].

Ocorre que este fenômeno, não obstante preponderante, não é exclusivo do dano, cumprindo aferir a forma como se dá, em iguais termos, em relação ao nexo de causalidade.

2. O NEXO DE CAUSALIDADE

Seguindo a linha de exposição preconizada para fins de demarcação da estrutura de um regime geral de responsabilidade objetiva e partindo da necessidade de se aferir a oportunidade/utilidade de cada um dos requisitos elencados pela doutrina tradicional como imprescindíveis ao surgimento da obrigação de indenizar, oportuno o exame do nexo de causalidade[87]. Em linhas gerais, pode ser compreendido como a relação de causa e efeito entre o dano (elemento central da imputação) e o elemento

---

85. COMPORTI, Marco. *Esposizione al pericolo...*, cit., p. 34, fala na "necessità dell'abbandono di dogmi non più valevoli", a fim de compreender "che l'obbligo del rissarcimento riguarda il danno arrecato e non può concettualmente essere comisurato all'atto ilecito", ponderando-se, diversamente do direito penal, pela extensão do dano e não pela gravidade da conduta (que mesmo enquanto elemento acidental, não tende a assumir a centralidade da responsabilidade civil). No mesmo sentido, advertindo para a ausência de sinonímia entre as designações "responsabilidade objetiva" e "responsabilidade sem culpa", FARIAS, Cristiano Chaves de; NETTO, Felipe Braga; ROSENLVALD, Nelson. *Noto Tratado...*, cit., p. 518-519.
86. RODOTÀ, Stefano. *Il problema...*, cit., p. 107-108. Não obstante estas constatações, o autor não deixa de registrar a aparente contradição existente na regra do artigo 2043 que, não obstante tenha introduzido uma marcada relevância ao elemento objetivo, com a associação do dano à injustiça, o que é uma clara inovação em relação ao sistema anterior, tenha mantido a tradicional configuração do elemento subjetivo (culpa ou dolo). É bem verdade que esta contradição restou por ser corrigida pela interpretação que foi dada ao preceito pela doutrina e pela jurisprudência italianas, reconhecendo na figura do dano injusto uma genuína cláusula geral reagrupadora de toda a responsabilidade civil extracontratual (aplicável, portanto, aos diversos regimes existentes), independentemente de estar conjugada no preceito que trata apenas da imputação por culpa.
87. Neste particular, assume relevância o pressuposto em causa, pois, nas palavras de CASTRONOVO, Carlo; MAZZAMUTO, Salvatore. *Manuale...*, cit., p. 240, o nexo de causalidade apresenta-se como um critério a dar estrutura às *fattispecie* de responsabilidade objetiva.

de atribuição[88] da responsabilidade (no caso, um fato, um ato, uma atividade ou uma condição especial atribuível ao agente que se relaciona com um ato ou um fato), conectando-os para fins de que se possa operacionalizar a imputação.

De antemão, cumpre destacar que, tal qual sucede com o dano, a natureza preponderantemente objetiva do nexo de causalidade tende a, em um regime de responsabilidade nos moldes ora em estudo, atribuir-lhe relevada importância[89]; tanto que não são raras as concepções que reconduzem a imputação objetiva a uma modalidade ressarcitória baseada na pura causalidade[90].

Ainda em um plano introdutório, deve-se assinalar que a origem do seu estudo transcende em muito a própria disciplina da responsabilidade civil ou mesmo o campo da ciência jurídica, porquanto a ideia de condição imprescindível ao surgimento de algo (noção de causa) pode ser encontrada não apenas na filosofia como nas próprias ciências naturais[91]. É certo, todavia, que a significativa abertura pela qual passou o conteúdo dos diversos pressupostos da responsabilidade civil ao longo dos anos, após a sua sistematização moderna, transformou o nexo de causalidade num dos últimos baluartes de contenção da imputação, atribuindo-lhe verdadeira função de filtro de seleção dos danos indenizáveis[92].

---

88. O ora dito elemento de atribuição aqui pode ser entendido como a circunstância fática ou jurídica da qual provém o dano; na origem, tratava-se do fato ilícito, o que se ampliou para outras possibilidades a partir da superação (mesmo que relativa) da responsabilidade subjetiva enquanto regime paradigmático. Não se confunde, portanto, com fator de atribuição, que é sinônimo de nexo de imputação (no caso, a culpa, o risco, a garantia ou mesmo uma imposição legal direta, no caso da responsabilidade pelo sacrifício). Sobre o tema, SANTOLIM, Cesar. *Nexo de causalidade e prevenção na responsabilidade civil no direito brasileiro e português*. Revista do Instituto do Direito Brasileiro, Lisboa, a. 3, n. 10, (p. 8441-8467) 2014, p. 8443-8445.
89. Neste particular, bem adverte BUSSANI, Mauro. *La responsabilità civile...*, cit., p. 576 e ss., inclusive nota 19, que a causalidade aquiliana e os seus critérios apresentam-se "quali strumenti maneggevoli e potenti per fissare volta a volta la línea di displuvio fra ciò che è lecito da ciò che non lo è, fra poste risarcibili e conseguenze dannose destinate a restare sulle spalle di chi le ha sofferte". E arremata, assinalando que "[è] una duttilità, quella dei criteri causali, che – certo appare costante lungo l'intera storia del torto mostrano (e non solo), ma che – dalla crisi potrebbe trarre nuove ragioni e direzioni, dando luce a interessi e motivi che le nostre corti hanno talvolta lasciato in ombra".
90. BARBOSA, Mafalda Miranda. *Estudos a propósito da responsabilidade objetiva*. Cascais: Principia, 2014, p. 79. Já se teve oportunidade de tratar a respeito, tendo-se assinalado não estar de acordo com a recondução da responsabilidade objetiva à pura causalidade. Sem prejuízo disso, contudo, a existência de teorias que reduzem a imputação a estes termos bem pode demonstrar a relevância do pressuposto em causa ao seu estudo.
91. Assim ZAMBRANO, Virginia. *Delimitazione del danno da risarcire e nesso causale*. In: STANZIONE, Pasquale (dir.). Trattato della Responsabilità Civile. Padova: CEDAM, 2012, v. II, p. 119-120. Acerca gênese jurídica da discussão sobre a causalidade, mesmo que com uma conotação penalísitca, ver MENDES, Paulo de Sousa. *Sobre a origem dos princípios jurídicos da causalidade e do domínio do fato. A Lex Aquilia de Damno Iniuria Datum*. In: CORDEIRO, António Menezes; LEITÃO, Luís Menezes; GOMES, Januário Costa (org.). Estudos em Homenagem ao Prof. Doutor Inocêncio Galvão Telles. Coimbra: Almedina, 2007, p. 1085 e ss. Para uma evolução da noção de causa, oportuna é a síntese formulada por SANTOLIM, Cesar. *Nexo de causalidade...*, cit., p. 8445-8446. Ainda, com uma abordagem jusfilosófica sobre a temática, PEREIRA, Rui Soares. *Pressupostos filosóficos e científicos do nexo de causalidade*. Lisboa: AAFDL, 2017.
92. SCHREIBER, Anderson. *Novos paradigmas...*, cit., p. 78-79. A este propósito, MIRAGEM, Bruno. *Direito Civil*, cit., p. 219, fala no protagonismo do nexo de causalidade no campo da responsabilidade civil, com o que se está de acordo, especialmente tendo em conta que a demonstração da sua ruptura se apresenta, hoje, como um dos únicos caminhos aptos a elidir uma obrigação de indenizar. Tal constatação não deve,

Daí porque a imprescindibilidade de bem compreendê-lo, a fim de, com isso, poder-se agregar alguma contribuição à sistematização estruturante que se pretende levar a efeito. E esta tarefa passa, obrigatoriamente, pela compreensão da sua função no juízo de responsabilidade e pela delimitação da sua conformação jurídica hodiernamente relevante, inclusive no que toca às questões associadas à multicausalidade e à exclusão do dever indenizatório diante da sua ruptura, tudo numa perspectiva de construção dogmática de um regime geral de imputação objetiva.

2.1 A demarcação do nexo causal relevante à responsabilidade civil

Tal qual sucedeu com todos os demais pressupostos da imputação, também em relação ao nexo causal é possível evidenciar uma variação de conteúdo, especialmente tendo em vista as diversas – e preponderantes – funções que foram sendo atribuídas à responsabilidade civil ao longo dos tempos[93]. Daí porque a relevância da demarcação da causalidade que, hodiernamente, mostra-se útil à operacionalização do instituto[94], com vistas a viabilizar uma proposta de regime geral, tal qual se busca no curso da investigação.

E uma das razões que tem contribuído para viabilizar esta mutação de conteúdo – sem desconsiderar, por evidente, o fato de que está intimamente ligada à própria evolução da responsabilidade civil – reside no fato de que, de regra, os Códigos Civis não lançam mão de uma definição suficientemente precisa de nexo de causalidade, limitando-se a fornecer alguns elementos que, quando interpretados (por isso a possibilidade de variação), podem ser empregados na sua delimitação[95].

---

contudo, ser vista como absoluta, porquanto não apenas os demais pressupostos também passam por uma tentativa de revisão capaz de os reconduzir novamente ao centro do debate – tal qual, aliás, verificou-se no item relativo à (re)construção do conceito de dano em sentido jurídico –, como também o próprio nexo de causalidade enfrenta um certo grau de aeração que se opera por meio das diversas teorias relacionadas à sua presunção ou mesmo à sua dispensa em termos relativos, tal qual ocorre nos regimes de imputação agravada (também dita responsabilidade por risco integral), por exemplo.

93. Neste particular, ganha relevo na doutrina uma crescente associação entre a gestão eficiente da responsabilidade civil por meio do nexo causal e a consecução da prevenção de danos. Sobre o tema, MONATERI, Pier Giuseppe. *Responsabilità civile (voce)*. AAVV. Digesto delle Discipline Privatistiche. Sezione Civile. Torino: UTET, 2011, t. XVII, p. 12; ainda, FACCI, Giovanni. *Il nesso di causalità e la funzione della responsabilità civile*. Responsabilità Civile e Previdenza, Milano, v. 67, fasc. 1, 2002, p. 151-153; SANTOLIM, Cesar. *Nexo de causalidade...*, cit., p. 8460-8463. A questão, contudo, será melhor retomada quando da abordagem da relação entre as funções da responsabilidade civil e a imputação objetiva, sendo oportuna, por ora, apenas a delimitação do conteúdo e da operabilidade do pressuposto em causa.

94. Assinalando a importância da causalidade como critério delimitador da ressarcibilidade, ver CAPECCHI, Marco. *Il nesso di causalità*. Da elemento della fattispecie 'fatto illecito' a criterio di limitazione di rissarcimento del danno. 2ed. Padova, CEDAM, 2005. Igualmente, tratando da relação entre causalidade e imputação, LICCI, Giorgio. *Teorie causali e rapporto di imputazione*. Napoli: Jovene, 1996.

95. FACCI, Giovanni. *Il nesso di causalità...*, cit., p. 144. Conforme refere o autor – tendo por base a realidade vigente no sistema jurídico italiano que, contudo, não se afasta de modo considerável dos demais sob comparação –, enquanto o Código Penal daquele país, nos seus artigos 40 e 41, traz os contornos bem claros do nexo causal imprescindível ao surgimento da responsabilidade criminal, o Código Civil tende a não ser suficientemente preciso a respeito. Tanto que, em matéria de responsabilidade civil, existem apenas alguns marcos de delimitação que podem ser extraídos, respectivamente, do artigo 2.043, quando alude, por meio da expressão *cagiona* ("...che cagiona ad altri um danno ingiusto..."), à ideia de causa, e do artigo 1.223 que,

Por isso, como dito, a relevância da adequada compreensão do que foi possível construir a partir das balizas postas no Código Civil, de modo a delimitar um conceito que, aplicável à responsabilidade civil em sentido amplo – negocial ou aquiliana –, seja útil a satisfazer as necessidades normativas de uma estrutura geral da imputação objetiva.

2.1.1 Da causalidade fática à causalidade jurídica

O primeiro ponto de suma relevância à tarefa ora proposta está no exame do processo de jurisdicização pelo qual passou o pressuposto em causa, o qual permitiu a sua recondução de uma ideia de causalidade puramente fática a uma genuína causalidade jurídica.

Como referido precedentemente, a noção de causa é inerente às ciências como um todo, noção esta que, contudo, tende a estar preponderantemente associada a raciocínios lógicos de cunho naturalístico[96]. Tanto que a necessidade da verificação de um liame de causa e efeito entre o prejuízo e o evento definido por lei como fator de imputação – assim compreendido enquanto pressuposto autônomo em relação aos demais – é consensualmente exigível desde as origens romanas, passando por todas as subsequentes fases evolutivas do instituto[97], o que não poderia ser diverso em um pretenso regime geral de responsabilidade objetiva.

Para tanto, deve-se ter presente que, na essência, a delimitação do nexo causal pressupõe questionamento acerca de relação existente entre o prejuízo sofrido e o fator de imputação por meio do qual se estabelece o vínculo obrigacional[98]. E tal permite inferir que, em linhas gerais, a causa de um dano, do ponto de vista ainda

---

mesmo tratando da responsabilidade obrigacional, faz referencia ao dano enquanto "conseguenza immediata e direta" do inadimplemento, aplicável extensivamente à imputação aquiliana. Igualmente a repeito do tema, com um amplo panorama da doutrina italiana, BLAIOTTA, Rocco. *La causalità nella responsabilità professionale*. Tra teoria e prassi. Milano: Giuffrè, 2004. Esta realidade é bastante similar àquela vigente no sistema jurídico brasileiro, no qual também o Código Civil silencia quanto à precisa demarcação do nexo causal relevante à responsabilidade extracontratual, sendo necessário lançar-se mão, de igual modo, da aplicação extensiva da regra do artigo 403 que, tal qual o *Codice*, trata originalmente das consequências do incumprimento obrigacional e faz alusão à mesma expressão (efeito *direito e imediato*); já o Código Penal brasileiro, ao seu turno (novamente de modo semelhante ao que sucede em Itália), contém dispositivo expresso sobre a matéria, dispondo, no seu artigo 13, *in fine*, que "[c]onsidera-se causa a ação ou omissão sem a qual o resultado não teria ocorrido". Exceção deve ser feita ao sistema jurídico português, no qual Código de 1966 dispensa um preceito específico para tratar do nexo de causalidade (artigo 563), o qual disciplina que "[a] obrigação de indemnização só existe em relação aos danos que o lesado provavelmente não teria sofrido se não fosse a lesão". Sobre o tema, ver COELHO, Francisco Manuel Pereira. *O nexo de causalidade na responsabilidade civil*. Boletim da Faculdade de Direito, Coimbra, v. IX, 1951, p. 65 e ss. Deve-se reconhecer que o preceito português dá indícios mais consistentes acerca da sua opção jurídica, se comparado às regulações (um tanto incompletas) italiana e brasileira. O tema será retomando em momento oportuno, quando do tratamento das teorias desenvolvidas acerca da causalidade na responsabilidade civil e da compatibilidade de cada uma delas com os preceitos vigentes nas ordens jurídicas sob comparação.

96. ZAMBRANO, Virginia. *Delimitazione del danno...*, cit., p. 119.
97. MAZEAUD, Henri; MAZEAUD, León. *Elementos de la responsabilidad civil*. Prejuicio, culpa y relación de causalidad. Trad. colombiana. Bogotá: Leyer, 2005, p. 455.
98. CORDEIRO, António Menezes. *Direito das obrigações*. Lisboa: AAFDL, 1986, v. 2, reimpressão, p. 333.

estritamente naturalístico, será o fato a ele antecedente que concorre para sua ocorrência ou para o seu agravamento[99].

A grande questão está em bem precisar a forma como se opera o processo de juridicização deste vínculo, o que tem uma dinâmica quiçá um tanto diversa do que sucedera com o conceito de dano, já que não implica propriamente na transição de um modelo para o outro, mas de uma coexistência entre ambas as acepções (naturalística e normativa).

A primeira premissa à sobredita juridicização está no reconhecimento de que o dano que releva ao direito não se pode coligar a todo e qualquer antecedente a ele associado, sob pena de uma ampliação indevida da responsabilidade civil. Dito de outro modo, cumpre reconhecer a necessidade de se circunscrever a imputação somente a certas consequências danosas[100], o que se opera, também, por meio da imposição de alguma restrição relativamente aos liames de causa e efeito que se podem estabelecer entre o prejuízo e o fator de atribuição.

A segunda premissa está na identificação de que o campo de operatividade do nexo causal é dúplice, na medida em que se conecta tanto ao dano considerando enquanto efeito lesivo, quanto ao dano assim entendido como consequência a ser ressarcida[101]. Diante disso, é possível afirmar que, em matéria de imputação civil, devem ser individualizadas duas relações causais distintas e autônomas entre si: uma primeira, que se estabelece entre a conduta (em sentido lato, de modo a abranger todos os fatores de atribuição previstos em lei) e o evento lesivo; e uma segunda, entre

---

99. NORONHA, Fenando. *O nexo de causalidade na responsabilidade civil*. In: NERY JÚNIOR, Nelson; NERY, Rosa Maria de Andrade (org.). Responsabilidade Civil. Teoria Geral. São Paulo: Ed. RT, 2010, v. 1, p. 540.
100. BRIGANTI, Ernesto. *Tradizione e novità...*, cit., p. 303. Um exemplo talvez contribua à compreensão do exposto. Para tanto, basta que se tome a queda de um objeto proveniente de um prédio – situação que, *prima facie*, tende a submeter-se a um regime de imputação objetiva –, queda esta que atinge um pedestre, causando-lhe lesões. Neste caso, primeiramente se deve estabelecer um nexo causal entre o fato em si (queda do objeto) e a violação de um interesse jurídico do lesado, no caso, a sua integridade física; estabelecida esta relação de causa e efeito, passa-se a verificar se existe nexo etiológico entre este fato agora complexo (queda do objeto proveniente de uma sacada que atinge um pedestre, violando a sua integridade) e os prejuízos dele decorrentes, no caso, por exemplo, eventuais lesões corporais, custos com tratamento, dias de trabalho perdido etc.
101. SALVI, Cesare. *La responsabilità civile*, cit., p. 224; INFANTINO, Marta. *Il diritto comparato della causalità aquiliana*. Rivista di Diritto Civile, a. LIX, n. 3, p. 569-589, mag./giu. 2013, p. 572. Ainda no mesmo norte, FACCI, Giovani. *Il nesso di causalità...*, cit., p. 145, quanto afirma que "[l]a causalità, quindi, è uno dei vari strumenti utilizzati sia per imputare un danno ad un responsabile, sia per determinare le conseguenze di un fatto illecito risarcibile". Parcela da doutrina portuguesa também se tem mostrado sensível ao reconhecimento desta realidade. Tanto que, neste sentido, COSTA, Mário Júlio de Almeida. *Direito das obrigações*, cit., p. 605, observa que, de um modo geral (ou seja, em todo e qualquer regime), não obstante o nexo causal venha tratado enquanto pressuposto da responsabilidade civil, a sua função é dúplice, pois faz as vezes, ainda, de "medida da obrigação de indenizar", tal qual, aliás, sucede com o dano em si mesmo considerado. Não é, contudo, uma realidade uniforme, sendo possível inferir que a tendência majoritária é uma abordagem assim dita tradicional – nos moldes do que predomina na doutrina brasileira – a partir da qual o nexo de causalidade é uma relação que se estabelece apenas e diretamente entre o fato gerador da responsabilidade e o dano; assim conclui ATAÍDE, Rui Paulo Coutinho de Mascarenhas. *Causalidade e imputação objectiva na teoria da responsabilidade civil*. A sobreposição das concepções normativas. In: MIRANDA, Jorge (coord.). Estudos em Homenagem ao Prof. Doutor Sérvulo Correia. Coimbra: Coimbra, 2010, v. III, p. 181.

o nexo de imputação (que já neste momento abrange de modo unitário a conduta e o evento) e o prejuízo em si mesmo considerado enquanto perda de uma utilidade tutelada pelo direito[102].

Como consequência deste processo dual[103] e tendo em vista os elementos que bastam a demonstrar a existência, ou não, de nexo de causalidade em cada uma destas etapas, pode-se afirmar que, num plano inicial, busca-se a existência de uma causalidade naturalística – aqui estabelecida entre a conduta e o evento – e, à vista dela, num segundo plano, uma causalidade normativa, que se estabelecerá em relação aos prejuízos efetivamente suportados em razão do evento[104]. A soma de ambas as causalidades é que se mostrará apta a coligar juridicamente o fato (em sentido amplo) imputável ao agente que se pretende responsável e o dano suportado pela vítima, fazendo nascer o vínculo obrigacional respectivo[105].

---

102. ROSSI, Cristiana. *Niente risarcimento se non è provato il nesso di causalità*. Responsabilità Civile e Previdenza, Milano, v. 39, fasc. 3, p. 777-788, 2004, p. 785-787. Na mesma toada, CORDEIRO, António Menezes. *Tratado...*, cit., v. II, t. III, p. 549-550, quando refere que enquanto no primeiro plano de valoração dá-se a incidência de um filtro negativo operacionalizado *pela condicio sine qua non*, com o fim de delimitar se o fator de imputação de responsabilidade foi relevante, em linhas gerais, à causação do dano, no segundo dá-se a formulação de um "juízo humano de implicação" que se materializa por intermédio da noção de adequação, a qual poderá ser "enriquecida ao infinito com múltiplas considerações".
103. Como observa a ATAÍDE, Rui Paulo Coutinho de Mascarenhas. *Causalidade e imputação...*, cit., p. 181, a dupla averiguação do nexo causal tem origem na doutrina alemã e remonta a Mommsen e a Windsheid, distinguindo a "causalidade que fundamenta a responsabilidade" (*haftungsbegründende Kausalität*) da "causalidade que delimita a responsabilidade" (*haftungsausfüllende Kausalität*). Esta dualidade, de igual sorte, foi recepcionada pela jurisprudência portuguesa, a qual tem reconhecido que "para que um facto seja causa de um dano é necessário, antes de mais, no plano naturalístico, que ele seja condição sem a qual o dano não se teria verificado (nexo naturalístico), e, depois, que, em abstracto ou em geral, seja causa adequada do dano (nexo de adequação). O nexo naturalístico de causalidade integra matéria de facto (...); o nexo de adequação (...) integra matéria de direito respeitante à interpretação e aplicação do disposto no art. 563º do Cód. Civil" (PORTUGAL. Supremo Tribunal de Justiça. Processo n. 03A2684. Rel. Cons. Silva Salazar. J. em 07 out. 2003. Disponível em: <http://www.dgsi.pt/jstj.nsf/Pesquisa+Livre?OpenForm>. Acesso em: 30 set. 2017).
104. Quanto ao primeiro plano, FACCI, Giovanni. *Il nesso di causalità...*, cit., p. 145, fala da função do pressuposto em causa para a imputação do fato ao responsável; já no segundo plano, fala na determinação do montante do dano suportado pelo ofendido.
105. Neste particular, consoante refere BARBOSA, Mafalda Miranda. *Estudos...*, cit., p. 95, "[a] questão da causalidade transmuta-se, afinal, num problema normativo. Na dupla vertente: enquanto requisito de recondução do evento lesivo a uma esfera de risco – cumprindo, portanto, a delimitação imputacional primária; e enquanto critério de delimitação dos danos indemnizáveis". Não obstante a constatação acerca da normatividade do pressuposto e da forma como se operacionaliza apresente-se apropriada e com ela se comungue, não se está de acordo com a alusão à ideia de recondução a uma esfera de risco, isso em decorrência do fato de que as premissas sobre as quais se funda a responsabilidade civil objetiva, a partir da construção proposta pela autora, são diversas daquelas desenvolvidas no curso da presente investigação. Sobre o tema, BARBOSA, Mafalda Miranda. *Responsabilidade civil extracontratual*. Novas perspectivas em matéria de nexo de causalidade. Cascais: Princípia, 2014, p. 27 e ss., para quem, em apertada síntese, a imputação objetiva não decorre da existência de um dano juridicamente relevante que se legitima no princípio da solidariedade, mas de uma ação humana livre e, por isso, responsável, que se associa a uma determinada esfera de risco estabelecida em lei. Todavia, consoante já se teve oportunidade de analisar precedentemente, entende-se que o risco não é suficiente à legitimação de todas as situações de responsabilidade objetiva, ponto em relação ao qual se está, por isso, a divergir da referida autora.

Dito esquema estrutural, não obstante tenha a sua origem na responsabilidade por ato ilícito, aplica-se integralmente em um regime geral de matriz objetiva, seja qual for o nexo de imputação presente na *fattispecie*. E isso se deve ao fato de que, nestes casos, a relação de causalidade deve-se estabelecer entre o evento danoso e o fato ou a coisa que se conectam com o sujeito responsável[106].

E, especificamente no que tange à relevância do nexo causal no juízo de responsabilidade, deve-se ter presente que, não obstante a sobredita necessidade de demarcação dos danos que relevam à imputação, a sua função não está propriamente associada à delimitação do círculo indenizável. O processo dual de aferição antes destacado e as relevâncias, ao mesmo tempo, naturalística e normativa próprias de cada etapa da sua aferição permitem reconhecer que a finalidade do pressuposto em causa está atrelada, em verdade, à limitação do alcance da indenização[107].

Nesta linha, enquanto a verificação de um dano juridicamente relevante (para não o dizer *injusto*) estabelece a imputação de responsabilidade a partir de critérios postos no ordenamento como aptos a legitimar uma transferência de ônus do lesado ao sujeito dito responsável, o nexo de causalidade terá por finalidade precípua – e sem prejuízo da sua aferição naturalística inicial – demarcar a extensão dos prejuízos que serão abrangidos pelo respectivo dever de indenizar.

A dificuldade verificável na aplicação desta estrutura de aferição do nexo causal em estudo reside no fato de que nem sempre a causa é unitária e daí a riqueza dos problemas inerentes à concausalidade. Por isso se mostra imprescindível a delimitação das bases segundo as quais, do ponto de vista jurídico, os múltiplos fatores que concorrem ao prejuízo serão considerados suficientes a satisfazer o pressuposto respectivo da imputação.

Exatamente por isso é que se mostra imprescindível analisar a (ir)relevância jurídica da distinção entre condição e causa, aquela representada por todo os fatores que estão na origem do dano e esta, por sua vez, pelas condições tomadas como efetivamente determinantes para a consecução do resultado[108]. E tal pode ser feito por intermédio do exame das diversas teorias que tratam do nexo de causalidade na responsabilidade civil.

---

106. VISINTINI, Giovanna. *Cos'è...*, cit., p. 315.
107. BARBOSA, Mafalda Miranda. *Estudos...*, cit., p. 86 e 90. Nesta linha, "o que interessa ao nexo de causalidade (de condicionalidade e não de adequação) não é o dano abstractamente considerado, mas antes o dano concreto (...), nas circunstâncias fácticas, de tempo, lugar e modo"; assim, PINTO, Paulo Mota. *Sobre condição e causa na responsabilidade civil*. Nota a propósito do problema da causalidade da causa virtual. In: DIAS, Jorge de Figueiredo; CANOTILHO, José Joaquim Gomes; COSTA, José de Faria (org.). Estudos em homenagem ao Prof. Doutor António Castanheira Neves. Coimbra: Coimbra, 2008, v. III, p. 940-941, nota 16.
108. NORONHA, Fenando. *O nexo de causalidade...*, cit., p. 541. Ainda segundo o autor, em essência, as causas não têm natureza diversa das condições; o cerne do problema põe-se na delimitação da relevância das condições à efetiva causação do dano.

2.1.2 As teorias ditas clássicas sobre a causalidade

A partir das premissas postas no item precedente – até mesmo como manifestação da concretização do processo normativo antes assinalado[109] –, foram desenvolvidas uma série de teorias tendentes a demarcar o nexo causal relevante ao vínculo obrigacional indenizatório. O objetivo destas construções é precisar em que medida uma determinada causa pode ser considerada juridicamente relevante ao juízo de imputação, ou seja, qual ou quais dentre os eventos precedentes ao prejuízo basta(m) a satisfazer a necessidade da verificação do nexo causal enquanto pressuposto do dever de reparar, na medida em que podem ser indicados como dele determinantes[110].

Tendo em vista todos os esforços direcionados a este fim e mesmo sendo variados os desenvolvimentos teóricos acerca do tema, é possível reconhecer – a partir de uma abordagem assim dita *clássica* – que as mencionadas construções tendem a se situar entre dois modelos aparentemente antitéticos polarizados pelos critérios da *condicio sine qua non* (ou da equivalência das condições) e da causalidade adequada[111]. Nestes termos, enquanto para aquela teoria, ao não se diferenciar causa de condição, todas têm a mesma relevância jurídica, pois concorrem de algum modo à causação do dano, para esta (causalidade adequada) são considerados relevantes somente os antecedentes que são não apenas necessários, mas também adequados[112] a produzirem, *per se*, o resultado[113].

---

109. Deve-se desde logo advertir que a assim dita "normatização" do nexo causal é fenômeno que tem natureza multifacetada, pois encerra a aferição bifásica destacada no item precedente, bem como uma série de outras tendências – que serão analisadas na sequência – voltadas à redução da importância de uma valoração meramente naturalística da noção de causa e que se manifestam por meio das também ditas teorias normativas da causalidade. Acerca deste fenômeno, cumpre assinalar que várias são as razões que o justificam, sendo a principal delas o fim da ilusão de se poder reconduzir a critérios científicos todas as situações de causalidade (por meio da subsunção do fato em leis científicas), com o fim de fornecer certezas absolutas que nem sempre são viáveis. Sobre o tema, CASTRONOVO, Carlo. *Sentieri di responsabilità...*, cit., p. 813.
110. MIRAGEM, Bruno. *Direito Civil*, cit., p. 224. No mesmo norte, NORONHA, Fenando. *O nexo de causalidade...*, cit., p. 541.
111. MONATERI, Pier Giuseppe. *Responsabilità civile (voce)*, cit., p. 11. Em verdade, várias são as construções a respeito, sendo referidas as teorias em causa apenas pelo fato de, ao sintetizarem na essência a principal divergência existente sobre o tema e encontrarem aplicação efetiva mais consistente, interessam com mais atenção ao estudo em curso. Para uma síntese sobre as diversas construções a respeito, inclusive com remissão às suas origens penalísticas, nomeadamente na doutrina germânica, ver ZAMBRANO, Virginia. *Delimitazione del danno...*, cit., p. 122-137; também, LEITÃO, Manuel Teles de Menezes. *Direito das Obrigações*, cit., p. 343-347; MIRAGEM, Bruno. *Direito Civil*, cit., p. 234-237.
112. Esta adequação deve ser proveniente da verificação de que a causa indicada como relevante faz parte de uma sucessão normal do evento danoso, o que corresponde a uma probabilidade aceitável de que possa produzir o prejuízo; assim, MONATERI, Pier Giuseppe; GIANTI, Davide. *Nesso di causalità (dir. civile)*. In: AAVV. Enciclopedia Giuridica Treccani (*Diritto on line*). Disponível em: <http://www.treccani.it/enciclopedia/nesso-causale-dir-civ_(Diritto-on-line)/>. Acesso em: 03 ago. 2017, p. 03.
113. CAVALIERI FILHO, Sergio. *Programa de Responsabilidade Civil*. 6ed. São Paulo: Malheiros, 2006, p. 72-73. Dito de outro modo, enquanto na teoria da equivalência será causa toda condição na falta da qual o evento não ocorreria, na teoria da causalidade adequada o será apenas a condição que, aferida *ex ante*, tenha a objetiva possibilidade de, por si só, causar o evento; assim, SALVI, Cesare. *La responsabilità civile*. 2ed. Milano: Giuffrè, 2005, p. 227. Ambas as teorias são largamente tratadas pela doutrina – até mesmo por serem aquelas predominantemente aceitas nos mais variados sistemas –, de modo que uma abordagem exaustiva acerca da evolução dos seus termos ou das nuanças de cada uma delas não se mostraria viável no presente momento. A respeito, consinta-se reenviar à síntese contida em MONATERI, Pier Giuseppe; GIANTI, Davide. *Nesso di causalità*, cit., p. 02-05.

O exame da estruturação proposta por ambas as teorias – que se constituem em ponto de partida para outras construções[114] – permite concluir que a causalidade adequada[115] constitui uma tentativa de sofisticação da equivalência dos antecedentes[116], na medida em que precisa a noção de causa[117], não obstante ainda estejam, ambas, amparadas em elementos de cunho predominantemente naturalístico[118]. Tanto que, no mais das vezes, seja uma ou outra, carecem de alguma temperança para fins de viabilizar uma aplicação prática satisfatória, sob pena de conduzirem a resultados indesejados no que tange à extensão da responsabilidade[119].

---

114. Entre os dois extremos existe uma série de formulações, com maior relevo em matéria civil para as assim denominadas teoria da última condição ou da causalidade próxima, teoria da condição/causalidade eficiente, teoria da causalidade necessária, teoria do dano direto e imediato ou da interrupção do nexo causal, dentre outras. Sobre o tema, ZAMBRANO, Virginia. *Delimitazione del danno...*, cit., p. 122-137; CORDEIRO, António Menezes. *Tratado...*, cit., v. II, t. III, p. 532-534; LEITÃO, Luis Manuel Teles de Menezes. *Direito das Obrigações*, cit., p. 344-346; MIRAGEM, Bruno. *Direito Civil*, cit., p. 228-237; dentre outros. Merece apenas uma referência especial a última nominada que, consoante parcela da doutrina brasileira, teria sido a adotada pelo Código Civil de 2002; neste norte, inclusive com menção a precedente do Supremo Tribunal Federal que teria assentado a teoria do dano direto e imediato como a eleita pela ordem jurídica brasileira – sem prejuízo de inúmeras decisões posteriores do Superior Tribunal de Justiça referindo a adoção da causalidade adequada –, ver TEPEDINO, Gustavo. *Notas sobre o nexo de causalidade*. In: TEPEDINO, Gustavo. (org.). Temas de Direito Civil. Rio de Janeiro: Renovar, 2006, t. II, p. 65 e ss.
115. A teoria da causalidade adequada, sem prejuízo da síntese geral antes posta, pode materializar-se por meio de duas espécies de formulação: uma dita positiva, segundo a qual "o fato será causa adequada do dano, sempre que constitua uma consequência normal ou típica daquele, ou seja, sempre que, verificado o fato, se possa prever o dano como uma consequência natural ou como um efeito provável dessa verificação", e outra dita negativa, nos termos da qual o fato deixa de ser causa "segundo a sua natureza geral, era de todo indiferente para a produção do dano e só se tornou condição dele, em virtude de outras circunstâncias extraordinárias, sendo portanto inadequada para este dano"; sobre o tema, VARELA, João de Matos Antunes. *Das obrigações...*, cit., p. 890-891, inclusive nota 1. Consoante observa NORONHA, Fernando. *O nexo de causalidade...*, cit., p. 554-556, o que o faz, inclusive, com base na doutrina portuguesa, a formulação negativa é preferível por várias razões de ordem prática, dentre elas e especialmente por deixar evidente a razão pela qual subsiste o nexo causal mesmo nas hipóteses em que outros fatos contribuam para o dano.
116. A teoria da equivalência, na sua aplicação pura, tende a apresentar-se como inadequada, pois permite imputar o dano a eventos que apenas em decorrência de uma incontrolável sucessão causal poder-se-iam constituir *condiciones sine quibus non*. Assim, CORDEIRO, António Menezes. *Tratado...*, cit., v. II, t. III, p. 532.
117. Para este fim, como assinala PINTO, Paulo Mota. *Sobre condição e causa...*, cit., p. 932, trata-se de reconhecer a existência de uma "assimetria entre os elementos causais em presença" ou, dito de outro modo, de precisar que uma causa foi determinante e outra não.
118. SANTOLIM, Cesar. *Nexo de causalidade...*, cit., p. 8446. Na mesma linha, consoante sintetiza COSTA, Mário Júlio de Almeida. *Reflexões sobre a obrigação de indemnização*. Revista de Legislação e Jurisprudência, Coimbra, a. 134, n. 3931 e 3932 (p. 290-299), fev./mar. 2002, p. 291-292, a causalidade adequada parte das mesmas premissas da equivalência das condições, pois, "em princípio, toda condição 'sine qua non' de um evento danoso deve ser considerada como sua causa", com a diferença de que exige a "correspondência entre condicionalidade e causalidade", que deixará de se verificar toda vez que, a partir de regras de experiência, "não se possa afirmar, em termos de probabilidade, que o facto originaria normalmente o dano".
119. Segundo MONTEIRO, Jorge Sinde. *Rudimentos da responsabilidade civil*. Revista da Faculdade de Direito da Universidade do Porto, Porto, a. II, p. 349-390, 2005, p. 379, esta necessidade de abrandamento ou temperança – a induzir, em razão disso, uma aparente falha ou, ao menos, uma inegável insuficiência das teorias desenvolvidas a partir da tentativa de se propor uma hierarquização dos fatos que, de algum modo, concorrem para o prejuízo – decorre do reconhecimento de que, em verdade, "entre causa e condição não existe de facto uma diferença objetiva, independentemente da perspectiva em que se coloque o observador", pelo que "[r]esponder à questão de saber até onde a mera causação de um dano deve implicar responsabilidade exige uma valoração estranha ao conceito de causa enquanto tal", pois "se trata é de saber, em que termos, para efeitos jurídicos, um dano deve ser imputado à esfera de responsabilidade do (eventualmente) obrigado à indenização".

Quanto à escolha da noção de causalidade relevante para fins de estabelecimento de um juízo de imputação, os sistemas jurídicos em comparação, aparentemente, tendem a divergir a respeito. Isso porque enquanto a teoria da causalidade adequada é reconhecida como a opção dos ordenamentos português[120] e brasileiro[121], a experiência italiana parece oscilar entre esta e a teoria

---

120. Tal se extrai da leitura do disposto no artigo 563 do Código Civil português, segundo o qual "[a] obrigação de indemnização só existe em relação aos danos que o lesado provavelmente não teria sofrido se não fosse a lesão", não obstante críticas possam ser feitas à sua redação, especialmente tendo em conta os termos mais aceitos da teoria da causalidade adequada. Neste sentido, TELLES, Inocêncio Galvão. *Direito das Obrigações*, cit., p. 408-409; também na mesma toada, VARELA, João de Matos Antunes. *Das obrigações...*, cit., p. 898; MARTINEZ, Pedro Romano. *Direito das Obrigações*, cit., p. 113; LEITÃO, Manuel Teles de Menezes. *Direito das Obrigações*, cit., p. 346; FRADA, Manuel A. Carneiro da. *Direito Civil*, cit., p. 101; dentre outros. Não discrepa o entendimento da jurisprudência, sendo inúmeros os acórdãos do Supremo Tribunal de Justiça a reconhecer que "[o] ordenamento jurídico nacional consagra a doutrina da causalidade adequada, ou da imputação normativa de um resultado danoso à conduta reprovável do agente, nos casos em que pela via da prognose póstuma se possa concluir que tal resultado, segundo a experiência comum, possa ser atribuído ao agente como coisa sua, produzida por ele, mas na sua formulação negativa, porquanto não pressupõe a exclusividade da condição como, só por si, determinante do dano, aceitando que na sua produção possam ter intervindo outros factos concomitantes ou posteriores" (PORTUGAL. Supremo Tribunal de Justiça. Processo n. 488/09.4TBESP.P1.S1, 1ª Secção, rel. Cons. Hélder Roque, j. em 05 fev. 2013), o que pode ser sintetizado por meio da ideia de que "[n]em todas as causas fácticas ou naturalísticas poderão ser juridicamente havidas como causa do dano ocorrido; para tanto, hão de integrar o critério da causalidade adequada, constante do citado art. 563.º do CC" (PORTUGAL. Supremo Tribunal de Justiça. Processo n. 1523/13.7T2AVR.P1.S1, 7ª Secção, rel. Cons.ª Maria dos Prazeres Pizarro Beleza, j. em 27 abr. 2017). No mesmo sentido, exemplificativamente, Processo n. 820/07.5TBMCN.P1.S1, 6ª Secção, rel. Cons. Fonseca Ramos, j. em 29 nov. 2016; Processo n. 540/13.1T2AVR.P1.S1, 1ª Secção, rel. Cons. Alexandre Reis, j. em 11 jan. 2017; Processo n. 12617/11.3T2SNT.L1.S1.S1, 7ª Secção, rel. Cons. Olindo Geraldes, j. em 30 mar. 2017; dentre outros tantos, todos disponíveis em <http://www.dgsi.pt/jstj.nsf?OpenDatabase>; acesso em 26 jul. 2017.

121. O Código Civil brasileiro não contém uma disciplina tão clara quanto a que se verifica no congênere português. Não obstante isso, a doutrina tem convergido quanto à adoção da causalidade adequada, o que se sustenta na regra do artigo 403 do Código Civil (mesmo que inserido no capítulo relativo às consequências do incumprimento obrigacional, que vai estendido às demais situações de responsabilidade), segundo o qual "[a]inda que a inexecução resulte de dolo do devedor, as perdas e danos só incluem os prejuízos efetivos e os lucros cessantes por efeito dela direto e imediato". Neste sentido, CAVALIERI FILHO, Sergio. *Programa...*, cit., p. 73; VENOSA, Silvio de Salvo. *Direito Civil*, cit., p. 43; AGUIAR JÚNIOR, Ruy Rosado de. *Responsabilidade civil do médico*. Revista dos Tribunais, São Paulo, v. 84, n. 718, (p. 33-53) ago. 1995, p. 51-52; COUTO E SILVA, Clóvis do. *Dever de indenizar*. In: FRADERA, Vera Maria Jacob de (org.). O direito privado brasileiro na visão de Clóvis do Couto e Silva. Porto Alegre: Livraria do Advogado, 1997, p. 195; dentre outros. Este entendimento é majoritariamente acompanhado pela jurisprudência do Superior Tribunal de Justiça cujos acórdãos têm asseverado que "[a] doutrina endossada pela jurisprudência desta Corte é a de que o nexo de causalidade deve ser aferido com base na teoria da causalidade adequada, adotada explicitamente pela legislação civil brasileira (CC/1916, art. 1.060 e CC/2002, art. 403), segundo a qual somente se considera existente o nexo causal quando a ação ou omissão do agente for determinante e diretamente ligada ao prejuízo" (BRASIL. Superior Tribunal de Justiça. Recurso Especial n. 1615971/DF, 3ª Turma, rel. Min. Marco Aurélio Belizze, j. em 27 set. 2016); no mesmo sentido, Recurso Especial n. 1433566/RS, 3ª Turma, rel. Min.ª Nancy Andrighi, j. em 25 mai. 2017; Agravo Interno no Agravo no Recurso Especial n. 754859/GO, 2ª Turma, rel. Min. Assusete Magalhães, j. em 02 jun. 2016; Recurso Especial n. 1307032/PR, 4ª Turma, rel. Min. Raul Araújo, j. em 18 jun. 2013; dentre outros. Todos os precedentes citados estão disponíveis em <http://www.stj.jus.br/SCON/>; acesso em: 26 jul. 2017.

da equivalência dos antecedentes, ora com uma aplicação mitigada da última[122], ora com uma mescla de ambas[123].

Do ponto de vista da concretização dos preceitos teóricos desenvolvidos, deve-se reconhecer que, conjugando os elementos normativos disponíveis nos Códigos Civis e sem prejuízo do reconhecimento de um esforço evolutivo de interpretação, a jurisprudência tende a fixar o nexo de causalidade a partir do exame do caso concreto e de forma, por vezes, bastante intuitiva. Tal se dá, inclusive, com referências alternadas às principais teorias acerca do tema, o que é feito na inquestionável tentativa de estabelecer um liame de necessariedade entre a atuação relevante (comissiva, omissiva ou organizacional, no caso das atividades ou da titularidade de uma condição previstas em lei) e o prejuízo sofrido, que passam a se conectar a partir de uma relação de causa e efeito[124].

---

122. GIANTI, Davide. *L'accertamento dell'elemento oggettivo dell'illecito. Dal nesso di causalità in senso classico alla odierna causalità normativa*. The Cardozo Eletronic Law Bulletin, Torino, v. 22, n. 1, p. 01-51, 2016, p. 22, nota 60. Segundo assinala o autor, o que o faz amparado em inúmeros precedentes da Corte de Cassação, a jurisprudência tende a aplicar o que denomina de teoria "corretiva" da *condicio sine qua non*, associada à delimitação da causa que, dentre as concorrentes, mostre-se eficiente à produção do resultado; tal se dá, contudo, pelo que se pode inferir da fundamentação contida nos julgamentos, por meio de uma aplicação imprópria da teoria.

123. CASTRONOVO, Carlo. *Sentirei...*, cit., p. 813. No mesmo sentido, sustentando uma aplicação combinada das teorias da *condicio sine qua non* e da causalidade adequada, ROSSI, Cristiana. *Niente ressarcimento...*, cit., p. 787, nota 25. Esta concepção tende a se refletir na jurisprudência que, segundo ALPA, Guido. *Diritto della responsabilità civile*, cit., p. 119, inclusive nota 115, apresenta-se vacilante a respeito das teorias aplicáveis à determinação do nexo causal. Tal, aliás, pode ser inferido de decisão proferida pela Suprema Corte italiana segundo a qual "[i]n tema di responsabilità civile extracontrattuale, il nesso causale tra la condotta illecita ed il danno è regolato dal principio di cui agli artt. 40 e 41 cod. pen., in base al quale un evento è da considerare causato da un altro se il primo non si sarebbe verificato in assenza del secondo, nonché dal criterio della cosiddetta causalità adeguata, sulla scorta del quale, all'interno della serie causale, occorre dare rilievo solo a quegli eventi che non appaiano – ad una valutazione "ex ante" – del tutto inverosimili. Ne consegue che, ai fini della riconducibilità dell'evento dannoso ad un determinato fatto o comportamento, non è sufficiente che tra l'antecedente ed il dato consequenziale sussista un rapporto di sequenza temporale, essendo invece necessario che tale rapporto integri gli estremi di una sequenza possibile, alla stregua di un calcolo di regolarità statistica, per cui l'evento appaia come una conseguenza non imprevedibile dell'antecedente". (ITALIA. Corte Suprema di Cassazione. Sezione Civile III. Sentenza n. 12923, di 23 giu. 2015. Disponível em: <http://www.dirittoegiustizia.it/allegati/14/0000070155/Corte_di_Cassazione_sez_III_Civile_sentenza_n_12923_15_depositata_il_23_giugno.html>. Acesso em 03 ago. 2017). Esta mesma orientação foi seguida nas sentenças n. 11609, de 31 mai. 2005 (Sezione III), n. 8885, de 14 abr. 2010 (Sezione Lavoro), n. 26042, de 23 dez. 2010 (Sezione I), e n. 15991, de 21 jul. 2011 (Sezione III), dentre outras, consoante assinala FABBRICATORE, Alfonso. *Nesso eziologico e risarcimento del danno*: alcune perplessità. Persona e danno (a cura di Paolo Cendon), Trieste, 11 lug. 2015. Disponível em <https://www.personaedanno.it/articolo/nesso-eziologico-e-risarcimento-del-danno-alcune-perplessit-cass-1292315-a-fabbricatore>. Acesso em 06 ago. 2017. Ao que se infere, trata-se, efetivamente, de uma aplicação combinada das teorias da equivalência dos antecedentes e da causalidade adequada.

124. TEPEDINO, Gustavo. *Notas sobre o nexo de causalidade.*, cit., p. 70. Com a mesma percepção, BUSNELLI, Francesco D.; PATTI, Salvatore. *Danno e responsabilità civile*, cit., p. 31, assinalam que, independentemente de eventuais divergências dogmáticas ou mesmo metodológicas a respeito da limitação do nexo de causalidade, um exame em perspectiva comparatista permite concluir que as diferenças entre os sistemas atenuam-se sensivelmente, reconduzindo, mesmo que por meio do recurso a uma inegável "precompreensione" ou ao "senso del giusto" do aplicador, a resultados práticos muito semelhantes.

Em verdade, tal qual já referido precedentemente, nenhuma das teorias em causa – ou mesmo qualquer das demais a elas próximas – é suficientemente adequada a resolver de modo eficiente a totalidade dos problemas envolvendo causalidade em matéria de responsabilidade civil[125]. Tanto que, em razão disso e sem prejuízo da pretensa filiação dos sistemas jurídicos a uma ou outra construção, é possível verificar, na prática, uma aplicação imprecisa dos seus termos, tudo com o objetivo de encontrar soluções que se mostrem oportunas ao caso concreto e permitam uma utilização adequada do instituto da responsabilidade civil, sem restrições ou ampliações indevidas que poderiam decorrer de um manejo insuficiente ou inadequado do pressuposto do nexo de causalidade[126].

2.1.3 As teorias normativas da causalidade

O cenário até então delineado, apto que está a demonstrar as dificuldades de solução de uma série de situações apenas a partir da dicotomia entre equivalência das condições e causalidade adequada, abre espaço a que se possam legitimar teorias outras desenvolvidas com o objetivo de contribuir para uma melhor demarcação do nexo causal relevante à responsabilidade civil.

Neste particular, adquirem relevo as construções que, mesmo partindo de uma aferição nos moldes da *condicio sine qua non*[127], tendem a agregar-lhe uma conformação preponderantemente jurídica (ao contrário da causalidade adequada e das suas variantes). E tal se dá por meio de critérios predispostos a determinar a oportunidade, no caso posto, de se imputar responsabilidade ao sujeito, mesmo quando verificado que o resultado escapa da sua real esfera de controle. São, por isso, denominadas teorias normativas ou da imputação objetiva do evento danoso[128].

---

125. CORDEIRO, António Menezes. *Tratado...*, cit., v. II, t. III, p. 548. O autor é categórico em afirmar que, sobre o tema, "não existe, no estado actual da Ciência do Direito, fórmulas universais válidas", de modo que uma noção útil e efetiva de causalidade deverá ser construída a partir do caso concreto, tendo em conta as diretrizes jurídicas vigentes. Com a mesma percepção, NORONHA, Fenando. *O nexo de causalidade...*, cit., p. 542. Para uma síntese acerca das críticas às teorias da *Conditio* e da causalidade adequada, ver BARBOSA, Mafalda Miranda. *Responsabilidade civil do produtor e nexo de causalidade*: breves considerações. FIDES – Revista de Filosofia do Direito, do Estado e da Sociedade, Natal, v. 8, n. 2, jul./ dez. 2017, p. 177 e ss.
126. Estes indícios têm levado parte da doutrina a criticar, especialmente em Portugal e no Brasil, a pretensa adoção da causalidade adequada, já que os seus termos são, na prática, pouco explicativos, apresentando-se a formulação baseada no conceito de adequação como um espaço a ser livremente completado a partir do senso comum e de juízos éticos imprecisos que, no fim, remetem à riqueza do caso concreto a demarcação do conceito jurídico em causa. Sobre o tema, CORDEIRO, António Menezes. *Tratado...*, cit., v. II, t. III, p. 534-535.
127. Exatamente por isso é que a aferição da *condicio sine qua non* tende a ser reconhecida, como observa PINTO, Paulo da Mota. *Sobre condição e causa...*, cit., p. 930, como "critério mínimo necessário para a causalidade", já que ponto de partida de diversas outras construções, inclusive aquelas em que prepondera uma conotação essencialmente normativa.
128. MONATERI, Pier Giuseppe; GIANTI, Davide. *Nesso di causalità*, cit., p. 03-04. Para uma abordagem assim dita normativa a respeito do tema, ver GORLA, Gino. *Sulla cosiddetta causalità giuridica*: fatto danoso e consequenze. Rivista del Diritto Commerciale e del Diritto Generale delle Obbligazioni, Padova, n. 49, v. I, 1951, p. 405 e ss.

Dentre elas, a que por último tem merecido mais viva atenção[129] – inclusive induzindo aplicações práticas revisadas por parte da jurisprudência, mesmo que indiretamente – é a denominada teoria do escopo da norma[130]. De acordo com os seus termos, o nexo de causalidade deve ser aferido a partir da verificação da existência de uma relação entre os prejuízos sofridos e o âmbito de proteção conferido às utilidades correspondentes que restaram comprometidas pelo fato gerador de responsabilidade[131]. Ou, dito de outro modo, a responsabilidade civil é recolocada dentro de certos limites de razoabilidade, limitando-se o ressarcimento apenas aos danos previstos na norma que, por isso, converte-se em autêntico fator de seleção[132].

Ao que se vê, o fundamento sobre o qual se estabelece dita teoria é um tanto diverso daquele utilizado pelas demais antes analisadas, pois não obstante a equivalência dos antecedentes esteja na sua base (por meio da verificação da *condicio sine qua non*), a ideia de causalidade construída a partir disso não tem uma conotação objetivo-naturalística, mas normativo-axiológica, o que tende a aproximar a noção de causa do próprio fator de atribuição[133].

---

129. Não que as demais não mereçam atenção ou sejam insatisfatórias do ponto de vista prático. A diferença está no fato de que a teoria do escopo da norma mostra-se inegavelmente destacada na tentativa de estruturar uma natureza normativa ao nexo de causalidade, em evidente ruptura com os preceitos de ordem naturalística sobre os quais estão baseadas as proposições ditas clássicas, fazendo com que algumas das premissas das demais – imputação objetiva e probabilidade, por exemplo – possam ser por ela incorporadas quando da sua aplicação prática. Para uma síntese acerca das demais também ditas normativas, especialmente as teorias do aumento do risco e da causalidade lógico-científica, consinta-se reenviar a GIANTI, Davide. *L'accertamento...*, cit., p. 24 e ss.
130. Para um quadro evolutivo da teoria em questão, ver VARELA, João de Matos Antunes. *Das obrigações...*, cit., p. 901-903. Também, MONTEIRO, Jorge Ferreira Sinde. *Responsabilidade por conselhos, recomendações ou informações*. Coimbra: Almedina, 1989, p. 269-270. Aliás, como refere o último autor citado, três são as vertentes teóricas da proposição em causa: teoria do fim da norma (*Normzweck*), teoria do âmbito de proteção (*Schutzzweck* ou *Schutzbereich*) e teoria do nexo de ilicitude (*Rechtswidrigkeitzusammenhang*), com alguma variação entre elas. Ao que interessa ao estudo, contudo, e partindo do conteúdo introduzido na doutrina não germânica nas últimas décadas, basta a designação e os pressupostos reconduzidos à construção ora denominada – mesmo que com alguma simplificação – teoria do escopo ou fim da norma. Para um panorama a partir da perspectiva italiana clássica, ver BARCELLONA, Mario. "*Scopo della norma violata*". Interpretazione teleológica e tecniche di atribuizione della tutela aquiliana. Rivista di Diritto Civile, Padova, a. XIX, v. I, 1973, p. 311 e ss.
131. LEITÃO, Luís Manuel Teles de Menezes. *Direito das Obrigações*, cit., p. 346; nas palavras precisas do autor, "para o estabelecimento do nexo de causalidade é apenas necessário averiguar se os danos que resultaram do facto correspondem à frustração das utilidades que a norma visava conferir ao sujeito". Segundo CORDEIRO, António Menezes. *Tratado...*, cit., v. II, t. III, p. 537, para a teoria em questão, "a causalidade juridicamente relevante verifica-se em relação aos danos causados pelo facto, em termos de *condicio sine qua non*, nos bens tutelados pela norma jurídica violada".
132. PEREIRA, Rui Soares. *O nexo de causalidade na responsabilidade delitual*. Coimbra: Almedina, 2017, p. 396. Ainda nas precisas palavras do autor, p. 403, "na responsabilidade civil, apenas existira direito ao ressarcimento se fosse lesado um bem tutelado da norma pertencente a um sujeito protegido por essa norma e se a lesão tivesse ocorrido do modo pelo qual a mesma norma pretendia evitar que a mesma ocorresse".
133. SANTOLIM, Cesar. *Nexo de causalidade...*, cit., p. 8446-8447. Associação desta ordem, apta, portanto, a viabilizar a construção de um nexo de causalidade preponderantemente normativo, pode ser encontrada já em SILVA, Manuel Gomes da. *O dever de prestar e o dever de indemnizar*. Lisboa: Livraria Moraes, 1944, v. I, p. 232-233, especialmente quando asseverava que "um facto diz-se causa dum dano, para efeitos da responsabilidade civil, quando produz pela forma que a lei tinha em vista ao considerar os factos da mesma espécie fontes de responsabilidade civil. Tudo está em interpretar a lei, determinado qual a razão de ser da

E, exatamente por isso, a sua aplicação toma por paradigma um processo de avaliação diverso, já que a relação de causa e efeito entre o dano e o fator de imputação deve ser identificada por via interpretativa[134]. Parte-se, assim, após a delimitação da *condicio sine qua non*, da demarcação dos interesses protegidos pela norma constitutiva de responsabilidade e do exame da sua frustração à vista do prejuízo verificado, o que demanda uma avaliação individualizada que se deve pautar pela concreta finalidade normativa[135].

Daí porque não se está de acordo com a afirmação segundo a qual a operatividade da teoria do escopo da norma pressupõe a necessária verificação de uma conduta ilícita imputável ao agente (desvalor da ação), o que inviabilizaria a sua aplicabilidade, ao menos em tese, aos regimes de responsabilidade objetiva[136]. Primeiro, porque a questão da ilicitude não pode ser resolvida, consoante já demonstrado, a partir de um antagonismo simplista entre desvalor da ação e desvalor do resultado; segundo, porque também a responsabilidade objetiva pressupõe e carece – se não na sua plenitude, ao menos em parcela que não pode ser desconsiderada – de um juízo de desconformidade próprio da ilicitude; terceiro, porque, em consequência das premissas anteriores, justamente se mostra oportuno e adequado que os pressupostos que são imprescindíveis à imputação objetiva (no caso, o dano e o nexo de causalidade) restem por agregar no seu conteúdo estes fragmentos de relevância da ilicitude, operacionalizando, assim, a atividade que por ela vem desenvolvida de modo autônomo no regime geral de natureza subjetiva[137].

---

responsabilidade, e em averiguar depois se o processo pelo qual um facto produziu certo dano corresponde ao fundamento da mesma responsabilidade".

134. LEITÃO, Luís Manuel Teles de Menezes. *Direito das Obrigações*, cit., p. 347. Por isso é que enquanto as teorias ditas clássicas lastreiam-se em comprovações científicas acerca da existência da relação de causa e efeito legitimadora da imputação, trata-se, neste caso, de um juízo precipuamente normativo, que se baseia na identificação dos interesses que se visa a proteger com a imposição de uma regra de responsabilidade e na verificação se, no caso concreto, o dano em exame tem aptidão para comprometê-los.

135. ATAÍDE, Rui Paulo Coutinho de Mascarenhas. *Responsabilidade civil por violação de deveres de tráfego*. Coimbra: Almedina, 2015, p. 768-769.

136. OLIVEIRA, Ana Perestrelo de. *Causalidade e imputação...*, cit., p. 60; ATAÍDE, Rui Paulo Coutinho de Mascarenhas. *Responsabilidade civil por violação...*, cit., p. 770. A referida afirmação está longe de ser consensual. Muito antes pelo contrário. Neste sentido, CORDEIRO, António Menezes. *Da Responsabilidade Civil...*, cit., p. 539, sustenta categoricamente que a teoria do escopo da norma "cobriria bem a imputação objectiva; seria mesmo a única forma de, aí, determinar a causalidade"; o mesmo se infere em SILVA, Manuel Gomes da. *O dever de prestar...*, cit., p. 231 e 234, quando afirma que "nas hipóteses de responsabilidade objectiva, verificar-se-á se o dano foi devido a algum facto a que a lei atribuiu, objectivamente, o efeito de gerar responsabilidade", não sendo suficiente a mera existência da atividade ou da situação jurídica previstas no suporte fático hipotético da norma, pois ainda necessário que o prejuízo tenha-se "produzido por aquele processo em atenção ao qual o legislador entendeu que ela envolvia o perigo de produzir o mesmo dano". Tanto estas ponderações em contrário à afirmação inicial (de que o escopo da norma pressuporia um comportamento ilícito, de modo a reconduzir a sua aplicação apenas às situações submetidas ao regime da culpa) são relevantes e oportunas que a própria autora por primeiro citada nesta nota conclui – aparentemente de modo contraditório com as suas afirmações iniciais – reconhecendo que "[n]ada parece, com efeito, obstar à relevância do 'escopo da norma' no caso das previsões de risco".

137. Como bem esclarece MONTEIRO, Jorge Ferreira Sinde. *Responsabilidade por conselhos...*, cit., p. 271, as teorias da adequação e do fim da norma, na sua complementariedade, partem de duas premissas: uma primeira, relativa àquela (teoria da adequação), segundo a qual uma dada atuação (em sentido amplo) traz

Em razão de tais características, começam já a surgir vozes reconhecendo a superioridade da teoria em causa para fins da solução concreta de questões que escapam da causalidade adequada[138], com o que se concorda, especialmente pelo fato de contribuir ainda mais para o fechamento do processo de normatização do nexo de causalidade[139]. Esta concordância, entrementes, não representa uma negação da utilidade de todas as demais construções, mas uma prospecção no sentido da conveniência da juridicização do pressuposto em causa[140], isso em decorrência da demonstrada incapacidade das teorias de cunho preponderantemente objetivo (*rectius*: fático) em fornecerem respostas adequadas à totalidade das situações, em especial à vista de uma causalidade múltipla[141].

Nesta linha, se as regras de causalidade naturalística não bastam à solução da problemática da concretização do nexo causal relevante à responsabilidade civil,

---

em si uma especial capacidade para produzir danos; uma segunda, relativa a esta (teoria do fim da norma) e mais expressiva, consoante a qual se questiona quais os danos ter-se-á legitimamente querido impedir com o estabelecimento de uma determinada norma de responsabilidade. Justamente a conjugação de ambas as construções é que permite afastar a tese segundo a qual a verificação de um comportamento claramente ilícito na base do fator de atribuição seria pressuposto inarredável à aplicabilidade da teoria do escopo da norma (e que, por isso, ao menos em abstrato, excluiria a viabilidade da sua aplicação às situações de responsabilidade objetiva).

138. LEITÃO, Luís Manuel Teles de Menezes. *Direito das Obrigações*, cit., p. 347; CORDEIRO, António Menezes. *Tratado...*, cit., v. II, t. III, p. 550; CORDEIRO, António Menezes. *Da Responsabilidade Civil...*, cit., p. 532 e ss.; MONTEIRO, Jorge Ferreira Sinde. *Responsabilidade por conselhos...*, cit., p. 272; BORDON, Raniero. *Una nuova causalità per la responsabilità civile*. Persona e danno (a cura di Paolo Cendon), Trieste, 13 feb. 2008. Disponível em <https://www.personaedanno.it/articolo/una-nuova-causalita-per-la-responsabilita--civile-raniero-bordon>. Acesso em: 06 ago. 2017. Aparentemente seguindo esta linha, quando afirma que "a noção de 'causa' comporta critérios de escolha, dentre os diversos eventos que podem comportar esta qualificação, que devem ser estabelecidos normativamente", SANTOLIM, Cesar. *Nexo de causalidade...*, cit., p. 8461. Em lado oposto, apontando no sentido do que entende ser uma exagerada importância atribuída à doutrina do escopo da norma, especialmente nas situações em que o surgimento do dever de indenizar decorre da concretização de cláusulas gerais, no âmbito das quais é demasiado imprecisa a demarcação de um exato fim de proteção, ver FRADA, Manuel A. Carneiro da. *Direito Civil*, cit., p. 101-102; no mesmo sentido, não obstante reconheça que a *Corte di Cassazione*, em ao menos duas oportunidades (sentenza n. 5346/1979, Sezione Unite; sentenza n. 6716/82), já restou por aplicar a referida teoria, ZAMBRANO, Virginia. *Delimitazione del danno...*, cit., p. 203. Neste particular, consinta-se divergir da referida ponderação, pois o escopo da norma não é extraível apenas da cláusula geral de responsabilidade, mas da proteção predisposta pelo ordenamento em relação aos interesses violados e cujas utilidades restarem comprometidas em razão do dano.
139. Nesta linha, não se trata apenas de demarcar se uma circunstância pode ser dita causa de um determinado dano – o que pode ser feito já a partir da *condicio sine qua non* –, mas de estabelecer se são juridicamente relevantes e se podem servir para completar o suporte fático da norma que autoriza a imputação de responsabilidade. Sobre o tema, OLIVEIRA, Ana Perestrelo de. *Causalidade e imputação...*, cit., p. 58.
140. Consoante adverte CASTRONOVO, Carlo. *Sentieri di responsabilità...*, cit., p. 813, a superação de uma ideia de causalidade naturalística representa a queda do "último baluarte de objetividade na *fattispecie* de responsabilidade".
141. É sintomática a advertência de CORDEIRO, António Menezes. *Tratado...*, cit., v. II, t. III, p. 549, proferida exatamente no âmbito do sistema jurídico português, aquele em que a questão aparenta mais fechada com a causalidade adequada. Conforme o autor, a lei propriamente não faz qualquer menção ao nexo de causalidade enquanto manifestação de uma adequação entre fato e dano, de modo que "fica claro que não se pode pedir ao artigo 563º o que ele não pretende dar". Esta constatação somente reforça a tese de que nenhum dos sistemas sob comparação fechou as suas portas a qualquer das teorias apresentadas, sendo lícito ao aplicar buscar, no caso concreto, a solução que mais adequadamente baste à resolução da controvérsia posta.

mostra-se compreensível a tentativa de se lançar mão de elementos preponderantemente normativos que contribuam à eficiência deste processo de subsunção.

Toda esta estrutura é perfeitamente aplicável a ambos os regimes de responsabilidade civil, pois a aferição dos elementos normativos do nexo causal não está associada obrigatoriamente a qualquer juízo de desvalor ou de censura, típicos da culpa, mas a elementos que se aproximam da ilicitude[142]. Assim é que já tendo sido demonstrado que mesmo na responsabilidade objetiva há espaço para a incorporação de elementos relativos à noção de contrariedade ao direito – através da revisão dogmática do conceito de dano juridicamente relevante –, a aplicação de elementos que, por meio de uma aferição bifásica, tal qual antes posto, aproximem-se em algum grau da construção que parte do escopo da norma violada para a determinação (como último recurso) da causalidade afigura-se estruturalmente viável.

2.2 Imputação objetiva e casos difíceis em matéria de causalidade

Analisada, em linhas gerais, a estrutura comum desenvolvida para fins de construção do conteúdo e da demarcação do pressuposto em causa, cumpre aferir os seus desdobramentos que com maior complexidade poderão interessar a um pretenso regime geral de responsabilidade objetiva, considerando que todos os demais elementos postos tendem a afigurarem-se aplicáveis nos moldes em que vigentes nos demais (em especial o regime modelar do ato ilícito).

Para que tal se compreenda, deve-se ter presente que as situações de imputação sem culpa tendem a se associar a hipóteses frequentemente contextualizadas por realidades hipercomplexas, nos termos do que ocorre, por exemplo, nas situações responsabilidade por danos ao ambiente ou no âmbito das relações de consumo, apenas para citar dois exemplos paradigmáticos. E esta realidade rica de variações, somadas aos já assim ditos problemas clássicos relativos ao pressuposto em questão, suscitam controvérsias que bem se materializam em três *hard cases* que, por isso, merecem acurada atenção. Está-se a falar das hipóteses de multicausalidade, de causalidade probabilística e de ruptura do liame causal.

2.2.1 Causalidade múltipla e concurso de imputações

No curso da evolução da responsabilidade civil, consoante já se teve oportunidade de tratar com maior vagar, é possível antever que os comportamentos individuais conduzidos pela vontade do sujeito (base da teoria oitocentista do ato ilícito), que outrora eram facilmente subsumíveis em um processo de conformação jurídica, res-

---

[142]. Cumpre assinalar que, neste particular, não obstante tenha traços comuns com a causalidade penal, tem-se reforçado sistematicamente que a causalidade civil tem natureza autônoma, o que se justifica na ausência de identidade entre os fins de cada um dos institutos correlatos (responsabilidade civil e responsabilidade penal) e se acentua ainda mais em matéria de imputação objetiva de danos; com aprofundamentos sobre o tema, ver ZAMBRANO, Virginia. *Delimitazione del danno...*, cit., p. 153-154.

tam substituídos por atividades complexas multifatoriais formadas por uma sucessão de atos e de fatos que, concorrendo entre si, culminam com o evento danoso. Daí que identificar o potencial de cada um – ou de todos em conjunto – para a produção do dano é tarefa que se pode mostrar dificultosa, especialmente no âmbito de incidência da responsabilidade objetiva[143].

Subjacente a esta problemática está, em última análise, a controvérsia advinda da multiplicidade de fatores associados à causação do dano, conjugada com o nível de proteção a que se submetem os bens jurídicos que tendencialmente vêm associados a tais a regimes de imputação. Isso porque quanto mais complexa torna-se a estrutura consequencial dos fatores de atribuição de responsabilidade (baseados, no caso, não propriamente em uma conduta, mas no exercício de uma atividade ou na titularidade de uma condição jurídica), mais tormentosa é, na concatenação dos fatores envolvidos, a relação necessária de causa e efeito entre o evento e o prejuízo[144].

Nos itens precedentes, buscou-se tratar, em especial, dos requisitos estruturados à individualização das condições que concorrem para o dano, por intermédio do seu processo de juridicização e das teorias predispostas a demarcar a relevância jurídica causal de cada possível antecedente. Pois bem, a dificuldade que agora se apresenta guarda relação com a constatação da possibilidade de que mais de uma condição venha a ser causa do evento, concorrendo, assim, para o prejuízo, fenômeno que se tem convencionado chamar multicausalidade[145], concurso de causas[146] ou concausalidade[147].

De antemão, é oportuno assinalar que estas ditas causas podem ser não apenas preexistentes, mas concomitantes ou supervenientes, conforme já existam ou venham a surgir no curso do processo causal; podem, ainda, ser interdependentes ou independentes (absoluta ou relativamente), consoante careçam ou não umas das

---

143. É premissa à hodierna delimitação do pressuposto em causa reconhecer que o incremento dos riscos e, por conseguinte, da complexidade das relações sociais, faz dos processos causais aptos a produzir danos uma intrincada sucessão de circunstâncias que, não raro, deixam de ser singulares e transparentes. Deste processo decorre o inegável agravamento da dificuldade em se demarcar, no caso concreto, o nexo causal relevante à responsabilidade civil. Sobrer o tema, FRADA, Manuel A. Carneiro da. *Direito Civil*, cit., p. 101.
144. FABBRICATORE, Alfonso. *Nesso eziologico...*, cit., p. 02.
145. PINTO, Paulo Mota. *Sobre condição e causa...*, cit., p. 931; o autor refere, também, o emprego da denominação "sobredeterminação causal". O problema da multicausalidade pode agravar-se ainda mais quando as diversas causas são imputáveis, cada uma, a sujeitos autônomos, havendo, assim, pluralidade de causas e pluralidade de agentes. Talvez pela própria lógica seja desnecessário referir, mas se aparenta evidente que a problemática fica prejudicada quando as causas restem imputadas a um mesmo sujeito, sendo elas cumulativas, alternativas ou virtuais, pois não remanescerá dúvidas de que a ele, e apenas a ele, caberá reparar o prejuízo. Exatamente por esta razão é que se esta de acordo com CORDEIRO, António Menezes. *Tratado...*, cit., p. v. II, t. III, p. 739, nota 2456, quando refere que o concurso objetivo de causas somente ganha a sua real dimensão quando associado ao concurso subjetivo.
146. OLIVEIRA, Ana Perestrelo de. *Causalidade e imputação...*, cit., p. 101.
147. CAVALIERI FILHO, Sergio. *Programa...*, cit., 84; MONATERI, Pier Giuseppe; GIANTI, Davide. *Nesso di causalità*, cit., p. 06.

outras a produzir o resultado[148]. É de se compreender, antes disso, que devem ser reais, na medida em que tenham potencial efetivo (e não hipotético) para a causação do prejuízo.

Por isso, uma nota deve ser dispensada ao problema da causalidade virtual, assim entendida como aquela que embora pudesse ser tomada como apta à produção do dano, tem a sua eficácia etiológica interrompida pela concorrência de outra (que será dita real), a qual resta por causar efetivamente o resultado[149]. Aparentemente, seria uma hipótese de multicausalidade, somente não o sendo diante da natureza meramente conjectural ou hipotética da causa virtual, já que ela, com efeito, não restou por concorrer à causação do resultado[150].

A doutrina – especialmente portuguesa[151] – muito já debateu acerca do tema, com destaque à problemática advinda da distinção entre a relevância positiva e a relevância negativa da causa virtual[152]. O entendimento preponderante sedimentou-se no sentido da sua irrelevância, salvo nas hipóteses em que a lei expressamente disponha em sentido contrário, o que se justifica no fato de que, partindo do escopo perseguido pelo direito civil, não haveria fundamento para a imputação de responsabilidade quando o fator de imputação relacionado ao sujeito não gerou efetivo prejuízo (não

---

[148]. Consoante assinala MIRAGEM, Bruno. *Direito Civil*, cit., p. 249-250, o que interessa ao debate ora em curso são justamente aquelas ditas interdependentes – na medida em que cada uma somada às outras, para o resultado que se pretende imputar ao sujeito mediante o surgimento de um vínculo obrigacional, porquanto aquelas que se venham a considerar independentes caracterizam, em última análise, a interrupção do nexo causal e, bem assim, a exclusão da responsabilidade.

[149]. TELLES, Inocêncio Galvão. *Direito das Obrigações*, cit., p. 411. Nas palavras do autor, "[d]iz-se causa virtual de um dano certo facto que o produziria se ele não fosse produzido por outro". A jurisprudência tem reconhecido um amplo espectro de situações aptas a este fim, bastando que a causa real intervenha no processo etiológico e assuma para si a produção do resultado, tanto que "pode ser um caso fortuito, um comportamento do próprio lesado ou um facto de terceiro" (PORTUGAL. Supremo Tribunal de Justiça. Processo n. 368/04.0TCSNT.L1.S1. 1ª secção. Rel. Cons.ª Maria Clara Sottomayor. J. em 30 set. 2014. Disponível em: <http://www.dgsi.pt/jstj.nsf/Pesquisa+Livre?OpenForm>. Acesso em: 13 ago. 2017). Por isso não ser infrequente lançar-se mão da designação *causalidade interrompida*; assim, SANTOLIM, Cesar. *Nexo de causalidade...*, cit., p. 8451.

[150]. Em verdade, segundo refere MARTINEZ, Pedro Romano. *Direito das Obrigações*, cit., p. 114, a causa virtual pode-se manifestar por intermédio de um processo causal interrompido, quando o resultado foi impedido por outra causa, ou de um processo causal antecipado, quando o resultado se produziria de qualquer modo por meio da causa virtual, mas a causa real causou-o primeiro.

[151]. A doutrina italiana aparenta não dispensar grande atenção ao tema da causa virtual, referindo-o, por vezes, através da expressão "pressuposto ocasionale", assim entendido como "quegli antecedenti cui in declamazione riconosce un posto nella serie causale, ma la cui rilevanza è in fato esclusa per l'intervento di un fato sucessivo"; neste norte, MONATERI, Pier Giuseppe; GIANTI, Davide. *Nesso di causalità*, cit., p. 07.

[152]. Para um abrangente panorama acerca dos diversos entendimentos a respeito, o que não poderia ser desenvolvido por completo no curso da presente investigação, diante do interesse apenas reflexo do tema, consinta-se reenviar a CORDEIRO, António Menezes. *Tratado...*, cit., v. II, t. III, p. 471-746. Também, especialmente abordando com oportuna profundidade o confronto entre relevância positiva e relevância negativa da causa virtual, ver TELLES, Inocêncio Galvão. *Direito das Obrigações*, cit., p. 412-419. Ainda, FONSECA, Jorge Carlos. *A relevância negativa da causa virtual ou hipotética na responsabilidade civil* (Delimitação do problema. Sua incidência no Direito Português). Revista Jurídica da AAFDL, Lisboa, n. 4, 1984, p. 13 e ss.; MENDES, Paulo Sousa. *O problema da relevância negativa da causa virtual em sede de imputação objectiva*. Direito e Cidadania, Praia, a. 9, n. 27, 2007-2008, p. 43 e ss.

há, pois, nexo de causalidade entre a conduta, a atividade ou a condição jurídica prevista na *fattispecie* e o dano)[153].

Oportuno, em seguida, o exame das efetivas hipóteses de multicausalidade.

Neste cenário – e sem prejuízo de outras modalidades possíveis[154] –, três grupos merecem especial atenção: trata-se da causalidade cumulativa, da causalidade aditiva e da causalidade alternativa[155]. O primeiro deles diz respeito às situações para as quais concorrem mais de uma causa, mas apenas diante de todas elas é que o prejuízo se verifica (cada uma delas singularmente considerada não basta à produção do resultado); o segundo, aos casos nos quais mais de uma causa se verifica, cada uma delas tem potencial para, sozinha, causar o dano, mas apenas uma foi eficaz neste sentido, servindo as demais a agravá-lo; e o terceiro, às hipóteses nas quais mais de uma causa tem potencialidade para produzir o dano, sabe-se que uma delas o produziu, mas não se pode aferir com precisão qual foi a determinante[156].

Quanto à causalidade cumulativa[157], considerando que os eventos são, em verdade, condições que, somadas, viabilizam a causa realmente responsável pelo dano – não havendo, por isso, sequer problemas de "dependência contrafactual", pois ausente "sobredeterminação causal"[158] –, a solução é a responsabilidade solidária entre todos os agentes envolvidos[159]. Esta, aliás, é a dicção expressamente prevista

---

153. É diversa a abordagem a ser conferida pelo direito penal que, atendo-se à conduta, pune a tentativa. Assim, no campo da responsabilidade civil, cujo intento primeiro é a reparação do dano indevidamente causado a terceiro, a causa virtual não apenas é insuficiente ao surgimento de um vínculo obrigacional, como também não basta a elidir a imputação de responsabilidade em relação ao autor da causa real, salvo quando tenha contribuído, de algum modo (deixando, assim, de ser completamente virtual), para o agravamento do dano. Sobre o tema, LEITÃO, Manuel Teles de Menezes. *Direito das Obrigações*, cit., p. 347-348.
154. Assim, SANTOLIM, César. *Nexo de causalidade...*, cit., p. 8450-8451.
155. A estas três poderia ser agregada, ainda, a dita causalidade simultânea, na qual, em verdade, há apenas uma coincidência de causas distintas, porquanto o dano se dá numa zona concomitante de fatores de imputação. Sobre o tema, VARELA, João de Matos Antunes. *Das obrigações em geral*, cit., p. 923; como exemplo desta categoria o autor refere a situação do operário atropelado culposamente por terceiro (responsabilidade subjetiva) no local onde presta serviço no cumprimento dos deveres resultantes da relação de trabalho (responsabilidade objetiva). Como há apenas uma mera coincidência de causas distintas, ambos os responsáveis respondem pelo dano inteiro, nos termos do regime de responsabilidade a que estiverem submetidos.
156. OLIVEIRA, Ana Perestrelo de. *Causalidade e imputação...*, cit., p. 102-103.
157. Como adverte VARELA, João de Matos Antunes. *Das obrigações em geral*, cit., p. 923, nota 1, não há unidade terminológica a respeito, podendo a presente situação ser também designada – inclusive com maior propriedade – como causalidade complementar, concausalidade (em sentido estrito), concorrência necessária e causalidade concorrente; por sua vez, a expressão causalidade cumulativa, ora empregada, pode ser encontrada para referir às situações de causalidade concorrente ou concorrência alternativa, que adiante serão tratadas.
158. PINTO, Paulo Mota. *Sobre condição e causa...*, cit., p. 933, nota 09.
159. Alguma divergência se estabeleceu a respeito, especialmente no sentido de saber se a solidariedade estaria condicionada ao conhecimento da contribuição causal dos demais agentes. Prevaleceu, contudo, o entendimento no sentido contrário, reconhecendo-se a responsabilidade de todos os envolvidos, independentemente da sua ciência acerca dos demais, já que, nestas condições, cada um contribui para o aumento do risco que se concretiza no resultado. Assim, OLIVEIRA, Ana Perestrelo de. *Causalidade e imputação...*, cit., p. 105-106.

nos artigos 2.055[160], 497[161] e 942[162], parte final, dos Códigos Civis italiano, português e brasileiro, respectivamente[163].

Já quanto à causalidade aditiva, também dita potenciada ou sinérgica[164], o diferencial está justamente na aptidão que todas as causas (*rectius*, de cada uma) que concorrem para o evento têm de, por si, produzirem o resultado, não obstante apenas uma delas tenha sido eficiente a este fim, contribuindo, as demais, para o agravamento do prejuízo (por aumento ou aceleração)[165]. Ora, se todas contribuem de algum modo, não há divergência acerca da concorrência imputacional entre os agentes, com a dúvida a se estabelecer acerca dos limites da responsabilidade: se solidária ou se na medida da contribuição efetiva[166].

---

160. Art. 2055. Responsabilità solidale. 1. Se il fatto danoso è imputabile a più persone, tutte sono obligate in solido al risarcimento del danno. 2. Colui che hà risarchito il danno ha regresso contro ciascuno degli altri, nella misura determinata dalla gravita della rispettiva colpa e dall'entità delle conseguenze che se sono derivate. 3. Nel dubbio, le singole colpe si presumono uguali.
161. Artigo 497. Responsabilidade solidária. 1. Se forem várias as pessoas responsáveis pelo dano, é solidária a sua responsabilidade. 2. O direito de regresso entre os responsáveis existe na medida das respectivas culpas e das consequências que dela advierem, presumindo-se iguais as culpas das pessoas responsáveis.
162. Art. 942. Os bens do responsável pela ofensa ou violação do direito de outrem ficam sujeitos à reparação do dano causado; e, se a ofensa tiver mais de um autor, todos responderão solidariamente pela reparação. Parágrafo único. São solidariamente responsáveis com os autores os coautores e as pessoas designadas no art. 932.
163. Sobre o tema, ZAMBRANO, Virginia. *Delimitazione del danno...*, cit., p. 203; GALLO, Paolo. *Introduzione...*, cit., p. 154; VARELA, João de Matos Antunes. *Das obrigações em geral*, cit., p. 924; MARTINEZ, Pedro Romano. *Direito das Obrigações*, cit., p. 119; MIRAGEM, Bruno. *Direito Civil*, cit., p. 250; TEPEDINO, Gustavo; BARBOZA, Heloisa Helena; MORAES, Maria Celina Bodin de. *Código Civil interpretado conforme a Constituição da República*. Rio de Janeiro: Renovar, 2006, v. II, p. 855; dentre outros.
164. Neste particular, outras designações são igualmente encontradas na doutrina para aludir ao mesmo fenômeno. Dentre elas – e quiçá até a mais corriqueira – causalidade cumulativa não necessária (ao contrário da aditiva, que era necessária), bem como curso cumulativo, causalidade dupla (*Doppelkausalität*), plural, adicional ou, ainda, causalidade cumulativa supérflua (*kumulativ-übers-chiessende Kausalität*). A este respeito, PINTO, Paulo Mota. *Sobre condição e causa...*, cit., p. 933, nota 09; CORDEIRO, António Menezes. *Tratado...*, cit., v. II, t. III, p. 739.
165. Dúvida se estabelece quando, não obstante todas se tenham consumado e possuam, cada uma, potencial individual a causar o dano, apenas uma tenha gerado o prejuízo, sem qualquer contribuição, ainda que por agravamento, das demais (não obstante o seu potencial para tanto). Entende-se que, nesta situação, considerando que, em última análise, as demais não chegaram a, efetivamente, concorrer ao prejuízo, independente das suas condições, não há efetivo concurso cumulativo, mas causalidade unitária.
166. OLIVEIRA, Ana Perestrelo de. *Causalidade e imputação...*, cit., p. 107. Aparentemente, em sendo possível demarcar a concorrência causal de cada agente, a tendência lógica seria sustentar no sentido da "repartição concreta de responsabilidades". A doutrina alemã, segundo a autora, aponta que a dúvida se situa não quanto ao causador do dano (*Verursacherzweifel*), mas quanto à repartição do prejuízo entre os responsáveis (*Anteilszweifel*). Há quem sustente, contudo, a aplicação da regra da solidariedade, nos moldes do grupo anterior (concurso necessário de causas); assim, PINTO, Paulo Mota. *Sobre condição e causa...*, cit., p. 934, nota 09; VARELA, João de Matos Antunes. *Das obrigações em geral*, cit., p. 923; CORDEIRO, António Menezes. *Tratado...*, cit., v. II, t. III, p. 739; MIRAGEM, Bruno. *Direito Civil*, cit., p. 250; dentre outros. Está-se de acordo com este útimo entendimento apresentado, considerando que o preceito que contempla a regra de solidariedade não excepciona os casos em que é possível determinar a concorrência causal individual, desde que possam ser considerados coautores, bem como que o intento da norma é a proteção dos interesses do lesado, facilitando a sua reparação e garantindo o direito de regresso, na medida da participação de cada agente. Trata-se de uma ponderável aplicação – mesmo que indireta – de preceitos normativos do nexo de causalidade, nos termos da já tratada teoria do escopo da norma. Ora, se o intento da regra de responsabilidade objetiva é, em nome do princípio da solidariedade, assegurar a reparação da vítima em determinadas

E, relativamente à causalidade alternativa (incerta) – quiçá o grupo mais intrincado de casos –, a problemática toda reside no fato de que vários agentes têm potencial para causar o dano, pois todos concorreram com a prática da conduta ou da atividade necessária para tanto, sabe-se que ao menos um deles é o efetivo responsável, mas não se pode determinar com precisão qual. Isso porque, partindo-se de um paradigma imputacional lastreado na teoria clássica do ato ilícito, coordenada pelo preceito da culpa e pela demarcação rigorosa do nexo causal, a resposta natural seria no sentido da ausência de responsabilidade de todos, pois se há dúvidas quanto à efetiva concorrência culposa de cada um, não haveria como se estabelecer um vínculo obrigacional indenizatório[167] [168].

Tem-se, contudo, que a situação, pela sua relevância[169], pode ser vista de outro modo no campo da responsabilidade objetiva, especialmente porque lastreada em paradigma diverso. Nestas situações, com frequência afiguram-se insuficientes os critérios da *condicio sine qua non* e da causalidade adequada, importando invocarem os elementos de ordem normativa inerentes às teorias causais objetivas, especial-

---

situações concretas, apresenta-se razoável concluir que, no âmbito da proteção, situa-se o reconhecimento da solidariedade, a partir de uma interpretação não restritiva dos preceitos legais que a reconhecem nos casos de concorrência causal (multicausalidade).

167. CORDEIRO, António Menezes. *Tratado...*, cit., v. II, t. III, p. 740; OLIVEIRA, Ana Perestrelo de. *Causalidade e imputação...*, cit., p. 107, nota 287. Vários são os esforços, contudo, no sentido de viabilizar o reconhecimento da causalidade alternativa como fonte de um dever de reparação mesmo nos sistemas jurídicos nos quais, aos moldes do que sucede naqueles sob comparação, inexiste regra semelhante a do § 830, I, BGB. A propósito, NETO, Renato Lovato. *Multiplicidade de causas e incerteza sobre o nexo causal*. Revista Electrónica de Direito, Porto, n. 2, jun. 2015, p. 14-16. Ainda, PUCELLA, Roberto. *La causalità "incerta"*. Torino: Giappichelli, 2007.

168. Contrariamente ao vigente nos sistemas sob comparação, o direito alemão tem regra expressa para esta situação. Trata-se do § 830, I, 2ª frase, do BGB (1ª frase: "Se várias pessoas tiverem causado um dano mediante uma ação ilícita conjuntamente praticada, cada uma é responsável pelo dano"; 2ª frase: "O mesmo vale quando não se conseguir determinar qual dos vários participantes causou o dano com a sua ação"). A tradução é atribuível a PINTO, Paulo Mota. *Sobre condição e causa...*, cit., p. 935, nota 10. Nos termos da aludida regra, como se vê, os agentes respondem solidariamente pelo dano quando não é possível verificar qual deles foi o efetivo causador, não obstante se tenha a certeza de que todos concorreram potencialmente a este fim; e, inclusive, a regra é expressamente predisposta ao regime de responsabilidade subjetiva, permitindo, assim, a imputação mesmo diante da ausência de prova da efetiva concorrência causal culposa e ilícita do agente (não obstante a concorrência potencial, que lhe serve de pressuposto). Semelhante regramento – mesmo que com amplitude mais restrita, diante da ausência da previsão expressa de solidariedade – pode ser encontrado no § 1304 do Código Civil austríaco (*Allgemeis Bürgerliches Gesetzbuch - ABGB*) e no artigo 6:99 do Código Civil holandês (*Burgerlijk Wetboek*). Sobre o tema, com o exame do alcance das regras austríaca e holandesa e a sua comparação com o paradigma do BGB, ver NETO, Renato Lovato. *Multiplicidade de causas...*, cit., p. 08-09, notas 11 e 14.

169. Neste particular, discorda-se de CORDEIRO, António Menezes. *Tratado...*, cit., v. II, t. III, p. 740, quando afiram que "tais hipóteses são raras, havendo que se recorrer à jurisprudência alemã para as encontrar". Tomando-se por base, *v.g.*, os regimes de responsabilidade objetiva do produtor (no âmbito das relações de consumo) ou por danos ambientais (em sentido lato), inúmeras são as situações práticas que podem ser encontradas envolvendo causalidade alternativa incerta, especialmente aquelas relacionadas a lesões à saúde em razão do uso de medicamentos ou do tabaco, bem como a prejuízos associados à contaminação de recursos naturais em decorrência do exercício de atividades paralelas, ambas com potencial poluente semelhante.

mente aqueles que levam em conta o escopo da norma violada, o que permitiria uma solução em favor da vítima[170][171].

Independentemente da solução que se adote[172], não se pode deixar de reconhecer que os problemas advindos da causalidade alternativa remetem – mesmo que indiretamente – ao confronto entre a efetiva comprovação do nexo causal e a probabilidade da ocorrência de danos, partindo-se de uma lógica causal previsível. Tal remete a tema que não pode ser tangenciado na estruturação de um regime geral de imputação objetiva, qual seja, a interface entre causalidade e dano previsível.

2.2.2 Nexo causal e dano previsível

O desenvolvimento dos contornos jurídicos da noção de nexo causal, especialmente com vistas ao reconhecimento de um viés de predomínio normativo do pressuposto em questão, abre espaço à possibilidade de ponderação de uma assim dita causalidade probabilística. E, nesta senda, não se trata de representar uma au-

---

170. A este propósito, mesmo que sem aludir expressamente ao escopo da norma violada ou à revisão do paradigma imputacional, MIRAGEM, Bruno. *Direito Civil*, cit., p. 253, atenda para a conveniência de que "não se deixe de definir que, caracterizada a situação de fato, em que do grupo de pessoas resulte a causa do dano, presuma-se em favor da vítima".
171. Neste sentido, cumpre registrar duas decisões do Superior Tribunal de Justiça brasileiro que, mesmo à mingua de uma regra nos moldes do § 830, I, BGB, acolheram a pretensão indenizatória em face de um grupo de indivíduos que havia concorrido à causação do dano sem que se pudesse individuar a qual deles era imputável a específica ação lesiva. O primeiro caso envolveu a responsabilidade por objetos caídos de janelas de um edifício, não se podendo precisar de qual dos apartamentos proveio. Neste caso, excluídos os moradores que estavam absolutamente fora da linha causal possível (apartamentos não se situavam na rota da queda), o Tribunal reconheceu a responsabilidade do condomínio de arcar com os prejuízos, não obstante houvesse um responsável fático direto, mas cuja identidade não foi possível apurar (BRASIL. Superior Tribunal de Justiça. Recurso especial n. 64682/RJ. 4ª Turma. Rel. Min. Bueno de Souza. Julg. em 10 nov. 1998). O segundo caso envolveu a responsabilidade pela morte de um torcedor após uma partida de futebol, a qual decorreu de agressões provocadas por diversos integrantes de torcida de time rival; não obstante não tenha sido possível identificar qual dos agressores foi o causador real da morte, a concorrência de todos para a briga era certa. Segundo o Tribunal, se qualquer dos agressores poderia ter causado o resultado, todos concorreram para o evento e, por isso, respondem solidariamente pelos danos. A fundamentação deu-se na linha do reconhecimento de uma atividade perigosa exercida pelos envolvidos, a caracterizar a sua responsabilidade objetiva (BRASIL. Superior Tribunal de Justiça. Recurso especial n. 26975/RS. 4ª Turma. Rel. Min. Aldir Passarinho Júnior. Julg. em 18 dez. 2001). Ambas as decisões disponíveis em: <http://www.stj.jus.br/SCON/>. Acesso em: 22 ago. 2017. Não obstante não o tenha feito especificamente no âmbito de aplicação das *fattispecie* de responsabilidade objetiva, também o Supremo Tribunal de Justiça português reconheceu o cabimento de responsabilidade civil baseada em situação de causalidade alternativa. Tratou-se do caso de envolvidos numa rixa, não sendo possível identificar a concorrência causal de cada um para os danos materiais e extrapatrimoniais causados, não obstante fosse certa a participação de todos. Por isso, reconheceu o Tribunal a responsabilidade solidária dos envolvidos, com base nos artigos 490 e 497 do Código Civil de 1966, asseverando que "[n]ão se tendo apurado um grau de culpa superior de cada um dos participantes, e atendendo a que todos criaram a situação de perigo e agiram culposamente, dever-se-ão equiparar as culpas, dada a contribuição causal de cada um deles para a produção da globalidade dos danos (cf. art. 572.º do CC)" (PORTUGAL. Supremo Tribunal de Justiça. Processo n. 154/10.8TBCDR. S1. 6ª Seção. Rel. Cons. Júlio Gomes. Julg. em 19 mai. 2015. Disponível em: <http://www.dgsi.pt/jstj.nsf/Pesquisa+Livre?OpenForm>. Acesso em: 22 ago. 2017).
172. É evidente que o reconhecimento da indenizabilidade dos danos nestas situações, à vista da ausência de uma regra que expressamente contemple tal possibilidade, nos moldes do previsto no Código Civil alemão, pressupõe um esforço interpretativo

têntica alternativa aos preceitos gerais decorrentes da *conditio sine qua non* ou mesmo da causalidade adequada, inclusive no que toca ao seu temperamento por meio do escopo da norma violada, que permanecem relevantes, mas de se satisfazer com uma causa provável em detrimento da exigência de uma causa efetivamente apurada[173].

O primeiro passo à superação da lógica causal absoluta sintetizada na máxima *all-or-nothing* veio a desenvolver-se no campo da responsabilidade por omissão, através de uma valoração das circunstâncias do caso baseada na probabilidade de se ter verificado outro resultado (não lesivo) à vista de um comportamento diverso por parte do lesante[174]. Na seara da responsabilidade por fatos comissivos, contudo, a tendência era a prevalência do entendimento segundo o qual ou se tinha uma certeza da concorrência causal por parte do lesante, ou não havia imputação[175].

Em seguida, o debate acerca do reconhecimento do dano pela perda da chance também veio a recrudescer a necessidade de se avançar acerca da compreensão da certeza exigível acerca da causalidade, já que, na grande parte dos casos, não obstante comprovado o fato apto a gerar a imputação de responsabilidade, a situação era diversa no que tange à demonstração de que dito fato constitua-se em causa real do evento danoso[176].

---

173. CASTRONOVO, Carlo. *Sentirei di responsabilità...*, cit., p. 813. Ainda sobre o tema, mesmo que a partir de uma perspectiva, ao fim, predominantemente obrigacional, OLIVEIRA, Ana Perestrelo. *Causalidade adequada e previsibilidade*: comentário ao artigo 7.4.4 dos Princípios Unidroit e ao artigo 9:503 dos Princípios de Direito Europeu dos Contratos. In: MIRANDA, Jorge; PINHEIRO, Luís de Lima; VICENTE, Dário Moura. Estudos em Memória do Prof. Doutor António Marques dos Santos. Coimbra: Almedina, 2005, p. 797 e ss. Já no que tange à prova do nexo de causalidade, ainda que a partir de um prisma jusambiental, ver OLIVEIRA, Ana Perestrelo. *A prova do nexo de causalidade na lei da responsabilidade ambiental*. In: GOMES, Carla Amado; ANTUNES, Tiago (org.). A responsabilidade civil por dano ambiental: Actas do Colóquio realizado na Faculdade de Direito de Lisboa, dias 18, 19 e 20 de Novembro de 2009. Lisboa: Instituto de Ciências Jurídico-Políticas, 2010, p. 172 e ss.
174. SALVI, Cesare. *La responsabilità civile*, cit., p. 231. Diz-se, por isso, que o nexo de causalidade relativo às omissões vai estabelecido por meio de um juízo hipotético reconduzido, em última análise, ao exame probabilístico da concretização dos danos à vista da adoção ou não de um dado comportamento. Neste sentido, aliás, já decidiu a Corte de Cassação italiana quando do julgamento de um caso envolvendo a falta de manutenção em uma estrada, o que teria causado danos ao condutor, tudo no âmbito de aplicação da responsabilidade objetiva decorrente das coisas em custódia predisposta no artigo 2.051 do *Codice Civile* (ITALIA. Corte Suprema di Cassazione. Sentenza n. 488, di 15 gen. 2003). Disponível em: <http://www.altalex.com/documents/news/2006/12/12/danno-da-mancata-manutenzione-delle-strade>. Acesso em: 22 ago. 2017. Comunga da mesma percepção a doutrina portuguesa, consoante se infere em ATAÍDE, Rui Paulo Coutinho de Mascarenhas. *Causalidade e imputação...*, cit., p. 234, o que é acolhido, de igual sorte, pela jurisprudência, que já teve oportunidade de assentar que "[a]s omissões só geram responsabilidade civil desde que, além da existência do dever jurídico de prática do ato omitido, seja de concluir que este teria, seguramente ou com forte probabilidade, obstado o dano" (PORTUGAL. Supremo Tribunal de Justiça. Processo n. 03A2684. Rel. Cons. Silva Salazar. J. em 07 out. 2003. Disponível em: <http://www.dgsi.pt/jstj.nsf/Pesquisa+Livre?OpenForm>. Acesso em: 30 set. 2017.
175. ZAMBRANO, Virginia. *Delimitazione del danno...*, cit., p. 182.
176. DI LAURO, Antonino Procida Mirabelli; FEOLA, Maria. *La responsabilità civile*. Contratto e torto. Torino: Giappichelli, 2014, p. 312-313 e 316. Consoante advertem – com razão – os autores, não obstante a evolução do reconhecimento do prejuízo decorrente da perda da chance tenha, de algum modo, incrementado a abertura do debate acerca da (in)prescindibilidade da certeza acerca do nexo causal, não se constitui em uma autêntica situação de causalidade probabilítisca, pois se trata da manifestação de uma figura autônoma de dano.

Em verdade, a ideia de verossimilhança acerca do nexo causal está assente já nas construções predispostas ao desenvolvimento da teoria da causalidade adequada, que tende a se embasar em um juízo de probabilidade baseado em uma razão de frequência estatística entre dois tipos de evento[177]. Neste cenário, a causa provável continua a cumprir o tradicional papel etiológico, não mais propriamente como uma relação material de causa e efeito, mas tal qual um critério ideal de ligação entre fatos, o que simula uma autêntica causalidade (do ponto de vista fático). Ao invés de estabelecer o liame causal em si, considera-o como baseado em uma valoração que não é o resultado de uma pesquisa puramente naturalística, mas um julgamento orientado para a solução de um problema de responsabilidade[178].

Neste exato ponto é que a problemática envolvendo a certeza – ou, por conseguinte, a suficiência da probabilidade – do nexo causal imbrica-se com a própria demarcação do pressuposto, especialmente se partindo de uma modulação normativa da causalidade adequada, nos moldes do que se opera por meio da verificação do escopo da norma violada. Ou seja, constatando-se que, num contexto causal lógico, o dano era altamente provável, a verificação de que este mesmo dano situa-se no campo dos interesses que a responsabilidade civil busca tutelar na situação concreta resta por reforçar a legitimação do surgimento do dever de indenizar.

A superação do dogma da causalidade naturalística, que se materializa na pretensão de se reconduzir a uma aferição pautada pela existência de *conditio sine qua non* (enquanto certeza aferível cientificamente) na totalidade das hipóteses submetidas a um juízo de imputação, é premissa a este reconhecimento. Para tanto, o sobredito critério científico de certeza passa a abranger não apenas as regras que viabilizam uma aferição fática estreme de dúvidas, mas também "leis universais" e "leis estatísticas", ampliando o espectro de verificação da presença do nexo de causalidade[179].

Diante de tudo isso, passa-se a conceber a causalidade enquanto um juízo probabilístico no qual a causa tem uma conotação naturalística ou de experiência, nos termos do contexto filosófico no qual se insere[180]. Com isso, supera-se a simples

---

177. TRIMARCHI, Pietro. *La causalità nella responsabilità civile*. Persona e danno (a cura di Paolo Cendon), Trieste, 30 jul. 2008, p. 02. Disponível em: <https://www.personaedanno.it/articolo/la-causalita-nella-responsabilita-civile-pietro-trimarchi>. Acesso em: 17 set. 2017.
178. CASTRONOVO, Carlo. *Sentirei di responsabilità...*, cit., p. 813.
179. CASTRONOVO, Carlo. *Sentirei di responsabilità...*, cit., p. 814. Nas palavras do autor, tal construção toma "in base all'idea che 'tutte le leggi scientifiche debbono essere considerate probabilistiche', in particolare per il fato che 'la credibilità razionale di una ipotesi scientifica è relativa a un insieme finito di conoscenze', Questo porta alla conclusione che anche le leggi universali, ove pure non le si voglia assimilare alle leggi statistiche, sono sul piano logico, al pari di queste, caratterizzate dalla probabilità".
180. Neste particular, ao menos do ponto legislativo, o sistema jurídico português apresenta-se como o mais elucidativo acerca desta questão, pois, em nítida evolução do que dispunha o artigo 707 do Código de Seabra (o qual restringia o dever de indenizar aos prejuízos necessariamente resultantes do fator de atribuição), passou a dispor no artigo 563 do seu vigente Código Civil que os danos a serem reparados serão aqueles que provavelmente não teria sofrido a vítima não fosse a existência do fato (em sentido lato) a que a lei atribui a capacidade de legitimar a imputação civil. Sobre o tema, ATAÍDE, Rui Paulo Coutinho de Mascarenhas. *Causalidade e imputação...*, cit., p. 236-237. Daí porque, nos termos em que posto o preceito de regência, não há dúvidas do reconhecimento, por parte do sistema de imputação luso, da relevância do dano provável

valoração assistida do referencial estatístico, no qual a objetividade é abalada pela inviabilidade de se estabelecer previamente uma verificação numérica confirmatória ou lógico-probabilística, de modo que o livre convencimento aparenta não encontrar outro limite que não o de se constituir em uma avaliação racional exercida por meio de critérios lógicos[181].

Exatamente neste cenário é que se legitima uma diferenciação entre as causalidades relevantes em matéria civil e em matéria penal[182], diante das finalidades e dos objetivos diversos de cada um dos regimes de responsabilidade, fazendo com que o nexo causal para fins de surgimento de um dever de reparar danos – ao contrário do que sucederá para fins de imposição de uma sanção – possa satisfazer-se com a lógica do *più probabile che no*[183], viabilizando, com isso, um modelo etiológico menos rigoroso[184].

---

para fins de surgimento de um dever de reparação, independentemente do regime de responsabilidade a que esteja submetido.

181. CASTRONOVO, Carlo. *Sentirei di responsabilità...*, cit., p. 814-815.
182. Como asseveram MONATERI, Pier Giuseppe; GIANTI, Davide. *Nesso di causalità*, cit., p. 09, esta necessidade de diferenciação decorre diretamente da diversidade ontológica existente entre as responsabilidades civil e penal.
183. Contrariamente à lógica do princípio *al di là di ogni ragionevole dubbio,* assentado pela já referida sentença *Franzese*, o qual exige um intenso grau de probabilidade (algo em torno de 90%), a máxima *più probabile che non* vigente em matéria de responsabilidade civil tende a contentar-se com algo equivalente a 50% mais 1, abrandando, portanto, os rigores vigentes quanto à demonstração do nexo causal em matéria penal. Sobre o tema, MAUCERI, Francesco. *Al di là di ogni ragionevole dubbio o più probabile che non*: note minime sul nesso causale nella responsabilità civile. *Jus Civile*, Torino, n. 3, p. 110-116, 2015, p. 111. Disponível em: <http://www.juscivile.it/contributi/2015/07_Mauceri.pdf>. Acesso em: 29 set. 2017.
184. Neste sentido, aliás, já decidiu a Corte de Cassação italiana, reconhecendo que "l'accertamento del nesso causale in ambito civile può basarsi su criteri del tutto difformi da quelli richiesti nel diritto penale. In particolare, nell'accertamento del nesso causale civile, è possibile accedere ad una soglia meno elevata di probabilità rispetto a quella penale: la causalità civile obbedisce alla logica del 'più probabile che non'". (ITALIA. Corte Suprema di Cassazione. Sezione III Civile. Sentenza n. 21619, di 16 ott. 2007). Disponível em: <https://www.e-glossa.it/wiki/cass._civile_sez._iii_del_2007_numero_21619_(16$$10$$2007).aspx>. Acesso em: 22 ago. 2017. Um dos grandes contributos do precedente foi ter assentado expressamente a não aplicação à responsabilidade civil da lógica reconhecida por ocasião da clássica *sentenza Franzese* (ITALIA. Corte Suprema di Cassazione. Sezione Unite Penale. Sentenza n. 30328, di 10 lug. 2002), nos termos da qual o nexo de causalidade existe na presença de um "elevado grau de credibilidade", o que restaria restrito, assim, à seara penal. Sobre os desdobramentos e a relevância da aludida *sentenza Franzese* na civilística italiana, ver ZAMBRANO, Virginia. *Delimitazione del danno...*, cit., p. 182-183. Igualmente, anuindo com o entendimento preconizado pela Corte de Cassação, no sentido da inaplicabilidade da lógica causal penal à responsabilidade civil, dentre outros, DI LAURO, Antonino Procida Mirabelli; FEOLA, Maria. *La responsabilità civile...*, cit., p. 333-334. Por fim, ainda no campo da causalidade probabilística, deve-se registrar que a Suprema Corte italiana voltou a manifestar-se sobre o tema, prosseguiu no estabelecimento das bases sobre as quais se assenta, decidindo mais recentemente que "l'esistenza del nesso di causalità tra una condotta illecita ed un evento di danno può essere affermata dal giudice civile anche soltanto sulla base di una prova che lo renda probabile, a nulla rilevando che tale prova non sia idonea a garantire una assoluta certezza al di là di ogni ragionevole dubbio (Cass. 26 luglio 2012, n. 13214; Cass. 9 giugno 2011, n. 12686): infatti, la disomogenea morfologia e la disarmonica funzione del torto civile rispetto al reato impone, nell'analisi della causalità materiale, l'adozione del criterio della probabilità relativa (anche detto criterio del "più probabile che non"), che si delinea in una analisi specifica e puntuale di tutte le risultanze probatorie del singolo processo, nella loro irripetibile unicità, con la conseguenza che la concorrenza di cause di diversa incidenza probabilistica deve essere attentamente valutata e valorizzata in ragione della specificità del caso concreto, senza potersi fare meccanico e semplicistico ricorso alla regola del "50% plus

Por estas razões é que, contrariamente do que sucede na causalidade penal, naquela de natureza civil é possível aceitar, para fins de atendimento do *standard* probatório requerido ao surgimento do vínculo obrigacional, a preponderância da evidência, a qual pressupõe a verificação do âmbito de disponibilidade de prova para a situação posta. Daí que a aferição do nexo causal se dá por intermédio de um juízo de probabilidade lógica que aceita e se conforma com a constatação da regularidade estatística e da verossimilhança lógica do vínculo etiológico entre o fato ensejador da responsabilidade e o dano[185].

No campo da responsabilidade objetiva, dita conotação probabilística do nexo causal ganha acentuado relevo, em especial nas hipóteses em que a *fattispcie* resta bem caracterizada, nomeadamente em decorrência do exercício de uma atividade (*v.g.*, atividades perigosas) ou da titularização de uma dada condição jurídica (*v.g.*, coisa em custódia). Fala-se, neste cenário, em uma autêntica "presunção de causalidade", a qual se legitima em uma estrutura probabilística associada às situações de imputação[186], desde que o processo causal seja lógico e provável e que os danos estejam situados dentro da margem de proteção que a norma visava conceder ao seu destinatário[187].

Neste exato contexto é que se impõe referir algum dissenso relacionado aos limites da aplicação na máxima *più probabile che non*, especialmente tendo em conta a sua inegável natureza assimétrica. Isso porque – para ficar restrito ao âmbito da responsabilidade objetiva – o âmbito de vinculação aos bens jurídicos tutelados por intermédio da imputação não pode ser desconsiderado, quanto mais tendo em vista que haverá situações (nomeadamente pelo caráter profissional da atividade) nas quais a efetiva socialização do prejuízo será viável através da distribuição dos ônus e outros em que isso não será possível, suportando o lesante a integralidade dos custos correspondentes[188].

Para que bem se compreenda esta realidade, basta que se estabeleça uma comparação, por exemplo, entre a responsabilidade do produtor e a do pai pelos atos

---

unum" (Cass. 21 luglio 2011, n. 15991)" (ITALIA. Corte Suprema di Cassazione. Sezione III Civile. Sentenza n. 23933, di 22 ott. 2013. Disponível em: <http://juriswiki.it/provvedimenti/sentenza-corte-di-cassazione--sez-civile-iii-23933-2013-it>. Acesso em: 22 ago. 2017).

185. MONATERI, Pier Giuseppe; GIANTI, Davide. *Nesso di causalità*, cit., p. 10.
186. SALVI, Cesare. *La responsabilità civile*, cit., p. 231.
187. Não há dúvidas de que o instrumento jurídico a operacionalizar dita proposição é o convencimento judicial motivado, que permitirá a concatenação de dados de ordem variada (científica, estatística e de experiência comum) que, a partir de uma valoração estritamente normativa, permitirão a identificação da presença do nexo de causalidade na situação sob exame, mesmo que a partir de um viés probabilístico. Sobre o tema, referindo, inclusive, que a situação descrita representa a aplicação do "libero convencimento" no seu "significado più autentico e profondo", fato, aliás, reconhecido pela jurisprudência em mais de uma oportunidade, BEVILACQUA, Maila. *Nuovi profili della causalità nella giurisprudenza della Suprema Corte*: dalla sentenza Franzese alla dúplice 'dimensione di analisi' del nesso di causa nel sottosistema civile. Diritto & Diritti (fondato da Francesco Brugaletta), Ragusa, 12 giu. 2008. Disponível em: <https://www.diritto.it/nuovi-profili-della-causalita-nella-giurisprudenza-della-suprema-corte-dalla-sentenza-franzese-alla-duplice-dimensione-di-analisi-del-nesso-di-causa-nel-sottosistema-civile/>. Acesso em: 11 ago. 2017.
188. MAUCERI, Francesco. *Al di là di ogni ragionevole dubbio...*, cit., p. 112-113.

dos filhos menores. Não obstante ambas estejam, *prima facie*, assentadas em um regime de imputação objetiva, naquela há uma organização profissional da atividade e um lesado presumivelmente vulnerável (o que, aliás, legitima o agravamento da responsabilidade), ao passo em que nesta há uma relação jurídica de mera garantia (alicerçada em vínculos familiares) na qual, sem prejuízo de atentar à, em tese, necessidade de reparação da vítima, não permite uma socialização dos custos e dos riscos e não parte do pressuposto da existência de um lesado especialmente frágil. Daí que seria justificável uma especial ponderação acerca dos limites da exigência de uma probabilidade mais ou menos intensa, a depender dos interesses contrapostos em jogo.

Por estas razões, a ideia de uma causalidade probabilística tende a complementar a crescente normatividade que vem sendo atribuída ao nexo causal (e vice-versa), sendo a sua legitimidade por ela reforçada. E, com isso, contribui para abranger de algum modo os resquícios de relevância inerentes ao conteúdo da ilicitude – desconsiderada enquanto pressuposto autônomo por um regime geral de imputação objetiva, ao menos nos moldes em que talhada para a responsabilidade assente na culpa –, tal qual em grande parte já fora feito pelo também juridicizado conceito de dano antes proposto.

2.2.3 A interrupção do nexo causal e a exclusão da responsabilidade

Por fim – e tendo em conta a estrutura desenvolvida a partir das diversas construções predispostas a demarcação do pressuposto em causa –, cumpre dispensar alguma atenção à ruptura do nexo causal, temática, aliás, especialmente relevante para a responsabilidade objetiva.

Ao que se infere, está-se diante de situação de causalidade interrompida, pois, diante da concorrência de um evento alheio ao processo em curso, compromete-se a lógica da cadeia originária, fazendo com que esta nova causa assuma, por si, a condição de nexo etiológico do dano. Ou, em outras palavras, a concorrência de um acontecimento imprevisível, inevitável e autônomo (há algum dissenso a respeito da intensidade destas três características) resta por produzir um prejuízo que, em sendo verificado apenas o desdobramento da sequência causal primitiva, não teria ocorrido[189].

Não se trata, portanto, se uma simples causa superveniente[190], uma vez que a tal categoria podem ser reconduzidas também aquelas naturalmente inerentes ao processo causal, geradoras, portanto, de uma situação de multicausalidade e não de ruptura propriamente dita. Constitui-se, ao contrário, em um acontecimento excepcional e externo que, por isso, pode ser dito estranho à cadeia natural de desenvolvimento, de

---

189. FARIAS, Cristiano; NETTO, Felipe Braga; ROSENVALD, Nelson. *Novo Trarado*..., cit., p. 481; GALLO, Paolo. *Introduzione*..., cit., p. 131.
190. SALVI, Cesare. *La responsabilità civile*, cit., p. 229.

modo a romper a linha normal dos acontecimentos[191], o que permite caracterizá-lo como um autêntico fato impeditivo[192].

Ainda num plano geral de delimitação do tema, cumpre assinalar que as hipóteses hoje entendidas como de ruptura do nexo causal foram, de início, tratadas como excludentes de responsabilidade por ausência de culpa do agente (interpretação subjetivista). Em razão, todavia, da perda de centralidade da culpa enquanto fator de legitimação do dever de indenizar e do aprimoramento do conteúdo dogmático (fático e jurídico) do pressuposto, foi-se paulatinamente reconhecendo o predomínio de uma interpretação dita objetivista, que permitiu compreender as aludidas situações como geradoras da interrupção do liame de causa e efeito entre o dano e o fator de atribuição e desprovidas, portanto, de qualquer juízo de censura ou de reprovabilidade da conduta[193].

Ao contrário de toda a divergência que tende a se apresentar quanto à demarcação dos critérios para de delimitação do nexo causal relevante à responsabilidade civil, especialmente à vista das diversas teorizações a respeito, há um certo consenso doutrinário no que tange à ruptura da cadeia etiológica, em especial no que tange à enumeração do grupo de eventos que bastam a este fim[194]. São apontadas, portanto, como situações aptas a excluir a causalidade, o caso fortuito, a força maior, o fato exclusivo de terceiro e o fato exclusivo da vítima, desde que seja possível individuar a sua específica concorrência para o dano e o seu potencial para, em concreto, causá-lo[195].

O primeiro grupo de hipóteses a merecer exame – até mesmo pela maior facilidade na sua delimitação – é integrado pelo caso fortuito e pela força maior. Os referidos conceitos não são de uso exclusivo da responsabilidade civil, afigurando-se úteis a uma série de situações outras inerentes ao regime geral do direito das obrigações[196]. A

---

191. ZAMBRANO, Virginia. *Delimitazione del danno...*, cit., p. 173.
192. COMPORTI, Marco. *Esposizione al pericolo...*, cit., p. 59.
193. GALLO, Paolo. *Introduzione...*, cit., p. 131; COMPORTI, Marco. *Esposizione al pericolo...*, cit., p. 62-64; MIRAGEM, Bruno. *Direito Civil*, cit., p. 245; DIAS, José de Aguiar. *Da responsabilidade civil*, cit., p. 790-791.
194. Como assinala ZAMBRANO, Virginia. *Delimitazione del danno...*, cit., p. 170, nota 148, o que o faz tendo em vista o disposto no artigo 41, n. 2, primeira parte, do Código Penal italiano, aplicável subsidiariamente à espécie e nos termos do qual "[a]s causas supervenientes excluem a relação de causalidade quando são por si suficientes a determinar o evento", a solução desta problemática – quando comparada à sucessão de causas que pertencem a um mesmo processo etiológico – aparenta-se um tanto óbvia. Ora, se uma causa basta, *per se*, a causar o dano, independentemente das demais, afigura-se notória a sua capacidade para promover a ruptura da lógica causal, o que basta a excluir a responsabilidade do agente que para ela não concorreu.
195. GALLO, Paolo. *Introduzione...*, cit., p. 131.
196. Tanto que, especificamente no sistema jurídico brasileiro, a regra que trata do caso fortuito e da força maior sequer é específica à responsabilidade extracontratual, pois relacionada ao inadimplemento das obrigações; a propósito, dispõe o artigo 393 do Código Civil de 2002 que "[o] devedor não responde pelos prejuízos resultantes do caso fortuito ou da força maior, se expressamente não se houver por eles responsabilizado". Também no direito italiano a questão vai reconduzida às regras gerais do inadimplemento, mesmo que de modo implícito (diante da ausência de uma menção expressa ao caso fortuito e à força maior), invocando-se para este fim o disposto no artigo 1.218 do *Codice*, segundo o qual "[i]l debitore che non esegue esattamente la prestazione dovuta è tenuto al risarcimento del danno, se non prova che l'inadempimento o il ritardo è stato determinato dalla impossibilità della prestazione derivante dalla causa a lui non imputabile"; aqui, *causa*

sua especial relevância ao debate ora em curso, contudo, é inquestionável, em especial tendo em vista tratar-se de uma das poucas hipóteses em que a lei expressamente autoriza a exclusão da responsabilidade objetiva[197].

Ambas as figuras costumam ser referidas em paralelo, pois trazem em si elementos comuns, tais como o fato de serem externas ao evento e irresistíveis ao agente que, por isso, não se encontra em condições de evitar a sua ocorrência e, por conseguinte, o resultado correspondente[198]. Sem prejuízo disso e não obstante os incontáveis esforços destinados a demarcar a diferença entre uma figura e outra[199], diversas são as soluções apresentadas a este fim.

Enquanto uma parte da doutrina tende a referir que a imprevisibilidade caracteriza o caso fortuito e a inevitabilidade (*vis maior cui resisti non potest*) é típica da força maior[200], outra prefere associar estas situações a eventos da natureza (*v.g.*, raios, tempestades, terremotos)[201] e, aquelas, a fatos humanos não individualizados (*v.g.*, greves, conflitos armados)[202]. O certo é que, para fins de exclusão do nexo causal, é imprescindível que o evento tenha não apenas relevância de, por si, causar o dano, como seja imprevisível, intransponível e estranho ao contexto em que ocorre, ao ponto

---

a ele não imputável é lida como sinônimo de ruptura do nexo causal e, por conseguinte, associada à noção alargada de caso fortuito. Tanto que, a este respeito, VISINTINI, Giovanna. *Cos'è...*, cit., p. 154, refere a possibilidade de se lançar mão das expressões *caso fortuito* e *forza maggiore* para concretizar o aludido preceito, com o fim de referir aos "eventi che per la loro natura si sottraggono al controlo del debitore e quindi devono essere considerati impedimenti a lui non imputabili". Ao contrário, na estrutura do delito, o artigo 45 do Código Penal italiano é taxativo ao dispor que "[n]on è punibile chi ha commesso il fatto per caso fortuito o per forza maggiore", fazendo, portanto, alusão expressa a ambos os conceitos, não obstante a lei em si não traga qualquer delimitação acerca dos contornos de cada um ou mesmo da diferenciação entre eles. Tal interpretação não é uniforme, havendo quem sustente que o emprego de uma noção mais rigorosa de caso fortuito bem serviria a diferenciá-lo da ideia de causa não imputável; assim, COMPORTI, Marco. *Esposizione al pericolo...*, cit., p. 67.

197. Em verdade, existem situações nas quais sequer o caso fortuito e a força maior são aptos a excluí-la. Trata-se do que a doutrina tem denominado imputação objetiva agravada, sucedendo, por exemplo, nas hipóteses de responsabilidade decorrente do emprego de energia nuclear; sobre o tema, COMPORTI, Marco. *Esposizione al pericolo...*, cit., p. 62.
198. MIRAGEM, Bruno. *Direito Civil*, cit., p. 245-246. Fala-se, ainda, consoante FARIAS, Cristiano Chaves de; NETTO, Felipe Braga; ROSENVALD, Nelson. *Novo Tratado...*, cit., p. 483, no atributo da inevitabilidade, assim entendido como "o fato imponderável e atual, que surge de forma avassaladora e seus efeitos são irresistíveis". A identificação destes elementos também tem sido utilizada pela jurisprudência, que tem reconhecido que "o[s] conceito[s] de caso fortuito ou de força maior encontram-se associados a situações não imputáveis àquele que se encontra obrigado, por revestirem as características da imprevisibilidade e da inevitabilidade" (PORTUGAL. Supremo Tribunal de Justiça. Processo n. 7895/05.0TBSTB.E1.S1. 2ª secção. Rel. Cons.ª Maria da Graça Trigo. J. em 07 abr. 2016. Disponível em: <http://www.dgsi.pt/jstj.nsf/Pesquisa+Livre?OpenForm>. Acesso em: 13 ago. 2017).
199. As dificuldades a respeito decorrem do fato de, não obstante o Código Civil, nos três sistemas sob comparação, fazer diversas referências ao caso fortuito e à força maior, não trazer qualquer elemento delimitador que auxilie na sua concretização, trabalho que, por isso, vai atribuído à doutrina. Assim, COMPORTI, Marco. *Esposizione al pericolo...*, cit., p. 59.
200. CAVALIERI FILHO, Sergio. *Programa...*, cit., p. 91. Na verdade, ambos são, em última análise, inevitáveis; o que ocorre é que enquanto o caso fortuito assim o é em função da imprevisibilidade, a força maior em razão de não poder ser evitada, já que superior às forças do agente.
201. GALLO, Paolo. *Introduzione...*, cit., p. 131.
202. FARIAS, Cristiano Chaves de; NETTO, Felipe Braga; ROSENVALD, Nelson. *Novo Tratado...*, cit., p. 482.

de não poder ser repelido ou, de algum modo, ser imputável ao agente responsável pela conduta ou pela atividade a que está associado (mesmo que em decorrência da assunção do risco próprio)[203].

Os segundo e terceiro grupos que poderiam ser delineados a partir da estrutura geral antes posta dizem respeito, respectivamente, ao fato exclusivo da vítima e ao fato exclusivo de terceiro. O raciocínio é exatamente o mesmo daquele antes estruturado em relação ao caso fortuito e à força maior: é necessário que a concorrência causal seja não apenas imprevisível e anormal, situando-se, por assim dizer, fora do desdobramento etiológico em curso, mas também – e principalmente – determinante *per se* à causação do evento[204]. E a diferença entre uma e outra, como se infere da própria designação, está no fato de que naquela a interferência provém do próprio sujeito atingido pela lesão e, nesta, de um elemento cuja participação é apenas acidental na relação original[205].

A aferição dos argumentos até o momento postos – todos, registre-se, vertidos na tentativa de dar uma estrutura dogmática autônoma a cada uma das figuras – em cotejo com o modo como a jurisprudência tem enfrentado as questões relativas à

---

203. Para este norte aponta a jurisprudência, em construção que se mostra comum ao entendimento que tem sido perfilhado pelos Tribunais nos três sistemas sob comparação, afirmando que "Il caso fortuito equivale a mancanza di colpa, pur sussistendo il nesso causale, mentre la forza maggiore costituisce un impedimento che derivi da cause esterne e che non sia imputabile all'agente – bisogna affermare che la possibilita' di invocare il fortuito o la forza maggiore sussiste solo se il fattore causale estraneo al soggetto danneggiante abbia un'efficacia di tale intensità da interrompere il nesso eziologico tra la cosa e l'evento lesivo, ossia che possa essere considerato una causa sopravvenuta da sola sufficiente a determinare l'evento. Una pioggia di particolare forza ed intensità, protrattasi per un tempo molto lungo e con modalità tali da uscire fuori dai normali canoni della meteorologia, può, ragionando in astratto, integrare gli estremi del caso fortuito o della forza maggiore; ma non quando sia stata accertata dal giudice di merito l'esistenza di elementi dai quali desumere una sicura responsabilità proprio del soggetto che invoca l'esimente in questione" (ITALIA. Corte Suprema di Cassazione. Sentenza n. 26545, di 17 dic. 2014. III Sezione. Rel. Cons. Francesco Maria Cirillo. Disponível em: http://juriswiki.it/provvedimenti/sentenza-corte-di-cassazione-sez-civile-iii-26545-2014-it>. Acesso em: 15 ago. 2017). Não se desconsidera que o precedente parte de uma premissa cujo equívoco já foi outrora assinalado e que se materializada na inapropriada referência à ausência de culpa; todavia, o desenvolvimento que está subjacente condiz com as noções de caso fortuito e de força maior antes delineadas.
204. ZAMBRANO, Virginia. *Delimitazione del danno...*, cit., p. 175. Também FARIAS, Cristiano Chaves de; NETTO, Felipe Braga; ROSENVALD, Nelson. *Novo Tratado...*, cit., p. 486-488.
205. Deve-se consignar que um elemento de especial utilidade prática a distinguir os fatos exclusivos da vítima e de terceiro do caso fortuito e da forma maior está na possibilidade de que, ao contrário destes (de regra), mesmo quando não tenham capacidade para acarretar, sozinhos, a interrupção do nexo causal, possam, de algum modo, contribuir ao resultado, convertendo-se, assim, em autênticas concausas supervenientes concorrentes. Algum debate se estabeleceu a respeito, preponderando na doutrina tradicional o entendimento de que ou a causa era determinante – e rompia o nexo causal – ou era irrelevante; hodiernamente, contudo, tendo em vista o inegável incremento da complexidade das relações privadas, foi necessária a adoção de um posicionamento mais flexível, de maneira a cogitar-se, especialmente no fato concorrente da vítima, a possibilidade da redução da indenização devida. Sobre o tema, SALVI, Cesare. *La responsabilità civile*, cit., p. 238-240; MIRAGEM, Bruno. *Direito Civil*, cit., p. 249-250. Esta, aliás, é a exata dicção do artigo 945 do Código Civil brasileiro de 2002, nos termos do qual "[s]e a vítima tiver concorrido culposamente para o evento danoso, a sua indenização será fixada tendo-se em conta a gravidade da sua culpa em confronto com a do autor do dano". O mais certo seria não falar em culpa, mas em concorrência causal apenas, estatuindo que a indenização seria reduzida na proporção da contribuição para o resultado.

ruptura do nexo causal permite concluir que, em verdade, as quatro situações sob exame têm sido de algum modo reconduzidas a um conceito alargado de caso fortuito. Aliás, conceito este apto a, mesmo que empiricamente, abarcar todas as situações antes referidas e diferenciar, no caso concreto, a aptidão ou não de cada uma delas para, à vista dos elementos comuns que as unificam, implicar na exclusão de responsabilidade[206].

Nestes termos, é possível afirmar que, independentemente dos esforços de classificação empreendidos pela doutrina, a operacionalização das situações de ruptura do nexo causal bem se pode dar por meio da verificação dos seus elementos comuns. Configura-se, deste modo, com o impedimento do surgimento do dever de indenizar, nas situações em que um evento estranho à cadeia causal, externo ao seu desdobramento, não imputável ao lesante e suficiente por si a causar o dano seja verificado.

Debate interessante se coloca quanto aos limites do nexo causal, de modo especial tendo em conta a possibilidade de abrangência dos danos indiretos. E, seguindo esta linha, passou-se a empregar, a partir da antes aludida noção alargada de caso fortuito, uma diferenciação entre evento interno e evento externo que se tem apresentado bastante útil do ponto de vista prático, nomeadamente diante da variação de consequências à vista da ocorrência de um ou de outro. Trata-se das noções de caso fortuito interno – assim compreendido como aquele que é, de algum modo, inerente à conduta ou à atividade do agente, estando, pois, a ela relacionado – e de caso fortuito externo – este sim estranho à esfera de atuação do, em tese, responsável[207].

Esta diferenciação foi acolhida pela jurisprudência (especialmente brasileira)[208] e tem servido como baliza à demarcação dos limites da responsabilidade civil – especial-

---

206. Tanto que, como observa ZAMBRANO, Virginia. *Delimitazione del danno...*, cit., p. 176-177, quando os artigos 2.051 e 2.052 do *Codice* preveem a possibilidade de que o caso fortuito possa excluir a responsabilidade objetiva, tal referência deve ser interpretada como apta a abarcar também a força maior e os fatos exclusivos da vítima e de terceiro, desde que sejam capazes de produzir de modo autônomo o dano, absorvendo o nexo causal. Nas palavras da autora, "si può escludere la responsabilità solo provando il caso fortuito inteso nella sua ampia accezione, compressivo cioè sia del fato del terzo che del danneggiato".
207. MIRAGEM, Bruno. *Direito Civil*, cit., p. 247. Conforme bem esclarece o autor, no fortuito interno o risco – assim entendido enquanto probabilidade de ocorrência do evento – é inerente à atuação, ou seja, é atinente à conduta ou à atividade em tese apta a gerar o dano; já o fortuito externo é totalmente alheio à atuação do sujeito cuja responsabilidade se cogita, aproximando-se, por isso, da noção tradicional de força maior.
208. Apenas para demonstrar como se orienta a jurisprudência, cumpre destacar dois precedentes, um reconhecendo e outro afastando a ocorrência do fortuito externo que, em última análise, vai reconduzido à condição de causa geral de ruptura do nexo de causalidade (a abranger não apenas o caso fortuito propriamente dito e a força maior, mas também o fato da vítima e o fato de terceiro). Neste sentido: "Responsabilidade civil (...) 1. A responsabilidade do transportador, nos termos do art. 750 do Código Civil, é objetiva, mas poderá ser elidida pela ocorrência de força maior ou fortuito externo, isto é, estranho à atividade. 2. A jurisprudência do STJ é no sentido de que o arremesso de objeto de fora do trem não configura risco inerente à atividade de transporte, não gerando o dever de indenizar, por se tratar de caso fortuito externo. Precedentes. 3. Agravo interno desprovido". (BRASIL. Superior Tribunal de Justiça. Agravo Interno no Agravo no Recurso Especial n. 968878/SP. 4ª Turma. Rel. Min. Marco Buzzi. J. em 09 mar. 2017). Já o segundo: "Tiroteio ocorrido em loja de *shopping center*. Disparo de arma de fogo que atingiu cliente do centro de compras. Responsabilidade civil configurada. Caso fortuito. Não ocorrência. Agravo não provido. 1. Nos termos da orientação jurisprudencial do Superior Tribunal de Justiça, faz parte do dever dos estabelecimentos comerciais, como *shopping centers* e hipermercados, zelar pela segurança de seus clientes, não sendo possível afastar sua responsabilidade

mente objetiva – em razão da concorrência de eventos que possam ser considerados fortuitos e que, por isso, bastem a romper o nexo de causalidade. Nesta linha, apenas aqueles que forem de todo estranhos, não apenas ao processo causal em curso, mas, mais do que isso, às próprias características da conduta ou da atividade desenvolvida, serão suficientes à exclusão da responsabilidade.

Esta tentativa representa, de igual modo e em última análise, a concretização dos preceitos postos pelas teorias normativas acerca do nexo causal referidas no item precedente (em especial a do escopo da norma), pois exige o aferimento, na situação concreta, se os danos estavam ou não dentro da proteção que se esperava para os interesses postos em causa. Assim é que, quando do exame do caso concreto, cumpre assinalar se o evento em relação ao qual se pretende reconhecer potencialidade para romper o nexo de causalidade estava ou não situado (por isso interno ou externo) dentro da margem de proteção predisposta pelo ordenamento para aquela situação[209].

E, em razão do até aqui exposto, cumpre examinar a forma como se conjugam e a maneira como se colocam os pressupostos assim ditos objetivos em um plano metodológico de apresentação de um regime geral de responsabilidade objetiva.

---

civil com base em excludentes de força maior ou caso fortuito. 2. *In casu*, o autor da ação indenizatória foi vítima de disparo de arma de fogo ocorrido nas dependências do *shopping center* enquanto acontecia uma tentativa de assalto a uma de suas lojas, ficando configurada a responsabilidade do estabelecimento por indenizar os danos materiais e morais sofridos pelo autor. 3. Agravo interno a que se nega provimento". (BRASIL. Superior Tribunal de Justiça. Agravo Interno no Agravo no Recurso Especial n. 790302/RJ. 4ª Turma. Rel. Min. Raul Araújo. J. em 16 fev. 2017). Ambas as decisões disponíveis em: <http://www.stj.jus.br/SCON/>; acesso em: 15 ago. 2017.

209. Merece referência, neste particular, um conjunto de decisões do Superior Tribunal de Justiça brasileiro que, ponderando a natureza da atividade bancária, os riscos a ela inerentes e o intento predisposto nas normas que a regulam, especialmente quando envolvidos contratantes não profissionais (tidos, por isso, como vulneráveis), foi consolidado por meio do enunciado de jurisprudência n. 749, segundo o qual "[a]s instituições financeiras respondem objetivamente pelos danos gerados por fortuito interno relativo a fraudes e delitos praticados por terceiros no âmbito de operações bancárias" (BRASIL. Superior Tribunal de Justiça. Súmula n. 749. 2ª Seção. Revista do Superior Tribunal de Justiça, Brasília, v. 227 p. 937). Em igual sentido, fazendo semelhante aplicação do escopo da norma em uma situação de aparente ruptura do nexo causal, também a Corte de Cassação italiana entendeu por manter a obrigação de indenizar diante da conclusão de que o fato alegadamente interruptivo da relação de causalidade estava situado dentro da margem do risco da atividade (era, na acepção empregada pela jurisprudência brasileira, um fortuito interno). Tratou-se, neste particular, da responsabilidade do proprietário de uma padaria (objetiva por força da aplicação da regra do artigo 2.051 do *Codice*) pela queda de uma cliente sobre o piso do estabelecimento, o qual se tornara escorregadio em razão da água da chuva introduzida pelos demais quando do seu ingresso portando guarda-chuvas gotejantes. Em razão dos fatos e da sua conjugação com os preceitos normativos de regência, entendeu a Cassação que os danos estavam situados dentro dos limites da proteção que se esperava à vítima, diante da situação verificada, não se podendo reconhecer que a ação dos anteriores clientes no que tange à introdução da água da chuva no local poderia ser considerada uma autêntica hipótese de ruptura do nexo causal entre a guarda da coisa em custódia (fator de atribuição da responsabilidade objetiva) e os danos sofridos pela ofendida. Neste sentido: ITALIA. Corte Suprema di Cassazione. Sentenza n. 13222, di 27 giu. 2016. Sezione III Civile. Rel Cons. Luigi Alessandro Scarano. Disponível em: <http://www.anacinterprovinciale.it/wordpress/wp-content/uploads/2016/07/2016-06-27-Cassazione-Civile-n.-13222-caduta-pavimento-bagnato-no-caso-fortuito-danni-li-paga-custode.pdf>. Acesso em: 29 set. 2017.

3. O PAPEL DO DANO (E DA SUA CAUSALIDADE) NUM REGIME GERAL DE RESPONSABILIDADE OBJETIVA

A análise da forma como se operacionalizam o dano e o correspondente nexo de causalidade na estrutura da responsabilidade civil em geral e, de modo particular, nas situações de responsabilidade objetiva, permite formar convicções que são de alguma utilidade à tentativa de estruturação de um regime geral.

A primeira delas diz respeito à centralidade e à imprescindibilidade de ambos os pressupostos em comento, os quais dão unidade à pretensão de estruturação de um regime geral, mesmo à vista da fragmentariedade das *fattispecie* respectivas (no que tange aos diversos nexos de imputação possíveis), nos moldes em que se está a propor no curso da presente investigação. A segunda, contudo, está associada à necessidade de que, para tanto, tenham o seu conteúdo despido de um viés preponderantemente objetivo-naturalístico para assumir uma conformação de cunho jurídico-normativo apta a abarcar os fragmentos de relevância daquilo que a simples previsão legal de imputação não basta e que, num regime geral de natureza subjetiva, é desenvolvido pelos pressupostos de matriz subjetiva (imputabilidade, culpa e ilicitude).

No que pertine ao dano, a assunção de um viés normativo dá-se por meio da juridicização do conceito respectivo, não se mostrando suficiente a este fim, contudo, a mera referência a um genérico critério de justiça, em especial diante da confusão semântica que tal pode acarretar em razão do pressuposto do dano injusto enquanto dano juridicamente relevante. Pressupõe, portanto, a concorrência da efetiva verificação da existência de um mecanismo de tutela do interesse social caracterizado enquanto instrumento de concretização de um anseio de justiça distributiva (e não somente comutativa)[210].

A este propósito, todavia, não há como se desconsiderar a eficiência com que o modelo normativo do dano injusto, por intermédio da concretização judicial que lhe é característica, tem-se desincumbido do mister que lhe fora confiado, colocando-se como alternativa intermediária entre o rigorismo da tradição alemã e a abertura demasiada da cláusula geral francesa (carente justamente de um referimento normativo explicito para além da *faute*). Nestes termos, é notório reconhecer a sua eficiência para fins de desempenhar a seleção dos interesses merecedores de tutela que se manifesta por intermédio da imputação aquiliana (nomeadamente objetiva), com o progressivo reconhecimento de danos que outrora não eram ressarcíveis e, ao mesmo tempo, o desempenho da imprescindível função de limitador da responsabilidade civil, já que apenas o prejuízo caracterizável como ilegítimo será fonte de um dever de indenizar[211].

---

210. RODOTÀ, Stefano. *Il problema...*, cit., p. 60.
211. BUSNELLI, Francesco Donato. *Diritto giurisprudenziale e responsabilità civile*. Napoli: Editoriale Scientifica, 2007, p. 30-32.

O mesmo sucede com o nexo causal que, diante do panorama de ressistematização proposto, apresenta-se inegavelmente útil à proposta de um regime geral de responsabilidade objetiva e se encontra, tal qual o dano, no centro da estrutura imputacional, fazendo as vezes de filtro de seleção dos interesses merecedores de tutela[212], nomeadamente a partir de uma feição normativa[213].

E, à vista das ponderações postas, deve-se consignar que, tendo por base os termos do regramento vigente em matéria de causalidade nos três ordenamentos sob comparação, é possível reconhecer que, contrariamente ao que tem preponderado na doutrina tradicional, a lei propriamente dita não faz uma opção clara por uma ou outra das teorias antes apresentadas. Diante dos parcos elementos passíveis de serem recolhidos dos dispositivos legais predispostos a tratar do tema, pode-se concluir que a opção por determinada construção decorre de um trabalho de interpretação da doutrina e da jurisprudência, fazendo com que não seja possível excluir qualquer das alternativas que porventura venham a se apresentar mais eficientes a este fim[214]. Ou, dito de outro modo, as diversas teorias desenvolvidas, todas elas, têm potencial para, de algum modo, contribuir com a determinação do nexo causal relevante à responsabilidade civil, fazendo com que a compatibilização das necessidades do caso concreto autorize a invocação dos preceitos que com ele mais intimamente se conectem, para fins de realização do processo de subsunção dos fatos à norma de regência[215].

---

212. Neste particular, está-se de acordo com MONATERI, Pier Giuseppe. *Responsabilità civile (voce)*, cit., p. 12., para quem seria desejável que as controvérsias relacionadas à seleção dos danos ressarcíveis não fossem resolvidas propriamente no campo da causalidade, mas sim por meio da valoração dos elementos normativos do dano (seja por meio da ideia de injustiça ou, melhor ainda, da noção de relevância jurídica). Todavia, o exame da forma como se dá o processo de juridicização de ambos os pressupostos, que se integram e assumem a centralidade do juízo de imputação objetiva – juízo este que, como visto, está longe de se legitimar na pura causalidade e tampouco de mera verificação do dano a ser reparado – bem serve a compreender a sua relevância na estruturação de uma ideia geral de responsabilidade objetiva, coenvolvente das mais diversas *fattispecie* existentes.
213. A imprescindibilidade de uma conotação normativa para o nexo causal – especificamente no que tange à responsabilidade objetiva, mesmo que numa acepção limitada pela noção de responsabilidade pelo risco –, é reconhecida por BARBOSA, Mafalda Miranda. *Estudos*..., cit., p. 95, quando sustenta que "[a] questão da causalidade transmuta-se, afinal, num problema normativo. Na sua dupla vertente: enquanto requisito de recondução do evento lesivo a uma esfera de risco – cumprindo, portanto, a dimensão imputacional primária; e enquanto critério de delimitação dos danos indemnizáveis".
214. E talvez sequer se faça necessário uma opção conclusiva acerca da adoção de uma ou outra teoria, bastando que se tenha presente a relevância da aferição do desdobramento lógico e razoável de cada uma das circunstâncias que, em tese, concorrem para o prejuízo, sem perder de vista que, em última análise, a causalidade deve ser produto de uma valoração jurídica. Neste sentido, FRADA, Manuel A. Carneiro da. *Direito Civil*, cit., p. 100.
215. Pretende-se com isso afirmar, por exemplo, que a verificação da *conditio sine qua non* constitui-se de ponto de partida para qualquer aferição (não obstante não baste à solução final de todas as situações, pela sua demasiada amplitude), com o exame, na sequência, da adequação de cada uma das condições presentes para, por si só, implicarem na ocorrência do dano (a partir de uma sequência lógica de desenvolvimento, tendo em vista a previsibilidade do resultado danoso a partir de uma valoração em abstrato da sequência de acontecimentos), tudo sem perder de vista a importância de que tal se dê tendo em conta o âmbito de proteção da norma que salvaguarda os interesses violados e relativamente aos quais operou-se a perda de uma utilidade tutelada pelo direito. Pode ser que a primeira verificação já baste a solucionar o caso, quando

Nesta linha, os temas relacionados ao prejuízo reparável e ao nexo de causalidade imbricam-se de forma inarredável, de modo que a solução de alguns dos problemas mais intrincados de causalidade depende da determinação do dano juridicamente relevante. Tanto é verdade que tal permite inferir que a ligação causal se constitui em condição necessária, mas não suficiente a reconduzir ao surgimento de um vínculo obrigacional indenizatório[216], não havendo como se pretender a imputação objetiva como uma autêntica hipótese de responsabilidade baseada na mera causalidade[217].

Cria-se, com isso, tal qual, aliás, já referido em oportunidades pretéritas, um ambiente favorável à efetividade de um processo de objetivação dos dados em relação aos quais vai estabelecido o juízo de responsabilidade objetiva, o que deve ser ponderado para se atribuir algum significado ao requisito da relevância jurídica do dano – seja por meio da noção italiana de injustiça ou de outra que se lance mão para o fim ora perseguido. O fato danoso, então, passa a ser definido a partir de elementos da conduta em sentido lato e do prejuízo sofrido (associados entre si) e qualificado com base em requisito normativo (no caso da paradigmática experiência italiana, o critério de seleção da *ingiustizia*), que serve como condição geral para o juízo de responsabilidade, a transformar a culpa, o dolo, o risco ou a garantia, por exemplo, em meros critério de ligação[218].

Todo este processo jurídico, que se materializa em um regime geral de responsabilidade objetiva por meio da necessidade da juridicização dos conceitos de dano e de nexo causal, tem por fim viabilizar a intervenção corretiva na aplicação da imputação, mesmo à vista da sua esfera de aplicação, em tese, mais restrita. Pretende-se, desta feita, que a responsabilidade objetiva possa-se converter em um sistema eficiente de reparação das situações cuja socialização do prejuízo, à luz do princípio da solidariedade, exige a retirada dos ônus respectivos da pessoa do lesado, mas sem perder de vista a impossibilidade de que se venha a tornar instrumento de chancela da "própria indolência" ou de uma "vitimização negatória da autorresponsabilidade e da diligência para com os próprios interesses"[219].

Por isso é que a integração de uma estrutura centrada em um conceito juridicizado de dano, que se conecta por meio de uma causalidade igualmente normativa a nexos de imputação bem delimitados, é fundamental a permitir o balanceamento

---

a sua complexidade diminuída assim o permitir; pode ser, contudo, que seja necessário avançar nas etapas seguintes deste processo de subsunção, passando-se, por isso, de uma verificação naturalística (causalidade adequada) para uma verificação normativa (escopo da norma) que, em última análise, diante de uma eventual insuficiência de preceitos de ordem científica, terá de dar uma solução jurídica à controvérsia, demarcando, assim, o âmbito de aplicação da responsabilidade civil na situação concreta por meio da determinação do nexo etiológico. Esta estruturação em etapas ou fases é defendida por CORDEIRO, António Menezes. *Tratado...*, cit., v. II, t. III, p. 550, não obstante o faça, diversamente do ora proposto, em quatro estágios (o segundo é partido em dois, a saber, a causalidade adequada propriamente dita e a causalidade provocada).

216. BUSNELLI, Francesco D.; PATTI, Salvatore. *Danno e responsabilità civile*, cit., p. 30.
217. VIOLANTE, Andrea. *Responsabilità oggettiva e causalità flessibile*. Napoli, Edizioni Scientifiche Italiane, 1999, p. 33-34.
218. RODOTÀ, Stefano. *Il problema...*, cit., p. 116.
219. MARTINS-COSTA, Judith. *Dano moral...*, cit., p. 7089.

de interesses ínsito ao juízo de responsabilidade e a converter o instituto, por meio de uma formulação geral que lhe dê unidade, em instrumento de efetiva gestão dos prejuízos.

Apresentar, portanto, os termos em que se pode colocar o regime geral de responsabilidade objetiva que se está a propor é tarefa a ser efetivada.

3ª Parte
Por um regime geral de responsabilidade civil objetiva fundamento, estrutura e função

> "[Lo] studio della responsabilità civile forse stà vivendo
> la sua fase più suggestiva"
> Francesco D. Busnelli

Todo o percurso trilhado permite chegar na parte propositiva da investigação com uma certeza: a responsabilidade civil objetiva, sem prejuízo da sua aparente fragmentariedade, traz em sim um senso de unidade que não pode ser desconsiderado. Unidade de sentido, unidade de fundamento, unidade de estrutura e unidade de função, cumprindo, diante disso, propor a sua (re)construção sistemática.

A tarefa não é simples, como não foi até aqui, o que somente se agrava diante da sedutora possibilidade de fuga para o caminho mais fácil, qual seja, o apego à diversidade dos nexos de imputação para, em razão disso, negar-se a viabilidade jurídica do regime geral que se está a propor. Ocorre que todas as considerações apresentadas chamam ao bom combate, pelo que se afigura relevante apresentar as bases sobre as quais se funda a unidade proposta e, à vista disso, alguma experimentação desta proposta, por meio do seu exame, tendo em vista regime especialmente paradigmático que bem representam o todo exposto.

Por isso vai o derradeiro capítulo dividido em duas partes principais: uma primeira, de natureza preponderantemente teórico-dogmática, voltada a agrupar as premissas sobre as quais se funda o regime geral da responsabilidade civil objetiva, apresentando-as com o sentido de reconstrução sistemática; e uma segunda, assim dita demonstrativa, tendente a aferir a razoabilidade destas premissas a partir de um regime especial cuja concretização, pela complexidade que encerra, parece bem sintetizar um pouco do todo até aqui demonstrado.

Capítulo 5
BASES PARA A RECONSTRUÇÃO UNITÁRIA DE UM REGIME GERAL DE RESPONSABILIDADE CIVIL OBJETIVA

As digressões de cunho teórico que se encontram na base do presente estudo – nomeadamente no que tange à delimitação da hodierna noção de responsabilidade civil, à demarcação do fundamento de legitimidade da responsabilidade objetiva enquanto categoria jurídica e à demonstração da sua estrutura uniforme a partir da releitura dos seus pressupostos centrais – não apenas aclaram as dúvidas iniciais próprias de qualquer investigação, como também bem servem a dar coesão à proposta em curso.

Nesta linha é que, para tornar viável a construção de um regime geral de imputação objetiva, mesmo partindo da experiência secular desenvolvida em torno da responsabilidade assente na culpa, careceu-se de uma releitura de fundamento, de estrutura e de funções, as quais lhe dão alguma singularidade. Apresentar as bases sobre as quais se fundam esta proposta, na linha do todo já analisado, é tarefa que se impõe, porquanto imprescindível a realizar o fecho da reconstrução sistemática almejada.

1. O FUNDAMENTO UNITÁRIO DA RESPONSABILIDADE CIVIL OBJETIVA E O SEU PAPEL NA CONSTRUÇÃO DE UM REGIME GERAL DE IMPUTAÇÃO

Uma das justificativas teóricas que autorizam falar num regime geral de responsabilidade objetiva é o fato de se poder identificar um fundamento unitário de legitimação[1]. Ou seja, uma causa normativa que sirva a atribuir coesão e integração às mais variadas *fattispecie*, independentemente da ausência de unidade no que toca ao nexo de imputação, viabilizando, com isso, a possibilidade de se apresentar uma hipótese de reconstrução sistemática.

Os esforços desenvolvidos neste sentido permitiram demonstrar que, partindo da concepção atual de responsabilidade civil e tendo em vista os principais objetivos por ela perseguidos através de um regime centrado na resposta ao dano ilegitimamente sofrido pela vítima e não do ato ilícito praticado pelo lesante, a noção jurídica (e

---
1. Consoante ensina MARTINS-COSTA, Judith. *Os Fundamentos da Responsabilidade Civil*. Revista Trimestral de Jurisprudência dos Estados, São Paulo, v. 15, n. 93, out. 1991, p. 31, "[o] fundamento, seja de uma regra ou de uma instituição, é a razão que a justifica e pela qual se estabelece a necessidade de conformidade dessa regra com os ideais de justiça vigentes em uma determinada sociedade, em um determinado momento de sua história".

revisitada) de solidariedade apresenta-se como elemento agrupador da justificação do surgimento de um dever de reparar danos para além do princípio da culpa.

Daí que, como forma de demostrar a operatividade deste fundamento de legitimidade, cumpre aferir o modo como o princípio em causa opera na consecução de um regime geral de responsabilidade objetiva.

1.1 Responsabilidade objetiva e balanceamento de interesses

Do todo apresentado no curso da presente investigação, é notório reconhecer que a responsabilidade civil, no atual cenário da civilística contemporânea, tem sido chamada a dar respostas a controvérsias que, por certo, sequer podiam ser pensadas na sua gênese. Partindo do seu nascedouro, associado à ideia de delito, até a sua conformação atual, várias foram as transformações sofridas, seja no seu fundamento, seja no seu regime de pressupostos, tudo com o fim de bem atender às funções que lhe foram sendo paulatinamente relegadas.

Nesta linha de sistematização, não há dúvidas que, inserida em um contexto socioeconômico deveras multifacetado, alternativa não restou ao instituto senão apresentar-se como um autêntico moderador de interesses, o que se concretiza por intermédio de um balanceamento entre pretensões contrapostas. Bem compreender a forma como se dá este processo é tarefa de suma relevância ao estabelecimento, a partir de um fundamento uniforme de legitimação, das bases para um regime geral de responsabilidade civil objetiva.

1.1.1 A noção atual de responsabilidade civil e o papel da ponderação entre os interesses do lesante e do lesado

Diante das digressões formuladas precedentemente acerca da construção do hodierno conteúdo do termo *responsabilidade civil*, é possível inferir que a complexidade estrutural adquirida pelo instituto é, em verdade, a reprodução da complexidade das relações que passaram a ser por ele reguladas. Vencida a estabilidade aparentemente conquistada com a sistematização oitocentista, o que foi inevitável em decorrência das profundas transformações pelas quais passou o mundo ocidental de tradição jurídica continental, foi imperioso o reconhecimento de que o princípio da culpa não tinha potencial para traduzir e sintetizar a totalidade dos anseios sociais envolvidos e cujas necessidades careciam de ser atendidas.

Neste cenário de transição, marcado que foi por duas "viradas" de grande vulto ocorridas num relativamente curto espaço de tempo – primeiro para uma sociedade industrializada e, após, para uma sociedade de massa, assim entendida enquanto característica indelével da pós-modernidade[2] –, a responsabilidade civil restou

---

2. Assim, JAYME, Erik. *Visões para uma teoria pós-moderna do direito comparado*. Trad. Cláudia Lima Marques. Revista dos Tribunais, São Paulo, a. 88, v. 759, jan. 1999, p. e 27-28. Com maiores desenvolvimentos do que se convencionou chamar de "viradas" de evolução rumo a uma sociedade assim dita pós-moderna e os seus

chamada a solucionar situações que transcendiam a mera imputação de um dano a partir da máxima segundo a qual, em sendo livre para agir, o sujeito deve responder pelos seus atos. E esta transição veio a se materializar de diversas formas, mas nomeadamente por meio da abertura dos regimes a influxos de objetivação, tanto por meio do nexo de imputação propriamente dito, quanto por intermédio da releitura dos seus pressupostos constitutivos.

Tudo isso, aliado a um grande debate acerca das funções que hoje são esperadas do instituto, muitas vezes para além da clássica reparação dos prejuízos sofridos pelo lesado[3], contribuiu, em larga escala, para uma revisão da noção atual de responsabilidade civil, resumindo-se a questão central que hoje lhe é posta à satisfação das dúvidas acerca de quais danos devem ser considerados relevantes num cenário de inúmeros prejuízos que se projetam nas esferas jurídicas alheias[4].

Todo este panorama, já analisado com maior vagar em momento precedente, serviu a demonstrar que à responsabilidade civil incumbe, hoje, por meio das suas mais variadas manifestações, a realização de uma ponderação entre interesses contrapostos – no caso, aqueles atribuíveis ao lesante e aqueles titulados pelo lesado –, contraposição esta que surge com a causação do dano. Isso porque a hipercomplexidade social que caracteriza a pós-modernidade agrega inúmeros fatores (das mais variadas ordens) às relações interpessoais, fatores estes que não podem ser desconsiderados, o que torna qualquer pretensa identidade entre responsável e culpado uma noção, no mínimo, reducionista[5].

---

reflexos no direito privado e na própria noção de responsabilidade civil, permita-se reenviar a TEIXEIRA NETO, Felipe. *Dano Moral Coletivo*. A configuração e a reparação do dano extrapatrimonial por lesão aos interesses difusos. Curitiba: Juruá, 2014, p. 74, inclusive nota 162.

3. Consoante refere MONATERI, Pier Giuseppe. *Natura e scopi della responsabilità civile*. Disponível em: <http://www.academia.edu/21500632/Natura_e_Scopi_della_Responsabilit%C3%A0_Civile>. Acesso em: 11 out. 2017, p. 18, a par das diversas funções hoje atribuídas à responsabilidade civil, nenhuma delas é capaz de, sozinha, explicar a complexa estrutura sobre a qual o instituto está assentado e, por conseguinte, traduzir uma noção unitária do conteúdo que o termo empregado para lhe fazer alusão representa. O tema é tratado, por esta exata razão, em larga medida pela doutrina. Com uma síntese da problemática atual, especialmente considerando a inegável centralidade da reparação e as controvérsias acerca da viabilidade, com igual apreço, para a adoção de funções outras, ver, pela sua atualidade e precisão, ROSENVALD, Nelson. *As funções da responsabilidade civil*. A reparação e a pena civil. 3ed. São Paulo: Saraiva, 2017, p. 100 e ss.
4. Como observa ALPA, Guido. *Diritto della responsabilità civile*. Roma/Bari: Laterza, 2003, p. 03-04, em uma sociedade tecnologicamente avançada, marcada por danos catastróficos e de massa, o debate não mais se pode resumir a um questionamento quantitativo, mas também – e precipuamente – qualitativo, o qual bem se materializa na evolução da concepção de dano e das técnicas da sua imputação a um assim dito "sujeito responsável". Tudo isso acarreta uma mutação na feição tradicional do instituto que, por meio da revisão das noções clássicas a ele inerentes, inclusive no que tange aos critérios de imputação, tornou mais evanescente a relação entre responsabilidade e dano.
5. Uma vez mais imperioso retomar a lição de JAYME, Erick. *Visões para uma teoria...*, cit., p. 27-28, especialmente quando lembra que esta hipercomplexidade decorre da velocidade, da ubiquidade e da liberdade que bem caracterizam a pós-modernidade, produzindo, em decorrência disso, uma antinomia e uma contraposição de interesses constantes que, transpostas à responsabilidade civil, servem a demonstrar que a solução de grande parte das controvérsias nem sempre está na maniqueísta pretensão de se identificar um culpado, mas, no mais das vezes, na eficiente gestão de interesses contrapostos que precisam conviver em harmonia. Igualmente relevante aparenta-se a observação do mesmo autor no sentido de que, em uma realidade dita pós-moderna, "[o] comum, o igual não será negado, mas aparece como subsidiário, como

Desta feita, a gestão do prejuízo não consentido, assim entendido enquanto produto de interesses contrapostos, ambos legítimos, que entram em colisão, apresenta-se como o objeto mediato da imputação, ou seja, aquilo que se busca solucionar por meio da demarcação, em última análise, de quem deverá suportar os ônus respectivos.

Numa realidade estritamente materializada na noção de ato ilícito enquanto representação da responsabilidade civil, dita acepção não se assenta como uma decorrência lógica, ao menos na sua plenitude, pois a concorrência antijurídica e culposa do agente para a causação do dano bem serve a delimitar os encargos correspondentes. Ocorre que em se tornando insuficientes os referidos conceitos para este fim, o que decorreu da ampliação da consciência coletiva segundo a qual situações outras neles não subsumíveis mereciam idêntica tutela, surge de modo muito evidente o antes aludido conflito de interesses: ora, agindo lesante e lesado nos limites da licitude em sentido estrito – ou seja, fora da área de atuação do ato ilícito enquanto conceito conformador da responsabilidade subjetiva –, como é possível estabelecer, de modo eficiente, quem deverá suportar o dano?

Não se desconsidera que situações como a antes descrita tinham (e têm) solução bastante clara em um regime lastreado na culpa, o que se dá por meio da imposição ao lesado dos ônus de arcar com eventuais prejuízos, nas hipóteses de impossibilidade de se imputar ao lesante um ato ilícito, tudo reconduzindo à ideia de fatalidade[6]. Em linhas mais precisas, se o deslocamento do dano de uma esfera jurídica para outra constitui hipótese excepcional, já que apenas à vista da concorrência antijurídica e culposa do agente é que se legitima por meio da imposição de um dever de reparar – sob pena de que o vínculo jurídico correspondente conflite com os dogmas da liberdade, da vontade e da autonomia privada, então diretrizes do direito das obrigações como um todo[7] –, a tendência era de que grande parte dos prejuízos permanecessem nas respectivas esferas em que verificados.

Ocorre que a mudança do paradigma econômico-social fez multiplicarem-se exponencialmente as então ditas fatalidades, assim entendidas porque verdadeiras obras do acaso que, não sendo atribuíveis à responsabilidade (enquanto sinônimo de delito em sentido lato) de ninguém, deveriam ser suportados pelas próprias vítimas. Exatamente por isso é que o tendencial imobilismo do dano passou a contrastar com o senso de justiça então vigente, implicando na intolerância da manutenção deste

---

menor". Tal representa, com bastante precisão, o que pode suceder com a responsabilidade civil e a forma como opera a imputação dos danos: não significa que o princípio da culpa seja negado ou deva ser desconsiderado porquanto ultrapassado, mas que deve ser compreendido como algo que, por se estabelecer entre iguais ou, em outras palavras, por bem regular relações que se pautam pela igualdade, nem sempre é de todo adequado à satisfação das novas necessidades que se impõem.

6. BARCELLONA, Mario. *La responsabilità extracontrattuale*, cit., p. 09-10.
7. Como bem observa CASTRONOVO, Carlo. *La nuova responsabilità civile*, cit., p. 333, as máximas assentadas no individualismo e nas premissas teóricas sobre as quais se funda eram mais sensíveis à tutela da liberdade do agente (no caso, do lesante) do que à defesa do interesse lesado (no caso, da vítima do dano).

status quo, mas não sem acarretar o surgimento do autêntico conflito de interesses entre lesante e lesado, o qual careceu de ser gerido pela responsabilidade civil[8].

É de se notar que esta gestão por intermédio de uma ponderação entre interesses que se dá fora da margem de abrangência do regime do ato ilícito, tal qual se está a propor, não se trata de um juízo a ser exercido com ampla liberdade pelo intérprete, sob pena de conduzir ao estabelecimento de uma típica "justiça com o coração"[9]. A valoração comparativa dos interesses que se apresentam contrapostos diante da causação do dano deve ser feita nos estritos limites dos valores consagrados pelo direito positivo[10], o que não significar dizer, entretanto, que não há alguma margem de construção (mesmo que limitada), porquanto as regras de imputação vêm previstas em autênticas cláusulas gerais que, por isso, necessitam ser concretizadas.

Para este fim, a ponderação imprescindível à demarcação do dano a ser ressarcido – que se apresenta ainda mais intrincada no campo da responsabilidade objetiva – passará por uma valoração de cunho jurídico que pressupõe a individualização dos interesses que, na situação versada, mostram-se preponderantes para fins de proteção. Incumbe, nesta linha, valorar o interesse do lesado em ser ressarcido (ou, visto de outro modo, o interesse do lesado em permanecer indene) e, em paralelo, o interesse do lesante na realização do ato ou do fato, no desenvolvimento da atividade ou no exercício da posição jurídica (elementos que se constituem em possíveis fatores legais de imputação objetiva), solvendo a controvérsia advinda da causação do dano por intermédio de um balanço entre ambos e a partir de um juízo axiológico à vista dos preceitos normativos vigentes[11].

E tal processo de demarcação não se pode dar de todo *a priori*[12], prescindindo da situação concreta, já que somente diante da análise de todas as intercorrências relacionadas à causação do dano é que será possível concretizar a seleção dos interesses que, na espécie, mostram-se prevalentes, tudo através de um juízo de comparação pautado, como dito, pelas normas vigentes no ordenamento jurídico[13].

---

8. Neste particular é que se deu a definitiva ruptura entre responsabilidade penal, enquanto resposta ao ilícito, e responsabilidade civil, enquanto resposta ao dano, que já se iniciara em momento precedente, com a autonomia dogmática dos institutos, mas talvez não ideológica. Nas situações associadas às ditas fatalidades, não se podia falar propriamente na existência de um culpado, mas na causação de um dano cuja imputação à vítima não podia ser admitida e, por isso, carecia de ser resolvida através de uma ponderação de interesses que passou a ser realizada pela responsabilidade civil.
9. Para usar aqui uma expressão atribuível a FRADA, Manuel Carneiro da. *A equidade (ou a 'justiça com o coração')*, cit., p. 109, o que não condiz nem de perto com o que se busca concretizar por meio do juízo de ponderação de interesses do qual se está a tratar.
10. DI LAURO, Antonino Procida Mirabelli; FEOLA, Maria. *La responsabilità civile*, cit., p. 190.
11. Nesta linha, MONATERI, Pier Giuseppe. *L'ingiustizia di cui all'art. 2043 C.C.: una nozione salda o un'occasione di revisione codicistica?* Rivista di Diritto Civile, Padova, a. 52, n. 6, p. 523-529, nov./dic. 2006, p. 525, fala na instituição de uma ordem axiológica de prevalência entre as posições subjetivas contrapostas por meio da individualização de critérios decisórios resolutivos do conflito entre lesante e lesado.
12. MONATERI, Pier Giuseppe. *L'ingiustizia...*, cit., p. 525.
13. O reconhecimento da necessidade de se estabelecer uma clara ponderação de interesses na concretização da responsabilidade civil, especialmente a partir de premissas estabelecidas tendo em conta a natureza dos bens jurídicos em causa, fica claro quando se atenta à forma como a matéria veio tratada, por exemplo, nos

A operacionalização desta ponderação terá contornos variados que tomarão por base, por primeiro, em qual dos dois grandes regimes se sustenta a imputação: se no de matriz subjetiva, fundado no princípio da culpa, ou se no de matriz objetiva, fundado no princípio da solidariedade. Portanto, deve-se ter em mente que, consoante já afirmado, a mudança de paradigma que permitiu uma maior atenção aos regimes de responsabilidade objetiva não significou uma negação absoluta da relevância jurídica da culpa, mas apenas a sua realocação em paralelo com situações outras nas quais fossem buscadas (não apenas a sua legitimidade, mas a própria atribuição de responsabilidade) em fatores alternativos ao ato ilícito.

Daí porque se fala em um sistema bipolar de responsabilidade civil[14], o qual se materializa por intermédio de um paradigma dicotômico[15]. Partindo da premissa segundo a qual enquanto as atividades individuais, características que são da vida normal de relação, submetem-se a ao regime tradicional alicerçado na culpa, haverá uma gama de situações outras relacionadas a condutas, atividades ou mesmo posições jurídicas cuja relevância e especial desconexão com a normalidade da atuação humana demandam um regime de imputação que, partindo de critérios diversos (risco, perigo, vulnerabilidade e garantia, dentre outros), autorizem o surgimento de um dever de indenizar para além da constatação da prática de um ato ilícito.

A verificação desta realidade bem permite concluir que não se trata da absoluta substituição do regime da culpa por outro de matriz objetiva; a evolução, aqui, significa exatamente compatibilizar ambos os regimes, cada um tendente a regular as situações que lhe são características[16].

---

trabalhos desenvolvidos pelo *European Group on Tort Law*. Na síntese apresentada por meio dos Princípios de Direito Europeu da Responsabilidade Civil, em especial no seu título II, capítulo 2, quando são tratados acerca dos interesses protegidos para fins de delimitação do conceito de dano ressarcível, restou assentado (artigo 2:102) que "[a] extensão da protecção de um interesse depende da sua natureza; quanto mais valioso e mais precisa a sua definição e notoriedade, mais ampla será a sua proteção", bem como que "[a] extensão da proteção poderá também ser afectada pela natureza da responsabilidade, de forma que um interesse possa ser mais extensamente protegido face a lesões intencionais do que em outros casos" e que "[n]a determinação da extensão da proteção, devem também ser tomados em consideração os interesses do agente, especialmente na sua liberdade de acção e no exercício dos seus direitos, bem como no interesse público". Não há dúvidas de que houve não só um expresso reconhecimento de que a responsabilidade civil contemporânea vem reconduzida, inexoravelmente, a uma ponderação de interesses contrapostos, como também que tal mister deve tomar por base balizas bem postas – consoante sintetizado com propriedade – que, no entanto, somente serão concretizadas na sua plenitude à vista das circunstâncias em concreto do problema posto, a partir do qual se possam delimitar os interesses em causa, a natureza de cada um, o grau de comprometimento a partir da lesão e a sua especial relevância tendo em vista as natureza e as características da violação, sempre guardando a necessidade de se conciliar a proteção do ofendido com a liberdade de atuação e de exercício dos direitos titulados pelo lesante e o interesse público. O mesmo se infere em CASTRONOVO, Carlo; MAZZAMUTO, Salvatore. *Manuale...*, cit., p. 224-226, quando, tratando das características da responsabilidade civil no direito europeu comunitário, atentam para a especial atenção dispensada aos danos à pessoa, de modo a ressaltar, com isso, a prevalência da proteção conferida aos interesses correspondentes quando contrapostos a outros e reforçar a relevância da natureza dos bens jurídicos quando da realização da ponderação que caracteriza o instituto em causa.

14. SALVI, Cesare. *La responsabilità civile*, cit., p. 148-149.
15. BARCELLONA, Mario. *La responsabilità extracontrattuale*, cit., p. 13-15.
16. HIRONAKA, Giselda Maria Fernandes Novaes. *Responsabilidade pressuposta*. Evolução de fundamentos e de paradigmas da responsabilidade civil na contemporaneidade. Revista Jurídica, São Paulo, v. 364, p. 35-62, fev. 2008, p. 49.

Tendo em conta tais premissas é que cumpre delimitar como e com quais parâmetros será realizado, no campo da imputação objetiva, o juízo de ponderação de interesses que se apresenta como marca da responsabilidade civil na pós-modernidade, extraindo-se disso fator de unidade do regime geral cuja existência se está a sustentar.

1.1.2 A seleção dos danos ressarcíveis no regime geral de imputação objetiva

Na linha do que fora até aqui desenvolvido, a colisão entre interesses, em tese, igualmente legítimos, associados à ocorrência de um dano e à imprescindibilidade de bem gerir o exercício de cada uma das esferas jurídicas envolvidas, permitiu o alargamento do campo operativo da responsabilidade sem culpa. Isso porque, tomando-se por base um regime de natureza subjetiva, é possível delimitar, por meio do conceito de ato ilícito, uma transgressão atribuível ao lesante que, deste modo, legitima o surgimento do vínculo obrigacional reparatório, realidade que não se replica com a mesma clareza nos regimes de matriz objetiva.

Parte-se, portanto, da máxima segundo a qual inúmeras atuações das quais provêm os danos são, em princípio, não apenas lícitas, mas, mais do que isso, úteis e relevantes socialmente, de maneira que a sua proscrição, total ou parcial, não é alternativa razoável; a gestão é, pois, a única alternativa eficiente na composição dos interesses contrapostos.

Para solucionar os problemas de imputação que decorrem desta realidade é que se estrutura a responsabilidade civil objetiva, permitindo seja realizada a ponderação antes tratada, que se estabelece a partir do balanceamento entre a atuação ou a condição jurídica do lesante e a posição em que se encontra a vítima[17]. Tal se dá por intermédio da avaliação e da valoração da situação sob exame, para o fim de se estabelecer se é razoável que o dano permaneça na esfera jurídica em que se consumou ou se é oportuno o seu deslocamento a partir de diretrizes de cunho exclusivamente jurídico.

Uma vez mais cumpre destacar que não se trata de um processo intuitivo ou pautado por um juízo de equidade, sob pena de, com o intuito de solucionar o problema advindo da causação do dano, incorrer-se em arbitrariedade voluntariosa. Trata-se, como dito, de um balanceamento em termos exclusivamente jurídico-normativos, à vista do direito posto, apenas com alguma margem interpretativa no que tange à subsunção dos fatos nas regras e nos princípios vigentes em cada sistema em matéria de responsabilidade civil objetiva.

---

17. A este propósito, consoante SALVI, Cesare. *Il danno extracontrattuale*. Modelli e funzioni. Napoli: Jovene, 1985, p. 36, a valoração comparativa dos interesses contrapostos, que se situa no certe na responsabilidade civil, pressupõe compreender, de igual sorte, que o juízo de imputação respectivo é intrinsecamente permeado por uma valoração que, na essência, pode transcender uma consideração estritamente privada acerca da posição das partes. Exatamente por isso é que identificar o grau desta transcendência será tarefa de suma importância na realização da ponderação ora sob exame, especialmente no campo da responsabilidade civil, no qual os preceitos normativos vigentes autorizam um olhar atento à situação da vítima, em razão de dadas peculiaridades do caso.

A busca, então, de um equilíbrio entre os interesses em jogo e, na impossibilidade disso, da imposição de um maior ônus ao agente que mais estreitamente esteja conectado ao dano – e não apenas àquele cuja culpa possa ser provada ou àquele que tenha melhores condições econômicas de suportá-lo[18] – foram as alternativas encontradas, que se materializaram na aplicação das diversas *fattispecie* de imputação objetiva. E, nos moldes em que já asseverado em linhas gerais até o presente momento, cumpre reconhecer que as balizas de ponderação que estão subjacentes à solução deste conflito são postas no próprio direito vigente[19].

Num plano precedente, através do estabelecimento das hipóteses nas quais, a partir de uma ponderação em abstrato dos interesses envolvidos, legitima-se o estabelecimento de um regime agravado de responsabilidade, com vistas a privilegiar a tutela da vítima (ou, visto a partir de outro ângulo, das situações nas quais é pertinente deixar que os preceitos elementares de imputação lastreados no princípio da culpa regulem a controvérsia). Neste momento, é o próprio ordenamento jurídico que, valorando abstratamente situações e condições, permite que a transferência do dano ao sujeito assim legalmente predisposto como responsável prepondere em relação ao imobilismo que poderia advir de uma imputação assentada na culpa.

Num plano subsequente, quando, por meio da subsunção do caso concreto às *fattispecie* que predispõem regimes de imputação objetiva, opera-se a valoração jurídica dos fatos à luz do preceito vigente, modulando-se, com isso, o âmbito de aplicação da responsabilidade agravada. Dita modulação pode-se dar seja com a verificação do atendimento, por parte da situação posta, do suporte fático necessário ao surgimento do dever de indenizar para além da culpa, seja com a interpretação do alcance das situações de exclusão da responsabilidade.

Não há dúvidas que o grupo de situações que integra o então dito plano subsequente é aquele no qual a riqueza do juízo de ponderação se mostra mais intensa, porquanto permite ajustar às necessidades do ordenamento jurídico as regras de

---

18. Tem sido frequente na doutrina, especialmente de língua inglesa, o recurso à expressão *deep pocket* para aludir a esta situação, que se caracteriza na hipótese em que são tomadas em conta as melhores condições econômicas de um determinado agente para suportar os prejuízos, independentemente de uma valoração mais acurada acerca do que legitima esta atribuição de ônus para além dos seus assim ditos bolsos profundos. A crítica que se formula a esta proposição simplista reside no fato de que não se constitui em autêntico critério de responsabilidade, já que tal pressupõe uma constante através da formulação de um modelo que sirva a explicar internamente o surgimento do vínculo obrigacional, o que não se apresenta minimamente viável apenas tendo em conta as condições patrimoniais mais favoráveis de uma das partes. Sobre o tema, CASTRONOVO, Carlo. *La nuova responsabilità civile*, cit., p. 336. Tanto que, aludindo a esta situação – também identificada, em língua francesa, pela expressão *richese oblige* – CASTRONOVO, Carlo. *Responsabilità oggettiva*, cit., p. 09, fala, com o intuito de bem demonstrar a sua atecnia, em "modelos falsos de responsabilidade objetiva".
19. A este respeito, atenta CASTRONOVO, Carlo. *Responsabilità oggettiva*, cit., p. 04, para o fato de que o desenvolvimento da responsabilidade objetiva dá-se por meio de duas linhas, sendo uma legislativa, com a expansão das regras de imputação, nos termos do que se tem verificado desde os primórdios do século XX, e outra jurisprudencial, com o aprimoramento da interpretação possível dos dispositivos vigentes, para o fim de, por meio desta tarefa, modular o juízo de ponderação a se estabelecer entre as posições do lesante e do lesado em uma diversidade de situações.

imputação objetiva[20]. Sem prejuízo dos riscos que possa encerrar, pois, ao menos em tese, permitiria eventuais extensões indevidas do âmbito da responsabilidade civil, não é o que se tem verificado na prática, que vem materializada por intermédio de uma aplicação lúcida dos preceitos legais de regência[21].

Dois exemplos, aliás, são bastante elucidativos do que se está a sustentar.

O primeiro diz respeito à forma como a Corte de Cassação italiana, interpretando o preceito dos artigos 2.047 (dano causado pelo incapaz), 2.049 (responsabilidade do comitente), 2.050 (responsabilidade pelo exercício de atividades perigosas), 2.051 (danos causados pela coisa em custódia), 2.052 (dano causado por animais) e 2.053 (danos causados pela ruína de edifício) do *Codice Civile* de 1942, reconduziu normas cuja redação não era clara quanto à opção pelo regime adotado a hipóteses de imputação objetiva[22]. Nestes casos, interpretando os elementos do suporte fático das *fattispecie* referidas, a jurisprudência afastou o que tendencialmente seriam regras de matriz subjetiva[23] – até mesmo pela época em que redigidos os preceitos

---

20. Esta maior riqueza que decorre do processo de subsunção fica ainda mais evidente quando contraposta às limitações inerentes às reduzidas possibilidades de inovações no que tange à opção legislativa quanto ao regime jurídico de imputação. Isso porque o entendimento preponderante é no sentido da inadmissibilidade de extensão analógica das normas de responsabilidade objetiva. Neste sentido, FORCHIELLI, Paolo. *Responsabilità oggettiva*, cit., p. 05; BARBOSA, Mafalda Miranda. *Estudos...*, cit., p. 97 e ss., inclusive notas 176 e 177. Não obstante não se esteja de acordo com o fundamento normalmente invocado para justificar esta inadmissibilidade, qual seja, a natureza excepcional da imputação objetiva (a qual já é deveras questionada nos dias atuais, tendo em vista a igual magnitude com que os ordenamentos preveem ambos os regimes), não há como se deixar de reconhecer que, com efeito, não há espaço para a analogia neste particular. Ora, se o sistema jurídico, operando em abstrato a ponderação correspondente, estabelece que, em dada situação, o nexo de imputação será ou não a culpa, não cabe ao intérprete, com base em qualquer sorte de argumentação, contrapor esta opção. Questão mais intrincada reside, contudo, nas situações em que esta opção não é expressa, existindo margem interpretativa a respeito, tal qual, aliás, sucedeu no sistema jurídico italiano com diversos dos dispositivos do Código Civil de 1942. Nestes casos, como não está estabelecido o regime jurídico de imputação, afigura-se viável, por meio da subsunção, interpretar se os elementos do suporte fático exigem ou não a presença do ato ilícito, sem que tal se caracterize como uma aplicação analógica.
21. A propósito, mesmo que a temática volte a ser retomada, não há como se deixar de fazer menção da experiência brasileira na aplicação do artigo 927, parágrafo único, do Código Civil de 2002, o qual contém uma típica cláusula geral cuja imputação se dá com base no risco da atividade. Sobre o tema, inclusive assinalando a prudência e a moderação com que o dispositivo tem sido aplicado nos seus já quinze anos de vigência, ver SANSEVERINO, Paulo de Tarso Vieira. *Cláusula geral de risco e a jurisprudência dos Tribunais Superiores*. In: BRASIL. Superior Tribunal de Justiça. Doutrina: edição comemorativa, 25 anos. Brasília, Superior Tribunal de Justiça, 2014, p. 361.
22. O tema foi largamente tratado na parte primeira do capítulo segundo da presente investigação, com referência a diversos precedentes a respeito, mesmo que, na altura, o intento fosse outro, qual seja, demonstrar que as situações de responsabilidade objetiva estruturadas a partir da interpretação judicial daqueles dispositivos não encontravam a sua fonte de legitimação unitária nas diversas teorias do risco. Daí porque, para fins de não tornar a exposição demasiado longa, consinta-se reenviar à abordagem anterior, especialmente § 1º, itens 2.1 e 2.2 e as suas respectivas subdivisões.
23. A propósito, como ressalta CASTRONOVO, Carlo. *Responsabilità oggettiva*, cit., p. 06, esta mutação não foi uma realidade vivida apenas no direito italiano, sendo observável, com igual intensidade, no sistema jurídico francês, com a reinterpretação de uma série de dispositivos para o fim de reconduzi-los a regras de imputação objetiva. Exemplo clássico deste fenômeno, consoante analisado com vagar no curso do primeiro capítulo, sucedeu com o artigo 1.384, n. 1, do *Code Napoléon*, com base no qual, vencido o princípio *pas de responsabilité sans faute*, foi possível a criação de uma ampla regra de responsabilidade objetiva pelo fato da coisa. Sobre o tema, JOSSERAND, Louis. *Evolução...*, cit., p. 555.

legais em comento –, fazendo-o por meio do reconhecimento da ausência de expresso condicionamento à concorrência culposa e da limitação da prova liberatória consentida ao lesante.

O segundo, à maneira como a jurisprudência brasileira tem interpretado o alcance das excludentes do caso fortuito e da força maior, consoante também analisado em momento precedente[24], no âmbito das quais tem sido possível identificar uma progressiva restrição, inclusive com a tendência de modular a sua incidência ao escopo da norma de proteção dos interesses lesados. É bem representativa desta realidade[25] a diferenciação estabelecida entre os conceitos de fortuito interno e fortuito externo, para o fim de entender que apenas nesta última situação será possível reconhecer como insubsistente o nexo de causalidade imprescindível ao surgimento do dever de indenizar, que vai assim obstado[26].

Ambas as situações por meio das quais se operacionaliza o balanceamento de interesses que, na atualidade, tem caracterizado a responsabilidade civil – especialmente a de natureza objetiva, pelo conflito mais agravado que se apresenta entre a liberdade de ação do sujeito que exerce uma atividade, em tese, permitida e a necessidade de preservação dos interesses da vítima – tendem a ganhar relevo com o estabelecimento de preceitos mais abertos para regular a matéria[27]. Como não são infrequentes até mesmo a disposição de normas de imputação objetiva através de genuínas cláusulas gerais[28], nestes casos será necessário, quando da sua concretização, uma demarcação mais ou menos alargada dos seus limites, por meio da modulação dos elementos do suporte fático da *fattispecie*.

---

24. Neste particular, mais uma vez permita-se a remissão ao item 2.1.3, § 2º, do capítulo terceiro.
25. Realidade que se lastreia na conveniência de se ponderar as posições do lesante e do lesado a partir das regras que preveem a imputação objetiva, adaptando-as para o fim de atribuir os ônus ao agente que mais intimamente esteja conectado com o dano e com a fonte da qual provém.
26. Isso porque se entende que, no fortuito interno, como o fato que, em tese, seria interruptor do nexo de causalidade está, de algum modo, associado à fonte do dano (por isso ele é dito interno), não seria legítimo imputar à vítima os ônus de suportar o prejuízo respectivo. Trata-se, evidentemente, de uma ponderação entre os interesses contrapostos no caso, para o fim de, a partir do seu balanceamento, demarcar o alcance da regra de imputação objetiva, por meio da limitação das suas possibilidades de exclusão.
27. Como acentua SALVI, Cesare. *Il danno extracontrattuale*, cit., p. 153, o fato de a disciplina da responsabilidade civil, inclusive objetiva, recorrer de modo mais intenso a cláusulas e normas gerais consente-lhe a realização de interpretações mais perspicazes do que aquelas possíveis em outros setores do direito privado.
28. Muito já se debateu acerca da pertinência de que as regras de responsabilidade objetiva pudessem ser reguladas por meio de cláusulas gerais. Sobre o tema, BARBOSA, Mafalda Miranda. *Estudos a propósito...*, cit., p. 97 e ss.; igualmente, relevante é a síntese apresentada em MORAES, Maria Celina Bodin de. *Risco, solidariedade e responsabilidade objetiva*. Revista dos Tribunais, São Paulo, a. 95, v. 854, p. 11-37, dez. 2006, p. 17. Não há como se negar, porém, que com maior ou menor amplitude, as previsões existentes nos três ordenamentos jurídicos sob comparação assim o fazem quando tratam da responsabilidade pelo risco/perigo da atividade, pois, no caso concreto, caberá ao interprete precisar o que é uma atividade perigosa ou arriscada. A situação é ainda mais evidente acerca do emprego das cláusulas gerais quando se atenta aos dispositivos do Código Civil brasileiro que, por datar de 2002, foi mais explícito na sua opção a respeito, nomeadamente tendo em conta a regra do seu artigo 927, parágrafo único, que de algum modo retoma a problemática do âmbito de aplicação das regras dos artigos 2.050 do Código Civil italiano e 493, n. 2, do Código Civil português, relativamente à responsabilidade pelas atividades de risco (para aludir ao elemento de imputação da norma brasileira) ou perigosas (nos termos das normas italiana e portuguesa).

Deve-se aqui reconhecer que não obstante este processo de ponderação que se estabeleça por meio da subsunção dos fatos às regras de imputação objetiva tenha uma natureza eminentemente normativo-dogmática, pois pautados por critérios jurídicos, existe certa margem para a atuação de elementos de ordem variada – não apenas socioeconômicos, mas até mesmo culturais[29] –, o que pode levar a soluções diversas, mesmo à vista de regras semelhantes, especialmente no âmbito da comparação jurídica[30].

À vista de todas as ponderações até aqui postas e considerando a forma como a responsabilidade civil objetiva, por meio do juízo de ponderação que lhe é intrínseco, opera a seleção dos interesses merecedores de tutela no seu âmbito de aplicação, cumpre reconhecer que a mudança de paradigma que hoje permite falar em um regime geral paralelo àquele legitimado no princípio da culpa[31] deu-se por intermédio

---

29. A este respeito, SMORTO, Guido. *Il criterio di imputazione...*, cit., p. 423 e ss., atenta para a necessidade de atenção às mudanças de ordem econômica e social que, a par da padronização que é típica de uma realidade globalizada, nem sempre é vivida de igual forma e com igual intensidade em todos os sistemas jurídicos. Neste particular é que ganha relevo o elemento cultural de que fala CASTRONOVO, Carlo. *La nuova responsabilità civile*, cit., p. 339, em especial para que se compreenda a forma como, por meio de um processo histórico de estruturação, dá-se a demarcação do campo operativo da responsabilidade objetiva em cada sistema jurídico, inclusive no que toca à formação dos juristas, que são os responsáveis pela mudança dos paradigmas interpretativos.

30. Especial interesse desperta no comparatista a situação do artigo 2.050 do Código Civil italiano ("Qualquer um que causa dano a outrem no desenvolvimento de uma atividade perigosa, pela sua natureza ou pela natureza dos meios usados, é obrigado ao ressarcimento, se não prova de haver adotado todas as medidas idôneas a evitar o dano"), quando comparada àquela vivenciada a partir da aplicação do artigo 493, n. 2, do congênere português ("Quem causar danos a outrem no exercício de uma atividade, perigosa por sua própria natureza ou pela natureza dos meios utilizados, é obrigado a repará-los, exceto se mostrar que empregou todas as providências exigidas pelas circunstâncias com o fim de os prevenir"). Não obstante a redação dos preceitos seja, em essência, a mesma, a *Corte di Cassazione* conduziu a sua jurisprudência no sentido da existência de uma regra de imputação objetiva, ao passo em que o Supremo Tribunal de Justiça luso manteve-se fiel à responsabilidade subjetiva, reconhecendo que "[a] presunção legal de culpa do n. 2 do artigo 493.º do Código Civil tem com facto base o exercício de uma actividade perigosa" (PORTUGAL. Supremo Tribunal de Justiça. Processo n. 1593/07.7TBPVZ.P1.S1. 1ª Secção. Rel. Cons. Sebastião Póvoas. Julgado em: 28 out. 2014). Em idêntico sentido, inclusive de maneira mais expressa, tem asseverado que "[a] obrigação repousa nas normas do art. 493.º CC, que elegem como sua fonte a omissão do dever de agir para evitar o dano por quem criar ou mantiver uma "fonte especial de perigo" do qual esse dano resulte. (...) A violação dos deveres de prevenção do perigo ou deveres de tráfego, quando comprovada a efectiva abstenção do dever de adoptar as necessárias medidas de prevenção, permite basear a responsabilidade em culpa efectiva e não meramente presumida" (PORTUGAL. Supremo Tribunal de Justiça. Processo n. 95/08.9TBAMM.P1.S1. 1ª Secção. Rel. Cons. Alves Velho. Julgado em: 11 jul. 2013). Ambos os precedentes disponíveis em: <http://www.dgsi.pt/jstj.nsf/Pesquisa+Livre?OpenForm>. Acesso em: 17 out. 2017. É notório reconhecer que, no caso da responsabilidade pelo exercício das atividades perigosas, os juízos de ponderação realizados quando da aplicação dos preceitos não foram os mesmos (ao menos não com o mesmo alcance), pois, quando da sua aplicação, partindo de um ponto de largada muito próximo – no caso, a letra dos preceitos em causa –, foi possível chegar a destinos diversos a respeito da natureza da imputação.

31. Por isso se fala, tal qual já se teve oportunidade de aludir, na construção de um autêntico sistema bipolar, binário ou dualista de gestão dos danos, no qual os regimes de matriz subjetiva e objetiva são, em paralelo, gêneros de uma mesma espécie, formadores conjuntos de uma ideia global de responsabilidade civil. Assim, SALVI, Cesare. *La responsabilità civile*, cit., p. 148-149. A diferença entre ambos, conforme MORAES, Maria Celina Bodin de. *Risco...*, cit., p. 20, nota 43, estaria no fato de cada um destes ditos polos fundar-se em conceitos diversos de justiça (retributiva ou comutativa na responsabilidade subjetiva e distributiva na responsabilidade objetiva); ainda segundo a autora, afirmação que faz com respaldo nas doutrinas alemã e francesa, dita diferenciação tem adquirido relevos de consensualidade, sendo reconhecida até mesmo pelos críticos do sistema dualista.

de um inegável processo de objetivação do dado em relação ao qual vai pronunciado o juízo de responsabilidade, com o desvio da atenção da figura do lesante para a do lesado[32]. Nesta tarefa, será de grande valia o estabelecimento de um diálogo efetivo entre as suas estruturas e o seu fundamento de legitimação, no caso, o princípio da solidariedade.

1.2 O princípio da solidariedade e a unidade da responsabilidade objetiva

Vencido um contexto cultural impregnado pelo dogma da culpa e na medida em que as hipóteses de responsabilidade objetiva deixaram de ser marginais e passaram a ocupar um espaço considerável no quadro da imputação de danos[33], apresentou-se imprescindível estruturar uma fundamentação teórica com adequadas condições a justificar o surgimento de um dever de reparação para além das situações em que evidenciada a prática de um ato ilícito, ao menos nas suas feições clássicas.

E, nesta linha, não obstante a estrutura geral da responsabilidade subjetiva fosse um ponto de partida relevante para fins de se efetivar a tentativa de construção do fundamento e do regime jurídico da imputação objetiva, foi necessário reconhecer que a divisão do campo operativo do instituto em duas partes – então já dito antes modelo binário – criou institutos de algum modo autônomos, com pressupostos e modo de operação diversos[34]. Antes de mais, reconhecer esta realidade é tarefa imprescindível à consecução do fim a que ora se propõe realizar.

Atentando-se à dicotomia aqui assinalada, buscou-se apresentar, em momento precedente, a forma como a aparente fragmentariedade da regulação da responsabilidade objetiva, que lança mão de nexos de imputação variados à formação do vínculo obrigacional reparatório, tem em si subjacente um fundamento de legitimação unitário. Nestes termos, a noção revisitada de solidariedade – em especial na sua interconexão com as ideias de justiça distributiva e de igualdade substancial e na consideração do indivíduo enquanto sujeito situado – permitiu legitimar uma série de situações que, não tendo solução satisfatória a partir do juízo de desvalor decorrente da culpa, careciam de um princípio uniforme de justificação.

Imprescindível, por isso, para fins de colmatar a validação de um regime geral e unitário, nos moldes ora propostos, verificar a forma como a responsabilidade objetiva concretiza a realização do princípio da solidariedade – que, como visto, lhe serve de fundamento de legitimação –, o que o faz por meio da constituição de um eficaz filtro de seleção dos interesses merecedores de tutela.

---

32. DI LAURO, Antonino Procida Mirabelli; FEOLA, Maria. *La responsabilità civile*, cit., p. 188.
33. Consoante assevera SILVA, João Calvão da. *Responsabilidade civil do produtor*, cit., p. 101, o reconhecimento do princípio da solidariedade na responsabilidade civil implicou na incorporação do *ethos* do Estado Social de Direito que, na sua interface com a culpa, permitiu o alargamento progressivo da responsabilidade objetiva.
34. CASTRONOVO, Carlo. *La nuova responsabilità civile*, cit., p. 330-331.

1.2.1 A concretização da noção jurídica de solidariedade por meio da responsabilidade objetiva

A superação de um modelo de imputação excessivamente liberal, assente na unidade do ato ilícito (juridicamente qualificável como antijurídico e culposo) enquanto fonte do dever de indenizar[35], representou uma forma de trazer maior proteção a eventuais vítimas do fato danoso. Ocorre que a forma como se operam os desdobramentos desta superação – nomeadamente por intermédio da ampliação dos regimes de imputação objetiva – deve ser adequadamente manejada, sob pena de desvirtuamento da responsabilidade civil enquanto categoria jurídica, quanto mais tendo em vista que o emprego equivocado ou adulterado de conceitos normativos pode implicar na violação da sua própria natureza, conduzindo-os a finalidades diversas daquelas que lhes são próprias[36].

Assim, partindo-se de um conceito revisitado apto a atender as necessidades de uma sociedade mista[37], pode-se afirmar que a responsabilidade civil é, hoje, a qualificação negativa de um fato, de um ato, de uma atividade ou de uma condição jurídica associados à causação de um dano, não necessariamente para caracterizá-los como ilícitos [*rectius*, antijurídicos e culposos], mas para o fim de permitir transmutarem-se em fator de atribuição, gravando, com isso, o custo correspondente ao prejuízo na esfera jurídica de um dado agente por meio de uma obrigação indenizatória[38].

Nesta linha, o instituto, em sentido amplo, passa a ser considerado como o instrumento de transferência do prejuízo verificado em uma dada esfera jurídica (aquela em que se deu) para outra (a do sujeito responsável), pressupondo, para isso, além de uma norma de imputação apta a autorizar este processo à vista de critérios jurídicos, a existência de um dano não justificável a partir do ponto de vista da vítima[39].

Com isso se opera uma redefinição funcional da responsabilidade civil, o que se manifesta por intermédio do deslocamento do foco de atenção da figura do lesante à

---

35. Neste particular, não é demais relembrar que este processo não é uniforme, fazendo com que etapas intermediárias entre a unicidade de um regime de matriz subjetiva e a amplitude hoje conhecida em matéria de responsabilidade objetiva, representadas por uma maior objetivação da noção de culpa e pelo estabelecimento de inversões do ônus da prova ou mesmo de presunções de culpa, tenham sido igualmente relevantes à recondução da noção atual de responsabilidade civil. Assim, SILVA, João Calvão da. *Responsabilidade civil do produtor*, cit., p. 95. No mesmo sentido, MORAES, Maria Celina Bodin de. *Risco...*, cit., p. 13, nota 10, quando atenta para a evolução sofrida, por exemplo, no campo da responsabilidade civil decorrente dos acidentes do trabalho. Partindo do regime geral da culpa e verificada a sua ineficiência para fazer frente às peculiaridades das relações jurídicas correspondentes, os prejuízos a elas associados passaram, primeiro, a serem geridos por meio de presunções de culpa e, após, por intermédio da responsabilidade objetiva, até que fosse possível chegar a efetivos regimes de previdência social, o que se fez partindo da premissa de que "a responsabilidade pelos danos advindos dos acidentes do trabalho deve ser da coletividade, tendo em vista a função social que a empresa desempenha".
36. Esta advertência aparece muito clara em CASTRONOVO, Carlo. *La nuova responsabilità civile*, cit., p. 339, recomendando, por isso, cautela no manejo do instrumental jurídico disponível no campo da responsabilidade civil.
37. PONZANELI, Giulio. *La responsabilità civile. Profili di diritto comparato*. Bologna: Il Mulino, 1992, p. 36.
38. CASTRONOVO, Carlo. *La nuova responsabilità civile*, cit., p. 338.
39. RODOTÀ, Stefano. *Il problema...*, cit., p. 139.

figura do lesado[40], realidade esta, aliás, que adquire especial relevo através do reforço da função reparadora, a qual se manifesta de maneira precípua na imputação objetiva, ao contrário do que se pode verificar num regime de matriz subjetiva.

Exatamente por isso é que, nestes termos, a observância do princípio solidarístico na seara da gestão dos danos concretiza-se de maneira viva por intermédio da responsabilidade civil objetiva, na medida em que aumenta a possibilidade da vítima de se ver reparada pelos prejuízos sofridos, independentemente da efetiva demonstração de uma concorrência culposa por parte do agente.

Isso, contudo, não significa dizer que todos os danos que venham a se verificar poderão ser indenizados, pois, consoante já asseverado em outras oportunidades, tal se constitui em premissa irrealizável no plano concreto de aplicação do direito. Por isso é que a atribuição de responsabilidade a partir de uma ponderação entre os interesses do lesante e do lesado não deixa de ser, em última análise, a concretização de uma opção jurídica[41], carecedora, portanto, não só de legitimação, mas de adequada operacionalidade.

Deve-se aqui retomar a premissa nos termos da qual a atuação de cada sujeito, seja por meio de ações, omissões, atividades ou mesmo do exercício de posições jurídicas, pela sua própria natureza e tendo em vista a sua interconexão com os demais, produz efeitos na esfera jurídica de terceiros. Em sendo prejudiciais ditos efeitos ou mesmo não consentidos, ainda assim é possível que venham a ser legítimos, desde que produzidos nos precisos limites da legítima tutela dos interesses próprios.

Esta constatação, não obstante intimamente ligada à noção de ato ilícito (especialmente a partir das clássicas hipóteses de exclusão da ilicitude), não é estranha à responsabilidade civil objetiva, pois representa o exato ponto de delimitação entre os prejuízos que serão e que os não serão fonte de reparação. E o princípio da solidariedade não contrasta com esta lógica, muito antes pelo contrário, já que fornece instrumental[42] à ponderação que será estabelecida para fins de delimitação do dano juridicamente relevante, ou seja, daquele que poderá satisfazer os elementos do suporte fático previsto na norma de imputação objetiva e, por conseguinte, legitimará o surgimento de um vínculo obrigacional indenizatório.

A partir destas diretrizes, deve-se reconhecer que a solidariedade passa a constituir autêntico valor estrutural e estruturante do direito privado em geral, traduzindo-se, no campo operativo da responsabilidade civil, por meio da exaltação de uma função ressarcitória que se manifesta de maneira muito clara por intermédio da

---

40. SALVI, Cesare. *Il danno extracontrattuale*, cit., p. 155.
41. MORAES, Maria Celina Bodin de. *Risco...*, cit., p. 13.
42. Neste particular, como assinala MORAES, Maria Celina Bodin de. *Risco...*, cit., p. 25, "[o] princípio da solidariedade não designa, mas funda-se em um dever", de maneira que se revela na sua plenitude por meio do reconhecimento da "interdependência humana", manifestando-se, no campo da responsabilidade civil, "na ampla difusão da responsabilidade objetiva".

imputação objetiva[43]. A propósito, não se desconsidera que, na atualidade, diversas são as funções relegadas à responsabilidade civil[44]; a de cunho reparatório (inegavelmente preponderante no âmbito de aplicação da responsabilidade objetiva), contudo, é aquela por meio da qual os ideais solidarísticos concretizam-se de maneira mais evidente, na medida em que permitem maior atenção à vítima com o surgimento de um dever de reparar danos independentemente de um juízo de desvalor da conduta do qual decorrem[45].

Constatada a interligação entre o princípio da solidariedade e a função preponderantemente reparadora da responsabilidade objetiva, cumpre estabelecer uma demarcação muito clara entre o seu campo operativo e o dos demais instrumentos de socialização dos prejuízos, em especial os seguros[46], por meio dos quais também se concretiza este ideal.

Ora, não obstante tenham áreas de atuação lindeiras, são institutos diversos que não possuem objeto ou utilidade idênticas, nomeadamente tendo em vista que a responsabilidade civil – seja ela subjetiva ou objetiva – pressupõe o estabelecimento de uma razão com legitimidade jurídica para estabelecer a imputação e, deste modo, coligar uma ocorrência danosa a um sujeito responsável[47]. Quanto mais porque se afigura deveras questionável a conveniência de se estabelecer que se possa vir a con-

---
43. SILVA, João Calvão da. *Responsabilidade civil do produtor*, cit., p. 96.
44. Por mais paradoxal que pareça, o retorno a funções preventivas ou mesmo sancionatórias implicam no ressurgimento do desvalor da conduta e, por conseguinte, da culpa, não obstante todos os influxos direcionados à superação da sua hegemonia no campo da legitimação da responsabilidade civil. Ocorre que, tendo em vista a predominância do viés reparatório da imputação objetiva, o qual se associa intimamente à concretização do princípio da solidariedade, vai autorizada a dispensa de uma atenção residual a esta problemática, quanto mais porque, no âmbito investigativo proposto, a reparação dos danos não justificáveis a partir do ponto de vista da vítima é o intento que se coloca em primeiro plano.
45. É bem verdade que esta atenção à vítima seria passível de ser alcançada por intermédio de medidas preventivas do dano, evitando-se, assim, o prejuízo ao invés de remediá-lo. Contudo, quando se tratou acerca do princípio da prevenção (capítulo 2, § 2º, item 2), o qual representa a própria concretização da preocupação com o objetivo de evitar danos, foi possível verificar que não obstante a existência de um regime mais gravoso de responsabilidade possa, de algum modo, induzir no agente uma maior atenção com as medidas tendentes a este fim, a responsabilidade civil objetiva está mais intimamente ligada com a ideia de reparação. O intento preventivo, desta feita, não seria um objetivo principal – sem prejuízo da sua inegável relevância –, mas um efeito indireto alcançado pela ciência que o possível lesante tem de que, em caso de dano, as suas chances de ser chamado a responder são maiores.
46. Cita-se como exemplo o regime securitário em função da sua maior abrangência, mas devem ser considerados, também, os regimes de previdência social ou os sistemas *no fault*, pois identificável em todas estas hipóteses um traço comum que consiste na possibilidade de transferência dos prejuízos suportados pela vítima independentemente da satisfação de um juízo de imputação, nos moldes do que se opera com a responsabilidade civil. Isso porque, consoante já se teve oportunidade de tratar, mesmo na responsabilidade objetiva, por intermédio da qual se manifesta em algum grau o intento de socialização das externalidades negativas, opera-se um juízo de valoração do dano sofrido e dos interesses em jogo, sendo pressuposto da sua possibilidade de atuação a existência de uma estrutura normativa de validação apta a desencadear o surgimento do dever de reparar, ao contrário do que se passa com os demais instrumentos referidos (seguros, previdência social e sistema *no fault*), nos quais não há propriamente um sujeito responsável, para o rateio do prejuízo entre os integrantes de uma dada coletividade, mais ou menos ampliada. Em palavras mais precisas, mesmo na responsabilidade civil objetiva, ao contrário do que ocorre nos seguros, por exemplo, ocorre uma imputação de responsabilidade, havendo, por conseguinte, um sujeito responsável.
47. CASTRONOVO, Carlo. *La nuova responsabilità civile*, cit., p. 338.

verter em um esquema "assistencialista e securitário" para o qual se prescinda de um fator de atribuição que, aliás, é consectário da própria noção de responsabilidade[48].

Assim, a despeito da interconexão entre solidariedade e responsabilidade objetiva, não se trata de estabelecer uma reparação indiscriminada, mas de permitir que o sistema jurídico, à vista de ponderações de cunho estritamente normativo, permita uma facilitação do acesso à reparação por meio da imputação, mas não uma autêntica cobertura securitária ampla e irrestrita, para além das hipóteses em que se legitime uma transferência do dano da esfera jurídica do lesante para a do lesado.

Exatamente por isso é que a ampliação dos seguros, que se tornam obrigatórios em um número cada vez mais alargado de situações[49], não elide a importância da responsabilidade objetiva, pois, mesmo nas situações em que a cobertura dos danos decorrerá do pagamento do prêmio correspondente, a indenização estará limitada a patamares previamente estabelecidos que nem sempre farão frente à totalidade dos prejuízos verificados. Assim é que, mesmo nestas situações – abstraindo-se, portanto, o plano metodológico, no qual a diferença decorre da existência de um juízo de imputação inexistente nos seguros – o dever de reparar que se estabelece por meio de um juízo de responsabilidade permanece tendo utilidade residual apta à satisfazer o questionamento que se põe por meio da ponderação entre a mais valia de uma reparação eventual, mas integral, e uma reparação automática, mas parcial[50].

Em linhas gerais, verificada a forma como o princípio da solidariedade, cuja aplicação transpassa as mais diversas disciplinas do direito privado, concretiza-se por intermédio da função reparadora exercida de modo muito evidente através da responsabilidade civil objetiva, cumpre analisar a sua constituição enquanto autêntico filtro de seleção dos interesses merecedores de tutela.

1.2.2   O princípio da solidariedade enquanto filtro da reparação

Os estudos desenvolvidos acerca da evolução da responsabilidade objetiva em áreas dispersas da regulação jurídica, culminando com uma expansão em grau tal apta a autorizar a proposição de um regime geral unitário para a sua disciplina, permite concluir, como já se teve oportunidade de ressaltar, que a sua ocorrência está associada, em sentido lato, ao conceito alargado de acidente, assim entendido enquanto

---

48. BARBOSA, Mafalda Miranda. *Responsabilidade subjectiva...*, cit., p. 568, nota 18.
49. Sobre o tema, CUOCCI, Valentina Vincenza. *Crisi dell'assicurazione obbligatoria R.C.A.: I possibili meccanismi correttivi tra risarcimento diretto e no fault insurance*. In: BUSNELLI, Francesco Donato; COMANDÉ, Giovanni (a cura di). L'assicurazione tra Codice Civile e nuove esigenze: per un approccio precauzionale al governo dei rischi. Milano: Giuffrè, 2009, p. 59 e ss. igualmente, na doutrina portuguesa, mesmo que partindo de uma perspectiva mais limitada (acidentes de viação), mas com oportuna contextualização entre seguro obrigatório e responsabilidade civil, MATOS, Filipe Albuquerque de. *O contrato de seguro obrigatório de responsabilidade civil automóvel*: alguns aspectos do seu regime jurídico. Boletim da Faculdade de Direito, Coimbra, v. 78, 2002, p. 329 e ss.
50. SILVA, João Calvão da. *Responsabilidade civil do produtor*, cit., p. 109-110.

evento jurídico causador de danos que "devem acontecer"[51]. Uma maior preocupação com a vítima – que no campo da responsabilidade civil tende a se concretizar por intermédio da imputação objetiva – constitui-se em reflexo da socialização que veio a permear diversas das disciplinas do direito privado[52], a qual exige, todavia, cautela na sua operacionalização, sob pena de o remédio converter-se em veneno em função do equívoco na dose.

Por esta razão, a especial consideração da situação do lesado, ao passo em que busca a sua fonte de legitimação no princípio da solidariedade, encontra a sua concretização por intermédio de um conceito juridicizado de dano, conceito este que, aliado ao nexo de imputação legalmente previsto, apresenta-se apto a operar a demarcação entre os prejuízos que merecem ser ressarcidos e aqueles que deverão permanecer na esfera jurídica em que ocorreram. E, nesta tarefa, é de se reconhecer que o fundamento da responsabilidade civil objetiva tende a se converter em elemento mediato de seleção dos danos ressarcíveis[53], tarefa que está associada à ideia de gestão dos recursos disponíveis e das ações individuais e coletivas[54].

Nesta linha de concretização é que um rigoroso e preciso critério de demarcação dos danos ressarcíveis somente pode ser legitimamente encontrado na idoneidade objetiva da situação em concreto considerada, ao ponto de se compreender que a intervenção na esfera jurídica alheia não seja legítima. Por isso, a tutela aquiliana dos interesses protegidos no campo de um regime geral de responsabilidade civil objetiva deve vir operacionalizada por um duplo filtro: de um lado, a presença de uma situação juridicamente relevante (pois que tutelada em abstrato pelo ordenamento por meio da previsão de um nexo de imputação estranho à ideia de ato ilícito); de outro, a concretização do conceito juridicizado de dano por intermédio do exame, na situação concreta, da legitimidade, ou não, do prejuízo produzido na esfera do lesado[55].

Tal se justifica no fato de que, para que seja justificável, a intervenção corretiva da responsabilidade objetiva deverá ter lugar nas situações em que esteja legalmente, faticamente e, mais do que isso, principiologicamente legitimada. Daí porque a conveniência de que se submeta a um duplo filtro de valoração, não apenas satisfazendo de modo objetivo o nexo de imputação previsto no suporte fático da norma que a prevê (filtro legal), mas também satisfazendo a necessidade de concretização do princípio da solidariedade, que se manifesta por meio do atendimento do conceito juridicizado de dano, nos moldes em que proposto no curso da presente investigação (filtro interpretativo).

---

51. RODOTÀ, Stefano. *Il problema...*, cit., p. 21.
52. FRANZONI, Massimo. *Dei fatti illeciti (art. 2403-2059)*. In: GALGANO, Francesco (a cura di). Commentario del Codice Civile Scialoja-Branca. Bologna: Zanichelli, 1993, p. 40.
53. Mediato porque o elemento imediato é o próprio fator de imputação previsto em cada uma das *fattispecie* de responsabilidade objetiva.
54. RODOTÀ, Stefano. *Solidarietà*, cit., p. 85.
55. BARCELLONA, Mario. *La responsabilità extracontrattuale...*, cit., p. 25-27. Nas palavras do autor, o segundo critério de demarcação do âmbito de aplicação da responsabilidade civil pode ser sintetizado por meio da "idoneità oggetiva di una situazione soggetiva ad essere ingiustamente lesa".

Para dito fim, cumpre aqui retomar a ideia estruturante segundo a qual, no hodierno cenário de evolução do direito privado, a imputação objetiva ganha significativa relevância no redesenho da noção geral de responsabilidade civil, que veio profundamente influenciada por uma rápida transição das relações privadas tradicionais àquelas despersonalizadas, típicas de uma genuína sociedade de massa[56]. Nesta senda, o princípio da solidariedade – visto como valor ético e, por isso, como verdadeira diretriz – materializa a preocupação com o *alter* de modo amplo, com o intuito de, por este meio, viabilizar a realização de cada um no contexto coletivo em que se insere[57], fazendo com que uma realidade rica de aspectos diversificados rejeite a possibilidade de leitura do instituto em termos reducionistas, assim postos enquanto mera resposta a ações individuais personalizadas.

Visto de outro prisma, pode-se afirmar que o movimento contemporâneo da responsabilidade civil, que resta por ampliar a imputação objetiva para além de situações meramente excepcionais [*rectius*, marginais], nasce a partir da demarcação do distanciamento a ser observado entre dano civil e delito. Assim, permite-se a construção da ideia segundo a qual não é o sujeito que responde, mas o seu patrimônio, pelo que não faria senso invocar como pressuposto de todo e qualquer ressarcimento a antijuridicidade, que é categoria de qualificação da ação.

Tem-se como pressuposto desta ideia a premissa segundo a qual a responsabilidade objetiva encontra o seu ponto de partida exatamente na, em tese, licitude da conduta, pressupondo a sua caracterização, contudo, a ilegitimidade do dano[58]. Dita premissa, contudo, não tem sido percebida de modo linear, fazendo com que a imputação sem culpa seja, não raro, nocivamente identificada como aquela assente na mera causalidade, o que tende a enfraquecer a adequada operacionalização do instituto, ao ponto de até mesmo comprometer a sua legitimidade.

Não há dúvidas de que, num cenário de evolução conceitual, o reconhecimento de situações amplas e estruturalmente bem concatenadas de responsabilidade objetiva representou uma opção por parte do ordenamento de promover a retirada do dano da esfera jurídica da vítima, independentemente da efetiva verificação de um ato ilícito imputável ao agente[59]. E isso se dá, sem sombra de dúvidas, em consequência de uma ponderação que se estabelece a partir dos interesses contrapostos envolvidos.

Tal constatação demanda atente-se para a bilateralidade da relação que se estabelece entre lesante e lesado, a qual decorre da própria ideia de solidariedade (que

---

56. CASTRONOVO, Carlo. *La nuova responsabilità civile*, cit., p. 275-276.
57. TEPEDINO, Gustavo. *Temas de Direito Civil*. Rio de Janeiro: Renovar, 2006, t. II, p. 445. No mesmo norte, sinaliza MORAES, Maria Celina Bodin de. *Risco...*, cit., p. 27, para o fato de que "subordinando-se o conceito de responsabilidade à efetiva reparação dos danos (injustos) sofridos pela vítima, independentemente da identificação de um culpado, ressalta-se a relação de solidariedade entre a coletividade (na qual se inclui o autor dano) e a vítima, evidenciando-se desta forma a opção, pelo ordenamento jurídico, da valorização da pessoa humana, a qual terá o seu prejuízo ressarcido".
58. CASTRONOVO, Carlo. *La nuova responsabilità civile*, cit., p. 283.
59. MORAES, Maria Celina Bodin de. *Risco...*, cit., p. 13.

diz respeito a todos os sujeitos e não apenas a alguns). Dito de outro modo, não obstante a responsabilidade objetiva traduza, em um plano inicial (a partir da previsão abstrata de um regime de imputação agravada previsto na lei), a preocupação com a necessidade de não deixar sem reparação situações que escapariam do regime da culpa, a sua concretização, na medida em que se realiza por meio de um juízo de ponderação (a partir da subsunção dos fatos à regra de imputação), reclama seja avaliada a situação como um todo, inclusive sob o aspecto da forma como a vítima se comporta em relação à produção do dano[60].

Pelo todo exposto até aqui, cumpre reconhecer que consoante ocorre com toda opção jurídica, a fim de que seja legítima[61], deve estar lastreada em um fundamento de validade visto a partir de uma perspectiva dúplice (em abstrato e concreto). Exatamente por isso é que a identificação deste fator de legitimação – que no caso da responsabilidade civil objetiva encontra-se no princípio da solidariedade – foi tarefa da qual não era possível furtar-se, quanto mais porque repercute de maneira direta na própria demarcação das situações em que se justificará a imputação do dano ao sujeito identificado como responsável.

Assim, o contraponto entre esferas jurídicas vai remodelado pelo princípio da solidariedade que, quando da delimitação (em concreto) do dano juridicamente relevante, amplia a tutela que se materializada por meio da responsabilidade civil para o fim de abranger também as posições jurídicas que, mesmo não recebendo uma proteção ampla (nos moldes da modelagem conferida aos direitos subjetivos propriamente ditos), gozam de relevância. Representa, portanto, a criação de uma nova fonte de deveres jurídicos, a qual se desenvolve, contudo, por meio da observância das diretrizes objetivamente fixadas pela própria ordem vigente e não pelo arbítrio do interprete[62].

---

60. Em razão desta bilateralidade é que se afigura conveniente, sem prejuízo da atenção inicial (ainda que abstrata) dos interesses da vítima, a prevalência utilitarista dos efeitos globais decorrentes do dano e da sua indenizabilidade. Em palavras mais precisas, não obstante, num cenário de responsabilidade objetiva, exista uma opção preponderante do ordenamento jurídico no sentido de que os danos relacionados à *fattispecie* respectiva sejam ressarcidos, é de se atentar para o fato de que a vítima não pode ser desincentivada a contribuir, naquilo que lhe compete, a prevenir a ocorrência ou a minimizar os efeitos do dano. Por esta razão é que, quando do exame da ponderação que se estabelecerá para, em concreto, aferir a (i)legitimidade do prejuízo sofrido, deve-se atentar para a inconveniência de se chancelar um autêntico risco moral (*moral hazard*) por parte da vítima que, podendo contribuir para a prevenção, não o faz por se saber protegida por um regime de responsabilidade objetiva. Sobre o tema, ARAÚJO, Fernando. *Teoria econômica do contrato*. Coimbra: Almedina, 2007, p. 855 e ss. Segundo o autor, p. 868, é característico dos regimes de imputação objetiva (*strict liability*) o fato de "a potencial vítima perder incentivos à precaução" ao passo em que "o potencial lesante toma demasiadas precauções", o que tem condições de favorecer o incremento de "um nível ineficientemente elevado de acidentes". Tais constatações apenas reforçam a tese sustentada até aqui, no sentido da imprescindibilidade de uma valoração em concreto, por meio do conceito normativo de dano ora proposto, do efetivo cabimento de uma reparação, mesmo à vista de um regime de responsabilidade objetiva.
61. Em assim não sendo, como bem pondera CASTRONOVO, Carlo. *La nuova responsabilità civile*, cit., p. 356, estar-se-ia diante de um "arbítrio do legislador".
62. RIZZO, Nicola. *Giudizi di valore e "giudizi di ingiustizia"*. Europa e Diritto Privato, Milano, n. 2, p. 295-354, 2015, p. 301 e ss. Com isso se quer dizer que a ampliação da responsabilidade civil para o fim de tutelar

Ou seja, não se trata de uma série aberta de hipóteses em que vai livremente autorizada à imputação de responsabilidade por meio da interpretação e da apreensão de uma assim dita "consciência coletiva" reinante em um dado momento histórico, quanto mais porque o limite da solidariedade deve estar operante em todas as situações nas quais prevista qualquer forma de proteção legislativa[63].

Por dita razão é que se mostra importante reconhecer que o princípio em causa, no seu papel de legitimador do regime geral ora proposto, pode se converter tanto em fator de ampliação da responsabilidade, especialmente quando justifica a retirada de uma série de situações da submissão à exigência da culpa, quanto em fator de restrição, quando autoriza, por meio da concretização do conceito juridicizado de dano, a permanência do prejuízo na esfera da vítima nas hipótese em que assim se considere justificado, mesmo diante de uma previsão abstrata de imputação objetiva.

Verificar, pois, como isso ocorre é tarefa a ser empreendida.

2. OS PRESSUPOSTOS DA IMPUTAÇÃO OBJETIVA E A REESTRUTURAÇÃO DA IDEIA DE RESPONSABILIDADE CIVIL

Nos moldes do que fora desenvolvido no percurso investigativo trilhado até o momento, não há dúvidas de que a simples previsão de um regime de imputação de matriz objetiva não basta a bem operacionalizar o instituto. A complexidade normativa adquirida pela responsabilidade sem culpa exige, portanto, que o problema da sua concretização seja tratado de modo não simplista, sob pena de desvirtuamento dos seus objetivos por meio da condução a patamares semelhantes aos obtidos por intermédio de um regime securitário amplo e, portanto, não só ilegítimo, mas indesejado.

Isso decorre de dois fatores importantes. Primeiro, porque não se tratam mais, na realidade hoje vigente, de ilhas dispersas de imputação, seja em decorrência do fato de abrangerem uma larga plêiade de situações, seja em razão da inegável heterogeneidade, tanto interna quanto externa, destas mesmas situações. Segundo, porque um exame mais acurado da forma como se dá o surgimento do vínculo obrigacional indenizatório bem serve a demonstrar que não se trata apenas de extirpar a relevância da verificação de um ato ilícito (antijurídico e culposo) do juízo imputacional, já que permanece a necessidade de reacomodar elementos normativos que eram por ele geridos, mas que são também relevantes na construção deste processo de realocação do dano.

Examinar e sistematizar como isso ocorre, portanto, afigura-se de extrema relevância à efetivação da tese da unidade da responsabilidade objetiva, tarefa que merece ser feita, de início, em um plano geral e, em seguida, em um plano especial de

---

situações jurídicas relacionadas aos mais variados interesses não se dá ao alvitre do intérprete, mas por meio da subsunção dos fatos à norma de regência e, após isso, pela ponderação acerca da efetiva existência de um dano que, na situação posta, não é legítimo ou justificado.

63. RODOTÀ, Stefano. *Il problema...*, cit., p. 112-113.

concretização. E os pressupostos do juízo de imputação constituir-se-ão em material de extrema relevância para tanto, dissecando-os, nas suas relações interna e externa, e conjugando-os com o fundamento que legitima a dispensa do ato ilícito enquanto baliza de atribuição de relevância jurídica aos danos sofridos pela vítima.

2.1 Elementos para uma reconstrução unitária

Partindo-se de um plano geral de valoração e tendo em vista a possibilidade de se subdividir os pressupostos da responsabilidade objetiva em dois polos, afigura-se relevante concatenar as descobertas produzidas tendo em vista o exame da necessidade de cada um deles no deslocamento do dano da esfera jurídica da vítima para a esfera jurídica daquele que o sistema normativo permite considerar responsável. Isso porque, tal qual referido, não se trata de identificar um culpado ou mesmo um lesante propriamente dito, mas, mais do que isso, um sujeito responsável, ou seja, uma esfera jurídica à qual será atribuído o encargo de suportar os ônus correspondentes ao prejuízo cuja gestão se está a operar.

Propõe-se, com isso, a recolha e a síntese do material dogmático que, por intermédio da valoração crítica empreendida, permitirá a reconstrução da unidade necessária à demonstração da validade de um modelo geral unificador das hipóteses de responsabilidade civil objetiva. Daí que, a fim de bem compreender como tudo se projeta sobre os pressupostos do dever de indenizar, cumpre compreender o diálogo que se estabelece entre um plano assim dito subjetivo e outro de matriz, em tese, objetiva, conjugando-os e concatenando os seus termos para fins de (re)construção sistemática do regime geral em causa.

2.1.1 *As reminiscências dos pressupostos subjetivos*

Tal qual visto, os pressupostos de natureza subjetiva – também passíveis de serem ditos jurídicos, caso vistos a partir de ângulo diverso, noutra formulação igualmente possível[64] – encontram viva importância em um regime geral de natureza subjetiva, não havendo como se falar, nestes casos, em atribuição de responsabilidade sem a concorrência da culpa, da imputabilidade e da ilicitude, todas, direta ou indiretamente, associadas à conduta causadora do dano. Isso se justifica no fato de que, constituindo-se a imputação, nestes casos, em uma resposta ao ato ilícito, a aferição dos três aludidos pressupostos é de vital importância à sua concretização.

As novas feições assumidas pela noção hodierna de responsabilidade civil, contudo, permitem inferir que, não obstante tal se constitua em uma realidade importante, a qual não pode e não deve ser desconsiderada, não basta à adequada configuração do instituto na sua plenitude. Isso porque a sua mais abalizada noção deve ser hoje compreendida não apenas como resposta ao ato danoso, mas como

---

64. CORDEIRO, António Menezes. *Da responsabilidade civil...*, cit., p. 423.

um problema de gestão de externalidades negativas, o qual pode ter a sua solução a partir de mais de um paradigma.

Nesta linha é que se deverá considerar a gestão dos danos que decorrem das relações assim ditas tradicionais, pois que se estabelecem entre dois sujeitos bem determinados, no exercício de atividades inerentes à sua liberdade e à sua autonomia privada, em paralelo àqueles que provêm de relações fluídas, típicas de uma sociedade hipercomplexa, nas quais os sujeitos envolvidos e as ações ou omissões em si consideradas não podem ser delimitadas com a mesma clareza.

Para as primeiras situações, a noção normativa de culpa e os dogmas sobre os quais se assenta são suficientes a permitir a demarcação dos danos que poderão ser retirados da esfera em que se tenham consumado (no caso, do lesado); para as segundas, tendo em conta as suas peculiaridades, será necessário uma ponderação que tome por base a relevância – e a preponderância – dos interesses envolvidos e, a partir disso, lance mão de uma estrutura previamente posta, apta assim a autorizar a transferência do dano mesmo à vista da impossibilidade de identificação de um culpado em sentido técnico.

Nestes casos, não significa dizer que não exista um lesante propriamente dito, que possa assim ser juridicamente considerado culpado; apenas significa que, diante de interesses contrapostos, o princípio da solidariedade autoriza a lei a conferir uma especial consideração à figura da vítima, reconhecendo-se, para tanto, a existência de um responsável, que será chamado a suportar os prejuízos em causa.

Trata-se de olhar o suporte fático da relação obrigacional indenizatória a partir de outro ângulo, tomando em conta a dinamicidade e a fluidez das relações que se estabelecem e, por conseguinte, os interesses envolvidos, de modo a compreender que, em determinadas situações, será legítimo fazer preponderar o interesse da vítima a uma reparação, sem que tal precise constituir-se em regra geral para todos os casos.

A constatação desta dualidade não quer dizer que um regime é preponderante em relação ao outro; sequer que tenha mais ou menos legitimidade normativa ou superioridade dogmática. Significa apenas que, em dadas situações, tendo em vista a natureza das relações jurídicas e dos interesses envolvidos, estabelece-se uma ponderação – que se dá em dois planos: primeiro pela previsão legal abstrata e, depois, pela subsunção dos fatos à norma, à vista do caso concreto – que autoriza a gestão dos danos tendo em conta um regime ou outro.

Sem prejuízo do paradigma adotado para a investigação, que dividiu os pressupostos em subjetivos e objetivos[65], nenhum deles, é na verdade, puramente fático ou jurídico, exclusivamente relativo à conduta ou ao prejuízo. Tanto porque mesmo os ditos integrantes do primeiro grupo, relacionados à conduta da qual provém o dano, trazem em si elementos de ponderação que dizem respeito, de algum modo,

---

65. Tal opção levou em conta a inegável premissa de que a responsabilidade objetiva "desenvolveu-se como um reflexo da imputação delitual"; assim, CORDEIRO, António. *Tratado*..., cit., v. II, t. III, p. 594.

também ao lesado ou ao prejuízo em si, o que, por isso, não permite sejam de todo desconsiderados.

A responsabilidade civil objetiva, é verdade, toma por base a existência de uma vítima que carece de satisfação; já a responsabilidade subjetiva, por sua vez, uma conduta que demanda uma resposta do ordenamento jurídico. Este é o ponto de partida de ambos os regimes.

Não obstante os enfoques sejam diversos e estejam relacionados a objetivos perseguidos pelo ordenamento em algum grau também diversos, ambas as situações pressupõem a existência de um prejuízo a ser reparados, o que, aliás, dá unidade à responsabilidade civil enquanto instituto jurídico. Nestes termos, seja em relação à responsabilidade objetiva, seja em relação à subjetiva, sempre haverá um intento reparatório, o qual poderá, contudo, ser preponderante – quiçá exclusivo – ou concorrente com outros fins, em especial de viés retributivo, tanto para fins de sanção ou de prevenção. A vítima, em um cenário ou outro, será indenizada, o que se poderá dar por via mais facilitada ou mais dificultada, a depender da valoração ou não da conduta do agente enquanto pressuposto da imputação[66].

A diferença reside no fato de que enquanto na imputação objetiva o norte será dado por um juízo de justiça distributiva, naquela de matriz subjetiva o será por um juízo de justiça comutativa. Exatamente por isso é que enquanto numa o ponto de partida é o dano, assim considerado enquanto perda de uma utilidade relevante em razão da lesão de um interesse juridicamente protegido, noutra será a conduta lesiva, assim considerada como aquela que se dá em contrariedade ao direito (dita, portanto, ilícita ou antijurídica) e pode ser normativamente considerada reprovável (dita, portanto, culposa).

Ocorre que a aludida ideia de contrariedade ao direito não é atributo exclusivo do ato ilícito, tanto porque, para este fim, pode-se estabelecer um juízo de desvalor em relação à conduta danosa ou ao prejuízo dela decorrente. Não se trata, contudo, tal qual visto, de se exigir uma escolha em termos absolutos entre uma ou outra teoria – até mesmo porque, a partir de um viés ontológico, sequer afigura-se viável uma separação absoluta entre conduta e resultado, já que constituem uma continuidade, o que recomenda o emprego de soluções intermediárias[67].

Por esta razão é que parcela da componente designada ilicitude ou antijuridicidade interessa à responsabilidade objetiva, não podendo ser desconsiderada, justamente porque haverá danos que, mesmo estando submetidos a um regime de imputação desta natureza, poderão ser considerados legítimos na medida em que decorrerem do

---

66. A problemática das funções da responsabilidade civil, como já se teve oportunidade de referir, é deveras intrincada, não podendo ser esgotada neste plano; quanto mais porque, num regime geral de imputação objetiva, é notória a preponderância do intento reparador, retirando, por isso, alguma atenção das demais funções que, sem prejuízo, poder-se-ão manifestar de algum modo (especialmente a preventiva, diante da simples previsão de um regime agravado de responsabilidade). A este respeito, consinta-se uma vez mais reenviar-se a TEIXEIRA NETO, Felipe. *Há espaço para uma função punitiva...*, cit., p. 269 e ss.; também, TEIXEIRA NETO, Felipe. *Dano Moral Coletivo*, cit., p. 178.
67. CORDEIRO, António Menezes. *Tratado...*, cit., v. II, t. III, p. 438.

regular exercício de um direito por parte do, em tese, lesante. Nestes termos, levando em conta que o pressuposto em si, na sua plenitude, deve ser tido como irrelevante nestes casos, pois a sua acepção atualmente vigente tende a associá-lo a um juízo de desconformidade jurídica em relação à conduta, será necessário englobar esta faceta de relevância em pressupostos outros que lhe sejam imprescindíveis.

Tanto isso é verdade que é possível identificar linha de fundamentação que procura justificar a responsabilidade civil objetiva no reconhecimento de uma hipótese de ilicitude imperfeita[68]. Não obstante se entenda que o marco teórico desenvolvido a partir do princípio da solidariedade, o qual serviu de referencial à presente investigação, satisfaça de modo mais adequado, diante da sua maior abrangência, a problemática da legitimação do dever de indenizar para além da culpa, não se pode desconsiderar que a aludida construção, na medida em que identifica alguma conexão entre o instituto sob exame e a ilicitude – mesmo que assim dita imperfeita –, representa o reconhecimento da tese ora sustentada, no sentido da relevância, mesmo que parcial, do juízo que se manifesta por meio do pressuposto referido à conformação jurídica da responsabilidade objetiva.

E isso é possível em decorrência da assim dita "dupla limitação" ínsita ao pressuposto da ilicitude que, para tanto, concretiza-se através de uma acepção positiva (violação de um interesse juridicamente tutelado) e de uma acepção negativa (não concorrência de uma causa de justificação), ambas cumulativas para fins da sua caracterização[69]. No plano da responsabilidade objetiva, considerando que a conduta do agente não pode ser tida como pressuposto essencial, tendo em vista que o seu âmbito de aplicação tem lugar em situações nas quais nem sempre é possível bem identificar um agir humano comissivo ou omissivo completamente delimitado ou caracterizado[70], terá interesse apenas a faceta negativa ou *non iure* da ilicitude (ou do dano dela decorrente), importando realocá-la, em razão disso, em outro elemento do suporte fático hipotético do dever de reparar.

---

68. Sobre o tema, CORDEIRO, António Menezes. *Tratado*..., cit., v. II, t. III, p. 595, esclarece que "[a] ilicitude imperfeita recorda que, no fundo, o Direito pretende que não haja danos: nenhuns. Assim, embora em certos casos não seja possível imputá-los a título de delito, a imputação objectiva é um poderoso incentivo para que sejam tomadas medidas preventivas atempadas". O problema desta abordagem, entretanto, parece estar na necessidade de que se atente para a prevenção enquanto fenômeno bilateral, consoante tratado supra, e para a necessidade de desincentivar o, em tese, possível risco moral da vítima em não adotar a parcela de prevenção que lhe compete. Daí porque se ter optado por seguir outra linha teórica, a qual se entende mais apta a solver esta controvérsia.
69. CORDEIRO, António Menezes. *Tratado*..., cit., v. II, t. III, p. 483. Tal é o que sucede, aliás, quando da aferição da injustiça do dano, na experiência jurídica italiana, na qual, para que se possa verificar o surgimento do dever de reparar, é imprescindível que o prejuízo seja *non iure*, ou seja, não se dê no âmbito de uma causa de justificação, e *contra ius*, quer dizer, decorra da violação de uma situação jurídica protegida. A propósito, DI LAURO, Antonino Procida Mirabelli; FEOLA, Maria. *La responsabilità civile*, cit., p. 189; AUTORINO, Gabriella. *La responsabilità aquiliana*, cit., p. 10; VISITINI, Giovanna. *Itinerario dottrinale*..., cit., p. 78; dentre outros. Ainda sobre o tema, consinta-se reenviar ao § 2º, item 1.2.2, do capítulo terceiro, onde a problemática da dualidade do dano injusto foi mais detalhadamente examinada.
70. Seja nas situações em que decorre do exercício de uma atividade (por isso mesmo complexa, fazendo com que, por vezes, não se possa identificar, na sua cadeia de desenvolvimento, atos individuais bem delimitados), seja nas hipóteses em que decorre de uma condição jurídica titulada pelo sujeito responsável (v.g., fato da coisa ou do animal e relação de filiação ou de comissão, para citar apenas duas situações).

Deve-se reconhecer que a estreita correlação que se estabelece entre o exercício de um direito e a ideia de (i)licitude reclama, aqui, viva atenção, especialmente em decorrência de dois grupos de situações de extrema relevância à sistematização da responsabilidade objetiva.

O primeiro deles está relacionado, em um plano geral, à problemática decorrente da forma como as causas de justificação repercutem no âmbito da imputação objetiva; trata-se, portanto, de aferir como serão geridos os danos que, mesmo estando submetidos a um regime de responsabilidade que não pressupõe a verificação de um ato ilícito, podem ser considerados legítimos em razão de uma autorização genérica conferida pelo ordenamento jurídico ao sujeito para que assim proceda, já que o faz no exercício regular de um direito. Nestes casos, não obstante o juízo de ponderação hipotético previsto na lei estabeleça uma preponderância da posição da vítima, o que decorre da previsão de um regime de responsabilidade objetiva, o juízo de ponderação realizado em concreto fará prevalecer a posição do lesante, já que se entende que, naquela hipótese faticamente aferida, o exercício de um direito seu permite a projeção de externalidades negativas na esfera de terceiros (no caso, o lesado).

O segundo, que se dá em um plano especial, diz respeito a situações pontuais em que o agir do, em tese, lesante vai desde logo autorizado (por uma causa de justificação típica), não obstante, como contraprestação desta autorização, estabeleça-se o pagamento de uma prestação pelos prejuízos eventualmente causados em razão disso. Trata-se das denominadas hipóteses de responsabilidade civil por atos lícitos[71], nas quais, não obstante o primeiro juízo de ponderação – aquele posto na própria lei – estabeleça que a atuação do agente é legítima, ainda assim, diante dos interesses da vítima aferidos no caso concreto, haverá uma obrigação de repará-los, mesmo que de modo parcial, a qual incumbirá ao causador do prejuízo[72].

---

71. Como bem sintetiza TELLES, Inocêncio Galvão. *Direito das Obrigações*, cit., p. 215, "[t]rata-se de acto que a lei consente por considerar justificado em atenção à natureza do interesse que visa satisfazer", mas como deste ato podem decorrer prejuízos não consentidos, "a lei considera de justiça que o titular daquele interesse, podendo embora realizar o acto, não deixe, contudo, de indemnizar o terceiro pelos danos que lhe cause". Não há dúvidas que se trata de uma dupla ponderação: primeiro, quando a lei autoriza a atuação, independentemente da possibilidade de que venha a lesar terceiros, justificando, assim, a sua prática; depois, quando a mesma lei, ponderando os interesses do lesante e do lesado entende que mesmo que aquele estivesse legitimado a agir, não é adequado que este suporte os ônus desta atuação, pelo que estabelece um dever de indenizar centrando na ocorrência do dano e, de modo excepcional, operacionalizado pela equidade. Não há dúvidas de que se trata de uma situação de responsabilidade objetiva, mesmo que excepcional e decorrente do expresso comando legal (por isso mais restritiva do que as demais hipóteses tradicionalmente associadas ao dito regime). E isso porque traz em si os três pressupostos de unidade da categoria jurídica em questão: a existência de um dano, a previsão de imputação de responsabilidade independentemente de culpa e um juízo de ponderação a esta subjacente, consubstanciado na valoração dos interesses contrapostos entre lesante e lesado, com a conclusão de que, na situação concreta, o dano está mais conectado à espera jurídica daquele, o que não justifica, portanto, que permaneça ao encargo deste (ainda que parcialmente, diante da indenização equitativa).
72. Como observa ALPA, Guido. *Diritto della responsabilità civile*, cit., p. 135, trata-se de uma lógica diversa na qual, não obstante exista uma autorização do agente para agir, caber-lhe-á o dever de pagar uma prestação indenizatória – assim dita, pois não se trata de uma autêntica reparação –, já que, não obstante a sua atuação estivesse amparada em um permissivo legal, a ponderação dos interesses contrapostos reconhece que, ainda assim, o dano está mais intimamente conectado à sua esfera jurídica do que a do lesado.

Estas situações são resolvidas, na responsabilidade subjetiva, por intermédio do pressuposto da ilicitude; a sua irrelevância num regime geral de natureza objetiva, todavia, não permite que tais hipóteses sejam desconsideradas por completo, mesmo que quando da verificação de outro dos seus pressupostos essenciais.

Pelo que se percebe, o plano de valoração tradicionalmente dito jurídico-subjetivo dos pressupostos gerais do dever de indenizar não é, na verdade, exclusivamente jurídico ou mesmo apenas subjetivo, pois, sem prejuízo de uma preponderância neste sentido, haverá uma pequena fração do conteúdo a eles relacionada que terá interesse e utilidade em um regime unitário de responsabilidade objetiva. Daí que compatibilizar estes fragmentos no corpo da estrutura remanescente é uma atribuição a ser feita no campo dos pressupostos objetivos.

2.1.2   A releitura dos pressupostos objetivos

Os assim ditos pressupostos objetivos são (ou eram) aqueles cuja designação decorre exatamente no fato de que, em tese, não carecerem de uma maior ponderação normativa para serem evidenciados, porquanto a sua constatação decorreria, em tese, de um puro juízo de verificação naturalística em razão da alteração produzida no mundo dos fatos[73]. Por isso é que o dano, então entendido em uma acepção reducionista correspondente à perda patrimonial avaliável economicamente, e o nexo de causalidade, assim concebido como a relação física de causa e efeito havida entre o prejuízo e a conduta do agente, tinham a sua aferição em muito facilitada[74],

---

73. Tal premissa toma por base, mesmo que apenas em parte, a sistematização proposta por JORGE, Fernando Pessoa. *Ensaio...*, cit., p. 53, segundo a qual os pressupostos da responsabilidade civil resumir-se-iam a dois: o ato ilícito (a englobar a ação ou omissão, a ilicitude e a culpa) e o dano (a abranger o prejuízo em si e o nexo de causalidade); aquele dito subjetivo, pois relativos à conduta do agente, e este, objetivo, já que associado ao prejuízo. Nestes termos é que a conotação objetiva usada para aludir ao grupo formado pelo dano e ao nexo de causalidade tem, em última análise, dupla acepção, pois não apenas quer dizer que não guardam relação direta com o lesante, mas também que estariam, em tese, desprovidos de normatividade. Ora, partindo-se de relações jurídicas mais simples (preponderantes no cenário econômico e social prévio à sistematização moderna do direito privado), não há dúvidas que seria possível verificar, somente pelo uso dos sentidos, o dano, assim predominantemente entendido na altura enquanto perda patrimonial avaliável em pecúnia, e a relação de causa e efeito entre ele e o fator de atribuição (no caso, o ato ilícito). O incremento da complexidade das fontes da responsabilidade extraobrigacional, contudo, tem levado a um progressivo abandono desta tese, tendendo-se à adoção da assim denominada "pentapartição" (fato, ilicitude, culpa, dano e causalidade), diante da notória autonomia normativa de cada um dos pressupostos, o que recomenda, aliás, o não uso dos agrupamentos unificadores. Neste sentido, inclusive com explicitações acerca da alteração da sua opção sistemática, com a migração do rol *bifásico* (dano e imputação) para o *pentafásico*, o que se justifica, segundo o autor, não em um equívoco daquele, mas numa maior clareza deste, ver CORDEIRO, António Menezes. *Tratado...*, cit., v. II, t. III, p. 433. Deve-se consignar que não obstante a tese tradicional tenha sido parcialmente adotada no curso da presente exposição (capítulo III, § 1º e § 2º), tal foi feito tão somente para fins de facilidade da exposição; tanto que não se falou em dois pressupostos, mas em dois planos de aferição (subjetivo e objetivo). Ademais, as conclusões então postas foram justamente no sentido da inviabilidade de uma visão que permita a redução do exame dos requisitos do dever de reparar a dois elementos, quanto mais num cenário de unidade da imputação objetiva, que estaria restrita, em tese, ao dano e à imputação legal, requisitos estes que já se mostraram insuficientes.
74. SILVA, Clóvis do Couto e. *O conceito de dano no direito brasileiro e comparado*. Revista dos Tribunais, São Paulo, v. 80, n. 667, p. 07-16, mai. 1991, p. 08.

já que o surgimento do vínculo obrigacional propriamente dito vinha centrado nos pressupostos ditos subjetivos.

Ocorre que com a já tantas vezes referida perda de exclusividade por parte da culpa e, por conseguinte, com a migração do epicentro do instituto para o dano[75], demanda-se uma revisão deste paradigma, fazendo com que não se possa falar em um plano simplesmente naturalístico de valoração no que tange aos pressupostos então ditos objetivos. Nestes termos, os conceitos entendidos como meramente fáticos juridicizam-se, passando a ser reinterpretados com vistas a permitir a imputação por intermédio de um sistema de atribuição de responsabilidade que, em decorrência da sua crescente complexidade, demanda pressupostos jurídicos cada vez mais elaborados do ponto de vista dogmático.

Nesta linha – e sem receio de parecer redundante –, é de vital relevância reafirmar que é justamente o afastamento da culpa da sua condição de princípio geral de legitimação que se converte em fator decisivo para este processo[76]. Isso porque a unidade do ato ilícito, num regime geral de matriz subjetiva, constitui-se em filtro de seleção dos danos a serem ressarcidos por meio verificação da sua dúplice faceta (antijuridicidade e culpa/dolo)[77]; não mais se constituindo em requisito obrigatório do dever de reparar, o que sucede nos regimes de matriz objetiva, os demais pressupostos que lhe são essenciais são chamados a, em algum grau, desempenhar este papel, que somente é possível por intermédio do incremento da sua carga normativa.

Também é premissa à aceitação desta necessidade o reconhecimento de que apenas a ocorrência de um prejuízo – na linha do que preconizaria uma autêntica regra de *neminem laedere* – não pode bastar ao surgimento do vínculo obrigacional indenizatório. É necessário, mesmo na responsabilidade objetiva, que o dano sofrido pela vítima seja relevante sobre o prisma jurídico, o que não se satisfaz apenas com a tipicidade, decorrendo não só da subtração de uma utilidade tutelada pelo ordenamento, mas, mais do que isso, da constatação de que a sua causação é ilegítima à vista dos preceitos de tutela do interesse lesado previstos no ordenamento jurídico.

---

75. Fala-se, por isso, em um sistema monocêntrico de responsabilidade civil; assim, DI LAURO, Antonino Procida Mirabelli; FEOLA, Maria. *La responsabilità civile*, cit., p. 167. No mesmo sentido, assinalando figurar o dano no centro do instituto da responsabilidade civil, COELHO, Francisco Manuel Pereira. *O enriquecimento e o dano*. Coimbra: Almedina, 2003, reimpressão, p. 35.
76. É de se referir que tal fenômeno não é exclusivo da responsabilidade objetiva, sucedendo também naquela de matriz subjetiva. E decorre da mesma recolocação da culpa, que perde o *status* de fundamento para se converter em um dos pressupostos de imputação, inclusive no regime que lhe é próprio. Tal alteração demanda, nesta linha, a conversão do dano e do nexo de causalidade, até então tidos como conceitos de natureza preponderantemente naturalística, em pressupostos com acentuada carga normativa, consoante já se teve oportunidade de analisar, o que sucede também com a própria culpa, que se reinventa ao passo em que se normatiza. Sobre o tema, CALIXTO, Marcelo Junqueira. *A culpa na responsabilidade civil*. Rio de Janeiro: Renovar, 2008, p. 07 e ss.
77. Para o exame da "erosão" da culpa enquanto filtro de reparação, ver SCHREIBER, Anderson. *Novos paradigmas da responsabilidade civil*. São Paulo: Atlas, 2011, p. 51.

Ocorre que, de um modo geral (ao menos nos sistemas jurídicos sob comparação), a estrutura normativa associada à responsabilidade civil é bastante aberta[78], fazendo com que a integração das suas regras se dê a partir do processo de subsunção dos fatos ao suporte fático da *fattispecie*. Sem prejuízo da ponderação de interesses que aqui se estabelece, nos termos em que, aliás, há pouco foi tratado, a agregação de um conteúdo normativo prévio aos preceitos a serem materializados por meio de tal processo não apenas agrega segurança jurídica, restringindo a margem de criação livre do intérprete, como facilita a sua concretização, por intermédio do emprego de conceitos jurídicos cujo conteúdo esteja bem demarcado.

A tipicidade que marcou o desenvolvimento dos diversos regimes de responsabilidade objetiva permitiu que, no curso da fase na qual era compreendida como um fenômeno meramente excepcional e, por isso, desprovido de uma ideia de conjunto, fosse possível sustentar a suficiência da mera previsão legal à sua legitimação e, por conseguinte, à sua operacionalização. Ocorre que uma inegável abertura neste campo – tanto pela previsão de situações amplas, permissíveis de uma aplicação estendida, quanto pela própria possibilidade, mesmo que ainda controversa (não obstante incontornável), da instituição de autênticas cláusulas gerais – passou a chamar a atenção para o fato de que era necessário algo a mais para além da previsão legal e dos elementos então ditos objetivos a fim de viabilizar, de modo adequado, o surgimento do dever de reparar[79].

Tal decorre da constatação de que a abertura do sistema jurídico à responsabilidade objetiva, reconhecendo a sua imprescindibilidade em diversas áreas da vida de relação, o que decorre dos atuais anseios sociais em matéria de gestão de dano, em sendo desprovida de um conteúdo normativo mais denso para além da sua previsão legal (aqui denominada tipicidade), restaria reconduzida à imputação pela simples causalidade, o que já se teve oportunidade de rechaçar. Tal decorre do simples fato de que a reparação automática, assim entendida como aquela que se mostre alheia ao comportamento do autor do dano e, ao mesmo tempo, desprovida de estrutura imputacional dotada de uma normatividade suficiente a lhe dar substrato, é opção que, caso venha a ser feita, deverá lançar mão de outras categorias jurídicas que não aquelas inerentes à responsabilidade civil[80].

---

78. Consoante observa MONATERI, Pier Giuseppe. *Natura e scopi della responsabilità civile*. Disponível em: <http://www.academia.edu/21500632/Natura_e_Scopi_della_Responsabilit%C3%A0_Civile>. Acesso em: 05 nov. 2017, p. 15, "[a]nzi se è vero che codificare per claosole generali equivale a non codificare, si può dire che il diritto della responsabilità civile è solo parzialmente codificato. (...) Perciò si può dire che il diritto della responsabilità civile è essenzialmente un diritto elaborato dagli interpreti: dalla giurisprudenza e dalla dottrina".
79. BUSNELLI, Francesco Donato. *Diritto Giurisprudenziale e responsabilità civile*. Napoli: Editoriale Scientifica, 2007, p. 34, atenta para a imprescindível necessidade de se atentar para a demarcação dos limites dos danos ressarcíveis, para o fim de evitar o que denomina "sllipery slope" associada aos perigos de uma "voragine risarcitoria".
80. MONTEIRO, António Pinto. *A responsabilidade civil no direito contemporâneo*, cit., p. 326. Nas precisas palavras do autor, "a responsabilidade civil visa reparar o lesado – mas não esgota os meios de reparação; e repará-lo à custa do lesante – mas só quando este for responsável pelo dano causado ao lesado". E justamente a satisfação de uma série de requisitos de cunho normativo é que poderá legitimar o reconhecimento da condição de responsável.

Por isso é que a subtração da relevância dos pressupostos de matriz subjetiva vem complementada pela necessidade de jurisdicização daqueles de natureza objetiva, fazendo com que se apresentem, por isso, aptos a converterem-se não apenas em epicentro da responsabilidade civil objetiva, mas, para além disso, em autênticos filtros da reparação, complementando, deste modo, a previsão legal predisposta acerca dos grupos de danos que se submeterão ao aludido regime jurídico.

Dito de outro modo, a obrigação indenizatória – especialmente aquela que se estabelece a partir de um nexo de imputação de matriz objetiva – pressuporá, mais do que nunca, a verificação de um elemento nuclear com contornos deveras juridicizado, tudo com o fim de se estabelecer, por meio desta operação normativa, um filtro eficiente à seleção dos danos que, diante das suas características, ensejarão um dever de indenizar independentemente da valoração em concreto do comportamento do qual provêm.

Por isso é que compreender como tal se dá no plano de verificação do atendimento do suporte fático da imputação objetiva é tarefa relevante à demarcação das bases de um regime geral de responsabilidade objetiva.

2.2 Responsabilidade civil objetiva e revisão dogmática

Tal qual se vem procurando demonstrar ao longo da presente exposição, não é mais possível bem compreender e bem operacionalizar a responsabilidade civil objetiva, hoje, se não por meio de um profundo processo de ruptura da sua vassalagem ao regime geral de matriz subjetiva.

Ou seja, a sua disciplina não mais pode ser compreendida como um vínculo obrigacional no qual basta a supressão da relevância da culpa e da ilicitude a partir de um comando legal predisposto neste sentido. E isso seja porque os objetivos a serem perseguidos, não obstante comuns na essência (daí a unidade da responsabilidade civil), são diversos na sua variação, seja porque a forma como opera a concretização dos seus intentos, sem prejuízo de uma aparente homonímia, também é diversa.

Nos termos em que postos, a carga normativa centralizada na culpa e na ilicitude veio dispersa no conteúdo das noções juridicizada de dano e de nexo de causalidade, fazendo com que, aliadas à previsão legal acerca da incidência de um regime agravado de imputação, possam bem fazer as vezes de demarcadores do seu âmbito de aplicação.

A responsabilidade civil objetiva, diante disso, somente se legitima se, atendida a previsão legal que a autorize, seja possível verificar a existência de um dano juridicamente relevante que se conecte por meio de uma relação causal ao fator de atribuição, sendo ambos os referidos conceitos atendidos no seu conteúdo normativo e não meramente naturalístico.

Por isso é que, no intuito de bem sistematizar o regime geral de responsabilidade objetiva que se está a propor, legitimado pelo princípio da solidariedade e materializado por meio da ponderação dos interesses contrapostos que se apresentam por meio da causação de um prejuízo não consentido que necessita ser equalizado, mostra-se de vital relevância analisar o modo como tal se concretiza – e se sintetiza – nos seus pressupostos centrais.

2.2.1 A centralidade do conceito normativo de dano

Nos termos em que se tem assinalado ao longo da presente investigação, ideia que ganha especial relevo em um regime geral de responsabilidade civil objetiva, a adoção de uma noção juridicizada de dano é de vital relevância à atual compreensão do instituto. Pressupõe, portanto, ter-se presente que o conceito em causa nem de longe pode ser associável a uma mera alteração fática da realidade, carecendo de ser justificado por intermédio de critérios de natureza normativa, os quais se fundam, por isso mesmo, em ponderações de cunho estritamente jurídico[81].

Tal implica em identificar que a delimitação dos prejuízos indenizáveis daqueles que não legitimarão uma transferência à esfera jurídica de terceiro tem por fim operacionalizar o intento precípuo da responsabilidade civil, que é a proteção dos bens jurídicos tutelados pelo ordenamento por meio da sua indenização quando comprometida a utilidade que deles se pode extrair. Para tanto, esta tarefa será exercida tendo em conta não apenas um viés essencialmente estático, assim considerado na relação entre o bem jurídico e a sua atribuição a um dado sujeito, mas, mais do que isso, também dinâmico, de modo a permitir seja ponderado o seu uso, emprego ou aplicação concreta, a partir de uma premissa utilitarista[82].

Não há dúvidas que, tal qual já explicitado, dito processo rumo a um conceito normativo passa pela sua compatibilização com a ideia de lesão a interesse protegido, o que se dá de modo tão estreito que, não raro, a própria noção de dano juridicamente relevante vai assim sintetizada[83]. É, contudo, mais do que isso, não obstante a teoria do interesse esteja integrada ao seu conteúdo[84], pressupondo a verificação de uma alteração ou mesmo de um prejuízo no interesse em si considerado, por meio do comprometimento da sua funcionalidade[85].

O dano em sentido jurídico deve ser entendido como a perda de uma utilidade tutelada pelo direito – por isso associada à lesão a um interesse juridicamente pro-

---

81. FRADA, Manuel A. Carneiro da. *Direito Civil*. Responsabilidade Civil. O método do caso. Coimbra: Almedina, 2006, p. 89.
82. COELHO, Francisco Manuel Pereira. *O enriquecimento...*, cit., p. 35.
83. Neste particular, concorda-se com FRADA, Manuel A. Carneiro da. *Direito Civil...*, cit., p. 90, nota 106, quando observa a impossibilidade de que o dano, mesmo em sentido normativo, seja assim definido como lesão a um interesse juridicamente protegido, sob pena de se chancelar uma sobreposição de conceitos.
84. PINTO, Paulo Mota. *Interesse contratual positivo e interesse contratual negativo*. Coimbra: Coimbra, 2008, v. I, p. 546-547.
85. SCOGNAMIGLIO, Renato. *Responsabilità civile e danno*. Torino: Giappichelli, 2010, p. 225. Neste particular, bem observa o autor que o dano não reside apenas na supressão de um bem, mas, mais do que isso, na diminuição ou na perda de idoneidade à satisfação das necessidades do lesado cuja proteção é reconhecida pelo direito. Tanto porque a simples ideia de lesão a interesse não basta a fornecer a base e os elementos idôneos para uma definição de dano em termos rigorosos.

tegido – em um contexto que permita reconhecer que a intervenção da qual decorre não estava legitimada. Trata-se, portanto, de um conceito complexo, na medida em que implica relevar não apenas a alteração negativa produzida na esfera da vítima, mas também o fato de decorrer da violação de uma situação juridicamente tutelada, o que deve ser avaliado tanto do ponto de vista do lesante (a partir do seu fato gerador, com o fim de verificar se esta atuação não estava legitimada), quando do lesado (em razão da esfera violada sem o devido consentimento do seu titular).

Neste particular é que o paradigma do *dano ingiusto* não pode e não deve ser desconsiderado. Mesmo contendo em si estrutura normativa que não se replica (ao menos em termos legislativos) nos demais sistemas sob comparação, já que apenas o Código de 1942 exige de modo expresso a injustiça do dano como pressuposto da responsabilidade civil, dito modelo bem tem servido, ao longo da sua vigência, para compatibilizar a necessidade de promover uma avaliação intermediária (e conciliadora) entre o desvalor da conduta e o desvalor do resultado, na linha que se tem sustentando até aqui[86].

Ou seja, superadas as dificuldades iniciais envolvendo a delimitação do juízo de desvalor que se estabelece a partir do predisposto no preceito legal italiano, não há dúvidas que a experiência jurídica construída em torno da peculiar ideia de *ingiustizia* (sem prejuízo das críticas que possam ser dirigidas à terminologia utilizada) permitiu a construção de um modelo rico em normatividade, o qual vem integrado no próprio conceito de dano – e não mais na conduta, a partir da operacionalização dos conceitos clássicos de ilicitude e de antijuridicidade –, permitindo convertê-lo em importante filtro de seleção dos prejuízos passíveis de reparação. Quanto mais porque esta função adquire especial relevância em um regime no qual os outros pressupostos que poderiam exercer esta função tiveram a sua aferição suprimida[87].

E tal não significa, como se poderia sustentar, na importação de um problema alheio[88], na medida em que o artigo 2.043 do *Codice Civile* faz alusão expressa à

---

86. Este reconhecimento é expresso por parte da doutrina italiana, a qual tem sistematicamente asseverado que "l'ingiustizia si conferma come l'ùnico criterio giuridico che permete di qualificarei il dano risarcibile"; assim, DI LAURO, Antonino Procida Mirabelli; FEOLA, Maria. *La responsabilità civile*, cit., p. 189. No mesmo sentido, BUSNELLI, Francesco Donato. *La parabola della responsabilità civile*. Rivista critica del diritto privato, Bologna, v. 6, n. 4, p. 643 e ss., dec. 1988, p. 654.
87. Conforme tem-se reconhecido acerca da questão ora em exame, "[o] conceito normativo de dano não resolve o problema do seu preenchimento. Embora evite as dificuldades de uma compreensão social ou empírica de prejuízo, por si só é inoperante. Para o aludido preenchimento relevam outros pressupostos da responsabilidade, particularmente a ilicitude"; assim, FRADA, Manuel A. Carneiro da. *Direito Civil*, cit., p. 90. Está-se de total acordo com estas premissas e delas se pode extrair que, no campo da responsabilidade civil, não apenas vai ratificada a impossibilidade de se considerar absolutamente irrelevante o conteúdo da ilicitude, porém, diante da impossibilidade da sua integral aplicação, promover-se a integração dos seus elementos residuais no próprio conceito normativo de dano, nos moldes do que se opera por intermédio de uma valoração nos moldes da injustiça do dano italiana.
88. Assim se diz "problema" porque não há dúvidas que o Código de 1942, ao associar a por ele denominada injustiça ao dano e não à conduta, trouxe grande inovação aos modelos então vigentes e, por conseguinte, criou intensa controvérsia que precisou ser destrinchada pela doutrina italiana ao longo dos anos, de modo acelerar uma mudança de paradigma.

injustiça do dano e não da conduta, o que não se verificada com igual clareza nas ordens jurídicas portuguesa e brasileira, ou mesmo nos sistemas paradigmáticos francês e alemão[89].

Trata-se, ao invés, de reconhecer uma solução que foi forjada ao longo dos anos na tentativa de bem equacionar a inovação trazida pelo Diploma de 1942 – é bem verdade, para resolver um problema prático da experiência italiana –, e que, agora, diante da forma como estão a se colocar as novas necessidades a serem geridas pela responsabilidade civil, passa a se constituir em meio de bem satisfazer a imprescindível atenção que merece ser dada, em paralelo, aos interesses contrapostos que se apresentam na complexa gestão do dano a partir de uma perspectiva de imputação objetiva.

Em palavras mais precisas, é de se afirmar que não se pretende a estrita adoção de um modelo cujos termos (do ponto de vista legislativo) não têm uma expressa adoção por parte dos demais sistemas jurídicos. O que se deseja é lançar mão de um conceito que, corporizado por meio da experiência do *danno ingiusto* – especialmente tendo em vista a sua aferição por meio de um duplo exame *non iure* e *contra ius* que se projeta em relação ao dano, ainda que na sua interface com o fato gerador do qual provém –, vem concretizado em termos normativos e apresenta-se adequado a suprir necessidades bem perceptíveis em um regime geral de responsabilidade objetiva.

E o fato de os sistemas jurídicos não preverem a necessidade de um requisito nos moldes da injustiça do dano – a designação, reconhece-se, não se apresenta a mais adequada, afigurando-se preferível algo associado à ideia de (i)legitimidade, diante das dificuldades semânticas próprias do termo (in)justiça – não é empecilho ao reconhecimento da necessidade de uma valoração complexa, nos moldes em que por meio dele representada. Isso porque, tal qual visto, o processo de subsunção dos fatos na norma de imputação objetiva bem permite que, quando da consecução deste processo, observe-se para a imprescindibilidade de que o prejuízo sofrido pela vítima, a fim de justificar o dever de indenizar respectivo, encerre uma violação a um interesse juridicamente protegido (do ponto de vista da ponderação a partir dos interesses do lesado) e não se dê no âmbito do exercício regular de um direito (do ponto de vista do sujeito responsável)[90].

---

89. A condescendência com importações estéreis por simples invocação da autoridade do direito comparado tem sido preocupação de há muito manifestada. Nesta linha, ao contrário da noção jurídica de dano injusto, que se apresenta útil à solução de um problema concreto (a necessidade de integração de elementos normativos relevantes à responsabilidade objetiva, mas que restaram desalojados do processo de surgimento do vínculo obrigacional indenizatório em razão da irrelevância da ilicitude, nos seus termos genuínos), já se teve oportunidade de sustentar, por exemplo, a inutilidade do conceito de dano existencial, igualmente caro à experiência jurídica italiana, mas inútil a outras realidades jurídicas, em razão dos moldes como os danos extrapatrimoniais vêm regulados (de maneira aberta) nos sistemas jurídicos português e brasileiro, por exemplo. Assim, TEIXEIRA NETO, *Dano moral coletivo*, cit., p. 45, nota 60.

90. Neste aspecto, como observa SACCO, Rodolfo. *Che cos'è il diritto comparato*. Milano: Giuffrè, 1992, p. 276, "[i] francesi sono passati dalla regola della lesione del diritto alla declamazione del *neminem laedere* senza norma autorizativa. I tedeschi stanno demolendo gli steccati dei §§ 823 e 826 senza bisogno di una norma autorizativa", constatações que bem demonstram a possibilidade que, por meio de um processo

Esta é a concretização que se está a propor: que a ponderação acerca da ilegitimidade ou da relevância do dano seja verificada em decorrência da violação de um interesse jurídico titulado pela vítima em razão do prejuízo que lhe fora causado (prisma do lesado) e em razão da impossibilidade de se verificar que este mesmo prejuízo tenha decorrido do regular exercício de um direito por parte do sujeito responsável (prisma do lesante).

Quanto mais porque esta forma de concretizar o conceito de dano, permitindo uma mais precisa delimitação entre aqueles cuja reparação se legitima e aqueles que devem permanecer na esfera jurídica em que ocorreram, na medida em que releva ambos os interesses contrapostos por meio das duas valorações que traz em si, resta por se constituir em notória ferramenta de concretização da solidariedade[91], nos exatos moldes do que se espera de um regime geral de responsabilidade objetiva.

Dito processo, na sequência, vem completado por uma avaliação também normativa do nexo de causalidade, nos termos em que se passa a tratar.

2.2.2 A operatividade da noção juridicizada de nexo causal

Na linha do que sucede com o conceito de dano, também a noção jurídica de causalidade vem chamada a atender necessidades próprias da responsabilidade civil objetiva, relacionadas, em última análise, à imprescindibilidade de bem delimitar os prejuízos que justificarão o surgimento de um vínculo obrigacional reparatório não legitimado pelo princípio da culpa e pela noção de reprovabilidade a ele associada.

Isso porque não obstante a realocação de elementos normativos provenientes de outros pressupostos seja predominantemente concretizada, nos moldes em que visto supra, por meio da reestruturação do conceito de dano juridicamente relevante, ocorre que, quando da aplicação das variadas *fattispecie*, não é infrequente verificar-se a necessidade de algum ajuste na demarcação do campo operativo da responsabilidade objetiva, o que deverá ser solucionado por meio da adoção de um conteúdo normativo para a causalidade.

Contribui a viabilizar esta operação o fato de não se ter, em qualquer dos sistemas jurídicos em exame, a adoção taxativa (e, portanto, exclusiva/excludente) de uma ou outra teoria acerca do pressuposto em causa, reconduzindo à construção do que se tem chamado nexo causal flexível[92]. Daí a possibilidade de, quando da sua concretização, à vista da situação de fato posta, seja possível – a partir de um sequencial lógico

---

interpretativo bem estruturado, é possível promover ajustes de aplicação da norma sem a necessidade de um comando legal expresso a respeito. Tais evidências bem servem, assim, para sustentar que a forma como se interpreta a regra que exige a presença do dano para fins de surgimento do dever de indenizar pode ser concebida a partir de um viés preponderantemente normativo (nos moldes do *danno ingiusto*) mesmo à vista da ausência de uma regra textualmente idêntica àquela do artigo 2.043 do *Codice Civile*.

91. BARCELLONA, Mario. *La responsabilità civile*, cit., p. 23.
92. VIOLANTE, Andrea. *Responsabilità oggettiva e causalità flessibile*. Napoli: Edizioni Scientifiche Italiane, 1999, p. 59.

que parte da *condicio sine qua non* e leva em conta os demais elementos normativos disponíveis no ordenamento – construir-se um conceito útil de nexo de causalidade, suficiente não apenas a concretizar de modo adequado as funções da reponsabilidade civil objetiva, mas também a temperar eventuais excessos que decorreriam de uma aplicação excessivamente rigorosa dos seus termos[93].

É bem verdade que tal não se trata de uma realidade exclusiva da imputação objetiva, pois também o regime geral assente na culpa, em vários casos, tem demandado uma revisão do pressuposto em causa, inclusive com uma conjugação de teorias a fim de viabilizar um resultado prático útil, independentemente, aliás, da terminologia adotada. O que ocorre é que os maiores questionamentos postos em matéria de causalidade estão, em grande parte, associados a situações tipicamente submetidas a regimes cuja imputação se estabelece a partir de requisitos de matriz objetiva[94], o que aumenta a relevância de ressistematização de dito pressuposto para fins da adequada operacionalização de um regime geral desta natureza.

Não se desconsidera que, tal qual antes referido, parcela da doutrina tem atentado para o fato de que, ao menos a partir de uma valoração em abstrato do juízo de imputação, seria preferível que a problemática concernente à seleção dos danos ressarcíveis não fosse operada por intermédio do nexo causal, mas apenas por meio da concretização do conceito de dano juridicamente relevante[95]. Isso porque é no seu âmbito de demarcação – através da sua normatividade – que se deve verificar o alcance das regras de responsabilidade civil, independentemente da sua matriz, o que somente se agrava naquelas de ordem objetiva.

Não obstante, em tese, tal assertiva não seja equivocada, a verdade é que, especialmente diante da supressão de pressupostos pela qual passa um regime geral de imputação objetiva, tal qual já referido em diversas oportunidades, haverá situações nas quais a simples concretização do conceito de dano, mesmo quando normatizado,

---

93. SCHREIBER, Anderson. *Novos paradigmas da responsabilidade civil*. 3ed. São Paulo: Atlas, 2011, p. 66-67. Não obstante se esteja de acordo com as premissas postas pelo autor, não se pode concordar com a afirmação no sentido de que dito procedimento tende a garantir, na prática, uma maior indenizabilidade dos danos sofridos pelas vítimas. Isso porque se entende que a concretização do nexo causal por meio de um processo juridicizado não pode tomar, de antemão, um partido ou um objetivo a ser alcançado, mas ter por finalidade garantir uma adequada aplicação da responsabilidade objetiva, independentemente de isso representar uma ampliação ou uma restrição do seu alcance. Em suma, o que importa e deve ser perseguido é uma adequada operacionalização do instituto e não a garantia de uma ressarcibilidade que, se desprovida de fundamento normativo, poder-se-ia apresentar até mesmo ilegítima.
94. FRADA, Manuel A. Carneiro da. *Direito Civil*, cit., p. 101; nas palavras do autor, "os riscos da sociedade pós-industrial multiplicaram-se e os processos causais danosos não são, com enorme frequência, nem singulares nem transparentes". Considerando que as hipóteses tipicamente – ou ao menos com maior frequência – características de uma realidade pós-industrial estão, em larga escala, submetidas a regras de responsabilidade objetiva, mesmo que com nexos de imputação variados, é compreensível que a problemática associada à causalidade venha a tomar contornos particulares em um regime geral nos moldes do que se está a propor, assumindo funções que um simples juízo naturalístico de *condicio sine qua non* não está apto a responder.
95. MONATERI, Pier Giuseppe. *Responsabilità civile (voce)*. AAVV. Digesto delle Discipline Privatistiche. Sezione Civile. Torino: UTET, 2011, t. XVII, p. 12.

não baste à adequada consecução deste fim. Daí a necessidade de que, em determinados casos, mesmo que por uma via corretiva, quando os caminhos assim ditos tradicionais à demarcação da causalidade suficiente à imputação não se mostrarem de todo adequados, seja a aferição do dito pressuposto empregada para fins de delimitação entre os prejuízos que serão objeto de um dever de ressarcimento e aqueles que, legitimamente, permanecerão na esfera jurídica da vítima[96].

Tal fica especialmente bem evidenciado quando se examinam diversas situações nas quais se mostra imprescindível a compatibilização do nexo de causalidade com o escopo da norma violada. Por meio deste recurso será possível – tanto para fins de ampliação quanto de restrição da responsabilidade civil – uma delimitação mais precisa dos danos a serem ressarcidos, nomeadamente através de uma aferição corretiva, quando a equivalência das condições e a causalidade adequada não se mostrarem suficientes para este fim, diante da sua preponderância fático-naturalística.

Nestes termos, afigura-se relevante a compreensão da possibilidade de se reconstruir, tendo em conta o escopo da norma violada, a relação probabilística em abstrato que se estabelece entre a fonte de responsabilidade e o dano, demonstrando-se, assim, que o evento deve estar inserido nos limites do risco correspondente. Em outras palavras, o escopo da norma passa a ser tomado, no estabelecimento dos limites do dever de indenizar, como guia à concretização dos limites da relação causal entre o dano indenizável e o fator de atribuição previsto na *fattispecie* respectiva, permitindo a consideração das situações que, normativamente, visam a ser tuteladas pelo ordenamento jurídico[97].

---

96. Como bem observa FRADA, Manuel A. Carneiro da. *Direito Civil*, cit., p. 101, não há como se desconsiderar o fato de que o debate em torno da causalidade, ao menos visto a partir de um prisma precipuamente jurídico, está permeado "por critérios de distribuição dos riscos em sociedade (mesmo que não assumidos explicitamente)". Esta constatação, assim, reforça a necessidade de conexão entre a demarcação da causalidade e a aferição do escopo da norma violada, exatamente com o fito de estabelecer em que margem determinados danos são atribuídos a determinadas esferas jurídicas.
97. BORDON, Raniero. *Una nuova causalità per la responsabilità civile*. Persona e danno (a cura di Paolo Cendon), Trieste, 13 feb. 2008. Disponível em: <https://www.personaedanno.it/articolo/una-nuova-causalita-per-la--responsabilita-civile-raniero-bordon>. Acesso em: 06 ago. 2017. A propósito, o autor cita importante decisão proferida pelas *Sezioni Unite Civili* da Corte de Cassação italiana (sentença n. 581, de 15 jan. 2008), a qual reconheceu, partindo das premissas extraíveis do escopo da norma violada, a possibilidade de que, em uma situação envolvendo danos associados à contração de doença infectocontagiosa verificada após a realização de terapia com o uso de sangue humano, fosse reconhecido o dever de reparar a partir do estabelecimento do nexo de causalidade com base no preceito "più probabile che no". Ou seja, reconhece-se que a causalidade, mesmo diante de alguma parcela de dúvida, pode ser estabelecida a partir da uma forte probabilidade extraível do risco normal associado a uma dada atividade, tendo em vista o escopo da norma que regula a proteção respectiva nos casos a ela vinculados. No caso, entendeu-se que era "mais provável que não" o fato de a contaminação decorrer da transfusão realizada, especialmente tendo em vista os parcos mecanismos de controle utilizados na época para as doenças contraídas. A íntegra da decisão está disponível em: <http://www.studiolegalegiovanniromano.it/cassazione__ss__uu___sent__581_2008___danni_da_sangue_infetto___testo_da_altalex_nr__2011_del_15_01_08_122.html>. Acesso em: 06 jan. 2018. Aliás, a regra probabilística acerca da causalidade civil (justamente o que a diferencia da causalidade penal, na qual vige a máxima "oltre il ragionevole dubbio"), já havia sido reconhecida pela Cassação, por meio da sua 3ª Seção Cível, quando proferida a sentença n. 21619, de 16 out. 2007, o que veio apenas reafirmado pelas Seções Unidas, dando caráter de generalidade à construção jurídica em causa.

Exatamente por isso é que, não desconsiderando vozes em sentido contrário[98], está-se de acordo com a proposição segundo a qual a adoção de uma aferição assim dita normativa do nexo de causalidade será, quiçá, a única adequada à responsabilidade objetiva[99]. E tal decorre do seu potencial para resolver as necessidades de alocação dos elementos que, remanescendo de um juízo de valoração nos moldes da ilicitude e não sendo de todo absorvidos pelo conceito juridicizado de dano defendido até aqui, mostram-se imprescindível à adequada operacionalização de um regime geral nos moldes em que proposto.

Não se trata de sustentar a imprescindibilidade da existência de um risco especial de ocorrência de danos para fins de justificar a imputação, o que já se teve oportunidade de rechaçar em momento precedente, ao menos enquanto regra geral. Trata-se tão somente de reconhecer que toda e qualquer atividade (aqui compreendida em sentido amplo) traz em si algum risco, mesmo que sequer tenha relevância para justificar um agravamento da imputação; a identificação deste risco é que permite completar/ integrar o processo de aferição do nexo de causalidade, para o fim de determinar que um dado evento possa ou não ser razoavelmente inserido nos desdobramentos decorrentes da atividade sob exame, o que deverá ser feito a partir da consideração do escopo da norma por ele violada.

Para este fim, é imperioso tenha-se presente que, na responsabilidade civil objetiva, são os critérios de imputação legalmente estabelecidos que delimitam a sequência causal que releva para fins de surgimento da responsabilidade, e não a conduta de um dado agente que se pretende responsável[100]. Tal faz com que os elementos normativos, devidamente ordenados pelo elemento cultural, estabeleçam, em conjunto, a partir da subsunção dos fatos à *fattispecie*, o campo de atuação da imputação correspondente[101].

A propósito, não se pode esquecer que o nexo causal é de vital importância justamente a concretizar diversas das situações de exclusão da responsabilidade objetiva, em razão da sua ruptura. Tanto que a modulação da concretização das respectivas figuras – caso fortuito e força maior, fatos exclusivos da vítima e de terceiro –, por meio do reconhecimento de que apenas aquelas que são externas à fonte de responsabilidade (*v.g.*, exercício de uma atividade ou situação/condição jurídica

---

98. OLIVEIRA, Ana Perestrelo de. *Causalidade e imputação na responsabilidade civil ambiental*. Coimbra: Almedina, 2007, p. 60; ATAÍDE, Rui Paulo Coutinho de Mascarenhas. *Responsabilidade civil por violação de deveres de tráfego*. Coimbra: Almedina, 2015, p. 770; dentre outros.
99. CORDEIRO, António Menezes. *Da Responsabilidade Civil dos Administradores das Sociedades Comerciais*. Lisboa: Lex, 1997, p. 539. Cumpre retomar que, nas exatas palavras do autor, a teoria do escopo da norma "cobriria bem a imputação objectiva; seria mesmo a única forma de, aí, determinar a causalidade".
100. CASTRONOVO, Carlo. *La nuova responsabilità civile*, cit., p. 338.
101. Daí que, neste norte, consoante leciona BUSSANI, Mauro. *La responsabilità civile al tempo della crisi*. Rivista Trimestrale di Diritto e Procedura Civile, Milano, v. 69, n. 2, p. 567-581, giu. 2015, p. 572-573, todo o cenário que envolve a forma como se processa a imputação objetiva converte o nexo causal em instrumento dúctil e potente para a fixação da linha de corte entre as posições ressarcíveis daquelas que deverão permanecer sob o encargo do lesado, fazendo com que o emprego ponderado da sua normatividade seja hábil a "capturar na rede aquiliana" uma série de situações que lhe escapariam.

do sujeito dito responsável), bem servem a este fim, o que não deixa de, conforme já afirmado precedentemente, representar, por meio da causalidade, um esforço a situar o âmbito de incidência da imputação apenas nos limites do seu real e efetivo fator de atribuição.

Dito de outro modo, no momento em que se reconhece que apenas o fortuito externo tem potencial para excluir a responsabilidade civil objetiva, consagra-se, mesmo que não de modo expresso, por intermédio da aferição do escopo da norma violada – dos limites que a norma de proteção visa a dar ao risco de determinadas atividades, por exemplo –, uma visão normativa do próprio nexo de causalidade, atribuindo-lhe a prerrogativa de, juntamente com o conceito juridicizado de dano, fazer as vezes de filtro do dever de reparar situado fora dos limites do princípio da culpa

Neste cenário, é possível verificar que a concretização do nexo de causalidade em um regime geral de imputação objetiva passa a se constituir – a partir de uma perspectiva juridicizada, que leva em conta não apenas a relação fática de causa e efeito, mas, mais do que isso, também a interconexão lógica com o intuito protetivo das regras de responsabilidade que autorizam, na hipótese específica em análise, o surgimento de um dever de indenizar[102] – em eficiente instrumento a promover, mesmo que com frequência e intensidade variadas em cada *fattispecie*, a seleção dos danos ressarcíveis[103].

---

[102]. Neste particular, não obstante critique o exagero da importância atribuída à teoria do escopo da norma violada, que prefere denominar "fim de proteção da norma", FRADA, Manuel A. Carneiro da. *Direito Civil*, cit., p. 101-102, atenta para o fato – com o que se está de acordo – de que o preenchimento da causalidade não pode ser visto se não como um problema de interpretação normativa.

[103]. Assim, ALPA, Guido. *La responsabilità civile*. Principi. Torino: UTET, 2015, p. 315.

Capítulo 6
A FUNCIONALIDADE DO REGIME GERAL DE RESPONSABILIDADE OBJETIVA: EXAME A PARTIR DA IMPUTAÇÃO DECORRENTE DOS DANOS AMBIENTAIS

Apresentadas as bases sobre as quais se funda a proposta de reconstrução sistemática da responsabilidade civil objetiva – de modo a viabilizar, por meio da recolha dos elementos que lhe são comuns e, mais do que isso, necessários à adequada concretização das diversas situações em que se manifesta –, cumpre aferir como estes delineamentos teóricos se comportam a partir de situações concretas.

O propósito deste exercício de aferição da validade dos marcos teóricos até aqui delineados tem por objetivo, justamente, mostrar que a tão característica fragmentariedade da imputação objetiva não lhe retira o sentido de unidade e de conjunto, fazendo com que as várias premissas apresentadas sejam efetivamente comuns a todos os regimes especiais. Inclusive nas situações em que a fragmentariedade é ainda mais evidente, diante da aparente adoção de pressupostos autonomamente adaptados a partir dos paradigmas revisitados e postos até aqui, ao ponto de se pretender – com equívoco – a criação de regimes especiais dentro dos regimes especiais, cedendo-se à tentação para a fuga rumo à especialidade da especialidade.

Para este fim, diante da impossibilidade de se avaliar em concreto todos os regimes existentes, optou-se pelo exame da forma como se comportam os marcos da teoria geral da responsabilidade civil objetiva ora proposta na *fattispecie* associada aos danos ambientais[1]. Tal opção deu-se em razão da natureza paradigmática do regime próprio, seja pelas suas diversidades internas, seja pela sua própria conexão com os influxos atuais do instituto, especialmente considerando que nele se manifestam de modo bastante evidente as principais controvérsias levantadas ao longo da presente investigação.

Nesta toada, oportuno retomar que duas são as linhas teóricas sobre as quais se fundou a ressistematização apresentada: primeiro, que a responsabilidade objetiva

---

1. De plano, é de se registrar que as considerações que serão apresentadas não têm por fim esgotar a temática da responsabilidade civil em razão dos danos ao ambiente ou tampouco abordá-la com profundidade científica que pudesse trazer sequer uma visão abrangente do tema. Trata-se apenas de, à vista das considerações de cunho ressistematizador propostas, verificar, a partir de um regime especial de responsabilidade (que poderia ser outro, inclusive), as formas como se perfectibilizam num plano concreto de aplicação as formulações apresentadas – estas, sim, objeto da investigação. Fica, portanto, desde logo consignada a ressalva no sentido de que a disciplina dos danos ambientais, especialmente em uma perspectiva comparatista entre os três sistemas sob exame, não tem qualquer pretensão de exaurimento ou mesmo de sistematização mínima quanto ao panorama completo dos seus termos.

traz em si, tanto na sua previsão legal, quanto na sua concretização, um inquestionável juízo de ponderação entre interesses contrapostos que precisam ser compatibilizados, o que viabiliza a gestão adequada dos prejuízos que lhes estão associados; segundo, que a limitação dos pressupostos tradicionais do dever de indenizar exige que aqueles que se mantêm imprescindíveis sejam relidos a partir da necessidade de operatividade da imputação, absorvendo parcelas daqueles que, não obstante dispensados, são relevantes em algum grau à adequada gestão dos danos.

Analisar, portanto, (a) a escolha acerca da adoção ou não e da caracterização ou não de uma hipótese de imputação objetiva, (b) a demarcação dos elementos que compõem o dano que merece ser reparado, por meio de um processo de jurisdicização que permita diferenciar o prejuízo em sentido amplo daquele que legitimamente pode se converter em fonte de responsabilidade, e (c) a compreensão da forma como a relação normativa de causa e efeito que se estabelece entre o prejuízo relevante e o fator de atribuição operacionaliza-se para fins de concretizar a seleção dos interesses dignos de tutela, são tarefas a serem perseguidas, ainda na tentativa de demonstrar a operatividade da ressistematização proposta.

1. A RESPONSABILIDADE CIVIL AMBIENTAL E O JUÍZO DE PONDERAÇÃO QUE SE CONCRETIZA POR MEIO DA IMPUTAÇÃO OBJETIVA

A ideia de responsabilidade civil associada à verificação de danos ambientais[2] é relativamente nova na civilística, o que se deve não apenas à própria contemporaneidade do reconhecimento da relevância jurídica dos bens ambientais em si mesmo considerados, mas também à imprescindibilidade da superação, para este fim, de uma série de restrições típicas do instituto na sua feição clássica. Neste particular, basta ter-se presente que o conceito de dano talhado à luz da teoria da diferença e a noção de ilicitude enquanto lesão a direito subjetivo propriamente dito – para ficar apenas com

---

2. A própria designação não é unívoca, pois ao passo em que, na tradição brasileira, pode ser empregada para referir todo e qualquer prejuízo (individual, coletivo em sentido estrito ou difuso) decorrente da lesão a interesses juridicamente protegidos associados a bens ambientais, nos sistemas europeus é frequente a sua contraposição com a ideia de dano ecológico. Nesta linha, enquanto o dano ambiental toma por base a perspectiva do prejuízo causado às pessoas e às coisas, isto é, aqueles sofridos por determinados sujeitos nos seus bens jurídicos de personalidade ou nos bens jurídicos patrimoniais em razão da lesão ao ambiente, o dano ecológico parte da perspectiva coletiva *lato senso* do interesse jurídico respectivo, quando o próprio bem ambiental/ecológico é comprometido, de modo a frustrar as utilidades que, sob um prisma difuso de fruição (por isso mesmo indivisível), dele podem ser extraídas. Sobre o tema, GOMES, Carla Amado. *A responsabilidade civil por dano ecológico*. Reflexões preliminares sobre o novo regime instituído pelo DL 147/2008, de 29 de julho. Disponível em: <www.fd.unl.pt/docentes_docs/ma/cg_ma_9137.doc>. Acesso em: 01 dez. 2017, p. 04-06; no mesmo sentido, SENDIM, José de Sousa Cunhal. *Responsabilidade civil por danos ecológicos*. Da reparação do dano através da restauração natural. Coimbra: Coimbra, 1998, p. 69-70. É bem verdade que a questão sofreu algum revés no cenário europeu após a edição da Diretiva 2004/35/CE, do Parlamento Europeu e do Conselho, de modo a promover uma unificação terminológica por meio da designação *dano ambiental*, consoante adiante se verá. De plano, cumpre consignar que a expressão será usada ao longo da presente investigação tendo em conta uma perspectiva alargada, de modo a abranger tanto o dano ambiental *stricto sensu* (na sua perspectiva assim dita individual) quanto o dano ecológico (na sua perspectiva difusa), até mesmo porque se entende que tal seja producente ao discurso de unidade sobre o qual se funda a tese proposta.

dois dos pressupostos tradicionais – impediam a indenizabilidade de qualquer prejuízo que não estivesse claramente associado às ditas categorias jurídicas estreitas e, por isso, inábeis a gerir situações que não decorressem da exata verificação dos seus termos[3].

Nesta linha é que todo o giro conceitual pelo qual passou a própria ideia de responsabilidade civil, tal qual visto largamente no curso da investigação, permitiu uma ressignificação que veio a tutelar uma série de situações que lhe escapavam, dentre elas as associadas à reparabilidade dos assim ditos danos ambientais em sentido amplo[4].

1.1 Considerações preliminares acerca da problemática envolvendo a responsabilidade civil e a gestão dos danos ambientais

Antes de se adentrar no problema da imputação do dano ambiental em si e das suas interfaces com o modelo geral de responsabilidade objetiva proposto, algumas considerações de cunho geral e introdutório precisam ser postas. Dita necessidade decorre, especialmente, de especificidades muito próprias do regime em questão, mesmo que, como dito, não seja objeto da tese formular uma sistematização exauriente sobre os seus termos.

Para este fim, cumpre assinalar que, partindo do âmbito comparatista em que se está a desenvolver o presente estudo, a categoria em questão traz ínsitas algumas controvérsias que não podem deixar de ser registradas. Isso porque, especialmente no cenário jurídico europeu, a gestão do dano ambiental, sem prejuízo da previsão de uma estrutura imputacional próxima daquela verificada na civilística tradicional, tende a assumir uma natureza publicista[5] que tem permitido, não raro, uma apropriação indevida do tema por parte das ciências jurídico-políticas[6].

---

3. Exatamente em razão desta característica é que, com razão, OLIVEIRA, Ana Perestrelo. *Causalidade e imputação na responsabilidade civil ambiental*. Coimbra: Almedina, 2007, p. 13, fala em "desajustamento das estruturas clássicas de imputação".
4. Nesta perspectiva, superada a ideia equivocada de que os bens ambientais seriam *res communes omnium* na sua plenitude, o que foi possível a partir da constatação de que não têm caráter ilimitado, carecendo, por isso mesmo, de proteção. Abre-se, com isso, a possibilidade de se reconhecer que o ambiente em si mesmo considerado (e não apenas nos reflexos que possa projetar sobre outros bens jurídicos) é um bem jurídico autônomo ao qual estão associados interesses merecedores de tutela cuja lesão causadora de frustração de utilidades dele extraível permite o surgimento de um dever de indenizar por meio da incidência das regras de responsabilidade civil. Sobre o tema, LEITÃO, Luis Manuel Teles de Menezes. *A responsabilidade civil por danos causados ao ambiente*. In: AAVV. Actas do Colóquio 'A responsabilidade civil por dano ambiental'. Lisboa: Instituto de Ciências-Jurídicos Políticas, 2008, p. 21-22; com a mesma perspectiva, FRANCARIO, Lucio. *Danni ambientali e tutela civile*. Napoli: Jovene, 1990, p. 84-86.
5. VISINTINI, Giovanna. *Cos'è la responsabilità civile*. Fondamenti della disciplina dei fatti illeciti e dell'inadempimento contrattuale. 2ed. Napoli: Edizioni Schientifiche Italiane, 2014, p. 212.
6. A referência para tanto tende a estar associada a problemas de legitimidade (especialmente processual) relacionados aos danos coletivos, o que somente se agrava nos sistemas jurídicos nos quais a justiça administrativa conta com autonomia em relação àquela de natureza comum. Sem prejuízo de alguma controvérsia a partir dos regimes anteriores, o problema adquiriu feições ainda mais complexas com a transposição aos sistemas jurídicos italiano e português da já antes referida Diretiva 2004/35/CE, do Parlamento Europeu e do Conselho, em especial diante da possibilidade de, com isso, promover-se alguma confusão entre os âmbitos de incidência das responsabilidades administrativa e civil. A este respeito, a crítica de GOMES, Carla Amado. *A responsabilidade civil...*, cit., p. 29-30.

Por isso, aliás, a exata escolha do regime de imputação em causa, o que se faz, dentre outras razões, com o intuito de fomentar este debate. A unidade ora proposta para a responsabilidade civil objetiva tem como um dos seus intentos a centralização do instituto no direito civil que, tratando com maior profundidade os fundamentos, os objetivos e a estrutura normativa da qual se vale a ordem jurídica para o surgimento do vínculo obrigacional respectivo, possui melhores condições para desenvolver o tema a partir de premissas mais bem estruturadas dogmaticamente.

A propósito, não se desconsidera que a razão básica para a aludida apropriação está no fato de que não é infrequente reconhecer-se que o caráter difuso do interesse juridicamente protegido associado aos bens ambientais (visto, portanto, na sua real dimensão e não nos reflexos que possa acarretar nas esferas individuais de cada sujeito eventualmente atingido de modo particular pela lesão) tende a atribuir-lhe uma natureza pública[7]. Neste exato ponto, aliás, reside a discordância que se pretende manifestar.

A este respeito, imprescindível atentar para o fato de que os interesses difusos não têm apenas uma natureza pública – o que lhes atribuiria a prerrogativa de serem temática exclusiva do Estado e da sua administração –, pois se constituem em um *tertium genus* entre o interesse público e o interesse privado[8], na medida em que intimamente ligados à satisfação de "necessidades coletivas individualmente sentidas"[9].

Neste prisma, tendo em conta que neles se subsumem necessidades que, não obstante sejam imprescindíveis à plena realização da personalidade de cada sujeito (dotadas, portanto, de uma acepção privada na sua essência), somente podem ser compreendidas na sua plenitude a partir de uma perspectiva alargada (próxima, portanto, do interesse público, mas sem lhe retirar um viés eminentemente juspri-

---

7. VISINTINI, Giovanna. *Cos'è...*, p. 212. É justamente esta natureza pública que legitimaria a sua vinculação às funções do Estado e, por conseguinte, o caráter preponderantemente público da responsabilidade civil respectiva.
8. Neste norte, bem sintetiza LEITÃO, Luis Manuel Teles de Menezes. *A responsabilidade civil...*, cit., p. 36, quando afirma que os interesses difusos "não são públicos, uma vez que o seu titular não é o Estado, mas também não podem considerar-se privados, pois não visam a satisfação de necessidades exclusivas de indivíduos determinados. Tratam-se antes de interesses supraindividuais, comuns a todos os membros de uma colectividade, e cuja tutela jurisdicional pode, por isso, ser desencadeada não apenas pelo Ministério Público, mas também por outras entidades ou cidadãos que participem desses mesmos interesses". No mesmo sentido, SOUSA, Miguel Teixeira de. *A tutela jurisdicional dos interesses difusos no direito português*. Estudos de Direito do Consumidor, Coimbra, n. 6, p. 279-318, 2004, p. 281.
9. MIRANDA, Jorge. *Manual de Direito Constitucional*. 3ed. Coimbra: Coimbra, 2000, t. IV, p. 69. Nas exatas palavras do autor, o que, aliás, bem diferenciaria os interesses difusos dos direitos fundamentais, "[t]rata-se de necessidades comuns a conjuntos mais ou menos largos e indeterminados de indivíduos e que somente podem ser satisfeitas numa perspectiva comunitária. Nem são interesses públicos, nem puros interesses individuais, ainda que possam projectar-se, de modo específico, directa ou indirectamente, nas esferas jurídicas destas ou daquelas pessoas". Partindo da mesma perspectiva para tratar do tema, CRESTI, Marco. *Contributo allo studio della tutela degli interessi diffusi*. Milano: Giuffrè, 1992, p. 03-06; igualmente, FEDERICI, Renato. *Gli interessi diffusi*. Il problema della loro tutela nel diritto amministrativo. Padova: CEDAM, 1984, p. 19-22. Já se teve oportunidade de tratar esta temática com maior especificidade, inclusive a partir de uma abordagem de natureza exclusivamente civilística, pelo que se consinta reenviar a TEIXEIRA NETO, Felipe. *Dano moral coletivo*. A configuração e a reparação do dano extrapatrimonial por lesão aos interesses difusos. Curitiba: Juruá, 2014, p. 129-137.

vatista[10]), é de se reconhecer que a temática afeta aos danos ambientais *lato senso* pode e deve ser tratada na sua inteireza pelo direito civil[11], no âmbito da disciplina da responsabilidade civil[12].

Dito isso, cumpre bem delimitar que o interesse jurídico associado à proteção dos bens ambientais pode ser visto a partir de um prisma individual – considerando a perda de uma utilidade que dele retira o sujeito a partir de uma apropriação do seu fragmento, apta, portanto, a causar-lhe danos de ordem individual – ou a partir de um prisma coletivo – tendo em conta os prejuízos que se projetam em relação ao grupo como um todo, em si mesmo considerado, mesmo que, por vezes, diante da forma como se manifestam nas esferas individuais, somente adquiram relevância em perspectiva coletiva.

Em ambas as situações, não obstante a diversidade de perspectiva, a vítima do dano será sempre a pessoa, limitada no desenvolvimento pleno da sua personalidade diante da natureza preponderantemente extrapatrimonial do interesse respectivo e, de algum modo, da frustração decorrente da sua lesão[13]. E isso seja a partir de um enfoque individual (quando a fruição do interesse se projeta, mesmo que apenas a partir de um fragmento seu, na esfera privada do sujeito e pode ser assim considerada em razão da proteção jurídica conferida pelo sistema), seja a partir de um enfoque coletivo (quando a fruição do interesse está dispersa no grupo, não podendo ser individualmente considerada, não obstante seja individualmente relevante ao pleno desenvolvimento de cada um, na sua singularidade).

---

10. A falência da dicotomia público-privado, no campo do direito, já era professada por RAISER, Ludwig. *O futuro do direito privado*. Trad. Lucinda Maria Regugnetti. Revista da Procuradoria-Geral do Estado, Porto Alegre, a. 9, v. 25, 1979, p. 17, na segunda metade do século passado, fazendo com que se mostre indevida a apropriação, pelas disciplinas juspublicistas, de categorias tipicamente afetas ao direito civil, tal qual sucede com a responsabilidade civil, apenas pelo fato de que o Estado e a sua administração têm, de algum modo, interesse pelos seus termos. Por isso a viabilidade de que se possa manter o debate acerca da responsabilidade civil afeta aos interesses difusos no âmbito de um regime geral de imputação (especialmente objetiva), independentemente do fato de que, em algumas oportunidades (não em todas), poderá o poder público ser chamado, diante do caráter difuso da titularidade de interesse, a promover a sua tutela.
11. Quando trata das interfaces entre a proteção do ambiente e o direito privado, CORDEIRO, António Menezes. *Tratado...*, cit., v. II, t. III, p. 702, refere expressamente – e com absoluta propriedade – que "[o] Direito privado do ambiente é Direito civil. Tem todo o interesse estudá-lo em conjunto com regras públicas, mas sempre sem perder a ligação à grande província a que pertence. (...) A lógica do Direito privado defende o ambiente".
12. A propósito, é de se assinalar que o isolamento de uma série de temáticas em disciplinas próprias, sob o pretexto de que não se enquadram nos regimes gerais, foi a tônica que marcou a era da *descodificação*. Não se desconsidera a importância deste fenômeno e tampouco se entende seja equivocado; antes pelo contrário. Todavia, a necessidade de conjunto, que de algum modo se perdeu com o desvirtuamento de categorias jurídicas para atender aos desejos de autonomia de diversas disciplinas vem hoje de algum modo revista pela assim denominada era da *recodificação*, na qual a centralidade do direito civil e dos seus alicerces tende a ser retomada. Sobre o tema, mesmo que ainda a partir de um plano de análise já passível de ser dito um tanto tradicional, IRTI, Natalino. *L'età della decodificazione*. 3ed. Milano: Giuffrè, 1989, p. 05-09; o tema foi revisitado, já com uma perspectiva contemporânea, em IRTI, Natalino. *L'età della decodificazione vent'anni dopo*. Diritto e società, Padova, n. 2, nuova serie, p. 193-203, 1999, p. 199-200.
13. CASTRONOVO, Carlo. *La nuova responsabilità civile*, cit., p. 741-742. Neste norte também já decidiu expressamente a Corte de Cassação italiana, indicando no sentido da convergência entre as noções jurídicas de dano ambiental e de dano extrapatrimonial; assim, ITALIA. Corte Suprema di Cassazione. Sentenza n. 6551/2011, di 22 marzo. Sezione III Civile. Rel. Cons. Franco De Stefano. Disponível em: <http://www.giuristiambientali.it/documenti/140411_DA.pdf>. Acesso em: 05 dez. 2017.

Por esta razão é que a responsabilidade civil se mostra hábil a tutelar o interesse em causa de modo amplo, sempre que caracterizado um menoscabo que permita inferir a existência de uma perda de utilidade tutelada pelo direito, tanto no seu feixe assim dito individual (ainda que homogêneo), quanto na sua essência difusa. Trata-se, em última análise e em ambas as situações, de mecanismo de tutela dos interesses de natureza pessoal diante da ocorrência de um dano ilegítimo (isto é, não justificado pela ordem jurídica, tendo em vista a perspectiva do lesante), seja na sua dimensão individual, seja na sua dimensão coletiva *lato sensu*.

E um exemplo, mesmo que simples, pode clarear as premissas antes desenvolvidas. Para tanto, basta que se tome em conta eventual vazamento de produto químico contaminante em determinado rio, lago ou mesmo no mar: poder-se-á verificar dano de feição coletiva, decorrente da poluição causada, do desequilíbrio do ecossistema em si ou mesmo da mortandade em massa de espécies da fauna nativa (a dimensão deste dano poderá ser variável e deverá ser mensurada) e, em paralelo, danos individuais, por exemplo, de pescadores que exercem o seu ofício naquele local e, em dado espaço de tempo, ficaram privados desta atividade[14].

Nesta situação, pode ser que o Estado, no campo da responsabilidade civil, sequer faça parte da pretensão de tutela dos interesses jurídicos em causa: na primeira hipótese, nada impede que eventual associação de proteção ambiental venha a manejar demanda judicial contra a empresa causadora do dano (não havendo, neste particular, qualquer relação de direito público e abstraindo aqui as controvérsias de legitimidade processual, diversas em cada sistema); e, na segunda, que os pescadores ou os banhistas particularmente lesados, numa relação típica de direito privado, manifestem as suas pretensões ressarcitórias contra a mesma empresa.

Como dito, ambas as situações merecem ser tratadas pela responsabilidade civil, no âmbito do direito civil e tendo em conta a nova feição que lhe é própria a partir de uma noção revisitada, fazendo com que qualquer apropriação por outra disciplina represente uma subtração injustificável de temática, sendo necessário apenas que

---

14. Dito exemplo corresponde a situação julgada pelo Superior Tribunal de Justiça brasileiro, relativa ao vazamento de amônia em razão de colisão envolvendo o navio N-T Norma, fato ocorrido no Porto de Paranaguá/PR. Neste sentido: BRASIL. Superior Tribunal de Justiça. Recurso Especial n. 1114398/PR. 2ª Seção. Rel. Min. Sidnei Beneti. Julgado em: 08 fev. 2012. Igualmente, precedente envolvendo o vazamento de amônia no Rio Sergipe/SE, o que, além de intenso desequilíbrio ecológico apto a comprometer a fruição coletiva do bem ambiental em si mesmo considerado e, por conseguinte, a qualidade de vida de um grupo indeterminado de pessoas, gerou prejuízos individuais aos pescadores da região, que ficaram mais de seis meses comprometidos no exercício da sua atividade (danos materiais) ou às pessoas que costumavam utilizar o local como meio de lazer (dano extrapatrimonial); assim: BRASIL. Superior Tribunal de Justiça. Recurso Especial n. 1354536/SE. 2ª Seção. Rel. Min. Luís Felipe Salomão. Julgado em: 26 mar. 2014. Ambos os precedentes disponíveis em: < http://www.stj.jus.br/SCON/>. Acesso em: 03 dez. 2017. Consoante se tem reconhecido, os danos, não obstante decorram da lesão do mesmo interesse, em razão do comprometimento do bem jurídico em si, são autônomos e diversos, podendo ser cumulados para fins de reparação/compensação.

se pondere, em cada um dos grupos de situações, os interesses envolvidos a fim de viabilizar a sua concretização[15].

Neste particular é que, dando sequência à proposição em curso, cumpre aferir como se concretiza, por meio de um regime geral de responsabilidade civil objetiva, o referido juízo de ponderação, para fins de delimitação da ressarcibilidade, ou não, dos danos verificados em razão da lesão e do consequente comprometimento das vantagens extraíveis dos bens ambientais lesados.

1.2 Responsabilidade civil por danos ambientais, imputação objetiva e ponderação de interesses à luz do princípio da solidariedade

Tal qual visto, a possibilidade de se imputar um dever de reparação a alguém em razão de danos ambientais, superadas eventuais objeções conceituais que se lhe pudessem opor, insere-se no grupo das situações que compõem a hodierna problemática da responsabilidade civil. Tanto que, em razão disso, cada ordenamento jurídico tendeu a regular o tema por meio da edição de diplomas próprios, não raro fazendo-o de modo associado com outros instrumentos de tutela, nomeadamente de índole administrativa e contraordenacional, sem prejuízo de que o tenham feito a partir de uma estrutura muito próxima daquelas contempladas pelas cláusulas gerais que lhe são típicas.

A premissa subjacente a este ponto de partida está no fato de que a simples existência de vida humana é, por si, fonte de alguma forma de degradação ambiental (assim vista em termos alargados), o que bem evidencia a necessidade premente de se compatibilizar atuações que, a par de imprescindíveis, carecem de ser adequadamente dosadas, sob pena de inviabilidade recíproca. Em outras palavras, trata-se de um paradoxo que precisa ser, mesmo que parcialmente, solucionado pela responsabilidade civil: a existência humana é inegável fator de causação de danos ambientais ao mesmo tempo em que se pode converter (a causação), na hipótese de não gerida a contento, em causa de comprometimento da própria vida[16].

Esta imprescindibilidade de controle das múltiplas possibilidades de danos aliada à inviabilidade de se restringir desproporcionalmente a atuação humana nas suas mais variadas facetas é o cerne do juízo de ponderação que se deve estabelecer em matéria de responsabilidade civil ambiental. Isso porque, ainda independente-

---

15. Não se desconsidera que a mesma lesão pode dar ensejo a tutelas jurídicas de outras naturezas, como administrativa e penal. Nestes casos, e apenas nestes casos, é inquestionável a natureza estatal da intervenção, o que, entrementes, não prejudica, compromete ou impede a tutela civil, por meio da responsabilidade civil, na sua essência jusprivatista.
16. A síntese deste pensamento pode ser encontrada em JONAS, Hans. *O princípio responsabilidade*. Ensaio de uma ética para a civilização tecnológica. Trad. Marijane Lisboa e Luiz Barros Montez. Rio de Janeiro: Contraponto/PUC-Rio, 2006, 2reimp., p. 32, quando afirma que "[a] violação da natureza e a civilização do homem caminham de mãos dadas". Ainda sobre o tema, especialmente em razão das suas múltiplas perspectivas possíveis, BECK, Ulrich. *Sociedade de risco*. Rumo a uma outra modernidade. Trad. Sebastião Nascimento. 2ed. São Paulo: Editora 34, 2010, p. 189 e ss.

mente do regime de imputação que venha a ser eleito por cada ordenamento para este fim, não há dúvidas de que o juízo de seleção dos prejuízos ressarcíveis deve ser adequadamente operacionalizado, a fim de que se maximizem os ganhos no que tange à fruição dos bens ambientais e se minimizem os prejuízos decorrentes da sua degradação (tanto *a priori* quanto *a posteriori*).

A primeira referência a ser feita é que a responsabilidade civil, sem prejuízo da sua intuitiva e evidente conexão com a tutela do ambiente, somente opera em termos do que se tem denominado "patologia ambiental", ou seja, nas situações em que o dano já se tenha consumado[17]. Nesta linha, mesmo que seja inegável o intento preventivo costumeiramente associado aos danos ambientais (e à responsabilidade civil em geral, na sua feição contemporânea) – que se deve, no regime em análise, até mesmo em razão das severas dificuldades de *restitutio in integrum* características dos bens ambientais –, cumpre reconhecer que, neste cenário, não se pode esperar do instituto mais do que tem ele condições de oferecer, no caso, a reparação do prejuízo sofrido[18].

É uniforme o entendimento, nos três sistemas jurídicos em pauta, a vigência do princípio do poluidor-pagador (ou princípio *qui inquina paga*), nos termos do qual o agente responsável pela produção de degradação/alteração de qualquer bem ambiental subsumível no conceito de dano ambiental, seja por ação ou omissão próprias, seja pelo exercício de atividade ou pela titularidade de determinada condição jurídica[19]

---

17. LEITÃO, João Menezes. *Instrumentos de direito privado para a proteção do ambiente*. Revista Jurídica do Urbanismo e do Ambiente, Coimbra, v. 4, n. 7, p. 29-65, jun. 1997, p. 50. Tanto porque a imprescindibilidade do reconhecimento de que o intento preventivo que é ínsito à temática ambiental somente pode ser alcançado de modo parcial por meio da responsabilidade civil, cumprindo a outras disciplinas (em especial a responsabilidade administrativa, por meio do licenciamento ambiental de atividades potencialmente poluidoras) a ampla promoção deste mister. Neste sentido, CASTRONOVO, Carlo. *La natura del danno ambientale e i criteri di imputazione della responsabilità*. In: NICOTRA, Ida Angela; SALANITO, Ugo (a cura di). Il danno ambientale tra prevenzione e riparazione. Torino: Giappichelli, 2010, p. 129.
18. O debate não é recente, mas permanece intenso acerca de uma possível descaracterização dos contornos da responsabilidade civil no que tange à tutela do ambiente, diante das dificuldades – e até mesmo das limitações – de uma função reparatória nesta seara. Sobre o tema, DE CUPIS, Adriano. *La riparazione del danno all'ambiente: risarcimento, o pena?* Rivista di Diritto Civile, Padova, a. 34, n. 4, parte seconda, p. 401-404, lug./ago 1988; no mesmo sentido, SCOGNAMIGLIO, Claudio. *Danno ambientale e funzioni della responsabilità civile*. Responsabilità Civile e Previdenza, Milano, n. 4, sez. 1, p. 1063-1073, 2013. Entende-se, contudo, que não obstante não seja de todo desprovida de uma função preventiva/punitiva reflexa, o intento da responsabilidade civil em matéria ambiental deve ser, antes de mais, reparador, restituindo a funcionalidade do bem ambiental atingido, tanto quanto possível, cumprindo sejam os ideais de *deterrence* mais diretamente desenvolvidos pelas demais disciplinas chamadas a reforçar esta mesma tutela.
19. A este respeito, aliás, é acalorado o debate acerca da responsabilidade (objetiva?) do proprietário pelos danos existentes no imóvel de sua propriedade, independentemente de ter ou não concorrido para a sua causa. Seria, portanto, uma situação de responsabilidade baseada na simples condição de proprietário, no que tange ao denominado passivo ambiental. Neste sentido, relevante é a controvérsia suscitada por BAIONA, Stefania. *Nessuna responsabilità oggettiva al proprietario "incolpevole" per l'abbandono di rifiutu sul fondo di sua proprietà*. Responsabilità Civile e Previdenza, Milano, v. 74, fasc. 10, p. 2127-2143, 2009, p. 2134 e ss., que se opõe ao reconhecimento da responsabilidade objetiva do proprietário por parcela da jurisprudência; igualmente, CORRIERO, Valeria. *La "responsabilità" del proprietario del sito inquinato*. Responsabilità Civile e Previdenza, Milano, v. 76, fasc. 12, p. 2440-2460, 2011, p. 222 e ss. O sistema jurídico brasileiro é o que se encontra mais pacificado acerca deste tema, já que vigente entendimento jurisprudencial consolidado no sentido da responsabilidade objetiva e solidária do proprietário pelos danos causados em bem cujo domínio lhe pertença.

– qualquer delas elegível legalmente como apta a ensejar um juízo de imputação –, deve reparar os prejuízos respectivos[20]. A controvérsia reside em identificar a que título será imputável a responsabilidade civil.

Tende a ser consenso na doutrina que, em maior ou menor grau, a responsabilidade objetiva está intimamente ligada à gestão dos danos ambientais[21], o que se reflete nas mais variadas ordens jurídicas, mesmo que com intensidades diversas, não sendo diferente nos sistemas português[22], italiano[23] e brasileiro[24].

Neste sentido, tem-se reconhecido que "independentemente de o proprietário ser, efetivamente, o causador dos estragos, a natureza da obrigação pela reparação do meio ambiente, que é um bem maior, de titularidade de toda a coletividade, é *propter rem*, ou seja, está ligada à propriedade, devendo ser responsabilizado o atual proprietário" (BRASIL. Superior Tribunal de Justiça. Agravo Regimental no Agravo em Recurso Especial n. 1060669/SP. 2ª Turma. Rel. Min. Herman Benjamin. Julgado em: 19 set. 2017), o que se justifica no fato de que "[a] responsabilidade pelo dano ambiental é objetiva e solidária, e o fato de ter havido o desmatamento, mesmo que por anteriores proprietários, não escusa a obrigação de instituição da reserva" (BRASIL. Superior Tribunal de Justiça. Agravo Regimental no Recurso Especial n. 1223499. 1ª Turma. Rel. Min. Napoleão Nunes Maia Filho. Julgado em: 13 jun. 2017). Ambas as decisões disponíveis em: <http://www.stj.jus.br/SCON/>. Acesso em: 09 jan. 2018. Sem prejuízo da controvérsia que se poderia estabelecer sobre a real e efetiva natureza *propter rem* da obrigação em causa, parece que o fundamento de uma imputação objetiva nestas situações tende a vir legitimado na relevância do bem jurídico e na imprescindibilidade da sua reparação, o que encontra fundamento direto no princípio da solidariedade, nos moldes do que já se sustentou em outras oportunidades.

20. DEGL'INNOCENTI, Francesca. *I criteri di imputazione della responsabilità per danno ambientale*. Contratto e Impresa, Padova, a. 29 n. 3, p.741-770, mag./giu. 2013, p. 744-748; FIALE, Aldo. *Il risarcimento del danno ambientale e il regime delle responsabilità*. Disponível em: <http://www.giuristiambientali.it/documenti/ICEF1.pdf>. Acesso em: 06 dez. 2017; ALBERTON, Mariachiara. *Il danno ambientale in un'ottica multilivello*: spunti di riflessione. IANUS: Diritto e finanza. Rivista semestrale di studi giuridici, Siena, a. 1, n. 2, p. 02-24, 2010, p. 11-12; MELI, Marisa. *Il principio 'chi inquina paga' nel Codice dell'Ambiente*. In: NICOTRA, Ida Angela; SALANITO, Ugo (a cura di). Il danno ambientale tra prevenzione e riparazione. Torino: Giappichelli, 2010, p. 69-70; LIMA, Lucas Asfor Rocha. *Responsabilidade civil em matéria de ambiente*: estudo comparado Brasil-Portugal. Revista dos Tribunais, São Paulo, v. 102, n. 932, p. 53-90, jun. 2013, p. 67-68; LEITÃO, João Menezes. *Instrumentos de direito privado...*, cit., p. 51; dentre outros tantos.
21. OLIVEIRA, Ana Perestrelo. *Causalidade e imputação...*, cit., p. 13, nota 8; CASTRONOVO, Carlo. *La natura del danno ambientale...*, cit., p. 124-125; DEGL'INNOCENTI, Francesca. *I criteri di imputazione...*, cit., p. 742-743; TRIMARCHI, Pietro. *Per uma riforma della responsabilità civile per danno all'ambiente*. Milano: Giuffrè, 1994, p. 241; dentre outros tantos.
22. Em Portugal, a previsão de uma regra de responsabilidade civil objetiva em matéria de danos ambientais vinha já predisposta no artigo 41, n. 1, Lei de Bases do Ambiente (Lei n. 11/87, de 07 de abril), ainda que de modo limitado (pois condicionada à verificação de duas situações específicas), quando dispunha que "[e]xiste obrigação de indemnizar, independentemente de culpa, sempre que o agente tenha causado danos significativos no ambiente, em virtude de uma acção especialmente perigosa, muito embora com respeito do normativo aplicável". A Lei n. 19/2014, de 14 de abril, ao revogar o diploma precitado e instituir as novas bases da política de proteção do ambiente, silenciou acerca do tema, que se pressupunha haveria de ser regulado pelo Decreto-lei n. 147/2008, de 29 de julho, que transpôs à ordem jurídica portuguesa da Diretiva 2004/35/CE, do Parlamento Europeu e do Conselho. Ocorre que o referido ato normativo fê-lo de modo um tanto eclético (quiçá assistemático), pois regulou apenas a responsabilidade civil por danos individuais causados aos particulares em decorrência da lesão de bens ambientais (o que, aliás, não fora feito pela norma comunitária), centrando a suas atenções na responsabilidade administrativa pela prevenção e reparação de danos ambientais (agora numa perspectiva coletiva *lato sensu*, mas fora do âmbito do direito civil). Assim é que, atualmente, vige em Portugal regra de responsabilidade civil objetiva para os danos ambientais de feição individual, consoante disposto no artigo 7º do antes referido Decreto-lei n. 147/2008, segundo o qual "[q]uem, em virtude do exercício de uma atividade económica enumerada no anexo III ao presente decreto lei, que dele faz parte integrante, ofender direitos ou interesses alheios por via da lesão de um qualquer componente ambiental é obrigado a reparar os danos resultantes dessa ofensa, independentemente da existência de culpa ou dolo", ao passo em que, relativamente aos danos ambientais de feição difusa, permaneceria aplicável a regra do artigo 23 da Lei n. 83/95, de 31 de agosto (Lei da Acção Popular), nos termos da

qual "[e]xiste ainda a obrigação de indemnização por danos independentemente de culpa sempre que de acções ou omissões do agente tenha resultado ofensa de direitos ou interesses protegidos nos termos da presente lei e no âmbito ou na sequência de actividade objectivamente perigosa". Em suma, mesmo diante de uma realidade normativa craquelê, é possível afirmar que ambas as situações (individuais e coletivas) contam com hipóteses de responsabilidade civil objetiva, mesmo que limitadas (aquelas, às atividades taxativamente predispostas e, estas, às atividades objetivamente perigosas). Neste particular e tendo em conta dito cenário legislativo antes referido, não se está de acordo com LEITÃO, Luis Manuel Teles de Menezes. *Responsabilidade civil...*, cit., p. 38, quando refere que a norma de transposição da Diretiva do Parlamento Europeu e do Conselho representou "grande avanço em relação à responsabilidade civil ambiental" no sistema jurídico português; e isso não apenas porque tratou de regular concomitantemente disciplinas autônomas (quando a própria norma comunitária não o fez) e, inclusive, com objetivos não coincidentes (responsabilidade civil individual, de cunho ressarcitório, e responsabilidade administrativa coletiva, de cunho preventivo/reparatório), mas também porque deixou de regular na sua inteireza o instituto da responsabilidade civil na sua interface com a proteção ambiental, deixando os danos coletivos sujeitos, ainda, à disciplina da Lei da Acção Popular. Em sentido diverso rumou, por exemplo, o legislador francês, reconhecendo, na reforma legislativa de 2016 promovida no *Code*, a indenizabilidade dos danos ambientais na sua dimensão coletiva; sobre o tema, BARBOSA, Mafalda Miranda. *A reforma francesa da responsabilidade civil* – Breves considerações em sede extracontratual. Revista da Faculdade de Direito e Ciência Política da Universidade Lusófona, Porto, n. 11, 2018, p. 23 e ss.

23. Contrariamente do que sucedera em Portugal, o legislador italiano, ao efetivar a transposição da Diretiva 2004/35/CE, do Parlamento Europeu e do Conselho, o que foi feito por intermédio da edição do Decreto Legislativo n. 152/2006, ateve-se preponderantemente à disciplina da responsabilidade administrativa prevista no direito comunitário e a sua correlação com o princípio da precaução. Tal se infere do fato de as ações tendentes à promoção da prevenção e da reparação do dano ambiental de matriz coletiva (equivalente à até então empregada noção de dano ecológico) serem atribuídas ao Ministério do Ambiente, fazendo com que a disciplina extraível da maior parte dos dispositivos (especialmente artigos 300, 301, 304 e 305) do aludido Diploma tenham natureza de direito público; sobre o tema, CASTRONOVO, Carlo. *La natura del danno...*, cit., p. 125. Com a mesma opinião, referindo um "scivolamento pubblicistico incompatibile con la figura risarcitoria che il legislatore aveva inteso, a quanto sembra, disciplinare", SCOGNAMIGLIO, Claudio. *Danno ambientale...*, cit., p. 1070-1071. O artigo 311, n. 2, contudo, parece conter a principal regra de responsabilidade civil, mencionando que "[q]uando si verifica un danno ambientale cagionato dagli operatori le cui attività sono elencate nell'allegato 5 alla presente parte sesta, gli stessi sono obbligati all'adozione delle misure di riparazione di cui all'allegato 3 alla medesima parte sesta secondo i criteri ivi previsti, da effettuare entro il termine congruo di cui all'articolo 314, comma 2, del presente decreto. Ai medesimi obblighi è tenuto chiunque altro cagioni un danno ambientale con dolo o colpa. Solo quando l'adozione delle misure di riparazione anzidette risulti in tutto o in parte omessa, o comunque realizzata in modo incompleto o difforme dai termini e modalità prescritti, il Ministro dell'ambiente e della tutela del territorio e del mare determina i costi delle attività necessarie a conseguirne la completa e corretta attuazione e agisce nei confronti del soggetto obbligato per ottenere il pagamento delle somme corrispondenti". Independentemente do viés publicista ou privatista da responsabilidade, aqui cumpre assinalar, nos moldes do que ocorre em Portugal, uma oscilação entre a imputação objetiva excepcional (para as atividades consideradas perigosas e, por isso, expressamente indicadas) e a imputação subjetiva subsidiária (com a exigência da prova de dolo ou culpa). Com esta mesma impressão, DEGL'INNOCENTI, Francesca. *I criteri di imputazione...*, cit., p. 759-760. E, por fim, nada impede que se reconheça, em paralelo, o que se tem denominado "dano mediato dos sujeitos privados", os quais também ensejarão pretensão ressarcitória legítima, desde que atendidos os pressupostos gerais da responsabilidade civil (tanto por força da disciplina do artigo 2.043, quando do artigo 2.050, ambos do Código Civil italiano); assim, CASTRONOVO, Carlo. *La nuova responsabilità civile*, cit., p. 759-764; VISINTINI, Giovanna. *Cos'è...*, cit., p. 216. A centralidade do conceito de *danno ingiusto* é tamanha no sistema jurídico italiano que, mesmo nas situações regidas por lei especial – no caso, o Decreto Legislativo n. 152/2006 –, a doutrina tende a apontar a invocação principiológica do artigo 2.043 do *Codice Civile* que, na espécie, é feita com fundamento dos artigos 242 e 311 daquele diploma; neste sentido, LEONARDI, Roberto. *La responsabilità in tema di bonifica dei siti inquinati*: dal criterio soggetivo del 'chi inquina paga' al criterio oggettivo del 'chi è proprietario paga'? Rivista Giuridica dell'Edilizia, Milano, a. LVII, fasc. 1, 2015, p. 06.

24. Dos três sistemas jurídicos sob comparação, o brasileiro foi aquele que se revelou mais sucinto na regulação do tema, não obstante o tenha feito em termos bastante alargados, convergindo integralmente para a responsabilidade objetiva, sem ressalvas. Assim é que, ao dispor no artigo 14, parágrafo 1º, da Lei Federal

A justificativa inicial para tanto surge associada às dificuldades inerentes à demonstração da culpa nas situações em que constatados danos ambientais, porquanto, no mais das vezes, decorrentes de complexos processos tecnológicos, produtivos e distributivos, e à impossibilidade de se aceitar que o fato de se constituir em uma causação, em tese, anônima possa ser fator de irresponsabilidade[25].

O debate hodierno, contudo, mais do que afeto à dificuldade da prova da culpa (que estatisticamente é notória, deve-se reconhecer) tende a centrar-se na relevância do bem jurídico[26], especialmente tendo em vista a sua fruição coletiva e a sua imprescindibilidade ao pleno desenvolvimento da personalidade dos sujeitos em si considerados. Daí a necessidade de se empreender o máximo esforço na tentativa de restauração natural das condições comprometidas pela degradação, tudo tendente a preservar a qualidade de vida dela extraível.

Ou seja, tal qual asseverado, a própria ideia de responsabilidade ambiental conjuga-se muito proximamente à responsabilidade civil objetiva, que se converte em instrumento efetivo de tutela da manutenção da qualidade de vida extraível de um ambiente ecologicamente equilibrado e, por conseguinte, necessário à própria preservação da vida e do livre desenvolvimento da personalidade de todos e de cada um. Mais do que um juízo de ponderação de interesses em abstrato, que se materializa na opção por um regime agravado de responsabilidade, a diversidade relacionada à amplitude do uso da imputação objetiva, em última análise, reflete também um elemento cultural importante, que não pode ser desconsiderado.

Nesta linha, dois modelos são possíveis: um primeiro, mais articulado do ponto de vista da imputação, tendente, por isso, a ser mais restritivo, nos moldes do que se verifica no cenário jurídico europeu (com uma regra restrita prevendo a imputação objetiva, normalmente associada a atividades de risco previstas em *numerus clausus*, conjugada com outra, mais ampla, supletiva, assente na culpa para os demais casos);

---

n. 6.938/81, que institui a Política Nacional do Meio Ambiente, que "é o poluidor obrigado, independentemente de culpa, a indenizar ou reparar os danos causados ao meio ambiente e a terceiros, afetados por sua atividade", estabeleceu uma típica cláusula geral de responsabilidade civil objetiva, o que permitiu à jurisprudência reconhecer, de modo amplo, que "a responsabilidade por dano ambiental é objetiva, informada pela teoria do risco integral, sendo o nexo de causalidade o fator aglutinante que permite que o risco se integre na unidade do ato" (BRASIL. Superior Tribunal de Justiça. Recurso Especial n. 1596081/PR. 2ª Seção. Rel. Min. Ricardo Villas Bôas Cuevas. Julgado em: 25 out. 2017; Recurso Especial n. 1374284/MG. 2ª Seção. Rel. Min. Luis Felipe Salomão. Julgado em: 27 ago. 2014; Recurso Especial n. 1114398/PR. 2ª Seção. Rel. Min. Sidnei Beneti. Julgado em: 08 fev. 2012; dentre outros. Todos disponíveis em: <http://www.stj.jus.br/SCON/>. Acesso em: 05 dez. 2017). Note-se que não há qualquer limitação a atividades específicas ou condicionamento a que sejam perigosas, ocupacionais ou econômicas, sequer se exigindo prova ou mesmo indício de que sejam especialmente arriscadas, de modo a permitir a aplicação da norma a qualquer situação, individual ou coletiva, que implique em dano ambiental em sentido amplo.

25. DEGL'INNOCENTI, Francesca. *I criteri di imputazione...*, cit., p. 742.
26. Ainda na defesa da responsabilidade objetiva, é de se ponderar que, contrariamente a outras hipóteses de dano, é notório o seu caráter unilateral, pois depende preponderantemente do nível de atividade dos potenciais lesantes, pouco podendo contribuir, inclusive para fins de se evitar o prejuízo, os possíveis lesados que, em tese, são coletividades mais ou menos alargadas, diante da natureza difusa do interesse respectivo. Assim, TRIMARCHI, Pietro. *Per uma riforma...*, cit., p. 241.

e um segundo, mais aberto (porém mais abrangente), que, ao invés de estabelecer situações específicas submetidas à responsabilidade objetiva, contempla uma cláusula geral de imputação desta natureza, que será concretizada a partir da sua aplicação ao caso concreto, com maior margem à ponderação *a posteriori*, nos moldes do que sucede no sistema jurídico brasileiro.

O ponto de partida de ambos, de igual sorte, é diverso. Ao passo em que aquele, que se aproxima da ideia de risco ou perigo da atividade, tende a considerar, para fins de imputação, a origem do dano, este (mais abrangente) tende a considerar o próprio prejuízo e a sua relevância jurídica como fator preponderante para o estabelecimento das diretrizes da reparabilidade, fazendo com que ditas valorações integrem-se ao suporte fático da norma de imputação por meio da verificação da lesão do bem jurídico, das suas consequências, da sua relevância e da maior ou menor imprescindibilidade de que seja restituído, tanto quanto possível (*in natura* ou por equivalente), ao estado inicial de funcionalidade. Dito de outro modo, enquanto o modelo mais largamente adotado nos sistemas jurídicos europeus tende a partir da fonte do dano como fator de atribuição[27], o modelo brasileiro parte do dano e da sua relevância jurídica.

Deve-se aqui consignar, contudo, que a preponderância da ponderação a partir da relevância do bem jurídico lesado e do prejuízo correspondente e não da fonte da qual provém o dano passa a ser uma realidade viva nas mais recentes tendências de tratamento do tema, o que representa, na exata medida, o reposicionamento pretendido para a responsabilidade civil. Assim, por exemplo, indicam as diretrizes constantes nos Princípios de Direito Europeu da Responsabilidade Civil, nomeadamente quando, ao tratarem da delimitação da ideia de dano ressarcível, conjugam a extensão da proteção com a relevância do bem jurídico atingido, bem como preveem que a extensão da proteção poderá estar intimamente associada (sendo, por isso, mais ou menos intensa) em razão da natureza da responsabilidade a ela associada[28].

---

27. Deve-se aqui reconhecer que tal cenário é, em grande escala, fruto da interferência do direito comunitário na regulação dos países-membros. E, para tanto, especificamente no que tange à responsabilidade civil, não há como se deixar de ponderar a sempre presente tensão que se estabelece na eleição de soluções harmonizadoras, o que se deve não apenas às diversidades advindas do confronto (já em muito mitigado) entre *Common Law* e *Civil Law*, mas, mais do que isso, à própria diversidade de modelos presente no direito continental, no qual se contrapõem as tradições de regulação mais aberta, por meio de cláusulas gerais (na linha do regramento francês e das suas derivações), às mais estreitas, próximas da tipicidade, mesmo que não estrita (na linha do regramento alemão).
28. No item (1) do artigo 2:101 dos aludidos Princípios, tal qual já mencionado em outras oportunidades, consta textualmente que "[a] extensão da protetcção de um interesse depende da sua natureza; quanto mais valioso e mais precisa a sua definição e notoriedade, mais ampla será a sua proteção", o que vem complementado pelo número (5) do mesmo preceito quando dispõe que "[a] extensão da protecção poderá também ser afetada pela natureza da responsabilidade, de forma que um interesse possa ser mais intensamente protegido face a lesões intencionais do que em outros casos"; texto integral disponível em: <civil.udg.edu/php/biblioteca/items/295/PETLPortuguese.doc>. Acesso em: 23 dez. 2017. O último comando, no caso da responsabilidade civil ambiental, merece ser interpretado a partir de outro prisma, mas também tendo em vista a natureza da imputação: deste caso, estaria autorizado o estabelecimento de um regime mais agravado, não com base no dolo do lesante, mas diante da inquestionável relevância do bem jurídico ambiental ao pleno desenvolvimento da personalidade dos sujeitos impactados pela lesão e, por conseguinte, pelo prejuízo correspondente. Sobre o tema, mesmo que partindo de uma visão geral, não obstante focada no que denomina "sistema flexível"

Em outras palavras, no que tange à responsabilidade civil em razão de danos ambientais (nomeadamente na sua feição coletiva *lato sensu*), é notória a extrema relevância do bem jurídico respectivo, pois associado aos interesses imateriais da pessoa na sua singularidade e na sua vida de relação, o que deve ser diretamente proporcional à intensidade da proteção a ele conferida. E, neste particular, a extensão na tutela que se viabiliza por meio do dever de indenizar deve levar em conta, em nome do interesse público, a natureza da responsabilidade, com uma preponderância à imputação objetiva, independentemente de o prejuízo estar ou não associado a uma atividade perigosa, pois, em última análise, o que se deseja é que estes danos, quando caracterizados, não fiquem desprovidos de reparação.

E, neste particular, não se pretende com isso propor a substituição de uma disciplina baseada na ideia genuína de responsabilidade civil por um assim dito direito de danos. Entende-se que o instituto da responsabilidade civil está incondicionalmente associado à ideia da imputação dos ônus correspondentes a um prejuízo, pois o que interessa de modo precípuo é a atribuição de responsabilidade pela reparação de um dano (mantendo-se, por isso, a noção de responsabilidade em sentido alargado)[29]; ocorre que se tem como preferível que a construção do vínculo obrigacional respectivo dê-se a partir de uma especial consideração do dano juridicamente relevante e da sua gestão (e do lesado, por conseguinte) e não da fonte da qual provém (do lesante, em última análise).

Nestes termos – não obstante ainda não de forma ampla – está-se a sustentar que o agravamento da imputação tende a se legitimar não propriamente nos riscos inerentes à atividade em si, mas na imprescindibilidade de se promover a reparação do dano como forma de se manterem as características originais necessárias à fruição coletiva do bem jurídico respectivo, na linha do modelo ora proposto. Em verdade, sequer parece que seja oportuno condicionar a imputação agravada à especial existência de um risco ou mesmo de um perigo, porquanto haverá situações em que os danos podem ser severos mesmo à vista de uma situação de baixo risco (e vice-versa).

Tal se mostra inapropriado e, quiçá, deveras dificultoso, em se partindo de um regime fragmentado e fracionário de responsabilidade civil objetiva, nos moldes ainda vigentes, ao menos na ideação preponderante na concepção cultivada por grande parte dos seus aplicadores. Todavia, partindo-se de um regime geral de imputação, nos moldes em que proposto, parece que a existência de uma *fattispecie* mais ampliada de responsabilidade objetiva em matéria ambiental, que se concretize por meio dos

---

adotado pelos PETL, especialmente tendo em conta a sua relevância para a proposição ora em exame, ver MARTÍN-CASALS, MIQUEL. Os *"Princípios de Direito Europeu da Responsabilidade Civil" (PETL) no início de uma segunda década*. Revista de Direito Civil Contemporâneo, São Paulo, v. 4, n. 12, p. 359-389, jul./set. 2017.

29. Como bem pondera SACCO, Rodolfo. *Che cos'è il diritto comparato*, cit., p. 278, a função primordial da responsabilidade civil está em repristinar a estado (económico ou mesmo psicológico) existente caso não tivesse sucedido a violação da qual provém, partindo-se, neste aspecto, de um prisma centrado no lesado; o fato de subtrair as vantagens decorrentes desta violação – a partir, portanto, de um prisma centrado no lesante – constitui-se em efeito reflexo que tende a desencorajar, mesmo que indiretamente, a violação, o que lhe viabiliza contribuir para uma vida social pacífica e ordenada.

seus pressupostos essências (na sua versão ressistematizada), afigura-se não apenas preferível, mas mesmo recomendável, fazendo com que a sua aplicação em concreto, por meio da estrutura dogmática que lhe é atribuída – com pressupostos que, pela sua carga normativa, convertem-se em filtros eficientes –, faça as vezes de instrumento de seleção dos danos dignos de ressarcimento.

Analisar como tal se processa por intermédio dos conceitos de dano ambiental (em sentido normativo) e de causalidade (com viés preponderantemente jurídico), é tarefa que se impõe para fins de demonstração final da sistematização que se está a propor.

2. A ESTRUTURA DA RESPONSABILIDADE CIVIL AMBIENTAL COMO MEIO DE CONCRETIZAÇÃO DA UTILIDADE DE UM REGIME GERAL DE IMPUTAÇÃO OBJETIVA

Tal qual veio proposto ao longo do presente estudo, o regime geral de responsabilidade civil objetiva delineado tem por fim permitir uma adequada concretização da tutela dos bens jurídicos a ele submetidos, o que se dá, à luz do princípio da solidariedade, através de um juízo de ponderação entre interesses contrapostos. E o instrumental para tanto se materializa nos seus pressupostos essenciais, no caso, o dano juridicamente relevante e a causalidade normativa a ele associada que, por isso, convertem-se em eficientes filtros de demarcação do alcance (qualitativo e quantitativo) do dever de reparar.

Neste prisma, cumpre reconhecer – tal qual sucede no regime geral ora proposto – uma dúplice função para os pressupostos em causa. De um lado e num primeiro momento, permitem a ampliação da responsabilidade civil ambiental (bem como das demais situações a ele submetidas), na medida em que vêm associados a um regime de imputação objetiva e comportam, de algum modo, a sua flexibilização do ponto de vista da constatação da sua ocorrência, especialmente em matéria de causalidade[30]; de outro e num segundo momento, possibilitam uma melhor aferição das situações em que efetivamente se justifica a imposição de uma obrigação indenizatória, na medida em que assumem um conteúdo precipuamente normativo, que se concretiza por meio da modulação corretiva dos conceitos de dano juridicamente relevante e de causalidade jurídica.

Assim é que o regime geral proposto, aqui concretizado na responsabilidade civil ambiental, a par de uma ampliação inicial decorrente de um desejável alargamento do campo de atuação da imputação objetiva (por meio de cláusula geral), permite uma

---

30. Consoante refere DEGL'INNOCENTI, Francesca. *I criteri di imputazione...*, cit., p. 742, é típico dos danos assim ditos "senza autore" – cuja manifestação se verifica de maneira nítida na responsabilidade civil ambiental –, invariavelmente associados a um fenômeno de massificação das intervenções não consentidas por meio da lesão a interesses jurídicos dignos de tutela, a introdução de regras de responsabilidade objetiva e, em paralelo, modelos que favoreçam a prova do prejuízo da sua origem, as quais se encontram, por isso, associadas de modo íntimo ao pressuposto do dano e do nexo de causalidade.

ponderação eficiente por intermédio da requalificação jurídica dos pressupostos que lhe são essenciais, nos termos do juízo de ponderação que lhe é típico, garantindo reparabilidade apenas às situações em que efetivamente se mostre justificável, a partir de um processo de análise estritamente normativo.

Cumpre, desta feita, analisar como tal se processa, tendo em conta o modelo paradigmático proposto, o que se dará por meio dos conceitos de dano ambiental e de causalidade em matéria de responsabilidade civil ambiental.

2.1 O conceito normativo de dano ambiental e a operacionalização do regime geral de responsabilidade civil objetiva a ele associado

A demarcação dos contornos do conceito de dano ambiental é essencial à verificação da forma como se operacionaliza o regime geral ora em experimentação e a ele associado. E, neste particular, nos moldes do que sucede com o estabelecimento das *fattispecie* de imputação, dois cenários são possíveis: um primeiro, no qual, não obstante o sistema positivo contenha elementos que induzam na sua demarcação, não há um conceito legal propriamente dito[31]; e um segundo, no qual a própria lei trata de definir no que consiste dano ambiental[32].

---

31. Esta é a realidade normativa vigente no sistema brasileiro, no qual, a par da existência de conceitos jurídicos relevantes a este fim – dentre eles os de degradação da qualidade ambiental, assim entendida como "a alteração adversa das características do meio ambiente", e de poluição, assim posta enquanto "a degradação da qualidade ambiental resultante de atividades que direta ou indiretamente: a) prejudiquem a saúde, a segurança e o bem-estar da população; b) criem condições adversas às atividades sociais e econômicas; c) afetem desfavoravelmente a biota; d) afetem as condições estéticas ou sanitárias do meio ambiente; e) lancem matérias ou energia em desacordo com os padrões ambientais estabelecidos", tudo nos termos do disposto, respectivamente, nos incisos II e III do artigo 3º da Lei Federal n. 6.938/81 – não há uma definição propriamente dita de dano ambiental. Esta tarefa, por isso, tem sido relegada à doutrina. Nestes termos, dano ambiental tem sido definido como "a lesão aos recursos ambientais, com consequente degradação – alteração adversa ou *in pejus* – do equilíbrio ecológico e da qualidade de vida"; assim, MILARÉ, Édis. *Direito do Ambiente*: A gestão ambiental em foco. 7ed. São Paulo: Revista dos Tribunais, 2011, p. 119. No mesmo sentido, LEITE, José Rubens Morato. *Dano Ambiental*: do individual ao coletivo extrapatrimonial. 2ed. São Paulo: Revista dos Tribunais, 2003, p. 104, quando refere que "o dano ambiental deve ser compreendido como toda a lesão intolerável causada por qualquer ação humana (culposa ou não) ao meio-ambiente, diretamente, como macrobem do interesse da coletividade, em uma concepção totalizante, e indiretamente, a terceiros, tendo em vista interesses próprios e individualizáveis e que refletem no macrobem". É de se assinalar que a última definição proposta, na linha do que se tem sustentado até aqui, não obstante peque pelo fato de deixar de aludir à supressão de uma vantagem tutelada pelo direito (refere apenas a violação da qual decorre), contém elementos de extrema relevância, não apenas quando atenta para as possíveis dimensões do dano ambiental (coletivo e individual), mas, mais do que isso, quando destaca que a lesão ao bem jurídico deve ser "intolerável", trazendo, assim, a imprescindível referência ao fato de que o dano deverá ser juridicamente relevante, ou seja, normativamente ilegítimo ou injusto.

32. Ainda que expressamente previstos em lei, tais conceitos podem ser gerais ou específicos. No sistema jurídico italiano, uma vez mais por fora da transposição da Diretiva 2004/35/CE, do Parlamento Europeu e do Conselho, o artigo 300 do Decreto Legislativo n. 152/2006 estatui expressamente que "[è] danno ambientale qualsiasi deterioramento significativo e misurabile, diretto o indiretto, di una risorsa naturale o dell'utilità assicurata da quest'ultima". Já em Portugal o conceito legal é extenso e muitíssimo articulado; neste sentido, traz o artigo 11, alínea (e), n. 1, do Decreto-Lei n. 147/2008, de 29 de Julho, definições complementares de dano ambiental, tomando em conta, cada uma, os específicos bens ambientais tutelados, a saber: (I) *Danos causados às espécies e habitats naturais protegidos*, assim definidos como "quaisquer danos com efeitos significativos adversos para a consecução ou a manutenção do estado de conservação favorável

Sem prejuízo da aparente diversidade, a linha de abordagem é convergente em ambos os cenários. Isso porque, definindo ou não a lei no que consiste o dano ambiental, os seus contornos serão sempre largos, diante da amplitude dos bens jurídicos e dos interesses respectivos, de modo que praticamente ineficientes por si mesmos a delimitar a sua real extensão. Daí porque a atuação do intérprete será imprescindível à identificação do que se espera reparar por meio da responsabilidade civil ambiental.

Alguns elementos, contudo, são comuns e estão associados à intransponível premissa já posta, nos termos da qual a simples existência humana basta a promover alguma forma de degradação do ambiente, alterando *in pejus* os respectivos bens jurídicos. Imprescindível, por conseguinte, diferenciar de modo satisfatório as hipóteses que são toleráveis daquelas que, pelas suas características normativas, ensejarão um dever de reparar.

Neste exato particular é que o cerne da tese delineada até aqui ganha extrema relevância. Partindo do pressuposto que se está diante de um regime de imputação objetiva – permita-se, aqui, abstrair as regras de responsabilidade civil assentes na culpa, vigentes nos sistemas jurídicos português e italiano, quanto mais porque se entende que a imputação objetiva mereceria ser melhor utilizada nesta espécie de danos –, poder-se-ia afirmar que, diante de uma visão simplista do instituto, em havendo o menoscabo do bem ambiental e havendo relação de causa e efeito com o fator de atribuição, seria suficiente a se imputar um dever de indenizar[33].

---

desses habitats ou espécies, cuja avaliação tem que ter por base o estado inicial, nos termos dos critérios constantes no anexo IV ao presente decreto-lei, do qual faz parte integrante, com excepção dos efeitos adversos previamente identificados que resultem de um acto de um operador expressamente autorizado pelas autoridades competentes, nos termos da legislação aplicável"; (II) *Danos causados à água*, assim postos como "quaisquer danos que afetem adversa e significativamente: – O estado ecológico ou o estado químico das águas de superfície, o potencial ecológico ou o estado químico das massas de água artificiais ou fortemente modificadas, ou o estado quantitativo ou o estado químico das águas subterrâneas, nos termos da Lei da Água aprovada pela Lei 58/2005, de 29 de dezembro, na sua redação atual; – O estado ambiental das águas marinhas, conforme a definição constante do Decreto-Lei 108/2010, de 13 de outubro, alterado pelos Decretos-Leis n. 201/2012, de 27 de agosto, e 136/2013, de 7 de outubro, na medida em que os aspetos do estado ambiental do meio marinho não estejam já cobertos pela Lei da Água ou legislação complementar"; e (III) *Danos causados ao solo*, assim estabelecidos enquanto "qualquer contaminação do solo que crie um risco significativo para a saúde humana devido à introdução, directa ou indirecta, no solo ou à sua superfície, de substâncias, preparações, organismos ou microrganismos". Não há dúvidas de que, contrariamente com o que sucede com a regulação italiana, que se apresenta mais servível à responsabilidade civil, os termos do disposto no ato normativo português estão inegavelmente associados à responsabilidade administrativa decorrente do dano ambiental, o que justifica os pormenores nela postos.

33. Note-se que é necessário não apenas a violação do interesse associado ao bem jurídico, mas, além disso, um efetivo comprometimento das funções ambientais a ele associadas. Neste sentido, POZZO, Barbara. *Il danno ambientale*. Milano: Giuffrè, 1998, p. 54. No mesmo sentido tem decidido a jurisprudência, consoante se infere em julgado proferido pela Corte de Cassação italiana, no qual ficou assentado que, para o atendimento do conceito de dano ambiental imprescindível ao surgimento do dever de reparar, "non basta la violazione puramente formale della normativa in materia di enquinamento", sendo imprescindível a demonstração do comprometimento da funcionalidade do bem jurídico, consubstanciado "nell'alterazione, deterioramento, distruzione, in tutto o in parte, dell'ambiente"; assim: ITALIA. Corte Suprema di Cassazione. Sentenza n. 9211, di 01 set. 1995. Disponível em: <https://www.e-glossa.it/wiki/cass._civile,_sez._i_del_1995_numero_9211_(01$$09$$1995).aspx>. Acesso em: 04 jan. 2018).

Ocorre que tal conclusão não é aquela que se afigura desejável.

Daí a necessidade de que se compreenda que haverá intervenções que, mesmo implicando violação de interesses ambientais juridicamente protegidos, são consentidas pelo ordenamento jurídico, tanto por expressa disposição legal, quanto por meio de autorizações administrativas de ordem variada que permitam a intervenção legítima no ambiente. Nestes casos, não obstante haja dano em sentido naturalístico – pois presente não apenas a violação do interesse, como também o menoscabo do bem jurídico respectivo, inclusive com alguma parcela de perda das utilidades dele decorrentes –, ele não é juridicamente relevante, na medida em que decorrente do regular exercício de um direito (em sentido amplo) conferido ao, em tese, lesante, para que assim o proceda.

A fim de que se compreenda do que se está a falar, basta que se tome, uma vez mais, um exemplo singelo. Partindo-se de uma indústria em funcionamento que, no seu processo produtivo, lança gases no ambiente[34], deve-se ter em vista que não há como se levar a efeito tal atividade sem algum índice de emissões atmosféricas, as quais, especialmente se associadas a outras, podem produzir poluição ambiental e, por conseguinte, dano em sentido naturalístico. Ocorre que o ato de autorização desta empresa leva em conta parâmetros permitidos de emissão, os quais, se observados, estão dentro da margem consentida para a interferência no bem ambiental respectivo. Nesta linha, somente haverá dano em sentido jurídico quando estas emissões ultrapassarem os padrões estabelecidos, porquanto, neste caso, estar-se-á indo além da tolerabilidade admitida para o exercício da atividade.

Retoma-se, neste ponto, a premissa antes posta no sentido de que a simples existência humana basta a promover alterações desfavoráveis no ambiente. Assim, para que haja dano juridicamente relevante e, por conseguinte, dever de indenizar – mesmo que (e especialmente) se tal ocorra no âmbito de um regime de responsabilidade civil objetiva –, é necessário que a fonte da qual provém não esteja legitimada (ou seja, possa ser dita *non iure*) e que a interferência decorra da violação de um interesse protegido (ou seja, possa ser dita *contra ius*).

Neste particular, cumpre reconhecer uma vez mais – agora em concreto – que a ideia de ilicitude, na sua feição tradicional, também não é suficiente para a solução do problema, justo porque pressupõe a conjugação da ideia de desvalor da ação (que está legitimada) e do resultado (que, em função disso, também se afigura permitido), inexistindo, nesta hipótese, portanto, dever de indenizar – sem prejuízo de eventuais condicionantes de cunho administrativo impostas à atuação em causa.

Em outras palavras, não é qualquer lesão a interesse juridicamente associado aos bens ambientais, mesmo em razão da sua diminuição ou da sua alteração, que enseja o dever de reparar; não é a mera existência de liame causal entre ação,

---

34. Mesmo que sejam gases não tóxicos por natureza, mas cumulativamente poluentes, como no caso do monóxido/dióxido de carbono, associado à queima de combustíveis fósseis.

omissão, atividade ou condição jurídica que fará surgir o vínculo obrigacional indenizatório. Será imprescindível, para este fim, verificar em que circunstâncias o dano (em sentido naturalístico) ocorre para o fim de concluir se ele será ou não juridicamente relevante a partir de um conceito normativo que, não obstante esteja posto de antemão, somente será concretizável na sua plenitude quando do exame do caso concreto.

E, neste particular, não basta, como recomendam alguns conceitos de dano ambiental, a imprescindibilidade de que, para que assim seja considerado do ponto de vista técnico, esteja associado a um significativo efeito negativo em relação a um dado estado de conservação[35]. Mais do que a extensão do impacto (que, por vezes, poderá até ser pequena), deve-se ter presente que o dado é predominantemente normativo e não fenomênico, no sentido de identificar se há ilegitimidade – ou injustiça, para usar uma expressão que, a par da sua controvérsia, tornou-se escorreita em razão da praxe italiana – na sua causação.

Tem-se que será imprescindível, assim, para que a responsabilidade civil em matéria ambiental – especialmente se de tipo objetivo e predisposta em cláusula geral – seja adequadamente operacionalizada, verificar se o dano respectivo, entendido como a degradação do bem ambiental apta a comprometer as utilidades dele extraíveis, pode ser qualificado como *contra ius* e *non iure*, ou seja, se decorrente da efetiva violação de um interesse juridicamente protegido (na esfera da vítima) e se não está legitimado em razão de uma condição justificativa titulada pelo lesante.

Permite-se, com isso, uma aferição dúplice que se constrói tendo em conta o juízo de ponderação baseado no princípio da solidariedade ínsito à responsabilidade civil objetiva, o qual pondera os interesses do lesado (em razão da aferição da sua faceta *contra ius*) e os interesses do lesante (em decorrência da verificação da sua faceta *non iure*), conciliando atuações igualmente legítimas, mas que precisam ser equalizadas de modo ponderado.

Pretende-se, assim, por meio da aferição em concreto de um regime específico – no caso, o relacionado à responsabilidade civil ambiental – demonstrar que a imputação objetiva pressupõe a sua concretização por intermédio não apenas de uma previsão legal de dispensa da culpa, mas também por meio de um conceito de dano juridicamente relevante que leve em conta o contraponto imprescindível entre os interesses do lesante (*non iure*) e do lesado (*contra ius*) típicos do juízo de ponderação que se materializa na aplicação do princípio da solidariedade.

E todo este processo se completa, como se passa a expor, por meio da adequada operacionalização do conceito de causalidade jurídica, também de grande relevância ao regime geral de responsabilidade civil objetiva proposto e vivamente identificável na imputação associada aos danos ambientais.

---

35. SCOGNAMIGLIO, Claudio. *Danno ambientale*..., cit., p. 1066-1067.

2.2 A noção jurídica de causalidade em matéria ambiental e a efetivação do regime geral de responsabilidade civil objetiva correspondente

A forma como se operacionaliza o regime de imputação atinente à responsabilidade ambiental foi, quiçá, uma das mais tormentosas à aferição do requisito do nexo de causalidade, ensejando, por isso, intensa controvérsia nos referenciais teóricos da dogmática tradicional sobre o tema.

É, portanto, terreno fértil à demonstração da tese até aqui delineada, não apenas no que tange à imprescindibilidade de um conteúdo especialmente normativo para o pressuposto em causa – o que tem capacidade para resolver uma série de dificuldades em matéria ambiental –, como também da sua predisposição a promover ajustes no âmbito de incidência do juízo de responsabilidade civil em questão, por intermédio da adequada delimitação dos danos ressarcíveis.

Tais constatações decorrem da forma como se desenvolve o processo causal em razão das mais variadas ações, omissões ou atividades aptas a causarem degradação ao ambiente assim subsumível no conceito igualmente normativo de dano ambiental. Isso porque ditas fontes causadoras de prejuízos, tendo em conta os bens jurídicos respectivos, tanto podem ser simples como complexas, inclusive com a concorrência de fatores variados (multicausalidade), fazendo com que seja imprescindível um conceito dúctil e, ao mesmo tempo, bem estruturado do ponto de vista normativo acerca do nexo causal.

Neste exato ponto, a doutrina começa a atentar para o fato de que, no âmbito de aplicação da responsabilidade civil associada aos danos ambientais, a aferição do nexo de causalidade somente poderá ser operacionalizada de modo adequado a partir de uma atenta análise do escopo de proteção da norma ambiental violada. Assim que, considerando a avaliação do intento buscado por meio da tutela concedida a determinado bem ambiental e o menoscabo por ele sofrido em razão do fato imputável ao sujeito que se pretende responsável, somente será possível verificar se existe relação causal entre o prejuízo e o fator de atribuição predisposto na lei a partir de um cotejo relativamente ao fim buscado com aquela proteção[36].

Dito de outro modo, a aferição do âmbito de proteção da norma de salvaguarda dos bens ambientais especificamente atingidos é que demonstrará a extensão do dano a ser reparado, pois somente aqueles que forem por ela abrangidos no seu escopo de

---

36. SCOGNAMIGLIO, Claudio. *Danno ambientale...*, cit., p. 1072-1073. O autor faz especial invocação à importância da teoria do escopo da norma violada para fins de aferição da ressarcibilidade dos prejuízos individuais sofridos em razão do fato produtivo do dano ambiental de natureza coletiva. Ou seja, o bem jurídico e o correlato interesse têm dimensão supraindividual, de modo que as externalidades negativas de ordem individual somente serão reparáveis se estiverem situadas dentro do âmbito de proteção da norma ambiental violada pela degradação. O mesmo ocorre em outras áreas de especial relevância, tal qual sucede, por exemplo, com os acidentes do trabalho; assim, sustentando a aplicação da teoria do escopo da norma em tais situações, LEITÃO, Luis Menezes. *O nexo de causalidade na responsabilidade civil por acidentes de trabalho*. Revista de Direito da Responsabilidade, Coimbra, a. 2, 2020, p. 13-14.

tutela poderão ser considerados no curso causal aferido entre a atuação do agente e o prejuízo invocado.

Uma situação concreta julgada pela jurisprudência brasileira bem pode demonstrar como tal se processa, tendo em vista as premissas ressistematizadas precedentemente no que tange ao conceito normativo de nexo causal.

Para tanto, pode-se tomar em conta um lançamento de efluentes realizado em corpo hídrico localizado em uma dada região, a qual também não conta com tratamento adequado de esgoto doméstico, fazendo com que o seu produto também convirja para o mesmo destino. Ou seja, o rio recebe os efluentes industriais, mas também o esgoto não tratado de uma população bem determinada. Assim que, em um período de menor vasão hídrica (com menos chuvas e, por isso, com menor volume de água e menor capacidade de autorregenerarão), foi constatada uma grande mortandade de peixes em razão da diminuição da oxigenação da água, pelo que foi necessário estabelecer a responsabilidade pela reparação dos prejuízos correspondentes.

Diante desta situação e constatado que determinada empresa também lançava efluentes contrariando as normas para tanto (havia, portanto, dano na sua feição normativa), os quais se somavam ao esgoto doméstico, entendeu-se que os danos ambientais individuais reclamados pelos pescadores que restaram privados de exercer o seu ofício na altura não seriam indenizáveis, já que não estava comprovado que os efluentes industriais tinham preponderância determinante causalmente para impedir a pesca durante o período apontado[37]; e isso sem prejuízo de que se pudesse reconhe-

---

37. BRASIL. Tribunal de Justiça do Rio Grande do Sul. Apelação Cível n. 70059238600. 10ª Câmara Cível. Rel. Des. Paulo Roberto Lessa Franz. Julgado em 29 mai. 2014. Disponível em: <http://www.tjrs.jus.br>. Acesso em: 04. Jan. 2018. Assim conta no sumário/ementa do julgamento: Responsabilidade civil. Desastre ambiental no Rio dos Sinos. Mortandade de peixes. Ausência de nexo causal. Verificado nos autos que a conduta das rés não foi a causa determinante para a impossibilidade de a autora exercer sua atividade de pescadora profissional no Rio dos Sinos, resta afastado o dever de indenizar daquelas, diante da ausência de nexo causal entre a conduta das requeridas e os supostos danos descritos na exordial. Hipótese em que a atividade de pesca no Rio dos Sinos já se mostrava inviável antes mesmo da ocorrência do desastre ambiental. Improcedência da demanda que se impõe. Sentença reformada. Precedentes desta Corte. Apelação da ré provida. Apelação da autora desprovida. Na espécie, cumpre consignar que a mortandade dos peixes decorreu da falta de oxigênio na água, o que é atribuível ao elevado índice de efluentes. Para esta situação, vários foram os fatores concorrentes, dentre eles a atuação da empresa, que se soma a outras fontes de poluição. Daí que, ponderando o escopo da norma violada, é de se reconhecer que especificamente os danos decorrentes da impossibilidade pesca no local não podem ser causalmente ligados à sobredita operação, não obstante esta, do ponto de vista coletivo, possa ser considerada danosa, diante do agravamento das condições ambientais do corpo hídrico. Ou seja, os danos individuais, na espécie, não podem ser causalmente ligados ao fator de atribuição (a operação da empresa), não obstante o possam, ao menos em tese, os danos coletivos, consubstanciados na deterioração das condições do rio. Nestes termos é que se verifica o modo como o nexo de causalidade, valorado não apenas na sua matriz fática, mas predominantemente no seu viés normativo, pode ser relevante à determinação do alcance da responsabilidade civil, inclusive (e de maneira muito especial) se objetiva. Na mesma linha, mas já em sede de recurso de revista (não mais como Corte de Apelo), o Superior Tribunal de Justiça veio a consolidar do mesmo entendimento, situando de modo ainda mais preciso os danos no escopo da norma violada e afastando, por alegada ausência de causalidade, aqueles que não estivessem por ela cobertas. Assim consta na decisão: Recursos especiais repetitivos. Negativa de prestação jurisdicional. Não ocorrência. Responsabilidade civil ambiental. Ação indenizatória. Danos extrapatrimoniais. Acidente ambiental. Explosão do navio Vicuña. Porto de Paranaguá. Pescadores

cer que cabia uma reparação coletiva por parte da mesma empresa, porquanto, sem prejuízo da poluição preexistente e atribuível a outros fatores[38], aquele procedimento (lançamento de resíduos industriais em desacordo com as diretrizes estabelecidas no licenciamento) contribuiu causalmente – mesmo que não na sua totalidade – para a degradação em geral do rio, esta de ordem supraindividual.

Ora, na espécie, entendeu-se que o escopo da norma violada bastava a situar apenas os danos coletivos no seu âmbito de proteção, de modo que os alegados prejuízos de matriz individual (no caso, a privação da pesca), em não sendo possível a demonstração da sua efetiva concorrência para a causação específica, não podiam ser reparados. Dito de outro modo, havia ação (lançamento de efluentes industriais, concorrendo para o agravamento da poluição), havia dano (alteração do equilíbrio

---

profissionais. Proibição temporária de pesca. Empresas adquirentes da carga transportada. Ausência de responsabilidade. Nexo de causalidade não configurado. 1. Ação indenizatória ajuizada por pescadora em desfavor apenas das empresas adquirentes (destinatárias) da carga que era transportada pelo navio tanque Vicuña no momento de sua explosão, em 15.11.2004, no Porto de Paranaguá. Pretensão da autora de se ver compensada por danos morais decorrentes da proibição temporária da pesca (2 meses) determinada em virtude da contaminação ambiental provocada pelo acidente. 2. Acórdão recorrido que concluiu pela procedência do pedido ao fundamento de se tratar de hipótese de responsabilidade objetiva, com aplicação da teoria do risco integral, na qual o simples risco da atividade desenvolvida pelas demandadas configuraria o nexo de causalidade ensejador do dever de indenizar. Indenização fixada no valor de R$ 5.000,00 (cinco mil reais). 3. Consoante a jurisprudência pacífica desta Corte, sedimentada inclusive no julgamento de recursos submetidos à sistemática dos processos representativos de controvérsia (arts. 543-C do CPC/1973 e 1.036 e 1.037 do CPC/2015), "a responsabilidade por dano ambiental é objetiva, informada pela teoria do risco integral, sendo o nexo de causalidade o fator aglutinante que permite que o risco se integre na unidade do ato" (REsp 1.374.284/MG). 4. Em que pese a responsabilidade por dano ambiental seja objetiva (e lastreada pela teoria do risco integral), faz-se imprescindível, para a configuração do dever de indenizar, a demonstração da existência de nexo de causalidade apto a vincular o resultado lesivo efetivamente verificado ao comportamento (comissivo ou omissivo) daquele a quem se repute a condição de agente causador. 5. No caso, inexiste nexo de causalidade entre os danos ambientais (e morais a eles correlatos) resultantes da explosão do navio Vicuña e a conduta das empresas adquirentes da carga transportada pela referida embarcação. 6. Não sendo as adquirentes da carga responsáveis diretas pelo acidente ocorrido, só haveria falar em sua responsabilização – na condição de poluidora indireta – acaso fosse demonstrado: (i) o comportamento omissivo de sua parte; (ii) que o risco de explosão na realização do transporte marítimo de produtos químicos adquiridos fosse ínsito às atividades por elas desempenhadas ou (iii) que estava ao encargo delas, e não da empresa vendedora, a contratação do transporte da carga que lhes seria destinada. 7. Para os fins do art. 1.040 do CPC/2015, fixa-se a seguinte TESE: As empresas adquirentes da carga transportada pelo navio Vicuña no momento de sua explosão, no Porto de Paranaguá/PR, em 15/11/2004, não respondem pela reparação dos danos alegadamente suportados por pescadores da região atingida, haja vista a ausência de nexo causal a ligar tais prejuízos (decorrentes da proibição temporária da pesca) à conduta por elas perpetrada (mera aquisição pretérita do metanol transportado). 8. Recursos especiais providos. (BRASIL. Superior Tribunal de Justiça. Recurso Especial n. 1602106/PR. 2ª Seção. Rel. Min. Villas Boas Cuêvas. Julgado em: 25 out. 2017. Disponível em: <http://www.stj.jus.br/SCON/>. Acesso em: 11 jan. 2018).
Ora, ao que se vê, entendeu o Tribunal que o dano, não obstante existe (é fato que os pescadores ficaram privados de exercer a pesca no período, suportando prejuízos em razão disso), não podia ser causalmente ligado à atuação da empresa adquirente da carga transportada (sem prejuízo de que pudesse estar ligada por nexo causal a fatos imputáveis à transportadora, por exemplo), já que tal, ao que se vê, estava situado fora da margem do âmbito de tutela da norma que autorizaria a sua imputação.

38. A jurisprudência brasileira, de há muito, já fixara entendimento no sentido de que a poluição preexistente não isenta de responsabilidade civil o empreendedor que contribui para o seu agravamento. Neste sentido, exemplificativamente: BRASIL. Tribunal Regional Federal da 3ª Região. Apelação Cível n. 869149. 4ª Turma. Rel. Desª. Salete Nascimento. Julgado em: 07 out. 2010. Disponível em: <https://www2.jf.jus.br/juris/unificada/>. Acesso em: 08 jan. 2018.

do ecossistema local, inclusive com a morte de peixes), mas apenas havia nexo de causalidade quanto à degradação coletiva – e não em relação àquela individual –, já que apenas os primeiros estavam no escopo da norma violada (concorrência para a poluição que, não obstante lesiva ao ambiente, não foi determinante à morte dos peixes que causou os danos individuais).

Os danos são diversos; os titulares, de igual sorte. Mesmo que os pescadores pudessem ser indiretamente considerados como atingidos pela degradação de cunho transindividual, uma vez que também integravam aquela coletividade, o escopo da norma protetiva do bem ambiental (corpo hídrico) fora violado apenas na sua dimensão coletiva, porquanto não suficientemente provado que tivesse gerado os danos individuais alegados, no que tange à sua causalidade normativa.

Neste exato particular, ganha especial relevo a ponderação já tantas vezes referida, que se molda à luz do princípio da solidariedade, a qual, como se tem sustentado, também é concretizável, mesmo que corretivamente, por meio da verificação do nexo causal. Isso porque, partindo do pressuposto de que a manutenção da qualidade ambiental do rio em causa contribui e interfere na qualidade de vida de toda uma população (que vive no seu em torno, que é atingida pelas suas cheias, que se abastece da sua água, que o contempla nas horas de lazer), dimensão que se concretiza na sua faceta individual com maior dificuldade se comparada à sua congênere coletiva, o princípio da solidariedade autoriza uma ponderação mais intensa em prol do lesado, desde que tal se compreenda no escopo da norma violada na situação posta.

Haverá situações, em matéria de causalidade ambiental, em que a simples verificação da *conditio sine qua non* será suficiente para a determinação da satisfação do suporte fático da norma de imputação. Outras, contudo, em que a complexidade dos fatos associados ao fator de atribuição demandarão um exame mais acurado do ponto de vista normativo para fins de delimitar de modo oportuno os danos que poderão ser contemplados por uma obrigação de indenizar.

A aferição do presente regime especial de responsabilidade teve, portanto, a intensão exata de demonstrar esta necessidade, evidenciado, desta feita, a imprescindibilidade de um conceito de causalidade que atende ao escopo da norma de tutela dos bens jurídicos cuja funcionalidade foi comprometida pelo dano. Viabiliza-se, com isso, a aplicação adequada de um regime de imputação objetiva que, possuindo por vezes um campo de abrangência bastante amplo – nos moldes, por exemplo, da cláusula geral prevista no sistema brasileiro, que sequer condiciona a existência de um perigo ou mesmo de um risco agravado para a sua incidência –, necessita uma aplicação com prudência e sensibilidade para entender as consequências (mesmo que indiretas) que o reconhecimento de um dever de indenizar pode ter.

CONCLUSÃO

> "The law has moved in cycles. A period of strict liability,
> as 'unmoral' period, is succeeded by a period of fault liability,
> a 'moral' period, and then pendulum swings back again"
> John W. Salmond

Todo o percurso investigativo trilhado, especialmente tendo em conta as suas diversas interfaces, permite chegar ao presente momento com algumas conclusões. Apresentá-las, portanto, mesmo que os seus termos não impliquem em encerrar o debate acerca do tema, é medida que se impõe.

A noção jurídica de responsabilidade civil tendeu a ser oscilante ao longo da sua evolução, especialmente se considerada a partir do fundamento de legitimidade e dos objetivos a serem por ela alcançados. Não há dúvidas de que, na sua gênese, esteve associada com à ideia de retribuição por um mal feito, muito própria – e próxima – do direito penal; ocorre que mesmo com a sistematização consumada por meio da codificação oitocentista, que tendeu a promover de modo absoluto a ruptura entre as imputações, ainda assim, no que tange à sua estrutura de pressupostos, são inegáveis os resquícios mantidos no regime geral de matriz subjetiva.

Ocorre que na sequência da, em tese, estabilização moderna do instituto, que se viabilizou por meio do reconhecimento da unidade do princípio da culpa e da sua dúplice função (fundamento de legitimidade e filtro da reparação), não tardaram influxos associados a promover um amplo debate concernente à objetivação da responsabilidade civil. Partindo da necessidade de enfrentar problemas aparentemente pontuais e concretos, relacionados a situações especiais cuja solução fornecida pelo regime de matriz subjetiva contrastava com o senso de justiça e de adequação social então vigentes, passa-se a questionar a suficiência da culpa para fins de legitimar de maneira uniforme a responsabilidade civil e, com isso, equacionar, na sua plenitude, a problemática associada a quem deve suportar os ônus decorrentes dos danos verificados na vida de relação.

Dito de outro modo, os problemas vivenciados (quiçá de natureza econômica e social e não propriamente jurídica) compeliram a dogmática a revisar as suas certezas e a estruturar respostas minimamente satisfatórias do ponto de vista da técnica normativa para atender situações concretas, independentemente da convicção dos juristas de que a superação da culpa era, de fato, a melhor alternativa, partindo da estrutura então delineada. Até mesmo porque a sedimentação da responsabilidade civil tomando-a como alicerce a culpa representou um inegável avanço evolutivo na gestão e na operacionalização do instituto, não obstante fosse inegável que a sua adoção continuava a conectar, de algum modo, a imputação civil à imputação penal.

Nestes termos, é forçoso reconhecer que a fragmentariedade marcou não apenas o debate inicial sobre a conveniência e a oportunidade de se retomarem os regimes de responsabilidade objetiva (o que para muitos representava mesmo um retrocesso), mas, após a sua aceitação, ainda que parcial, a sua adoção por parte dos mais variados sistemas jurídicos. Daí porque a matéria tendeu a ser tratada isoladamente, por meio do que se denominou no curso da investigação de "ilhas de imputação objetiva" predispostas a regular situações, de início, bem delimitadas da realidade social (*v.g.*, transporte ferroviário e acidentes do trabalho, para citar dois casos clássicos que estão na gênese do seu ressurgimento contemporâneo).

E foi justamente esta fragmentariedade que comprometeu sobremaneira a ideia de conjunto, quanto mais porque a estrutura imputacional respectiva foi desenvolvida com atenção à "tipicidade", mesmo que à luz dos pressupostos do regime geral assente na culpa, apenas com a aparente supressão dos elementos inerentes ao conceito normativo de ato ilícito. Ou seja, a disciplina da responsabilidade civil objetiva restou por se desenvolver como algo excepcional e extraordinário, associada à uma previsão legal taxativa (*numerus clausus*) de, em situações estritas, permitir-se o surgimento do dever de indenizar mediante a dispensa da prova da culpa e da ilicitude.

Ocorre que os regimes de imputação objetiva começaram a se multiplicar, seja por meio da edição de novas normativas próprias (nomeadamente através de diplomas esparsos), seja por meio da reinterpretação de situações cujos preceitos eram entendidos como carecedores da prova da culpa para fins de surgimento do vínculo obrigacional indenizatório; neste processo de alargamento, alguns deles passaram mesmo a ser previstos em termos bastante abertos, o que permitiu, inclusive, o florescimento do debate sobre a legitimidade do emprego de cláusulas gerais a respeito. Nesta linha, o que era absolutamente excepcional passa a ganhar maior importância no cenário da responsabilidade civil, fazendo com que a sua existência não pudesse ser vista como algo estranho à noção geral de responsabilidade, quanto mais porque fator relevante na sua resignificação.

Todo este fenômeno exigiu que a noção jurídica de responsabilidade civil não mais pudesse ser concebida apenas como resposta a um ato ilícito imputável ao lesante [*rectius*: à reprovabilidade do seu comportamento igualmente caracterizável como uma violação à ordem jurídica], mas sim como a solução de um problema associado a um dano ilegítimo sofrido pelo lesado. Converte-se o instituto, com isso, num gestor dos prejuízos verificados nas mais diversas situações da vida de relação, inclusive – mas não só – naquelas decorrentes de um comportamento culposo e antijurídico imputável a um sujeito bem determinado.

Tal processo, assim, terá por objetivo contemporizar posições conflitantes, valorando-as a partir de preceitos normativos vigentes em cada ordem jurídica – que podem ou não tomar a culpa como baliza – para o fim de demarcar em quais situações os danos respectivos deverão permanecer sob o encargo do lesado e em quais poderão ser transferidos por meio de uma imputação jurídica ao lesante que, para este fim, converte-se em verdadeiro responsável.

Por isso é que mesmo se operando uma ressignificação da noção geral do instituto para o fim de compatibilizar a coexistência dos regimes de matriz subjetiva e objetiva dentro de uma mesma noção jurídica, o que se concretiza por intermédio do reconhecimento da preponderância do dano em relação à conduta no juízo de imputação civil (o que sucede de modo completamente diverso no juízo de imputação penal), não se está de acordo com as teses que propõem a substituição da ideia de responsabilidade civil por um autêntico direito de danos. Ora, não obstante o prejuízo juridicamente relevante esteja no cerne do instituto, a sua aplicação permitirá, a partir de um processo jurisdicizado, imputá-lo a alguém que sequer é, em muitos dos casos, o verdadeiro causador material da lesão, mas se converterá em genuíno responsável pela sua reparação.

Reafirma-se a convicção, com isso, de que a gestão dos danos constitui-se em processo jurídico de imputação de responsabilidade de natureza civil consubstanciado numa obrigação de natureza indenizatória por meio da qual se opera a transferência do prejuízo associado a um fator de atribuição previsto legalmente de uma esfera para outra, quando assim for legítimo do ponto de vista da normativa vigente em cada sistema. E todo este processo poderá ser operado por meio de um regime de matriz subjetiva ou por um regime de matriz objetiva, ambos com a mesma dignidade e a mesma importância, sendo a escolha por um ou outro fruto da opção formulada pelo sistema jurídico (em abstrato) e da subsunção dos fatos à norma de regência (em concreto), conforme a satisfação ou não dos elementos do suporte fático das diversas *fattispecie* vigentes.

O reconhecimento destas premissas é o primeiro passo a que se possa pretender uma uniformidade para a responsabilidade civil objetiva, concebendo que não obstante as suas regras possam ser dispersas e, quiçá, conter elementos normativos particulares, possui uma ideia de conjunto que permite propor-lhe um regime geral. Atentando para isso se percebe que a já tantas vezes referida fragmentariedade é muito mais fática do que propriamente normativa, porquanto o instituto, na sua essência, vem marcado por pontos de convergência, tanto no que tange à legitimidade quanto à operatividade.

Situada a noção jurídica hodierna de responsabilidade civil e o papel que a imputação objetiva exerce dentro dela, cumpre identificar o fundamento unitário de validade que está subjacente às mais variadas situações nas quais o arcabouço jurídico em vigor em cada sistema permite o surgimento de um vínculo obrigacional indenizatório para além do princípio da culpa em relação ao sujeito que, ao cabo, se pretenderá responsável pelos ônus correspondentes. Tendo em conta a evolução histórica do instituto, não há dúvidas de que a ideia de risco esteve na sua base; tanto que justificou, nas suas diversas variações, a solução de problemas concretos que se apresentavam em matéria de imputação.

Partindo da ideia sintetizada no brocardo latino *ubi commoda ibi et incommoda*, foi possível construir embasamento teórico para justificar a transferência de um dado prejuízo, mesmo em situações nas quais não era possível identificar a prática de um ato antijurídico e culposo por parte do lesante, pelo fato de estar associado a uma determinada atividade com maior propensão à causação de danos. Nas primeiras situações em que se buscaram alternativas para resolver a necessidade de justificar a imputação em situações estranhas ao ato ilícito, o risco mostrou-se adequado para este fim. Várias, aliás, foram as teorias predispostas a respeito, com desenvolvimentos diversificados acerca da extensão do fator que seria agravante para a especial possibilidade de produzir danos e, por isso, poder-se-ia converter em elemento de imputação.

Todas estas construções, a par de alguma diversidade, têm em comum o fato de associarem a responsabilidade civil objetiva não propriamente a uma ação ou a uma omissão bem delineadas – o que até então era imprescindível à imputação de um modo geral, tanto civil quanto penal –, mas preponderantemente ao exercício de atividades, assim entendidas enquanto um conjunto organizado de atuações encadeadas que, pelo fato de se somarem umas às outras, tendem a perder o elemento pessoalizador capaz de viabilizar a identificação da uma concorrência culposa específica. Ou seja, sabe-se que o dano decorre da atividade globalmente considerada, mas não é possível identificar uma conduta bem delimitada no seu processo que possa ser caracterizada como um ato ilícito em sentido técnico.

Neste cenário, ditas construções tiveram relevância na promoção do início de uma profunda revisão da estrutura de pressupostos que se encontrava na base da imputação objetiva, ainda marcada (mesmo que indiretamente) por reminiscências oriundas da imputação delitual-penal, porquanto se não era possível precisar a existência de uma conduta suficientemente delimitara, não era possível identificar um culpado. Perfectibiliza-se, com isso, o processo de transição vivenciado pela própria noção de responsabilidade civil, que passa a procurar, como antes dito, um responsável civil, ou seja, um sujeito cujo patrimônio possa ser chamado a suportar os ônus correspondentes a um dano, e não um culpado propriamente dito, assim considerado o indivíduo em relação ao qual se estabelece um juízo de censura relativamente ao seu comportamento.

Ocorre que o incremento da complexidade das relações privadas, que vem acompanhado de um aumento exponencial da ocorrência de danos, faz com que a caracterização da noção geral de risco nem sempre se afigure claramente perceptível em todas as situações submetidas a regimes de imputação objetiva. E isso seja porque as atividades que passam a ser tomadas como fator de atribuição nem sempre são verdadeiramente portadoras de um potencial mais intenso de causar danos (nos moldes do que sucede, *v.g.*, com a responsabilidade do comitente, na qual nem sempre se vê na base um especial risco na atividade desenvolvida), seja porque os intentos perseguidos pelo ordenamento jurídico por vezes podem ser outros que não a transferência dos riscos para aquele que empreende a atividade arriscada (como, *v.g.*, nas hipóteses de responsabilidade por fato de terceiros, quando aparenta querer-se constituir uma real condição de garantidor do sujeito nomeado responsável, mesmo à vista da ausência de um risco concreto).

E, se não bastasse, várias situações que, na sua origem, encontravam-se associadas à uma especial e concreta periculosidade foram sendo desnaturadas ao longo do tempo, o que implicou na impossibilidade de se verificar a presença de um risco legitimador da dispensa da culpa. Bem representam este fenômeno, por exemplo, a responsabilidade pelos fatos dos animais; não obstante, na sua gênese, fossem considerados uma especial fonte de danos em razão da sua periculosidade, com o passar do tempo não apenas outras atividades restaram por superá-los em dito potencial lesivo, como os Tribunais passaram a interpretar a norma de imputação como não carecedora da demonstração de um especial risco do animal, bastando que, para fins de surgimento do dever de reparar de matriz objetiva, os prejuízos estivessem a eles associados (mesmo que em si não representasse qualquer risco).

Por estas razões, nomeadamente tendo em conta a forma como as *fattispecie* de responsabilidade objetiva têm sido aplicadas, é forçoso concluir no sentido da insuficiência da noção de risco, mesmo em uma perspectiva alargada, para fins de legitimação uniforme de um regime geral que se pudesse propor, diante da sua falta de abrangência em relação à totalidade das situações em que tal regime teria lugar.

E, visando a encontrar outro princípio geral cujo conteúdo seja, ao mesmo tempo, denso dogmaticamente e amplo o suficiente para fins de exercer sobredita função legitimadora, algumas hipóteses teóricas foram cogitadas e aferidas. Dentre elas, mereceram atenção as noções jurídicas de equidade e de prevenção, não apenas pelo fato de, com alguma frequência, serem referidas pela doutrina como associadas à imputação objetiva, mas também pela sua notória ligação com a ideia alargada de responsabilidade civil antes delineada; os resultados, entrementes, não foram positivos, identificando-se, tal qual sucede com o risco, a sua insuficiência a embasar principiologicamente, como fonte de legitimação uniforme, um regime geral de responsabilidade sem culpa.

Neste cenário é que ganha relevo o princípio da solidariedade.

Datam ainda da década de sessenta do século passado os relevantes estudos desenvolvidos por Stefano Rodotà relativamente ao problema da responsabilidade civil, os quais, em grande parte, alicerçaram-se no princípio da solidariedade e foram largamente acolhidos pela doutrina subsequente. Para compatibilizá-lo, contudo, com os contornos atuais do instituto, de modo a permitir a sua experimentação como substrato legitimador (e ressistematizador) de um regime geral de responsabilidade civil objetiva aplicável a todas as suas *fattispecie*, afigura-se necessário revisitar a própria noção jurídica de solidariedade, afastando-a de contornos cujo significado vulgar da designação possam estar associados a termos pouco densos do ponto de vista normativo, porquanto vinculados a visões assistencialistas e caritativas incompatíveis com os termos de que se pretende.

Não há dúvidas de que os intentos subjacentes à adoção de regimes de responsabilidade civil objetiva estão associados à identificação de uma especial necessidade de se atentar à impossibilidade de que o lesado reste desprovido de reparação em determinadas hipóteses. A par da, em tese, superioridade das construções assentes na culpa e no juízo de desvalor da conduta a ela inerentes, é inarredável que, em dadas situações, mesmo que não atendida a estrutura imputacional do ato ilícito, não se pode consentir que os encargos decorrentes de um prejuízo restem atribuídos à vítima.

Daí que se a noção hodierna de solidariedade implica em identificar que a realização da pessoa e dos seus interesses somente se pode dar em coletividade, é imperioso reconhecer a necessidade da observância de deveres recíprocos entre os membros do grupo de maneira a viabilizar a satisfação de todos. E tal não em nome de um dever de caridade ou de benesse para com alguns, mas em nome de um inarredável senso de alteridade que permeia todo o direito privado; não se trata apenas de tutelar hipossuficientes, mas de garantir o pleno desenvolvimento de todos os sujeitos, na sua singularidade, por intermédio da compreensão de que tal somente se dá, em alguma medida, numa dimensão coletiva.

Nesta linha de consideração, é viável identificar que, em dadas situações, mesmo não sendo possível atribuir a responsabilidade por uma gama de danos à culpa de ninguém, é possível situar estes mesmos danos de modo mais estreio na esfera jurídica de determinados sujeitos, o que se pode dar por razões variadas (risco, perigo, garantia ou até mesmo equidade). Tal processo de valoração da realidade social é que permitirá, em nome da solidariedade, estabelecer que ditos prejuízos não podem ficar sem reparação, devendo ser atribuídos a sujeitos que serão considerados responsáveis por estarem de maneira mais íntima conectados a ditos prejuízos do que os lesados que os sofreram.

Ora, diante disso, o princípio da solidariedade apresenta-se não apenas como um balizador da gestão de danos, mas também como importante fator de reagrupamento da fragmentariedade característica da imputação objetiva, no que tange à legitimidade do vínculo obrigacional correspondente. Dito de outro modo, ao passo em que o princípio da solidariedade integra e reunifica a necessidade de justificar a reparação de uma série de prejuízos, diante da impossibilidade de que, em nome da alteridade perseguida pelo direito privado, sejam atribuídos à vítima, é possível concluir que se converte em nítido fundamento uniforme de legitimação da responsabilidade objetiva e da transferência de encargos que por meio dela se concretiza.

A ideia de garantia passa a ser um fator que não pode ser desconsiderado, fazendo com que, ao lado do especial potencial lesivo de uma dada atividade, passe a ser um objetivo a ser perseguido pelas várias situações de responsabilidade sem culpa que, por meio da invocação da solidariedade, justificam-se, desde que atendidos os requisitos legalmente impostas para tanto. Isso porque não se trata de uma aferição voluntariosa do intérprete se, em dadas hipóteses, a partir do seu senso pessoal e singular de justiça, esta ou aquela vítima deve ser reparada; trata-se da legitimação de um arcabouço normativo que, quando atendidos os seus termos por intermédio da aferição da satisfação do suporte fático da norma imputacional, permitirá impor ao sujeito responsável uma obrigação indenizatória, independentemente da sua concorrência culposa para os danos.

O princípio da solidariedade – visto enquanto vetor axiológico nos termos do qual a realização plena dos interesses de cada um somente se concretiza no todo, impondo, portanto, atenção à alteridade imanente ao direito privado – tem, desta feita, viva importância na concretização do conteúdo normativo dos pressupostos da responsabilidade civil objetiva, seja na avaliação da regra de imputação, seja na subsunção dos fatos nos conceitos de dano juridicamente relevante e de causalidade normativa, nos termos em que sustentado até então.

Para tanto, não se pode perder de vista que é da essência dos sistemas jurídicos sob comparação o estabelecimento da imputação de danos por meio de preceitos gerais (mesmo que em maior ou menor grau). Em linhas gerais, a tipicidade de há muito foi superada na tradição ítalo-luso-brasileira, fazendo com que o processo de subsunção dos fatos à norma de imputação processe-se por intermédio de uma atividade ampla – mas não livre – do intérprete sem que tal represente um risco à segurança jurídica, desde que realizada de maneira técnica e com atenção aos comandos normativos em vigor.

Neste exato aspecto é que a existência de um princípio geral e unitário de legitimação da responsabilidade civil objetiva somente agrega ainda mais conteúdo ao processo de concretização dos pressupostos do dever de indenizar, fazendo com que não represente apenas um enquadramento frio de fatos a comandos legais (já bastante limitados), mas implique também um juízo axiológico-normativo de verificação do cabimento imputação de danos em dadas situações. Assim é que a noção jurídica de solidariedade converte-se em verdadeiro filtro da imputação objetiva, alargando-a ou restringindo-a conforme as necessidades de tutela, à vista da produção de danos ilegítimos na esfera jurídica de terceiros.

Dito tudo isso e comprovada a existência de um fundamento uniforme que legitima as mais variadas situações de responsabilidade civil objetiva, no caso, o princípio da solidariedade, cumpre revisitar a estrutura da imputação correspondente, de modo a aferir a (in)suficiência e a (in)adequação da totalidade dos pressupostos elencados como requisitos ao surgimento da obrigação indenizatória a partir do paradigma da responsabilidade aquiliana de matriz subjetiva.

Neste aspecto, é inegável reconhecer que ditos pressupostos – assim entendidos enquanto os requisitos que devem ser satisfeitos para a constituição do vínculo obrigacional – são agrupáveis em dois grandes módulos: de um lado, os ditos subjetivos, pois associados, em maior ou menor grau, à pessoa do lesante e ao seu comportamento; de outro, os ditos objetivos, pois relacionados mediatamente ao lesado e imediatamente ao prejuízo por ele sofrido, o qual se converterá, se assim permitir a estrutura imputacional, no objeto a ser alcançado pelo dever jurídico de reparação a ser constituído.

O fato de as situações de responsabilidade civil objetiva nem sempre estarem associadas a um comportamento comissivo ou omissivo bem delineado, mas precipuamente ao exercício de atividades ou de posições jurídicas predispostas como fator de atribuição faz com que, desde logo, se coloquem dúvidas quanto à relevância dos pressupostos que integram o grupo antes denominado subjetivo. Exatamente por isso é que, sem sombra de dúvidas em relação à culpa (até mesmo pelo fato de a imputação objetiva não raro ser definida de maneira negativa) e com algum vacilo em relação à imputabilidade e à ilicitude, tende-se a convergir no sentido da sua irrelevância da sua aferição num regime geral de imputação objetiva.

O problema é que a questão não pode ser posta de modo simplista, já que alguns elementos que, num juízo geral de imputação assente no conceito de ato ilícito (por isso culposo e antijurídico), encontram-se situados no conteúdo destes pressupostos assim ditos subjetivos, não podem ser de todo desconsiderados em um regime de matriz objetiva.

Não há dúvidas de que a concorrência culposa do sujeito responsável não é requisito às hipóteses de responsabilidade objetiva. Todavia, haverá fragmentos normativos que, mesmo sendo abrangidos, nos regimes tradicionais de matriz subjetiva, pelo conceito de ilicitude – o que poderia torná-los de antemão irrelevantes no regime de que se está a tratar –, não podem ser desconsiderados. Trata-se, nomeadamente, das situações de justificação, nas quais, não obstante o lesante produza um prejuízo não consentido na esfera jurídica de terceiro, como o faz no exercício de um direito (*lato sensu*), tal é permitido pela ordem jurídica – desde que não incorra em abuso –, de modo a promover a retirada da pecha de ilegitimidade do dano correspondente.

Para tanto, basta que se tome por exemplo uma situação na qual, mesmo estando predisposto um regime de responsabilidade objetiva – v.g., uma hipótese de responsabilidade do produtor –, o lesado consinta com a produção do dano (desde que, como é óbvio, os interesses sejam disponíveis). Neste caso, considerando que o lesante age com a concordância da vítima (ou seja, acobertado por o que, numa situação normal de imputação assente na culpa, dir-se-ia uma causa de justificação e, portanto, associada ao exercício *lato sensu* de um direito seu que decorre do consentimento do ofendido), não haverá reparação, mesmo a responsabilidade sendo objetiva. Tal problema estaria por resolver caso não se tomasse em conta um conceito normativo de dano (nos moldes *non iure* e *contra ius*).

Ocorre que como a ilicitude, nos termos em que moldada a sua noção jurídica, pressupõe uma avaliação da conduta, que nem sempre está presente de modo claro na responsabilidade objetiva, urge integrar estas reminiscências normativas em outro(s) pressuposto(s) que se afigurem exigíveis em todas as hipóteses de responsabilidade objetiva.

Entendeu-se, por largo período, que a simples previsão legal da imputação objetiva seria suficiente a selecionar os interesses merecedores de tutela e a balizar as situações em que se apresentasse legítimo um dever de reparação, o que tornaria despiciendo o debate acerca da ilicitude. Ocorre que o incremento da complexidade das *fattispecie*, tanto em razão do seu alargamento, quanto dos fatos que devem ser nelas subsumidos, passou a viabilizar a verificação de situações nas quais era controversa a adequação do reconhecimento ou negação de um dever de reparar.

Justamente esta realidade é que fomenta o debate sobre a oportunidade de se realocar elementos que, no regime fundado na culpa, estavam na ilicitude, porquanto não podiam ser de todo desconsiderados. Mais uma vez deve-se retomar a premissa que nem todos os danos podem e devem ser reparados; selecioná-los, num regime de imputação objetiva, é tarefa que a mera previsão legal não tem condições de fazer, o que exige uma valoração axiológica que precisa ser desempenhada por meio de outros pressupostos, diante da supressão da relevância da culpa e também da ilicitude (nos seus termos tradicionais).

Estes desenvolvimentos criaram ambiente favorável a se cogitar a pertinência de que dita valoração fosse exercida por meio da concretização do conceito de dano juridicamente relevante. Ou seja, se nem todos os prejuízos merecem ser ressarcidos, se a simples previsão legal de um regime de responsabilidade objetiva nem sempre é suficiente a operar de modo adequado esta seleção e se os pressupostos que, no regime geral de matriz subjetiva, realizavam esta tarefa foram suprimidos, afigura-se imprescindível reestruturar a imputação, sistematizando juízos normativos que façam as vezes de filtros eficiente para fins de seleção das hipóteses que justificam um dever de indenizar.

E a reflexão a propósito permitiu antever a viabilidade de que os próprios conceitos de dano e de causalidade passassem a exercer esta tarefa, o que exigiu, contudo, uma revisão dos seus termos, de modo a juridicizá-los. Para tanto, deixa-se de considerá-los como meros requisitos fáticos – ou, dito de outro modo, como simples alterações no mundo dos fatos – para tomá-los em conta a partir de um processo de adensamento normativo do seu conteúdo.

A revisão do conceito de dano juridicamente relevante – que é diverso do conceito simples de dano ou prejuízo – assume, neste cenário, a condição de epicentro do instituto da responsabilidade civil, que passa a ter como função a sua gestão. Não se trata, portanto, de apenas identificar a supressão de uma vantagem tutelada pelo direito, mas de aferir se esta vantagem é (i)legítima tanto sobre o ponto de vista do lesante quanto sob o ponto de vista do lesado.

Diante da forma como a estrutura imputacional foi pensada nos sistemas jurídicos português e brasileiro que, não obstante forjada a partir do modelo francês da cláusula geral, recebeu uma substanciosa contribuição germânica no que tange ao seu regime geral de pressupostos (bem demarcados a partir dos conceitos autônomos de culpa e de ilicitude), a dimensão do problema posto torna relevante a experiência italiana na concretização do conceito de *danno ingiusto*. Sem prejuízo das críticas que a designação possa receber, não há dúvidas de que traz em si uma notável jurisdicização da ideia de dano, transformando-o em atributo capaz de operar a seleção dos interesses merecedores de tutela.

Ao passo em que dano injusto, em linhas gerais e sem prejuízo dos desenvolvimentos mais consistentes apresentados ao longo da investigação, é aquele que se caracteriza como passível de ser considerado *contra ius* e *non iure* – ou seja, decorrente da violação de uma situação jurídica protegida e não associado ao exercício legítimo de um direito –, permite trazer para si a atribuição de ponderar não apenas a posição do lesado, mas também do lesante. Desta feita, concretiza o juízo de ponderação entre interesses contrapostas característico da imputação objetiva, agregando justamente os fragmentos normativos relevantes remanescentes do pressuposto da ilicitude que, na sua inteireza, não pode ser considerado imprescindível ao regime de imputação ora em exame.

E, cumpre afirmar uma vez mais, não se trata de promover a importação de um problema alheio às realidades jurídicas brasileira e portuguesa – que não contam com um dispositivo com redação formulada nos moldes do artigo 2.043 do *Codice Civile*; trata-se, ao invés, de se tomar como referência o conceito normativo de dano injusto que, pensado para resolver um problema concreto de interpretação criado pelo legislador italiano de 1942, restou por se tornar útil a situações de responsabilidade nas quais a culpa e a ilicitude tiveram a sua aferição suprimida.

Pretende-se, assim, com consideração da aludida experiência, introjetar uma alternativa que se afigure apta a permitir com que o próprio conceito de dano, após um processo de jurisdicização, faça as vezes de promotor do juízo de ponderação normativa que, no regime baseado no conceito de ato ilícito, é exercido por pressupostos outros que restaram suprimidos na imputação objetiva.

Dito processo vai complementado por uma idêntica jurisdicização do conceito de causalidade relevante à responsabilidade civil que, partindo da ideia de *conditio sine qua non*, agrega elementos normativos aptos a calibrarem o dever de indenizar. Desta feita, tomando em conta a noção geral de decorrência lógica que se estabelece faticamente entre o dano e o seu fator de atribuição, haverá situações nas quais um conceito normativo de nexo causal construído a partir da verificação do escopo da norma violada permitirá demarcar de modo mais eficiente os prejuízos que se inserem no âmbito de proteção cuja consecução se busca viabilizar por meio da obrigação de reparação.

Nesta linha e sem qualquer necessidade de modificação legislativa – já que os sistemas em causa sequer definem no que consiste o conteúdo do conceito de dano, que deve ser concretizado pelo intérprete quando da subsunção dos fatos à norma de imputação –, a jurisdicização dos pressupostos da imputação objetiva representam, ao lado da previsão legal de um regime desta natureza, adequado instrumento para a reparação dos danos que efetivamente se mostram ilegítimos e que, por isso, autorizam a sua transferência a um sujeito responsável por meio da respectiva obrigação indenizatória. Ou seja, as mesmas definições de dano e de nexo causal respondem a uma exigência de política legislativa e, assim, se voltam à efetividade da função que se busca atribuir à norma violada.

Dito tudo isso, pode-se inferir que quatro são os pilares da tese proposta.

Em primeiro lugar, o reconhecimento de que a ampliação dos regimes de imputação objetiva opera uma autêntica revisão da própria ideia de responsabilidade civil, o que permite reconhecê-la enquanto mecanismo jurídico de gestão dos danos por meio da imposição de uma obrigação indenizatória nas hipóteses – e apenas nestas hipóteses – em que tal se afigure legítimo. Neste cenário, não há que se falar em hierarquia, superioridade ou mesmo excepcionalidade na relação havia entre os regimes assentes na culpa e aqueles de matriz objetiva, mas na complementariedade entre ambos, fazendo com que sejam úteis, cada um no seu âmbito de aplicação, a demarcar a seleção dos danos que serão ressarcíveis a partir de opções normativas realizadas por cada ordenamento jurídico.

Em segundo, a identificação de que, a par da sua fragmentariedade, a responsabilidade civil objetiva, por meio das suas mais variadas *fattispecie*, ampara-se em fundamento único de legitimidade, no caso o princípio da solidariedade. Partindo da ideia de alteridade que se concretiza na percepção de que a realização dos interesses individuais somente se opera a partir da relação do seu titular com terceiros (concretiza-se, portanto, na coletividade ou, melhor dizendo, por meio dela), é possível identificar que todo e qualquer dano está mais conectado a uma determinada esfera jurídica, na qual deverá ser suportado; identificar esta esfera por meio de comandos legais que autorizam o surgimento de um dever de reparação e que se legitimam na ideia de solidariedade é que dará substrato de validade ao processo de imputação apto a, independentemente da prática de um ato ilícito, transferi-lo de um patrimônio para outro.

Em terceiro, a constatação da imprescindibilidade da revisão dogmática dos pressupostos da responsabilidade civil, de modo a forjar uma estrutura própria que atenda às necessidades da imputação objetiva, atribuindo-lhe características integradoras de um autêntico regime geral. Tal se dá por intermédio da ressistematização dos conceitos de dano juridicamente relevante e de causalidade, os quais deixam de ter natureza precipuamente fática para assumir contornos normativos mais densos e, com isso, transformarem-se em filtros eficientes de seleção dos prejuízos que merecem ser ressarcidos.

Neste cenário, sustenta-se que o arcabouço normativo vigente permite defender a unidade da responsabilidade civil objetiva vista a partir do princípio da solidariedade, que lhe dá substrato de legitimação e permite o reagrupamento da sua fragmentariedade sob um fundamento único. Trata-se de situações nas quais um duplo juízo de valoração (abstrato e concreto) autoriza que, em dadas situações, diante de uma maior conexão do dano à esfera jurídica do lesante, é justificável impor a si o dever de suportar os ônus correspondentes, retirando-o da esfera do lesado.

Para tanto, deve-se ter presente que a responsabilidade civil, de um modo geral, caracteriza-se enquanto uma opção política que se realiza através de fórmulas normativas autorizadoras da transferência de encargos. Nesta linha, em matéria de imputação objetiva, verifica-se uma opção formulada por cada sistema jurídico, à luz dos seus valores, no sentido de autorizar que determinadas posições sejam consideradas com relativa preponderância em relação a outras, o que somente se realiza por intermédio de um exercício interpretativo.

Diante disso, considerando que o instituto ora sob exame somente será efetivo se adequadamente utilizado, defende-se que o seu processo de aplicação deve ser densamente normatizado, para que se possam constituir filtros – para além da simples previsão legal do regime – seletores dos danos que efetivamente devem ser reparados. Ditos filtros, diante da redução do seu elenco de pressupostos, devem ser integrados aos conceitos de dano juridicamente relevante e de nexo de causalidade, que serão concretizados quando da subsunção dos fatos à norma de imputação.

Para tanto, defende-se que os fragmentos normativos oriundos dos pressupostos classicamente ditos subjetivos devem integrar-se na aferição do dano e da causalidade imprescindíveis à responsabilidade civil objetiva, de modo que não será qualquer prejuízo que se ligue ao fator de atribuição em decorrência de uma relação de causa e efeito que poderá ser reparado.

Sustenta-se que apenas à vista da verificação de um dano ilegítimo que se afigure violador de uma situação juridicamente protegida (do lesante) e que não se dê no âmbito do exercício regular de um direito (do lesado) poderá ser considerado como juridicamente relevante e, portanto, apto a ensejar o surgimento de um dever de indenizar em razão da incidência de uma regra de imputação objetiva.

De outro lado, defende-se que apenas à vista de uma causalidade normativa, que permita situar os danos cuja reparação se pretende no escopo da norma por ele violada, estará satisfeito o suporte fático da regra de imputação, permitindo, desta feita, o surgimento de uma obrigação indenizatória de natureza objetiva.

Defende-se que a estrutura ora proposta afigura-se unitária e característica da responsabilidade civil objetiva de um modo geral, independentemente de outros elementos que se apresentem nas *fattispecie* específicas. Por isso, dever-se-á, sempre, aferir a presença de um dano ilegítimo – e, por isso, relevante do ponto de vista jurídico – e de uma causalidade preponderantemente normativa para que se apresente viável à imposição de um dever de indenizar nas hipóteses de responsabilidade civil objetiva. Tanto porque se entende que apenas nestas situações, que permitem atentar e valorar de modo adequado e legítimo a posição contraposta entre os interesses do lesante e do lesado, será possível a aplicação ponderada do instituto sob exame.

Intenta-se, com isso, identificado um fundamento unitário de legitimidade e demarcada uma estrutura com características próprias e capazes de atribuir uma ideia de conjunto às diversas *fattispecie*, esboçar o que se denominou regime geral de responsabilidade civil objetiva e trazer contribuição útil à ciência do direito.

REFERÊNCIAS

AFFERNI, Giorgio. *La riparazione del danno non patrimoniale nella responsabilità oggettiva*. Responsabilità Civile e Previdenza, Milano, a. 69, fasc. 3, p. 862-889, 2004.

AGUIAR JÚNIOR, Ruy Rosado de. *Responsabilidade civil do médico*. Revista dos Tribunais, São Paulo, v. 84, n. 718, p. 33-53, ago. 1995.

AGUIAR, Roger Silva. *Responsabilidade Civil*. A culpa, o risco e o medo. São Paulo: Atlas, 2011.

ALARCÃO, Rui de. *Direito das Obrigações*. Coimbra: João Abrantes, 1983.

ALBERTON, Mariachiara. *Il danno ambientale in un'ottica multilivello*: spunti di riflessione. IANUS – Diritto e finanza: Rivista semestrale di studi giuridici, Siena, a. 1, n. 2, p. 02-24, 2010.

ALBUQUERQUE JÚNIOR, Roberto Paulino de. *Notas sobre a teoria da responsabilidade civil sem dano*. Revista de Direito Civil Contemporâneo, São Paulo, a. 3, n. 6, p. 89-103, jan/mar. 2016.

ALMEIDA, Carlos Ferreira de; CARVALHO, Jorge Morais. *Introdução ao Direito Comparado*. 3ed. Coimbra: Almedina, 2013.

ALPA, Guido. *Diritto della responsabilità civile*. Roma/Bari: Laterza, 2003.

ALPA, Guido. *La responsabilità civile*. Principi. Torino: UTET, 2015.

ALPA, Guido; BESSONE, Mario. *Atipicià dell'illecito*. Parte prima: i profili dottrinali. 2ed. Milano: Giuffrè, 1980.

ALPA, Guido; BESSONE, Mario. *I fatti illeciti*. In: RESCIGNO, Pietro (dir). Trattato di Diritto Privato. Torino: UTET, 1982, t. 6 (obbligazioni e contratti), v. 14.

ALPA, Guido; BESSONE, Mario. *La responsabilità civile*. 3ed. Milano: Giuffrè, 2001.

ANDERSEN, W. O. *A revolução industrial*. Trad. Maria Ondina. Lisboa: Editores Associados, 1969.

ANDRADE NETO, Carlos Gonçalves de. *Justiça distributiva e responsabilidade civil*. Dissertação de Mestrado. Programa de Pós-Graduação em Direito (Faculdade de Direito do Recife). Orientador Prof. Doutor Paulo Luiz Neto Lôbo. Recife: Universidade Federal de Pernambuco, 2003.

ANGRISANI, Antonio. *La responsabilità dei padroni e dei comitenti*. In: STANZIONE, Pasquale (dir.). Trattato della Responsabilità Civile. Responsabilità Extracontrattuale. Torino: CEDAM, 2012, v. II.

ANNUNZIATA, Gaetano. *Responsabilità civile e risarcibilità del danno*. Padova: CEDAM, 2010.

ANTUNES, Henrique Sousa. *Responsabilidade civil dos obrigados à vigilância da pessoa naturalmente incapaz*. Lisboa: Universidade Católica Editora, 2000.

APICELLA, Domenico. *Danno cagionato da animali*. In: STANZIONE, Pasquale (dir). Trattato della Responsabilità Civile. Padova: CEDAM, 2012, v. II.

APICELLA, Domenico. *Responsabilità da cose in custodia*. In: STANZIONE, Pasquale (dir.). Trattato della Responsabilità Civile. Padova: CEDAM, 2012, v. II.

ARANGIO-RUIZ, Vincenzo. *Istituzioni di Diritto Romano*. 14ed. Napoli: Jovese, 1998.

ARAÚJO, Fernando. *Teoria Econômica do Contrato*. Coimbra: Almedina, 2007.

ARCHER, António Barreto. *Direito do ambiente e responsabilidade civil*. Coimbra: Almedina, 2009.

ARISTÓTELES. *Ética a Nicômaco* (série Os pensadores). Trad. Mário da Gama Kury. São Paulo: Nova Cultura, 1996.

ASCENSÃO, José de Oliveira. *A teoria finalista e o ilícito civil*. Revista da Faculdade de Direito da Universidade de Lisboa, Lisboa, v. 27, p. 09-28, 1986.

ASCENSÃO, José de Oliveira. *Direito Civil*. Teoria Geral. 2ed. Coimbra: Coimbra, 2000, v. I.

ASCENSÃO, José de Oliveira. *Direito Civil*. Teoria Geral. Coimbra: Coimbra, 2002, v. III.

ASCENSÃO, José de Oliveira. *Prefácio*. In: GONÇALVES, Diogo Costa. Pessoa e Direitos da Personalidade. Fundamentação ontológica de tutela. Coimbra: Almedina, 2008.

ASCENSÃO, José de Oliveira. *A dignidade da pessoa e o fundamento dos direitos humanos*. In: MIRANDA, Jorge (org). Estudos em Homenagem ao Prof. Doutor Martim de Albuquerque. Coimbra: Coimbra, 2010, v. II.

ASCENSÃO, José de Oliveira. *O "fundamento do direito": entre o direito natural e a dignidade da pessoa*. Revista da Faculdade de Direito da Universidade de Lisboa, Lisboa, v. 52, n. 1 e 2, p. 29-43, 2011.

ASCENSÃO, José de Oliveira. *Mecanicismo, equidade e cláusulas gerais no direito das obrigações*. Revista do Instituto do Direito Brasileiro da Universidade de Lisboa, Lisboa, a. 3, n. 7, p. 4733-4749, 2014.

ASCOLI, Alfredo. *Istituzuini di Diritto Civile*. 2ed. Napoli: Francesco Perrella, [s.ed].

ATAÍDE, Rui Paulo Coutinho de Mascarenhas. *Causalidade e imputação objectiva na teoria da responsabilidade civil*. A sobreposição das concepções normativas. In: MIRANDA, Jorge (coord.). Estudos em Homenagem ao Prof. Doutor Sérvulo Correia. Coimbra: Coimbra, 2010, v. III.

ATAÍDE, Rui Paulo Coutinho de Mascarenhas. *Responsabilidade civil por violação de deveres de tráfego*. Coimbra: Almedina, 2015.

AUTORINO, Gabriella. *La responsabilità aquiliana*: il modello atípico dell'art. 2043 C.C. In: STANZIONE, Pasquale (dir.). Trattato della Responsabilità Civile. Responsabilità extracontrattuale. Padova: CEDAM, 2012, v. II.

AZEVEDO, Antônio Junqueira. *O direito como sistema complexo e de 2ª ordem; sua autonomia*. Ato nulo e ato ilícito. Diferença de espírito entre responsabilidade civil e penal. Necessidade de prejuízo para haver direito de indenização na responsabilidade civil. *Civilistica.com*, Rio de Janeiro, a. 2, n. 3, p. 01-15, 2003.

AZEVEDO, Plauto Faraco de. *Justiça distributiva e aplicação do direito*. Porto Alegre: Sérgio Antônio Fabris Editor, 1983.

AZZARRI, Federico. *Responsabilità presunta, responsabilità oggetttiva e danno non patrimoniale*. Responsabilità Civile e Previdenza, Milano, a. 73, fasc. 5, p. 1078-1093, 2008.

BARASI, Lodovico. *Istituzioni di Diritto Civile*. Milano: Francesco Vallardi, 1914.

BARBOSA, Mafalda Miranda. *Reflexões em torno da responsabilidade civil*: teleologia e teleonomologia em debate. Boletim da Faculdade de Direito, Coimbra, v. LXXXI, p. 511-600, 2005.

BARBOSA, Mafalda Miranda. *Liberdade vs. Responsabilidade*. A precaução como fundamento da imputação delitual? Coimbra: Almedina, 2006.

BARBOSA, Mafalda Miranda. *O papel da imputabilidade no quadro da responsabilidade delitual*. Breves apontamentos. Boletim da Faculdade de Direito, Coimbra, v. LXXXII, p. 485-534, 2006.

BARBOSA, Mafalda Miranda. *Do nexo de causalidade ao nexo de imputação*: contributo para a compreensão da natureza binária e personalística do requisito causal ao nível da responsabilidade civil extracontratual. Tese de doutoramento (Universidade de Coimbra). Coimbra: Faculdade de Direito, 2013

BARBOSA, Mafalda Miranda. *Estudos a propósito da responsabilidade objetiva*. Cascais: Principia, 2014.

BARBOSA, Mafalda Miranda. *Responsabilidade civil extracontratual*. Novas perspectivas em matéria de nexo de causalidade. Cascais: Principia, 2014.

BARBOSA, Mafalda Miranda. *Responsabilidade civil do produtor e nexo de causalidade:* breves considerações. FIDES – Revista de Filosofia do Direito, do Estado e da Sociedade, Natal, v. 8, n. 2, p. 172-190, jul./ dez. 2017.

BARBOSA, Mafalda Miranda. *A reforma francesa da responsabilidade civil* – Breves considerações em sede extracontratual. Revista da Faculdade de Direito e Ciência Política da Universidade Lusófona, Porto, n. 11, p. 02-29, 2018.

BARCELLONA, Mario. *"Scopo della norma violata"*. Interpretazione teleológica e tecniche di atribuizione della tutela aquiliana. Rivista di Diritto Civile, Padova, a. XIX, v. I, p. 311-371, 1973.

BARCELLONA, Mario. *La responsabilità extracontrattuale*. Danno ingiusto e danno non patrimoniale. Torino: UTET, 2011.

BECK, Ulrich. *Sociedade de risco*. Rumo a uma outra modernidade. Trad. Sebastião Nascimento. São Paulo: Editora 34, 2010.

BEVILACQUA, Maila. *Nuovi profilli della causalità nella giurisprudenza della Suprema Corte:* dalla sentenza Franzese alla duplice 'dimensione di analisi' del nesso di causa nel sottosistema civile. Diritto & Diritti (fondato da Francesco Brugaletta), Ragusa, 12 giu. 2008. Disponível em: <https://www.diritto.it/nuovi-profili-della-causalita-nella-giurisprudenza-della-suprema-corte-dalla-sentenza-franzese-alla-duplice-dimensione-di-analisi-del-nesso-di-causa-nel-sottosistema-civile/>. Acesso em: 11 ago. 2017.

BIANCA, Cesare Massimo. *Diritto Civile*. La responsabilità. Milano: Giuffrè, 1994, ristampa.

BIANCA, Ceare Massimo. *Istituzioni di diritto privato*. Milano: Giuffrè, 2014.

BLAIOTTA, Rocco. *La causalità nella responsabilità professionale*. Tra teoria e prassi. Milano: Giuffrè, 2004.

BONANZINGA, Rosa Thea. *Abuso del diritto e rimedi esperibili*. Comparazione e Diritto Civile, Salerno, Sezione Teoria Generale, nov. 2010. Disponível em: <http://www.comparazionedirittocivile.it/prova/files/bonanzinga_abuso.pdf>. Acesso em: 13 jun. 2016.

BONILINI, Giovani. *Il danno non patrimoniale*. Milano: Giuffrè, 1983.

BONVICINI, Eugenio. *La responsabilità civile*. Milano: Giuffrè, 1971, t. I.

BORDON, Raniero. *Una nuova causalità per la responsabilità civile*. Persona e danno (a cura di Paolo Cendon), Trieste, 13 feb. 2008. Disponível em: <https://www.personaedanno.it/articolo/una-nuova-causalita-per-la-responsabilita-civile-raniero-bordon>. Acesso em: 06 ago. 2017.

BRASIL. *Código Civil*. Quadro Comparativo 1916/2002. Brasília: Senado Federal, 2003. Disponível em: <http://www2.senado.leg.br/bdsf/item/id/70309 >. Acesso em: 11 ago. 2015.

BRIGANTI, Ernesto. *Tradizione e novità nella responsabilità civile*. In: LUCARELLI, Francesco. Diritti Civili ed Isttituti Privatistici. Padova: CEDAM, 1983.

BUSNELLI, Francesco Donato. *La parabola della responsabilità civile*. Rivista critica del diritto privato, Bologna, v. 6, n. 4, p. 643-684, dic. 1988.

BUSNELLI, Francesco Donato. *Diritto giurisprudenziale e responsabilità* **civile**. Napoli: Editoriale Scientifica, 2007.

BUSNELLI, Francesco Donato. *Il principio di solidarietà e "l'attesa della provera genti", oggi*. Persona e Mercato, Firenze, n. 2, p. 101-116, 2013.

BUSNELLI, Francesco Donato; PATTI, Salvatore. *Danno e responsabilità civile*. 3ed. Torino: Giappichelli, 2013.

BUSSANI, Mauro. *La responsabilità civile al tempo della crisi*. Rivista Trimestrale di Diritto e Procedura Civile, Milano, v. 69, fasc. 2, p. 567-581, giu. 2015.

BUSSANI, Mauro; INFANTINO, Marta. *La Corte costituzionale, l'illecito ed il governo della colpa*. In: BUSSANI, Mauro (a cura di). La responsabilità civile nella giurisprudenza costituzionale. Napoli: Edizioni Scientifiche Italiane, 2006.

CAENEGEM, R. C. van. *Uma introdução histórica ao direito privado*. 2ed. Trad. Carlos Eduardo Lima Machado. São Paulo: Martins Fontes, 2000.

CAETANO, Marcello. *História do Direito Português*. 4ed. Lisboa/São Paulo: Verbo, 2000.

CAHALI, Yussef Said. *Responsabilidade Civil do Estado*. 3ed. São Paulo: Ed. RT, 2007.

CALABRESI, Guido. *Costo degli incidenti e responsabilità civile*. Trad. Anna de Vita, Vincenzo Varano e Vincenzo Vigoriti. Milano: Giuffrè, 2015, ristampa.

CALDERALE, Alfredo. *Diritto Privato e Codificazione in Brasile*. Milano: Giuffrè, 2005.

CALIXTO, Marcelo Junqueira. *A Culpa na Responsabilidade Civil*. Estrutura e função. Rio de Janeiro: Renovar, 2008.

CANOTILHO, J. J. Gomes. *Direito Constitucional e Teoria da Constituição*. 7ed. Coimbra: Almedina, 2003.

CAPECCHI, Marco. *Il nesso di causalità*. Da elemento della fattispecie 'fatto illecito' a criterio di limitazione di rissarcimento del danno. 2ed. Padova, CEDAM, 2005.

CARINGELA, Francesco. *Studi di Diritto Civile*. Milano: Giuffrè, 2007, v. 3.

CARRÁ, Bruno Leonardo Câmara. *Responsabilidade Civil sem Dano*. Uma análise crítica. Limites epistêmicos a uma responsabilidade civil preventiva ou por simples conduta. São Paulo: Atlas, 2015.

CARVALHO, Orlando de. *A Teoria Geral da Relação Jurídica*. Seu sentido e limites. 2ed. Lisboa: Centelha, 1981.

CARVALHO, Orlando de. *Teoria Geral do Direito Civil*. In: FERNANDES, Liberal; GUIMARÃES, Maria Raquel e REDINHA, Maria Regina (coord.). 3ed. Coimbra: Coimbra, 2012.

CARVALHO, Pedro Pitta e Cunha Nunes de. *A responsabilidade do comitente*. Revista da Ordem dos Advogados, Lisboa, a. 48, p. 85-120, 1988.

CASTELEIRO, João Malaca (org.). *Dicionário da Língua Portuguesa Contemporânea da Academia das Ciências de Lisboa*. Lisboa: Verbo, 2001, v. 2.

CASTRESANA, Amelia. *Nuevas lecturas de la responsabilidad aquiliana*. Salamanca: Ediciones Universidad de Salamanca, 2001.

CASTRONOVO, Carlo. *Responsabilità Oggettiva*. II – Disciplina privatistica. Diritto comparato e straniero. In. AAVV. Enciclopedia Giuridica Treccani. Roma: Istituto della Enciclopedia Italiana, 1991, v. XXX.

CASTRONOVO, Carlo. *La responsabilità civile*. Esperienze europee a confronto. In: AAVV. I cento anni del Codice Civile tedesco in Germania e nella cultura giuridica italiana. Atti del Convegno di Ferrara 26-28 settembre 1996. Padova: CEDAM, 2002.

CASTRONOVO, Carlo. *La nuova responsabilità civile*. 3ed. Milano: Giuffrè, 2006.

CASTRONOVO, Carlo. *Sentieri di responsabilità civile europea*. Europa e Diritto Privato, Milano, n. 4, p. 787-830, 2008.

CASTRONOVO, Carlo. *La natura del danno ambientale e i criteri di imputazione della responsabilità*. In: NICOTRA, Ida Angela; SALANITO, Ugo (a cura di). Il danno ambientale tra prevenzione e riparazione. Torino: Giappichelli, 2010.

CASTRONOVO, Carlo. *Eclissi del diritto civile*. Milano: Giuffrè, 2012.

CASTRONOVO, Carlo; MAZZAMUTO, Salvatore. *Manuale di Diritto Privato Europeu*. Milano: Giuffrè, 2007, v. II.

CATALAN, Marcos. *A morte da culpa na responsabilidade contratual*. São Paulo: Ed. RT, 2013.

CAVALIERI FILHO, Sérgio. *Da Responsabilidade Civil.* In: TEIXEIRA, Sálvio de Figueiredo (coord.). Comentários ao Novo Código Civil. Rio de Janeiro: Forense, 2004, v. XIII.

CAVALIERI FILHO, Sergio. *Programa de Responsabilidade Civil.* 6ed. São Paulo: Malheiros, 2006.

CERAMI, Pietro. *Profili storici della responsabilità civile.* Europa e diritto privato, Milano, n. 2, p. 449-468, 2008.

CHIRONI, Gian Pietro. *La colpa nel diritto civile odierno.* Colpa extracontrattuale. Napoli: Edizioni Schientifiche Italiane, 2012, v. I, ristampa.

CLAVERO, Bartolomé. *Institucion Historica del Derecho.* Madrid: Marcial Pons, 1992.

COELHO, Francisco Manuel Pereira. *O enriquecimento e o dano.* Coimbra: Almedina, 2003, reimpressão.

COELHO, Francisco Manuel Pereira. *O problema da causa virtual na responsabilidade civil.* Coimbra: Almedina, 1998, reimpressão.

COELHO, Francisco Manuel Pereira. *O nexo de causalidade na responsabilidade civil.* Boletim da Faculdade de Direito, Coimbra, v. IX, p. 65-242, 1951.

COLOMA, German. *Analisis Economico del Derecho Privado y Regulatorio.* Buenos Aires: Ciudad Argentina, 2001.

COMPORTI, Marco. *Responsabilità per esercizio di attività pericolose.* In: BUONOCORE, Vincenzo; MAJELLO, Ugo. Fondamento e funzione della responsabilità civile. Napoli: Cooperativa Editrice Economica e Commercio, 1975.

COMPORTI, Marco. *Esposizione al pericolo e responsabilità civile.* Napoli: Edizioni Scientifiche Italiane, 2014, ristampa.

COOTER, Robert. *Teorie economiche della responsabilità civile.* In: FABBRINI, Daniele; FIORENTINI, Gianluca; FRANZONI, Luigi Alberto. L´analisi economica del diritto. Roma: Carocci, 2000, ristampa.

COOTER, Robert; ULEN, Thomas. *Direito & Economia.* 5ed. Trad. Luis Marcos Sander e Francisco Araújo da Costa. Porto Alegre: Bookman, 2010.

CORDEIRO, António Menezes. *Direito das Obrigações.* Lisboa: AAFDL, 1986, v. 2.

CORDEIRO, António Menezes. *Da Responsabilidade Civil dos Administradores das Sociedades Comerciais.* Lisboa: Lex, 1997.

CORDEIRO, António Menezes. *Do abuso de direito*: estado das questões e perspectivas. Revista da Ordem dos Advogados, Lisboa, a. 65, v. II, p. 327-385, set. 2005.

CORDEIRO, António Menezes. *Da Boa Fé no Direito Civil.* 3reimp. Coimbra: Almedina, 2007.

CORDEIRO, António Menezes. *Tratado de Direito Civil Português.* Parte geral. Coimbra: Almedina, 2009, v. I, t. I.

CORDEIRO, António Menezes. *Tratado de Direito Civil Português.* Direito das Obrigações: gestão de negócios, enriquecimento sem causa, responsabilidade civil. Coimbra: Almedina, 2010, v. II, t. III.

CORDEIRO, António Menezes. *Litigância de má fé, abuso do direito de acção e culpa 'in agendo'.* 3ed. Coimbra: Almedina, 2016, reimpressão.

CORRADINI, Domenico. *Le codificazioni civilistiche dell'Ottocento.* In: RODOTÀ, Stefano (a cura di). Il diritto privato nella società moderna. Bologna: Il Mulino, 1971.

CORRÊA, André Rodrigues. *Solidariedade e responsabilidade.* O tratamento jurídico dos efeitos da criminalidade violenta no transporte público de pessoas no Brasil. São Paulo: Saraiva, 2009.

COSTA, Fausto. *Delitto e pena nella storia del pensiero umano.* Torino: Fratelli Bocca, 1928.

COSTA, Mário Júlio de Almeida. *Noções de Direito Civil.* 3ed. Coimbra: Almedina, 1991.

COSTA, Mário Júlio de Almeida. *Reflexões sobre a obrigação de indemnização*. Revista de Legislação e de Jurisprudência, Coimbra, v. 134, p. 290-299, fev./mar. 2002.

COSTA, Mário Júlio de Almeida. *Direito das Obrigações*. 11ed. Coimbra: Almedina, 2008.

COSTA, Mário Júlio de Almeida. *História do Direito Português*. 5ed. Coimbra: Almedina, 2011.

CRESTI, Marco. *Contributo allo studio della tutela degli interessi diffusi*. Milano: Giuffrè, 1992.

CUOCCI, Valentina Vincenza. *Crisi del'assicurazione obbligatoria R.C.A.*: I possibili mecanismi correttivi tra risarcimento diretto e *no-fault insurance*. In: BUSNELLI, Francesco Donato; COMANDÉ, Giovanni (a cura di). L'assicurazione tra Codice Civile e nuove esigenze: per un approccio precauzionale al governo dei rischi. Milano: Giuffrè, 2009.

CURSI, Maria Floriana. *Danno e responsabilità extracontrattuale nella storia del diritto privato*. Napoli: Jovene, 2010.

D'ANTONIO, Virgilio. *Il Danno ingiusto*. In: STANZIONE, Pasquale (dir.). Trattato della Responsabilità Civile. Responsabilità extracontrattuale. Padova: CEDAM, 2012, v. II.

D'AURIA, Massimo. *L'ingiustizia del danno*. In: CUFFARO, Vincenzo. Responsabilità Civile. Roma: IPSOA, 2007.

D'ORS, J. A. *Derecho Romano Privado*. 8ed. Pamplona: Univeridad de Navarra, 1991.

DAVID, René. *Os grandes sistemas do direito contemporâneo*. Trad. Hermínio A. Carvalho. 4ed. São Paulo: Martins Fontes, 2002.

DE CUPIS, Adriano. *Dei fatti illeciti*. In: SCIALOJA, Antonio; BRANCA, Giuseppe (a cura di). Comentario del Codice Civile. Libro quarto. Delle obrigazioni. Art. 1992-2059. Bologna: Nicola Zanichelli, 1964.

DE CUPIS, Adriano. *Il Danno*. Teoria Generale della Responsabilità Civile. 3ed. Milano: Giuffrè, 1979, v. I.

DE CUPIS, Adriano. *Sul tema del danno e del ressarcimento*. In: BUSNELLI, Francesco Donato; SCALFI, Gianguido. Le pene private. Milano: Giuffrè, 1985.

DE CUPIS, Adriano. *La riparazione del danno all'ambiente: risarcimento, o pena?* Rivista di Diritto Civile, Padova, a. 34, n. 4, parte seconda, p. 401-404, lug./ago 1988.

DE MASI, Domenico (org.). *A sociedade pós-industrial*. 2ed. São Paulo: SENAC, 1999.

DE RUGGIERO, Roberto. *Istituzioni di Diritto Civile*. 4ed. Messina: Casa Editrice Giuseppe Principato, 1926, v. II.

DEGL'INNOCENTI, Francesca. *I criteri di imputazione della responsabilità per danno ambientale*. Contratto e Impresa, Padova, a. 29 n. 3, p.741-770, mag./giu. 2013.

DELLA ROCCA, P. Morozzo. *L'imputabilità*. In: CENDON, Paolo (a cura di). La Responsabilità Civile. Responsabilità Extracontrattuale. Torino: UTET, 1998, v. IX.

DEUTSCH, Erwin. *La disciplina dell'ingiustificato arricchimento e degli atti illeciti*. In: AAVV. I Cento Anni del Codice Civile Tedesco in Germania e nella Cultura Giuridica Italiana. Padova: CEDAM, 2002.

DI LAURO, Antonino Procida Mirabelli; FEOLA, Maria. *La responsabilità civile*. Contratto e torto. Torino: Giappichelli, 2014.

DI MARTINO, Vittorio. *La R.C. nelle attività pericolose e nucleari*. Milano: Giuffrè, 1979.

DI PIETRO, Alfredo. *Derecho Romano Privado*. Buenos Aires: Depalma, 1996.

DIAS, José de Aguiar. *Da responsabilidade civil*. 12ed. Atual. Rui Berford Dias. Rio de Janeiro: Lumen Juris, 2011.

DÍEZ-PICAZO, Luis. *El escándalo del daño moral*. Madrid: Civitas, 2008.

DOGLIOTTI, M.; FIGONE, A. *Le cause di giustificazione*. In: CENDON, Paolo (a cura di). La responsabilità civile. Responsabilità extracontrattuale. Torino: UTET, 1998, v. VIII.

DUGUIT, Léon. *Fundamentos do Direito*. Trad. Márcio Pugliesi. São Paulo: Martin Claret, 2009.

DUSI, Bartolomeu. *Istituzioni di Diritto Civile*. Atual. M. Sarfatti. Torino: Giappichelli, 1929, v. II.

ENNECCERUS, Ludwig. *Derecho de Obligaciones*. Atual. Heinrich Lehmann. Trad. Blas Pérez Gonzales e José Alguer. Barcelona: Bosch, 1933, v. I.

ESCUDERO, José Antonio. *Curso de Historia del Derecho*. Fuentes e Instituciones Político-administrativas. Madrid: [s.n.], 1985.

EUROPEAN GROUP ON TORT LAW. *Principles of European Tort Law*. Wien: Springer, 2005.

FABBRICATORE, Alfonso. *Nesso eziologico e risarcimento del danno:* alcune perplessità. Persona e danno (a cura di Paolo Cendon), Trieste, 11 lug. 2015. Disponível em <https://www.personaedanno.it/articolo/nesso-eziologico-e-risarcimento-del-danno-alcune-perplessit-cass-1292315-a-fabbricatore>. Acesso em 06 ago. 2017.

FACCI, Giovanni. *Il nesso di causalità e la funzione della responsabilità civile*. Responsabilità Civile e Previdenza, Milano, a. 67, fasc. 1, p. 144-154, 2002.

FARIA, Jorge Ribeiro de. *Direito das Obrigações*. Coimbra: Almedina, 1990, v. I.

FARIA, Jorge Ribeiro de. *Algumas notas sobre o finalismo no Direito Civil*. Boletim da Faculdade de Direito, Coimbra, v. LXIX, p. 71-160, 1993, e v. LXX, p. 133-219 (continuação), 1994.

FARIAS, Cristiano Chaves de; NETTO, Felipe Braga; ROSENVALD, Nelson. *Novo Tratado de Responsabilidade Civil*. 2ed. São Paulo: Saraiva, 2017.

FEDERICI, Renato. *Gli interessi diffusi*. Il problema della loro tutela nel diritto amministrativo. Padova: CEDAM, 1984.

FERRI, Giovanni B. *Oggetto del diritto della personalità e danno non patrimoniale*. Rivista del Diritto Comerciale e del Diritto Generale delle Obbligazioni, Padova, a. 82, n. 1-4, parte prima, p. 137-158, gen./apr. 1984.

FIALE, Aldo. *Il risarcimento del danno ambientale e il regime delle responsabilità*. Disponível em: <http://www.giuristiambientali.it/documenti/ICEF1.pdf>. Acesso em: 06 dez. 2017.

FONSECA, Jorge Carlos. *A relevância negativa da causa virtual ou hipotética na responsabilidade civil* (Delimitação do problema. Sua incidência no Direito Português). Revista Jurídica da AAFDL, Lisboa, n. 4, p. 13-69, 1984.

FORCHIELLI, Paolo. *Responsabilità oggettiva*. I – Disciplina privatistica. In. AAVV. Enciclopedia Giuridica Treccani. Roma: Istituto della Enciclopedia Italiana, 1991, v. XXX.

FRANCARIO, Lucio. *Danni ambientali e tutela civile*. Napoli: Jovene, 1990.

FRADA, Manuel A. Carneiro da. *Contrato e Deveres de Protecção*. Coimbra: Coimbra, 1994.

FRADA, Manuel A. Carneiro da. *A responsabilidade objectiva por facto de outrem face à distinção entre responsabilidade obrigacional e aquiliana*. Direito e Justiça – Revista da Faculdade de Direito da Universidade Católica Portuguesa, Lisboa, v. XII, t. I, p. 297-311, 1998, separata.

FRADA, Manuel Carneiro da. *Uma "terceira via" no direito da responsabilidade civil?* Coimbra: Almedina, 1997.

FRADA, Manoel A. Carneiro da. *Teoria da Confiança e Responsabilidade Civil*. Coimbra: Almedina, 2004.

FRADA, Manoel A. Carneiro da. *Direito Civil*. Responsabilidade Civil. O método do caso. Coimbra: Almedina, 2006.

FRADA, Manuel Carneiro da. *A equidade (ou a 'justiça com o coração')*. A propósito da decisão arbitral segundo a equidade. Revista da Ordem dos Advogados, Lisboa, a. 72, n. 1, p. 109-145, jan./mar. 2012.

FRANÇA. CONSELHO DE ESTADO. *Responsabilidade e Socialização do Risco*. Trad. Michel Abes. In: VARELLA, Marcelo Dias (Coord.). Brasília: UniCEUB, 2006.

FRANZONI, Massimo. *Dei fatti illeciti (art. 2403-2059)*. In: GALGANO, Francesco (a cura di). Commentario del Codice Civile Scialoja-Branca. Bologna: Zanichelli, 1993.

FRANZONI, Massimo. *Trattato della Responsabilità Civile*. Milano: Giuffrè, 2004, t. I.

GALBRAITH, John Kenneth. *O novo estado industrial*. Trad. Álvaro Cabral. 2ed. Rio de Janeiro: Civilização Brasileira, 1969.

GALGANO, Francesco. *Diritto privato*. 2ed. Padova: CEDAM, 1983.

GALGANO, Francesco. *Diritto privato*. 3ed. Padova: CEDAM, 1985.

GALGANO, Francesco. *Tratato di Diritto Civile*. Padova: CEDAM, 2009, v. II.

GALLO, Paolo. *Istituzioni di Diritto Privato*. 2ed. Torino: Giappichelli, 2003.

GALVÃO, Sofia de Sequeira. *Reflexões acerca da responsabilidade do comitente no direito português*. A propósito do contributo civilista para a dogmática da imputação. Lisboa: AAFDL, 1990.

GIANTI, Davide. *L'accertamento dell'elemento oggettivo dell'illecito*. Dal nesso di causalità in senso classico alla odierna causalità normativa. The Cardozo Eletronic Law Bulletin, Torino, v. 22, n. 1, p. 01-51, 2016.

GILISEN, John. *Introdução Histórica ao Direito*. Trad. António Manuel Hespanha e Manuel Luís Macaísta Malheiros. 6ed. Lisboa: Fundação Calouste Gulbenkian, 2011.

GODOY, Claudio Luiz Bueno de. *Responsabilidade civil pelo risco da atividade*. Uma cláusula geral no Código Civil de 2002. 2ed. São Paulo: Saraiva, 2010.

GODOY, Claudio Luiz Bueno de. *Responsabilidade civil pelo risco da atividade e o nexo de imputação da obrigação de indenizar*: reflexões para um colóquio Brasil-Portugal. Revista Jurídica Luso-Brasileira, Lisboa, a. 1, n. 1, p. 21-43, 2015.

GOMES, Carla Amado. *Textos dispersos sobre direito da responsabilidade civil extracontratual das entidades públicas*. Lisboa: AAFDL, 2010.

GOMES, Carla Amado. *A responsabilidade civil por dano ecológico*. Reflexões preliminares sobre o novo regime instituído pelo DL 147/2008, de 29 de julho. Disponível em: <www.fd.unl.pt/docentes_docs/ma/cg_ma_9137.doc>. Acesso em: 01 dez. 2017.

GOMES, Júlio. *Responsabilidade subjectiva e responsabilidade objectiva*. Revista de Direito e Economia, Coimbra, v. XIII, p. 97-115, 1987.

GOMES, Júlio. *Uma função punitiva para a responsabilidade civil e uma função reparatória para a responsabilidade penal?* Revista de Direito e Economia, Coimbra, v. XV, p. 105-144, 1989.

GOMES, Orlando. *Responsabilidade Civil*. Atual. Edvaldo Brito. Rio de Janeiro: Forense, 2011.

GOMES, Orlando. *Tendências modernas na teoria da responsabilidade civil*. In: TELES, Inocêncio Galvão (org.). Estudos em memória do Prof. Doutor Paulo Cunha. Lisboa: FDUL, 1989, separata.

GONÇALVES, Carlos Roberto. *Direito Civil Brasileiro*. Responsabilidade Civil. 3ed. São Paulo: Saraiva, 2008, v. IV.

GONÇALVES, Luiz da Cunha. *O Problema da Codificação do Direito Civil*. Coimbra: Imprensa da Universidade, 1906.

GONZÁLES, José Alberto. *Responsabilidade Civil*. 3ed. Lisboa: Quid Juris, 2013.

GORLA, Gino. *Sulla cosiddetta causalità giuridica:* fatto danoso e consequenze. Rivista del Diritto Commerciale e del Diritto Generale delle Obbligazioni, Padova, n. 49, v. I, p. 405-421, 1951.

GROSSI, Paolo. *L'ordine giuridico medievale*. 2ed. Roma/Bari: Laterza, 1996.

GROSSI, Paolo. *Mitologias jurídicas da modernidade*. Trad. Arno Dal Ri Júnior. Florianópolis: Boiteux, 2004.

GUARINO, Antonio. *Compendio de Derecho Privado Romano*. 3ed. Trad. Francisco de Pelsmaeker. Cadiz: Escelicer, 1955.

GÜNTHER, Klaus. *Responsabilização na sociedade civil*. Trad. Flavia Püschel. Novos Estudos.

HESPANHA, António Manuel. *História das Instituições*. Épocas medieval e moderna. Coimbra: Almedina, 1982.

HIRONAKA, Giselda Maria Fernandes Novaes. *Responsabilidade pressuposta*. Evolução de fundamentos e de paradigmas da responsabilidade civil na contemporaneidade. Revista Jurídica, São Paulo, v. 364, p. 35-62, fev. 2008.

HOBSBAWM, Eric. *En torno a los orígenes de la revolución industrial*. Trad. Ofelia Castillo y Enrique Tandeter. Madrid: Siglo Veintiuno, 1978.

IGLESIAS, Juan. *Derecho Romano*. Instituiciones de Derecho Privado. 9ed. Barcelona: Ariel, 1985.

INFANTINO, Marta. *Il diritto comparato della causalità aquiliana*. Rivista di Diritto Civile, a. LIX, n. 3, p. 569-589, mag./giu. 2013.

IRTI, Natalino. *L'età della decodificazione*. 3ed. Milano: Giuffrè, 1989.

IRTI, Natalino. *L'età della codificazione vent'anni dopo*. Diritto e società, Padova, n. 2, nuova serie, p. 193-203, 1999.

IUDICA, Giovanni. *Profili della responsabilità extracontrattuale secondo il nuovo Código Civil brasiliano*. In: CALDERALE, Alfredo (org.). Il nuovo Codice Civile brasiliano. Milano: Giuffrè, 2003.

JAYME, Erik. *Visões para uma teoria pós-moderna do direito comparado*. Trad. Claudia Lima Marques. Revista dos Tribunais, São Paulo, a. 88, v. 759, p. 24-4-, jan. 1999.

JHERING, Rudolf von. *El elemento de la culpabilidad en el derecho privado romano*. Trad. José Luis Guzmán Dalbora. Buenos Aires: BdeF, 2013.

JONAS, Hans. *O princípio responsabilidade*. Ensaio de uma ética para a civilização tecnológica. Trad. Marijane Lisboa e Luiz Barros Montez. Rio de Janeiro: Contraponto/PUC-Rio, 2006.

JORGE, Fernando Pessoa. *Ensaio sobre os pressupostos da responsabilidade civil*. Coimbra: Almedina, 1995, reimpressão.

JÖRS, Paul. *Derecho Privado Romano*. 2ed. Atual. Wolfgang Kunkel. Trad. L. Pietro Castro. Barcelona: Editorial Labor, 1937.

JOSSERAND, Louis. *Da responsabilidade pelo fato das coisas inanimadas*. Trad. Jaime Meira do Nascimento. Revista DireitoGV, São Paulo, v. 1, n. 1, p. 109-119, mai. 2005.

JOSSERAND, Louis. *Evolução da Responsabilidade Civil*. Trad. Raul Lima. Revista Forense, Rio de Janeiro, a. 38, fasc. 456, p. 548-559, jun. 1941.

JUSTO, António dos Santos. *O Código Napoleão e o Direito Ibero-Americano*. Boletim da Faculdade de Direito, Coimbra, v. LXXI, separata, 1995.

JUSTO, António Santos. *Breviário de Direito Privado Romano*. Coimbra: Coimbra, 2010.

JUSTO, António Santos. *Direito Privado Romano*. Direito das Obrigações. 4ed. Coimbra: Coimbra, 2011.

KASER, Max. *Storia del diritto romano*. Trad. Remo Martini. Milano: Cisalpino-Goliardica, 1967.

KASER, Max. *Direito Privado Romano*. Trad. Samuel Rodrigues e Ferdinand Hämmerle. Lisboa: Fundação Calouste Gulbenkian, 1999.

LANNI, Sabrina. *Il nuovo Codice Civile della Romania*: persona umana e responsabilità civile. Rivista di Diritto Civile, Padova, a. LIX, n. 4, p. 875-891, lug./ago. 2013.

LARENZ, Karl. *Derecho de Obligaciones*. Trad. Jaime Santos Briz. Madrid: Revista de Derecho Privado, 1959, t. II.

LEITÃO, Adelaide Menezes. *Normas de proteção e danos puramente patrimoniais*. Coimbra: Almedina, 2009.

LEITÃO, João Menezes. *Instrumentos de direito privado para a proteção do ambiente*. Revista Jurídica do Urbanismo e do Ambiente, Coimbra, v. 4, n. 7, p. 29-65, jun. 1997.

LEITÃO, Luis Menezes. *A reparação de danos emergentes de acidentes de trabalho*. In: MARTINEZ, Pedro Romano (coord.). Estudos do Instituto de Direito do Trabalho. Coimbra: Almedina, 2001, v. I.

LEITÃO, Luis Menezes. *Direito das Obrigações*. 6ed. Coimbra: Almedina, 2007, v. I.

LEITÃO, Luis Manuel Teles de Menezes. *A responsabilidade civil por danos causados ao ambiente*. In: AAVV. Actas do Colóquio 'A responsabilidade civil por dano ambiental'. Lisboa: Instituto de Ciências-Jurídico-Políticas, 2008.

LEITÃO, Luis Menezes. *O nexo de causalidade na responsabilidade civil por acidentes de trabalho*. Revista de Direito da Responsabilidade, Coimbra, a. 2, p. 01-14, 2020.

LEITE, José Rubens Morato. *Dano Ambiental*: do individual ao coletivo extrapatrimonial. 2ed. São Paulo: Ed. RT, 2003.

LEMOS, Patrícia Faga Iglecias. *Resíduos sólidos e responsabilidade civil pós-consumo*. 2ed. São Paulo: Ed. RT, 2012.

LEONARDI, Roberto. *La responsabilità in tema di bonifica dei siti inquinati*: dal criterio soggetivo del 'chi inquina paga' al criterio oggettivo del 'chi è proprietario paga'? Rivista Giuridica dell'Edilizia, Milano, a. LVII, fasc. 1, p. 03-32, 2015.

LEVY, Daniel de Andrade. *Responsabilidade Civil*: de um direito dos danos a um direito das condutas lesivas. São Paulo: Atlas, 2012.

LICCI, Giorgio. *Teorie causali e rapporto di imputazione*. Napoli: Jovene, 1996.

LIMA, Alvino. *Culpa e Risco*. São Paulo: Ed. RT, 1960.

LIMA, Lucas Asfor Rocha. *Responsabilidade civil em matéria de ambiente*: estudo comparado Brasil-Portugal. Revista dos Tribunais, São Paulo, v. 102, n. 932, p. 53-90, jun. 2013.

LOPEZ, Teresa Ancona. *Princípio da Precaução e Evolução da Responsabilidade Civil*. São Paulo: Quartier Latin, 2010.

MANDRIOLI, Eugenio. *Spunti critici per un'interpretazione restritiva del danno risarcibile*. Responsabilità Civile e Previdenza, Milano, a. 81, fasc. 2, p. 652-674, 2016.

MARI, Roberto. *Dizionario Italiano di Base*. Firenze: Giunti, 2004.

MARTÍN-CASALS, MIQUEL. *Os "Princípios de Direito Europeu da Responsabilidade Civil" (PETL) no início de uma segunda década*. Revista de Direito Civil Contemporâneo, São Paulo, a. 4, n. 12, p. 359-389, jul./set. 2017.

MARTINEZ, Pedro Romano. *Acidentes do Trabalho*. Lisboa: Pedro Ferreira Editor, 1996.

MARTINEZ, Pedro Romano. *Direito das Obrigações*. Apontamentos. 2ed. Lisboa: AAFDL, 2004

MARTINEZ, Pedro Romano. *Direito privado e responsabilidade civil das autarquias locais*. In: AAVV. Direito e Interioridade. Actas dos I, II e III Cursos de 2008, 2009 e 2010. Coimbra: Coimbra, 2012.

MARTINEZ, Pedro Romano. *Direito do Trabalho*. 8ed. Coimbra: Almedina, 2017.

MARTINS-COSTA, Judith. *Os Fundamentos da Responsabilidade Civil*. Revista Trimestral de Jurisprudência dos Estados, São Paulo, v. 15, n. 93, p. 29-51, out. 1991.

MARTINS-COSTA, Judith. *O adimplemento e o inadimplemento das obrigações no novo Código Civil e o seu sentido ético e solidarista*. In: FRANCIULLI NETO, Domingos at al. O Novo Código Civil – Homenagem ao Prof. Miguel Reale. 2ed. São Paulo: LTr, 2006.

MARTINS-COSTA, Judith. *Sobre o princípio da insolidariedade:* os cumes das montanhas e os universos submersos. Revista Letras, Santa Maria, v. 32, p.145-166, jun. 2006.

MARTINS-COSTA, Judith. *A contribuição do Código Civil português ao Código Civil brasileiro e o abuso de direito*: um caso exemplar de transversalidade cultural. *Themis*: Revista da Faculdade de Direito da Universidade Nova de Lisboa, Lisboa, edição especial, p.107-128, 2008.

MARTINS-COSTA, Judith. *Apresentação.* In: SILVA, Rafael Peteffi. Responsabilidade Civil pela Perda de uma Chance. Uma análise do direito comparado e brasileiro. 2ed. São Paulo: Atlas, 2009.

MARTINS-COSTA, Judith. *Comentários ao novo Código Civil.* Do inadimplemento das obrigações. 2ed. Rio de Janeiro: Forense, 2009, v. V, t. II.

MARTINS-COSTA, Judith. *Dano moral à brasileira.* Revista do Instituto do Direito Brasileiro da Universidade de Lisboa, Lisboa, a. 3, n. 9, p. 7074-7122, set. 2014.

MARTINS-COSTA, Judith. *Modelos de Direito Privado.* São Paulo: Marcial Pons, 2014.

MARTINS-COSTA, Judith. *Os avatares do abuso de direito e o rumo indicado pela boa-fé.* Disponível em: <http://www.fd.ulisboa.pt/wp-content/uploads/2014/12/Costa-Judith-Os-avatares-do-Abuso-do-direito-e-o-rumo-indicado-pela-Boa-Fe.pdf>. Acesso em 14 jun. 2016.

MATOS, Filipe Albuquerque de. *O contrato de seguro obrigatório de responsabilidade civil automóvel*: alguns aspectos do seu regime jurídico. Boletim da Faculdade de Direito, Coimbra, v. 78, p. 329-364, 2002.

MATOS, Filipe Albuquerque de. *Responsabilidade civil por ofensa ao crédito ou ao bom nome.* Almedina: Coimbra: 2011.

MAUCERI, Francesco. *Al di là di ogni ragionevole dubbio o più probabile che non:* note minime sul nesso causale nella responsabilità civile. Jus Civile, Torino, n. 3, p. 110-116, 2015. Disponível em: <http://www.juscivile.it/contributi/2015/07_Mauceri.pdf>. Acesso em: 29 set. 2017.

MAXIMILIANO, Carlos. *Hermenêutica e aplicação do direito.* 13ed. Rio de Janeiro: Forense, 1993.

MAZEAUD, Henri; MAZEAUD, León. *Elementos de la responsabilidad civil.* Prejuicio, culpa y relación de causalidad. Trad. colombiana. Bogotá: Leyer, 2005.

MEDICUS, Dieter. *Tratado de las Relaciones Obligacionales.* Trad. Ángel Martínez Sarrión. Barcelona: Boch, 1995, v. II.

MELI, Marisa. *Il principio 'chi inquina paga' nel Codice dell'Ambiente.* In: NICOTRA, Ida Angela; SALANITO, Ugo (a cura di). Il danno ambientale tra prevenzione e riparazione. Torino: Giappichelli, 2010.

MENDES, João de Castro. *O conceito jurídico de prejuízo.* Jornal do Fôro, Lisboa, 1953, separata.

MENDES, Paulo de Sousa. *Sobre a origem dos princípios jurídicos da causalidade e do domínio do fato. A Lex Aquilia de Damno Iniuria Datum.* In: CORDEIRO, António Menezes; LEITÃO, Luís Menezes; GOMES, Januário Costa (org.). Estudos em Homenagem ao Prof. Doutor Inocêncio Galvão Telles. Coimbra: Almedina, 2007.

MENDES, Paulo Sousa. *O problema da relevância negativa da causa virtual em sede de imputação objectiva.* Direito e Cidadania, Praia, a. 9, n. 27, p. 43-69, 2007-2008.

MICARELLI, Chiara. *Le cause di esclusione della responsabilità.* In: LIPARI, Nicolò; RESCIGNO, Pietro. Diritto Civile. Attuazione e tutela dei diritti. La responsabilità e il danno. Milano: Giuffrè, 2009, v. V, t. III.

MILARÉ, Édis. *Direito do Ambiente*: A gestão ambiental em foco. 7ed. São Paulo: Ed. RT, 2011.

MIRAGEM, Bruno. *Direito Civil.* Responsabilidade Civil. São Paulo: Saraiva, 2015.

MIRAGEM, Bruno. *Direito civil:* direito das obrigações. São Paulo: Saraiva, 2017.

MIRANDA, Francisco Cavalcanti Pontes de. *Fontes e Evolução do Direito Civil Brasileiro.* Rio de Janeiro: Pimenta de Mello & C., 1928.

MIRANDA, Jorge. *Manual de Direito Constitucional*. 3ed. Coimbra: Coimbra, 2000, t. IV.

MONATERI, Pier Giuseppe. *La responsabilità civile*. In: SACCO, Rodolfo (dir). Trattato di Dirito Civile. Torino: UTET, 1998, t. 6 (Le fonti delle obbligazioni), v. 3.

MONATERI, Pier Giuseppe. *L'ingiustizia di cui all'art. 2043 C.C.* Uma nozione salda, o un'occasione di revisione codicista? Rivista di Diritto Civile, Padova, a. 52, n. 6, p. 523-529, nov./dic. 2006.

MONATERI, Pier Giuseppe. *Responsabilità civile (voce)*. AAVV. Digesto delle Discipline Privatistiche. Sezione Civile. Torino: UTET, 2011, t. XVII.

MONATERI, Pier Giuseppe. *Natura e scopi della responsabilità civile*. Disponível em: <http://www.academia.edu/21500632/Natura_e_Scopi_della_Resp

onsabilit%C3%A0_Civile>. Acesso em: 11 out. 2017.

MONATERI, Pier Giuseppe; GIANTI, Davide. *Nesso di causalità (dir. civile)*. In: AAVV. Enciclopedia Giuridica Treccani (*Diritto on line*). Disponível em: <http://www.treccani.it/enciclopedia/nesso--causale-dir-civ_(Diritto-on-line)/>. Acesso em: 03 ago. 2017.

MONCADA, L. Cabral de. *Lições de Direito Civil*. Parte geral. 2ed. Coimbra: Coimbra, 1954.

MONTEIRO, António Pinto. *A Responsabilidade Civil no Direito Contemporâneo*. In: MARTINS, Ives Gandra da Silva; CAMPOS, Diogo Leite de (org.). O Direito Contemporâneo em Portugal e no Brasil. Coimbra: Coimbra, 2003.

MONTEIRO, Jorge Sinde. *Estudos sobre a responsabilidade civil*. Coimbra: Centro Interdisciplinar de Estudos Jurídico-Econômicos, 1983.

MONTEIRO, Jorge Ferreira Sinde. *Responsabilidade por conselhos, recomendações ou informações*. Coimbra: Almedida, 1989.

MONTEIRO, Jorge Sinde. *Responsabilidade Civil*: o novo Código Civil do Brasil face ao direito português, às reformas recentes e às actuais discussões de reforma na Europa. In: CALDERALE, Alfredo (org.). Il nuovo Codice Civile brasiliano. Milano: Giuffrè, 2003.

MONTEIRO, Jorge Sinde. *Rudimentos da responsabilidade civil*. Revista da Faculdade de Direito da Universidade do Porto, Porto, a. II, p. 349-390, 2005.

MONTEIRO, Washington de Barros. *Curso de Direito Civil: Parte geral*. 12ed. São Paulo: Saraiva, 1973.

MONTEIRO, Washington de Barros. *Curso de Direito Civil: Direito das Obrigações* (2ª parte). Contratos. Declarações Unilaterais de Vontade. Obrigações por Atos Ilícitos. 9ed. São Paulo: Saraiva, 1973.

MONTOURO, André Franco. *Introdução à Ciência do Direito*. 25ed. 2tir. São Paulo: Ed. RT, 2000.

MORAES, Maria Celina Bodin de. *O princípio da solidariedade*. In: PEIXINHO, Manoel Messias; GUERRA, Isabela Franco; NASCIMENTO FILHO, Firly. (coord.). Os princípios da Constituição de 1988. 2ed. Rio de Janeiro: Lumen Juris, 2001.

MORAES, Maria Celina Bodin de. *Danos à Pessoa Humana*. Uma leitura civil-constitucional dos danos morais. Rio de Janeiro: Renovar, 2003.

MORAES, Maria Celina Bodin de. *A constitucionalização do direito civil e seus efeitos sobre a responsabilidade civil*. Direito, Estado e Sociedade – Revista do Departamento de Direito da Pontifícia Universidade Católica, Rio de Janeiro, v. 9, n. 29, p. 233-258, jul./dez. 2006.

MORAES, Maria Celina Bodin de. *Princípios do direito civil contemporâneo*. Rio de Janeiro: Renovar, 2006.

MORAES, Maria Celina Bodin de. *Risco, solidariedade e responsabilidade objetiva*. Revista dos Tribunais, São Paulo, a. 95, v. 854, p. 11-37, dez. 2006.

MORANGIU, Antonio. *Delitto. Diritto Intermedio*. In: AAVV. Enciclopedia del Diritto. Milano, Giuffrè, 1964, v. XII.

MÚRIAS, Pedro Ferreira. *A responsabilidade por actos dos auxiliares e o entendimento dualista da responsabilidade civil*. Revista da Faculdade de Direito da Universidade de Lisboa, Lisboa, v. 37, n. 1, p. 171-217, 1996.

MUSIO, Ivana. *Responsabilità da rovina di edifici*. In: STANZIONE, Pasquale (dir.). Trattato della Responsabilità Civile. Padova: CEDAM, 2012, v. II.

NAVARRETTA, Emanuela. *Il danno ingiusto*. In: LIPARI, Nicolò; RESCIGNO, Pietro. Diritto Civile. Attuazione e tutela dei diritti. La responsabilità e il danno. Milano: Giuffrè, 2009, v. V, t. III.

NERY, Rosa Maria de Andrade. *Apontamentos sobre o princípio da solidariedade no sistema do direito privado*. In: NERY JÚNIOR, Nelson; NERY, Rosa Maria de Andrade. Responsabilidade Civil. Teoria Geral. São Paulo: Ed. RT, 2010, v. 1.

NETO, Renato Lovato. *Multiplicidade de causas e incerteza sobre o nexo causal*. Revista Electrónica de Direito, Porto, n. 2, p. 01-35, jun. 2015. Disponível em: <https://www.cije.up.pt/download-file/1325>. Acesso em: 02 jan. 2018.

NEVES, António Castanheira. *Antologia*: Nótula a propósito do estudo sobre responsabilidade civil de Guilherme de Moreira. Boletim da Faculdade de Direito, Coimbra, v. LIII, p. 381-390, 1977.

NEVES, António Castanheira. *Pessoa, direito e responsabilidade*. Revista Portuguesa de Ciência Criminal, Coimbra, a.6, n.1, p. 09-43, jan./mar. 1996.

NIGRO, Casimiro A. *Brevi note in tema di abuso del diritto* (anche per um tentativo di emancipazione dalla nozione di buona fede). Giustizia Civile, Milano, fasc. 11, p. 2547-2565, 2010.

NORONHA, Fenando. *O nexo de causalidade na responsabilidade civil*. In: NERY JÚNIOR, Nelson; NERY, Rosa Maria de Andrade (org.). Responsabilidade Civil. Teoria Geral. São Paulo: Ed. RT, 2010, v. 1.

OLIVEIRA, Ana Perestrelo. *Causalidade adequada e previsibilidade*: comentário ao artigo 7.4.4 dos Princípios Unidroit e ao artigo 9:503 dos Princípios de Direito Europeu dos Contratos. In: MIRANDA, Jorge; PINHEIRO, Luís de Lima; VICENTE, Dário Moura (org.). Estudos em Memória do Prof. Doutor António Marques dos Santos. Coimbra: Almedina, 2005.

OLIVEIRA, Ana Perestrelo de. *Causalidade e imputação na responsabilidade civil ambiental*, Coimbra: Almedina, 2007.

OLIVEIRA, Ana Perestrelo. *A prova do nexo de causalidade na lei da responsabilidade ambiental*. In: GOMES, Carla Amado; ANTUNES, Tiago (org.). A responsabilidade civil por dano ambiental: Actas do Colóquio realizado na Faculdade de Direito de Lisboa (18, 19 e 20 de Novembro de 2009). Lisboa: Instituto de Ciências Jurídico-Políticas/Universidade de Lisboa, 2010.

OLIVEIRA, Nuno Manuel Pinto. *Sobre o conceito de ilicitude do art. 483.º do Código Civil*. In: AAVV. Estudos em Homenagem a Francisco José Velozo. Braga: Universidade do Minho, 2002, separata.

PAZZOLO, Paulo Ricardo. *Ato Ilícito Civil*. Revista da Faculdade de Direito da Universidade Federal do Paraná, Curitiba, a. 17, v. 33, p. 241-251, mar./2000.

PEREIRA, Alexandre L. Dias. *Da equidade (fragmentos)*. Disponível em: <https://estudogeral.sib.uc.pt/bitstream/10316/28733/1/DA%20EQUIDADE.pdf>. Acesso em: 28 ago. 2016.

PEREIRA, Caio Mário da Silva. *Instituições de Direito Civil*. 19ed. Rio de Janeiro: Forense, 2001, v. I.

PEREIRA, Rui Soares. *Pressupostos filosóficos e científicos do nexo de causalidade*. Lisboa: AAFDL, 2017.

PEREIRA, Rui Soares. *O nexo de causalidade na responsabilidade delitual*. Coimbra: Almedina, 2017.

PERLINGIERI, Pietro. *Depatrimonializzazione e Diritto Civile*. Rassegna di Diritto Civile. Napoli, a. 4, n. 1, p. 01-05, 1983.

PERLINGIERI, Pietro. *Perfis de Direito Civil*. Introdução ao Direito Civil Constitucional. Trad. Maria Cristina De Cico. Rio de Janeiro: Renovar, 1999.

PIETSCH, Max. *A Revolução Industrial*. Da máquina a vapor à automação e à fissão do átomo. Trad. Alfredo Margarido. Lisboa: Guimarães Editores, 1964.

PINTO, Eduardo Vera-Cruz. *O direito das obrigações em Roma*. Lisboa: AAFDL, 1997, v. I.

PINTO, Paulo da Mota. *Interesse contratual positivo e interesse contratual negativo*. Coimbra: Coimbra, 2008, v. I.

PINTO, Paulo Mota. *Sobre condição e causa na responsabilidade civil*. Nota a propósito do problema da causalidade da causa virtual. In: DIAS, Jorge de Figueiredo; CANOTILHO, José Joaquim Gomes; COSTA, José de Faria (org.). Estudos em homenagem ao Prof. Doutor António Castanheira Neves. Coimbra: Coimbra, 2008, v. III.

PIRAINO, Fabrizio. *Il divieto di abuso del diritto*. Europa e Diritto Privato, Milano, n. 01, p. 75-173, 2013.

PONZANELI, Giulio. *La responsabilità civile*. Profili di diritto comparato. Bologna: Il Mulino, 1992.

POSNER, Richard. *Economic Analysis of Law*. 3ed. Boston: Little, Brown and Company, 1986.

POZZO, Barbara. *Il danno ambientale*. Milano: Giuffrè, 1998.

PRATA, Ana. *Dicionário Jurídico*. 3ed. 6reimp. Coimbra: Almedina, 1999.

PROENÇA, José Carlos Brandão. *A conduta do lesado como pressuposto e critério de imputação do dano extracontratual*. Coimbra: Almedina, 2007.

PUCELLA, Roberto. *La causalità "incerta"*. Torino: Giappichelli, 2007.

PUGLIATTI, Salvatore. *Dei delitti in generale*. In: AAVV. Enciclopedia del Diritto. Milano, Giuffrè, 1964, v. XII.

PÜSCHEL, Flavia Portella. *Funções e princípios justificadores da responsabilidade civil e o art. 927, § único do Código Civil*. Revista DireitoGV, São Paulo, v. 1, n. 1, p. 91-107, mai. 2005.

RAISER, Ludwig. *O futuro do direito privado*. Trad. Lucinda Maria Regugnetti. Revista da Procuradoria-Geral do Estado, Porto Alegre, a. 9, v. 25, p. 11-30, 1979.

RAMOS, J. Arias; BONET, J. A. Arias. *Derecho Romano*. Obligaciones. Familia. Sucesiones. 18ed. Madrid: Revista de Derecho Privado, 1995.

RAWLS, John. *Uma teoria da justiça*. Trad. Almiro Piseta e Lenita Esteves. São Paulo: Martins Fontes, 2000.

REALE, Miguel. *Lições preliminares de Direito*. 17ed. São Paulo: Saraiva, 1990.

REINIG, Guilherme Henrique Lima; CARNAÚBA, Daniel Amaral. *Abuso de direito e responsabilidade por ato ilícito*: críticas ao enunciado 37 da 1.ª Jornada de Direito Civil. Revista de Direito Civil Contemporâneo, São Paulo, a. 3, n. 7, p. 63-94, abr./jun. 2016.

RESTA, Eligio. *Il diritto fraterno*. Roma/Bari: Laterza, 2002.

RICCIO, Giovanni Maria. *L'imputabilità*. In: STANZIONE, Pasqualle (dir.). Trattato della Responsabilità Civile. Responsabilità Extracontrattuale. Padova: CEDAM, 2012.

RIZZO, Nicola. *Giudizi di valore e "giudizi di ingiustizia"*. Europa e Diritto Privato, Milano, n. 2, p. 295-354, 2015.

ROBERTI, Francesco Card. *Delitti e Pene (diritto canonico)*. In: AZARA, Antonio; EULA, Ernesto (coord). Novissimo Digesto Italiano. 3ed. Torino: UTET, 1957, v. V.

ROCCA, Encarna. *Derecho de daños*. Textos y materiales. 5ed. Valencia: Tirant lo Blanch, 2007.

RODOTÀ, Stefano. *Il problema della responsabilità civile*. Milano: Giuffrè, 1967, ristampa.

RODOTÀ, Stefano. *Solidarietà*. Un'utopia necessaria. Roma/Bari: Laterza, 2014.

RODRIGUES, Silvio. *Direito Civil. Parte Geral*. São Paulo: Saraiva, 1974, v. I.

RODRIGUES, Sílvio. *Direito Civil. Responsabilidade Civil*. 19ed. São Paulo: Saraiva, 2002, v. 4.

ROSENVALD, Nelson. *As funções da reponsabilidade civil*. A reparação e a pena civil. 3ed. São Paulo: Saraiva, 2017.

ROSSETTI, Marco. *Imputabilità del fatto dannoso*. In: GABBRIELLI, Enrico (a cura di). Commentario del Codice Civile (artt. 344-2059). Torino: UTET, 2011.

ROSSI, Cristiana. *Niente risarcimento se non è provato il nesso di causalità*. Responsabilità Civile e Previdenza, Milano, a. 39, fasc. 3, p. 777-788, 2004.

ROSSI, Giovanni. *Bartolo da Sassoferrato alle origini della moderna trattatistica giuridica: note di lettura sul «Liber Minoricarum»*. Studi Umanistici Piceni, Verona, p. 15-44, 2012. Disponível em: <https://www.academia.edu/4999567/G._Rossi_Bartolo_da_Sassoferrato_alle_origini_della_moderna_trattatistica_giuridica_note_di_lettura_sul_Liber_Minoricarum_>. Acesso em: 01 jul. 2017.

ROTONDI, Mario. *Istituzioni di Diritto Privato*. 2ed. Padova: CEDAM, 1937.

SACCO, Rodolfo. *Che cos'è il diritto comparato*. Milano: Giuffrè, 1992.

SACCO, Rodolfo; ROSSI, Piercarlo. *Introduzione al Diritto Comparato*. 6ed. Torino: UTET, 2015.

SALITO, Gelsomina. *Il danno alla persona: profili introduttivi*. In: STANZIONE, Pasquale (dir.). Trattato della Responsabilità Civile. Responsabilità extracontrattuale. Padova: CEDAM, 2012, v. II.

SALITO, Gelsomina. *Le cause di giustificazione*. In: STANZIONE, Pasquale (dir.). Trattato della Responsabilità Civile. Responsabilità extracontrattuale. Padova: CEDAM, 2012, v. II.

SALVADOR, Pablo; GÓMEZ, Carlos. *El derecho de daños y la minimización de los costes de los acidentes*. Sub judice: Justiça e sociedade, Coimbra, n. 34, p. 11-26, jan./mar. 2006.

SALVI, Cesare. *Il danno extracontrattuale*. Modelli e funzioni. Napoli: Jovene, 1985.

SALVI, Cesare. *La responsabilità civile*. 2ed. Milano: Giuffrè, 2005.

SAMPAIO, Leonardo Rodrigues; CAMINO, Cleonice P. Santos; ROAZZI, Antonio. *Justiça distributiva*: uma revisão da literatura psicossocial e desenvolvimentista. Psicologia em Estudo, Maringá, v. 14, n. 4, p. 631-640, out./dez. 2009.

SANSEVERINO, Paulo de Tarso Vieira. *Cláusula geral de risco e a jurisprudência dos Tribunais Superiores*. In: ANDRIGHI, Fátima Nancy (coord.). Superior Tribunal de Justiça: doutrina. Edição comemorativa aos 25 anos. Brasília: Superior Tribunal de Justiça, 2014.

SANTA HELENA, Eber Zoehler. *Justiça distributiva na teoria de justiça como equidade de John Rawls*. Revista de Informação Legislativa, Brasília, a. 45, n. 178, p. 337-346, abr./jun. 2008.

SANTOLIM, Cesar. *Nexo de causalidade e prevenção na responsabilidade civil no direito brasileiro e português*. Revista do Instituto do Direito Brasileiro da Universidade de Lisboa, Lisboa, a. 3, n. 10, p. 8441-8467, 2014.

SANTOS JÚNIOR, Eduardo. *Da responsabilidade civil de terceiro por lesão do direito de crédito*. Coimbra: Almedina, 2003.

SANTOS, Gonçalo André. *Responsabilidade objectiva*. Relatório de mestrado. Curso de Mestrado em Direito (Faculdade de Direito de Lisboa). Orientador Prof. Doutor António Menezes Cordeiro e Prof. Doutor Luís Menezes Leitão. Lisboa: Universidade de Lisboa, 2001.

SAVIGNY, Friedrich Carl Von. *Sistema del diritto romano atuale*. Trad. Vittorio Scialoja. Torino: Unione Tipografico Editrice, 1886, t. IV.

SCHIPANI, Sandro. *Releer los Digesta de Justiniano para un Codigo de las Obligaciones Latinoamericano*. Trad. Javier Humberto Facco. Roma e America - Diritto Romano Comune. Rivista di Diritto dell'Integrazione e Unificazione del Diritto in Europa e in America Latina, Roma, n. 26, p. 49-64, 2008.

SCHREIBER, Anderson. *Novos paradigmas da responsabilidade civil*. Da erosão dos filtros de reparação à diluição dos danos. 3ed. São Paulo: Atlas, 2011.

SCIANCALEPORE, Giovanni. *La struttura dell'illecito: azione ed omissione*. In: STANZIONE, Pasquale (dir.). Trattato della Responsabilità Civile. Responsabilità extracontrattuale. Padova: CEDAM, 2012, v. II.

SCOGNAMIGLIO, Claudio. *Danno ambientale e funzioni della responsabilità civile*. Responsabilità Civile e Previdenza, Milano, n. 4, sez. 1, p. 1063-1073, 2013.

SCOGNAMIGLIO, Renato. *Fatto giuridico e fattispecie complessa*. Rivista Trimestrale di diritto e procedura civile, Milano, p. 331-335, 1954.

SCOGNAMIGLIO, Renato. *Responsabilità civile e danno*. Torino: Giappichelli, 2010.

SCOGNAMIGLIO, Renato. *Responsabilità Civile*. In: AAVV. Novissimo Digesto Italiano. Torino: UTET, 1957.

SEMPI, Laura; LI, Yixian. *La nuova legge sulla responsabilità civile in Cina*: mettendo ordine nel "casseto" dell'illecito extracontrattuale. Rivista di Diritto Civile, Padova, a. 61, n. 5, p. 693-715, set./ott. 2010.

SERRA, Adriano Vaz. *Obrigação de indemnização* (Colocação. Fontes. Conceito e espécies de dano. Nexo causal. Extensão do dever de indemnizar. Espécies de indemnização). Direito de abstenção e de remoção. Boletim do Ministério da Justiça, Lisboa, n. 84, p. 05-305, 1959.

SERRA, Adriano Vaz. *Fundamento da responsabilidade civil* (em especial, responsabilidade por acidentes de viação, terrestre e por intervenções lícitas). Boletim do Ministério da Justiça, Lisboa, n. 90, p. 05-319, nov. 1959.

SERRA, Adriano Vaz. *Requisitos da responsabilidade civil*. Boletim do Ministério da Justiça, Lisboa, n. 92, p. 38-137, 1960.

SILVA, Clóvis do Couto e. *O conceito de dano no direito brasileiro e comparado*. Revista dos Tribunais, São Paulo, v. 80, n. 667, 07-16, mai. 1991.

SILVA, Clóvis do Couto e. *Dever de indenizar*. In: FRADERA, Vera Maria Jacob de (org.). O Direito Privado na visão de Clóvis do Couto e Silva. Porto Alegre: Livraria do Advogado, 1997.

SILVA, Gustavo Passarelli da. *A responsabilidade objetiva no direito brasileiro como regra geral após o advento do novo Código Civil*. Disponível em: <http://www.passarelli.adv.br/artigos/a-responsabilidade-objetiva-no-direito-brasileiro-como-regra-geral-apos-o-advento-do-novo-codigo-civil/10/>. Acesso em: 18 jun. 2014.

SILVA, João Calvão da. *Responsabilidade civil do produtor*. Coimbra: Almedina, 1990.

SILVA, Manuel Gomes da. *O dever de prestar e o dever de indemnizar*. Lisboa: Livraria Moraes, 1944, v. I.

SILVA, Nuno J. Espinosa Gomes da. *Bártolo na História do Direito Português*. Revista da Faculdade de Direito da Universidade de Lisboa, Lisboa, v. 12, separata, 1960.

SILVA, Nuno J. Espinosa Gomes da. *História do Direito Português*. Fontes de Direito. 2ed. Lisboa: Fundação Calouste Gulbenkian, 1991.

SILVA, Oscar J. de Plácido e. *Vocabulário Jurídico*. 3ed. Rio de Janeiro: Forense, 1991, v. II.

SILVA, Rafael Peteffi. *Antijuridicidade como requisito da responsabilidade civil extracontratual*: amplitude conceitual e mecanismos de aferição. Revista de Direito Civil Contemporâneo, São Paulo, v. 18, p. 169-214, 2019.

SILVA, Wilson Melo. *Responsabilidade sem culpa*. 2ed. São Paulo: Saraiva, 1974.

SMORTO, Guido. *Il criterio di imputazione della responsabilità civile*. Colpa e responsabilità oggettiva in Civil Law e Common Law. Europa e Diritto Privato, Milano, n. 2, p. 423-448, 2008.

SOHM, Rodolfo. *Instituciones de Derecho Privado Romano*. Historia y Sitema. Trad. W. Roces. 17ed. Madrid: Vitoriano Suárez, 1928.

SOTTOMAYOR, Maria Clara. *A responsabilidade civil dos pais pelos factos ilícitos praticados pelos filhos menores*. Boletim da Faculdade de Direito, Coimbra, v. 71, p. 403-468, 1995.

SOUSA, Miguel Teixeira de. *A tutela jurisdicional dos interesses difusos no direito português*. Estudos de Direito do Consumidor, Coimbra, n. 6, p. 279-318, 2004.

SPINA, Giulio. *La responsabilità del custode ex art. 2051 C.C. tra presunzione di colpa e responsabilità oggettiva*. Responsabilità Civile e Previdenza, Milano, a. 78, n. 5, p. 1532-1550, 2013.

STANZIONE, Maria Gabriela. *L'incidenza del principio di precauzione sulla responsabilità civile negli ordinamenti francese e italiano*. Comparazione e Diritto Civile, Salerno, giu. 2016. Disponível em: <http://www.comparazionedirittocivile.it/prova/files/STANZIONE_PRECAUZIONE_2016.pdf>. Acesso em: 13 set. 2017.

STANZIONE, Paquale. *Introduzione*. In: ANCEL, Marc. Utilità e metodi del diritto comparato. Elementi d'introduzione generale allo studio comparato dei diritti. Trad. Pasquale Stanzione e Gabriella Autorino. Napoli: Jovene, 1973

STEIGLEDER, Annelise Monteiro. *Responsabilidade civil ambiental*. As dimensões do dano ambiental no direito brasileiro. Porto Alegre: Livraria do Advogado, 2004.

STOCO, Rui. *Responsabilidade civil no Código Civil francês e no Código Civil brasileiro*: Estudos em homenagem ao bicentenário do Código Civil francês. Disponível em: <http://www.buscalegis.ufsc.br/revistas/files/anexos/9704-9703-1-PB.pdf>. Acesso em: 11 ago. 2015.

STURM, Fritz. *La formazione del BGB*. In: AAVV. I Cento Anni del Codice Civile Tedesco in Germania e nella Cultura Giuridica Italiana. Padova: CEDAM, 2002.

TAKOI, Sérgio Massaru. *Breves comentários ao princípio constitucional da solidariedade*. Revista de Direito Constitucional e Internacional, São Paulo, a. 17, v. 66, p. 293-310, jan./mar. 2009.

TALAMANCA, Mario. *Colpa civile (storia)*. In: Enciclopedia del Diritto. Milano: Giuffrè, 1960, sezione II, v. VII (Cir-Compa).

TARTUCE, Flávio. *A cláusula geral de responsabilidade objetiva nos dez anos do Código Civil de 2002*. Revista Jurídica Luso-Brasileira, Lisboa, a. 1, n. 3, p. 583-638, 2015.

TEIXEIRA NETO, Felipe. *Há espaço para uma função punitiva da responsabilidade civil extracontratual?* Um contributo da análise económica do direito. In: OTERO, Paulo; ARAÚJO, Fernando; GAMA, João Taborda da. *Estudos em memória do Prof. Doutor J. L. Saldanha Sanches*. Coimbra: Coimbra, 2011, v. 2.

TEIXEIRA NETO, Felipe. *Dano Moral Coletivo*. A configuração e a reparação do dano extrapatrimonial por lesão aos interesses difusos. Curitiba: Juruá, 2014.

TEIXEIRA NETO, Felipe. *Responsabilidade civil e consentimento do lesado*: Um contributo da experiência portuguesa à ordem jurídica brasileira. Revista do Instituto do Direito Brasileiro da Universidade de Lisboa, Lisboa, a. 3, n. 9, p. 7447-7501, set. 2014.

TEIXEIRA NETO, Felipe. *A ilicitude enquanto pressuposto da responsabilidade civil delitual*: um exame em perspectiva comparada (luso-brasileira). Revista Jurídica Luso-Brasileira, Lisboa, a. 3. n. 6, p. 1163-1190, 2017.

TEIXEIRA NETO, Felipe. *Responsabilidade civil agravada pelo risco/perigo da atividade*: um diálogo entre os sistemas jurídicos italiano e brasileiro. In: ROSENVALD, Nelson; MILAGRES, Marcelo (coord.). Responsabilidade Civil: novas tendências. Indaiatuba/SP: Foco Jurídico, 2017.

TELLES, Inocêncio Galvão. *Direito das Obrigações*. 7ed. Coimbra: Coimbra, 2010, reimpressão.

TEPEDINO, Gustavo. *Temas de Direito Civil*. Rio de Janeiro: Renovar, 2006, t. II.

TEPEDINO, Gustavo; BARBOZA, Heloisa Helena; MORAES, Maria Celina Bodin de. *Código Civil interpretado conforme a Constituição da República*. Rio de Janeiro: Renovar, 2006, v. II.

TORRENT, Armando. *Manual de Derecho Privado Romano*. Zaragoza: Libreria General, 1995.

TRIGO, Maria da Graça. *Responsabilidade civil delitual por facto de terceiro*. Coimbra: Coimbra, 2009.

TRIMARCHI, Pietro. *Rischio e Responsabilità Oggettiva*. Milano: Giuffrè, 1961.

TRIMARCHI, Pietro. *Responsabilità per colpa e responsabilità oggettiva*. In: BUONOCORE, Vincenzo; MAJELLO, Ugo. Fondamento e funzione della responsabilità civile. Napoli: Cooperativa Editrice Economica e Commercio, 1975.

TRIMARCHI, Pietro. *Per uma riforma della responsabilità civile per danno all'ambiente*. Milano: Giuffrè, 1994.

TRIMARCHI, Pietro. *La causalità nella responsabilità civile*. Persona e danno (a cura di Paolo Cendon), Trieste, 30 lug. 2008. Disponível em: <https://www.personaedanno.it/articolo/la-causalita-nella--responsabilita-civile-pietro-trimarchi>. Acesso em: 17 set. 2017.

TRIMARCHI, Pietro. *Istituzioni di Diritto Privato*. 18ed. Milano: Giuffrè, 2009.

TROISI, Claudia. *La responsabilità oggettiva*. In: STANZIONE, Pasquale (dir.). Trattato della Responsabilità Civile. Responsabilità extracontrattuale. Padova: CEDAM, 2012, v. II.

USTÁRROZ, Daniel. *Responsabilidade civil por ato lícito*. São Paulo: Atlas, 2014.

VARELA, João de Matos Antunes. *Das obrigações em geral*. 10ed. Coimbra: Almedina, 2009, v. I, reimpressão.

VASCONCELOS, Maria João Pestana de. *Algumas questões sobre a ressarcibildiade delitual dos danos patrimoniais puros no ordenamento jurídico português*. In: ANTUNES: Ana Filipa Morais et al (org.). Novas Tendências da Responsabildiade Civil. Coimbra: Almedina, 2007.

VENOSA, Sílvio de Salvo. *Direito Civil*. Responsabilidade civil. 6ed. São Paulo: Atlas, 2006.

VICENTE, Dário Moura. *Da responsabilidade pré-contratual em Direito Internacional Privado*. Coimbra: Almedina, 2001.

VICENTE, Dário Moura. *Entre autonomia e responsabilidade:* da imputação de danos às tabaqueiras no direito comparado. Revista da Ordem dos Advogados, Lisboa, a. 73, n. 1, p. 213-265, 2013.

VICENTE, Dário Moura. *Direito Comparado*. Obrigações. Coimbra: Almedina, 2017, v. II.

VIOLANTE, Andrea. *Responsabilità oggettiva e causalità flessibile*. Napoli: Edizioni Scientifiche Italiane, 1999.

VISINTINI, Giovanna. *Itinerario dottrinale sulla ingiustizia del danno*. Contratto e impresa: dialoghi con la giurisprudenza civile e commerciale, Padova, a. III, n. 1, p. 73-84, gen./feb. 1987.

VISINTINI, Giovanna. *La nozione di incapacità serve ancora?* In: CENDON, Paolo. Un altro diritto per il malato di menti. Esperienze e soggeti della trasformazione. Napoli: Edizioni Schientifiche Italiane, 1988.

VISINTINI, Giovanna. *Trattato breve della responsabilità civile*. Fatti illeciti. Inadempimento. Danno risarcibile. 2ed. Padova: CEDAM, 1999.

VISINTINI, Giovanna. *Cos'è la responsabilità civile*. Fondamenti della disciplina dei fatti illeciti e dell'inadempimento contrattuale. 2ed. Napoli: Edizioni Scientifiche Italiane, 2014.

VITALE, Antonio. *Delitti (diritto canonico)*. In: CALASSO, Francesco (coord.). Enciclopedia del Diritto. Milano: Giufrrè, 1964, v. XII.

VOCI, Pasquale. *Manuale di Diritto Romano*. Parte generale. 2ed. Milano: Giuffrè, 1998. Ristampa.

VOCI, Pasquale. *Risarcimento del danno e processo formulare nel diritto romano*. Milano: Giuffrè, 1938.

VOLTERRA, Eduardo. *Instituciones de derecho privado romano*. Madrid: Civitas, 1986.

VON BAR, Christian. *The Common European Law of Torts* (Damage and Damages, Liability for and without Personal Misconduct, Causality and Defences). Oxford: Clarendon Press, 2000.

VON TUHR, Andreas. *Tratado de las Obligaciones*. Trad. W. Roces. Madrid: Reus, 1934, t. I.

WESEMBERG, Gerhard; WESENER, Gunter. *Historia del Derecho Privado Moderno en Alemania y en Europa*. Trad. Jose Javier de Los Mozos Touya. 4ed. Valladolid: Lex Nova, 1998.

WIEACKER, Franz. *Diritto privato e società industriale*. Trad. Gianfranco Liberati. Napoli: Edizione Scientifiche Italiane, 1983.

WIEACKER, Franz. *História do Direito Privado Moderno*. 3ed. Trad. A. M. Botelho Hespanha. Lisboa: Fundação Calouste Gulbenkian, 2004, reimpressão.

ZAMBRANO, Virginia. *Delimitazione del danno da risarcire e nesso causale*. In: STANZIONE, Pasquale (dir.). Trattato della Responsabilità Civile. Padova: CEDAM, 2012, v. II.

ZAMORANO, Marcelo Barrientos. *El ressarcimiento por daño moral en España y Europa*. Salamanca: Ratio Legis, 2007.

ZENO-ZENCOVICH, Vincenzo. *Premesse per una ricerca comparatistica sui sistemi di responsabilità civile*. In: AUTORINO, Gabriella (a cura di). Le 'responsabilità speciali": modelli italiani e stranieri. Napoli: Edizioni Scientifiche Italiane, 1994.

ZENO-ZENCOVICH, Vincenzo. *La responsabilità civile*. In: AAVV. Diritto privato comparato. Istituti e problemi. Roma/Bari: Laterza, 2008.

ZWEIGERT, Konrad; KÖTZ, Hein. *Introduzione al Diritto Comparato*. Istituti. Edizione italiana a cura di Adolfo di Majo e Antonio Gambaro. Milano: Giuffrè, 1995, v. II.